Special Thanks to

세상이 아무리 바쁘게 돌아가더라도
책까지 아무렇게나 빨리 만들 수는 없습니다.

길벗은 독자 여러분이
가장 쉽게, 가장 빨리 배울 수 있는 책을
한 권 한 권 정성을 다해 만들겠습니다.

독자의 1초를 아껴주는 정성을 만나보세요.

미리 책을 읽고 따라해 본 2만 베타테스터 여러분과
무따기 체험단, 길벗스쿨 엄마 2% 기획단,
시나공 평가단, 토익 배틀, 대학생 기자단까지!
믿을 수 있는 책을 함께 만들어주신 독자 여러분께 감사드립니다.

제작비 부담 No, 3일 만에 완성!
광고, 게임부터 **3D 애니메이션**까지

AI 영화 제작

민지영
문수민
전은재
앤미디어 지음

길벗

제작비 부담 No, 3일 만에 완성!
광고, 게임부터 3D 애니메이션까지

AI 영화 제작

초판 발행 · 2024년 11월 4일
초판 2쇄 발행 · 2025년 1월 13일

지은이 · 민지영, 문수민, 전은재, 앤미디어
발행인 · 이종원
발행처 · (주)도서출판 길벗
출판사 등록일 · 1990년 12월 24일
주소 · 서울시 마포구 월드컵로 10길 56(서교동)
대표전화 · 02)332-0931 | **팩스** · 02)323-0586
홈페이지 · www.gilbut.co.kr | **이메일** · gilbut@gilbut.co.kr

기획 및 책임 편집 · 박슬기(sul3560@gilbut.co.kr)
표지 디자인 · 박상희 | **본문 디자인** · 앤미디어 | **제작** · 이준호, 손일순, 이진혁
영업 마케팅 · 전선하, 박민영 | **유통혁신** · 한준희 | **영업관리** · 김명자 | **독자지원** · 윤정아

기획 및 편집 진행 · 앤미디어 | **전산 편집** · 앤미디어 | **표지 일러스트** · 앤미디어
CTP 출력 및 인쇄 · 영림인쇄 | **제본** · 영림제본

- 잘못된 책은 구입한 서점에서 바꿔 드립니다.
- 이 책은 저작권법에 따라 보호받는 저작물이므로 무단전재와 무단복제를 금합니다.
- 이 책 내용의 전부 또는 일부를 이용하려면 반드시 저작권자와 (주)도서출판 길벗의 서면 동의를 받아야 합니다.

ⓒ 민지영, 문수민, 전은재, 앤미디어, 2024

ISBN 979-11-407-1135-2(03000)
(길벗 도서번호 007208)

정가 27,000원

독자의 1초까지 아껴주는 정성 길벗출판사

(주)도서출판 길벗 · IT교육서, IT단행본, 경제경영서, 어학&실용서, 인문교양서, 자녀교육서 ▶ www.gilbut.co.kr
길벗스쿨 · 국어학습, 수학학습, 어린이교양, 주니어 어학학습, 학습단행본 ▶ www.gilbutschool.co.kr

페이스북 · www.facebook.com/gilbutzigy
네이버 포스트 · post.naver.com/gilbutzigy

PREFACE

**작업자의 상상력을 영상으로 만드는
AI 영상 제작 노하우**

AI를 이용한 영상 생성 기술은 대규모 엑스트라를 디지털로 생성하거나, 배우의 젊은 시절 모습을 자연스럽게 구현하며, 복잡한 액션 장면이나 차량 질주 씬도 현실감 있게 만들어 냅니다. 이러한 기술들은 비용 절감과 촬영 시간 단축은 물론, 크리에이터가 상상하는 대로 장면을 구현할 수 있도록 도와주어 창의적 한계를 크게 넓혀 줍니다. AI를 활용한 영상 제작은 촬영의 현실적인 어려움과 비용, 인력 문제를 극복할 수 있는 혁신적인 방법이 될 것입니다.

영상 제작에서 챗GPT를 활용한 스토리와 컨셉 보강, 미드저니를 이용한 영상 소스 이미지 제작, 루마 AI를 통한 영상 편집, 효과음과 배경음악 생성 그리고 자막과 모션 기법을 활용한 최종 영상 완성 과정에서 전문적인 프롬프트 작성은 각 도구의 기능을 극대화하고 의도한 영상 결과물을 정확하게 얻기 위해 필수적입니다.

이는 프롬프트가 명확하지 않으면 AI가 올바른 방향으로 창작하지 못할 뿐만 아니라 결과물의 일관성도 떨어질 수 있기 때문입니다. AI 영상 제작에서 프롬프트 작성은 단순한 지시사항을 넘어서, 영상의 퀄리티와 몰입도를 결정짓는 중요한 요소입니다. 특히 카메라샷이나 무빙 기법을 정확하게 지시하는 프롬프트는 영상의 시각적 흐름과 감정 전달에 큰 영향을 미칩니다. 이와 같은 일련의 작업 과정들을 통해 AI와 전통적인 편집 도구들이 결합되어 높은 완성도의 영상을 제작할 수 있습니다.

AI를 활용한 작업 과정은 시간 소모적인 작업을 줄여주어 크리에이터가 더욱 창의적인 부분에 집중할 수 있도록 도와줍니다. 이로 인해 누구나 접근할 수 있는 영상 제작의 문턱이 낮아지고, 다양한 장르와 스타일의 영상을 보다 쉽게 구현할 수 있게 될 것입니다.

THANKS TO

이 책이 콘텐츠 영상 제작에 방향을 제시하는 가이드북이 되길 바라며, 그동안 영상 제작의 걸림돌이 되었던 요소들을 넘어 머릿속 상상한 영상을 구현할 수 있기를 기대합니다. 책 출간되기까지 도움을 주신 길벗 출판사 박슬기 팀장님, 앤미디어 최소영, 박기은 편집자 님에게 감사를 전합니다.

PREVIEW

AI 도구를 이용하여 누구나 쉽고 빠르게 영상 제작을 이해할 수 있도록 4개의 파트와 52개의 섹션으로 구성하였습니다.

AI 콘텐츠 영상 제작 이론

생성형 AI를 이용한 콘텐츠 영상 제작의 기본과 AI 도구를 이용한 작업 패턴을 쉽게 이해할 수 있습니다.

SECTION 3.
시각적인 효과와 장면을 만드는 영상 무빙

전문적인 비디오 무빙 기법은 영상의 시각적 표현을 강화하고, 감정을 전달하며, 관객의 몰입을 유도하는 데 필수적입니다. 다양한 비디오 무빙 기법이 있으며, 이들을 영상 프롬프트로 활용하면 영상의 품질을 크게 향상시킬 수 있습니다. 주요 영상 무빙 프롬프트에 대해 알아보겠습니다.

01 영상에 메시지를 담는 무빙 기법

시각적 효과와 장면을 창조하는 데 있어 영상 무빙 기법은 현대 영상 제작과 영화 제작에서 빼놓을 수 없는 중요한 요소로 자리 잡고 있습니다. 영상 무빙 기법은 단순히 카메라를 물리적으로 이동시키는 것을 넘어 장면의 전체적인 분위기, 감정적 깊이 그리고 이야기 흐름을 전달하는 필수적인 역할을 합니다. 이 기법은 관객이 스크린 속 이야기와 더욱 깊이 있게 연결될 수 있도록 돕는 강력한 도구이며, 궁극적으로는 영화나 영상 콘텐츠의 예술적 가치를 높이는 중요한 요소로 작용합니다.

영상 제작 과정에서 무빙 기법은 시각적 효과를 극대화하고, 장면의 메시지와 의미를 더욱 선명하게 전달하는 데 중요한 역할을 합니다. 예를 들어, 슬로 모션 기법은 시간의 흐름을 의도적으로 왜곡시켜 극적인 순간을 더욱 강조하거나 인물의 감정을 보다 깊이 있게 표현할 수 있는 강력한 도구로 사용됩니다.

▲ 결정적 순간에 인물과 극적 상황을 강조하는 슬로 모션 등장 장면

슬로 모션은 주로 감정이 고조되는 순간이나 결정적인 액션이 펼쳐지는 장면에서 사용되며, 관객이 해당 순간의 중요성을 체감할 수 있도록 돕습니다. 반대로 패스트 모션은 시간의 빠른 흐름을 통해 긴장감을 고조시키거나 빠르게 변하는 상황의 다이내믹함을 전달하는 데 유용합니다. 이러한 시간 조작 기법들은 시각적 효과를 극대화하여 관객의 감정적 반응을 유도하고, 장면의 메시지를 보다 효과적으로 전달하는 중요한 방법입니다.

02 시청자와의 공감 그리고 AI

영화 제작에서는 카메라 무빙이 단순한 시각적 장치 이상의 역할을 합니다. 무빙 기법은 장면의 분위기를 만들고, 이야기를 구성하고 전달하는 방식이나 과정을 의미하는 내러티브를 강화하며, 관객이 이야기 속에 몰입할 수 있도록 돕습니다. 크레인 샷이나 드론 카메라 샷과 같이 고급 무빙 기법을 결합하면 장면에 역동성이나 서사적 깊이를 더해 주며, 관객에게 시각적 즐거움과 함께 스토리의 규모를 체감하게 합니다.

반면에 스노리캠이나 셀카봉을 이용한 셀피 영상 무빙은 요즘 인기를 얻고 있는 '나 혼자 떠나는 여행'을 주제로 인기를 얻고 있는 영상에 주로 사용됩니다.

▶ 예능 영상에서 개인적인 생각이나 경험을 강조할 때 자주 사용되는 셀피 샷

생성형 영상 프롬프트 작성법

영상 제작을 위한 프롬프트 작성법을 학습하여 AI 영상의 효율적인 제작과 완성도를 높이는 과정을 소개합니다.

Fast Motion(패스트 모션)

패스트 모션 영상 무빙은 영상을 원래 속도보다 빠르게 재생하여, 시간이 빠르게 흐르는 것처럼 보이게 만드는 영상 무빙 기법입니다. 이 기술은 일상적인 동작이나 시간이 걸친 과정을 짧은 시간 안에 보여주고자 할 때 사용됩니다. 패스트 모션은 영화, 광고, 뮤직비디오, 코미디 장면, 타임랩스 영상 등 다양한 영상 콘텐츠에서 활용됩니다.

프롬프트 예 | Cars travel along the road quickly through the darkening city center, Fast Motion camera moving

Long take(롱 테이크)

영화나 영상에서 단일 연속 촬영을 통해 긴 시간 동안 특정 장면을 지속적으로 촬영하는 기법입니다. 롱 테이크 샷은 일반적인 짧은 컷과 장면 전환 대신에 긴 시간 동안 카메라를 계속 돌리며 장면을 포착합니다. 이 기법은 장면의 시각적 연속성을 유지하면서 중간에 컷이 없이 하나의 테이크로 촬영됩니다. 이로 인해 시청자는 장면의 흐름에 더욱 몰입할 수 있습니다.

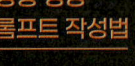
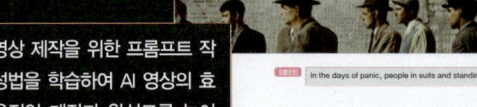
프롬프트 예 | In the days of panic, people in suits and standing in a line in front of the bank

Time-lapse(타임랩스)

타임랩스 영상 무빙은 일정한 시간 간격으로 촬영한 사진을 연결하여 영상을 만드는 기법으로, 오랜 시간에 걸친 변화를 짧은 시간 안에 보여 주는 효과적인 방식입니다. 타임랩스 영상은 시간이 빠르게 흘러가는 느낌을 주며, 일상에서는 눈에 잘 보이지 않는 변화나 움직임을 시각적으로 극적인 표현을 할 수 있습니다.

프롬프트 예 | From morning to evening, people and cars busily moving through the city center, Time-lapse camera moving

Dynamic motion(다이내믹 모션)

다이내믹 모션 영상 무빙은 영상 속에서 움직임이나 동작의 속도를 변화를 주어 시각적 효과나 감정적인 반응을 극대화하는 기법입니다. 이 기법은 일반적으로 슬로 모션과 패스트 모션을 포함하며, 영화, 광고, 뮤직비디오, 스포츠 중계 등 다양한 영상 콘텐츠에서 사용됩니다. 다이내믹 모션 속도 변화를 통해 특정 장면이나 동작을 더욱 인상 깊게 만들 수 있습니다.

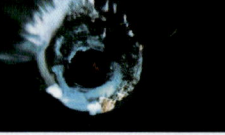 
프롬프트 예 | Fast through a black hole, arriving to Earth, First-person view, Dynamic motion camera moving

PROJECT

카메라 샷 OK! 웹툰&만화를 바로 영화로,

실사 스포츠 영화 만들기

TV 방송국이나 넷플릭스, 디즈니 플러스, 쿠팡 등의 OTT 회사들은 자체 제작한 스토리를 활용하여 드라마나 영화를 제작하는 경우가 많지만, 최근에는 인기 웹툰이나 만화 원작의 스토리와 IP를 활용하여 드라마나 영화를 만드는 경우도 증가하고 있습니다. 이러한 [...]들은 원작 팬들에게 큰 기대를 받고 있으며, 새로운 시청자층[...]게도 큰 인기를 끌고 있습니다.

'신과 함께', '무빙','이태원 클래스' 등 같은 인기 웹툰은 실사 드라마나 영화로 제작되어 많은 인기를 끌었으며, 웹툰 원작의 장점을 살려 전 세계적인 인기를 얻었습니다. 웹툰의 실사화는 원작의 매력적인 캐릭터와 스토리를 실사 배우와 세트 디자인을 통해 새로운 시각적 경험으로 재탄생시키는 작업으로, 이를 통해 원작 팬들과 새로운 시청자들 모두에게 신선한 경험을 제공합니다.

웹툰이나 만화를 원작으로 하는 경우 기본적인 제작 환경도 중요하지만, 가장 중요하게 고려해야 하는 대상은 원작에 얼마나 충실하나의 정도입니다. 원작 팬들은 자신이 사랑하는 캐릭터와 스토리가 얼마나 원작과 일치하는지에 매우 민감합니다.따라서 원작의 정체성과 분위기를 그대로 살리면서도 실사화의 리얼리티를 더하는 것이 중요합니다.

AI를 이용하면 원작의 웹툰 이미지를 바로 실사 영화로 제작할 수 있습니다. 이미지를 바로 실사 이미지화하여 영상 제작이 가능하고, 대사를 스크립트화하여 원하는 목소리로 음원화할 수 있습니다. 이러한 영상 소스가 만들어졌다면 카메라 앵글을 이용하여 다양한 장면을 연출하여 웹툰 이미지의 한정된 구도를 탈피하여 다양한 영상 장면으로 연출이 가능합니다.

예제에서는 캐릭터 개성에 맞게 스포츠 웹툰 이미지를 생성한 다음 실사 인물로 제작합니다. 스토리에 맞게 같은 인물을 유지하기 위해 인물의 일관성을 유지하면서 클로즈업샷부터 익스트림 클로즈업샷까지 스포츠 웹툰 이미지 소스를 이용하여 실사 스포트 영화로 제작하는 과정에 대해 알아봅니다.

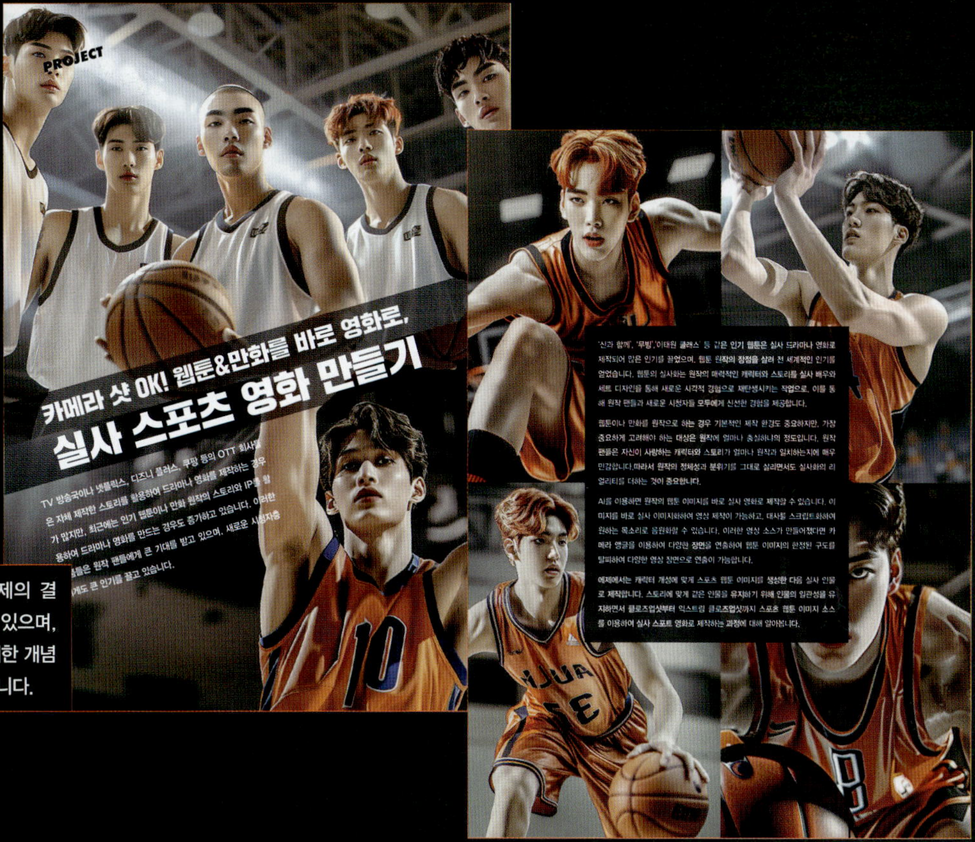

예제 미리 보기

AI 도구로 작업한 예제의 결과 영상을 확인할 수 있으며, AI 영상 예제 작업을 위한 개념 및 제작 과정을 소개합니다.

05 선택한 번호의 이미지와 비슷한 느낌의 결과물이 4개 표시됩니다. 가장 마음에 드는 이미지를 최종으로 확정합니다. 예제에서는 1번 이미지에 업스케일을 진행하기 위해 〈U4〉 버튼을 클릭하였습니다.

06 업스케일된 이미지가 표시됩니다. 현재 이미지에서 가방끈을 좀 더 옷에 어울리게 수정하기 위해 〈Vary (Region)〉 버튼을 클릭합니다.

07 부분 수정 창이 표시되면 '올가미' 도구(▣)를 선택하고 수정할 부분을 드래그하여 선택합니다. 입력창에 'a female pilot with yellow uniform'을 입력하고 '확인' 아이콘(➡)을 클릭합니다.

08 프롬프트에 맞게 부분 수정된 결과물이 4개 표시됩니다. 가장 마음에 드는 이미지를 최종으로 확정합니다. 예제에서는 1번 이미지에 업스케일을 진행하기 위해 〈U1〉 버튼을 클릭하였습니다.

171

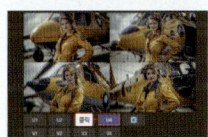

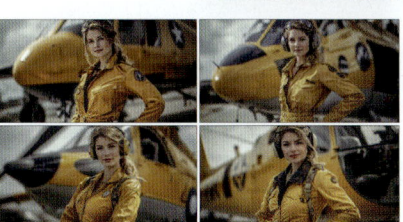

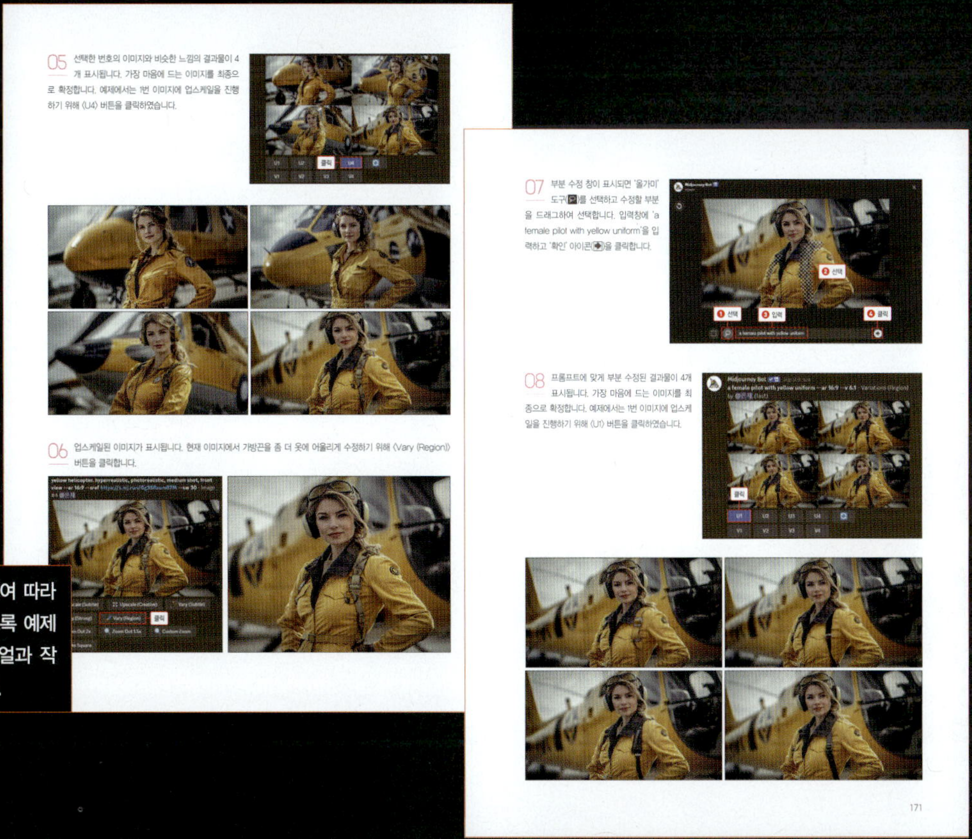

예제 따라하기

직접 AI 도구를 이용하여 따라하면서 학습할 수 있도록 예제 파일을 제공하고 매뉴얼과 작업 과정을 설명합니다.

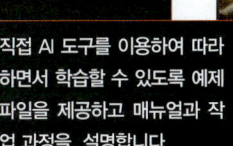

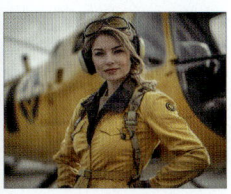

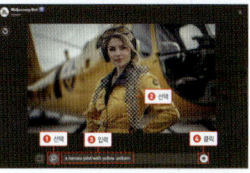

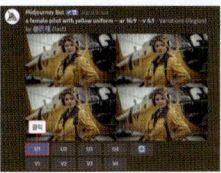

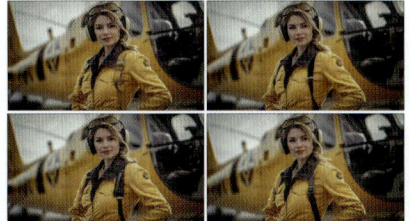

AI CONTENTS

PREFACE 003
PREVIEW 004

PART 1 혼자 영상을 만들 결심, 하셨나요?

1 비용 걱정 No! AI와의 협업 영상 시작하기 018
- 01 영상 디렉터와 생성형 도구로서의 AI 018
- 02 랜덤으로 한 장면만 걸려라? 019
- 03 영상 제작을 위한 완벽한 트레이닝 방법 019
  - 과정1 기존 영상 분석 및 대조군 선정하기 021
  - 과정2 프롬프트로 이미지 소스와 영상 생성하기 021
  - 과정3 생성 영상과 대조군 영상 비교 및 피드백하기 021
  - 과정4 영상 수정 및 재생성하기 021
  - 과정5 최종 검토 및 세부 조정하기 022

2 원하는 영상을 잘 뽑아내는 10가지 영상 제작 법칙 023
- 01 아이디어 구상 및 스토리라인 작성은 구체적으로 질문한다 023
- 02 완성도 있는 영상은 디테일한 이미지 생성으로 결정된다 026
  - • 프롬프트 세밀화 • 비주얼 일관성 유지 • 영상 시퀀스 계획 026
- 03 프롬프트와 스크립트에 핵심 키워드를 심어라 028
- 04 캐릭터를 명확하게 설정하라 030
- 05 다양한 장면 연출을 위해 시점과 샷을 활용하라 032
- 06 AI가 생성한 영상과 소스를 분리하고 결합하여 합성하라 033
- 07 현실감 있는 몰입감은 사운드에서 나온다 034
- 08 목적에 맞는 AI 도구를 선택적으로 사용하고 결합하라 038
- 09 생성된 AI 영상을 편집하는 실력을 키워라 040
- 10 목적에 맞는 영상 비율 선택으로 영상을 출력하라 042
  - • 16:9(Widescreen) : TV 프로그램, 영화, 온라인 비디오(유튜브 등) 화면 042
  - • 9:16(Vertical) : 틱톡, 인스타그램 스토리, 유튜브 쇼츠 042
  - • 1:1(Square) : 인스타그램 피드, 일부 광고 043

- 2.35:1/2.39:1(CinemaScope) : 영화, 트레일러, 뮤직비디오　　043
- 21:9(Ultra-Widescreen or CinemaScope) : 영화, 시네마틱 영상　　043

PART 2　AI 영상 연출을 위한 프롬프트 사용하기

1 조명감독이 배우에게 인기 있는 이유, 빛과 조명 프롬프트　　046
　01 캐릭터의 심리를 표현하는 도구　　046
　02 자연스럽고 풍부한 색감, Natural Light(자연광)　　047
　　- Morning Natural Light(아침 자연광) · Midday Sunlight(정오 자연광)　　048
　　- Golden Hour(석양 자연광) · Silhouette(실루엣 자연광)　　050
　　- Night(밤 자연광) · Cloudy day(흐린 날 자연광) · Rainy day(비 오는 날 자연광)　　051
　03 특정 분위기를 의도적으로, 인공광(Artificial Light)　　052
　　- High-Key Lighting(하이키 라이팅)　　053
　　- Low-Key Lighting(로우키 라이팅) · Hard Light(하드 라이트)　　054
　　- Soft Light(소프트 라이트) · Key Light(키 라이트)　　055
　　- 필 라이트(Fill Light) · 백라이트(Back Light) 또는 림 라이트(Rim Light)　　056
　　- 탑 라이트(Top Light) · 컬러 조명(Color Lighting)　　057
　　- Ring Light(링 라이트) · Silhouette(실루엣 인공광)　　058
　　- Lens Flare(렌즈 플레어) · Diffused lighting(디퓨즈드 라이팅)　　059

2 영상 미학은 구도에서 나온다. 영상 구도를 위한 카메라 샷　　060
　01 구도와 카메라 샷이 만들어 내는 미학　　060
　02 카메라 샷의 프롬프트 활용　　061
　　- Pan Shot(팬 샷) · Tilt Shot(틸트 샷) · Full Shot(풀 샷)　　062
　　- Wide Shot(와이드 샷) · Extreme Long Shot(익스트림 롱 샷)　　064
　　- Waist Shot(웨이스트 샷) · Bust Shot(바스트 샷)　　065
　　- Over-the-Shoulder Shot(오버 더 숄더 샷) · Close-Up Shot(클로즈업 샷)　　066
　　- Extreme Close-Up Shot(익스트림 클로즈업 샷) · High Angle Shot(하이 앵글 샷)　　067
　　- Low Angle Shot(로우 앵글 샷) · Drone Camera Shot(드론 카메라 샷)　　068
　　- Crane Shot(크레인 샷) · Tracking Shot(트래킹 샷)　　069
　　- Zoom In/Zoom Out(줌 인/줌 아웃) · Point of View Shot, POV(1인칭 시점 샷)　　070
　　- Handheld Shot(핸드헬드 샷) · Dutch Angle Shot(더치 앵글 샷)　　071

3 시각적인 효과와 장면을 만드는 영상 무빙 — 072
01 영상에 메시지를 담는 무빙 기법 — 072
02 시청자와의 공감 그리고 AI — 073
- Over the Shoulder(오버 더 숄더) • Slow Motion(슬로 모션) — 074
- Fast Motion(패스트 모션) • Long take(롱 테이크) — 076
- Time-lapse(타임랩스) • Dynamic Motion(다이내믹 모션) — 077
- Grows(그로우) • Explodes(익스플로드) • Ascends(어센드) • Undulates(언들레이트) — 078
- Warps(워프) • Transforms(트랜스폼) • Shatters(셰터) • Vortex(보텍스) — 080
- Macro cinematography(매크로 시네마토그래피) • SnorriCam(스노리캠) — 082
- Selfie Shot(셀피 샷) • Realistic documentary(리얼리스틱 다큐멘터리) — 083

PART 3 AI 영상 제작을 위한 필수 AI 기능과 영상 편집 노하우

1 영상을 구성하는 이미지 프레임, 미드저니로 생성하기 — 086
01 미드저니 가입과 실행하기 — 086
02 미드저니 인터페이스 살펴보기 — 088
03 미드저니 핵심 프롬프트 작성하기 — 089
- 텍스트 프롬프트만으로 이미지 생성하기 — 089
- 프롬프트를 입력하여 인물 생성하기 — 090
04 기존 이미지를 업로드해서 새로운 이미지 생성하기 — 092
- 뒷모습의 인물 이미지로 앞모습의 인물 이미지 생성하기 — 093
05 파라미터로 결과물의 디테일을 결정하기 — 095
- 이미지의 가로, 세로 비율 설정하기(Aspect Ratio) — 095
- 인물을 유지하면서 다양한 행동 생성하기 — 096
- 동일 인물로 다른 장면 이미지 만들기 — 096
- 원하는대로 이미지 스타일 변경하기 — 099
- 비행기 조종사를 라이더 이미지로 만들기 — 099
- 특정 부분만 선택하여 이미지 변경하기 — 102

2 현실감 넘치는 영상 생성, 루마 AI — 104
01 루마 AI 가입하기 — 105

02 루마 AI 인터페이스 살펴보기　　　　　　　　　　　　107
03 루마 AI로 영상 생성하기　　　　　　　　　　　　　　109
　• 텍스트 프롬프트로 영상 생성과 길이 연장하기　　　　　109
　• 기존 저장된 이미지를 이용하여 영상 생성하기　　　　　110
　• 행동이 반복되는 영상 생성하기　　　　　　　　　　　112
　• 이미지 2장으로 자연스러운 트랜지션 영상 생성하기　　113

AI SKILL │ 세계관을 보여 주는 배경의 힘, 게임 트레일러 영상 만들기

3 게임 트레일러 장면 구성하기　　　　　　　　　　118
01 배경에 낙엽이 날리는 이미지 만들기　　　　　　　　118
02 배경에 거대한 토네이도가 있는 이미지 만들기　　　　122
03 번개가 치고 불꽃이 튀는 이미지 만들기　　　　　　　125

4 액션 장면 이미지를 게임 트레일러 영상으로 만들기　129
01 낙엽이 날리는 역동적인 영상 만들기　　　　　　　　129
02 인물이 비행하고 있는 영상 만들기　　　　　　　　　130
03 전투하는 영상 만들기　　　　　　　　　　　　　　132

5 가장 쉽고 빠른 영상 편집을 위한 캡컷 영상 편집　　134
01 무료 영상 소스 제작에 최적화된 캡컷　　　　　　　　134
02 캡컷 인터페이스 살펴보기　　　　　　　　　　　　　134

AI SKILL │ 관찰 시점과 엑스트라를 마음대로! 슈팅 게임 영상 만들기

6 전투 게임 영상 장면 구성하기　　　　　　　　　　144
01 3인칭 시점으로 한 명의 병사가 달려가는 장면 만들기　　144
02 드론 카메라 시점의 분대 병력의 병사가 전진하는 장면 만들기　147
03 1인칭 시점의 총 쏘는 장면 만들기　　　　　　　　　149

7 전투 장면을 영상으로 만들기　　　　　　　　　　151
01 한 명의 병사가 달려가는 장면 영상화하기　　　　　　151
02 분대 병력의 병사들이 전진하는 장면 영상화하기　　　152

009

03 1인칭 시점의 사격하는 장면 영상화하기 153

8 게임 문자 타이틀 영상 완성하기 155
01 슈팅 게임 영상 편집 소스 불러오기 155
02 재생 순서에 맞게 타임라인에 영상 배치하기 157
03 영상에 인트로 문자 삽입하여 완성하기 158
04 슈팅 게임 영상 출력하기 161

AI SKILL | 흑백 사진 한 장으로 다큐멘터리 복원 영상 만들기

9 흑백 사진의 컬러 복원하기 164
10 복원한 이미지로 유사한 스타일 만들기 167
01 미드저니에 복원된 컬러 사진 업로드하기 167
02 미드저니로 새로운 복원 이미지 만들기 168

11 다큐멘터리에 어울리는 내래이션 영상 만들기 173

AI SKILL | 파워와 속도감을 표현하여 감각적인 광고 영상 만들기

12 속도감 있는 스포츠카 이미지 생성하기 178
01 빨간 스포츠카 이미지 생성하기 178

13 자동차 이미지를 광고용 영상으로 만들기 181
01 빨간색 스포츠카 이미지 영상화하기 181
02 속도 계기판 이미지를 영상화하기 183

14 분할 효과와 텍스트 로고를 이용한 광고 인트로 영상 만들기 184
01 광고 영상 편집 소스 불러오기 184
02 미러링의 마스크 기능으로 분할 효과 적용하기 186
03 텍스트를 삽입하여 인트로 영상 만들기 189
04 광고 영상 출력하기 191

15 프로답게, 영화다운 편집을 위한 프리미어 프로 192
01 프리미어 프로 설치하기 193

02 프리미어 프로 기본 인터페이스 살펴보기 … 195
03 필수 영상 편집 방법 알아보기 … 196
- 프리미어 프로에 편집 소스 불러오기 … 197
- 프리미어 프로에서 편집 소스 편집하기 … 199
- 에센셜 그래픽을 활용한 모션 타이틀 작업하기 … 201
- 리믹스 기능으로 배경 음악 자동 믹싱하기 … 204
- 서로 다른 영상을 한 화면에 분할 영상 만들기 … 205
- 프리미어 프로에서 PC로 영상 출력하기 … 208

AI SKILL | 타이포 무빙으로 인트로와 엔딩 크레딧 영상 만들기

16 텍스트 프롬프트로 불 붙이는 영상 만들기 … 212
01 성냥에 불이 붙는 장면 영상화하기 … 212
02 도화선에 불이 붙는 장면 영상화하기 … 213
03 밧줄에 불이 붙는 장면 영상화하기 … 214

17 타이포가 움직이는 엔딩 크레딧 영상 만들기 … 215
01 엔딩 크레딧 편집 소스 불러오기 … 215
02 영상 소스 및 타이포 무빙 배치하기 … 217
03 영상에 맞춰 배경 음악 리믹스하기 … 224
04 렌더링과 영상 출력하기 … 226

PART 4 영상 실무자가 알려주는 장르별 실전 AI 영상 프로젝트

PROJECT | 제작비 없이 만드는 액션 무비! 강력한 효과음의 블록버스터 액션 영화 만들기

1 긴박감이 넘치는 액션 영화 스토리 구성하기 … 232
2 액션 영화 스타일로 장면 이미지 만들기 … 233
01 오토바이 라이딩 장면 만들기 … 233
02 제트기 이륙 장면 만들기 … 236
03 비행기를 조종하는 측면 뷰 장면 만들기 … 238
04 미사일을 발사하는 전투기 장면 만들기 … 240

3 이미지를 액션 영화 영상으로 만들기 — 242
- 01 도로를 달리는 오토바이 장면 영상화하기 — 242
- 02 제트기 이륙 장면 영상화하기 — 244
- 03 제트기 조종 장면 영상화하기 — 245
- 04 미사일 발사 장면 영상화하기 — 246
- 05 폭파되는 전투기 장면 영상화하기 — 247

4 액션 영화 장면에 맞는 효과음 만들기 — 248
- 01 일래브랩스에서 프롬프트로 효과음 만들기 — 248

5 액션 영화 영상과 음원을 하나로 편집하기 — 253
- 01 액션 영화의 영상과 효과음 소스 불러오기 — 253
- 02 장면과 효과음을 순서대로 컷 편집하기 — 255
- 03 액션 영화 영상 출력하기 — 259

PROJECT | 카메라 샷 OK! 웹툰&만화를 바로 영화로, 실사 스포츠 영화 만들기

6 카메라 앵글을 이용한 스포츠 영화 스토리 구성하기 — 262

7 스포츠 웹툰 스타일로 인물 이미지 만들기 — 263
- 01 만화 스타일의 기준이 되는 인물 만들기 — 263
- 02 그림 스타일을 유지하면서 팀원 만들기 — 266
- 03 다양한 체형과 특징을 묘사해 팀원 만들기 — 269

8 웹툰 스타일 이미지를 현실 인물 스타일로 실사화하기 — 274
- 01 웹툰 스타일 이미지를 정면 샷으로 실사화하기 — 274
- 02 캐릭터의 특정 부분을 수정하여 실사화하기 — 277

9 카메라 앵글에 맞춰 장면 생성과 인물 배정하기 — 282
- 01 모든 인물이 등장하는 와이드 샷 만들기 — 282
- 02 인물 한 명이 돋보이는 장면 만들기 — 288
- 03 동작이 돋보이는 클로즈업 샷 장면 만들기 — 291
- 04 대사에 어울리는 익스트림 클로즈업 샷 장면 만들기 — 293

10 이미지를 스포츠 영화 영상으로 만들기 — 295
- *01* 정적인 이미지 한 장을 영상화하기 — 295
- *02* 두 장의 이미지를 연결하여 드리블하는 영상 만들기 — 297
- *03* 두 장의 이미지로 레이업 슛 영상 만들기 — 299

11 입력한 문장을 따라 말하는 대사 영상 만들기 — 301

12 일레븐랩스로 음성 내레이션 만들기 — 304

13 개별적인 요소를 하나로 합쳐 스포츠 영화로 편집하기 — 307
- *01* 캡컷에서 폴더 채로 편집 소스 불러오기 — 307
- *02* 순서에 맞게 영상과 음원 배치하기 — 308
- *03* 속도 세부 효과에서 모션감 있는 속도 조절하기 — 311
- *04* 기본 세부 효과에서 영상에 디지털 줌 적용하기 — 313
- *05* 스포츠 영화 영상 출력하기 — 315

PROJECT | 자연스러운 동작과 배경 음악이 돋보이는 3D 애니메이션 만들기

14 몰입감을 주는 3D 애니메이션 스토리 구성하기 — 318

15 3D 애니메이션 스타일로 장면 이미지 만들기 — 319
- *01* 구체적인 상황과 장소가 표현된 3D 장면 만들기 — 319
- *02* 스타일과 인물이 유지되는 일관적인 장면 만들기 — 324

16 이미지를 3D 애니메이션 영상으로 만들기 — 329
- *01* 방에서 탈출하는 장면 영상화하기 — 329
- *02* 줄에 매달려 탈출하는 장면 영상화하기 — 331
- *03* 우주선에 숨어 긴박한 캐릭터 영상화하기 — 332
- *04* 달과 어린이 방이 연결된 장면 영상화하기 — 333

17 리믹스 기능으로 음악이 있는 애니메이션 영상 편집하기 — 335
- *01* 스토리 구성에 맞게 영상 컷 편집하기 — 335
- *02* 3D 애니메이션에 어울리는 배경 음악 추가하기 — 338
- *03* 3D 애니메이션 영상 출력하기 — 341

| PROJECT | 립싱크 대사와 드라마틱한 영상까지! 청춘 드라마 영상 만들기 |

18 다양한 카메라 각도로 청춘 드라마 스토리 구성하기   344
19 주인공이 돋보이는 청춘 드라마의 명장면 만들기   345
    01 렌즈와 조리개 수치를 적용하여 인물과 배경 생성하기   345
    02 일관성 있는 인물로 오버 숄더 샷 장면 만들기   348
    03 인물을 제거하여 배경 이미지 만들기   351
    04 대사하는 인물이 강조된 이미지 만들기   352

20 이미지를 청춘 드라마 영상으로 만들기   355
    01 대학 캠퍼스를 걸어가는 인물 영상화하기   355
    02 회전목마가 회전하는 배경 이미지 영상화하기   356

21 인물이 말하는 립싱크 대사 음원 만들기   358
    01 청춘 드라마 장면 2 대사 만들기   358
    02 청춘 드라마 장면 3 대사 만들기   360

22 장면 이미지에서 배경 제거하기   362
23 이미지와 대사 음원으로 입 모양이 맞는 영상 만들기   364
24 소스 영상을 이용하여 청춘 드라마 영상 완성하기   367
    01 청춘 드라마 영상 소스 불러오기   367
    02 청춘 드라마 영상 컷 편집하기   368
    03 Color Key로 배경과 인물 분리하기   371
    04 청춘 드라마 영상 출력하기   373

| PROJECT | 자동 자막과 내레이션, AI 음악이 돋보이는 실사 예술 영화 만들기 |

25 영화 스토리 구성부터 장면 구현하기   376
26 피사계 심도를 얇게, 배경이 흐릿한 장면 만들기   377
    01 실사적인 피에로 분장 장면 만들기   377
    02 광고판에 문구가 입력된 장면 만들기   380

03 어두운 환경에서 인물을 돋보이게! 조명 사용하기	382
04 거리에서 춤추는 인물 연출하기	385

27 자연스러운 동작으로 실사 예술 영상 만들기 — 388
- 01 피에로가 분장하는 장면 영상화하기 — 388
- 02 문자가 있는 광고판 장면 영상화하기 — 389
- 03 지하철 안에서 웃는 장면 영상화하기 — 390
- 04 길거리에서 춤추는 장면 영상화하기 — 391

28 주인공이 독백하는 내레이션 생성하기 — 394

29 영상의 분위기를 높이는 맞춤형 배경 음악 제작하기 — 398

30 영화 완성을 위한 영상 편집하기 — 400
- 01 실사 영화 영상 및 내레이션 소스 불러오기 — 400
- 02 실사 영화 영상 및 내레이션 소스 편집하기 — 402
- 03 AI를 활용하여 자동으로 내레이션 자막 생성하기 — 406
- 04 배경 음악 영상에 맞게 리믹스하기 — 409
- 05 실사 영화 영상 출력하기 — 411

INDEX — 413

다운로드
이 책에 사용된 예제 및 완성 파일은 길벗 홈페이지(http://www.gilbut.co.kr/)에서 다운로드할 수 있습니다. 홈페이지에 접속한 후 검색란에 "AI 영화 제작"을 입력하고 〈검색〉 버튼을 클릭합니다. 도서가 표시되면 (자료실) 탭을 선택합니다. 학습자료에서 파일을 다운로드한 다음 압축을 풀어 사용합니다.

예제 및 완성 파일
예제를 따라하면서 꼭 필요한 예제 파일과 완성 파일들을 파트별로 담았습니다. 작업한 내용을 저장하려면 실습하기 전에 하드 디스크에 폴더 채로 복사해 두고 사용하는 것이 좋습니다.

PART 1
혼자 영상을 만들 결심, 하셨나요?

AI 도구를 이용해 별도의 촬영 없이 영상을 제작하는 방법은 현재 영상 제작 업계에서 빠르게 성장하고 있는 트렌드 중 하나입니다. 전통적인 영상 제작 과정은 기획, 촬영, 편집 등 여러 단계를 거치며 많은 인력과 장비가 필요합니다. 하지만 AI 도구를 활용하면 이러한 과정 중 일부 또는 전부를 자동화할 수 있어, 제작 시간과 비용을 크게 줄일 수 있습니다. 예를 들어, 텍스트 기반의 스크립트를 입력하면 AI가 자동으로 애니메이션, 내레이션, 배경 음악을 추가하여 빠르게 영상을 생성할 수 있습니다.

AI 도구는 사용자가 상상하지 못했던 새로운 스타일이나 디자인을 제안할 수 있으며, 이를 통해 더욱 독창적인 콘텐츠를 제작할 수 있습니다. 또한, 데이터 기반의 분석을 통해 시청자의 취향과 반응을 예측하고, 그에 맞춰 콘텐츠를 수정하거나 최적화하는 작업도 보다 정교하게 수행할 수 있습니다. 이는 결과적으로 시청자에게 더 큰 인상을 남길 수 있는 콘텐츠를 만드는 데 도움을 줍니다.

이러한 AI 도구를 활용한 영상 제작은 효율적이고 창의적인 영상 제작 그리고 데이터 기반의 의사결정을 통해 영상 제작자에게 많은 장점을 제공합니다. 이는 빠르게 변화하는 디지털 미디어 환경에서 경쟁력을 유지하고자 하는 영상 제작자들에게 중요한 도구가 될 수 있습니다.

이제 혼자 AI 영상을 만들 결심, 하셨나요?

Project Learning : AI Video Contents Top 10

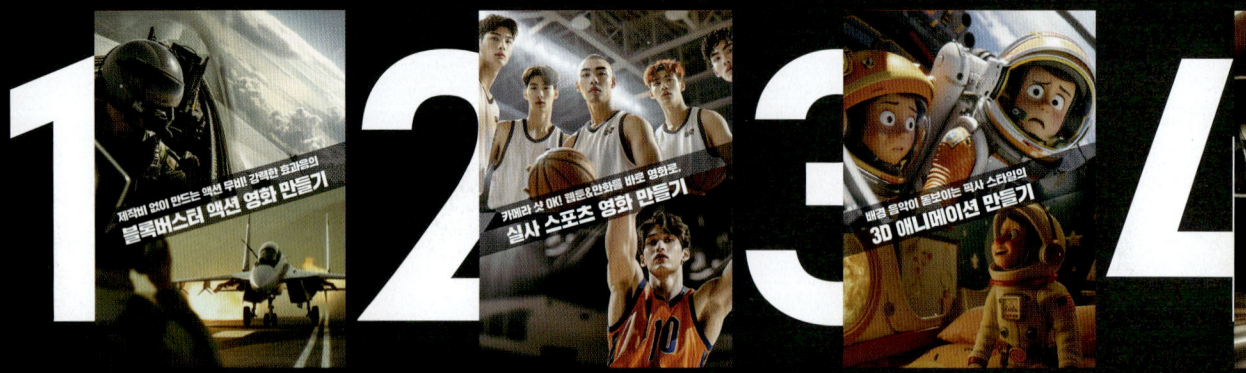

Section Learning : AI Prompt Engineering Contents

5	6	7
자동 자막과 내레이션, AI 음악이 돋보이는 **실사 예술 영화 만들기**	입에 착착 붙는 립싱크와 드라마틱한 영상까지 **청춘 드라마 영상 만들기**	관찰 시점과 엑스트라를 마음대로! **슈팅 게임 영상 만들기**

SECTION 1.
비용 걱정 No!
AI와의 협업 영상 시작하기

혼자 완성도 있는 영상을 만드는 과정에는 다양한 도전과 어려움이 있을 수 있습니다. 특히 영화 제작은 복잡한 작업이기 때문에 여러 가지 측면에서 어려움을 겪을 수 있습니다. 하지만 혼자서 영상을 만들 때 AI와 협업하여 작업하면 비용을 걱정하지 않고, 원하는 스토리라인과 장면을 생성하며, 상상했던 그래픽 효과로 영상을 구현할 수 있습니다.

01 영상 디렉터와 생성형 도구로서의 AI

AI 기술을 활용해 영상을 제작하는 과정에서 작업자의 창의력과 기술의 조화를 이루는 것이 중요합니다. AI는 강력한 도구로서 이미지를 생성하고, 영상을 편집하며, 복잡한 작업을 자동화할 수 있지만, 그 기반이 되는 스토리라인과 프롬프트는 인간의 창의력에서 비롯됩니다. 작업자가 창의적으로 스토리라인을 작성하고, 이를 AI 기능과 결합해 영상의 흐름을 결정하는 과정에서 AI는 보조적인 역할을 하며 창의적 상상력을 구현하는 도구로 활용됩니다.

이 과정에서 작업자는 AI에게 전적으로 의존하기보다는 AI의 기능을 전략적으로 컨트롤하며 원하는 결과를 만들어 냅니다. 예를 들어, 스토리보드를 먼저 구상하고, 각 장면에 필요한 감정과 메시지를 결정한 후, 이를 바탕으로 AI에게 구체적인 프롬프트를 작성해 이미지를 생성합니다. 이렇게 생성된 이미지는 다시 작업자의 시각적 기준에 따라 선택, 수정되고 보강되어 최종 결과물에 반영됩니다.

▲ 인물이 뛰어가는 한 장면도 창작자가 제어해야 하는 프롬프트(144쪽 참고)

결국, AI는 작업자의 창의적 아이디어를 실현시키는 데 강력한 도구로 작용하지만, 그 핵심은 여전히 인간의 창의력에 있습니다. 작업자는 AI를 통해 더 빠르고 효율적으로 작업을 진행할 수 있지만, 그 결과물이 진정한 창작적 가치를 가지기 위해서는 창의적인 통찰과 주도적인 컨트롤이 필수적입니다. AI 기술은 단순한 도구일 뿐이며, 그 도구를 어떻게 활용하느냐가 최종 작품의 품질을 결정짓는 중요한 요소입니다.

02 랜덤으로 한 장면만 걸려라?

창의력을 AI에게 넘기는 순간, 영상 작업자의 창의력은 AI 기능에만 의존하게 되어 이는 완성도 있는 영상을 만드는 데 어려움을 초래할 수 있습니다. AI는 방대한 데이터를 바탕으로 작업을 자동화하고 패턴을 학습하지만, 그 과정에서 독창성이나 인간의 감성적인 요소를 완벽하게 반영하지 못할 때가 많습니다. 결과적으로, 창의적 아이디어 없이 AI에 의존하면 영상은 독특한 주제나 새로운 시도를 담기 어려워지며, 평범하거나 예상 가능한 결과물에 그칠 위험이 있습니다. 인간의 창의력이 결여된 영상은 깊이와 개성이 부족해져, 진정으로 감동적이거나 혁신적인 작품을 만들어 내는 데 한계가 있을 수밖에 없습니다.

영상 제작에서 AI의 역할은 작업자의 상상력을 실현시켜 주는 도구입니다. AI는 창작자의 아이디어와 비전을 구체화하고, 이를 실제 영상으로 구현하는 과정을 돕습니다. 복잡한 기술적 요소를 AI가 처리하는 동안 작업자는 창의적 구상에 집중할 수 있어 상상 속의 이미지를 보다 쉽게 현실로 옮길 수 있습니다. AI는 단순히 작업을 자동화하는 것을 넘어, 창작자가 구상한 세계를 생생하게 펼쳐 보이는 도구로서 상상력을 무한히 확장시킬 수 있는 가능성을 제공하게 될 것입니다.

현실감 넘치는 영상을 제작하기 위해서는 탄탄한 스토리라인과 세부적인 디테일과 정교한 연출을 위한 프롬프트 작성, 실제 경험을 반영한 촬영 기법과 자연스러운 조명 키워드, 생동감 있는 사운드와 배경 음악 생성, 영상 편집 기법 등을 활용할 수 있어야 합니다. 이러한 제작 요소들이 결합되었을 때 시청자들은 영상에 몰입감을 높일 수 있습니다.

03 영상 제작을 위한 완벽한 트레이닝 방법

처음부터 AI에만 의존하여 영상을 생성하는 방식은 구체적이고 디테일한 프롬프트 작성 능력을 향상시키는 데 한계가 있습니다. 이러한 접근 방식은 프롬프트 작성 과정에서 필요한 세밀한 조정과 개선의 기회를 줄이며, 결과적으로 AI가 생성한 영상에 의존할 수밖에 없는 상황을 초래할 수 있습니다. AI 도구가 제공하는 결과물에 의존하게 되면, 장면의 디테일이나 구체적인 요구 사항을 충족하기 위한 프롬프트 조정 기술이 충분히 학습되지 않습니다.

머릿속의 장면을 AI 도구를 이용하여 영상으로 구현하는 완벽한 트레이닝 방법은 다음과 같이 진행됩니다. 우선 주어진 장면의 시각적 디테일과 분위기를 정확히 잡기 위해 기존 영상의 대조군을 설정합니다. 이 대조군은 목표로 하는 장면과 유사한 특성을 지닌 영상들로 구성되어야 합니다. 이렇게 하면, AI 도구가 생성할 영상이 대조군과 얼마나 유사한지를 평가할 수 있는 기준을 마련할 수 있습니다.

◀ 영화 '매버릭'의 한 장면을 대조군으로 정하고 미드저니로 생성한 이미지

◀ 관찰 시점을 변경하면서 스토리라인에 맞는 장면 제작

대조군 영상이 없다면, 목표 장면과 생성된 영상 사이의 차이를 효과적으로 분석하고 개선점을 찾아내는 것이 어려워지며, 이는 프롬프트의 정확성과 세밀함을 기르는 데 방해가 됩니다. 결과적으로, 생성된 영상이 초기의 모호한 프롬프트에 따라 제한된 형태로 완성될 가능성이 높고, 이로 인해 기대하는 시각적 품질이나 구체적인 요소를 제대로 구현하기 어려운 상황이 발생할 수 있습니다. 따라서 대조군 영상을 활용하여 지속적으로 피드백을 받고 수정 작업을 반복하는 과정이 프롬프트 작성 능력을 키워 최종 결과물의 품질을 높이는 데 필수적입니다.

과정 1 기존 영상 분석 및 대조군 선정하기

장면의 구성 요소와 스타일을 분석하기 위해 여러 기존 영상을 수집합니다. 이 영상들은 목표 장면과 시각적으로 비슷하거나 관련이 있어야 합니다. 대조군으로 삼을 영상들을 선정하고, 이 영상들의 시각적 특징과 분위기를 정리하여 AI 도구에 입력할 프롬프트를 준비합니다.

과정 2 프롬프트로 이미지 소스와 영상 생성하기

첫 번째 영상을 생성합니다. 이 과정에서는 기본적인 설정만 사용하고, 생성된 영상은 대조군 영상들과 비교하여 얼마나 유사한지를 평가합니다.

과정 3 생성 영상과 대조군 영상 비교 및 피드백하기

생성된 영상과 대조군 영상을 비교하여 차이점을 분석합니다. 이 단계에서는 시각적 요소뿐만 아니라 분위기, 조명, 색상, 구성 등을 면밀히 검토합니다. 비교 결과를 바탕으로 어떤 부분이 부족한지, 어떤 요소가 개선이 필요한지를 파악합니다.

프롬프트 a Male Pierrot maked up with make-up tools in front of the mirror in the dressing room

한글 번역 분장실 거울 앞에서 화장 도구로 피에로 분장을 하는 남자

프롬프트 a Male Pierrot maked up with make-up tools in front of the mirror in the dressing room, Cinematic

한글 번역 분장실 거울 앞에서 화장 도구로 피에로 분장을 하는 남자 + 영화 특유의 시각적, 감정적 표현

과정 4 영상 수정 및 재생성하기

피드백을 반영하여 AI 도구의 설정을 조정하거나 입력 프롬프트를 수정합니다. 수정된 설정으로 새 영상을 생성하고, 이 과정을 반복하여 장면이 대조군 영상과 점점 더 유사해지도록 합니다.

이 과정에서 수백 번의 생성과 수정 작업이 반복될 수 있으며, 각 반복은 점진적으로 목표 장면에 가까워지도록 합니다.

▲ 베스트 컷을 만들기 위해 생성되고 수정되거나 버려지는 AI 영상들

과정 5 최종 검토 및 세부 조정하기

여러 번의 생성과 수정 과정을 거친 후, 최종 영상을 대조군과 세심하게 비교하여 모든 요소가 적절히 구현되었는지 검토합니다. 필요한 경우, 마지막으로 세부적인 조정을 통해 목표 장면에 완벽하게 부합하도록 만듭니다.

이러한 반복적이고 체계적인 접근 방식은 AI 도구가 점점 더 정교하게 장면을 생성할 수 있도록 돕습니다. 각 반복 과정에서 얻은 피드백을 통해 AI 도구의 성능을 극대화하고, 머릿속의 장면을 실질적이고 시각적으로 충실한 영상으로 구현하는 데 필요한 정확성을 기를 수 있습니다.

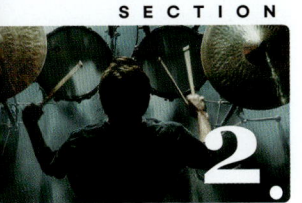

SECTION 2.
원하는 영상을 잘 뽑아내는 10가지 영상 제작 법칙

AI 기능을 활용하여 머릿속에 상상하는 장면을 영상으로 효과적으로 구현하고 제작하기 위해 알아야 할 10가지 중요한 법칙에 대해 알아보겠습니다. 이 법칙들은 창의적인 아이디어를 구체적인 영상으로 전환하는 과정을 소개하며, AI 기술을 최대한 활용하여 시청자에게 감각적이고 완성도 있는 영상을 제공할 수 있도록 도와줄 것입니다.

01 아이디어 구상 및 스토리라인 작성은 구체적으로 질문한다

상업 영상을 제작할 때, 일반적으로 작가나 감독이 스토리의 기본 아이디어를 구상하고, 이를 바탕으로 구체적인 스토리라인을 작성합니다. 작가는 스토리의 핵심 개념을 발전시켜 이야기의 흐름과 구조를 설계하고, 감독은 대본을 바탕으로 시각적, 감정적 방향성을 제시하며, 스토리가 어떻게 화면에 표현될지를 결정합니다. 이를 통해 감독은 카메라 앵글, 조명, 색채, 그리고 배우의 연기 등을 통해 스토리를 시청자에게 효과적으로 전달합니다. 프로듀서는 이 과정에서 스토리의 개발을 지원하고, 필요한 자원과 인력을 조율합니다. 또한, 프로듀서는 스토리 아이디어나 방향성에 대해 대안을 제안하며, 제작 과정의 전반적인 관리와 조정을 담당합니다.

이처럼 영상의 재미와 흥미로움은 스토리의 기본 아이디어와 구체적인 스토리라인에서 크게 결정됩니다. 따라서 스토리의 기초가 튼튼해야 전체적인 영상이 성공적으로 완성될 수 있습니다. 혼자서 이러한 작업을 진행할 경우, 챗GPT를 활용하여 아이디어를 브레인스토밍하는 방법이 매우 유용할 수 있습니다.

브레인스토밍(Brainstorming)은 창의적 문제 해결과 아이디어 생성을 위한 사고 기법으로, 다양한 아이디어를 자유롭게 떠올리고 탐색하는 과정입니다. 이 방법을 사용하면 챗GPT에게 구체적인 질문을 던져 새로운 아이디어를 찾고 확장하는 데 도움을 받을 수 있습니다. 예를 들어, "이 장면에서 주인공이 겪는 갈등을 어떻게 표현하면 좋을까요?" 또는 "캐릭터의 배경과 목표를 어떻게 설정하면 스토리에 깊이를 더할 수 있을까요?"와 같은 질문을 통해 다각도로 아이디어를 개발할 수 있습니다.

이 과정에서 챗GPT는 다양한 아이디어를 제안하고, 구체적인 스토리라인을 구축하는 데 필요한 창의적인 인사이트를 제공할 수 있습니다. 따라서 혼자서도 효율적인 아이디어를 구상하고, 스토리를 발전시키는 데에는 챗GPT의 도움을 받는 것이 매우 효과적입니다.

◀ NG!, NG!, NG! OK CUT!

▼ AI 영상 제작에서 필요한 창작자의 선택과 판단하는 안목

챗GPT에게 질문할 때는 가능한 한 구체적인 정보를 제공하여 효과적인 브레인스토밍을 진행하는 것이 중요합니다. 예를 들어, 캐릭터의 성격, 배경, 목표를 구체화하는 데 도움을 받을 수 있고, 이를 통해 스토리라인을 더욱 풍부하게 만들 수 있습니다. "주인공의 배경을 어떻게 설정하면 좋을까요?"라는 질문을 통해 주인공의 출신, 과거의 사건, 현재의 심리 상태를 구체적으로 정리할 수 있습니다. 또는 "캐릭터의 모험 장면의 장소와 스토리를 구체적으로 발전시켜 주세요"라는 질문을 통해 캐릭터가 어떤 환경에서 모험을 겪는지, 그 모험이 스토리에 어떻게 영향을 미치는지 상세히 설정할 수도 있습니다.

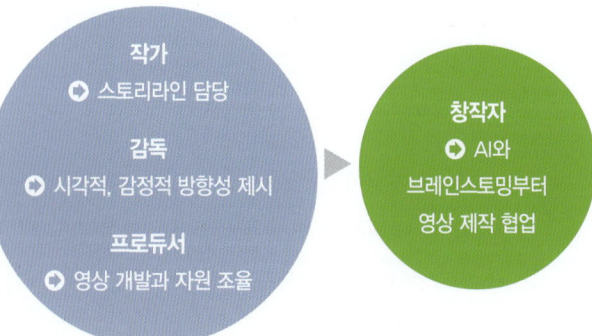

▲ 작가와 감독, 프로듀서의 통합 조력자, AI

이와 함께, 각 장면의 전개와 중요한 요소를 정리할 때도 챗GPT에게 도움을 요청할 수 있습니다. 예를 들어, "캐릭터가 우주선을 이용하여 달에 도착하는 장면을 작성해 주세요"라는 요청을 통해 우주선의 내부와 외부, 달에 도착했을 때의 분위기와 캐릭터의 반응을 구체적으로 묘사할 수 있습니다.

"이 장면을 더 드라마틱하게 만들려면 어떻게 해야 할까요?"라는 질문을 통해 긴장감과 감정의 강도를 높이기 위한 시각적, 음향적, 서사적 요소를 추가하여 장면의 임팩트를 강화할 수 있습니다.

이러한 구체적인 질문과 요청을 통해 챗GPT와의 대화는 보다 심도 깊은 스토리 개발에 기여하며, 스토리라인을 완성해 나가는 과정에서 실질적이고 창의적인 도움을 받을 수 있습니다.

 어린이를 위한 3D 애니메이션 영화를 만들려고 해. 어린이 방에서 탈출한 주인공들이 우주선을 이용하여 달에 도착하지만 시공간을 초월하여 자신의 방에 연결되는 스토리로 장면을 작성해 줘.

 장면 1 : 어린이 방 탈출
어린이 방은 장난감들로 가득 차 있습니다. 햇빛이 밝게 비추는 2층 창문을 통해 우주로 출발하기로 결심한 우주복을 입은 아이들은 다른 장난감 친구들에게 작별 인사를 합니다. "우리의 모험이 여기서부터 시작 돼."라고 말하며 아이들은 창문을 향해 걸어갑니다.

(중략)

장면 3 : 우주 정거장
아이들은 우주 정거장에 도착하여 어두운 통로를 조심스럽게 걸어가다 우주선 내부로 숨어듭니다. "여기서부터는 계획대로."라고 다짐하며 조작 방법을 모르지만 좌충우돌 끝에 우주선을 출발시키는 데 성공합니다. 우주선이 서서히 움직이기 시작하자 "이제 진짜 모험이 시작됐어."라고 말합니다.

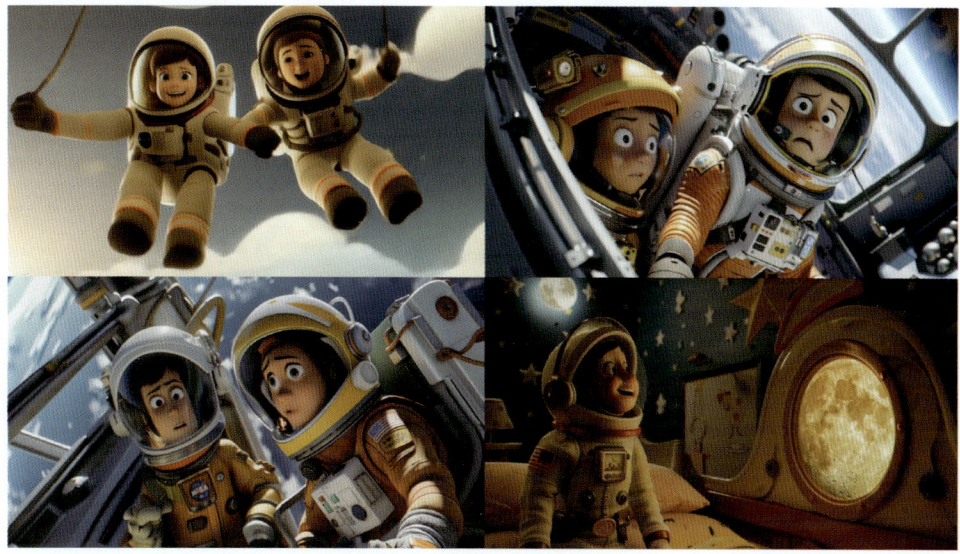

▲ 챗GPT를 이용하여 탄탄하게 스토리라인을 만들어 구성한 장면(318쪽 참고)

02 완성도 있는 영상은 디테일한 이미지 생성으로 결정된다

생성형 AI 이미지 도구로 만든 이미지는 영상 제작 과정에서 기본적인 시각적 요소를 제공합니다. 이러한 이미지는 영상의 전체적인 톤과 스타일을 결정짓는 중요한 역할을 하며, AI 기반 영상 도구를 활용하여 이미지에 생동감을 더하고 움직임을 부여할 때 그 중요성은 더욱 부각됩니다. 따라서 생성형 AI 이미지 도구로 생성한 이미지는 단순한 비주얼 이상의 가치를 지니며, 최종 영상의 품질과 효과를 결정짓는 핵심 요소로 작용합니다. 생성형 AI 이미지 도구로 영상을 위한 이미지를 효과적으로 생성하려면 다음의 이미지 생성 전략을 유의해야 합니다.

프롬프트 세밀화

프롬프트 세밀화는 미드저니와 같은 AI 이미지 생성 도구에서 원하는 이미지를 정확하게 얻기 위해 프롬프트를 신중하고 구체적으로 작성하는 과정입니다.

먼저 영상의 주제에 맞게 이미지의 기본 주제를 명확히 합니다. '중세의 성'이나 '판타지 느낌의 가상의 시대'와 같은 구체적인 주제를 명시합니다. 주제가 정해졌다면 원하는 예술적 스타일이나 기법을 지정합니다. '인상파 스타일', '현대적 미니멀리즘', '클래식 유화' 등의 스타일을 명시합니다. 스타일에는 원하는 색상 팔레트를 명확히 합니다. '따뜻한 오렌지와 붉은 색조' 또는 '차가운 파란색과 회색' 등의 형태로 색상을 지정할 수 있습니다.

인물이 포함된 경우, 그들의 외모, 의상, 자세를 '긴 머리의 투구를 쓴 여성', '흰색 망토가 달린 중세 갑옷을 입은 무사' 등 세부적으로 묘사합니다. 다음으로는 배경에 포함될 세부 요소를 설명합니다. '산악 배경', '토네이도가 부는 하늘', '낙엽이 날리는 바람' 등 구체적으로 명시합니다.

▲ 세부적인 묘사를 통해 영상의 감정적 톤을 제대로 전달 가능(118쪽 참고)

비주얼 일관성 유지

비주얼 일관성 유지는 이미지와 영상 제작에서 중요한 요소로, 다양한 이미지와 장면이 하나의 통일된 스타일과 톤을 유지하는 과정입니다. 이는 영상의 전체적인 품질과 시청자의 몰입도를 높이는 데 중요한 역할을 하고, 모든 이미지와 장면이 동일한 아트 스타일을 유지하도록 합니다. 예를 들어, 전체 영상이 현대적이고 미니멀한 스타일을 가진다면, 생성된 모든 이미지도 이 스타일에 맞추어야 합니다. 스타일은 사실적일 수도 있고, 추상적일 수도 있으나 스타일의 기준을 정하여 일관되게 유지하는 것이 중요합니다.

모든 이미지가 동일한 주제나 메시지를 전달하도록 합니다. 예를 들어, 영상의 주제가 '판타지'라면, 모든 이미지가 이 주제를 일관적으로 반영해야 합니다. 따라서 영상의 스토리라인이나 서사적 흐름에 맞추어 모든 이미지가 연결되게 하고, 장면 간의 자연스러운 전환과 일관된 서술을 유지하는 것이 중요합니다.

▶ 세부 묘사를 통해 캐릭터의 특정 의상이나 소품의 위치, 행동 방식 등 비주얼적인 일관성 유지

영상 시퀀스 계획

영상의 흐름을 고려하여 필요한 이미지 시퀀스를 계획합니다. 시퀀스 계획은 영상 제작 과정에서 장면의 흐름과 구조를 체계적으로 설계하는 작업으로, 영상이 자연스럽게 전개되도록 보장하는 중요한 과정입니다. 시퀀스 계획을 통해 각 장면이 어떻게 연결되고 전체 이야기의 흐름을 어떻게 이끌어 가는지를 결정할 수 있습니다.

AI 기능을 이용하여 이미지를 생성할 경우 주요 장면과 전환 장면에 맞는 이미지를 준비해 두면 영상의 흐름이 자연스럽습니다. 영상을 편집할 경우에는 여분의 영상(B-roll : 영상 제작에서 주요 장면을 보완하거나 강화하기 위해 사용되는 보조 영상 또는 추가 촬영된 장면)이 필요한 경우가 의외로 많습니다.

B-roll 영상은 편집 과정에서 불가피하게 발생하는 점프 컷(Jump cut : 영화나 영상 편집에서 동일한 카메라 앵글에서 촬영된 연속적인 장면 사이에 시간의 흐름을 표현하기 위해 중간의 일부를 삭제하고 나머지를 연결하는 편집 기법)이나 장면 간의 부드러운 전환을 위해서도 필요하며, 추가 영상이 있으면 전체 영상의 길이를 조절하는 데 도움이 됩니다. 필요한 경우 여분의 영상을 추가하여 영상의 길이를 늘리거나, 불필요한 부분을 삭제하여 더 짧게 만들 수 있습니다.

03 프롬프트와 스크립트에 핵심 키워드를 심어라

AI 도구로 영상을 만들 때 프롬프트를 작성할 때, 영상의 스토리와 구도, 카메라 렌즈 효과와 조리개 수치, 그리고 장면을 효과적으로 기술하는 것이 중요합니다.

우선 영상의 스토리를 잘 작성하는 것이 핵심입니다. 스토리는 영상의 핵심 메시지를 전달하고, 시청자에게 명확한 경험을 제공합니다. 이를 위해 스토리라인을 세분화하여 각 장면의 목표와 흐름을 명확히 합니다. 예를 들어, "도입부에 대학 캠퍼스에서 두 남녀 학생이 교정을 걷는 장면과 놀이공원에서 서로를 응원하는 대사와 함께 주인공의 얼굴이 잘 보이도록 영상 장면을 생성해 주세요"라고 구체적으로 서술합니다.

다음으로, 영상의 구도를 명확히 정의하여 장면의 시각적 배치를 구체화합니다. 구도는 장면 내 요소들이 어떻게 배치될지를 결정하며, 시청자의 시선을 끌고 메시지를 효과적으로 전달하는 데 중요한 역할을 합니다. 예를 들어, "주인공을 화면 중앙에 배치하고, 배경은 흐릿하게 처리하여 주인공이 돋보이게 합니다"와 같이 구체적인 구도를 기술합니다.

카메라 조리개와 관련해서는 조리개의 크기를 설정하여 장면의 깊이와 초점 범위를 제어할 수도 있습니다. 카메라 조리개가 장면의 느낌을 크게 좌우할 수 있으므로, 원하는 효과를 고려하여 명시합니다. 예를 들어, "F 1.2 값의 조리개가 세팅된 85mm 렌즈를 장착한 소니 fx9 카메라로 촬영한 결과물을 보여 줍니다"라는 형식으로 설명합니다.

▲ 얕은 심도를 프롬프트로 입력하여 야경의 불빛을 표현한 보케 효과(345쪽 참고)

> **프롬프트** The F 1.2 aperture setting uses a Sony fx9 camera with an 85mm lens to blur the background and separate subjects.

영상 장면을 작성할 때는 각 장면의 세부 사항을 구체적으로 기재합니다. 장면의 시작과 끝, 주요 액션, 대사, 그리고 배경을 상세히 기술하여 AI 도구가 장면을 정확하게 재현할 수 있도록 합니다. 예를 들어, 장면 1에서는 "잘생긴 한국인 남자와 예쁜 한국인 여자 커플이 대학 캠퍼스를 걷고 있다. 남자는 대학 야구 자켓을 입고 있고, 여성은 화사한 드레스를 입고 있으며, 둘은 우산을 같이 쓰고 있습니다."와 같이 장면의 구체적인 요소를 설명합니다.

> **프롬프트** A handsome Korean man and a pretty Korean girl couple are walking on campus. A man is holding an orange umbrella. A man is wearing college baseball jacket, a woman is wearing lovely dress, The two of them share an umbrella.

이러한 정보를 종합하여 프롬프트를 작성하면, AI 도구는 스토리와 구도, 카메라 설정, 장면 구성 등 모든 요소를 통합적으로 고려하여 보다 정교하고 일관된 영상을 생성할 수 있습니다. 이를 통해 최종 결과물이 원하는 메시지를 효과적으로 전달하고, 시각적으로도 매력적인 콘텐츠를 제공할 수 있습니다.

04 캐릭터를 명확하게 설정하라

영화 제작에서 캐릭터의 성격을 명확하게 정하는 것은 매우 중요합니다. 캐릭터의 성격은 이야기의 진행, 관객의 감정적 반응, 그리고 영화의 전체적인 메시지와 밀접하게 연결되어 있기 때문입니다. 명확한 성격 설정은 캐릭터가 영화 내내 일관된 행동과 반응을 보일 수 있게 합니다. 이는 이야기의 흐름을 자연스럽게 만들고, 관객이 캐릭터의 행동을 이해하고 공감하는 데 도움을 줍니다.

▲ 웹툰 이미지에 캐릭터의 개성을 부여하여 만든 실사 인물 영상(274쪽 참고)

각 캐릭터가 명확한 성격을 가질 때, 그들이 이야기에서 어떤 역할을 하는지 그리고 어떻게 이야기의 진행에 기여하는지를 더 쉽게 이해할 수 있습니다. 특히 주인공과 주요 캐릭터들의 성격은 이야기의 주제를 전달하는 데 중요한 역할을 합니다. 명확한 성격은 캐릭터 간의 갈등을 더욱 명확하게 만들고, 이를 통해 이야기에 긴장감을 부여합니다. 또한, 캐릭터가 변화하거나 성장하는 모습을 보여 줄 때, 그 변화가 더욱 드라마틱하게 느껴지도록 돕습니다.

영화에서 캐릭터의 성격은 그들의 외모와 밀접한 관계가 있습니다. 외모는 캐릭터를 시청자에게 인식시키고, 그들의 본질을 전달하는 데 중요한 역할을 합니다. 또한, 시청자가 캐릭터를 첫눈에 이해하고 그들의 성격을 직관적으로 파악하는 데 중요한 역할을 합니다. 외모는 시각적 요소로서 캐릭터의 내면을 반영하거나 경우에 따라서는 그것과 상반되는 역할을 할 수 있습니다.

외모는 캐릭터의 성격을 강화할 수 있습니다. 예를 들어, 강인하고 냉철한 성격의 캐릭터는 날카로운 턱선, 어두운 색의 옷, 강렬한 눈빛 등의 외모로 묘사될 수 있습니다. 외모가 성격과 대조되는 경우, 캐릭터는 더 복잡하고 흥미로운 인물로 그려질 수도 있습니다.

AI를 활용하여 캐릭터를 생성할 때, 캐릭터의 성격을 외모를 통해 잘 표현하는 것은 캐릭터 디자인의 중요한 요소입니다. 성격을 시각적으로 전달하기 위해서는 외모의 다양한 요소들을 활용할 수 있습니다.

> **프롬프트** Name is Go Hyun-soo, bald hair, a muscular body, basketball player in Orange uniform.

> **한글 번역** 이름은 고현수, 민머리, 근육질 몸, 주황색 유니폼의 농구 선수

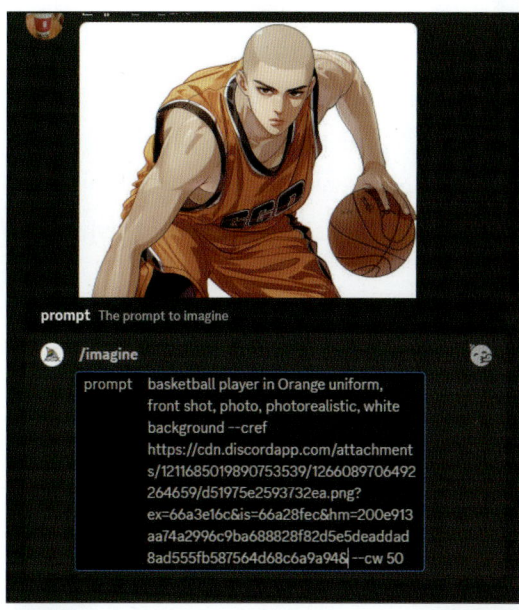

> **프롬프트** Name is Park Kyung-Ho, straight hair, he has a round body shape, he is overweight, a white skin, basketball player in Orange uniform.

> **한글 번역** 이름은 박경호, 직모, 살집이 있는 동글한 체격, 하얀 피부, 주황색 유니폼의 농구 선수

05 다양한 장면 연출을 위해 시점과 샷을 활용하라

AI 도구를 이용하여 영상을 제작할 때, 시점을 효과적으로 활용하면 다양한 장면을 연출하는 데 큰 도움이 됩니다. AI를 통해 시각적 스타일을 자동화하거나 특정 장면을 연출하는 데 도움을 받을 수 있지만, 기본적인 시점에 대한 이해를 해야 합니다.

▲ 3인칭 시점

▲ 1인칭 시점

▲ 드론 카메라 시점

카메라가 캐릭터의 눈 위치에 배치되어 관객이 캐릭터의 시각으로 세상을 보게 하는 '1인칭 시점(First-Person View)'과 카메라가 캐릭터를 약간 뒤에서 따라가거나 앞에 위치하여 캐릭터와 환경을 함께 보여 주는 '3인칭 시점(Third-Person View)'은 영상 시점의 기본이기도 합니다. 요즘은 드론의 발전으로 인해 드론 카메라 시점도 많이 사용됩니다.

드론 카메라 시점은 드론을 이용해 촬영된 영상을 의미하며, 독특한 시각적 효과와 다양한 연출 가능성을 제공합니다. 드론 카메라는 기존의 고정된 카메라나 손으로 들고 사용하는 카메라와 달리, 높은 고도에서부터 낮은 고도까지 다양한 각도와 움직임을 자유롭게 촬영할 수 있습니다.

같은 영화 장면이라도 시점에 따라 완전히 다른 느낌을 줄 수 있으며, 다양한 연출이 가능합니다. 시점은 관객이 장면을 어떻게 인식하고 해석하는지에 대해 직접적인 영향을 미치기 때문에 시점을 변경하면 같은 상황도 전혀 다른 분위기나 의미로 전달될 수 있습니다.

06 AI가 생성한 영상과 소스를 분리하고 결합하여 합성하라

AI가 만든 영상을 그대로 사용하는 것만으로도 훌륭한 결과를 얻을 수 있지만, 보다 독창적이고 전문적인 영상을 만들기 위해서는 구성 요소를 분리하거나 합성하는 편집 과정이 매우 중요합니다. 이 과정을 통해 영상을 더욱 정교하게 다듬고, 창의적인 요소를 추가하여 원하는 메시지를 더욱 효과적으로 전달할 수 있습니다.

AI로 만든 영상에서 배경과 인물을 분리하여 수정하는 과정은 영상 소스를 준비하거나 영상 제작 이후의 작업에서 중요한 작업 중 하나입니다. 이 작업은 영상의 각 요소를 개별적으로 편집할 수 있게 해 주어 창의적이고 정교한 수정이 가능합니다.

다음의 영상은 회전목마가 회전하는 배경 영상과 인물이 상대방과 말하는 영상을 합성하여 자연스러운 영상 장면이 되도록 합성 편집 작업을 한 예제입니다. AI가 배경의 영상과 인물 영상을 동시에 자연스럽게 구현할 수도 있지만, 작업자의 의도에 맞지 않는 경우가 발생하기도 하고, 디테일한 부분이 영상으로 제대로 표현되지 못하는 경우도 있습니다. 이러한 경우 특정 영상을 각각 생성한 다음 합성 편집하는 방법으로 완벽한 영상 제작이 가능합니다.

▲ 회전하는 회전목마 배경 영상

▲ 말하는 인물 영상

▲ 회전하는 회전목마 배경에서 말하는 인물 영상(362쪽 참고)

이러한 작업을 위해서는 생성된 이미지의 배경을 제거하는 방법부터 영상 편집 프로그램에서 AI로 생성된 영상을 실제 촬영된 영상과 결합할 때, 배경을 분리하거나 새로운 영상과 합성이 가능한 그린 스크린(크로마키) 기술을 알아야 합니다. 이때 색상 매칭이나 조명 효과를 조정하여 자연스러운 합성을 만들면 자연스러운 합성 영상이 가능합니다.

▲ 영상 합성 편집 기술을 배울수록 얻을 수 있는 완성도 있는 영상 결과물(371쪽 참고)

07 현실감 있는 몰입감은 사운드에서 나온다

영상에서의 사운드는 단순히 영상의 배경에 깔리는 소리가 아니라, 감정, 서사, 몰입감을 조절하고, 관객이 이야기와 캐릭터를 더 잘 이해하고 느낄 수 있도록 돕는 중요한 요소입니다. 효과적인 사운드 디자인은 영상의 전체적인 품질과 관객의 경험을 크게 향상시킬 수 있습니다.

사운드는 영상의 감정적 톤을 설정하고 강화합니다. 배경 음악, 음향 효과, 대화의 톤 등은 각각의 장면에서 느껴야 할 감정을 강조하는 데 중요한 역할을 합니다. 예를 들어, 슬픈 장면에서 느린 템포의 음악이나 조용한 음향은 관객의 감정적 반응을 유도할 수 있습니다.

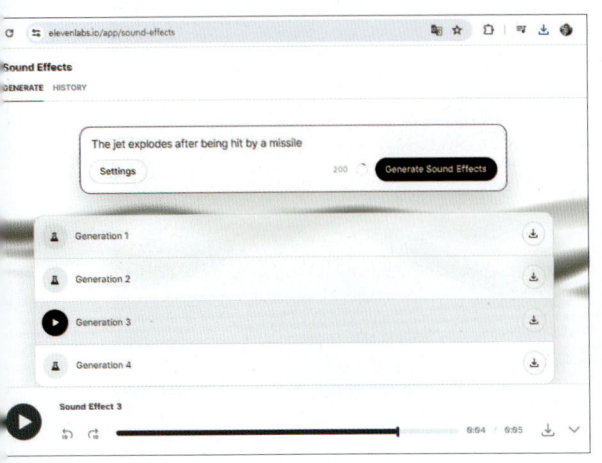

특히 사운드는 영상의 몰입감을 크게 향상시킵니다. 현실감 있는 음향 효과와 배경 음악은 관객이 화면 속 세계에 더 깊이 빠져들게 합니다. 특정 장소에 맞는 이펙트 사운드나 도시의 배경 소음 등은 장면의 공간적 느낌을 강화합니다. 이러한 사운드는 영상의 리얼리즘을 강화하며, 사실적인 환경을 만드는 데 기여합니다.

◀ 일레븐랩스에서 장면을 묘사하는 프롬프트를 입력하여 생성한 효과음(248쪽 참고)

사운드 생성도 단순하게 리스트에서 어울리는 음원을 선택하는 방법을 넘어 AI 프롬프트를 이용하여 사운드가 사용될 상황을 입력하여 원하는 사운드로 생성이 가능합니다. 예를 들어, 비행기 조종사와 관제사 간의 통화음을 생성할 때는 다음과 같이 일레븐랩스에서 프롬프트를 이용하여 가장 최적의 효과음을 생성할 수 있습니다.

프롬프트 Fighter jets are taking off in airport. a man is on the phone with the control room

한글 번역 전투기가 공항에서 이륙하고 있다. 한 남자가 관제실과 통화를 하고 있다.

프롬프트 The pilot is flying the jet

한글 번역 조종사가 제트기를 조종하고 있다.

| 프롬프트 | Missiles are launched from the plane |

한글 번역 비행기에서 미사일이 발사된다.

| 프롬프트 | The jet explodes being hit by a missile |

한글 번역 미사일에 맞아 제트기가 폭발한다.

영화에서 음악은 배경 음악 이상의 의미를 가지며, 영화의 전체적인 경험을 풍부하게 만들기 위해 다양한 방식으로 활용됩니다. 영화 음악은 장면의 감정을 강화하고, 관객이 인물의 감정 상태를 더 깊이 이해할 수 있도록 돕습니다. 예를 들어, 슬픈 장면에서의 서정적인 음악은 슬픔을 더욱 부각시키고, 감정적으로 관객을 몰입하게 합니다.

또한, 캐릭터에게 독특한 테마를 부여하여 캐릭터의 성격과 감정 상태를 표현합니다. 예를 들어, 영웅 캐릭터에게는 용감하고 격렬한 음악을, 악당 캐릭터에게는 음침하고 불안한 음악을 부여하여 그들의 성격을 강조합니다. 예를 들어, 얼굴은 웃고 있지만, 슬픔에 잠겨 있는 피에로에게 어울리는 배경 음악은 어떻게 만들 수 있을까요? 수노 AI를 이용하면 영상에서 느낄 수 있는 감정선(Emotional lines)의 핵심 키워드를 입력하여 간단하게 배경 음악을 만들 수 있습니다.

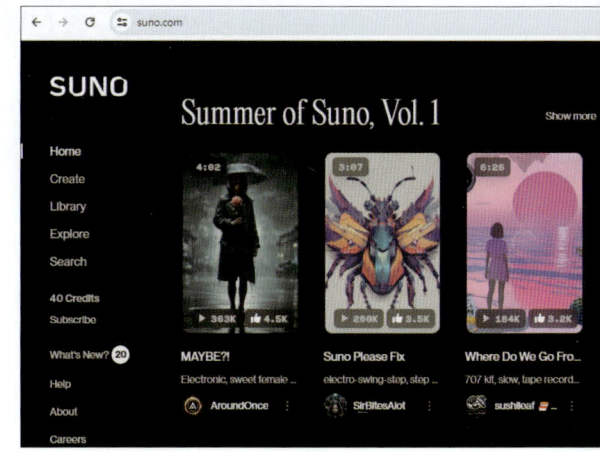

▲ 음악을 프롬프트로 묘사하여 음원을 생성할 수 있는 수노 AI
(398쪽 참고)

현실은 슬픔에 잠겨 있지만, 관객 앞에서는 웃어야 하는 주인공의 감정선을 강화시키기 위해 생성하려는 음악의 키워드를 다음과 같이 입력하여 배경 음악의 음원을 생성하였습니다.

프롬프트 Pierrot movie, dark, blues, depress mood

한글번역 피에로 영화, 어둡고, 우울하고, 감정을 침체시키다.

08 목적에 맞는 AI 도구를 선택적으로 사용하고 결합하라

영상 제작에 있어서 AI 도구의 선택은 영상의 디테일을 완성하는 지름길입니다. 특정 영상의 색감, 피사체의 움직임, 혹은 디테일한 인간의 신체 묘사와 같은 다양한 요구 사항에 최적화된 도구를 사용하는 것이 필요합니다. 단일 도구에 의존하기보다는 각 도구의 특성과 강점을 충분히 이해하고 폭넓게 테스트해 보는 것이 중요합니다. 다양한 도구를 사용함으로써 각 도구의 장점과 제한점을 파악하고, 특정 영상의 목표와 요구에 가장 적합한 도구를 선택할 수 있습니다.

영상 소스를 위한 생성형 AI 이미지 도구

- **챗GPT, 빙 이미지 크리에이터 기반의 DALL-E**
  사용자가 입력한 텍스트 설명을 바탕으로 빠르고 간단하게 이미지 생성, 피사체의 동일성을 유지하면서 수정할 수 없다. 보고서나 간단한 문서 작성 시 편리하다.

- **포토샵 생성형 AI**
  프로젝트 형태의 이미지 생성보다는 기존 이미지를 기반으로 부분적인 이미지 수정과 편집이 편리하다. 손가락이나 발가락 등 특정 부위의 생성이 어렵다.

- **미드저니 & 스테이블 디퓨전**
  높은 품질과 옵션을 제공하여 사용자가 요구하는 특정 스타일이나 요소를 생성, 수정, 발전시킬 수 있다. 사실적이고 세밀한 영상 소스 이미지 생성에 적합하다.

색감과 조명 조정이 중요한 영상이라면, 색상 보정에 강점을 가진 도구를 사용하여 원하는 색감을 구현할 수 있습니다. 반면, 복잡한 피사체의 움직임이나 고해상도의 세밀한 신체 묘사를 필요로 하는 영상은 그에 특화된 도구를 선택하여 더욱 완성도 있는 결과물을 얻을 수 있습니다. 이러한 접근 방식은 영상의 품질과 목적에 맞는 최적의 결과를 제공하며, 최종적으로는 제작 과정의 효율성을 높이는 데 기여할 수 있습니다. 따라서 AI 영상 제작에 있어 도구의 폭넓은 활용과 실험은 성공적인 결과물을 얻기 위한 필수적인 과정이라 할 수 있습니다.

◀ 스테이블 비디오에서 텍스트 프롬프트로 생성한 영상

▲ 스테이블 비디오로 구체적인 동작보다는 움직이는 이미지 효과를 표현한 영상

영상 제작을 위한 생성형 AI 영상 도구

- **스테이블 비디오(Stable Video)**
  Stable Diffusion의 기술을 기반으로 한 비디오 생성 도구로, 기존 비디오의 스타일을 변경하거나 텍스트 설명에 맞는 시각적 스타일을 적용하여 새로운 비디오를 생성할 수 있다. 창의적인 콘텐츠나 숏폼이나 쇼츠 등 짧은 클립을 제작하는 데 유용하다.

- **루마 AI(Luma AI)**
  전문화된 영상 생성에 특화된 AI 도구로, 자연스러운 동작과 애니메이션 생성이 가능하다. 미드저니에서 생성한 이미지를 이용한 영상 제작에 적합하다. 영화나 CF, 3D 애니메이션 등 스토리라인을 살리면서 다양한 장면 연출이 필요한 영상 제작에 유용하다.

◀ 미드저니로 생성한 캐릭터 이미지

▲ 루마 AI로 미세한 파티클과 배경 변화, 캐릭터의 구체적인 동작을 표현한 모습

09 생성된 AI 영상을 편집하는 실력을 키워라

AI 도구를 활용해 생성한 영상은 일종의 원재료, 즉 소스 영상입니다. 이 소스를 얼마나 잘 다듬고 완성도 있게 편집하느냐가 최종 영상의 품질과 효과를 결정짓는 핵심 요소가 됩니다. 아무리 뛰어난 AI 도구를 사용하더라도, 그 결과물은 항상 사용자 고유의 창의성과 편집 기술력이 더해질 때 비로소 빛을 발합니다. 그래서 영상 제작자는 AI 도구의 결과물을 단순히 받아들이는 것에 그치지 않고, 그 소스를 어떻게 편집하고 가공할지에 대한 깊은 고민과 기술적 실력을 갖춰야 합니다.

▲ AI로 생성한 자동차 소스 영상과 최종 영상 편집 결과물. 어떻게 편집하느냐에 따라 상품성이 결정되는 AI로 생성한 소스 영상(186쪽 참고)

간단한 영상 편집에는 직관적이고 빠른 편집이 가능한 캡컷(CapCut)과 같은 편집 도구가 유용합니다. 캡컷은 사용자 친화적인 인터페이스와 기본적인 편집 기능을 제공하여, 영상 편집에 대한 기본적인 지식만으로도 높은 퀄리티의 결과물을 빠르게 만들어 낼 수 있습니다. 특히 짧고 간단한 형식의 SNS 콘텐츠나 일상적인 영상들에 적합하여, 빠른 작업 속도와 쉬운 사용법으로 많은 초보자와 비전문가들이 이용하는 데 큰 장점을 가지고 있습니다.

보다 완성도 높은 영상 제작을 위해서는 더욱 다양한 편집 기능과 세밀한 조정이 가능한 툴의 활용이 필수적입니다. 프리미어 프로(Adobe Premiere Pro)와 같은 전문 영상 편집 소프트웨어는 고급 편집 기능을 제공하여 크리에이티브한 아이디어를 완벽하게 구현할 수 있게 해 줍니다.

프리미어 프로는 멀티 트랙 편집, 고해상도 영상 편집, 색 보정, 사운드 디자인, 시각 효과 등 고급 기능을 통해 영상의 디테일과 품질을 극대화할 수 있으며, 다양한 플러그인과 연동하여 더 풍부한 효과를 적용할 수 있습니다. 또한, 프리미어 프로는 전문 영상 제작자들이 선호하는 툴로, 고급 사용자들 사이에서 거의 표준처럼 사용되고 있어, 이 소프트웨어에 대한 숙련도는 곧 경쟁력과도 직결됩니다. 따라서 AI 도구로 생성한 소스를 최종 작품으로 탈바꿈시키기 위해서는 영상 편집 실력을 지속적으로 높여야 합니다.

기본적인 편집 스킬부터 시작하여 점차 고급 기술을 익혀나가야 합니다. 예를 들어, 컷 편집, 전환 효과, 텍스트 애니메이션과 같은 기본적인 편집부터, 색 보정, 모션 그래픽, 복잡한 합성 작업에 이르기까지 다양한 기술을 습득하는 것이 중요합니다. 이러한 편집 스킬들은 단순히 소프트웨어 사용법을 넘어, 시청자의 시선을 끄는 법, 감정을 이끌어 내는 법, 그리고 브랜드나 메시지를 효과적으로 전달하는 법을 배우는 데 도움을 줍니다.

AI 도구는 영상 제작의 많은 단계를 자동화하고 작업 동선을 간소화해 줄 수 있지만, 최종적인 결과물의 퀄리티는 편집자의 손끝에서 결정됩니다. AI가 제공하는 가능성의 한계를 넘어서기 위해서는 편집자의 창의성과 기술력이 결합되어야 하며, 이를 위해 지속적인 학습과 실전 경험이 필수적입니다. 이처럼 끊임없는 노력을 통해 더 나은 편집 실력을 갖추게 되면, 어떤 도구를 사용하든 뛰어난 완성도의 영상을 제작할 수 있는 능력을 갖추게 될 것입니다.

▶ 모션 타이틀 효과를 적용한 오프닝과 엔딩 영상. 시각적인 아름다움과 시청자의 몰입감을 유도하는 디테일한 영상 연출(212쪽 참고)

10 목적에 맞는 영상 비율 선택으로 영상을 출력하라

영상 비율(Aspect Ratio)은 화면의 가로 길이와 세로 길이의 비율을 의미하며, 영상의 종류와 목적에 따라 다양한 비율이 사용됩니다. 각 비율은 특정 용도와 시청 환경에 적합하게 설계되어 있습니다. 대표적인 영상 비율을 알아봅시다.

각 영상 비율은 특정 목적과 시청 환경에 최적화되어 있습니다. 예를 들어, 16:9는 대부분의 TV와 온라인 플랫폼에 적합하고, 9:16은 모바일 중심의 플랫폼에서 인기를 끌고 있습니다. 반면 21:9와 같은 비율은 극장용 영화나 시네마틱한 영상에서 주로 사용됩니다. 콘텐츠의 목적과 타겟 플랫폼에 맞는 비율을 선택하는 것이 중요합니다.

16:9(Widescreen) : TV 프로그램, 영화, 온라인 비디오(유튜브 등) 화면

16:9 비율은 현재 가장 널리 사용되는 영상 비율입니다. 이 비율은 HD TV, 디지털 TV 방송, 대부분의 온라인 스트리밍 플랫폼에서 표준으로 채택되었습니다. 가로로 긴 화면을 제공하기 때문에 시청자가 보다 넓은 화면에서 영상을 감상할 수 있어 몰입감을 높입니다. 넓은 가로 화면은 주로 대화 장면이나 풍경, 동적인 움직임의 전체 상황을 보여 줄 때 효과적입니다.

9:16(Vertical) : 틱톡, 인스타그램 스토리, 유튜브 쇼츠

9:16 비율은 세로형 스마트폰 화면에 최적화된 비율로, 모바일 중심의 플랫폼에서 주로 사용됩니다. 손쉽게 한 손으로 시청할 수 있어 사용자 편의성이 높으며, 모바일 콘텐츠의 성장과 함께 빠르게 확산되었습니다. 개인 브이로그, 일상 기록, 광고 등 짧고 직관적인 콘텐츠에 적합합니다.

1:1(Square) : 인스타그램 피드, 일부 광고

1:1 비율은 완벽한 정사각형 형태로, 인스타그램과 같은 소셜 미디어 플랫폼에서 자주 사용됩니다. 모바일 화면에 최적화되어 있어 간결하고 집중적인 시각적 표현이 가능하며, 피드의 다양한 콘텐츠와 함께 표시되기 좋습니다. 짧고 강렬한 메시지 전달에 적합하여 소셜 미디어 광고에도 많이 활용됩니다.

2.35:1/2.39:1(CinemaScope) : 영화, 트레일러, 뮤직비디오

2.35:1 또는 2.39:1 비율은 21:9와 유사하게 영화나 뮤직비디오에서 시네마틱한 연출을 위해 사용됩니다. 극적인 분위기와 감정의 표현을 강화하는 데 효과적이며, 영화적 연출을 필요로 하는 모든 장르에서 널리 사용됩니다.

21:9(Ultra-Widescreen or CinemaScope) : 영화, 시네마틱 영상

21:9 비율은 영화관에서 사용하는 시네마스코프 비율로, 극적인 장면 연출과 몰입감을 극대화하는 데 사용됩니다. 가로로 매우 긴 화면이기 때문에 풍경이나 대규모 전투 장면 등 스케일이 큰 장면을 표현할 때 유리합니다. 홈 시어터나 고화질 시네마틱 영상을 제작할 때도 활용됩니다.

PART 2
AI 영상 연출을 위한 프롬프트 사용하기

AI 도구를 이용하여 영상 제작의 핵심 요소인 빛과 조명, 카메라 샷, 영상 무빙 기법에 대한 내용을 프롬프트 작성법으로 효과적으로 전달하기 위해서는 프롬프트를 구체적이고 명확하게 설계해야 합니다. AI가 원하는 결과를 정확히 생성하도록 하려면 필요한 정보를 포함하고, 구체적인 지침을 제공하며, 작업의 범위와 목표를 명확히 설정하는 것이 중요합니다. 이를 통해 사용자는 AI를 보다 창의적이고 실질적으로 활용할 수 있습니다.

영상을 제작할 때 전통적인 영상 구도와 카메라샷에 대한 이해는 더욱 완성도 높은 영상을 만드는 데 필수적입니다. 영상의 구도와 카메라샷은 시청자의 시선을 유도하고, 감정적인 반응을 이끌어 내며, 스토리텔링의 효과를 극대화하는 중요한 요소들입니다. 이러한 전통적 기법을 이해하고 AI의 창의적 가능성과 결합함으로써, 제작자는 보다 독창적이고 임팩트 있는 비주얼을 창출할 수 있으며, AI가 제안하는 새로운 접근법을 효과적으로 활용할 수 있습니다. 이번 파트에서 영상 제작을 위한 빛과 조명, 카메라 샷, 영상 무빙 기법에 대해 AI 도구에 적합한 프롬프트 작성법을 알아보겠습니다.

Project Learning : AI Video Contents Top 10

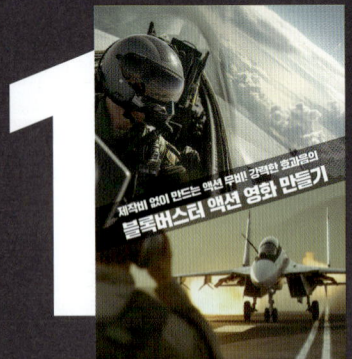
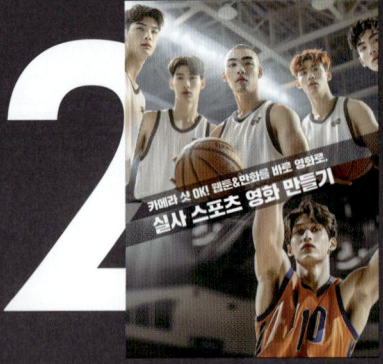

Section Learning : AI Prompt Engineering Contents

영상 만들기

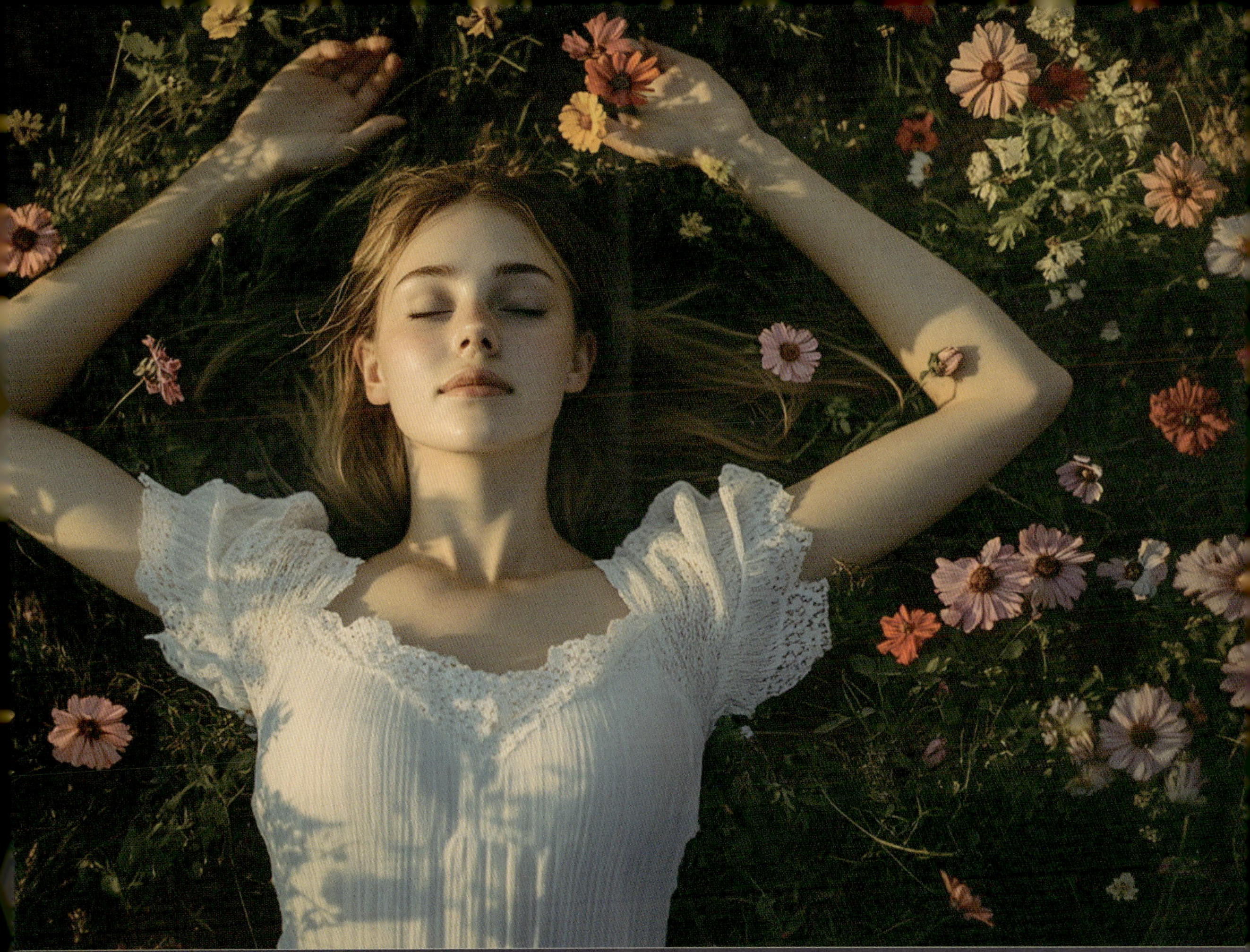

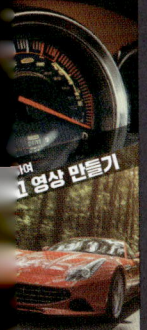

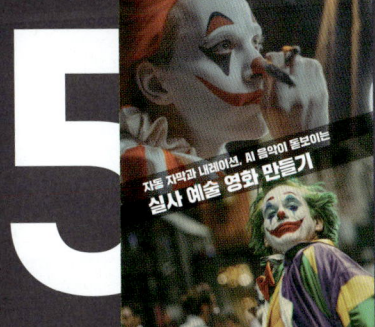

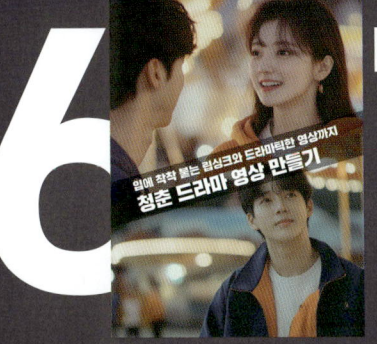

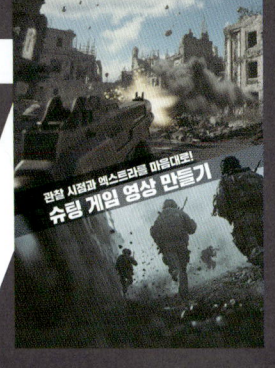

5

자동 자막과 내레이션, AI 음악이 돋보이는
실사 예술 영화 만들기

6

입에 착착 붙는 립싱크와 드라마틱한 영상까지
청춘 드라마 영상 만들기

7

관찰 시점과 엑스트라를 마음대로!
슈팅 게임 영상 만들기

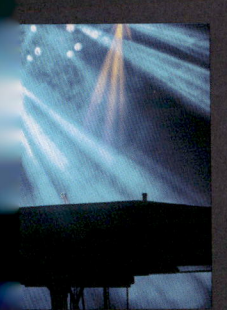

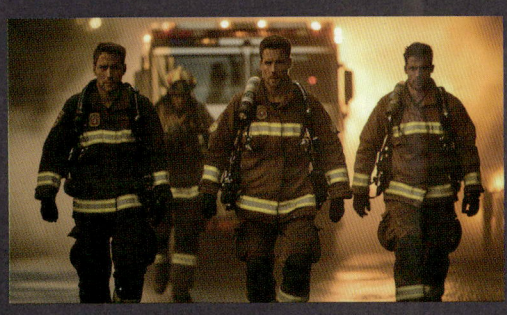

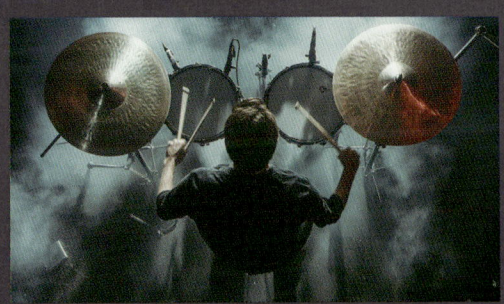

SECTION 1.

조명감독이 배우에게 인기 있는 이유, 빛과 조명 프롬프트

조명감독은 단순히 조명을 배치하는 역할을 넘어서 배우의 외모와 연기력을 시각적으로 돋보이게 만드는 중요한 역할을 합니다. 빛과 조명으로 배우의 얼굴, 체형, 피부 톤 등을 최적으로 보이게 할 수 있고, 조명이 어떻게 배치되느냐에 따라 배우의 외모는 크게 달라질 수 있습니다. 빛과 조명이 영상과 영화 제작에서 어떻게 활용되는지 그리고 그 중요성에 대해 자세히 살펴보겠습니다.

01 캐릭터의 심리를 표현하는 도구

빛과 조명은 영상 제작 및 영화 제작에서 시각적 표현의 핵심 요소로, 이야기를 전달하고 감정을 이끌어 내는 데 있어 필수적인 역할을 합니다. 조명은 단순히 장면을 밝히는 기능을 넘어 스토리텔링의 도구로서 활용되며, 캐릭터와 환경의 성격을 드러내고 관객의 감정적 반응을 유도하는 데 중요한 역할을 합니다. 예를 들어, 특정 조명 기법을 통해 캐릭터의 심리 상태를 암시하거나 시간의 흐름을 나타내고, 혹은 특정 분위기를 조성할 수 있습니다.

빛의 강도, 방향, 색상 그리고 그림자와의 상호작용은 각기 다른 시각적 효과를 만들어 내며, 이는 영화의 톤과 분위기를 결정짓습니다. 예를 들어, 부드러운 조명은 따뜻하고 친근한 느낌을 줄 수 있으며, 강한 대비와 어두운 그림자는 긴장감과 불안을 불러일으킬 수 있습니다. 또한, 특정 색상의 조명은 특정 감정을 강조하거나 장면의 의미를 강화하는 데 사용될 수 있습니다.

조명 구성은 장면의 미적 완성도를 높일 뿐만 아니라, 서사 구조의 흐름을 이끌어 가는 데 중요한 역할을 합니다. 예를 들어, 조명으로 인해 캐릭터가 빛과 그림자 사이에 놓이게 되면, 내적 갈등이나 도덕적 딜레마를 표현하는 데 효과적일 수 있습니다. 또한, 주광과 배광의 조화로운 사용은 장면의 입체감을 높이고, 공간의 깊이를 부각시켜 현실감을 증대시킵니다.

▲ 빛과 복잡한 그림자만으로 표현한 내적인 갈등과 고민의 순간

따라서 조명은 단순한 기술적 요소를 넘어, 영상 제작의 예술적 측면과 밀접하게 연결되어 있으며, 관객의 감정과 인식에 강력한 영향을 미치는 요소로 작용합니다. 적절하게 사용된 조명은 시각적 스토리텔링의 강력한 도구로서 영화의 메시지와 테마를 더욱 효과적으로 전달할 수 있습니다.

영상 프롬프트에서 빛과 조명은 매우 중요한 프롬프트로, 장면의 분위기, 피사체의 표현, 색상 재현 등에 큰 영향을 미칩니다. 조명의 종류는 촬영 환경, 원하는 효과, 피사체의 특성에 따라 다르게 선택할 수 있습니다. 주요 빛과 조명 종류 프롬프트를 살펴봅시다.

02 자연스럽고 풍부한 색감, Natural Light(자연광)

자연광은 태양광, 창문을 통해 들어오는 빛 등 자연에서 얻을 수 있는 조명입니다. 피사체를 자연스럽게 보이게 하며, 시간대와 날씨에 따라 빛의 성질이 변화합니다. 야외 촬영, 실내에서 창문을 통한 빛을 활용하며, 햇빛, 반사판을 사용한 자연광 등이 속합니다.

자연광은 무엇보다도 자연스럽고 풍부한 색감을 제공하는 것이 큰 장점입니다. 햇빛은 매우 강력하고 다양한 색온도를 가지고 있어 영상에 생동감과 깊이를 더할 수 있습니다. 또한, 자연광은 비용이 들지 않으며, 자연 환경에서의 촬영 시 조명을 따로 설치하지 않아도 된다는 실용적인 이점이 있습니다.

▲ 시간 표현만으로도 같은 장소에서 다양한 연출이 가능한 자연광

이러한 자연광은 영상 촬영에서 매우 중요한 요소로, 시간대와 환경에 따라 다양한 분위기를 연출할 수 있습니다. 각 시간대의 자연광은 고유한 특성을 가지고 있으며, 이를 잘 활용하면 감정적, 미적 효과를 원하는 형태로 극대화할 수 있습니다. 다음은 자연광을 시간대와 환경에 따라 구분하여 설명합니다.

Morning Natural Light(아침 자연광)

아침 자연광은 해가 막 떠오를 때 발생하며, 부드럽고 따뜻한 색조의 빛을 제공합니다. 보통 일출 후 1~2시간 동안을 이른바 '골든 아워(Golden Hour)'라고 부르며, 빛이 낮고 장면 전체에 고르게 퍼집니다. 이 시기의 빛은 강하지 않고 자연스러워서 인물 촬영이나 풍경 촬영에 적합합니다.

아침의 자연광은 부드럽고 따뜻한 느낌을 주며, 피사체를 매력적으로 보여 줍니다. 특히 인물의 피부 톤이 자연스럽게 표현되어 아침 햇살이 드리워진 풍경 촬영과 부드러운 명암으로 인물을 강조할 때 주로 사용됩니다.

> **프롬프트**
> Morning Natural Light, a man who goes to work in the morning in the city

Midday Sunlight(정오 자연광)

정오의 햇빛은 매우 강렬하며, 태양이 거의 수직에 위치해 그림자가 짧고 강한 대비를 만듭니다. 이 시기의 빛은 하드 라이트와 유사하게 강한 명암을 형성하며, 피사체에 드라마틱한 효과를 줄 수 있지만, 때로는 빛의 강렬함이 피사체의 디테일을 압도할 수 있습니다.

강렬한 빛은 선명한 이미지를 제공하지만, 그림자가 짧고 매우 뚜렷하게 나타나기 때문에 피부 톤이 거칠어 보일 수 있습니다. 다큐멘터리 촬영에서 강렬한 현장감을 전달할 때나 생생한 풍경 촬영에 적합합니다.

> **프롬프트**
> Midday Sunlight, a man taking classes in a college classroom

Golden Hour(석양 자연광)

석양은 해가 지기 직전의 시간대로, 아침과 마찬가지로 '골든 아워'에 해당합니다. 이때의 빛은 따뜻한 주황색과 붉은색 톤을 띠며, 장면에 부드러운 그림자를 만듭니다. 빛의 각도가 낮아 피사체의 윤곽을 강조하고, 따뜻한 분위기를 조성하는 데 적합합니다.

석양의 빛은 감성적이고 로맨틱한 분위기를 연출할 수 있으며, 풍경이나 인물 촬영에서 부드럽고 감동적인 이미지를 만듭니다. 로맨스 장면이나 서정적인 풍경 촬영, 감정이 풍부한 인물 촬영에 적합합니다.

프롬프트
Golden Hour, a man who drives when he's in the sunset light

Silhouette(실루엣 자연광)

실루엣은 빛의 강한 대비를 이용해 피사체의 윤곽만을 강조하는 촬영 기법으로, 주로 피사체 뒤에서 빛이 비치는 역광 상황에서 실루엣이 형성됩니다. 이러한 조명은 피사체의 디테일을 거의 보이지 않으면서도 명확한 윤곽을 통해 강렬한 이미지를 전달합니다.

실루엣 촬영은 미스터리하거나 강렬한 느낌을 주며, 피사체의 감정보다는 그 형상을 강조하는 효과가 있습니다. 극적인 장면이나 드라마틱한 스토리텔링, 인물이나 사물의 강렬한 윤곽을 강조하는 장면에 적합합니다.

프롬프트
Silhouette, a man walking on the city's roads where cars pass late at night

Night(밤 자연광)

자연광만을 활용한 밤 촬영은 달빛이나 거리의 불빛 또는 다른 자연적인 조명 소스를 활용하는 것을 의미합니다. 밤에는 빛이 거의 없기 때문에 저조도 촬영 기술이 필요하며, 노이즈 관리가 중요합니다. 달빛은 차갑고 은은한 느낌을 주며, 미스터리하거나 고요한 분위기를 만들 수 있습니다. 밤의 자연광은 어둡고 차가운 분위기를 제공하고, 피사체를 어둠 속에서 강조하는 효과가 있으며, 특히 달빛을 활용하면 차분하고 은은한 느낌을 줄 수 있습니다.

야외에서의 정적이고 고요한 장면, 공포나 미스터리한 분위기, 은은한 달빛을 이용한 감성적인 장면에 적합합니다.

프롬프트 A woman in her 18s walking on a mountain path with moonlight in the background, Fear, Night

Cloudy day(흐린 날 자연광)

흐린 날에는 하늘이 구름으로 덮여 빛이 확산되며, 강한 그림자가 생기지 않고 피사체가 부드럽게 비춰집니다. 특히 인물 촬영 시 얼굴의 결점이나 주름이 덜 부각되어 자연스러운 톤을 유지할 수 있습니다.

흐린 날의 빛은 균일하게 퍼져 특정 방향에서 강하게 들어오는 빛이 없어, 조명의 방향에 신경 쓰지 않고 일관된 환경을 유지할 수 있으며, 톤 다운된 색감은 차분하고 안정적인 느낌을 줄 때 유리합니다.

프롬프트 On a cloudy day, a woman walking in a field with open arms, her upper body, a barley swaying in the wind

Rainy day(비 오는 날 자연광)

비 오는 날의 빛은 흐린 날과 유사하게 확산되지만, 물기 있는 표면에서 빛이 반사되거나 빗줄기가 배경에 추가되어 더 드라마틱한 효과를 줍니다. 이러한 환경은 감정적으로 깊고 무게감 있는 장면을 연출하는 데 도움이 됩니다. 비나 젖은 표면은 빛을 반사시켜 독특한 시각적 효과를 만들고, 빗방울이나 물 웅덩이에서 반짝이는 빛은 영상에 특별한 질감을 추가할 수 있습니다. 비 오는 날은 시각적 요소뿐만 아니라 비 소리 같은 음향 요소도 중요한 역할을 합니다.

프롬프트 Rainy days, raindrops falling on umbrellas, twinkling raindrops

03 특정 분위기를 의도적으로, 인공광(Artificial Light)

인공광은 영상 촬영에서 자연광과 대비되는 개념으로, 조명 장치나 기타 인위적인 광원을 사용해 만들어지는 빛을 의미합니다. 인공광은 촬영자가 빛의 강도, 방향, 색온도 등을 세밀하게 조절할 수 있기 때문에 다양한 촬영 환경에서 매우 중요한 역할을 합니다. 인공광의 가장 큰 장점은 통제 가능성입니다. 자연광은 시간대와 날씨에 따라 변화하지만, 인공광은 촬영자가 원하는 대로 빛의 특성을 조절할 수 있습니다. 이는 특정한 분위기나 효과를 의도적으로 연출할 수 있게 하며, 실내 촬영이나 조명이 제한적인 환경에서 특히 유용합니다.

영상 촬영에서는 자연광을 기본 조명으로 사용하면서 인공광으로 보완하거나 특정 효과를 더하는 방식으로, 인공광과 자연광을 함께 사용하는 경우도 많습니다. 예를 들어, 실내에서 자연광이 들어오는 장면에 인공광을 추가하여 피사체의 그림자를 부드럽게 하거나 배경과 피사체의 조화를 맞추는 방식입니다. 이렇게 다양한 조명 기법을 프롬프트로 효과적으로 활용하면, 높은 품질의 영상을 제작할 수 있습니다.

▲ 창작자의 컬러 조합에 따라 완벽하게 제어가 가능한 인공광

High-Key Lighting(하이키 라이팅)

하이키 조명은 전체적으로 밝고 부드러운 조명을 사용하여 그림자를 최소화하는 스타일입니다. 피사체 전체에 고르게 빛을 비추며, 강한 대비나 어두운 그림자 없이 밝고 명료한 이미지를 만들어 냅니다. 주로 쾌활하고 긍정적인 분위기를 연출하는 데 사용되며, 광고, 코미디, 로맨틱 장면 등에서 자주 볼 수 있습니다. 밝은 배경과 빛이 고르게 분포된 인물 사진이나 상품 사진 등이 하이키 조명에 해당합니다.

프롬프트

High-Key Lighting, an 18-year-old man taking classes at school

Low-Key Lighting(로우키 라이팅)

로우키 조명은 강한 대비를 강조하는 스타일로, 어두운 배경에서 특정 부분만 조명을 비추는 방식입니다. 깊은 그림자와 어둠을 활용하여 극적인 효과를 줄 수 있습니다. 일반적으로 긴장감, 미스터리 또는 드라마틱한 감정을 전달하는 데 사용되며, 강렬하게 느껴지는 감정적 장면이나 연극, 공연, 스릴러 장면에서 많이 사용됩니다. 어두운 배경에 특정 인물이나 사물에만 집중 조명을 비추는 영화 속 강렬한 장면이 대표적인 예시입니다.

> 프롬프트 | A man playing in the spotlight on the stage, Low-Key Lighting

Hard Light(하드 라이트)

강한 그림자를 만드는 조명으로, 빛의 경계가 명확합니다. 피사체에 강한 명암 대비를 주어 선명하고 드라마틱한 느낌을 주며, 제품 촬영, 영화에서 긴장감 있는 장면 연출에 사용됩니다. 작은 소스의 강한 직사광선, 하드 조명 기구 등이 사용됩니다.

> 프롬프트 | A realistic scene of a model posing in high fashion designer clothes. Hard Light

Soft Light(소프트 라이트)

그림자가 부드럽고 경계가 흐릿합니다. 빛이 넓게 퍼지기 때문에 자연스럽고 부드러운 느낌을 줍니다. 인물 촬영이나 부드러운 분위기를 원하는 촬영, 인터뷰 등에 적합하며, 소프트 박스나 디퓨저를 사용한 조명, 창문을 통해 들어오는 자연광으로 연출합니다.

프롬프트
An 18-year-old woman lying with open arms in a flower garden, Soft Light

Key Light(키 라이트)

촬영에서 주된 조명으로, 피사체를 주요하게 비추는 빛입니다. 장면 전체의 조명 구조를 설정하는 중요한 역할을 합니다. 인물 촬영, 주요 사물을 강조할 때 사용하며, LED 조명이나 스튜디오 라이트를 사용합니다.

프롬프트
A woman getting ready to shoot on the street with LED lights, Key Light

필 라이트(Fill Light)

키 라이트에 의해 생긴 그림자를 완화하기 위한 조명입니다. 일반적으로 키 라이트보다 약하게 설정하여 명암의 균형을 맞춥니다. 그림자가 너무 강한 장면을 부드럽게 조정하며, 주로 반사판, 작은 소프트 라이트를 사용합니다.

프롬프트

Realistic science of a model positing in fashion designer clothes. Strong light and soft auxiliary lighting, Fill light

백라이트(Back Light) 또는 림 라이트(Rim Light)

피사체의 뒷면에서 비추어 피사체의 윤곽을 강조하는 조명입니다. 피사체를 배경에서 분리시키고 입체감을 주는 역할을 합니다. 인물 촬영에서 피사체를 강조하고 싶을 때, 인물의 윤곽을 부각시킬 때 적합합니다. 작은 스포트 라이트, 그리드가 장착된 조명을 사용합니다.

프롬프트

Woman in her 20s shooting character profile in studio, upper body, Back light

탑 라이트(Top Light)

피사체의 위에서 아래로 비추는 조명입니다. 극적인 효과를 줄 수 있으며, 특히 인물의 얼굴에 강한 그림자를 만들어 미스터리한 분위기를 연출할 수 있습니다. 영화에서 드라마틱한 장면, 강한 그림자를 표현할 때 적합하며, 천장에 설치된 조명, 스포트라이트 조명을 사용합니다.

프롬프트

Top Light, a fencing player in a stadium with spectators

컬러 조명(Color Lighting)

특정 색상의 조명을 사용하여 장면에 색다른 분위기를 줄 수 있습니다. 이 조명은 감정적, 예술적 효과를 표현하는 데 자주 사용됩니다. 뮤직비디오나 광고, 영화의 특정 장면 등에 적합하며, RGB LED 조명, 젤 필터를 사용한 조명을 사용합니다.

프롬프트

A party with a bright dark, strong color light, a boy singing and dancing

Ring Light(링 라이트)

링 라이트는 원형 조명으로, 중앙에 카메라나 피사체를 두고 조명을 고르게 비춥니다. 주로 부드럽고 균일한 조명을 제공하여 얼굴을 밝고 선명하게 비추며, 눈에 특유의 빛 반사를 만듭니다. 설치와 사용이 간편하며, 조명의 크기에 따라 다양한 촬영 환경에서 사용할 수 있습니다. 메이크업 영상, V-로그, 인물 클로즈업 촬영 등에서 많이 사용되며, 특히 뷰티와 관련된 촬영에 적합합니다.

프롬프트

A woman in her 20s who uses ring light to do makeup, a makeup table

Silhouette(실루엣 인공광)

실루엣 효과는 피사체를 어둡게 만들고 배경을 밝게 하여 피사체의 형태만 보이게 하는 기법입니다. 실루엣 효과를 내기 위해서는 배경이 피사체보다 훨씬 더 밝아야 합니다. 이를 위해 피사체 뒤쪽에 조명을 배치해야 하고, 배경 조명의 강도는 충분히 강해야 하며, 피사체를 완전히 어둡게 만들어야 합니다. 일반적으로 배경이 너무 밝으면 피사체의 가장자리에서 빛이 새어나오거나 배경이 너무 어두우면 실루엣 효과가 약해질 수 있습니다. 배경에 컬러 젤 필터를 사용한 것처럼 특정 색상을 추가하면 실루엣 효과가 더욱 극적으로 표현됩니다.

프롬프트

A side face of a woman with a silhouette effect with a light source using a red gel filter

Lens Flare(렌즈 플레어)

카메라 렌즈에 강한 빛이 직접 들어올 때 발생하는 현상으로, 빛이 렌즈 내부에서 반사되어 여러 겹의 고리나 빛줄기 형태로 나타납니다. 이 효과는 자연스러운 현상이지만, 일부러 연출하여 시각적인 분위기를 강조하거나 특정한 감정을 전달하는 데 사용되기도 합니다. 렌즈 플레어는 장면에 드라마틱한 느낌을 더할 수 있습니다. 예를 들어, 캐릭터가 감정을 터뜨리거나 중요한 결정을 내리는 순간 또는 감성적인 회상 장면에서 플레어를 활용해 극적인 효과를 줄 수 있습니다.

프롬프트

The scene where a woman covers her eyes with one hand and watches the concert, lens flare

Diffused lighting(디퓨즈드 라이팅)

디퓨즈드 조명은 부드럽고 고르게 퍼지는 빛을 제공하여, 그림자를 최소화하고 피사체의 모든 부분을 부드럽게 조명하는 조명 스타일입니다. 빛이 직접 피사체에 닿기 전에 넓은 표면을 통해 확산되는 조명 기법입니다. 이로 인해 빛이 부드럽게 퍼지고, 명암 대비가 줄어들어 전체적인 조명이 부드러워집니다. 이 조명 방식은 자연스럽고 촉촉한 느낌을 주며, 피사체의 결점을 덜 부각시키기 때문에 인물 촬영이나 제품 사진에서 자주 사용됩니다.

 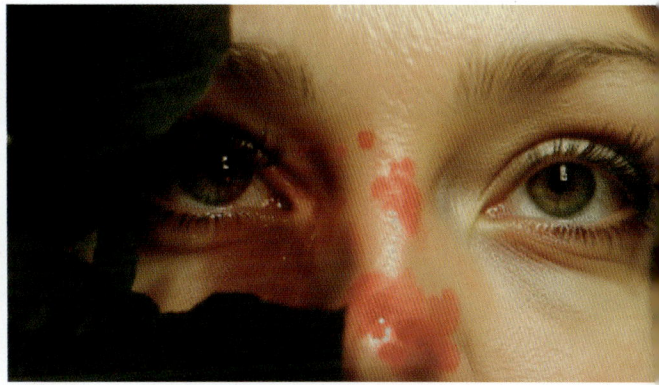

프롬프트 A woman's face gradually appears with her eyes closed through the leaves, Diffused lighting camera moving

SECTION 2.

영상 미학은 구도에서 나온다.
영상 구도를 위한 카메라 샷

영상 제작에서 카메라 샷은 시청자에게 특정한 느낌을 전달하거나 이야기의 흐름을 효과적으로 전달하기 위해 매우 중요한 역할을 합니다. 다양한 종류의 카메라 샷이 존재하며, 각 카메라 샷은 화면에 담기는 장면의 크기, 각도, 움직임 등을 통해 독특한 의미를 전달할 수 있습니다. 프롬프트 사용에 유용한 주요 카메라 샷의 종류에 대해 알아봅니다.

01 구도와 카메라 샷이 만들어 내는 미학

▲ 생동감과 연출력을 높이기 위해 같은 장면을 다양한 구도와 카메라 샷 프롬프트로 작성한 이미지

영상 미학의 핵심은 구도에서 비롯된다고 할 수 있습니다. 이 단순하면서도 심오한 진리는 오랜 세월 동안 영상 제작자와 영화 감독들이 끊임없이 탐구해 온 중요한 주제 중 하나입니다. 구도는 단순히 피사체를 프레임 내에 배치하는 방식에 그치는 것이 아닙니다. 오히려 구도는 영상의 정체성을 결정짓고, 관객으로 하여금 감정적 반응을 이끌어 내며, 스토리텔링의 핵심 요소로 작용합니다. 이는 화면 내의 각 요소가 어떻게 상호작용하는지, 그리고 이들이 관객에게 어떤 영향을 미치는지를 신중하게 고려하는 매우 복잡한 과정입니다. 훌륭한 구도는 영상의 미적 가치를 높일 뿐만 아니라 영상 연출을 더욱 명확하게 전달하며, 관객의 몰입과 호응을 강화하는 데 기여합니다.

영상 제작의 초기 단계에서부터 구도는 매우 중요한 역할을 해 왔습니다. 특히 영화에서 구도는 단순히 아름다움을 추구하는 것을 넘어서, 이야기를 더욱 효과적으로 전달하기 위한 중요한 도구로 사용됩니다. 감독들은 구도를 통해 인물 간의 관계를 시각적으로 나타내고, 감정적 상태를 표현하며, 장면의 분위기를 구축합니다. 예를 들어, 클로즈업 샷은 인물의 내면 세계를 강조하는 데 효과적이며, 와이드 샷은 배경과의 관계를 통해 전체적인 맥락을 제시하는 데 유용합니다. 이러한 구도 선택은 영화의 전반적인 미학을 형성하며, 관객이 이야기에 더욱 몰입할 수 있도록 돕는 중요한 역할을 합니다.

카메라 샷은 이러한 구도를 실제로 구현하는 매우 중요한 수단입니다. 카메라의 위치, 각도, 움직임 그리고 렌즈의 선택은 각기 다른 방식으로 구도에 영향을 미칩니다. 예를 들어, 로우 앵글 샷은 피사체를 더 강력하고 위엄 있어 보이게 만들고, 하이 앵글 샷은 반대로 피사체를 약하고 왜소해 보이게 만듭니다. 이처럼 카메라 샷은 영상의 미학과 관객의 감정적 반응을 결정짓는 중요한 요소로 작용하며, 이를 통해 영상 제작자는 관객에게 더욱 강력한 메시지를 전달할 수 있습니다.

결국, 구도와 카메라 샷은 영상 미학을 창조하는 데 있어서 불가분의 관계를 맺고 있습니다. 이 두 요소를 어떻게 조합하고 활용하느냐에 따라 영상의 질이 결정되며, 궁극적으로는 관객이 경험하는 감정과 이해가 좌우됩니다. 영상 제작에 있어서 구도와 카메라 샷은 단순한 기술적 요소가 아닌, 예술적 표현의 중요한 도구로서 그 가치를 지니고 있습니다. 그러므로 구도를 위한 카메라 샷에 대한 깊은 이해는 영상 제작자들이 더 나은 작품을 만들어 가는 데 필수적인 요소라 할 수 있습니다.

02 카메라 샷의 프롬프트 활용

카메라 샷의 활용은 AI를 이용한 영상 제작 프롬프트 작성에 있어서도 매우 중요한 요소로 작용합니다. AI가 자동으로 생성하는 영상에서 구도와 샷의 선택은 결과물의 질을 크게 좌우합니다. 카메라 샷을 어떻게 설정하느냐에 따라 영상이 전달하는 메시지와 감정이 달라질 수 있기 때문에 프롬프트에 이러한 요소를 명확하게 반영하는 것이 필요합니다.

예를 들어, AI가 생성할 영상에서 특정 캐릭터의 감정을 강조하고자 한다면, 클로즈업 샷을 프롬프트에 명시함으로써 캐릭터의 얼굴 표정이나 눈빛을 강조할 수 있습니다. 반대로 전체적인 분위기나 공간의 광활함을 전달하고 싶다면, 와이드 샷이나 드론 카메라 샷을 통해 배경과 인물 간의 관계를 표현할 수 있습니다. 이러한 샷 선택은 AI가 생성하는 영상의 구도를 더욱 정교하게 만들어 줄 것입니다.

▲ 선수들의 역동적인 움직임과 현장감을 중시한 구도와 카메라 샷

▲ 전체 공간 구성과 시간을 강조하는 구도와 카메라 샷

또한, 로우 앵글 샷과 하이 앵글 샷을 사용하여 피사체의 권위나 나약함을 강조할 수도 있습니다. 예를 들어, 중요한 장면에서 인물의 강력함을 부각시키고자 한다면, 로우 앵글 샷을 선택하여 피사체를 더 위엄 있게 보이도록 하는 프롬프트를 작성할 수 있습니다. 반면에, 피사체의 약함이나 위협을 강조하려면 하이 앵글 샷을 지정하여 이를 표현할 수 있습니다.

이외에도, 카메라의 움직임을 프롬프트에 포함시킴으로써 더 동적인 영상을 생성할 수 있습니다. 예를 들어, 따라가는 샷(트래킹 샷)을 사용하여 인물의 움직임을 강조하거나 팬 샷을 통해 넓은 공간을 자연스럽게 보여 줄 수 있습니다. 이러한 움직임을 AI 프롬프트에 명확히 명시하면, 더욱 다채롭고 역동적인 영상을 생성할 수 있게 됩니다.

따라서, AI 영상 제작 프롬프트를 작성할 때는 원하는 장면의 분위기와 메시지를 효과적으로 전달하기 위해 적절한 카메라 샷을 선택하는 것이 중요합니다. 이러한 요소들이 구체적으로 반영된 프롬프트는 AI가 더 정교하고 의미 있는 영상을 생성하는 데 큰 도움이 될 것입니다. 다음은 프롬프트 사용에 유용한 주요 카메라 샷의 종류에 대해 알아봅니다.

Pan Shot(팬 샷)

영상 생성에서 매우 중요한 카메라 샷 기법 중 하나입니다. 이 기법은 카메라가 수평으로 좌우로 움직이며 장면을 따라가는 방식으로, 장면의 공간적 범위를 보여 주거나 시청자의 시선을 유도하는 데 효과적입니다.

Pan Shot을 잘 활용하면 스토리텔링의 깊이를 더하고, 장면의 흐름을 자연스럽게 이어갈 수 있습니다. 장면의 넓은 범위나 이동 중인 캐릭터를 추적하거나 시청자가 장면의 전체적인 환경을 이해하는 것을 돕는 데 사용됩니다.

프롬프트 Musicians are crossing in a row along the crosswalk. Like the Beatles, Pan Shot

Tilt Shot(틸트 샷)

영상 생성에서 중요한 기본 카메라 샷 중 하나로, 카메라의 수직 방향 회전을 통해 장면의 특정 시각적 효과를 생성합니다. Tilt Shot을 잘 활용하면 장면의 감정을 강화하고, 캐릭터나 객체의 중요성을 강조하거나 시청자에게 새로운 시각적 정보를 제공할 수 있으며, 큰 건물이나 높은 구조물의 장엄함을 표현할 때 사용될 수도 있습니다.

프롬프트 | A sparkling female singer is singing in front of the Eiffel Tower in Paris, Tilt Shot

Full Shot(풀 샷)

Full Shot은 피사체 전체가 화면에 담기는 샷으로, 인물의 전신이나 풍경 전체를 보여 줄 때 사용됩니다. 배경이나 장소의 설정을 잘 보여 줄 수 있어 장면의 위치나 상황을 이해하는 데 도움이 됩니다. 예를 들어, 캐릭터가 특정 장소에서 어떤 행동하는지 나타낼 때 유용합니다. 인물이 화면 내에서 자유롭게 움직일 수 있도록 하여 동적인 장면을 생성할 수 있습니다.

프롬프트 | Four musicians crossing the sidewalk in a row, Full Shot

Wide Shot(와이드 샷)

Wide Shot은 Full Shot보다 더 넓은 영역을 보여 주며, 전체적인 환경이나 배경을 보여 주어 장면의 분위기와 위치를 설정하는 데 유용합니다. 예를 들어, 캐릭터가 서 있는 장소의 넓은 범위를 보여 주어 시청자가 장면의 맥락을 이해하는 데 도움을 주며, 캐릭터와 주변 환경 사이의 관계를 강조하여, 캐릭터가 어떤 환경과 분위기를 느끼는지를 시각적으로 표현합니다.

프롬프트
A woman in a yellow drumstick dances with a man in a street light, Wide Shot

Extreme Long Shot(익스트림 롱 샷)

Extreme Long Shot은 영상 생성에서 특정 장면이나 상황을 매우 넓은 범위에서 포착하는 카메라 샷 기법입니다. 'Extreme Long Shot'은 때로 'Establishing Shot'이라고도 불리며, 주로 장면의 설정과 분위기를 전달하기 위해 사용됩니다. 이 샷은 인물보다 환경이나 배경을 강조하고 싶을 때 특히 유용합니다.

프롬프트
A woman in a yellow drumstick dances with a man in a street light, Extreme Long Shot

Waist Shot(웨이스트 샷)

영상 생성에서 인물의 허리부터 위를 화면에 담는 구도입니다. 이 샷은 인물의 상반신과 허리 부분을 포착하여, 인물의 자세와 표정을 강조하면서도 약간의 배경을 포함시킬 수 있습니다. Waist Shot은 특히 대화 장면이나 인물의 행동을 강조할 때 유용합니다. 인물의 표정과 상반신의 자세를 효과적으로 표현할 수 있어 시청자가 대화의 감정과 분위기를 잘 이해할 수 있습니다.

프롬프트

The scene where a ballerino in a black ballet suit dances among ballerinas, Waist Shot

Bust Shot(바스트 샷)

영상 생성에서 인물의 가슴 위쪽부터 머리까지 화면에 담는 구도입니다. 일반적으로 인물의 상반신을 강조하면서 얼굴의 표정과 감정을 상세히 표현하는 데 사용됩니다. Bust Shot은 특히 대화나 감정 표현을 중요한 장면에서 효과적으로 활용되며, 인물의 얼굴 표정과 상반신의 미세한 감정 변화를 포착할 수 있어 인물의 내면적 감정이나 반응을 자세히 보여 줄 수 있습니다.

프롬프트

an 18-year-old boy in sportswear standing on a soccer field, Bust Shot

Over-the-Shoulder Shot(오버 더 숄더 샷)

다른 인물이나 물체를 바라보는 인물의 어깨 너머로 촬영한 샷입니다. 대화 장면에서 자주 사용되어 시청자가 한 인물의 시점에서 다른 인물을 보도록 유도하기에 인물 간의 상호작용이나 관계를 강조하는 데 효과적입니다. 이 구도를 통해 대화의 양측 모두의 시각적 반응과 감정을 포착할 수 있습니다. 주 피사체(대화 상대)의 얼굴이나 행동이 잘 보이게 하고, 어깨와 머리 부분이 화면의 측면에 위치하도록 합니다.

프롬프트

The woman is talking while the back of the man is visible, Over-the-Shoulder Shot

Close-Up Shot(클로즈업 샷)

Close-Up Shot은 영상 생성에서 인물이나 물체의 세부적인 부분을 화면에 매우 가깝게 담는 구도입니다. 클로즈업 샷은 특정 디테일이나 감정을 강조하는 데 효과적이며, 시청자가 인물의 표정이나 물체의 특징을 세밀하게 관찰할 수 있게 합니다. 이 샷은 강렬한 시각적 임팩트를 주며, 시청자의 주의를 집중시키는 데 효과적입니다. 중요한 순간이나 극적인 장면에서 자주 사용됩니다.

프롬프트

A woman in her 20s is facing the front with a backlight, Close-Up Shot

Extreme Close-Up Shot(익스트림 클로즈업 샷)

영상 생성에서 인물이나 물체의 특정 세부 사항을 매우 가까운 거리에서 촬영하는 구도로, 이 샷은 피사체의 가장 작은 디테일이나 중요한 순간을 강조하는 데 사용됩니다. 클로즈업 샷보다 더 극단적으로 접근하여 시청자에게 강렬한 시각적 임팩트와 인물의 극단적인 감정을 전달하는 데 효과적입니다. 예를 들어, 인물의 눈에 맺힌 눈물, 떨리는 입술 등 감정의 미세한 변화를 강조할 수 있습니다.

프롬프트
An 18-year-old brown-haired girl with a freckled nose and cheeks, Extreme Close-Up Shot

High Angle Shot(하이 앵글 샷)

카메라가 피사체보다 높은 위치에서 아래를 향해 촬영하는 구도입니다. 이 샷은 피사체를 위에서 내려다보는 시점으로 담아내며, 시청자에게 피사체의 약점이나 상대적 위치를 강조할 수 있는 효과를 줍니다. 피사체가 상대적으로 작거나 약해 보이게 하여 인물의 무력감, 고립감, 혹은 상황의 압도적인 규모를 표현할 때 유용합니다.

프롬프트
In the studio light, a woman is looking up, High Angle Shot

Low Angle Shot(로우 앵글 샷)

카메라가 피사체보다 낮은 위치에서 위를 향해 촬영하는 구도입니다. 이 샷은 피사체를 아래에서 위로 올려다보는 시점으로 담아내며, 다양한 시각적 효과와 감정적 반응을 생성할 수 있습니다. 피사체를 낮은 위치에서 촬영하면, 피사체가 더욱 크고 강력하게 보입니다. 이는 인물이나 물체가 권위적이거나 위엄 있는 모습을 강조할 때 사용됩니다. 예를 들어, 영웅적인 인물이나 강력한 캐릭터를 표현할 때 유용합니다.

프롬프트

An 18-year-old girl under a clear sky, a backlight, Low Angle Shot

Drone Camera Shot(드론 카메라 샷)

피사체나 장면을 위에서 내려다보는 시점으로 촬영함으로써, 주변 환경과 상황을 전체적으로 보여 줍니다. 이는 장면의 맥락이나 배경을 시청자에게 명확히 전달하는 데 유용하고, 주로 장면이나 사건의 규모를 강조하는 데 효과적입니다. 예를 들어, 넓은 해변이나 도시 풍경, 대규모 건설 현장 등을 보여 줄 때 사용됩니다.

프롬프트 A woman sitting on a parasol chair by the beach, Drone Camera Shot

Crane Shot(크레인 샷)

카메라를 크레인 장비에 장착하여 수직적이거나 수평적인 움직임을 통해 촬영하는 기법입니다. 이 샷은 장면의 동적이고 극적인 효과를 극대화하며, 다양한 시각적 연출을 가능하게 합니다. 카메라가 수직적 및 수평적으로 자유롭게 움직일 수 있어 장면의 동적인 시점을 제공합니다. 이는 장면의 변화를 매끄럽게 표현하거나 인물과 물체의 위치 관계를 효과적으로 보여 줍니다.

프롬프트 A man playing drums, stage lighting and smog effects, Crane Shot

Tracking Shot(트래킹 샷)

카메라가 피사체의 움직임을 추적하며 촬영하는 기법으로, 영상에서 동적인 요소를 강조하고 장면의 몰입감을 높이는 데 효과적입니다. 이 기법은 이동하는 캐릭터나 객체를 지속적으로 따라가면서 관객이 그들의 행동과 주변 환경을 잘 이해하는 것을 돕습니다. 캐릭터나 객체의 움직임을 시청자에게 자연스럽게 전달하며, 장면의 동적 요소를 강조하는 데 사용됩니다.

프롬프트 A runner in her 20s who runs along the track, Tracking Shot

Zoom In/Zoom Out(줌 인/줌 아웃)

카메라 렌즈의 조절을 통해 화면의 피사체를 확대하거나 축소하는 기법으로, 시청자에게 시각적 정보를 전달하고 감정을 표현하는 데 중요한 역할을 합니다. 이 기법들은 카메라의 물리적 이동 없이 렌즈의 조정을 통해 이루어지며, 비디오 및 영화 제작에서 효과적으로 활용될 수 있습니다. 급격한 확대는 긴장감을 조성하고, 시청자의 주의를 특정 부분으로 집중시킬 수 있습니다.

> **프롬프트** A man dancing hip-hop in front of a wall with graffiti on it, Zoom In, Zoom Out

Point of View Shot, POV(1인칭 시점 샷)

게임이나 영화에서 특정 캐릭터의 시각적 관점을 시청자에게 전달하는 기법입니다. 이 기법은 캐릭터가 보고 있는 것처럼 화면에 보여 주어 캐릭터가 경험하는 감정이나 상황을 시청자가 직접 느끼게 합니다. 예를 들어, 공포 영화에서 주인공이 어두운 방을 탐색할 때나 게임 영상에서 마치 자신이 전투에 참가하는 긴장감을 극대화할 수 있습니다.

> **프롬프트** They are landing on the beach with automatic rifles or engaged in street fighting, Point of View Shot

Handheld Shot(핸드헬드 샷)

카메라를 손으로 직접 들고 촬영하는 기법으로, 뮤직비디오 및 영화 제작에서 흔히 사용됩니다. 이 기법은 자연스럽고 역동적인 느낌을 주며, 장면의 감정을 강화하고 긴장감을 조성하는 데 효과적입니다. 핸드헬드 샷을 잘 활용하면 시청자에게 몰입감 있는 시각적 경험과 카메라를 이동할 때 속도를 조절하여 원하는 효과를 얻을 수 있습니다. 빠른 이동은 긴장감을, 느린 이동은 부드럽고 자연스러운 느낌을 줄 수 있습니다.

프롬프트
Three young women dancing on stage, cheering spectators around them, Handheld Shot

Dutch Angle Shot(더치 앵글 샷)

카메라를 기울여서 촬영하는 기법으로, 장면을 의도적으로 왜곡하여 시청자에게 불안감이나 긴장감을 전달합니다. 이 기법은 수평선이 기울어진 형태로 나타나기 때문에 장면이 비정상적으로 느껴지며, 심리적 불안정성을 강조하는 데 사용됩니다. 비대칭적 구도로 화면의 균형이 무너지고 비대칭적으로 보이기 때문에 관객에게 시각적으로 혼란스러운 인상을 남깁니다.

프롬프트
The light coming from the window, an 18-year-old woman with blue eyes, Dutch Angle Shot

SECTION

3. 시각적인 효과와
장면을 만드는 영상 무빙

전문적인 비디오 무빙 기법은 영상의 시각적 표현을 강화하고, 감정을 전달하며, 관객의 몰입을 유도하는 데 필수적입니다. 다양한 비디오 무빙 기법이 있으며, 이들을 영상 프롬프트로 잘 활용하면 영상의 품질을 크게 향상시킬 수 있습니다. 주요 영상 무빙 프롬프트에 대해 알아보겠습니다.

01 영상에 메시지를 담는 무빙 기법

시각적 효과와 장면을 창조하는 데 있어 영상 무빙 기법은 현대 영상 제작과 영화 제작에서 빼놓을 수 없는 중요한 요소로 자리 잡고 있습니다. 영상 무빙 기법은 단순히 카메라를 물리적으로 이동시키는 것을 넘어 장면의 전체적인 분위기, 감정적 깊이 그리고 이야기 흐름을 전달하는 필수적인 역할을 합니다. 이 기법은 관객이 스크린 속 이야기와 더욱 깊이 있게 연결될 수 있도록 돕는 강력한 도구이며, 궁극적으로는 영화나 영상 콘텐츠의 예술적 가치를 높이는 중요한 요소로 작용합니다.

영상 제작 과정에서 무빙 기법은 시각적 효과를 극대화하고, 장면의 메시지와 의미를 더욱 선명하게 전달하는 데 중요한 역할을 합니다. 예를 들어, 슬로 모션 기법은 시간의 흐름을 의도적으로 왜곡시켜 극적인 순간을 더욱 강조하거나 인물의 감정을 보다 깊이 있게 표현할 수 있는 강력한 도구로 사용됩니다.

▲ 결정적 순간에 인물과 극적 상황을 강조하는 슬로 모션 등장 장면

슬로 모션은 주로 감정이 고조되는 순간이나 결정적인 액션이 펼쳐지는 장면에서 사용되며, 관객이 해당 순간의 중요성을 체감할 수 있도록 돕습니다. 반대로 패스트 모션은 시간의 빠른 흐름을 통해 긴장감을 고조시키거나 빠르게 변하는 상황의 다이내믹함을 전달하는 데 유용합니다. 이러한 시간 조작 기법들은 시각적 효과를 극대화하여 관객의 감정적 반응을 유도하고, 장면의 메시지를 보다 효과적으로 전달하는 중요한 방법입니다.

02 시청자와의 공감 그리고 AI

영화 제작에서는 카메라 무빙이 단순한 시각적 장치 이상의 역할을 합니다. 무빙 기법은 장면의 분위기를 만들고, 이야기를 구성하고 전달하는 방식이나 과정을 의미하는 내러티브를 강화하며, 관객이 이야기 속에 몰입할 수 있도록 돕습니다. 크레인 샷이나 드론 카메라 샷과 같이 고급 무빙 기법을 결합하면 장면에 장엄함이나 서사적 깊이를 더해 주며, 관객에게 시각적 즐거움과 함께 스토리의 규모를 체감하게 합니다.

반면에 스노리캠이나 셀카봉을 이용한 셀피 영상 무빙은 요즘 인기를 얻고 있는 '나 혼자 떠나는 여행'을 주제로 인기를 얻고 있는 영상에 주로 사용됩니다.

▶ 예능 영상에서 개인적인 생각이나 경험을 강조할 때 자주 사용되는 셀피 샷

흔들리는 카메라 움직임을 통해 관객에게 현장감과 함께 인물의 심리 상태를 전달할 수 있습니다. 이는 전통적인 고정된 카메라 샷과는 달리 더욱 역동적이고 현실적인 느낌을 주어 관객이 마치 그 현장에 함께 있는 것 같은 몰입감을 경험하게 합니다.

무빙 기법은 또한 공간적인 이야기 전개 방식을 구축하는 데 중요한 역할을 합니다. 카메라의 움직임을 통해 관객은 영화 속 공간을 탐험하고, 그 안에 존재하는 다양한 요소들을 자연스럽게 이해하게 됩니다. 이는 공간의 크기, 구조, 분위기 등을 표현하는 데 도움을 주며, 관객이 그 공간에 대한 몰입감을 느끼게 합니다. 예를 들어, 롱 테이크로 연속적인 움직임을 담아내는 스테디캠 샷은 공간과 시간을 연속적으로 연결하여 관객이 장면 속에서 끊임없이 움직이는 느낌을 받을 수 있게 합니다.

영상 무빙 기법은 단순히 카메라를 움직이는 것이 아니라, 시각적 효과를 극대화하고, 장면의 감정적 깊이를 심화시키는 중요한 도구입니다. 이러한 기법을 통해 영화나 영상은 단순한 이미지를 넘어서 감정과 이야기를 전달하는 강력한 매체로서의 역할을 수행하게 됩니다. 영상 제작자와 영화 감독들이 무빙 기법을 어떻게 활용하느냐에 따라 관객의 경험은 크게 달라지며, 그들이 영화나 영상 콘텐츠를 어떻게 받아들이고 해석하는지에 직접적인 영향을 미치게 됩니다. 이처럼 영상 무빙 기법은 영상 예술의 중요한 축을 이루며, 이를 깊이 있게 이해하고 효과적으로 활용하는 것은 성공적인 영상 제작의 핵심이라고 할 수 있습니다.

영상 무빙 기법을 AI 영상 제작 프롬프트에 활용하는 것은 AI가 생성하는 영상의 품질과 몰입도를 극대화하는 중요한 방법입니다. 이러한 기법을 프롬프트에 정확하게 반영하면 AI는 보다 정교하고 감정적으로 강렬한 장면을 생성할 수 있습니다. AI 영상 제작 프롬프트에 영상 무빙 기법을 구체적으로 명시하는 것은 AI가 보다 디테일한 모션을 표현하는 영상을 생성하는 데 필수적입니다. 이를 통해 AI는 사용자가 원하는 특정한 시각적 스타일과 분위기를 정확하게 구현할 수 있으며, 결과적으로 더욱 높은 품질의 영상을 제작할 수 있게 됩니다. 다음은 자주 사용되는 영상 무빙 기법 프롬프트에 대해 알아봅니다.

Over the Shoulder(오버 더 숄더)

오버 더 숄더 영상 무빙은 영화 및 비디오 촬영에서 자주 사용되는 기법으로, 한 인물의 어깨 너머로 다른 영상을 촬영하는 기법입니다. 이 구도는 대화 상대의 시점을 시청자에게 제공하여, 대화의 긴장감과 감정을 보다 실감나게 전달합니다. 시청자가 대화 장면에서 주인공의 시점에 몰입할 수 있게 도와주며, 이를 통해 대화의 감정과 긴장감을 더욱 효과적으로 전달할 수 있습니다.

> 프롬프트 | A woman is running to the launch pad where the rocket is being launched, Over the Shoulder camera moving

Slow Motion(슬로 모션)

슬로 모션은 영상 무빙은 원래 속도보다 느리게 재생하여 시간이 천천히 흐르는 것처럼 보이게 만드는 영상 무빙 기법입니다. 이 기술은 빠르게 일어나는 동작이나 순간을 자세히 보여 주어 시청자에게 강렬한 시각적 경험을 제공합니다. 슬로 모션은 영화, TV, 스포츠 중계, 뮤직비디오 등 다양한 영상 콘텐츠에서 자주 사용됩니다.

> 프롬프트 | A boxer who slowly turns around and stares at his opponent. Slow Motion

Fast Motion(패스트 모션)

패스트 모션 영상 무빙은 영상을 원래 속도보다 빠르게 재생하여, 시간이 빠르게 흐르는 것처럼 보이게 만드는 영상 무빙 기법입니다. 이 기술은 일상적인 동작이나 긴 시간에 걸친 과정을 짧은 시간 안에 보여 주고자 할 때 사용됩니다. 패스트 모션은 영화, 광고, 뮤직비디오, 코미디 장면, 타임랩스 영상 등 다양한 영상 콘텐츠에서 활용됩니다.

> 프롬프트 Cars travel along the road quickly through the darkening city center, Fast Motion camera moving

Long take(롱 테이크)

영화나 영상에서 단일 연속 촬영을 통해 긴 시간 동안 특정 장면을 지속적으로 촬영하는 기법입니다. 롱 테이크 샷은 통상적인 짧은 컷과 장면 전환 대신에 긴 시간 동안 카메라를 계속 돌리며 장면을 포착합니다. 이 기법은 장면의 시간적 연속성을 유지하면서 중간에 컷이 없이 하나의 긴 테이크로 촬영됩니다. 이로 인해 시청자는 장면의 흐름에 더욱 몰입할 수 있습니다.

> 프롬프트 In the days of panic, people in suits and standing in a line in front of the bank, Long take camera moving

Time-lapse(타임랩스)

타임랩스 영상 무빙은 일정한 시간 간격으로 촬영한 사진을 연결하여 영상을 만드는 기법으로, 오랜 시간에 걸친 변화를 짧은 시간 안에 보여 주는 효과적인 방식입니다. 타임랩스 영상은 시간이 빠르게 흘러가는 느낌을 주며, 일상에서는 눈에 잘 보이지 않는 변화나 움직임을 시각적으로 극적인 표현을 할 수 있습니다.

프롬프트 | From morning to evening, people and cars busily moving through the city center, Time-lapse camera moving

Dynamic Motion(다이내믹 모션)

다이내믹 모션 영상 무빙은 영상 속에서 움직임이나 동작의 속도를 변화를 주어 시각적 효과나 감정적인 반응을 극대화하는 기법입니다. 이 기법은 일반적으로 슬로 모션과 패스트 모션을 포함하며, 영화, 광고, 뮤직비디오, 스포츠 중계 등 다양한 영상 콘텐츠에서 사용됩니다. 다이내믹 모션 속도 변화를 통해 특정 장면이나 동작을 더욱 인상 깊게 만들 수 있습니다.

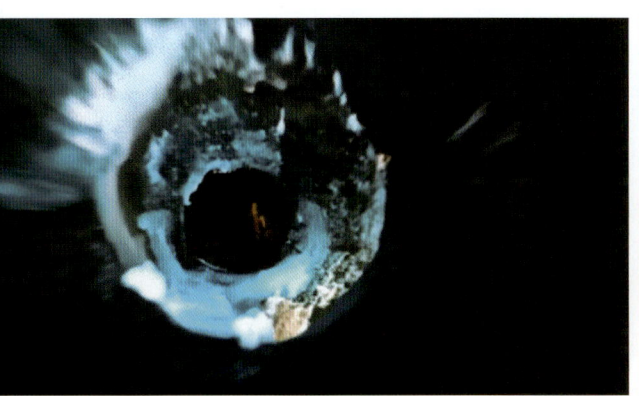 

프롬프트 | Fast through a black hole, arriving to Earth, First-person view, Dynamic Motion camera moving

Grows(그로우)

그로우 영상 무빙은 일반적으로 화면의 이동 또는 카메라의 움직임을 통해 장면이 점진적으로 확대되거나 세부 사항이 강조되는 기법을 말합니다. 이 기법은 피사체를 가까이서 강조하거나 특정 부분에 시청자의 관심을 집중시키기 위해 사용됩니다.

프롬프트 The forest passes through a square-hole wall that has grown thickly, Grows camera moving

Explodes(익스플로드)

익스플로드 영상 무빙은 화면의 중심에서 외부로 퍼지는 효과를 만들어 내는 카메라 이동 또는 영상 기법을 말합니다. 이 기법은 주로 시각적으로 인상적인 장면을 연출하거나 특정 요소를 강조할 때 사용됩니다. 'Explodes'라는 용어는 화면이 폭발적으로 확대되거나 퍼져 나가는 듯한 효과를 설명합니다.

프롬프트 A meteorite falls from the sky where deer gather and collides with the floor, Scenes of dust and debris splashing, Explodes camera moving

Ascends(어센드)

어센드 영상 무빙은 카메라나 시각적 요소가 화면의 하단에서 상단으로 이동하거나 상승하는 효과를 주는 기법입니다. 이 기법은 화면에서의 상승, 고도 증가 또는 시각적 시점의 변화 등을 표현하며, 특정 장면이나 감정을 강조하는 데 사용됩니다.

프롬프트
Super-man is levitating over a forest, Ascends moving

Undulates(언들레이트)

언들레이트 영상 무빙은 화면이 물결치는 듯한 효과를 주는 카메라 움직임 또는 시각적 기법입니다. 이 기법은 화면의 움직임이 부드럽게 흔들리거나 파도처럼 굴곡지는 효과를 만들어 내며, 감정적 또는 시각적 표현을 강화하는 데 사용됩니다. 화면의 시각적 요소가 부드럽게 상하로 또는 좌우로 물결치듯 움직이는 효과를 만드는 방식입니다.

프롬프트
A large droplet moves slowly into the warehouse and explodes as it shakes like a wave, Undulates camera moving

Warps(워프)

워프 영상 무빙은 화면의 이미지가 왜곡되거나 비틀어지는 효과를 통해 시각적으로 특별한 효과를 생성하는 방식으로, 비현실적이거나 초현실적인 장면을 만들 때 사용됩니다. 예를 들어, 꿈속 장면이나 상상 속의 공간을 표현할 때 효과적이며, 감정의 격렬함이나 혼란스러운 상태를 표현하는 데 사용될 수 있습니다.

프롬프트 The branches of the trees in the forest gradually twist and shake and fluctuate, Warps camera moving

Transforms(트랜스폼)

트랜스폼 영상 무빙은 영상의 구성 요소를 변형하거나 이동시키는 기법을 말합니다. 이 기법은 화면의 요소를 크기, 위치, 회전, 비율 등을 조절하여 다양한 시각적 효과를 만드는 데 사용됩니다. 'Transforms'라는 용어는 주로 화면의 시각적 요소를 변형하여 새로운 시각적 결과를 만들어내는 것을 의미합니다. 특정 요소를 강조하거나 주목시키기 위해 사용되기도 하며, 화면의 주요 피사체를 확대하거나 회전시켜 주목을 끌 수도 있습니다.

프롬프트 When a woman turns her head, it transforms into several bundles of liquid that flow, Transforms camera moving

Shatters(셰터)

셰터 영상 무빙은 화면의 이미지나 시각적 요소가 산산이 부서지거나 깨지는 효과를 주는 기법입니다. 이 기법은 화면을 시각적으로 분해하거나 해체하여 강렬하고 드라마틱한 변화를 연출하는 데 사용됩니다. 'Shatters'라는 용어는 화면이 파편으로 나누어지거나 깨어지는 듯한 효과를 암시합니다.

프롬프트 | The winged angel stone statue breaks like a glass is broken and fragments are splattered, Shatters camera moving

Vortex(보텍스)

보텍스 영상 무빙은 화면의 이미지나 시각적 요소가 소용돌이처럼 회전하거나 수렴하는 효과를 주는 기법입니다. 이 기법은 화면의 중심에서 외곽으로, 또는 그 반대로 소용돌이치는 효과를 만들어 시각적 동적인 느낌을 제공합니다. 'Vortex'라는 용어는 물리적으로 소용돌이 또는 회전하는 움직임을 암시하며, 속 장면이나 초현실적인 분위기를 표현할 때 사용됩니다. 소용돌이치는 효과는 비현실적이고 환상적인 느낌을 주며, 상상력을 자극합니다.

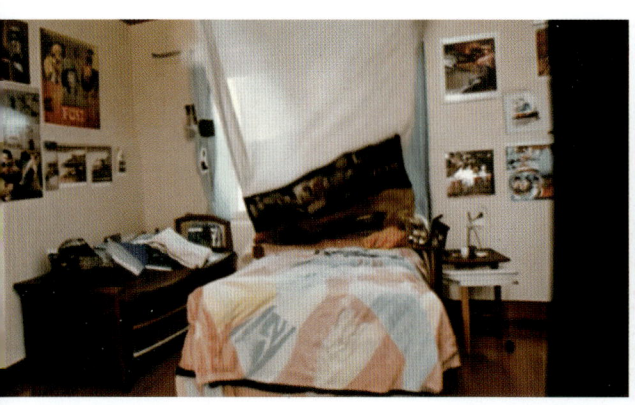 

프롬프트 | As the wind blows in a small room with beds and curtains, curtains and furniture swirl out the window, Vortex camera moving

Macro cinematography(매크로 시네마토그래피)

매크로 시네마토그래피 영상 무빙은 작은 대상이나 디테일을 확대하여 촬영하는 기법으로, 주로 미세한 디테일이나 텍스처를 강조하는 데 사용됩니다. 이 스타일은 작은 세계를 매우 선명하게 보여 주기 때문에 영화, 다큐멘터리, 광고 등에서 중요한 역할을 합니다. 매크로 촬영에서는 초점 깊이가 매우 얕아지기 때문에, 피사체의 특정 부분만 선명하게 보이게 됩니다. 이는 매크로 촬영의 중요한 특징으로, 피사체의 특정 부분을 강조하는 데 유용합니다.

> **프롬프트** The dewy light blue petals shake little by little by the wind, Macro cinematography camera moving

SnorriCam(스노리캠)

스노리캠 영상 무빙은 배우의 몸에 카메라를 고정하는 장비를 사용하여 촬영하는 기법입니다. 카메라가 배우를 향해 고정되어 있기 때문에 배우가 움직일 때 화면 속의 배경이 격렬하게 흔들리거나 변화하는 반면, 배우의 얼굴과 상체는 고정된 상태로 나타납니다. 이는 관객에게 배우가 느끼는 혼란, 긴장, 혹은 불안감을 시각적으로 전달할 때 매우 효과적입니다.

> **프롬프트** A man running through a snowy forest, a snowball falls overhead, SnorriCam camera moving

Selfie Shot(셀피 샷)

영상 제작, 특히 예능 프로그램에서 자주 사용되는 촬영 기법 중 하나로, 카메라를 촬영자가 직접 들고 자신을 촬영하는 방식입니다. 이는 시청자에게 촬영자와 더 가깝게 연결된 느낌을 주며, 카메라를 직접 들고 촬영하기 때문에 마치 시청자가 그 사람의 눈을 통해 장면을 보는 것 같은 느낌을 주어 현실감을 높입니다. 예능에서는 출연자가 직접 셀피 샷을 사용해 시청자에게 자신의 감정을 더 직접적으로 전달할 수 있습니다.

프롬프트 | A woman is smiling happily in front of a Ferris wheel at an amusement park, Selfie Shot

Realistic documentary(리얼리스틱 다큐멘터리)

리얼리스틱 다큐멘터리 영상 무빙은 다큐멘터리 영화나 영상에서 현실감을 극대화하기 위해 사용되는 촬영 기법입니다. 이 기법은 관객에게 실제로 현장에 있는 듯한 느낌을 주며, 대상의 자연스러운 모습을 포착하는 데 중점을 둡니다. 이러한 촬영 방식은 편집 없이 실시간으로 일어나는 사건을 기록하는 것처럼 보이게 해 관객이 사건의 흐름에 자연스럽게 몰입하도록 돕습니다.

프롬프트 | The lizard with various colored jewels embedded in its back crawls slowly, Realistic documentary camera moving

PART 3 · AI 영상 제작을 위한 필수 AI 기능과 영상 편집 노하우

AI 영상 제작을 위해 필요한 다양한 AI 도구를 효과적으로 학습하고 활용할 수 있도록 여러 스킬을 습득하는 것은 현대 콘텐츠 제작자들에게 필수적인 과정입니다. 이를 통해 제작자는 텍스트 기반의 이미지 생성 툴인 미드저니부터 음성 합성 기술을 이용한 내레이션 제작, 그리고 AI 기반의 영상 생성 툴인 루마AI까지, 다양한 AI 기술의 원리를 이해하고 실무에 적용하는 능력을 기르게 됩니다. 또한, 기본적인 영상 편집을 수행할 수 있는 캡컷과 고급 편집 기능을 제공하는 프리미어 프로를 사용하여 영상의 완성도를 한층 높이는 방법을 익히는 것도 중요합니다.

이와 같은 AI 도구와 기능을 다방면으로 익히는 것은 단순한 도구의 사용법을 넘어, 창의적인 콘텐츠 제작의 가능성을 확장하고, 효율적으로 작업을 진행할 수 있는 전략적 사고를 배양하는 데 큰 도움이 될 것입니다. 결국, 이러한 학습 과정은 영상 제작자가 AI 기술을 활용하여 더욱 혁신적이고 매력적인 콘텐츠를 만들어 내는 데 필수적인 기반이 되며, 빠르게 변화하는 디지털 미디어 환경에서 경쟁력을 갖추게 하는 중요한 요소가 될 것입니다. 이번 파트에서는 AI 영상 제작을 위한 기능을 학습하여 마스터 영상컷을 생성할 수 있는 스킬에 대해 알아보겠습니다.

Project Learning : AI Video Contents Top 10

Section Learning : AI Prompt Engineering Contents

영상을 구성하는 이미지 프레임, 미드저니로 생성하기

미드저니(MidJourney)는 인공지능(AI) 기반의 이미지 생성 플랫폼으로, 사용자의 텍스트 입력을 바탕으로 독창적이고 생동감 있는 이미지를 자동으로 생성해 주는 도구입니다. 이 기술은 자연어 처리와 컴퓨터 비전 기술을 결합하여 사용자가 특정 주제나 스타일을 설명하는 텍스트를 입력하면, 이를 시각적 이미지로 구현합니다.

영상 제작 측면에서 미드저니는 아이디어의 시각화, 콘셉트 디자인, 스토리보드 제작 등 다양한 창작 과정에 활용될 수 있습니다. 예를 들어, 제작자는 영상의 특정 장면이나 캐릭터에 대한 아이디어를 구상할 때, 미드저니를 사용하여 빠르고 쉽게 여러 가지 시각적 대안을 생성할 수 있습니다. 이 과정에서 얻어진 이미지는 영상 제작의 초기 단계에서 중요한 참조 자료로 활용되며, 감독이나 디자이너들이 각본과 시각적 스타일을 구체화하는 데 도움을 줍니다.

또한, 미드저니는 독특하고 실험적인 시각적 표현을 테스트하기에도 유용합니다. 사용자는 텍스트를 통해 다양한 스타일이나 분위기를 지정하여, 전통적인 기법으로는 쉽게 접근할 수 없는 창의적인 이미지를 얻을 수 있습니다. 이러한 이미지는 영상의 배경, 설정 또는 특정 장면의 분위기를 정의하는 데 활용이 가능합니다.

미드저니를 이용해 생성된 이미지를 AI 영상 제작 도구인 루마 AI의 영상 소스로 활용하면, 최적의 영상 제작이 가능합니다. 미드저니는 텍스트 기반으로 독창적이고 고품질의 이미지를 빠르게 생성할 수 있어 루마 AI가 필요로 하는 비주얼 요소를 효과적으로 제공해 줍니다. 이 이미지 소스를 루마 AI에 적용하면, AI가 이미지를 자동으로 분석하고, 이를 기반으로 자연스러운 움직임과 시각적 효과를 추가해 고퀄리티의 영상을 제작할 수 있습니다.

01 미드저니 가입과 실행하기

미드저니(Midjourney)는 인공지능을 활용해 다양한 이미지를 생성할 수 있는 도구입니다. 이를 사용하기 위해서는 디스코드(Discord)에 가입하고, 미드저니 서버에 접속한 후 명령어를 입력하여 이미지를 생성하는 방식으로 작동합니다. 다음은 미드저니를 사용하기 위한 가입 및 실행 순서입니다.

❶ 미드저니는 디스코드 플랫폼을 통해 작동하므로, 먼저 디스코드 계정을 만들어야 합니다. 웹브라우저에 'discord.com'을 입력하여 디스코드 사이트에 접속하고 〈Login〉 버튼을 클릭합니다.

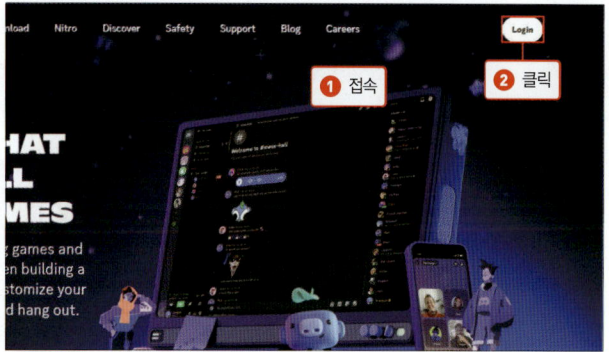

❷ 로그인 화면이 표시되면 화면 하단의 '가입하기'를 클릭합니다.

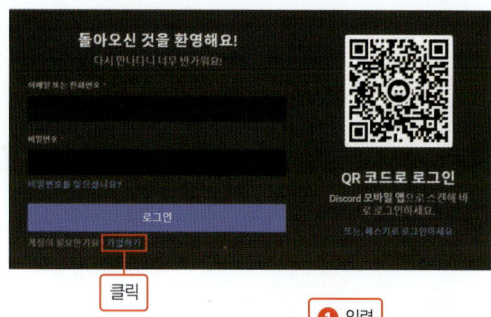

❸ 계정 만들기 창에서 개인 정보를 입력하고 지정한 다음 〈계속하기〉 버튼을 클릭합니다. 작성한 이메일 주소로 인증 메일이 발송되면 이메일에 접속하여 인증을 마칩니다.

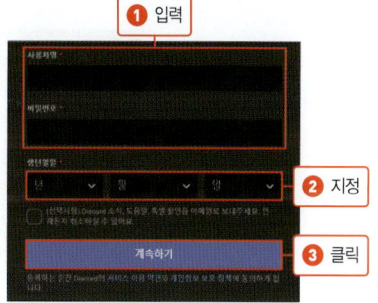

TIP 미드저니에서 이미지를 생성하기 위해서는 미드저니 멤버십에 가입해야 합니다. 멤버십에 가입하기 위해 디스코드 미드 채널에서 대화방 INFO의 'getting-started'를 클릭하고, 표시되는 대화창의 가장 상단에 있는 대화에서 'Get yout Midjourney membership'을 클릭합니다. 미드저니 멤버십 별로 월간/연간 플랜을 선택하여 결제합니다.

❹ 미드저니와 연동하기 위해 웹브라우저에 'midjourney.com'을 입력하여 미드저니 사이트에 접속하고 〈Sign Up〉 버튼을 클릭합니다. 표시되는 창에서 〈Continue with Discord〉 버튼을 클릭합니다.

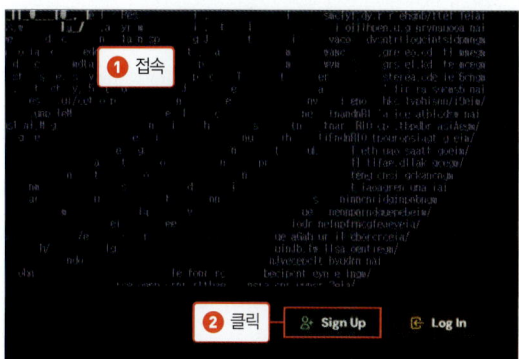
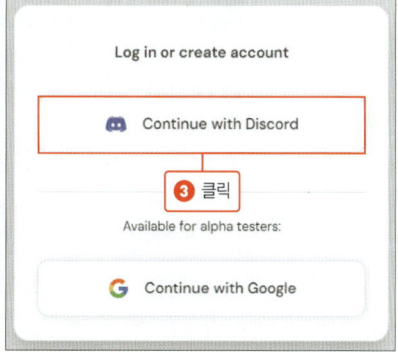

❺ 로그인된 화면이 표시되면 왼쪽 하단의 'My Account'를 클릭하고 'Midjourney Discord'를 선택하여 초대장을 받습니다. 표시되는 초대장에서 〈Midjourney 참가하기〉 버튼을 클릭하여 디스코드의 미드저니 채널에 접속합니다.

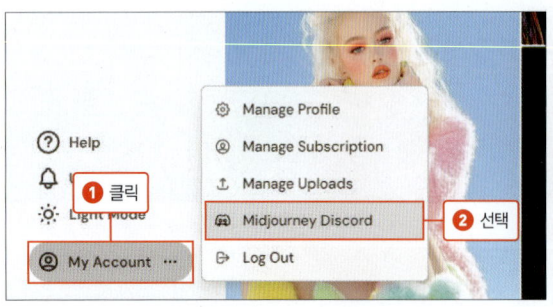
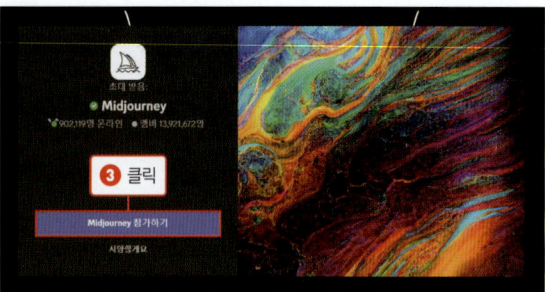

02 미드저니 인터페이스 살펴보기

미드저니는 가입부터 이미지 생성, 편집, 출력까지 모든 작업이 디스코드 서버에서 이뤄집니다. 그 핵심이 되는 미드저니의 인터페이스를 살펴봅니다.

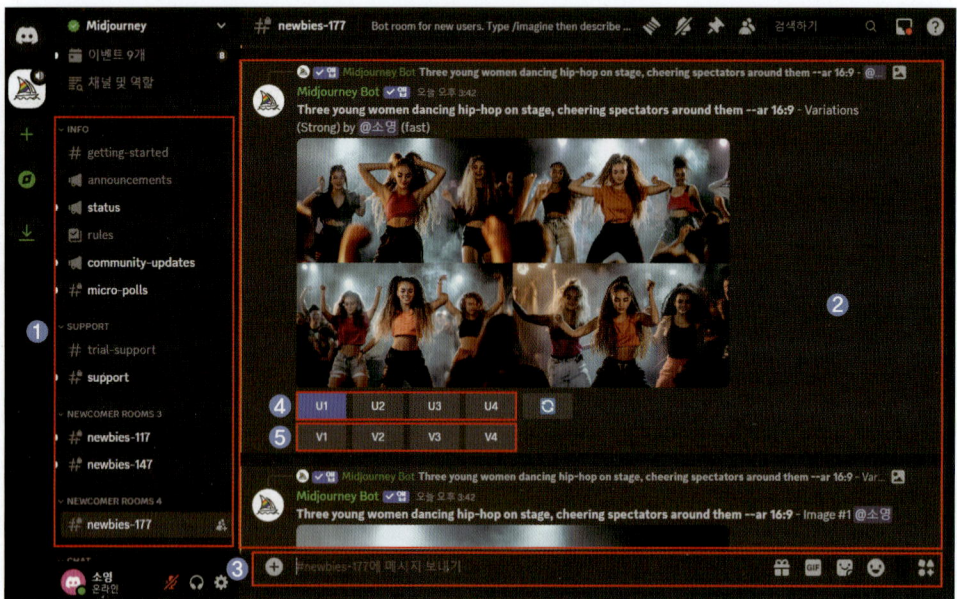

❶ **대화방** : 미드저니를 결제하고 디스코드에 접속하면 실질적으로 작업이 가능한 사용자(User)끼리 모여있는 대화방입니다.

❷ **대화창** : 디스코드 대화방 내에서 대화를 볼 수 있는 공간입니다. 미드저니의 모든 결과물은 이곳에 표시됩니다.

❸ **입력창** : 디스코드 대화방 내에서 프롬프트를 입력하고 이미지를 생성할 수 있는 작업 공간입니다.

❹ U1/U2/U3/U4(Upscale) : 위에서부터 1, 2, 3, 4번 순이며, 선택한 사진 한 장의 해상도를 두 배로 높여줍니다.

❺ V1/V2/V3/V4(Variation) : 위에서부터 1, 2, 3, 4번 순이며, 선택한 사진을 4장의 유사한 그림으로 새롭게 생성해 줍니다.

03 미드저니 핵심 프롬프트 작성하기

미드저니(MidJourney)는 사용자가 입력한 텍스트를 기반으로 AI가 이미지를 생성해 주는 '텍스트-투-이미지(Text-to-Image)' 모델입니다. 이 과정에서 가장 중요한 요소는 입력하는 텍스트 프롬프트입니다. 텍스트 프롬프트의 내용에 따라 생성되는 이미지의 품질과 정확성이 결정되므로, 프롬프트를 작성하는 방법을 정확히 이해하는 것이 필수적입니다.

'/Imagine prompt + 〈사용할 이미지 베이스 링크〉 + 〈전체 상황 설명〉, + 〈카메라 구도〉, + 〈스타일〉 + --ar (사이즈 비율)'의 구조로 작성하면 기본적인 텍스트 프롬프트로 이미지를 생성할 수 있습니다. 상황 설명을 키워드로 자세하게 하면 할수록 원하는 이미지를 구현할 확률이 높아집니다.

텍스트 프롬프트만으로 이미지 생성하기

미드저니에서 효과적으로 프롬프트를 작성하는 방법에 대한 이해는 이 '텍스트-투-이미지(Text-to-Image)' 모델을 최대한 활용하는 데 필수적입니다. 미드저니는 사용자가 입력한 텍스트를 바탕으로 AI가 이미지를 생성해 주는 시스템으로, 텍스트 프롬프트의 질이 생성되는 이미지의 품질과 정확성을 결정짓는 주요 요소입니다. 따라서 프롬프트를 작성하는 과정에서 몇 가지 핵심 원칙을 이해하고 적용하는 것이 중요합니다.

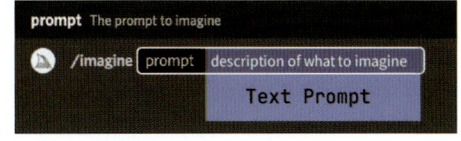
▲ 텍스트 프롬프트 구조

프롬프트를 작성할 때는 원하는 이미지의 세부 사항을 명확하고 구체적으로 설명하는 것이 중요합니다. 일반적인 설명은 AI가 정확한 이미지를 생성하는 데 필요한 정보를 제공하지 않기 때문에 세부적인 묘사가 필요합니다. 또한, 프롬프트에는 이미지의 주요 형태와 구성 요소를 자세히 설명하는 것이 좋습니다.

어떤 요소가 이미지의 중심에 위치할지 또는 배경과 전경의 배치는 어떻게 될지를 명시함으로써, AI는 더 나은 구성과 균형을 가진 이미지를 생성할 수 있습니다. 예를 들어, 단순히 '춤추는 여성'이라고 입력하는 것보다는 '무대 위에서 힙합 춤을 추는 세 명의 젊은 여성과 주변의 응원하는 관중들'이라고 입력하는 것이 좋습니다. 이처럼 구체적인 설명은 AI가 이미지의 주요 특징과 배경을 보다 잘 이해하고 재현하는 데 도움이 됩니다.

프롬프트를 입력하여 인물 생성하기 ● 완성파일 : 03\stage_완성.png

프롬프트를 입력하여 힙합 춤을 추는 3명의 여성 이미지를 만들어보겠습니다. 미드저니 입력창에 생성하려는 이미지를 표현하는 영문 프롬프트 작성법에 대해 알아봅니다. 영문을 번역할 경우에는 번역기를 이용하여 정확하게 영어 문장을 생성합니다.

① 입력창에 '/'를 입력하여 표시되는 메뉴에서 '/imagine'을 선택합니다.

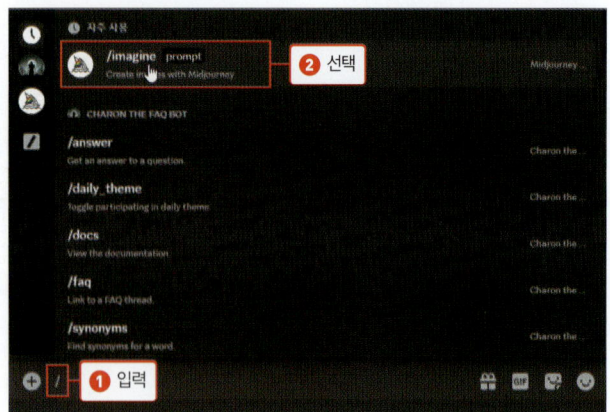

② 네이버 파파고(papago.naver.com) 사이트에 접속합니다. 생성하려는 이미지 표현을 입력하고 〈번역하기〉 버튼을 클릭한 다음 복사하기 위해 '복사' 아이콘(📋)을 클릭합니다.

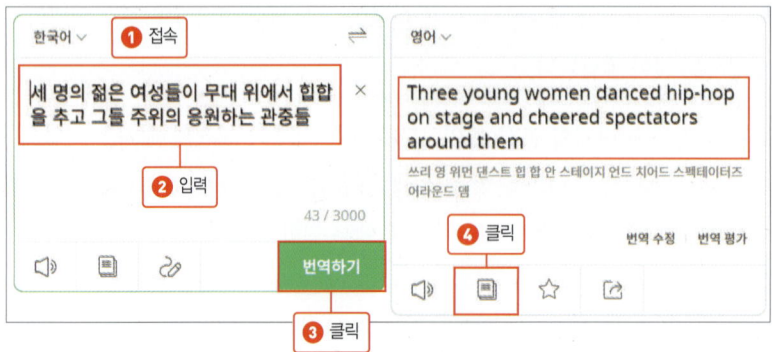

❸ 프롬프트 입력창에 Ctrl + V를 눌러 영문 프롬프트를 붙여넣습니다. 이미지 사이즈를 영상 소스 비율로 지정하기 위해 프롬프트 뒤에 '--ar 16:9'를 추가로 입력하고 Enter를 누릅니다.

> **프롬프트** Three young women dance hip-hop on stage and cheering spectators around them --ar 16:9

❹ 그림과 같이 프롬프트에 맞게 이미지가 생성된 것을 확인할 수 있습니다.

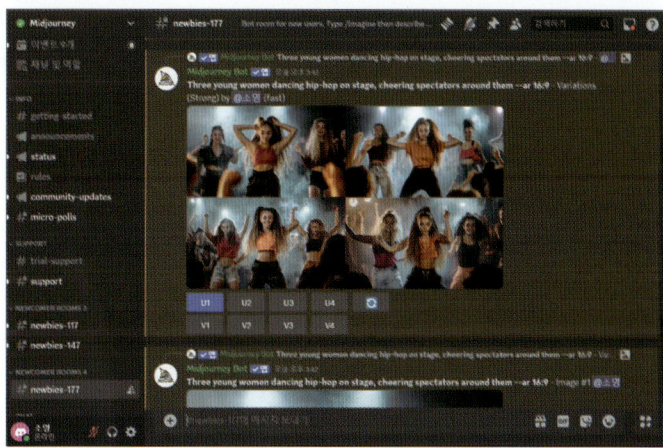

색상과 조명

색상과 조명은 이미지의 분위기와 시각적 효과에 큰 영향을 미칩니다. 프롬프트에 원하는 색상 팔레트나 조명 조건을 포함시키는 것이 중요합니다. 예를 들어, '따뜻한 황금빛 조명이 비추는' 또는 '밝은 조명과 붉은 빛이 감도'와 같은 표현은 이미지의 조명 효과를 구체적으로 지시합니다. 색상과 조명을 명확히 지정하면 AI가 의도한 분위기와 시각적 효과를 더 잘 표현할 수 있습니다.

04 기존 이미지를 업로드해서 새로운 이미지 생성하기

미드저니에서 기존 이미지를 업로드하여 새로운 이미지를 생성하는 방법은 AI의 강력한 이미지 생성 능력을 활용하여 사용자 제공 이미지를 기반으로 새로운 변형이나 창작물을 만드는 과정입니다. 사용자는 미드저니의 인터페이스를 통해 기존 이미지를 업로드할 수 있습니다. 업로드된 이미지는 AI가 참조할 수 있는 원본 자료가 됩니다. 일반적으로 업로드는 미드저니의 디스코드(Discord) 채널을 통해 진행됩니다. 업로드된 이미지는 디스코드 채널에서 자동으로 링크로 변환됩니다. 이 링크는 AI가 이미지를 참조할 수 있도록 하는 중요한 요소입니다.

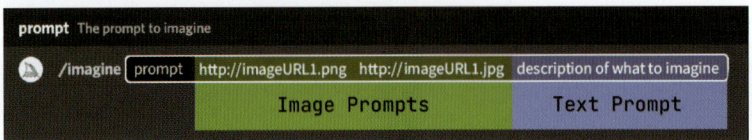

▲ 이미지 텍스트 프롬프트 구조

TIP 프롬프트 구조에서 Image Prompts와 Text Prompt의 순서는 서로 바뀌어도 상관이 없습니다. 작업이 편한 순서로 작성합니다.

텍스트 프롬프트와 함께 업로드한 이미지의 링크를 입력하여 AI에 요청합니다. 이때, 이미지 링크와 함께 텍스트 프롬프트를 제공하면, AI는 업로드된 이미지를 참조하여 텍스트의 지시에 맞는 새로운 이미지를 생성합니다. AI는 업로드된 이미지를 분석하고, 텍스트 프롬프트에서 지정한 요소를 결합하여 새로운 이미지를 생성합니다. 이 과정에서 AI는 기존 이미지의 스타일이나 특성을 유지하면서도 새로운 변형이나 창작물을 만들어 내는 것이 특징입니다.

뒷모습의 인물 이미지로 앞모습의 인물 이미지 생성하기

> 예제파일 : 03\playing.png
> 완성파일 : 03\playing_완성.png

푸른 조명의 무대에서 기타를 연주하는 연주자의 뒷모습 이미지를 이용하여 동일한 인물과 배경 분위기로 얼굴과 기타 연주 모습을 보이도록 생성해 보겠습니다.

▲ 뒷모습의 원본 이미지

▲ 동일한 인물의 얼굴이 보이는 이미지 생성

① 참조할 이미지를 업로드하기 위해 〈+〉를 클릭하고 '파일 업로드'를 선택합니다. 열기 대화상 자가 표시되면 03 폴더에서 'playing.png' 파일을 선택한 다음 〈열기〉 버튼을 클릭합니다.

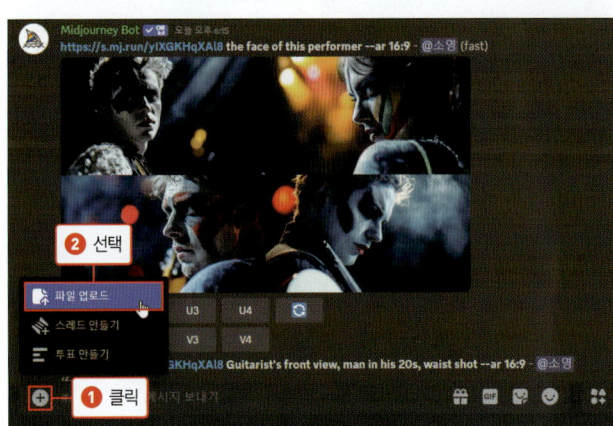

② 입력창에 이미지 파일이 섬네일 이미지로 표시됩니다. Enter를 누르면 미드저니 서버 대화창에 이미지가 업로드 됩니다.

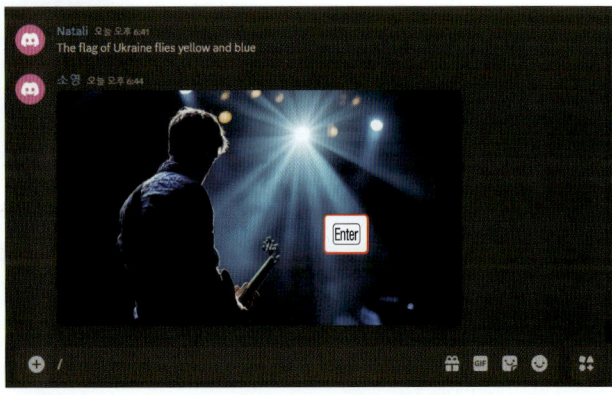

093

❸ 입력창에 '/'를 입력하여 표시되는 메뉴에서 '/imagine'을 선택합니다.

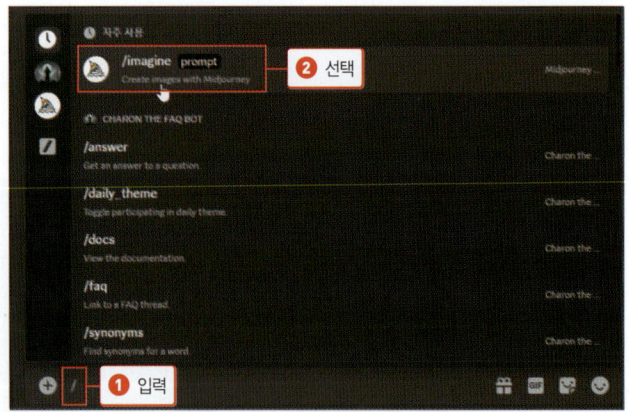

❹ 대화창에 업로드된 이미지를 프롬프트 입력창으로 드래그합니다. 업로드된 이미지 링크가 프롬프트 입력창에 표시되면 이미지 링크 뒤에 장면 내용을 입력하고 Enter를 누릅니다.

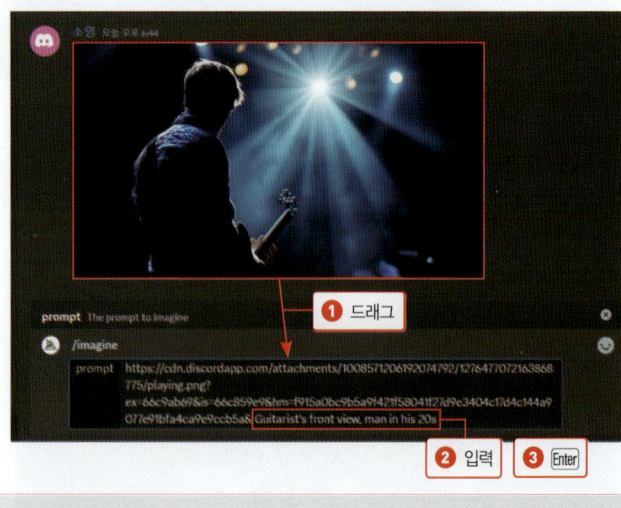

프롬프트 　Guitarist's front view, man in his 20s

❺ 그림과 같이 업로드된 이미지를 기준으로 얼굴을 보이는 기타 연주자 이미지가 4장 생성됩니다. 원하는 이미지의 〈U(번호)〉 버튼을 클릭하여 업스케일합니다.

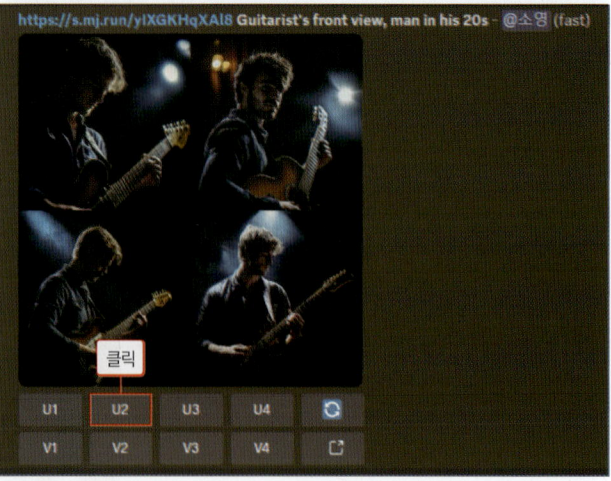

❻ 업스케일한 이미지를 저장합니다. 일관된 스타일로 손쉽게 다른 구도의 기타 연주 이미지를 생성하였습니다.

TIP 이미지 비율을 정하는 파라미터를 사용하지 않고, 이미지 묘사만 하는 프롬프트를 입력하면 이미지 비율은 기본적으로 가로, 세로 비율이 1:1인 이미지를 생성합니다.

05 파라미터로 결과물의 디테일을 결정하기

미드저니에서 텍스트 프롬프트를 작성할 때 가장 마지막에 적어야 하는 것을 파라미터(Parameter)라고 합니다. 다양한 명령어를 통해 디테일을 관장하는 기능으로 사이즈, 퀄리티, 속도, 변형도 등 다양한 종류의 디테일을 설정할 수 있습니다. 파라미터는 항상 텍스트 프롬프트 끝에 추가되며, 한 번에 여러 개의 파라미터를 추가할 수 있습니다. 작업 과정에서 반드시 알아두어야 할 파라미터에 대해 알아보겠습니다.

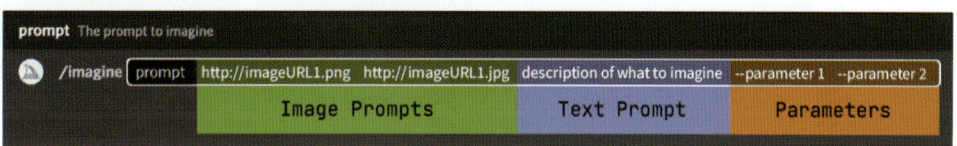

▲ 이미지 텍스트 파라미터 프롬프트

이미지의 가로, 세로 비율 설정하기(Aspect Ratio)

--ar 파라미터는 이미지 생성 시 가로와 세로의 비율을 설정하는 데 사용됩니다. 미드저니에서는 기본적으로 이미지를 정사각형 비율인 1:1로 생성하지만, --ar 파라미터를 활용하면 사용자가 원하는 형태나 목적에 맞게 이미지의 비율을 조정할 수 있습니다. 이를 통해 특정한 형식이나 용도에 맞는 이미지를 더욱 쉽게 생성할 수 있습니다.

프롬프트 a man sitting on a boat with a view of the sea --ar (비율 입력)

▲ --ar 16:9

▲ --ar 1:1

◀ --ar 21:9

인물을 유지하면서 다양한 행동 생성하기

프롬프트 --cref, --cw (가중치 값)

--cref 파라미터를 사용하면 특정 인물 이미지를 참조하여 일관된 인물로 새로운 이미지를 생성할 수 있습니다. 이 기능을 활용하려면 프롬프트 뒤에 --cref와 함께 참조할 이미지의 경로를 입력하면 됩니다. 이를 통해 참조 이미지의 인물 특징, 예를 들어 얼굴이나 의상 등이 유지되어 일관성 있는 캐릭터 이미지를 생성할 수 있습니다.

▲ --cref 파라미터 사용 구조

또한, --cw 옵션을 사용하여 캐릭터 참조 이미지와의 유사도를 조절할 수 있습니다. --cw의 가중치 범위는 0에서 100까지이며, 가중치를 설정하지 않으면 기본값인 100이 적용됩니다. 이를 통해 사용자는 특정 인물의 외형적 특징을 얼마나 강하게 반영할지 조절할 수 있습니다.

동일 인물로 다른 장면 이미지 만들기 ● 예제파일 : 03\busking.png ● 완성파일 : 03\interview.png

길거리에서 버스킹하는 여성 인물 이미지를 이용하여 동일한 인물이 인터뷰 오디션을 보는 장면을 생성시켜 보겠습니다.

▲ 길거리에서 버스킹을 하는 여성 인물

▲ 동일한 인물이 인터뷰 오디션을 보는 장면 생성

❶ 참조할 이미지를 업로드하기 위해 〈+〉를 클릭하고 '파일 업로드'를 선택합니다. 열기 대화상자가 표시되면 03 폴더에서 'busking.png' 파일을 선택한 다음 〈열기〉 버튼을 클릭합니다.

❷ 동일한 인물의 다른 모습을 생성하기 위해 입력창에 '/'를 입력하면 표시되는 팝업 메뉴에서 '/imagine'을 선택합니다.

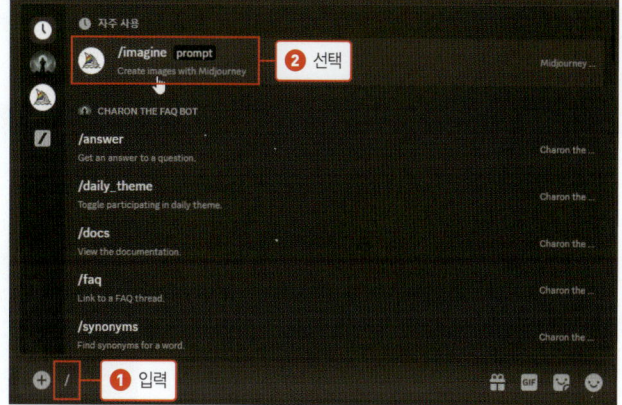

❸ 프롬프트 입력창에 영문 프롬프트와 '--cref'를 입력하고 업로드된 이미지를 프롬프트 입력창에 드래그하여 이미지 경로를 추가한 다음 '--cw 0 --ar 16:9'를 입력합니다.

프롬프트   busking on the street --cref https://s.mj.run/VrdHmJvcKmk --cw 0 --ar 16:9

❹ 같은 인물이 다른 구도와 장면으로 버스킹하는 이미지가 생성되었습니다.

❺ 이번에는 같은 인물이지만 인터뷰하는 이미지를 생성하기 위해 인터뷰하는 프롬프트를 입력하고 이미지 링크를 추가한 다음 '--cw 50'으로 입력합니다.

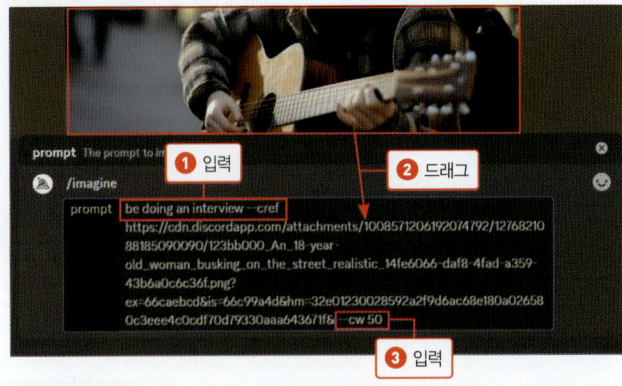

프롬프트 be doing an interview --cref https://s.mj.run/VrdHmJvcKmk --cw 50 --ar 16:9

❻ 같은 인물이 다른 장소에서 인터뷰하는 이미지가 생성되었습니다.

원하는대로 이미지 스타일 변경하기

--sref 기능을 사용하면 특정 이미지의 스타일을 참조하여 새로운 이미지를 생성할 수 있습니다. 이 기능을 활용하려면 프롬프트 뒤에 --sref 명령어와 함께 참조할 이미지의 경로를 입력하면 됩니다. 또한, 여러 개의 참조 이미지 URL을 입력할 수도 있으며, 이 경우 각 이미지의 스타일이 혼합되어 최종 이미지에 적용됩니다.

▲ --sref 파라미터 사용 구조

참조 이미지의 스타일 영향력을 세밀하게 조절하려면 --sw 옵션을 사용하여 가중치를 설정할 수 있습니다. --sw의 가중치 범위는 0에서 1000까지이며, 사용자가 가중치를 명시적으로 설정하지 않으면 기본값인 100이 적용됩니다. 이를 통해 사용자는 원하는 스타일의 강도를 조절하여 특정 예술적 비전이나 디자인 요구에 맞는 이미지를 생성할 수 있습니다.

비행기 조종사를 라이더 이미지로 만들기 ● 예제파일 : 03\style.png ● 완성파일 : 03\style_완성.png

원본 이미지인 비행기 조종사의 스타일을 동일하게 유지하여 오토바이 라이더 이미지를 생성하겠습니다.

▲ 헬멧을 쓴 비행기 조종사

▲ 스타일을 유지하면서 오토바이 헬멧을 착용한 라이더

① 참조할 이미지를 업로드하기 위해 〈+〉를 클릭하고 '파일 업로드'를 선택합니다.

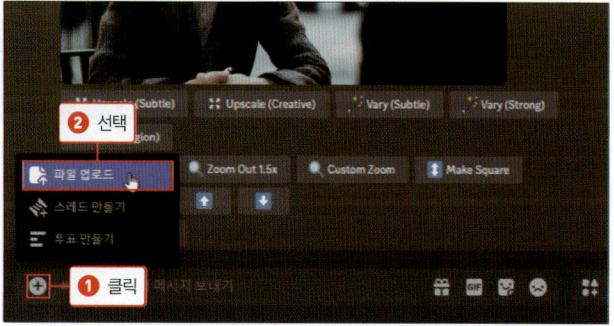

❷ 열기 대화상자가 표시되면 03 폴더에서 'style.png' 파일을 선택하고 〈열기〉 버튼을 클릭합니다. 입력창에 여성 비행사 이미지가 업로드되면 Enter를 누릅니다.

❸ 동일한 인물의 다른 스타일을 생성하기 위해 입력창에 '/'를 입력하면 표시되는 메뉴에서 '/Imagine'을 선택합니다.

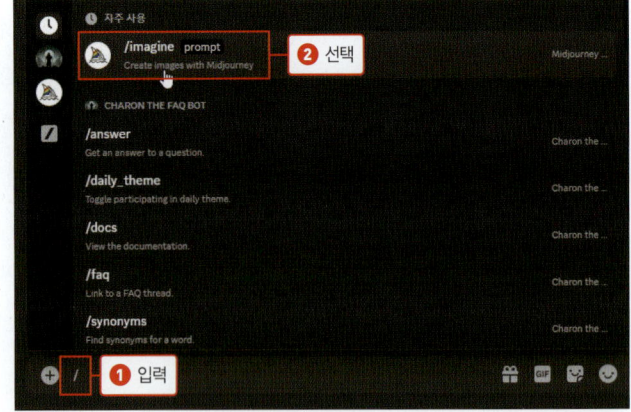

❹ 프롬프트 입력창에 영문 프롬프트와 '--sref'를 입력하고 업로드된 이미지를 입력창에 드래그하여 경로를 표시한 다음 '--sw 500', '--ar 16:9'를 입력합니다.

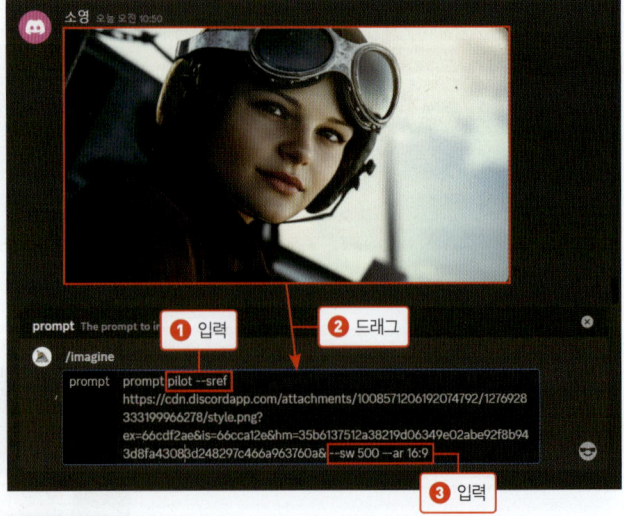

프롬프트　pilot --sref https://s.mj.run/0C5MV1enhkg --sw 500 --ar 16:9

❺ 다른 스타일의 비행사 이미지가 생성되었습니다.

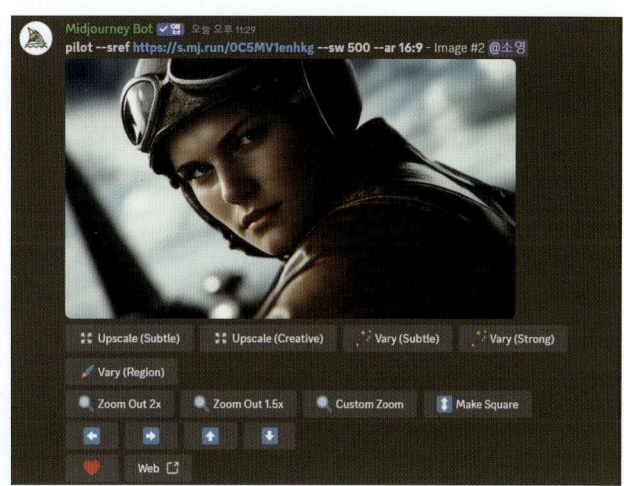

❻ 같은 방법으로 비행사를 스쿠터를 타는 라이더로 만들기 위해 프롬프트에 스쿠터 헬멧 등 키워드를 입력하여 라이더 이미지를 생성합니다. 이번에는 --sw 수치를 '1000'으로 입력하여 설정하였습니다.

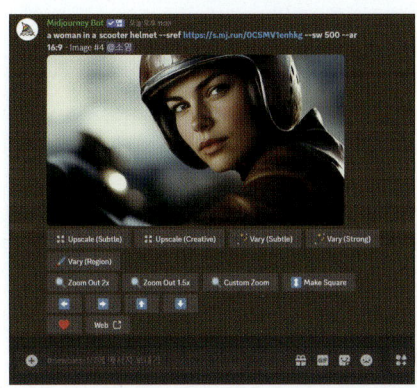

프롬프트 | a woman in a scooter helmet --sref https://s.mj.run/0C5MV1enhkg --sw 1000 --ar 16:9

❼ 인물의 스타일을 유지한 채로 비행기를 조종하는 비행사가 스쿠터를 타는 라이더로 변경되어 생성되는 것을 확인할 수 있습니다.

특정 부분만 선택하여 이미지 변경하기   ● 예제파일 : 03\field.jpg   ● 완성파일 : 03\field_완성.jpg

최근 미드저니에서 특정 부분을 영역으로 지정하여 이미지를 부분 변경할 수 있는 'Inpainting' 기능이 추가되었습니다. 이 기능을 사용하면 이미지의 특정 부분을 선택하고, 해당 부분만 새롭게 변경하거나 수정할 수 있습니다.

▲ 원본 이미지

▲ 하늘 배경을 선택 영역으로 지정하여 생성한 불이 난 장면

❶ 미드저니의 입력창에 '흐린 하늘, 들판을 걷고 있는 여성'을 영문 프롬프트로 작성하여 이미지를 생성하고 업스케일을 합니다. 이미지를 변형하기 위해 〈Vary (Region)〉 버튼을 클릭합니다.

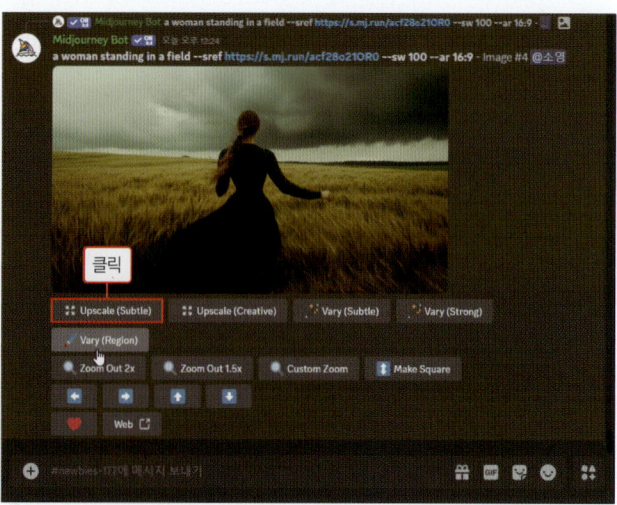

프롬프트   a cloudy sky, a woman walking in a field --ar 16:9

❷ 부분 수정 창이 표시되면 '올가미' 도구(🔍)를 선택하고 하늘 부분만 선택 영역으로 지정하기 위해 시작점을 클릭하여 경계선을 생성해 선택 영역을 지정합니다.

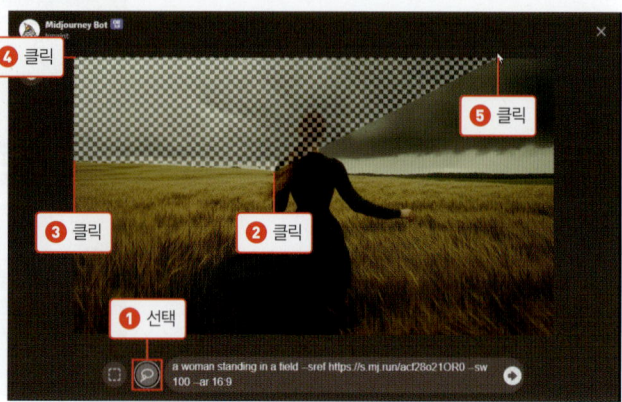

❸ 인물과 하늘 배경의 경계선을 따라 클릭한 다음 최종 시작점을 클릭합니다. 그림과 같이 선택 영역 부분은 체크무늬 형태로 표시됩니다.

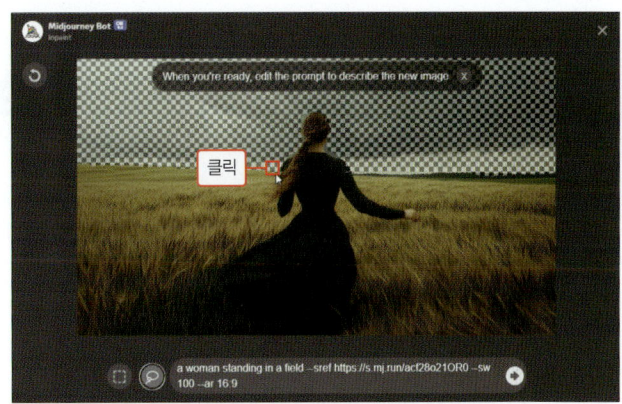

❹ 불이 난 효과를 추가하기 위해 입력창에 'a fire burning a filed'을 입력하고 '확인' 아이콘(➡)을 클릭합니다.

❺ 그림과 같이 선택 영역에 불이 생성되어 들판에서 불이 난 장면 다양한 형태로 생성되면 원하는 이미지를 업스케일하여 저장합니다. 예제에서는 1번 이미지를 선택하기 위해 〈U1〉 버튼을 클릭하여 저장하였습니다.

TIP 미드저니 시간 추가 결제하기

만약 미드저니 구독제의 시간을 모두 사용했다면 더 이상 이미지를 생성할 수 없습니다. 이런 경우 추가로 결제하기 위해 멤버십 구독 창에서 〈Buy more Fast hours〉 버튼을 클릭하여 원하는 시간과 금액을 확인하고 최종 결제를 진행하여 사용할 수 있습니다.

SECTION 2.

현실감 넘치는 영상 생성, 루마 AI

미드저니가 인공지능(AI) 기반의 이미지 생성 플랫폼이라면, 루마 AI는 인공지능 기반의 영상 생성 플랫폼입니다. 현존하는 영상 플랫폼 중 가장 퍼포먼스가 좋고, 실사적인 카메라 무빙과 자연스러운 일관성, 다양한 표현력에서 주목받고 있는 영상 플랫폼입니다.

루마 AI(Luma AI)는 복잡한 전문 지식 없이도 누구나 사용할 수 있는 생성형 AI 영상 제작 프로그램입니다. 사용자가 촬영한 사진은 클라우드 서버에서 자동으로 처리되기 때문에 모델 생성 과정이 매우 직관적이고 간편합니다. 이로써 누구나 손쉽게 고품질의 3D 모델을 생성할 수 있으며, 복잡한 설정이나 추가적인 작업 없이도 빠르게 원하는 결과물을 얻을 수 있습니다.

루마 AI는 뉴럴 네트워크를 활용하여 2D 이미지 데이터를 고품질의 3D 모델로 변환합니다. 이 기술은 머신 러닝 알고리즘이 사진의 시각적 정보를 학습하여 복잡한 구조와 텍스처를 재현할 수 있게 합니다. 이 과정은 기존의 3D 모델링보다 훨씬 빠르고 효율적이며, 최종 결과물의 현실감을 극대화합니다. 이 플랫폼은 2가지 방식으로 영상을 생성할 수 있습니다. 사용자의 텍스트 입력을 바탕으로 텍스트를 영상으로 만드는 'Text-to-Video' 방식과 이미지 프레임을 기준으로 이미지를 영상으로 만드는 'Image-to-Video' 방식이 있습니다.

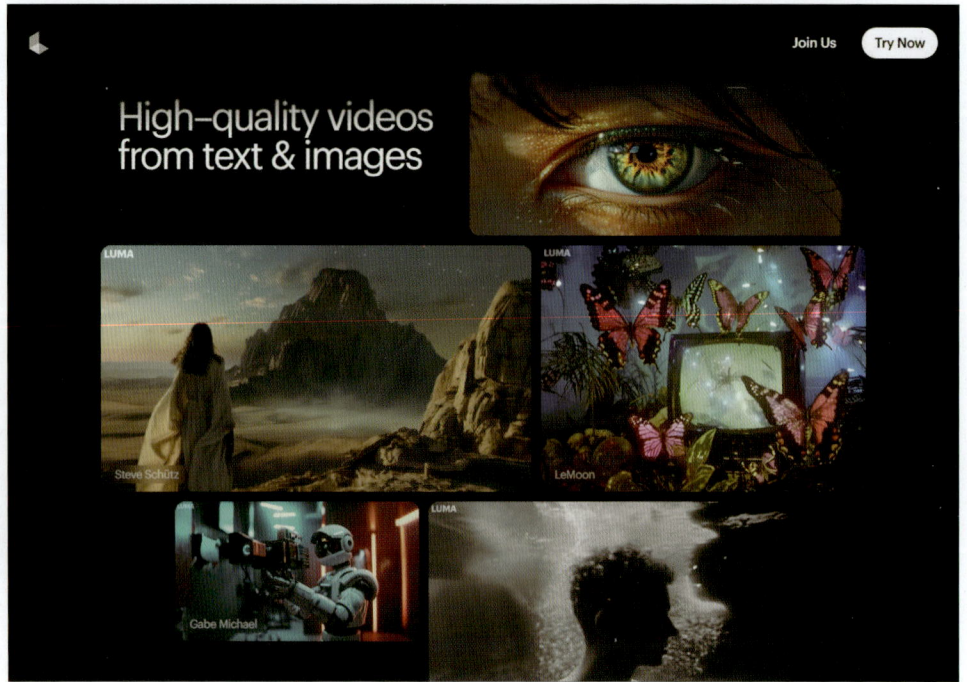

▲ lumalabs.ai

이러한 AI 기술을 활용하여 영상 제작 과정을 획기적으로 간소화하고, 누구나 쉽게 고품질의 영상 콘텐츠를 제작할 수 있으며, 방식에 따라 이미지를 준비하여 원하는 결과물을 생성할 수도 있습니다. 루마 AI를 통해 복잡한 영상 제작 프로세스를 간소화하여 창의력과 기획력만으로도 멋진 결과물을 만들어 낼 수 있습니다.

01 루마 AI 가입하기

루마 AI는 인공지능을 활용해 다양한 영상을 생성할 수 있는 도구입니다. 온라인 사이트에 텍스트 프롬프트를 입력하거나 이미지를 업로드하는 방식으로 작동합니다. 다음은 루마 AI를 사용하기 위한 가입 및 작동 순서입니다.

❶ 루마 AI는 온라인 사이트에서 실행할 수 있습니다. 웹브라우저에서 'lumalabs.ai'를 입력하여 루마 AI 사이트에 접속하고 〈Try Now〉 버튼을 클릭합니다.

❷ Sign Up To Try 화면이 표시되면 〈Sign in with Google〉 버튼을 클릭하여 로그인합니다.

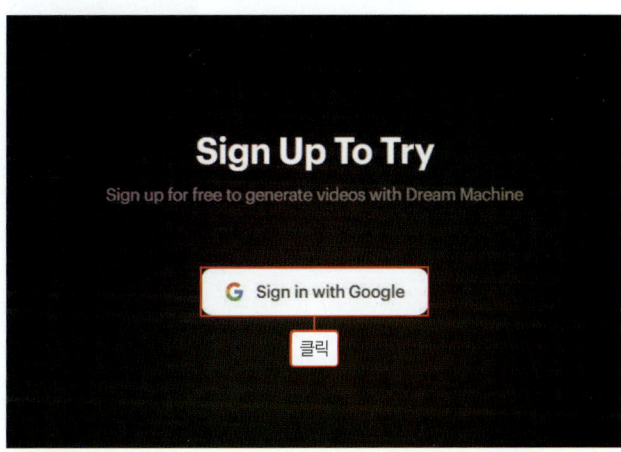

TIP 루마 AI는 구글 아이디와 연동하여 사용할 수 있습니다.

③ 구글 로그인 화면이 표시되면 구글의 계정과 비밀번호를 입력하고 〈다음〉 버튼을 클릭하여 루마 AI에 가입을 완료합니다.

④ 메인 화면이 표시되면 바로 사용할 수 있습니다. 〔Account〕 탭에서는 현재 계정 관리와 유료/무료 플랜을 확인할 수 있습니다. 루마 AI는 한 달에 30개씩 무료로 영상을 생성할 수 있습니다.

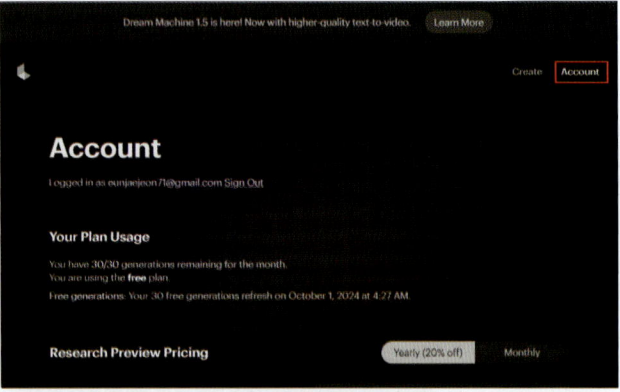

> **NOTE**
>
> **루마 AI 플랜**
>
> 루마 AI는 무료 플랜도 제공하고, 개수랑 생성 속도, 상업적 이용 유무에 따라 유료 플랜이 나뉘어져 있습니다. 결제 방식은 매달 결제하는 방식과 매년 한 번에 결제하는 방식이 있습니다. 후자의 경우 전자에 비해, 20% 할인을 받을 수 있습니다.

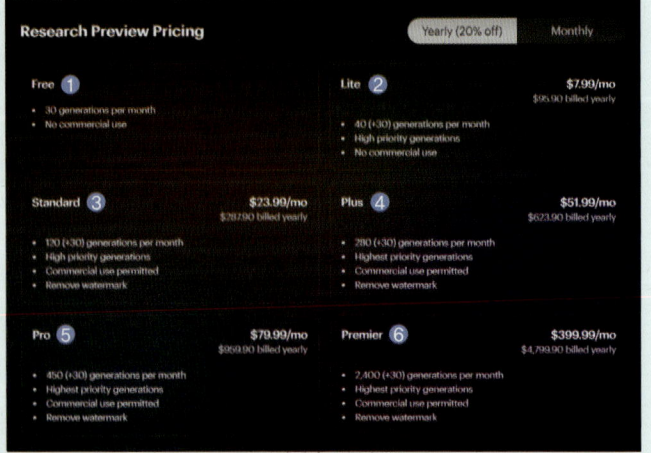

❶ **Free** : 기본적으로 제공하는 누구나 기본적으로 이용할 수 있는 플랜으로 한 달에 30개씩 무료로 영상을 생성할 수 있습니다. 영상 생성 속도가 유료 플랜에 비해 느린 것이 특징입니다. 워터마크가 표시되며, 상업적인 목적으로 영상을 사용할 수 없습니다.

❷ **Lite** : 무료 플랜인 30개에 40개를 더해 한 달에 70개씩 영상을 생성할 수 있습니다. 영상 생성 속도가 무료 플랜에 비해 상대적으로 빠른 것이 특징입니다. 워터마크가 표시되며, 상업적인 목적으로 영상을 사용할 수 없습니다.

❸ **Standard** : 무료 플랜인 30개에 120개를 더해 한 달에 150개씩 영상을 생성할 수 있습니다. 영상 생성 속도가 앞선 플랜에 비해 상대적으로 빠른 것이 특징입니다. 이 플랜부터 워터마크를 지운 채로 영상을 다운로드할 수 있으며, 상업적인 목적으로 영상을 사용할 수 있습니다.

❹ **Plus** : 무료 플랜인 30개에 280개를 더해 한 달에 310개씩 영상을 생성할 수 있습니다. 영상 생성 속도가 상대적으로 빠르고, 워터마크를 지운 채로 영상을 다운로드할 수 있으며, 상업적으로 영상을 사용할 수 있습니다.

❺ **Pro** : 무료 플랜인 30개에 450개를 더해 한 달에 480개씩 영상을 생성할 수 있습니다. 영상 생성 속도가 상대적으로 빠르고, 워터마크를 지운 채로 영상을 다운로드할 수 있으며, 상업적으로 영상을 사용할 수 있습니다.

❻ **Premier** : 무료 플랜인 30개에 2,400개를 더해 한 달에 2,430개씩 영상을 생성할 수 있습니다. 영상 생성 속도가 상대적으로 빠르고, 워터마크를 지운 채로 영상을 다운로드할 수 있으며, 상업적으로 영상을 사용할 수 있습니다.

02 루마 AI 인터페이스 살펴보기

루마 AI는 영상 생성, 출력, 영상 길이를 연장하는 작업까지 모든 작업이 온라인에서 이뤄집니다. 주요 루마 AI의 인터페이스를 살펴봅니다.

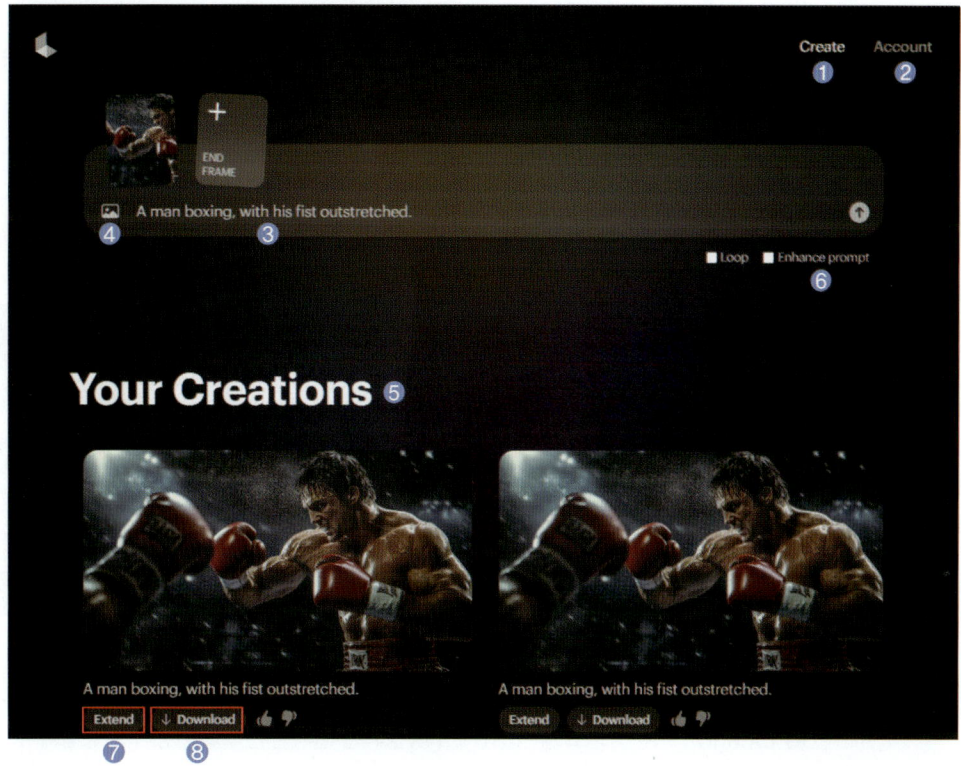

❶ **Create** : 사용자는 간단한 텍스트 설명(프롬프트)을 입력하여 AI가 이를 바탕으로 이미지나 비디오를 생성하는 기능입니다.

❷ **Account** : 사용자가 현재 구독 중인 플랜을 확인하고, 필요한 경우 플랜을 업그레이드하거나 다운그레이드할 수 있습니다. 또한, 결제 정보와 결제 내역을 확인하고 관리할 수 있는 기능을 제공합니다.

❸ **입력창** : 입력창은 텍스트 기반의 프롬프트를 입력하여 원하는 비주얼 콘텐츠를 생성합니다. 사용자는 간단한 문장이나 키워드를 입력해 AI가 이를 해석하고 해당하는 이미지나 영상을 생성할 수 있습니다. 저장된 콘텐츠는 언제든지 다시 편집하거나 수정할 수 있습니다. 이 기능은 프로젝트가 진행됨에 따라 필요한 수정 작업을 빠르게 할 수 있게 해 주며, 반복적인 작업을 줄일 수 있습니다.

❹ **이미지 업로드(🖼)** : 이미지 업로드 기능은 사용자가 기존에 가지고 있는 이미지를 플랫폼에 업로드하여 다양한 방식으로 활용할 수 있게 해 주는 중요한 도구입니다. 이 기능은 이미지 편집, AI 기반의 향상, 변환, 또는 새 비디오 프로젝트의 일부로 이미지를 사용하는 등의 다양한 작업에 유용하게 사용됩니다.

❺ **Your Creations** : 사용자가 생성한 모든 콘텐츠를 관리하고, 쉽게 접근할 수 있도록 하는 기능입니다. 사용자가 루마 AI에서 생성한 모든 이미지와 비디오를 한 곳에서 관리할 수 있습니다. 각 콘텐츠는 프로젝트별, 생성일별로 정리되어 쉽게 찾아볼 수 있으며, 이를 통해 다양한 프로젝트를 체계적으로 관리할 수 있습니다.

❻ **Enhance Prompt** : 루마 AI의 Enhance Prompt 옵션은 영상 및 이미지의 품질을 향상시키는 기능입니다. 이 기능은 사용자로 하여금 저해상도의 이미지나 영상을 고해상도로 변환하거나 노이즈를 제거하고, 디테일을 더해 주는 역할을 합니다. Enhance Prompt는 특히 영상 제작자들에게 유용한데, 이는 촬영 시 발생할 수 있는 다양한 품질 저하 요소들을 보완해 줍니다.

▲ Enhance Prompt을 체크 표시하여 카메라 무빙과 인물의 동작에 일관성 유지

❼ **Extend** : 기본적으로 루마 AI에서 생성되는 결과물은 5초 분량의 영상입니다. 해당 버튼을 클릭하면, 프롬프트를 추가하여 기존 영상에 더해 5초씩 연장하여 결과물을 연장할 수 있습니다. 반복 사용이 가능하므로, 무한대로 시간을 연장할 수 있습니다. 텍스트 프롬프트만이 아니라 이미지를 활용한 결과물에서도 해당 옵션을 사용할 수 있습니다.

❽ **Download** : 영상을 PC에 다운로드하여 저장합니다.

03 루마 AI로 영상 생성하기

루마 AI는 다양한 기능을 통해 매력적인 영상을 제작할 수 있습니다. 여기서는 프롬프트를 이용한 영상 생성, 기존 이미지를 활용한 영상 제작, Loop 기능을 통한 반복적인 영상 생성, 그리고 2개의 이미지를 사용하여 자연스러운 전환 영상을 만들 수 있습니다. 이러한 다양한 기능들을 통해 창의적이고 전문적인 비주얼 콘텐츠를 손쉽게 제작할 수 있는 강력한 도구로, 각각의 기능을 적절히 활용하면 고품질의 영상을 효율적으로 생성할 수 있으며, 이를 통해 다양한 분야에서 효과적인 시각적 전달을 구현할 수 있습니다.

텍스트 프롬프트로 영상 생성과 길이 연장하기   ● 예제파일 : 03\셀카.png   ● 완성파일 : 03\셀카_완성.mp4

루마 AI는 영상 생성, 출력, 영상 길이를 연장하는 작업까지 모든 작업이 온라인에서 이뤄집니다. 루마 AI에서 간단하게 텍스트 프롬프트를 활용하여 영상을 생성한 다음 추가 영상을 생성하여 영상 길이를 연장하는 방법에 대해 알아봅니다.

▲ 셀카를 찍고 있는 여성 영상

▲ 고개를 돌려 하늘을 바라보면서 손을 들고 있는 여성 영상

1 루마 AI 사이트에 접속하고 로그인합니다. 이미지를 업로드하기 위해 '이미지' 아이콘(🖼)을 클릭합니다. 열기 대화상자가 표시되면 03 폴더에서 '셀카.png' 파일을 선택하고 〈열기(O)〉 버튼을 클릭한 다음 아무것도 입력하지 않은 상태로 '확인' 아이콘(⬆)을 클릭합니다.

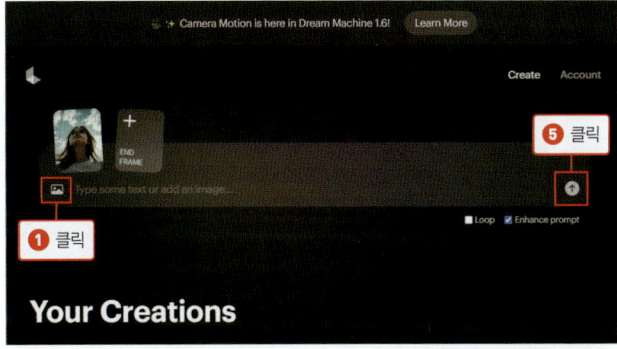

❷ Your Creations 화면에 생성된 영상이 표시됩니다. 기본적으로 루마 AI는 5초 영상이 생성됩니다. 영상 길이를 연장하기 위해 〈Extend〉 버튼을 클릭합니다.

❸ 끝 장면의 이미지를 기준으로 새롭게 5초의 영상을 생성하는 원리로 작업이 진행됩니다. 스토리와 카메라 구도에 해당하는 텍스트 프롬프트를 입력하거나 아무것도 입력하지 않은 상태에서 '확인' 아이콘(⬆)을 클릭하여 영상의 길이를 연장합니다.

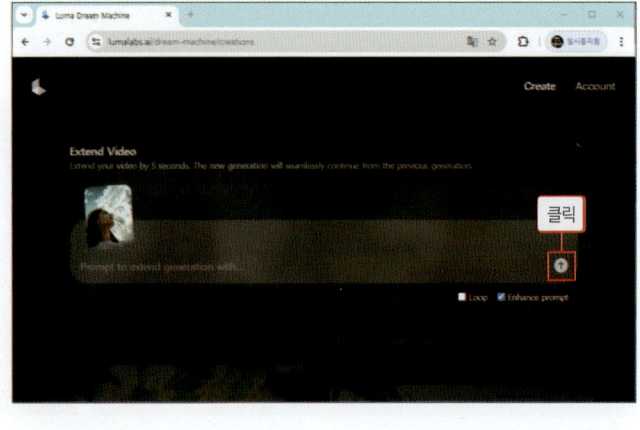

기존 저장된 이미지를 이용하여 영상 생성하기   ◎ 예제파일 : 03\piano.png   ◎ 완성파일 : 03\piano_완성.mp4

루마 AI의 주된 기능은 프롬프트를 작성하여 영상을 제작하는 것이지만 기존 이미지를 사용하여 루마 AI로 영상을 생성할 수도 있습니다. 예제에서는 피아노를 연주하는 남성 이미지로 피아노를 치는 영상을 제작해 보겠습니다.

▲ 피아노를 치는 남성 이미지

▲ 피아노를 치는 남성 영상

① 이미지를 업로드하기 위해 '이미지' 아이콘(🖼)을 클릭합니다.

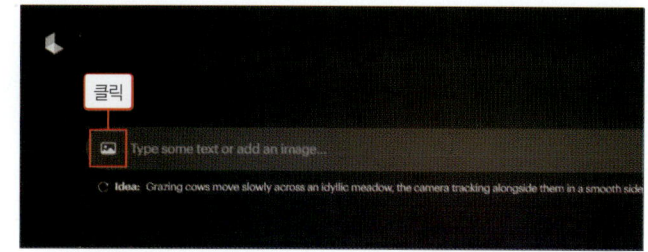

② 열기 대화상자가 표시되면 03 폴더에서 'piano.png' 파일을 선택하고 〈열기(O)〉 버튼을 클릭합니다.

③ 이미지가 업로드되면 프롬프트 입력창에 아무것도 입력하지 않은 상태로 '확인' 아이콘(⬆)을 클릭합니다.

TIP 해당 이미지에 맞게 루마 AI에서 적절한 스토리와 움직임을 가미하여 영상을 완성해 주기 때문에 이미지를 활용할 때는 스토리가 없어도 영상의 생성이 가능합니다.

④ Your Creations 화면에 작업한 영상이 표시됩니다. 남자가 피아노를 치고 있고 카메라 무빙이 더해진 형태로 영상이 생성됩니다.

행동이 반복되는 영상 생성하기   ● 예제파일 : 03\drum.png   ● 완성파일 : 03\drum_완성.mp4

루마 AI의 Loop 기능은 생성된 영상을 지속적으로 재생 가능한 루프 영상으로 만드는 기능입니다. 이 기능은 특정 시점에서 시작하여 동일한 시점으로 자연스럽게 돌아오는 반복 가능한 영상 또는 애니메이션을 생성할 수 있게 합니다. Loop 기능은 특히 소셜 미디어, 광고, 웹 콘텐츠 등에서 매력적인 비주얼을 끊임없이 재생시켜 주목도를 높이거나 특정 제품이나 환경의 지속적인 관찰을 필요로 하는 콘텐츠에 유용합니다. 예제에서는 남성이 반복적으로 드럼을 치는 영상을 생성해 보겠습니다.

▲ 드럼을 치는 남성 이미지

▲ 반복적으로 드럼을 치는 남성 영상

① 루마 AI에서 이미지를 업로드하기 위해 '이미지' 아이콘(🖼)을 클릭합니다.

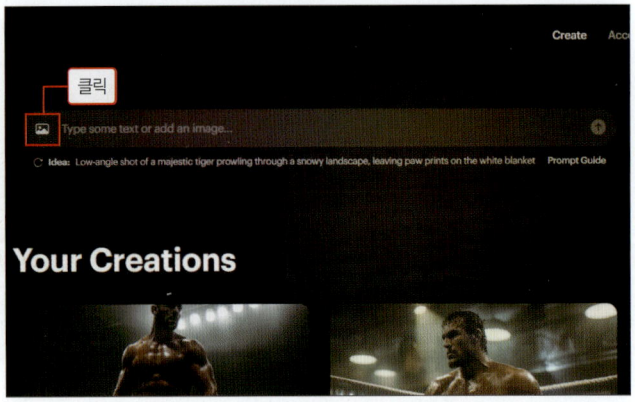

② 열기 대화상자가 표시되면 03 폴더에서 'drum.png' 파일을 선택하고 〈열기(O)〉 버튼을 클릭합니다.

❸ 'Loop'를 체크 표시한 다음 프롬프트 입력창에 아무것도 입력하지 않은 상태로 '확인' 아이콘
(⬆)을 클릭합니다. Your Creations 화면에 처음 장면과 끝 장면이 같은 드럼을 치는 남성
영상이 생성됩니다. 5초 분량의 영상이지만, 무한으로 반복되는 영상이 생성됩니다.

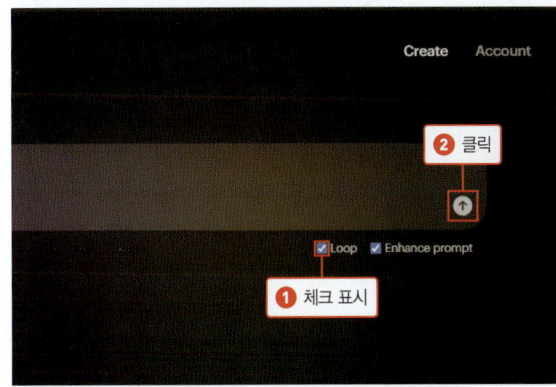

● 예제파일 : 03\playing.png, piano.png
● 완성파일 : 03\performance_완성.mp4

이미지 2장으로 자연스러운 트랜지션 영상 생성하기

루마 AI에 이미지 한 장을 첨부하면 'END FRAME'이 활성화됩니다. 추가로 이미지를 한 장 더 추가하여 자연스러운 전환 효과(트랜지션 효과) 혹은 전문 특수 효과와 같은 장면을 구현할 수 있습니다. 예제에서는 기타 연주자 이미지와 피아노 연주자 이미지를 활용하여 기타와 피아노를 연주하는 영상을 제작해 보겠습니다.

▲ 1번 기타 연주자 이미지

▲ 2번 피아노 연주자 이미지

▲ 기타와 피아노를 연주하는 영상

① 이미지를 업로드하기 위해 '이미지' 아이콘(🖼)을 클릭합니다.

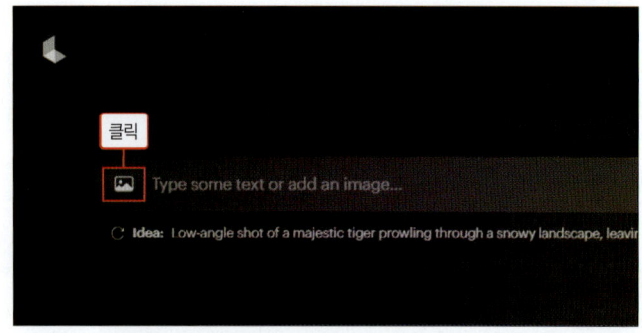

② 열기 대화상자가 표시되면 03 폴더에서 'playing.png' 파일을 선택하고 〈열기(O)〉 버튼을 클릭합니다.

③ 이미지가 업로드되면 END FRAME이 활성화됩니다. 이미지를 추가로 첨부하기 위해 'END FRAME'을 클릭합니다.

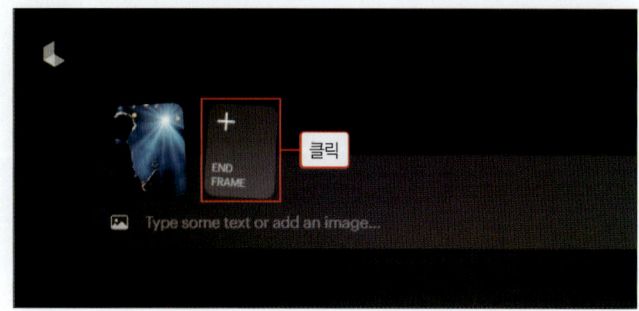

> **NOTE**
>
> **이미지를 한번에 업로드하는 방법**
>
> ❷번 과정에서 이미지 2개를 선택하여 업로드하면, ❸번 과정을 생략하고 이미지를 한번에 업로드할 수 있습니다.

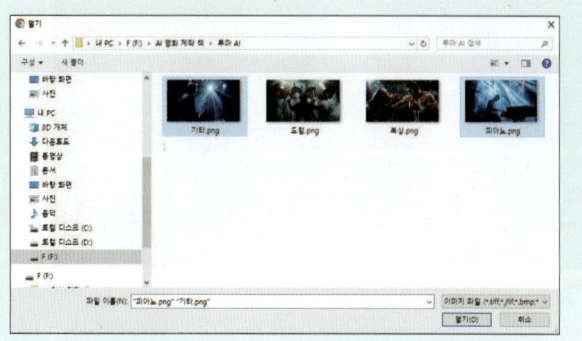

④ 열기 대화상자가 표시되면 03 폴더에서 'piano.png' 파일을 선택하고 〈열기(O)〉 버튼을 클릭합니다.

TIP 비슷한 느낌이나 비슷한 색감이 있는 이미지를 활용하면, 좀 더 자연스럽고 스토리가 있는 듯한 영상을 생성할 수 있습니다. 해당 예제의 경우에는 '파란 조명'과 '공연장'이라는 공통점이 있습니다.

⑤ 프롬프트 입력창에 'a band performance'를 입력하고 '확인' 아이콘(⬆)을 클릭합니다.

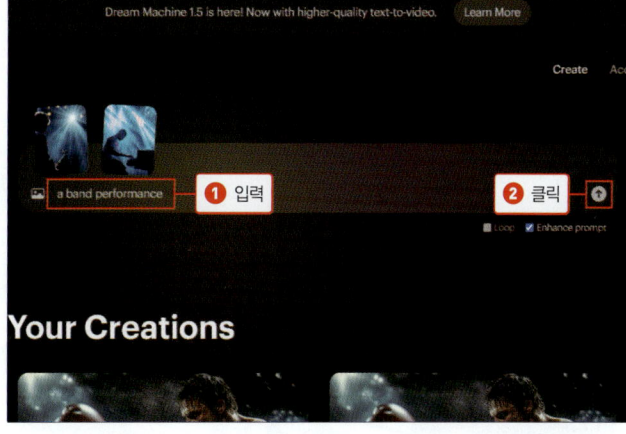

TIP 'Enhance prompt'의 체크 표시가 해제되어 있다면, 영상의 퀄리티를 위해 반드시 체크 표시합니다.

프롬프트   a band performance

한글 번역   밴드 공연

⑥ Your Creations 화면에 2개의 이미지가 모두 반영된 결과물이 표시됩니다.

TIP 이러한 효과를 주로 '트랜지션'이라고 합니다. 직접 촬영을 통해 주로 트랜지션을 구현하지만, AI의 경우에는 실제 촬영본이 없으므로, 이런 식으로 이미지 2장을 활용하여 트랜지션을 구현할 수 있습니다.

AI SKILL

세계관을 보여 주는 배경의 힘, 게임 트레일러 영상 만들기

게임 홍보를 위한 게임 트레일러(Game Trailer) 영상은 게임의 핵심 캐릭터들을 소개하고, 시청자의 관심을 끌어 게임에 대한 기대감을 높이는 역할을 합니다. 특히 게임 캐릭터의 액션과 그에 반응하는 배경 요소들은 고품질의 애니메이션이나 CGI로 게임의 세계관을 구현합니다. 성공적인 게임 홍보를 위한 게임 트레일러 영상 제작 방법에 대해 알아봅니다.

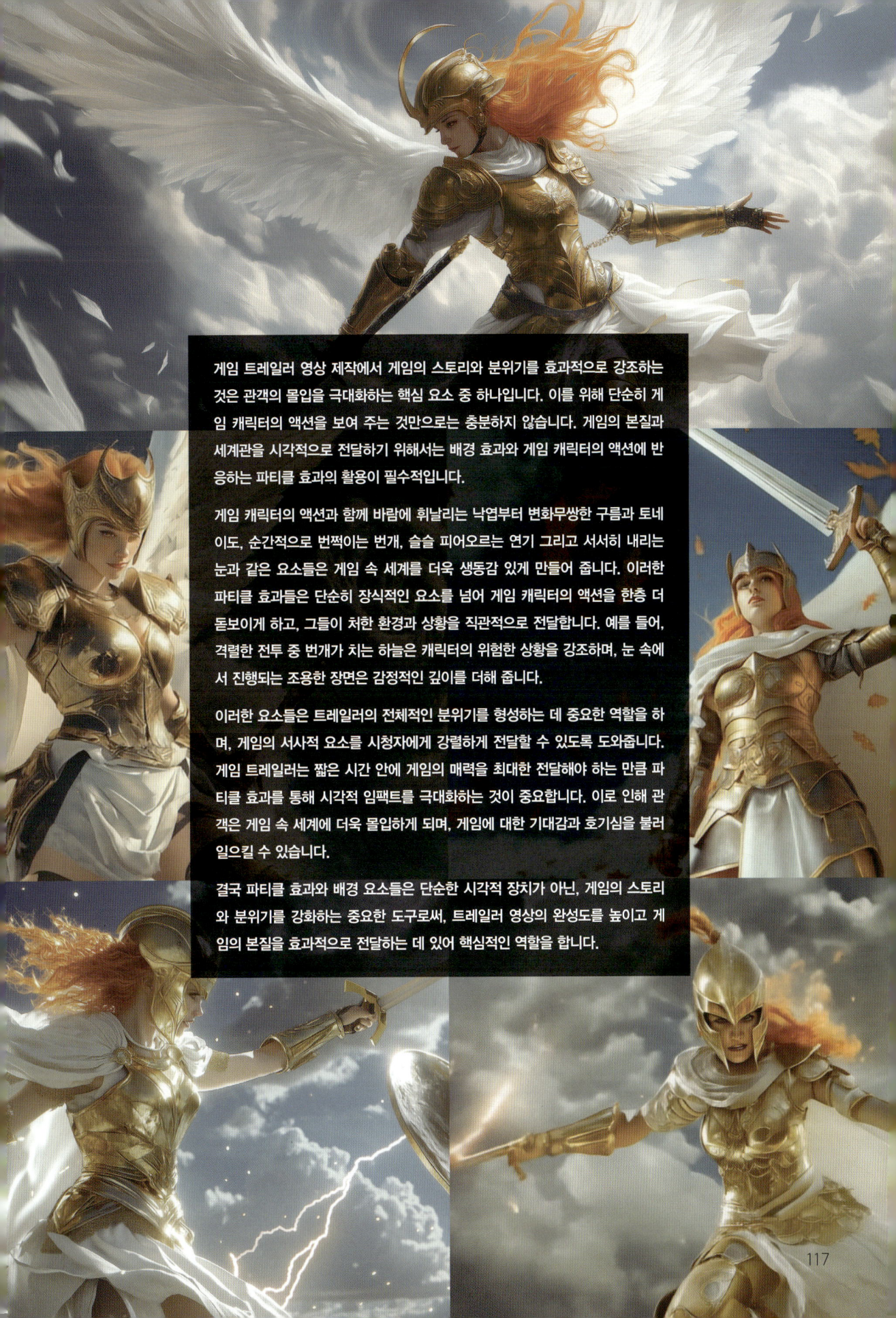

게임 트레일러 영상 제작에서 게임의 스토리와 분위기를 효과적으로 강조하는 것은 관객의 몰입을 극대화하는 핵심 요소 중 하나입니다. 이를 위해 단순히 게임 캐릭터의 액션을 보여 주는 것만으로는 충분하지 않습니다. 게임의 본질과 세계관을 시각적으로 전달하기 위해서는 배경 효과와 게임 캐릭터의 액션에 반응하는 파티클 효과의 활용이 필수적입니다.

게임 캐릭터의 액션과 함께 바람에 휘날리는 낙엽부터 변화무쌍한 구름과 토네이도, 순간적으로 번쩍이는 번개, 슬슬 피어오르는 연기 그리고 서서히 내리는 눈과 같은 요소들은 게임 속 세계를 더욱 생동감 있게 만들어 줍니다. 이러한 파티클 효과들은 단순히 장식적인 요소를 넘어 게임 캐릭터의 액션을 한층 더 돋보이게 하고, 그들이 처한 환경과 상황을 직관적으로 전달합니다. 예를 들어, 격렬한 전투 중 번개가 치는 하늘은 캐릭터의 위험한 상황을 강조하며, 눈 속에서 진행되는 조용한 장면은 감정적인 깊이를 더해 줍니다.

이러한 요소들은 트레일러의 전체적인 분위기를 형성하는 데 중요한 역할을 하며, 게임의 서사적 요소를 시청자에게 강렬하게 전달할 수 있도록 도와줍니다. 게임 트레일러는 짧은 시간 안에 게임의 매력을 최대한 전달해야 하는 만큼 파티클 효과를 통해 시각적 임팩트를 극대화하는 것이 중요합니다. 이로 인해 관객은 게임 속 세계에 더욱 몰입하게 되며, 게임에 대한 기대감과 호기심을 불러일으킬 수 있습니다.

결국 파티클 효과와 배경 요소들은 단순한 시각적 장치가 아닌, 게임의 스토리와 분위기를 강화하는 중요한 도구로써, 트레일러 영상의 완성도를 높이고 게임의 본질을 효과적으로 전달하는 데 있어 핵심적인 역할을 합니다.

● 예제파일 : 03\게임 트레일러\게임트레일러장면구성.txt, 게임트레일러미드저니프롬프트.txt
● 완성파일 : 03\게임 트레일러\이미지 폴더

SECTION 3. 게임 트레일러 장면 구성하기

게임 트레일러를 구성할 장면을 구성합니다. 게임의 핵심 테마와 캐릭터를 바탕으로, 긴장감 넘치는 장면과 스토리 전개를 구상합니다. 트레일러에서 시청자의 흥미를 끌기 위해 어떤 순간들을 강조할지, 어떤 배경과 액션을 포함할지 고민해 보세요.

스토리가 사전에 구성되지 않았다면 챗GPT를 활용하여 게임 트레일러의 스토리와 장면을 구성할 수 있습니다. 예제에서는 일관된 내용을 가진 장면 제작을 위해 사전에 준비된 장면을 바탕으로 제작을 진행하겠습니다.

> **Scene Number #1**
> 카메라 샷 : 로우 앵글
> 캐릭터 : 황금색 투구를 쓰고 주황색 머리에 금색 갑옷과 금속 숏 스커트를 입은 여성 캐릭터
> 액션 : 캐릭터가 큰 칼을 들고 있으며, 흰색 망토가 휘날린다.
> 배경 : 푸른 하늘을 배경으로 낙엽이 흩날린다.
>
> **Scene Number #2**
> 캐릭터 : 황금색 투구를 쓰고 주황색 머리에 금색 갑옷과 금속 숏 스커트를 입은 여성 캐릭터
> 액션 : 큰 칼을 들고 공중을 비행한다.
> 배경 : 하늘에 거대한 토네이도가 생성된다.
>
> **Scene Number #3**
> 캐릭터 : 황금색 투구를 쓴 여성 캐릭터와 검투사 형태의 방패를 든 남성 캐릭터
> 액션 : 여성 게임 캐릭터가 상대방의 방패에 칼을 휘두른다.
> 배경 : 칼과 방패가 부딪힐 때마다 하늘에 번개와 불꽃이 튄다.

01 배경에 낙엽이 날리는 이미지 만들기
Key Prompts • Fallen leaves are scattered

01 웹브라우저에서 'discord.com'를 입력하여 디스코드 사이트에 접속합니다. 미드저니 입력창에 '/'를 입력하여 표시되는 메뉴에서 '/imagine'을 선택합니다.

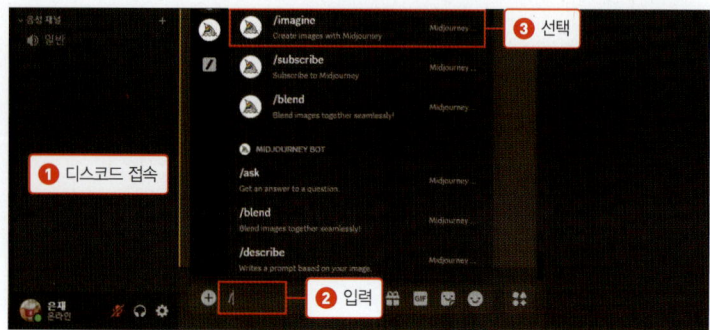

02 장면 1의 이미지와 스타일을 구성하기 위해 프롬프트 입력 창에 황금 투구를 쓴 캐릭터를 묘사한 프롬프트를 입력하고 Enter 를 누릅니다.

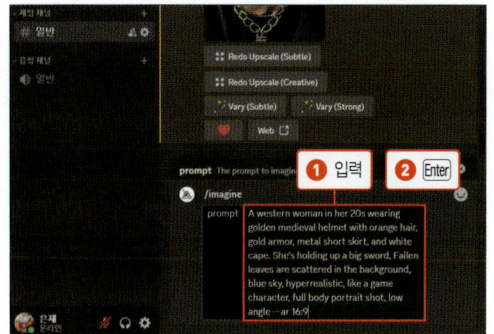

프롬프트 A western woman in her 20s wearing golden medieval helmet with orange hair, gold armor, metal short skirt, and white cape. She's holding up a big sword, Fallen leaves are scattered in the background, blue sky, hyperrealistic, like a game character, full body portrait shot, low angle --ar 16:9

입력팁
1. A western woman in her 20s wearing golden medieval helmet with orange hair, gold armor, metal short skirt, and white cape. She's holding up a big sword : '황금색 투구를 쓰고 주황색 머리에 금색 갑옷과 금속 숏 스커트를 입은 20대 서양 여성이 흰색 망토를 휘날리며 큰 칼을 들고 있다.'라는 장면을 묘사한 프롬프트입니다.

2. Fallen leaves are scattered in the background, blue sky : 푸른 하늘에 낙엽들이 떨어지고 있는 장면을 묘사한 프롬프트입니다.

3. hyperrealistic, like a game character : 실사적이고 게임 캐릭터와 같은 결과물을 생성하기 위해 입력한 프롬프트입니다.

4. full body portrait shot : 전신을 담기 위해 입력한 프롬프트입니다.

5. low angle : 카메라가 아래에서 위로 피사체를 찍는 구도를 구현하기 위해 입력한 프롬프트입니다.

6. --ar 16:9 : 기본적으로 미드저니는 비율을 지정하지 않으면 1:1 비율의 이미지가 생성됩니다. 가로 영상의 표준 비율인 16:9에 해당하는 이미지를 생성하기 위해 입력한 프롬프트입니다.

03 프롬프트에 맞게 장면 1의 다양한 이미지가 생성됩니다. 원하는 느낌과 스타일에 가깝게 생성되면 다양한 이미지를 더 보기 위해 〈V(번호)〉 버튼을 클릭합니다. 예제에서는 〈V3〉 버튼을 클릭하였습니다.

TIP 원하는 디자인이 생성되지 않았다면 동일한 프롬프트를 입력하여 원하는 결과물이 나올 때까지 이미지를 생성해 보세요.

04 선택한 번호의 이미지와 비슷한 느낌의 결과물이 4개 표시됩니다. 스토리와 비교하여 가장 어울리는 이미지를 최종 가이드로 확정합니다. 예제에서는 4번 이미지에 업스케일을 진행하기 위해 〈U4〉 버튼을 클릭하였습니다.

05 업스케일된 이미지가 표시됩니다. 현재는 결과물이 캐릭터의 반신까지만 표현됩니다. 더 넓은 이미지를 표현하기 위해 〈Zoom Out 2x〉 버튼을 클릭하여 결과물을 2배 줌 아웃합니다.

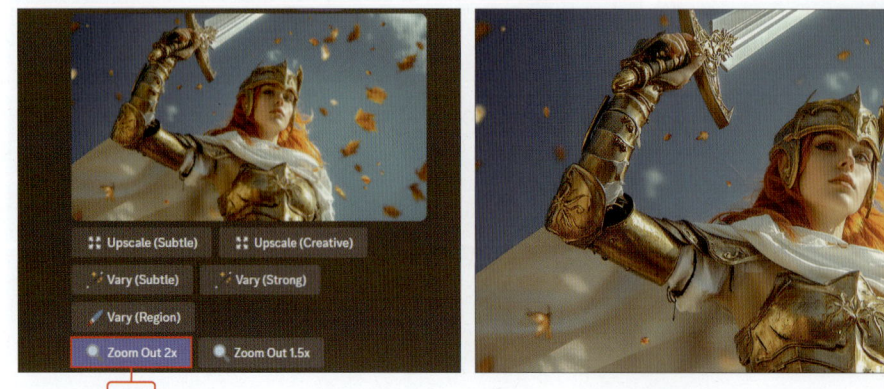

06 줌 아웃이 적용된 이미지가 4개 표시됩니다. 스토리와 비교하여 가장 어울리는 이미지를 최종 가이드로 확정합니다. 예제에서는 3번 이미지에 업스케일을 진행하기 위해 〈U3〉 버튼을 클릭하였습니다.

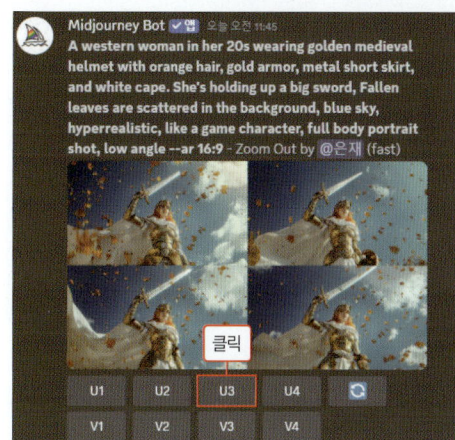

07 업스케일된 이미지가 표시됩니다. 최상의 결과물을 얻기 위해 〈Upscale (Creative)〉 버튼을 클릭합니다.

TIP Upscale (Creative)는 결과물의 디테일 및 질감, 어색한 부분 등을 AI가 한 번 더 검수하여 업스케일하는 과정입니다. 간단하게 업스케일된 결과물을 한 번 더 검수하고 보정하여 화질을 좋게 하는 과정이라고 생각하면 됩니다.

08 업스케일이 완료된 이미지를 클릭하고 '브라우저로 열기'를 클릭합니다.

09 새로운 브라우저 창에 이미지가 표시되면 마우스 오른쪽 버튼을 클릭한 다음 **이미지를 다른 이름으로 저장...**을 실행하여 이미지를 저장합니다.

02 배경에 거대한 토네이도가 있는 이미지 만들기

Key Prompts • massive cyclone

01 장면 2의 이미지를 만들기 위해 미드저니 입력창에 '/imagine'을 입력하여 프롬프트 입력창을 표시하고 큰 칼을 들고 있는 캐릭터와 거대한 토네이도가 있는 배경을 묘사한 프롬프트를 입력한 다음 Enter를 누릅니다.

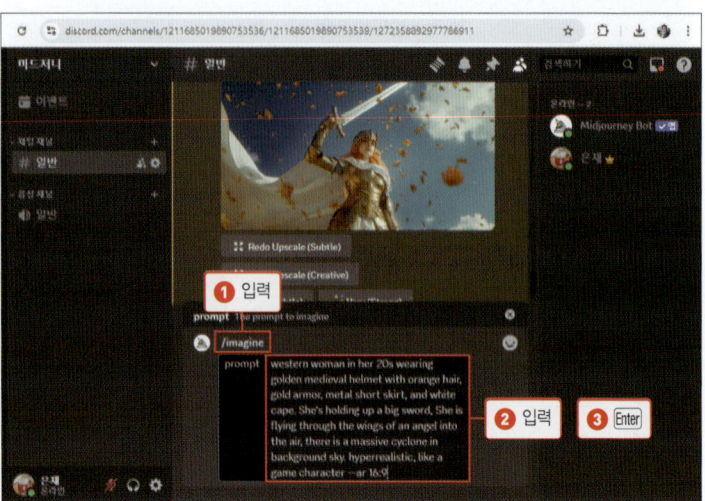

프롬프트 western woman in her 20s wearing golden medieval helmet with orange hair, gold armor, metal short skirt, and white cape. She's holding up a big sword, She is flying through the wings of an angel into the air, there is a massive cyclone in background sky. hyperrealistic, like a game character --ar 16:9

입력팁
1. western woman in her 20s wearing golden medieval helmet with orange hair, gold armor, metal short skirt, and white cape. She's holding up a big sword : '황금색 투구를 쓰고 주황색 머리에 금색 갑옷과 금속 숏 스커트를 입은 20대 서양 여성이 흰색 망토를 휘날리며 큰 칼을 들고 있다.'라는 장면의 인물을 묘사한 프롬프트입니다.
2. there is a massive cyclone in background sky : 배경 하늘에 거대한 사이클론이 있는 것을 묘사한 프롬프트입니다.
3. hyperrealistic, like a game character : 실사적이고 게임 캐릭터와 같은 결과물을 생성하기 위해 입력한 프롬프트입니다.
4. --ar 16:9 : 기본적으로 미드저니는 비율을 지정하지 않으면 1:1 비율의 이미지가 생성됩니다. 가로 영상의 표준 비율인 16:9에 해당하는 이미지를 생성하기 위해 입력한 프롬프트입니다.

02 프롬프트에 맞게 장면 2의 다양한 이미지가 생성됩니다. 결과물을 바로 확정하기 위해 업스케일을 진행합니다. 예제에서는 2개의 이미지를 업스케일하기 위해 각각 〈U1〉, 〈U2〉 버튼을 클릭하였습니다.

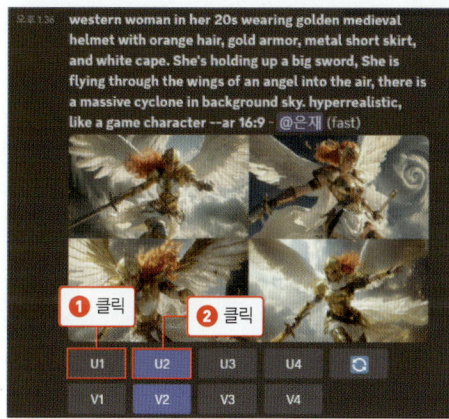

03 그림과 같이 1번의 이미지가 업스케일됩니다. 최상의 결과물을 위해 〈Upscale (Creative)〉 버튼을 클릭합니다.

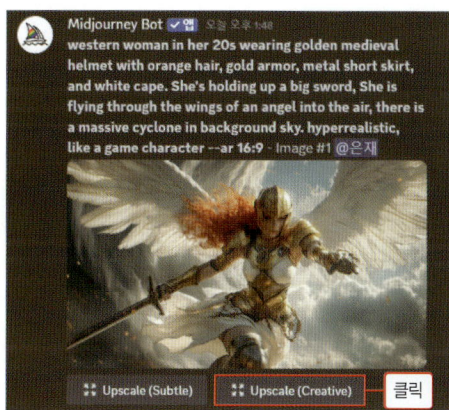

04 장면 2의 1번 이미지가 완성됩니다. 업스케일이 완료된 이미지를 저장합니다.

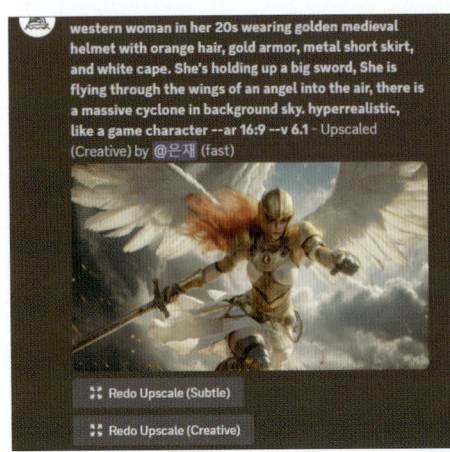

05 같은 방법으로 〈U2〉 버튼을 클릭하여 생성된 업스케일 이미지를 최상의 결과물로 만들기 위해 〈Upscale (Creative)〉 버튼을 클릭합니다.

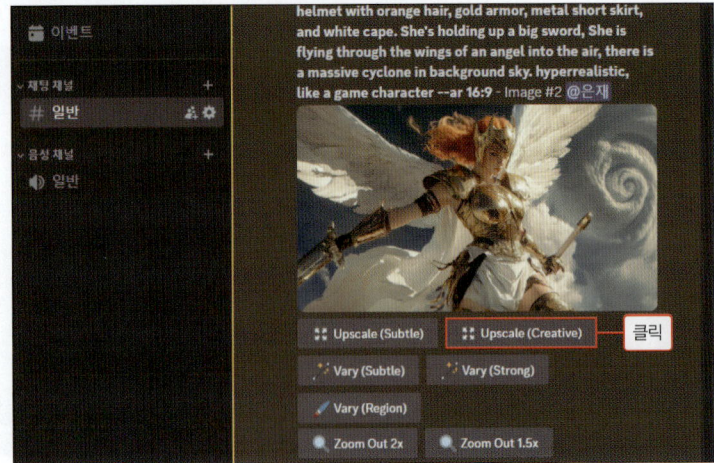

06 2번 이미지가 보정된 상태로 표시됩니다. 업스케일이 완료된 이미지를 저장합니다.

03 번개가 치고 불꽃이 튀는 이미지 만들기

Key Prompts • spark at the place where it hit

01 장면 3의 이미지를 만들기 위해 미드저니 입력창에 '/imagine'을 입력하여 프롬프트 입력창을 표시하고 캐릭터와 배경, 상황을 설정을 포함한 프롬프트를 입력한 다음 Enter를 누릅니다.

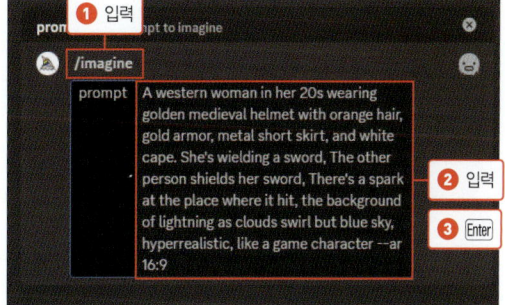

프롬프트
A western woman in her 20s wearing golden medieval helmet with orange hair, gold armor, metal short skirt, and white cape. She's wielding a sword, The other person shields her sword, There's a spark at the place where it hit, the background of lightning as clouds swirl but blue sky, hyperrealistic, like a game character, wide shot --ar 16:9

입력팁
1. A western woman in her 20s wearing golden medieval helmet with orange hair, gold armor, metal short skirt, and white cape. She's wielding a sword, The other person shields her sword : '황금색 투구를 쓰고 주황색 머리에 금색 갑옷과 금속 숏 스커트를 입은 20대 서양 여성이 흰색 망토를 휘날리며 큰 칼을 휘두르고 있다. 상대방이 방패로 그녀의 검을 막고 있다'라는 장면을 묘사한 프롬프트입니다.

2. There's a spark at the place where it hit, the background of lightning as clouds swirl but blue sky : '검과 방패가 부딪힐 때 스파크가 튀고 배경에는 푸른 하늘이지만 번개가 치고 구름이 뭉쳐있다.'라는 장면을 묘사한 프롬프트입니다.

3. hyperrealistic, like a game character : 실사적이고 게임 캐릭터와 같은 결과물을 생성하기 위해 입력한 프롬프트입니다.

4. wide shot : 전체적인 환경이나 배경을 보여 주는 와이드 샷을 구현하기 위해 적은 프롬프트입니다.

5. --ar 16:9 : 기본적으로 미드저니는 비율을 지정하지 않으면 1:1 비율의 이미지가 생성됩니다. 가로 영상의 표준 비율인 16:9에 해당하는 이미지를 생성하기 위해 입력한 프롬프트입니다.

02 프롬프트에 맞게 장면 3의 다양한 이미지가 생성됩니다. 원하는 느낌과 스타일에 가깝게 생성되면 다양한 이미지를 더 보기 위해 〈V(번호)〉 버튼을 클릭합니다. 예제에서는 〈V4〉 버튼을 클릭하였습니다.

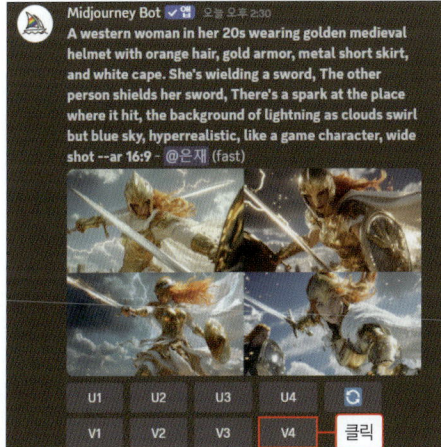

03 선택한 번호의 이미지와 비슷한 느낌의 결과물이 4개 표시됩니다. 스토리와 비교하여 가장 어울리는 이미지를 최종 가이드로 확정합니다. 예제에서는 2번 이미지에 업스케일을 진행하기 위해 〈U2〉 버튼을 클릭하였습니다.

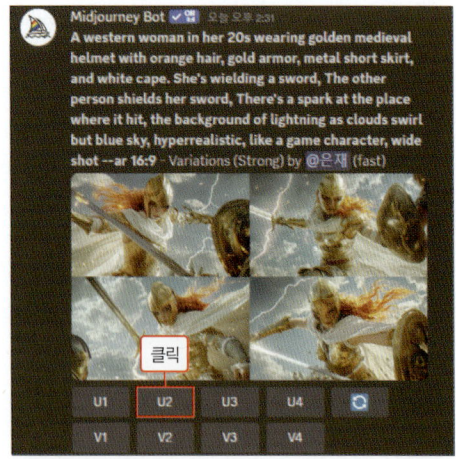

04 업스케일된 이미지가 표시됩니다. 현재 결과물에서 더 넓은 이미지를 표현하기 위해 〈Zoom Out 2x〉 버튼을 클릭하여 결과물을 2배 줌 아웃합니다.

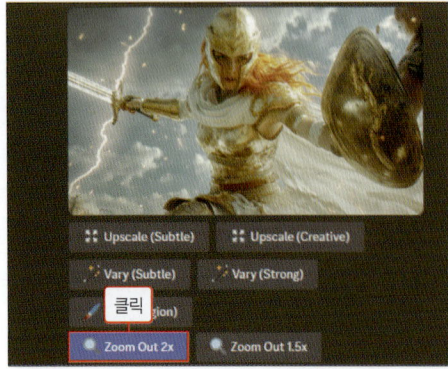

05 줌 아웃이 적용된 이미지가 4개 표시됩니다. 장면에 가장 어울리게 확대된 이미지를 최종으로 확정합니다. 예제에서는 4번 이미지에 업스케일을 진행하기 위해 〈U4〉 버튼을 클릭하였습니다.

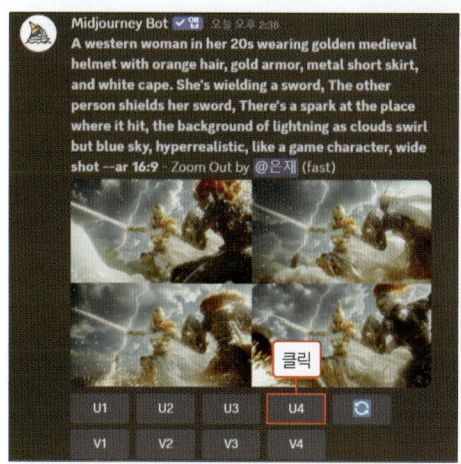

06 업스케일된 이미지가 표시됩니다. 최상의 결과물을 얻기 위해 〈Upscale (Subtle)〉 버튼을 클릭합니다.

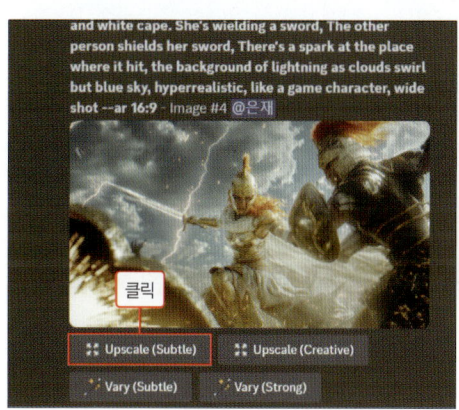

07 업스케일이 완료된 이미지를 저장합니다. 그다음 현재의 이미지와 비슷한 이미지를 하나 더 생성하기 위해 〈Vary (Strong)〉 버튼을 클릭합니다.

TIP 현재 서비스되고 있는 생성형 AI 프로그램들은 1장의 이미지로 '역동적인 동작'을 구현할 때 결과물이 뭉개지거나 구현에 어려움을 겪는 경우가 많습니다. 따라서 일관된 느낌을 유지하면서도 서로 다른 구도의 이미지를 2장 활용하여 첫 장면과 마지막 장면으로 배치한 다음 중간 부분을 AI가 채워 영상을 완성하는 방식이 가장 높은 퀄리티를 제공합니다.

08 베리에이션 된 결과물 4개가 표시됩니다. 이전 과정에서 생성한 구도와 최대한 다른 이미지를 최종으로 확정합니다. 예제에서는 1번 이미지를 최종으로 확정하기 위해 〈U1〉 버튼을 클릭하였습니다.

09 업스케일된 이미지가 표시됩니다. 최상의 결과물을 얻기 위해 〈Upscale (Creative)〉 버튼을 클릭합니다. 업스케일이 완료된 이미지를 저장합니다.

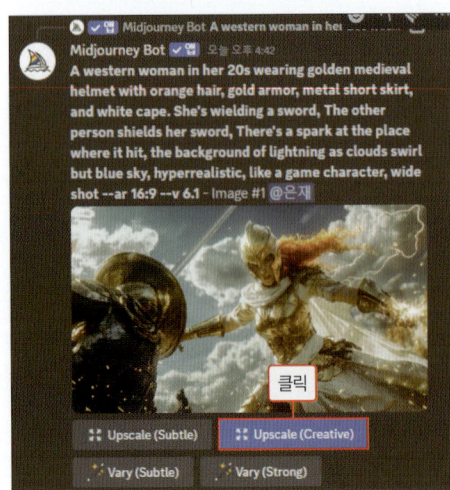

S E C T I O N

4.

● 예제파일 : 03\게임 트레일러\게임트레일러루마AI프롬프트.txt, 이미지 폴더　● 완성파일 : 03\게임 트레일러\영상 폴더

액션 장면 이미지를
게임 트레일러 영상으로 만들기

미드저니에서 생성한 이미지를 이용해 게임 트레일러 영상을 만듭니다. 액션 장면에는 카메라의 움직임이나 역동적인 움직임 등 모션을 통해 긴장감을 조성하는 것이 좋습니다. 연결되는 이미지를 통해 자연스러운 트레일러 영상을 제작하겠습니다.

01 낙엽이 날리는 역동적인 영상 만들기

Key Prompts • Fallen leaves are scattered

01 웹브라우저에서 'lumalabs.ai'를 입력하여 루마 AI 사이트에 접속하고 로그인합니다. 이미지를 업로드하기 위해 '이미지' 아이콘(🖼)을 클릭합니다.

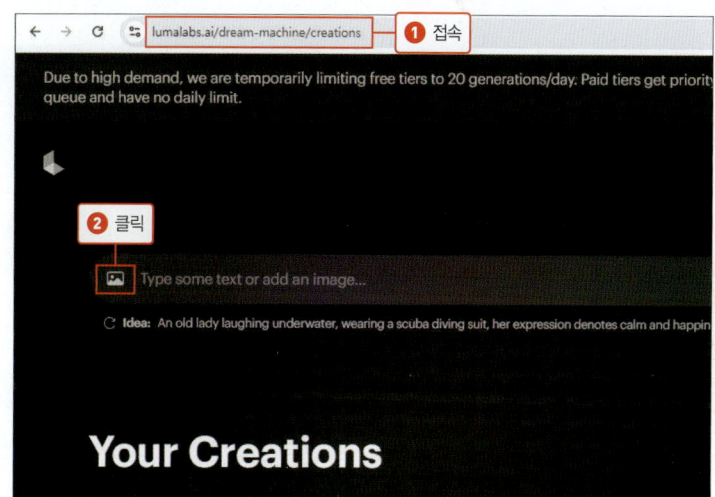

02 열기 대화상자가 표시되면 03 → 게임 트레일러 → 이미지 폴더에서 '장면1.png' 파일을 선택하고 〈열기(O)〉 버튼을 클릭합니다.

129

03 이미지가 업로드되면 프롬프트 입력창에 'Dynamic motion, Fallen leaves are scattered in the background'를 입력하고 '확인' 아이콘(⬆)을 클릭합니다.

TIP 'Dynamic motion' 프롬프트를 통해 역동적인 카메라 워크와 인물의 행동을 구현할 수 있습니다.

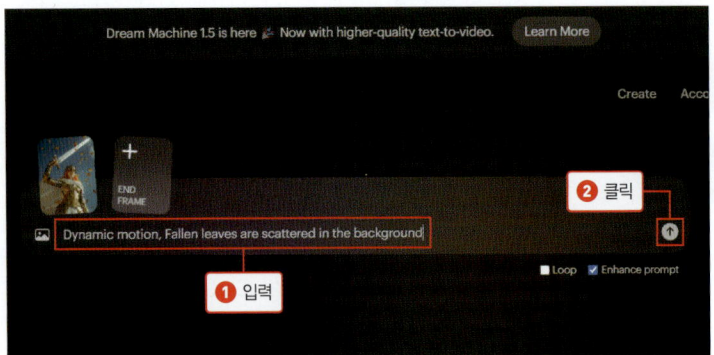

프롬프트 | Dynamic motion, Fallen leaves are scattered in the background

한글 번역 | 역동적인 움직임, 낙엽이 배경에 흩어져 있다.

04 Your Creations 화면에 작업한 영상이 표시됩니다. 생성된 영상들의 섬네일에 마우스 커서를 위치하여 미리 보기 형태로 영상을 확인하고 〈Download〉 버튼을 클릭하여 저장합니다.

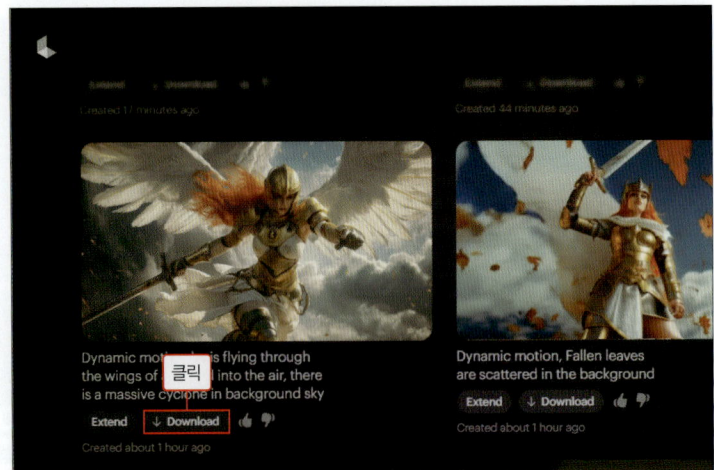

02 인물이 비행하고 있는 영상 만들기

Key Prompts • Dynamic motion, Massive cyclone

01 장면 2를 만들기 위해 '이미지' 아이콘(🖼)을 클릭합니다.

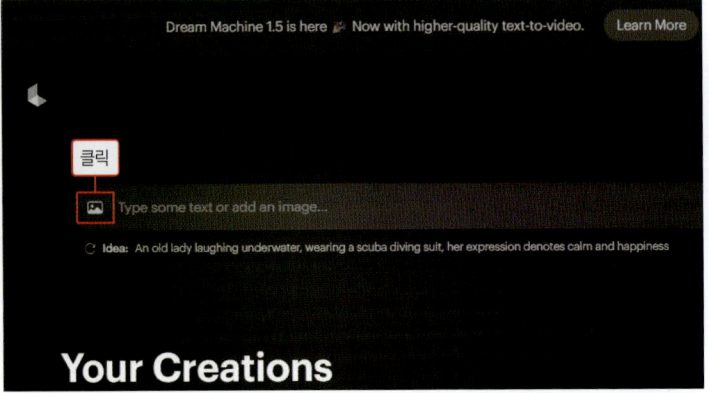

02 열기 대화상자가 표시되면 03 → 게임 트레일러 → 이미지 폴더에서 '장면2-1.png' 파일을 선택하고 〈열기(O)〉 버튼을 클릭합니다.

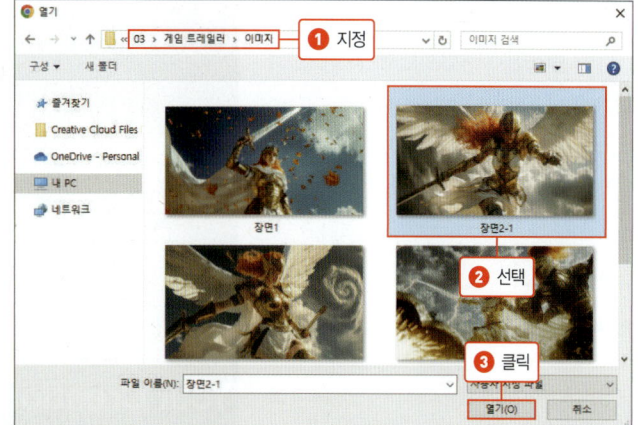

03 장면 2에 해당하는 첫 번째 이미지가 업로드됩니다. 두 번째 이미지를 업로드하기 위해 'END FRAME'을 클릭합니다.

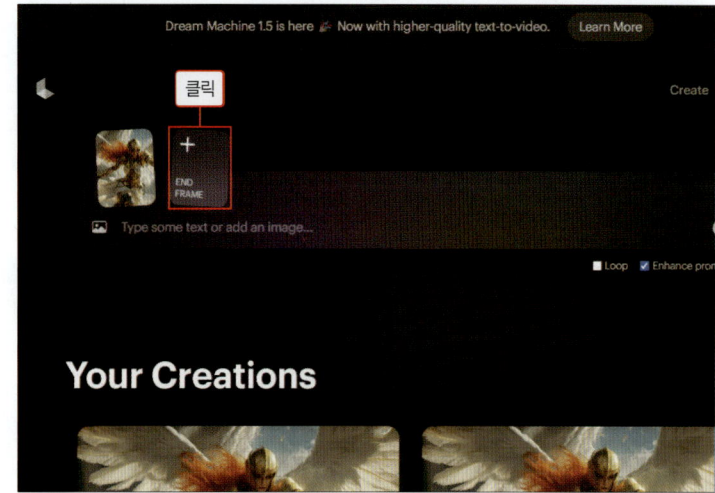

04 열기 대화상자가 표시되면 03 → 게임 트레일러 → 이미지 폴더에서 '장면2-2.png' 파일을 선택하고 〈열기(O)〉 버튼을 클릭합니다.

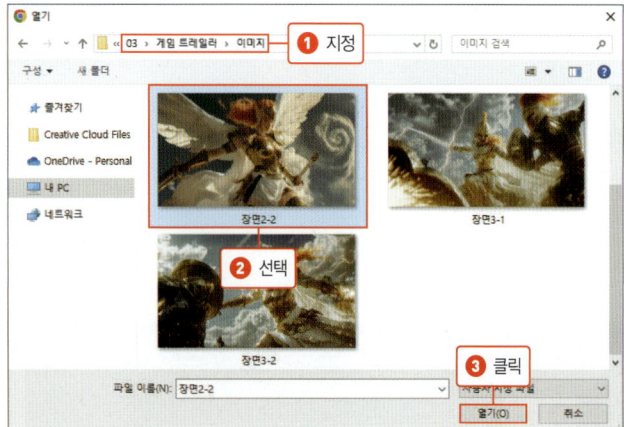

05 이미지가 업로드되면 프롬프트 입력창에 'Dynamic motion, She is flying through the wings of an angel into the air, there is a massive cyclone in background sky, wind blowing, dust particles'를 입력하고 '확인' 아이콘(↑)을 클릭합니다.

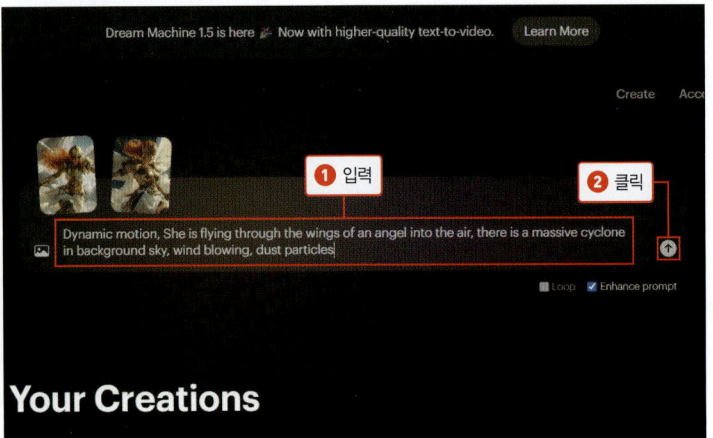

TIP 이미지 2장을 이어주고 중간의 장면을 AI가 채워주는 방식입니다. 프롬프트에는 인물의 동작과 영상에 구현하고자 하는 이펙트나 요소 등을 입력합니다.

프롬프트 Dynamic motion, She is flying through the wings of an angel into the air, there is a massive cyclone in background sky, wind blowing, dust particles

한글 번역 역동적인 움직임, 그녀는 천사의 날개를 통해 공중으로 날아가고 있다. 배경 하늘에는 거대한 사이클론이 있고, 바람이 불며, 먼지 입자가 있다.

06 Your Creations 화면에 작업한 영상이 표시됩니다. 생성한 영상들의 섬네일에 마우스 커서를 위치하여 미리 보기 형태로 영상이 재생해 화면 전환이 자연스럽게 이어지는지 확인하고 〈Download〉 버튼을 클릭하여 저장합니다.

03 전투하는 영상 만들기

Key Prompts • Handheld camera moving, Battle scene

01 장면 3을 만들기 위해 '이미지' 아이콘(🖼)을 클릭합니다. 열기 대화상자가 표시되면 03 → 게임 트레일러 → 이미지 폴더에서 장면 3의 첫 번째 이미지인 '장면3-1.png' 파일을 선택하고 〈열기(O)〉 버튼을 클릭합니다.

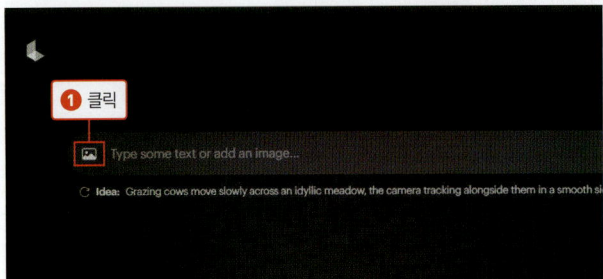
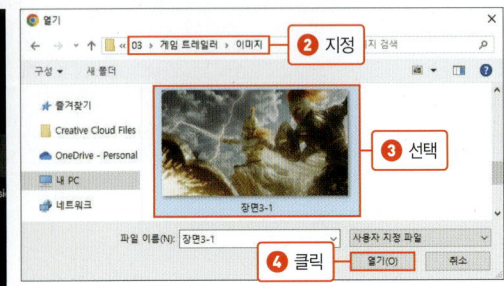

02 이미지가 업로드되면 두 번째 이미지를 업로드하기 위해 'END FRAME'을 클릭합니다. 열기 대화상자가 표시되면 03 → 게임 트레일러 → 이미지 폴더에서 장면 3의 두 번째 이미지인 '장면3-2.png' 파일을 선택하고 〈열기(O)〉 버튼을 클릭합니다.

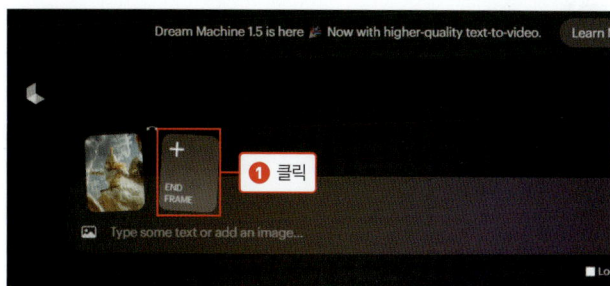 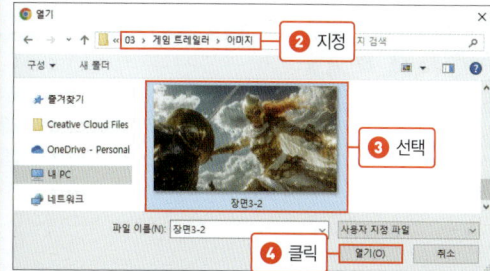

03 이미지가 업로드되면 프롬프트 입력창에 'Dynamic motion, Handheld Camera moving, Battle Scene, She's wielding a sword, The other person shields her sword, There's a spark at the place where it hit, the background of lightning as clouds swirl'를 입력하고 '확인' 아이콘(⬆)을 클릭합니다.

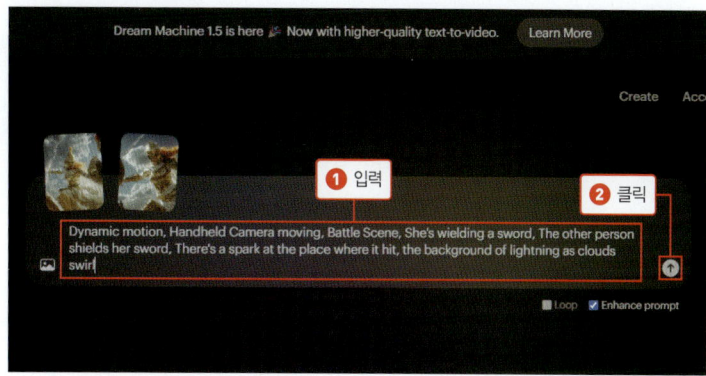

TIP Handheld Camera Moving 프롬프트는 카메라를 손으로 들고 찍는 것을 구현하기 위한 프롬프트입니다. 이 기법은 장면에 역동적인 느낌을 주며, 긴장감을 조성하는 데 효과적입니다.

프롬프트 Dynamic motion, Handheld Camera moving, Battle Scene, She's wielding a sword, The other person shields her sword, There's a spark at the place where it hit, the background of lightning as clouds swirl

한글 번역 역동적인 움직임, 핸드헬드 카메라 움직임, 전투 장면, 그녀는 검을 휘두르고 있다. 다른 사람은 그녀의 검을 가린다. 부딪힌 곳에 불꽃이 있다. 구름이 휘몰아치며 번개가 치는 배경

04 Your Creations 화면에 작업한 영상이 표시됩니다. 생성한 영상들의 섬네일에 마우스 커서를 위치하여 미리 보기 형태로 영상을 재생해 화면 전환이 자연스럽게 이어지는지 확인하고 〈Download〉 버튼을 클릭하여 저장합니다.

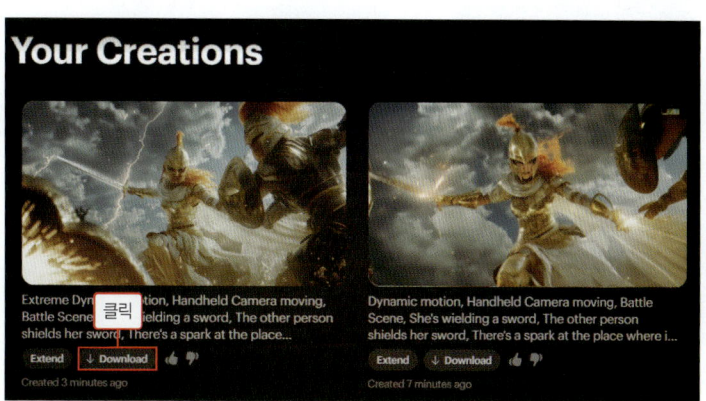

가장 쉽고 빠른 영상 편집을 위한
캡컷 영상 편집

캡컷(CapCut)은 영상 편집을 쉽게 할 수 있도록 도와주는 인기 있는 무료 동영상 편집 애플리케이션입니다. 캡컷은 직관적인 드래그 앤 드롭 방식의 인터페이스를 제공하여 초보자도 쉽게 사용할 수 있습니다. 편집 과정이 간단하고, 각 기능이 잘 정리되어 있어 필요한 도구를 빠르게 찾을 수 있습니다.

01 무료 영상 소스 제작에 최적화된 캡컷

영상 제작에는 디자인, 자막, 오디오, 화면 전환, CG/VFX 등 다양한 요소를 고려해야 합니다. 캡컷은 이러한 요소들을 한 곳에서 효과적으로 다룰 수 있는 툴로, 영상 편집 효과뿐만 아니라 다양한 장르에 맞춘 템플릿을 제공합니다. 사용자는 자신의 소스를 불러와 템플릿에 맞게 변형하여 비전문가도 쉽게 원하는 영상을 제작할 수 있습니다. 이러한 특징 덕분에 캡컷은 시간과 효율성이 중요한 숏폼 콘텐츠 제작에 적합한 도구입니다.

캡컷은 온라인 버전과 PC 버전이 있으며, 온라인 버전은 클라우드 기반으로 동작하므로, 별도의 설치가 필요 없습니다. 클라우드 저장 및 공유가 가능합니다. PC 버전의 경우에는 로컬 저장소를 사용하므로 큰 파일이나 복잡한 프로젝트도 안정적으로 저장 및 처리할 수 있습니다.

02 캡컷 인터페이스 살펴보기

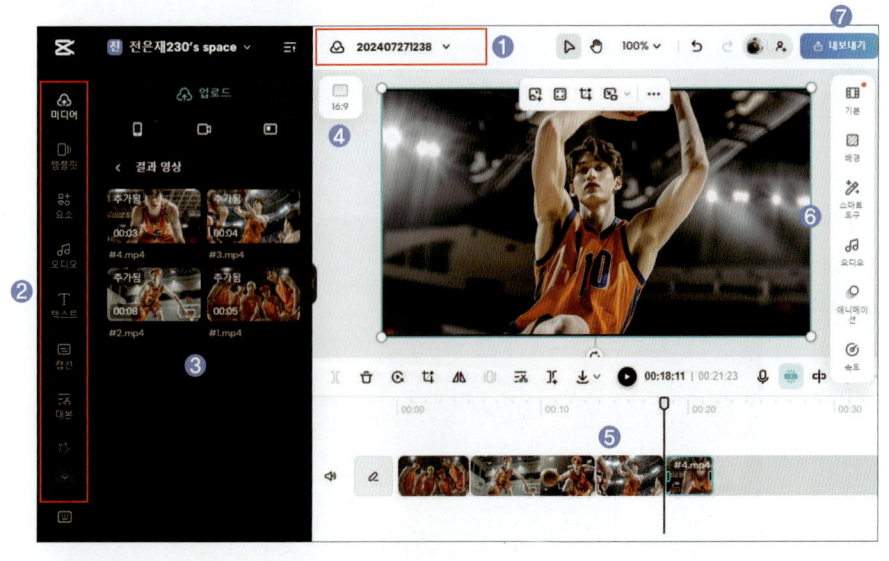

영상 편집 작업을 위한 캡컷의 인터페이스를 알아보겠습니다. 캡컷에서 제공하는 영상 편집 기능부터 미디어 요소, 템플릿, 자막과 캡션 기능까지 다양한 구성을 확인해 보세요.

❶ **프로젝트 이름** : 프로젝트의 이름을 변경 및 경로를 이동할 수 있는 공간입니다.

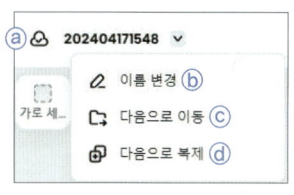

ⓐ **자동 저장** : 마우스를 위치하면 프로젝트가 어디에 자동으로 저장되는지 확인할 수 있습니다.

ⓑ **이름 변경** : 프로젝트의 이름을 변경합니다.

ⓒ **다음으로 이동** : 프로젝트의 저장 경로를 변경합니다. 온라인상의 클라우드가 할당되므로 PC 용량과는 무관합니다.

ⓓ **다음으로 복제** : '저장' 기능으로 프로젝트를 복제하여 온라인상의 클라우드에 저장합니다.

❷ **메뉴바** : 가져오기, 텍스트, 오디오, 화면전환, 필터 등 영상 편집에 필요한 효과 및 기능을 아이콘 형태의 메뉴입니다.

ⓐ **미디어** : 동영상, 오디오 및 이미지와 같은 소스를 가져오는 메뉴를 제공합니다.

ⓑ **템플릿** : 다른 이용자가 캡컷으로 만든 프로젝트를 표시합니다. 실제로 편집에 사용할 수 있으며, 촬영 소스만 대체하면 효과나 오디오, 자막 등의 요소를 그대로 사용할 수 있습니다.

ⓒ **요소** : 영상 편집에 필요한 동영상 오버레이, 사진, 스티커, 움직이는 이미지 등을 표시합니다. 영상에서 디자인적인 요소를 채우는 데 사용됩니다.

ⓓ **오디오** : 캡컷에서 제공하는 배경 음악(BGM) 및 효과음(SFX)을 표시합니다. 이 음악들은 실제로 영상에 자유롭게 사용 가능합니다.

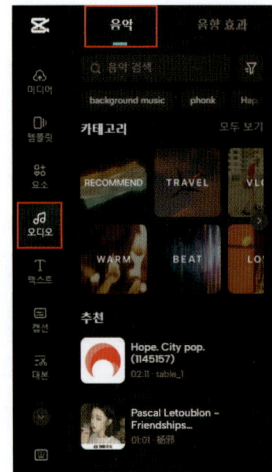 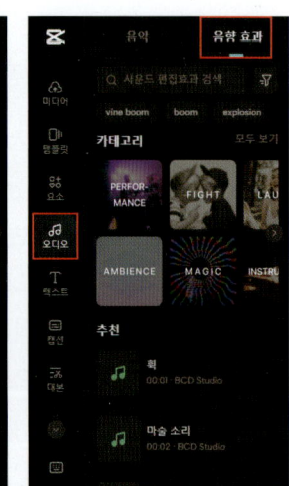

ⓔ **텍스트** : 제목이나 자막에 관련된 옵션을 표시합니다.

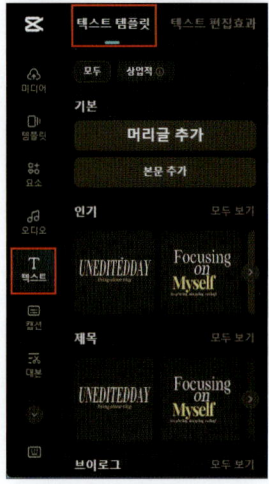 

ⓕ **캡션** : 동영상에서 사용되는 음성을 자동으로 인식하여 자막을 생성하거나 수동으로 직접 입력이 가능합니다.

ⓖ **대본** : 영상의 음성을 분석하여 자막을 생성하는 기능입니다. 캡컷의 AI가 음성을 분석하여 영상에서 말하는 자막을 받아써서 추가합니다.

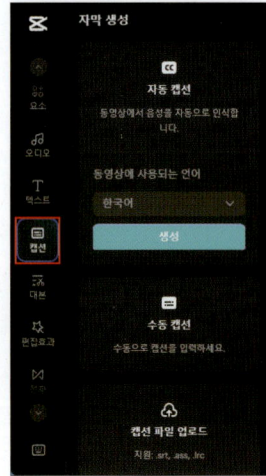 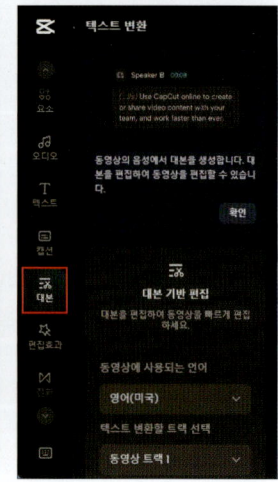

ⓗ **편집효과** : 스티커가 이미지라면 편집효과는 '영상 스티커'입니다. 화면에 영상적으로 변화를 주거나 특수 효과를 넣어 영상의 시각적인 요소를 채우는 기능입니다. 신체 효과의 경우에는 사람의 몸을 추척하여 레이저, 광선, 모자이크, 얼굴 필터 등 신체에 재밌는 보정을 해 줍니다. 주로 댄스 영상에서 사용하면 좋습니다.

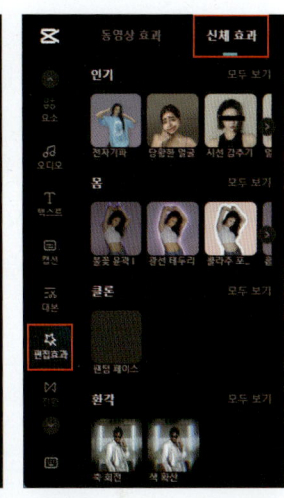

ⓘ **전환** : 화면전환(트랜지션)과 관련된 옵션을 제공합니다. 영상과 영상 사이 발생하는 밋밋함을 시각적인 효과로 채울 때 사용합니다.

ⓙ **필터** : 색 보정과 관련된 옵션을 제공합니다. 영상의 색감을 바꿀 때 사용합니다.

ⓚ **브랜드 키트** : 캡컷과 관련된 브랜드 로고 및 음성, 자막, 필터를 제공합니다.

ⓛ **플러그인** : 외부와 연계하여 사용할 수 있는 플러그인을 표시합니다. 현재에는 에피데믹 사운드만 존재합니다. 에피데믹 사운드는 배경 음악 및 효과음 제공 사이트로 에피데믹 사운드를 결제하는 경우, [오디오] 메뉴처럼 에피데믹 사운드의 음원을 캡컷 내에서 바로 사용할 수 있습니다.

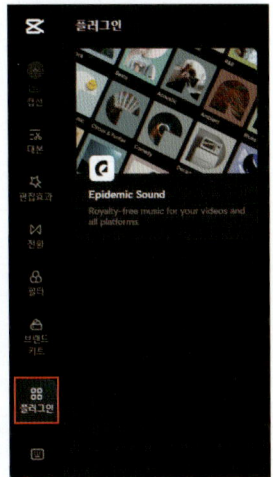

❸ **효과창** : 메뉴바에 있는 '자료 패널 표시/숨기기' 아이콘(〈〉)을 클릭하면, 해당 메뉴에 프리셋 형태로 캡컷에서 제공하는 메뉴에 해당하는 옵션이 표시됩니다. 메뉴바를 확장하는 기능입니다.

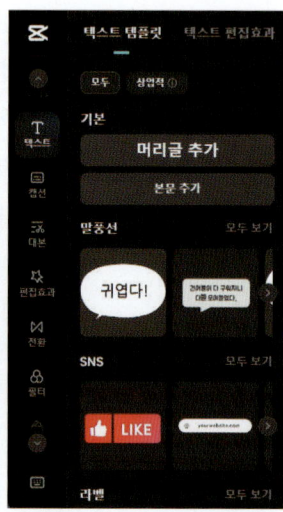

▲ (전환) 메뉴를 선택하면 표시되는 화면전환 효과창

▲ (텍스트) 메뉴를 선택하면 표시되는 텍스트 효과창

❹ **프리뷰 모니터** : 영상 편집을 진행하면서 발생하는 과정이 실시간으로 표시됩니다. 마지막에 표시되는 장면을 출력하면, 그것이 결과물이 됩니다. 왼쪽의 '가로 세로 비율'을 선택하면 프로젝트의 화면 비율을 조정할 수 있습니다.

ⓐ **16:9** : 가로형의 일반적인 영상 형태입니다.
ⓑ **4:3** : 아나모픽 사이즈로 영화 장르 형태입니다.
ⓒ **9:16** : 숏폼의 일반적인 영상 형태입니다.
ⓓ **1:1** : 정방형으로 가로세로 비율이 같은 게시물 형태입니다.

▲ 프로젝트 화면 비율

❺ **타임라인** : 영상의 편집 작업이 실질적으로 이뤄지는 공간입니다. 이곳에서 시간 표시자를 드래그하여 장면을 확인할 수 있으며, 시간 표시자가 있는 곳을 컷 편집하여 영상을 자르고 붙일 수도 있습니다.

ⓐ **분할**(`I`, `Ctrl`+`B`) : 선택한 레이어를 시간 표시자 기준으로 자르는 기능입니다. 선택한 레이어가 없으면 가장 아래에 있는 레이어가 잘립니다.

ⓑ **삭제**(`⌫`) : 선택한 레이어를 삭제하는 기능입니다.

ⓒ **역방향( )** : 선택한 레이어를 역재생(거꾸로 재생)하는 기능입니다.

ⓓ **자르기( )** : 영상을 자르는 기능입니다. 비율을 선택하여 영상을 자를 수 있습니다. 한 화면에 영상을 여러 개 배치할 때 사용하면 좋습니다.

ⓔ **가로 전환( )** : 영상을 좌우로 반전합니다.

ⓕ **프리즈( )** : 타임라인 패널의 시간 표시자가 있는 구간에서 영상을 멈춰 3초 동안 정지 화면을 만들고, 3초 뒤에는 정상적으로 영상이 재생되는 기능입니다. 특정 장면을 강조할 때 사용하면 좋은 기능입니다.

ⓖ **다운로드( )** : 선택한 레이어를 PC에 다운로드하는 기능입니다.

ⓗ **타임라인 축소 및 확대( )** : 타임라인을 시각적으로 축소 및 확대하는 기능입니다. 휠이 -에 가까울수록 축소되고, +에 가까울수록 확대됩니다.

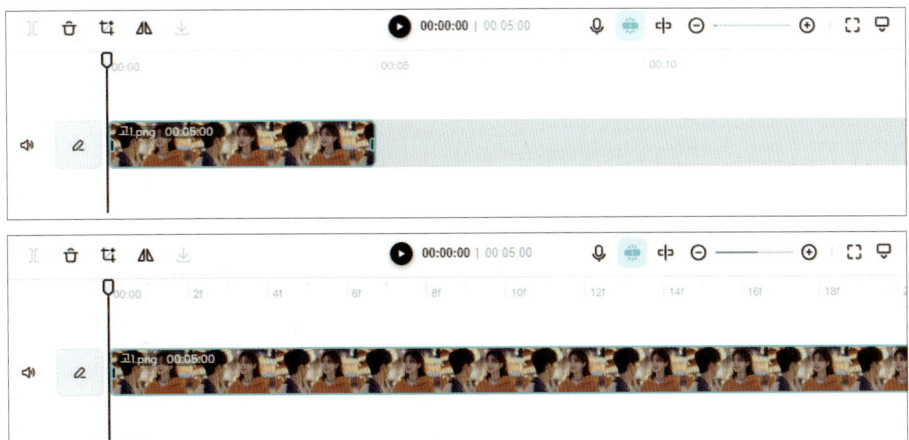

ⓘ **전체 화면( )** : 캡컷을 전체 화면으로 볼 수 있게 설정합니다.

❻ **세부효과** : 이 부분은 2가지 모드로 보입니다. 첫 번째는 타임라인에 영상을 선택하지 않았을 경우에는 전체 프로젝트의 세부 정보가 표시됩니다. 두 번째는 타임라인에 영상 레이어를 선택했을 경우에는 세부 효과가 표시됩니다. 세부 효과에서는 동영상이나 자막의 위치, 크기 등을 조절할 수 있으며, 영상의 속도, 화면 전환, 배경 제거, 마스크, 색상 보정 등 레이어마다 개별적으로 적용할 수 있는 세부 효과를 적용하게 합니다.

ⓐ **기본** : 레이어의 색상 조정 및 위 아래 레이어끼리 혼합되는 오버레이 모드를 제공합니다.

ⓑ **배경** : 프로젝트의 배경색을 지정할 수 있습니다.

ⓒ **스마트 도구** : 물체와 배경을 분리하는 '배경 제거' 기능, 피부 및 피부색 보정을 위한 '보정' 기능, 동영상을 다양한 화면 비율로 바꿔주는 '자동 리프레임' 기능을 제공합니다.

ⓓ **애니메이션** : 화면 전환 효과를 처음 부분(인), 끝부분(아웃). 화면 전환(조합)에 맞게 제공합니다.

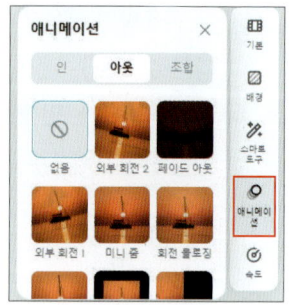

ⓔ **속도** : 레이어의 속도 관련 옵션을 제공합니다.

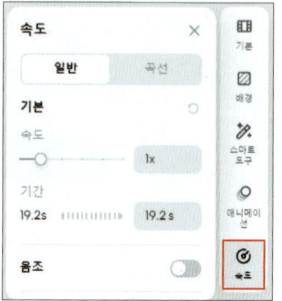

❼ **내보내기** : 영상을 출력할 수 있는 설정 창을 표시합니다. 출력하는 결과물의 이름과 경로, 해상도, 비트레이트, 코덱 등을 설정하여 결과물의 확장자와 품질을 결정할 수 있습니다.

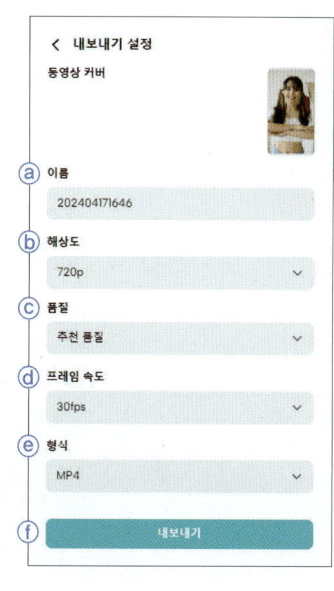

ⓐ **이름** : 출력하는 영상의 이름을 설정합니다.
ⓑ **해상도** : 영상의 크기를 설정합니다.

- 480P : 가로 혹은 세로가 480px인 영상을 출력합니다.
- 780P : 가로 혹은 세로가 720px인 영상을 출력합니다. HD 화질이 해당 옵션입니다.
- 1080P : 가로 혹은 세로가 1080px인 영상을 출력합니다. FHD 화질이 해당 옵션입니다.
- 4K(PC 프로그램 버전) : 가로 혹은 세로가 2160px인 영상을 출력합니다. 4K, UHD 화질이 해당 옵션입니다.

ⓒ **품질** : 영상의 화질을 선택할 수 있습니다. 화질이 좋은 옵션일수록 영상 출력에 시간이 오래 소모됩니다.

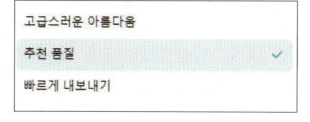

ⓓ **프레임 속도** : 영상의 프레임 속도에 관한 옵션을 제공하는 기능입니다. 원본에 프레임을 맞추는 것이 일반적이므로 강제로 프레임을 변경할 때만 옵션을 변경합니다.

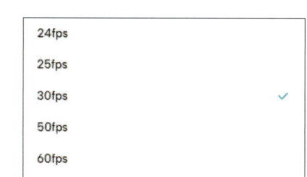

- 24fps : 영화 촬영에 주로 사용됩니다. 이는 영화관에서 자연스러운 움직임을 제공합니다.
- 25fps : PAL 텔레비전 시스템에서 사용됩니다. 유럽과 아시아의 많은 국가에서 사용됩니다.
- 30fps : NTSC 텔레비전 시스템에서 주로 사용됩니다. 주로 북미와 일부 아시아 국가에서 사용됩니다.
- 50fps : 50fps를 사용하는 경우는 거의 없습니다.
- 60fps : 고화질 비디오, 비디오 게임 및 스포츠 중계에 주로 사용됩니다. 이는 더 높은 프레임 레이트로 움직임을 더 부드럽게 만듭니다.

ⓔ **형식** : 동영상의 형식을 결정하는 옵션을 제공합니다. 고를 수 있는 옵션으로는 MP4와 MOV가 있습니다.

- MP4 : 용량이 낮고 화질 저하가 상대적으로 높은 영상입니다.
- MOV : 용량이 높고 화질 저하가 낮은 영상입니다.

ⓕ **내보내기** : 출력하는 영상의 경로를 설정합니다.

AI SKILL

관찰 시점과 엑스트라를 마음대로!
슈팅 게임 영상 만들기

AI 기술을 활용하면 이 복잡한 카메라 시점부터 제작 과정, 비용을 혁신적으로 단순화하고 절감할 수 있습니다. AI는 전쟁 영화 제작의 여러 측면에서 중요한 역할을 할 수 있습니다. 게임 홍보 영상 및 트레일러에서 많이 쓰이는 1인칭 시점의 실사 구현부터 대규모 엑스트라가 들어가는 전쟁 장면에서는 AI를 통해 원하는 인원만큼의 디지털 엑스트라를 생성하고 제어함으로써 현실감 있는 군중 장면을 구현할 수 있습니다.

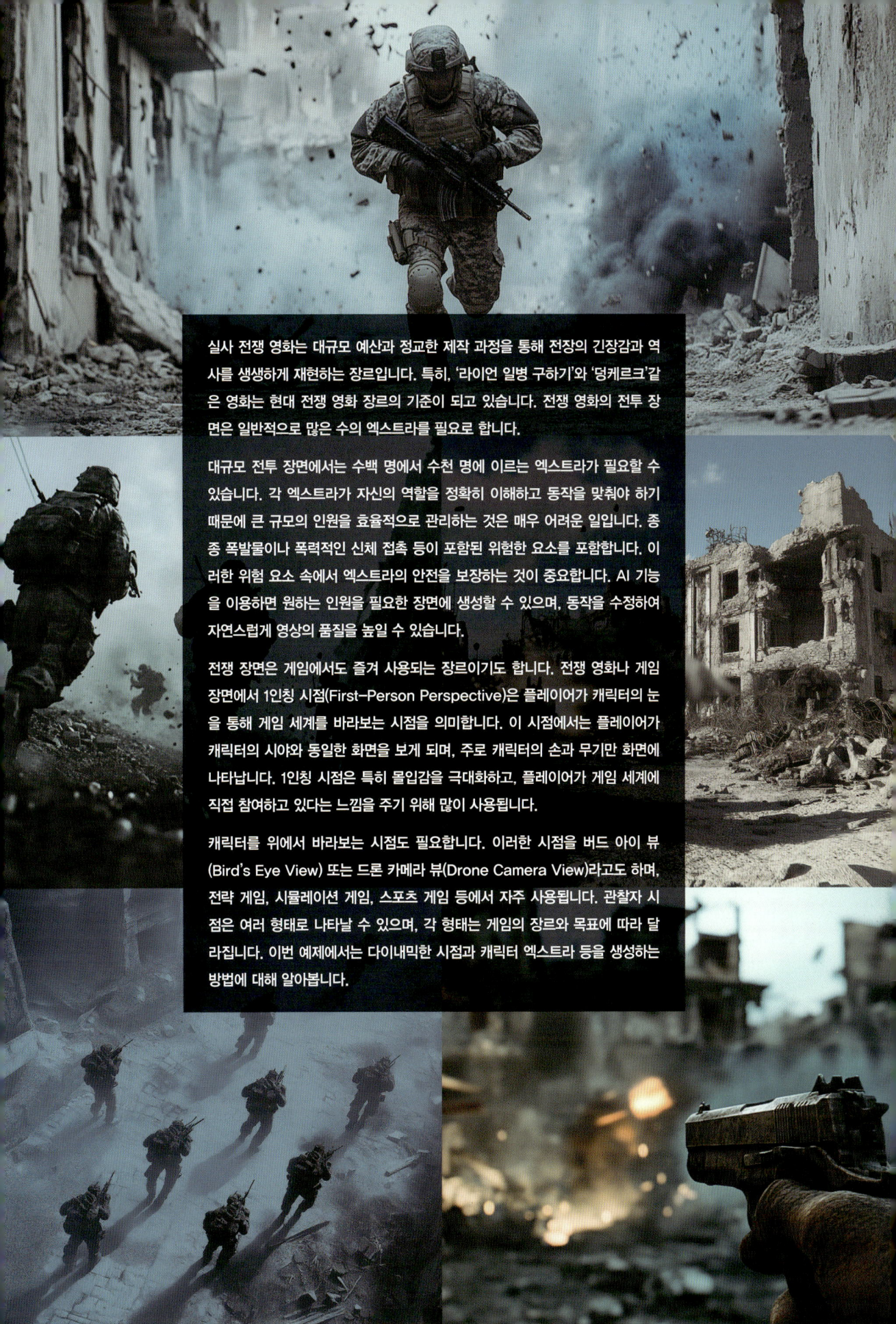

실사 전쟁 영화는 대규모 예산과 정교한 제작 과정을 통해 전장의 긴장감과 역사를 생생하게 재현하는 장르입니다. 특히, '라이언 일병 구하기'와 '덩케르크'같은 영화는 현대 전쟁 영화 장르의 기준이 되고 있습니다. 전쟁 영화의 전투 장면은 일반적으로 많은 수의 엑스트라를 필요로 합니다.

대규모 전투 장면에서는 수백 명에서 수천 명에 이르는 엑스트라가 필요할 수 있습니다. 각 엑스트라가 자신의 역할을 정확히 이해하고 동작을 맞춰야 하기 때문에 큰 규모의 인원을 효율적으로 관리하는 것은 매우 어려운 일입니다. 종종 폭발물이나 폭력적인 신체 접촉 등이 포함된 위험한 요소를 포함합니다. 이러한 위험 요소 속에서 엑스트라의 안전을 보장하는 것이 중요합니다. AI 기능을 이용하면 원하는 인원을 필요한 장면에 생성할 수 있으며, 동작을 수정하여 자연스럽게 영상의 품질을 높일 수 있습니다.

전쟁 장면은 게임에서도 즐겨 사용되는 장르이기도 합니다. 전쟁 영화나 게임 장면에서 1인칭 시점(First-Person Perspective)은 플레이어가 캐릭터의 눈을 통해 게임 세계를 바라보는 시점을 의미합니다. 이 시점에서는 플레이어가 캐릭터의 시야와 동일한 화면을 보게 되며, 주로 캐릭터의 손과 무기만 화면에 나타납니다. 1인칭 시점은 특히 몰입감을 극대화하고, 플레이어가 게임 세계에 직접 참여하고 있다는 느낌을 주기 위해 많이 사용됩니다.

캐릭터를 위에서 바라보는 시점도 필요합니다. 이러한 시점을 버드 아이 뷰(Bird's Eye View) 또는 드론 카메라 뷰(Drone Camera View)라고도 하며, 전략 게임, 시뮬레이션 게임, 스포츠 게임 등에서 자주 사용됩니다. 관찰자 시점은 여러 형태로 나타날 수 있으며, 각 형태는 게임의 장르와 목표에 따라 달라집니다. 이번 예제에서는 다이내믹한 시점과 캐릭터 엑스트라 등을 생성하는 방법에 대해 알아봅니다.

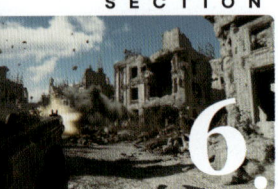

SECTION 6.

● 예제파일 : 03\슈팅 게임\슈팅게임장면구성.txt, 슈팅게임미드저니프롬프트.txt   ● 완성파일 : 03\슈팅 게임\이미지 폴더

전투 게임 영상 장면 구성하기

제작자가 의도하는 영상을 만들 수 있도록 카메라 시점과 구체적인 장면과 상황을 프롬프트를 통해 작성합니다. 영상 구도를 결정하고 문장으로 작성한 스토리를 결합하여 원하는 이미지를 생성하는 방법에 대해 알아봅니다.

시가전을 벌이는 게임 영상을 제작하기 위해 먼저 3인칭 시점으로 한 명의 병사가 달려가는 장면과 엑스트라를 생성하여 분대 규모의 병사들을 생성하고, 1인칭 시점으로 전투를 벌이는 장면을 생성해 보겠습니다.

> **Scene Number #1** 3인칭 시점
> 한 명의 병사가 시가지를 달려가는 장면
> 게임 인트로처럼 'World War 3 Game' 문자 표시
>
> **Scene Number #2** 드론 카메라 시점
> 여러 명의 병사가 시가지에서 군집을 이루면서 전진하는 장면
> 엑스트라 생성
>
> **Scene Number #3** 1인칭 시점
> 병사가 시가지에 숨어 있는 적들을 향해 사격하는 장면

01 3인칭 시점으로 한 명의 병사가 달려가는 장면 만들기

Key Prompts • A third-person view, front shot of the soldier

01 웹브라우저에서 'discord.com'를 입력하여 디스코드 사이트에 접속합니다. 미드저니 입력창에 '/'를 입력하여 표시되는 메뉴에서 '/imagine'을 선택합니다.

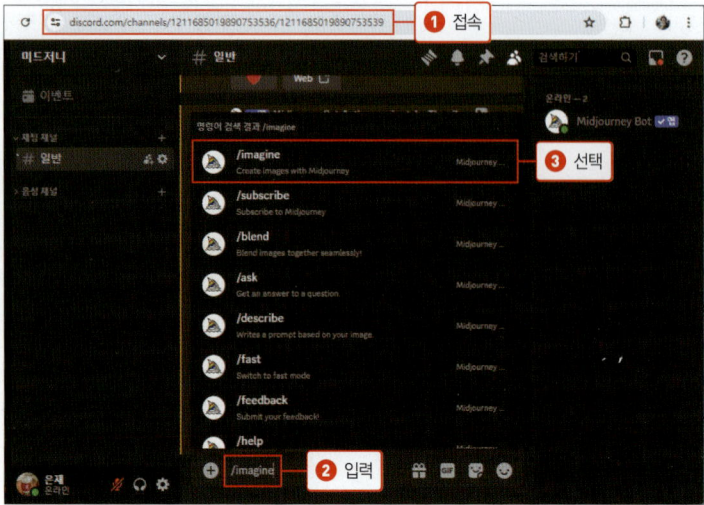

02 장면 1의 이미지와 스타일을 구성하기 위해 프롬프트 입력창에 3인칭 시점에서 한 병사가 시가지를 달려가는 프롬프트를 입력하고 [Enter]를 누릅니다.

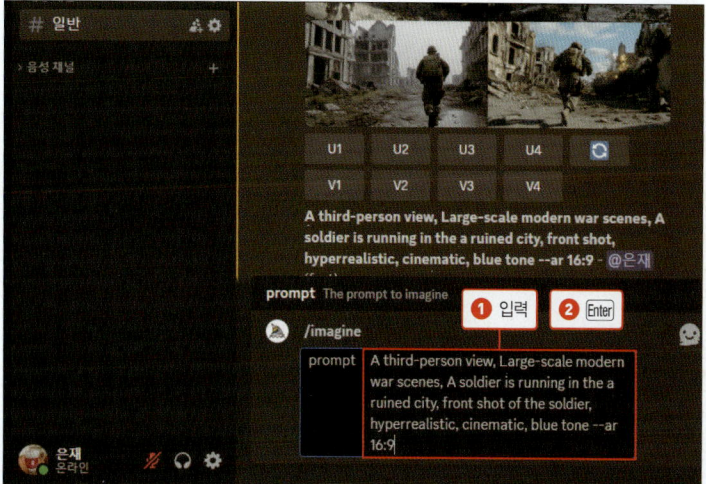

> **프롬프트**
> A third-person view, Large-scale modern war scenes, A soldier is running in the a ruined city, front shot of the soldier, hyperrealistic, cinematic, blue tone --ar 16:9

> **입력팁**
> 1. **A third-person view** : 3인칭 시점을 표현하기 위해 입력한 프롬프트입니다.
> 2. **Large-scale modern war scenes, A soldier is running in the a ruined city** : '대규모 전쟁 장면, 한 병사가 폐허가 된 시가지를 달려가고 있다.'라는 스토리를 입력한 프롬프트입니다.
> 3. **front shot of the soldier** : 군인의 앞모습의 이미지를 생성하기 위해 입력한 프롬프트입니다.
> 4. **hyperrealistic, cinematic** : 실사적이고 영화와 같은 이미지를 생성하기 위해 입력한 프롬프트입니다.
> 5. **blue tone** : 이미지에 푸른색 느낌을 표현하기 위해 입력한 프롬프트입니다. 해당 프롬프트를 입력하지 않으면 사막이나 황무지 느낌이 강한 이미지가 생성될 확률이 높아집니다.
> 6. **--ar 16:9** : 기본적으로 미드저니는 비율을 지정하지 않으면 1:1 비율의 이미지가 생성됩니다. 가로 영상의 표준 비율인 16:9에 해당하는 이미지를 생성하기 위해 입력한 프롬프트입니다.

03 프롬프트에 맞게 장면 1의 다양한 이미지가 생성됩니다. 원하는 느낌과 스타일에 가깝게 생성되면 다양한 이미지를 더 보기 위해 〈V(번호)〉 버튼을 클릭합니다. 예제에서는 〈V4〉 버튼을 클릭하였습니다.

04 선택한 번호의 이미지와 비슷한 느낌의 결과물이 4개 표시됩니다. 스토리와 비교하여 가장 어울리는 이미지를 최종 가이드로 확정합니다. 예제에서는 3번 이미지에 업스케일을 진행하기 위해 〈U3〉 버튼을 클릭하였습니다.

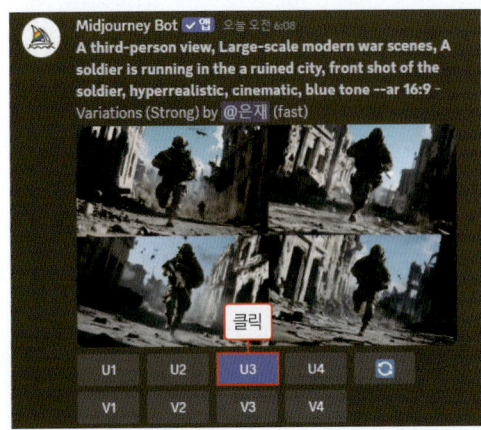 

05 업스케일된 이미지가 표시됩니다. 최상의 결과물을 얻기 위해 〈Upscale (Creative)〉 버튼을 클릭합니다.

06 업스케일이 완료된 이미지를 클릭하고 '브라우저로 열기'를 클릭합니다. 새로운 브라우저 창에 이미지가 표시되면 마우스 오른쪽 버튼을 클릭한 다음 **이미지를 다른 이름으로 저장...**을 실행하여 이미지를 저장합니다.

02 드론 카메라 시점의 분대 병력의 병사가 전진하는 장면 만들기
Key Prompts • A drone view, extreme close-up-shot

01 엑스트라가 달려가는 장면 2의 장면을 만들기 위해 미드저니 입력창에 '/imagine'을 입력하여 프롬프트 입력창을 표시하고 드론 카메라 시점에서 여러 병사들이 시가지에서 전진하는 프롬프트를 입력한 다음 Enter 를 누릅니다.

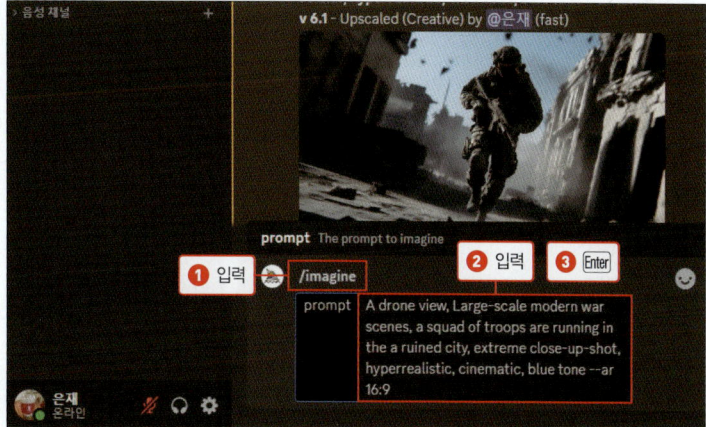

프롬프트 A drone view, Large-scale modern war scenes, a squad of troops are running in the a ruined city, extreme close-up-shot, hyperrealistic, cinematic, blue tone --ar 16:9

입력팁
1. **A drone view** : 드론 카메라 시점을 표현하기 위해 입력한 프롬프트입니다.
2. **Large-scale modern war scenes, a squad of troops are running in the a ruined city** : '대규모 전쟁 장면, 한 분대의 병사들이 폐허가 된 시가지를 달려가고 있다.'라는 스토리를 입력한 프롬프트입니다.
3. **extreme close-up-shot** : 클로즈업 샷을 표현하기 위해 입력한 프롬프트입니다.
4. **hyperrealistic, cinematic** : 실사적이고 영화와 같은 이미지를 생성하기 위해 입력한 프롬프트입니다.
5. **blue tone** : 이미지에 푸른색 느낌을 표현하기 위해 입력한 프롬프트입니다. 해당 프롬프트를 입력하지 않으면 사막이나 황무지 느낌이 강한 이미지가 생성될 확률이 높아집니다.
6. **--ar 16:9** : 기본적으로 미드저니는 비율을 지정하지 않으면 1:1 비율의 이미지가 생성됩니다. 가로 영상의 표준 비율인 16:9에 해당하는 이미지를 생성하기 위해 입력한 프롬프트입니다.

02 프롬프트에 맞게 장면 2의 다양한 이미지가 생성됩니다. 원하는 느낌과 스타일에 가깝게 생성되면 다양한 이미지를 더 보기 위해 〈V(번호)〉 버튼을 클릭합니다. 예제에서는 〈V3〉 버튼을 클릭하였습니다.

147

03 선택한 번호의 이미지와 비슷한 느낌의 결과물이 4개 표시됩니다. 스토리와 비교하여 가장 어울리는 이미지를 최종으로 확정합니다. 예제에서는 2번 이미지에 업스케일을 진행하기 위해 〈U2〉 버튼을 클릭하였습니다.

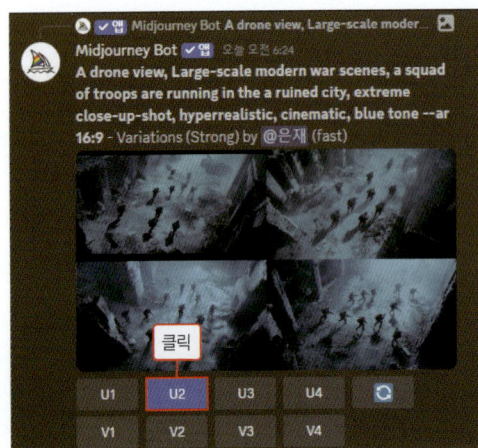

04 업스케일된 이미지가 표시됩니다. 최상의 결과물을 얻기 위해 〈Upscale (Creative)〉 버튼을 클릭합니다.

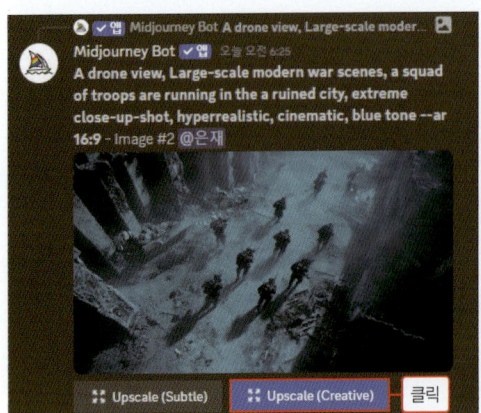

05 장면 2의 생성이 완료됩니다. 업스케일이 완료된 이미지를 저장합니다.

03 1인칭 시점의 총 쏘는 장면 만들기
Key Prompts • A first-person view

01 1인칭 시점에서 총을 쏘는 장면 3의 이미지를 만들기 위해 미드저니 입력창에 '/imagine'을 입력하여 프롬프트 입력창을 표시하고 배경과 상황의 설정을 포함한 프롬프트를 입력한 다음 Enter 를 누릅니다.

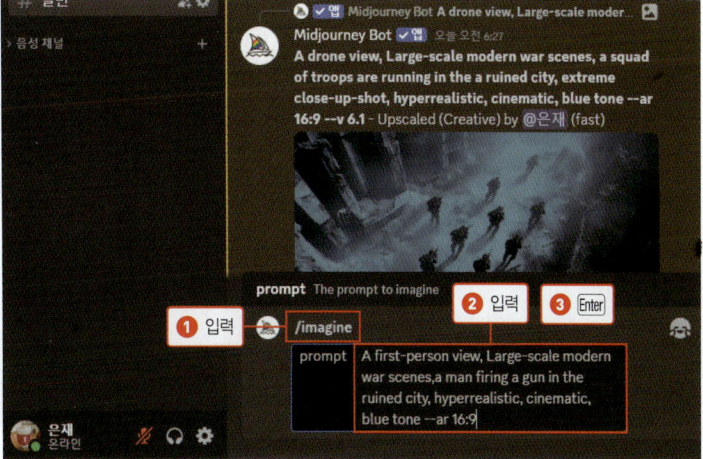

프롬프트 A first-person view, Large-scale modern war scenes, a man firing a gun in the ruined city, hyperrealistic, cinematic, blue tone --ar 16:9

입력팁
1. A first-person view : 1인칭 시점을 표현하기 위해 입력한 프롬프트입니다.
2. Large-scale modern war scenes, a man is firing a gun in the ruined city : '대규모 전쟁 장면, 한 사람이 폐허가 된 시가지에서 총을 쏘고 있다.'라는 스토리를 입력한 프롬프트입니다.
3. hyperrealistic, cinematic : 실사적이고 영화와 같은 이미지를 생성하기 위해 입력한 프롬프트입니다.
4. blue tone : 이미지에 푸른색 느낌을 표현하기 위해 입력한 프롬프트입니다. 해당 프롬프트를 입력하지 않으면 사막이나 황무지 느낌이 강한 이미지가 생성될 확률이 높아집니다.
5. --ar 16:9 : 기본적으로 미드저니는 비율을 지정하지 않으면 1:1 비율의 이미지가 생성됩니다. 가로 영상의 표준 비율인 16:9에 해당하는 이미지를 생성하기 위해 입력한 프롬프트입니다.

02 프롬프트에 맞게 장면 3의 다양한 이미지가 생성됩니다. 원하는 느낌과 스타일에 가깝게 생성되면 다양한 이미지를 더 보기 위해 〈V(번호)〉 버튼을 클릭합니다. 예제에서는 〈V4〉 버튼을 클릭하였습니다.

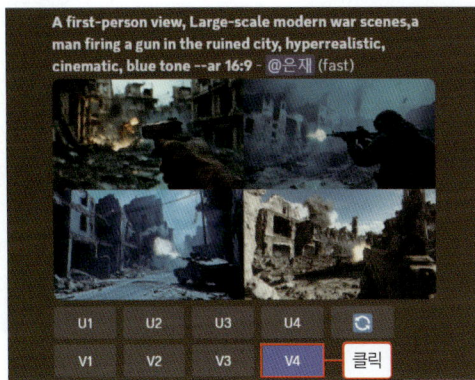

03 선택한 번호의 이미지와 비슷한 느낌의 결과물이 4개 표시됩니다. 스토리와 비교하여 가장 어울리는 이미지를 최종으로 확정합니다. 예제에서는 3번 이미지에 업스케일을 진행하기 위해 〈U3〉 버튼을 클릭하였습니다.

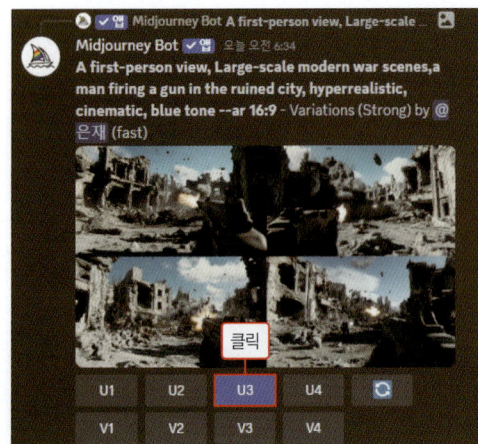

04 업스케일된 이미지가 표시됩니다. 최상의 결과물을 얻기 위해 〈Upscale (Subtle)〉 버튼을 클릭합니다.

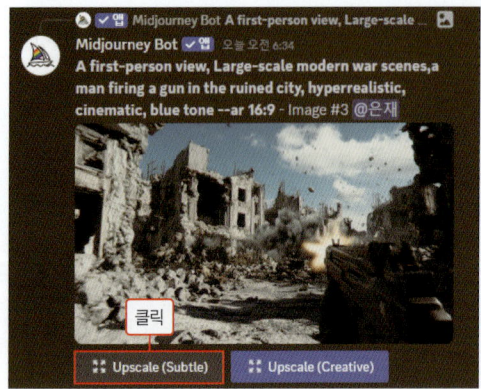

05 장면 3의 생성이 완료됩니다. 업스케일이 완료된 이미지를 저장합니다.

SECTION 7.

● 예제파일 : 03\슈팅 게임\슈팅게임루마AI프롬프트.txt, 이미지 폴더   ● 완성파일 : 03\슈팅 게임\영상 폴더

전투 장면을 영상으로 만들기

미드저니에서 생성한 이미지를 이용해 전투 장면 영상을 만듭니다. 전투 장면에는 긴장감, 몰입도 등 감정적인 깊이가 크게 좌우합니다. 긴박함이 가득한 전투 영상을 제작하겠습니다.

01 한 명의 병사가 달려가는 장면 영상화하기

Key Prompts • soldier is running in the a ruined city, urgent scence

01 웹브라우저에서 'lumalabs.ai'를 입력하여 루마 AI 사이트에 접속하고 로그인합니다. 이미지를 업로드하기 위해 '이미지' 아이콘(🖼)을 클릭합니다. 열기 대화상자가 표시되면 03 → 슈팅 게임 → 이미지 폴더에서 '장면1.png' 파일을 선택하고 〈열기(O)〉 버튼을 클릭합니다.

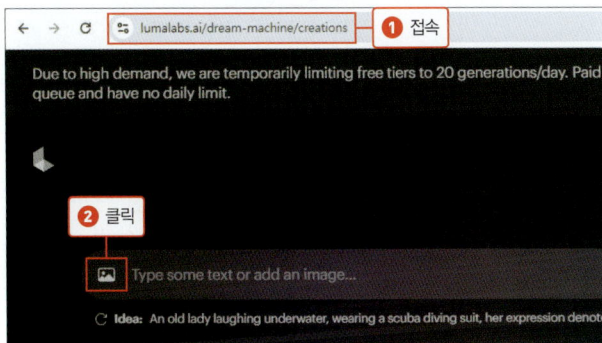
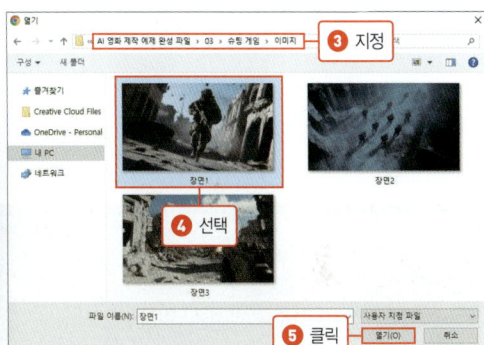

02 이미지가 업로드되면 프롬프트 입력창에 'soldier is running in the a ruined city, urgent scene'를 입력하고 '확인' 아이콘(⬆)을 클릭합니다.

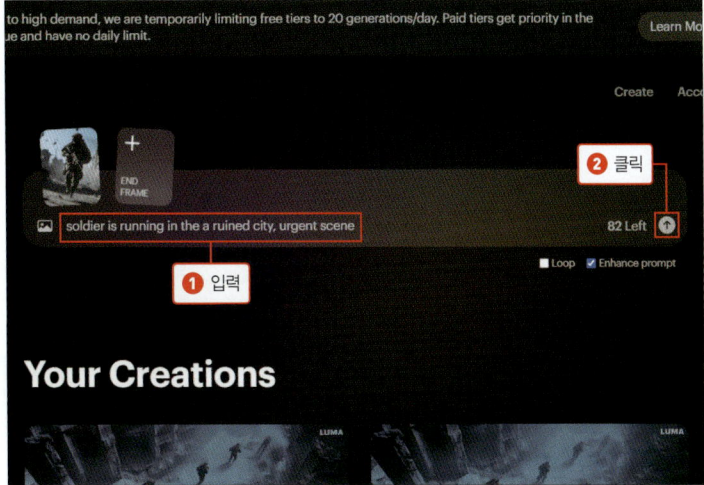

TIP 'urgent scene'이라는 프롬프트를 입력하면 긴급한 상황처럼 카메라 무빙과 영상의 속도를 구현합니다.

프롬프트 soldier is running in the a ruined city, urgent scene

한글 번역 병사가 시가지를 달려간다. 긴박한 장면.

03 Your Creations 화면에 작업한 영상이 표시됩니다. 영상들의 섬네일에 마우스 커서를 위치하여 미리 보기 형태로 확인하고, 원하는 느낌으로 생성되었다면 〈Download〉 버튼을 클릭하여 저장합니다.

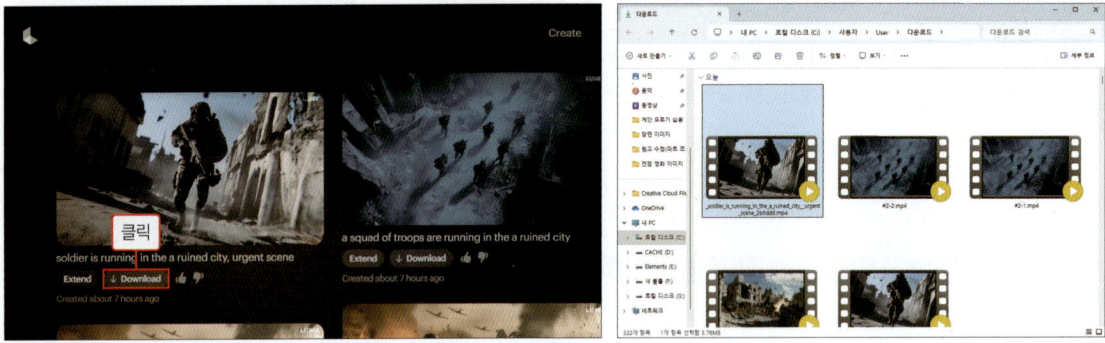

02 분대 병력의 병사들이 전진하는 장면 영상화하기

Key Prompts · a squad of troops are running in the a ruined city

01 여러 명의 병사가 움직이는 장면 2를 영상화합니다. 이미지를 업로드하기 위해 '이미지' 아이콘()을 클릭합니다. 열기 대화상자가 표시되면 03 → 슈팅 게임 → 이미지 폴더에서 '장면2.png' 파일을 선택하고 〈열기(O)〉 버튼을 클릭합니다.

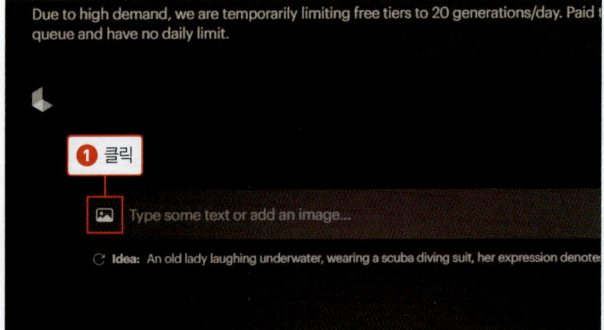 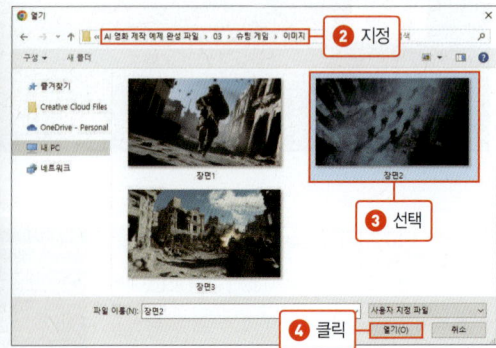

> **NOTE**
>
> **군대 구성 인원 프롬프트**
>
> 군대의 구성 인원은 나라마다 다르며, 군대의 규모, 전략, 경제력, 지리적 위치, 안보 상황 등에 따라 군대의 구조와 인원이 다릅니다.
>
> - **Division(사단)** : 일반적으로 약 10,000명에서 15,000명 정도의 병력을 포함합니다.
> - **Brigade(여단)** : 3,000명에서 5,000명 정도의 병력으로 구성됩니다.
> - **Battalion(대대)** : 300명에서 1,000명 정도의 병력을 포함합니다.
> - **Company(중대)** : 100명에서 200명 정도의 병력으로 구성됩니다.
> - **Platoon(소대)** : 30명에서 50명 정도의 병력으로 구성됩니다.
> - **Squad(분대)** : 9명에서 12명 정도의 병력으로 구성됩니다.

02 이미지가 업로드되면 프롬프트 입력창에 'a squad of troops are running in the a ruined city'를 입력하고 '확인' 아이콘(↑)을 클릭합니다.

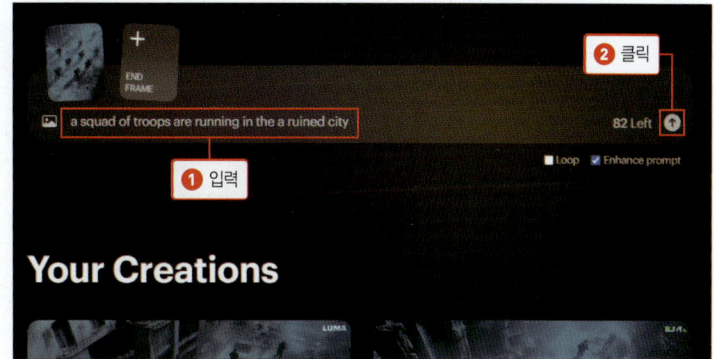

TIP 기본 설정으로 'Enhance prompt'가 체크 표시되어 있습니다. 이 옵션은 입력한 텍스트를 충실히 따르게 하므로 활성화한 상태로 영상을 생성하는 것이 품질 측면에서 좋습니다.

프롬프트 a squad of troops are running in the a ruined city

한글번역 폐허가 된 도시에서 한 부대의 부대가 작전을 수행하고 있다.

03 Your Creations 화면에 작업한 영상이 표시됩니다. 원하는 느낌의 영상이 생성되면 〈Download〉 버튼을 클릭하여 다운로드합니다.

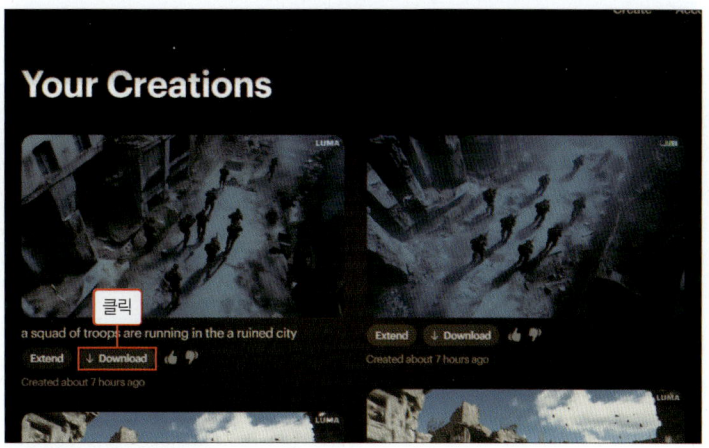

03 1인칭 시점의 사격하는 장면 영상화하기

Key Prompts • firing a gun in the ruined city

01 1인칭 시점에서 사격하는 장면 3을 영상화합니다. 이미지를 업로드하기 위해 '이미지' 아이콘(🖼)을 클릭합니다. 열기 대화상자가 표시되면 03 → 슈팅 게임 → 이미지 폴더에서 '장면3.png' 파일을 선택하고 〈열기(O)〉 버튼을 클릭합니다.

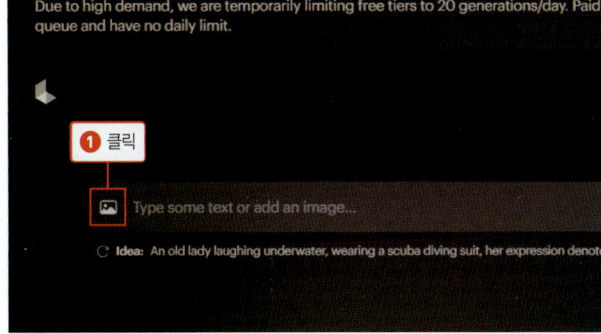
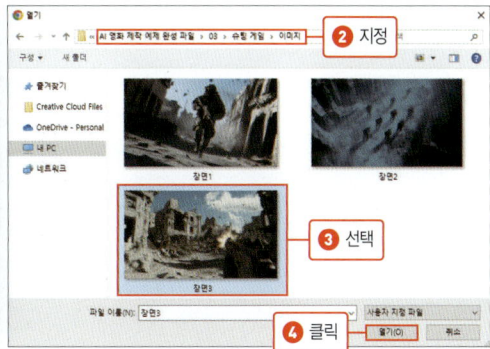

02 이미지가 업로드되면 텍스트 프롬프트 입력창에 'a man firing a gun in the ruined city'를 입력하고 '확인' 아이콘(⬆)을 클릭합니다.

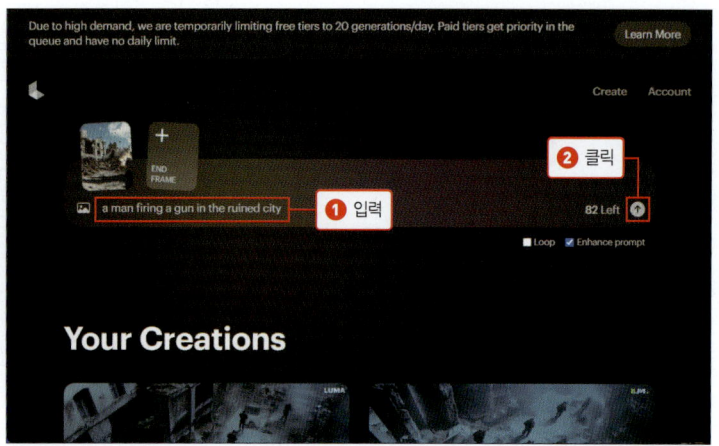

| 프롬프트 | a man firing a gun in the ruined city |

| 한글 번역 | 한 남자가 폐허가 된 도시에서 총을 쏜다. |

03 Your Creations 화면에 작업한 영상이 표시됩니다. 원하는 느낌의 영상이 생성되면 〈Download〉 버튼을 클릭하여 다운로드합니다.

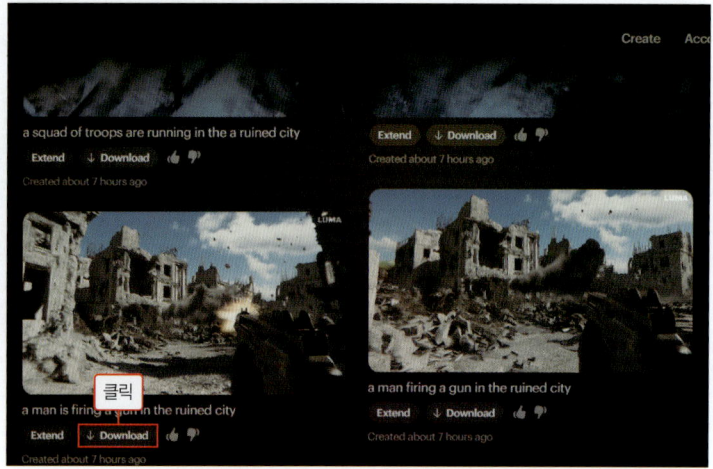

04 다운로드한 영상들을 하나의 폴더로 이동하여 모아두고 이름을 장면에 맞게 변경합니다. 예제에서는 장면 순서에 따라 '#1', '#2', '#3'으로 변경하였습니다.

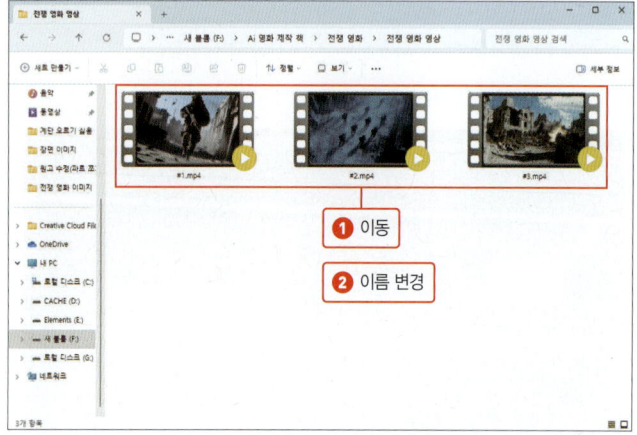

SECTION 8.

● 예제파일 : 03\슈팅 게임\영상 폴더 ● 완성파일 : 03\슈팅 게임\슈팅게임_완성.mp4

게임 문자 타이틀 영상 완성하기

만든 영상들을 하나로 합치고, 인트로 글자를 추가해 슈팅 게임 영상으로 만들겠습니다. 이번 작업은 무료 영상 편집 툴인 캡컷을 사용해 진행합니다. 캡컷은 프리미어 프로와 달리 무료로 제공되며, 온라인에서도 작업할 수 있어 시간과 장소에 구애받지 않고 언제 어디서나 컷 편집을 할 수 있습니다.

01 슈팅 게임 영상 편집 소스 불러오기

01 웹브라우저에서 'www.capcut.com'을 입력하여 캡컷 사이트에 접속하고 로그인한 다음 〈+ 새로 만들기〉 버튼을 클릭합니다.

02 소스 영상에 맞는 해상도를 선택합니다. 예제에서는 영화 영상 비율인 '16:9'를 선택하였습니다.

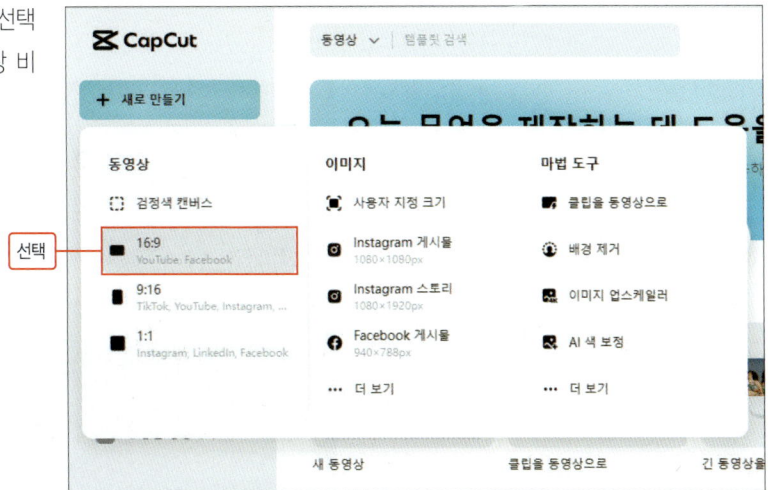

TIP   캡컷의 동영상 비율

캡컷에서 동영상 비율은 다음과 같은 형태로 사용됩니다.
1. 16:9 비율 : 유튜브 영화, 컴퓨터 화면 같은 가로형 동영상에 적합합니다. 고화질(1080p 또는 4K)로 제작하면 좋습니다.
2. 9:16 비율 : 틱톡, 인스타그램 릴스, 유튜브 쇼츠 등 세로형 동영상에 사용됩니다. 세로 영상 콘텐츠를 만들 때 적합합니다.
3. 1:1 비율 : 인스타그램 피드나 페이스북에 적합한 정사각형 비율입니다. 모든 기기에서 균형 잡힌 화면을 보여 줍니다.

03 영상을 편집할 수 있는 프로젝트(space)가 생성되며 작업 화면이 변경됩니다. (미디어) 탭의 〈업로드〉 버튼을 클릭하고 폴더 채로 업로드하여 사용하기 위해 '폴더 업로드'를 선택합니다.

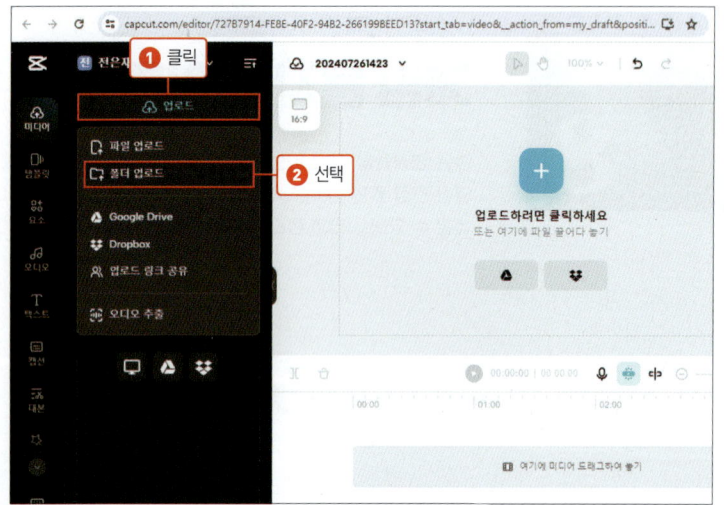

04 업로드할 폴더 선택 대화상자가 표시되면 영상 소스가 있는 03 → 슈팅 게임 폴더에서 '영상' 폴더를 선택하고 〈업로드〉 버튼을 클릭합니다.

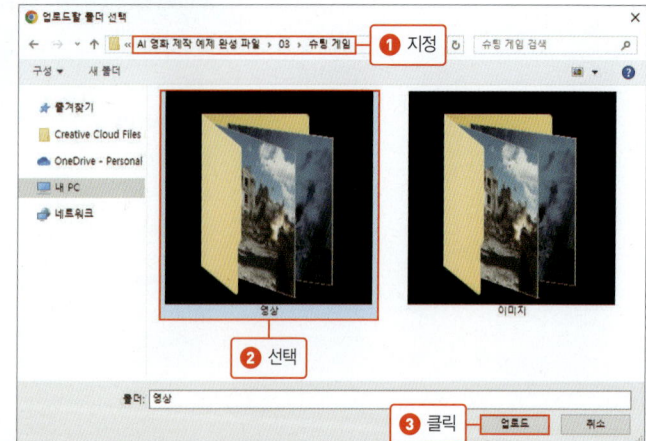

05 불러온 폴더를 클릭하면 영상 편집에 사용될 영상 파일이 표시되는 것을 확인할 수 있습니다.

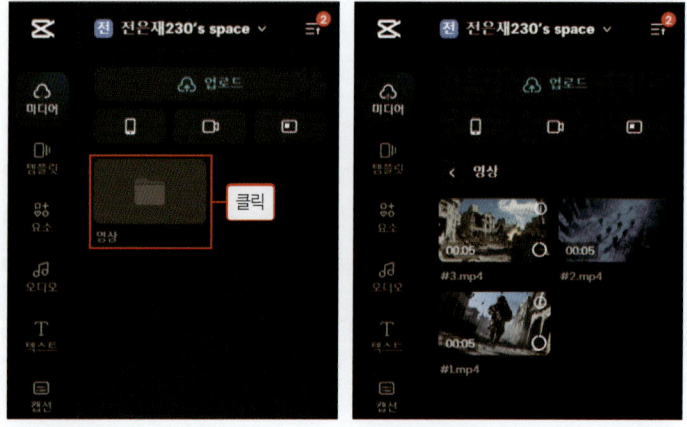

TIP 캡컷에서 폴더 채로 파일을 불러오면 폴더 구조를 그대로 유지하면서 파일을 불러오기 때문에 프로젝트 내에서 파일이 자동으로 정리됩니다. 영상, 이미지, 오디오 파일 등을 폴더별로 구분하여 관리할 수 있어 정리된 파일을 그대로 사용 할 수 있는 장점이 있습니다.
또한, 모든 미디어 파일을 한꺼번에 불러와야 할 때 하나씩 추가할 필요 없이 폴더 하나만 불러오면 되므로, 시간을 절약할 수 있습니다.

02 재생 순서에 맞게 타임라인에 영상 배치하기

01 [미디어] 메뉴에서 '#1.mp4' 파일을 타임라인으로 드래그합니다. 프리뷰 모니터와 타임라인에 영상이 표시됩니다.

02 '#2.mp4' 파일을 타임라인의 '#1.mp4' 클립 끝부분으로 드래그하여 배치합니다.

03 같은 방법으로 '#3.mp4' 파일을 타임라인의 '#2.mp4' 클립 끝부분으로 드래그하여 배치합니다.

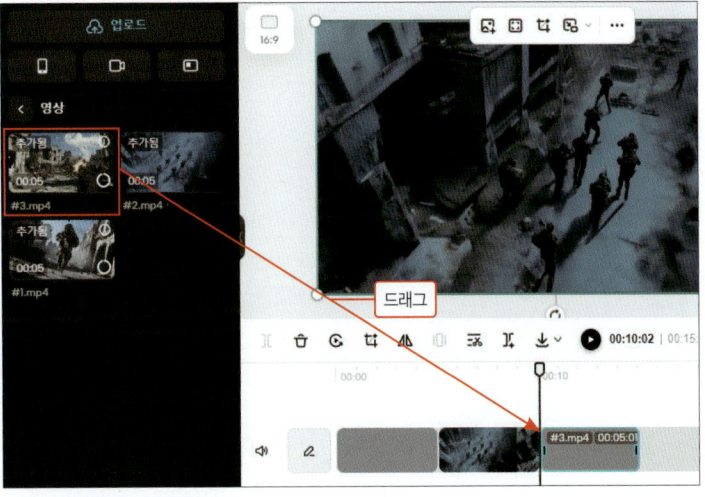

03 영상에 인트로 문자 삽입하여 완성하기

01 텍스트를 추가하기 위해 메뉴바에서 (텍스트) 메뉴를 선택하고 제목의 '모두 보기'를 클릭합니다.

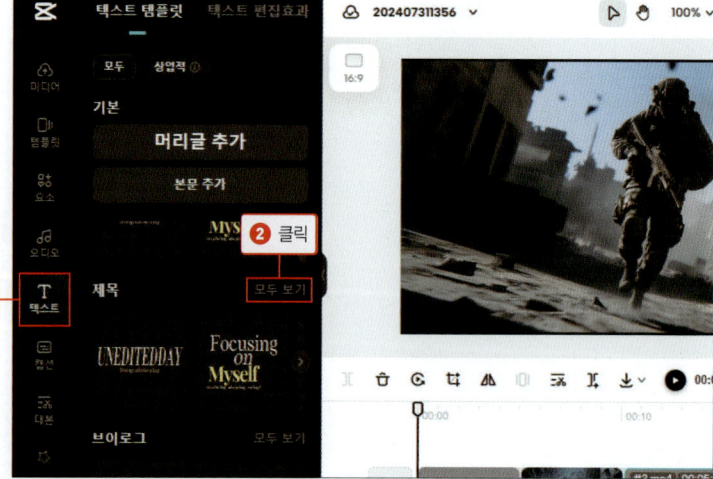

02 제목 형태의 텍스트 프리셋이 표시되면 그림과 같은 텍스트 프리셋을 선택합니다. 타임라인의 시간 표시자가 있는 곳을 기준으로 텍스트 프리셋이 생성됩니다.

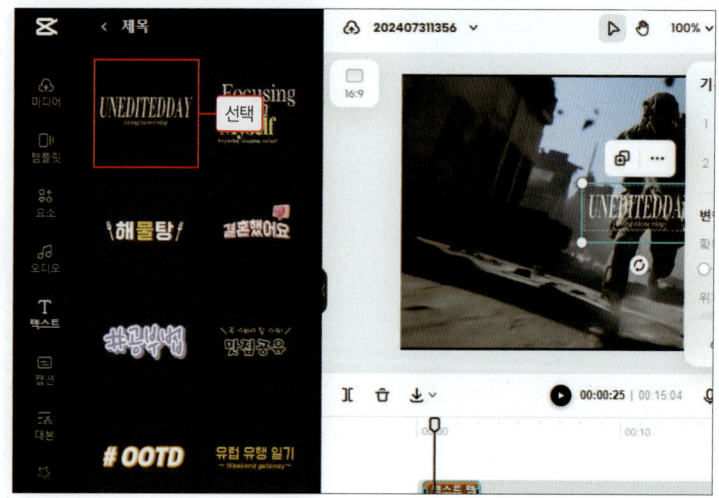

03 오른쪽 (세부효과) 메뉴의 (기본)이 자동으로 표시되어 나타나며 텍스트에 관한 설정을 진행할 수 있습니다. 메인 타이틀 텍스트인 1에 'World War 3 Game'을 입력하고 서브 타이틀 텍스트인 2는 삭제하여 공란으로 둔 다음 확대를 '50%'로 설정하여 텍스트의 크기를 확대합니다.

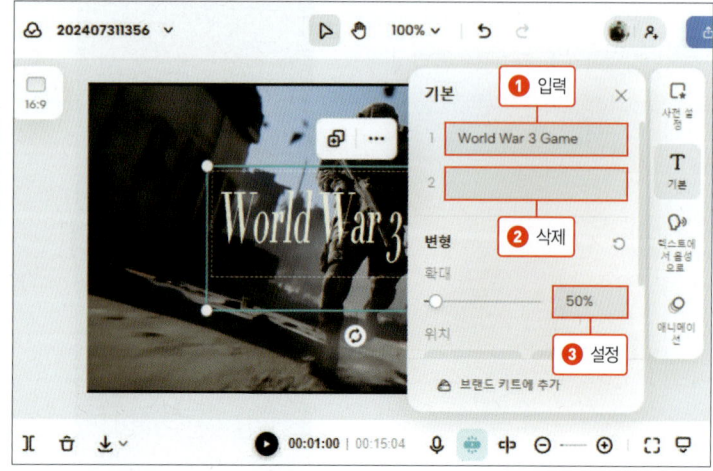

04 텍스트가 선택되어 있는 상태로 프리뷰 모니터의 텍스트를 클릭하면 폰트나 스타일을 제어할 수 있는 (기본)의 세부 속성이 표시됩니다. 여기에서는 '진하게' 아이콘(B)을 클릭하여 텍스트를 굵게 만듭니다.

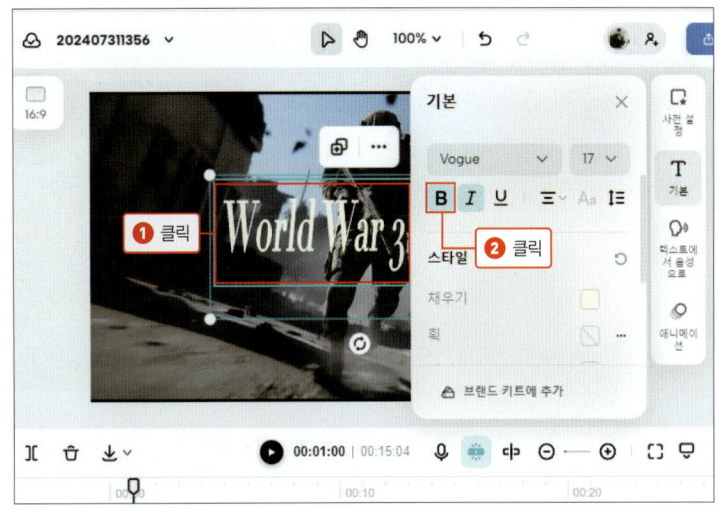

05 스타일의 채우기에서 색상 상자를 클릭합니다. 그림과 같이 채우기 창이 표시되면 최근 항목의 '컬러 팔레트'를 클릭합니다.

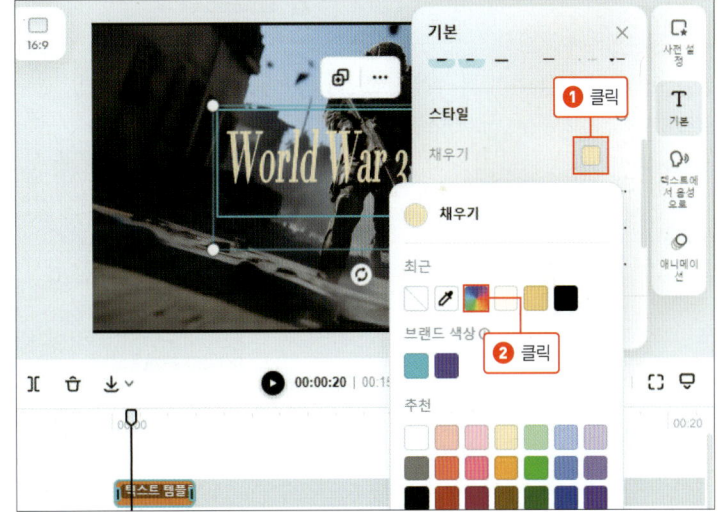

06 색상을 세밀하게 지정할 수 있는 컬러 팔레트가 표시되면 금색 계열로 지정하여 변경하고 '<'를 클릭합니다. 예제에서는 Hex에 '#f3c04d'를 입력하여 색상을 지정하였습니다.

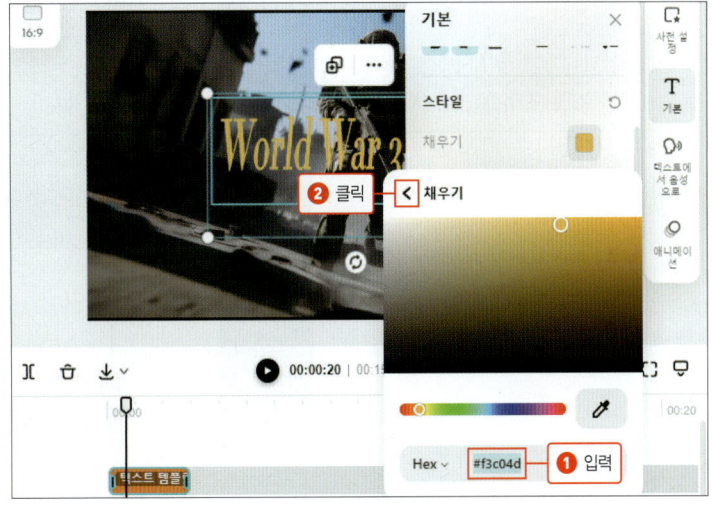

07 같은 방법으로 스타일의 그림자에서 색상 상자를 클릭하고 표시되는 그림자 색상 창에서 '검은색'을 클릭하여 그림자 색상을 지정합니다.

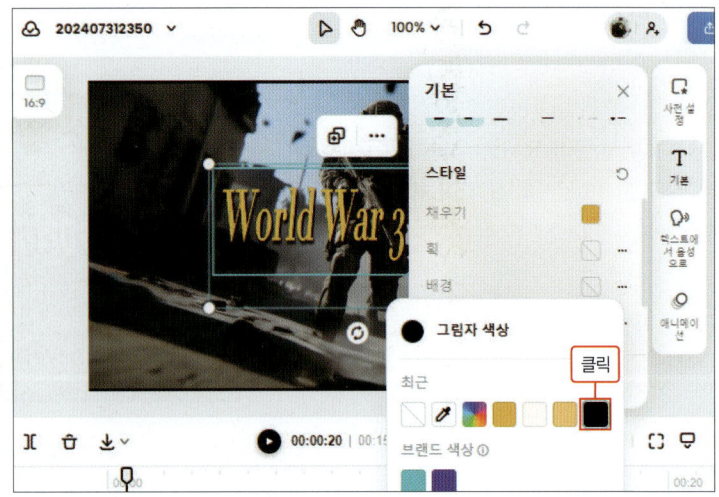

08 그림자의 '더보기' 아이콘(⋯)을 클릭하여 그림자 설정 관련 옵션 창을 표시합니다. 불투명도를 '70%', 흐리게를 '15%'로 설정하여 그림자의 세부 효과를 적용합니다.

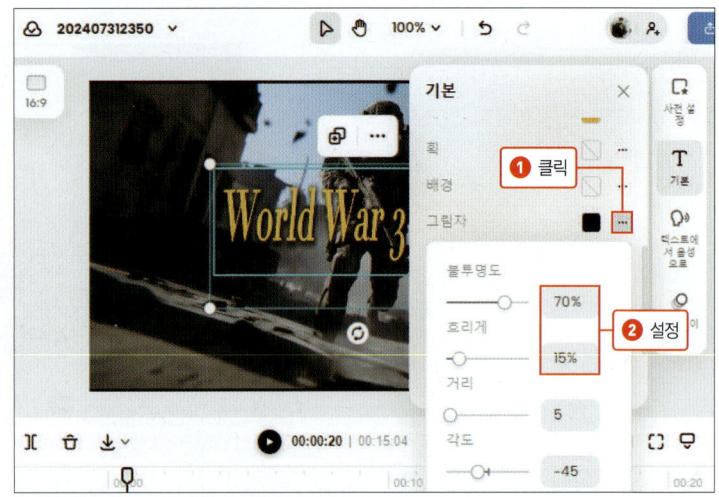

09 텍스트 템플릿의 길이를 장면 1과 맞게 조절하기 위해 타임라인에서 텍스트 템플릿의 오른쪽 끝부분을 드래그하여 그림과 같이 조절합니다. 설정이 완료되면 (세부설정) 메뉴의 'X'를 클릭하여 메뉴를 닫습니다.

04 슈팅 게임 영상 출력하기

01 오른쪽 상단의 〈내보내기〉 버튼을 클릭하여 내보내기 창이 표시되면 〈다운로드〉 버튼을 클릭합니다.

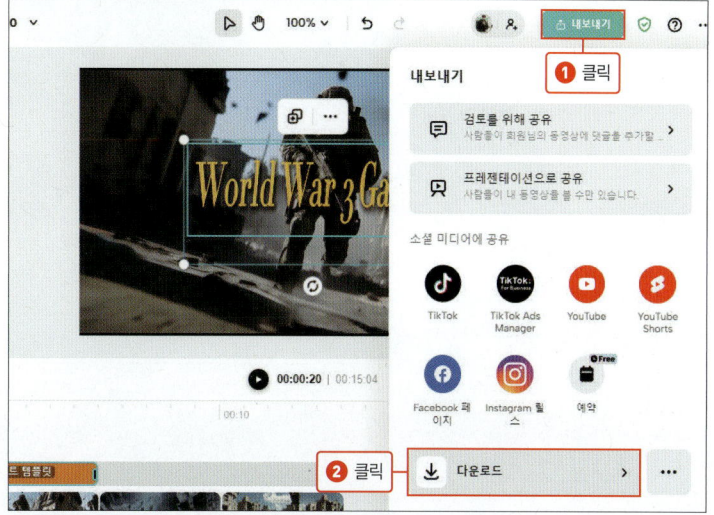

02 내보내기 설정이 표시되면 해상도를 '1080p', 프레임 속도를 '24fps'로 지정하고 〈내보내기〉 버튼을 클릭합니다.

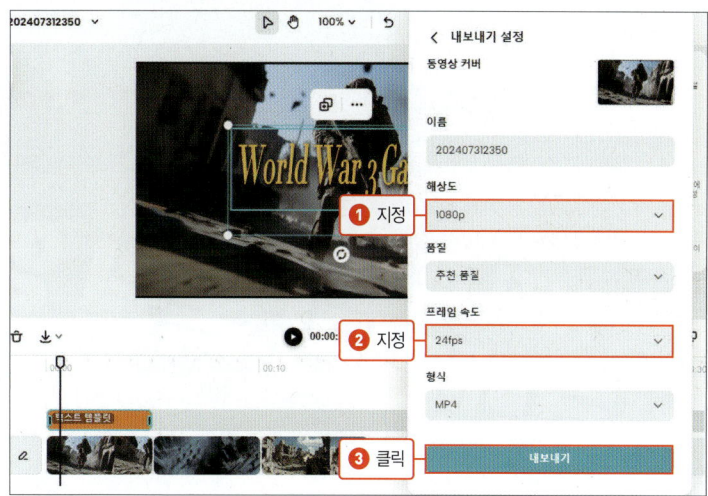

TIP 일반적으로 영화 장르의 프레임 속도는 '24fps'가 표준입니다.

03 캡컷 화면에 영상이 출력되는 과정이 표시됩니다. 진행도가 100%가 되면 최종 영상이 다운로드됩니다. 다운로드 폴더에서 다운로드한 영상을 확인할 수 있습니다.

AI SKILL

흑백 사진 한 장으로
다큐멘터리 복원 영상 만들기

역사적 한 장의 사진을 다큐멘터리 영상으로 복원한다는 개념은, 단일 이미지로 기록된 과거의 순간을 현대적인 기술을 통해 시각적, 청각적으로 확장하여 마치 그 순간을 다시 살아보는 것처럼 재현하는 작업을 의미합니다. 이 과정은 단순히 사진을 복원하는 것을 넘어, 그 사진에 담긴 역사적 맥락과 이야기를 시청자에게 보다 풍부하고 깊이 있게 전달하려는 의도를 담고 있습니다.

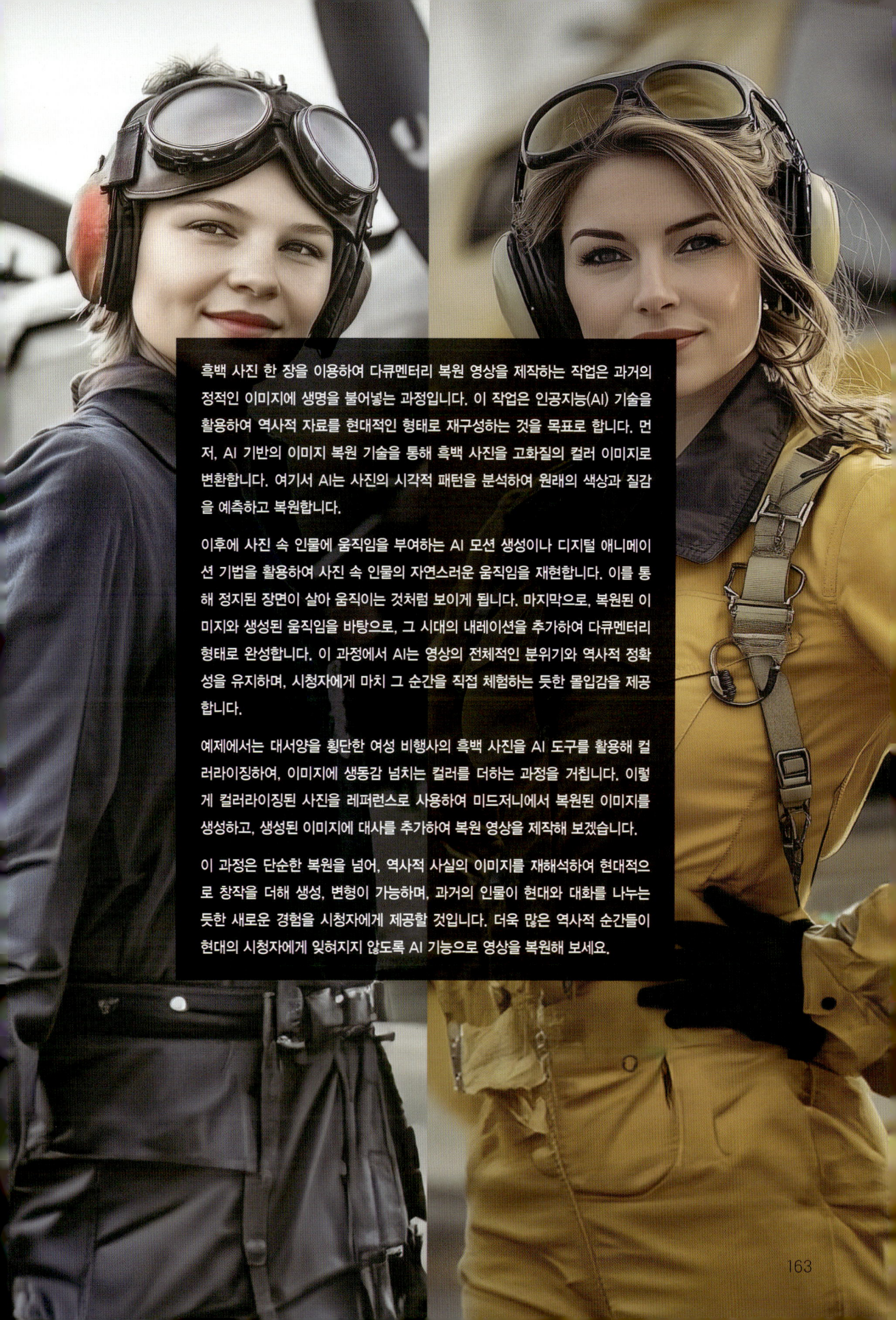

흑백 사진 한 장을 이용하여 다큐멘터리 복원 영상을 제작하는 작업은 과거의 정적인 이미지에 생명을 불어넣는 과정입니다. 이 작업은 인공지능(AI) 기술을 활용하여 역사적 자료를 현대적인 형태로 재구성하는 것을 목표로 합니다. 먼저, AI 기반의 이미지 복원 기술을 통해 흑백 사진을 고화질의 컬러 이미지로 변환합니다. 여기서 AI는 사진의 시각적 패턴을 분석하여 원래의 색상과 질감을 예측하고 복원합니다.

이후에 사진 속 인물에 움직임을 부여하는 AI 모션 생성이나 디지털 애니메이션 기법을 활용하여 사진 속 인물의 자연스러운 움직임을 재현합니다. 이를 통해 정지된 장면이 살아 움직이는 것처럼 보이게 됩니다. 마지막으로, 복원된 이미지와 생성된 움직임을 바탕으로, 그 시대의 내레이션을 추가하여 다큐멘터리 형태로 완성합니다. 이 과정에서 AI는 영상의 전체적인 분위기와 역사적 정확성을 유지하며, 시청자에게 마치 그 순간을 직접 체험하는 듯한 몰입감을 제공합니다.

예제에서는 대서양을 횡단한 여성 비행사의 흑백 사진을 AI 도구를 활용해 컬러라이징하여, 이미지에 생동감 넘치는 컬러를 더하는 과정을 거칩니다. 이렇게 컬러라이징된 사진을 레퍼런스로 사용하여 미드저니에서 복원된 이미지를 생성하고, 생성된 이미지에 대사를 추가하여 복원 영상을 제작해 보겠습니다.

이 과정은 단순한 복원을 넘어, 역사적 사실의 이미지를 재해석하여 현대적으로 창작을 더해 생성, 변형이 가능하며, 과거의 인물이 현대와 대화를 나누는 듯한 새로운 경험을 시청자에게 제공할 것입니다. 더욱 많은 역사적 순간들이 현대의 시청자에게 잊혀지지 않도록 AI 기능으로 영상을 복원해 보세요.

SECTION 9.

● 예제파일 : 03\다큐멘터리 복원\흑백사진.png   ● 완성파일 : 03\다큐멘터리 복원\컬러링.png

흑백 사진의 컬러 복원하기

흑백 사진에 채색을 하는 컬러라이징 작업을 진행하겠습니다. 포토샵과 같은 전문 도구가 아니더라도 흑백 사진을 AI의 힘을 빌려 쉽게 복원할 수 있습니다. 캡컷에서 제공하는 컬러라이징 AI를 활용하여 흑백 사진을 복원하는 방법에 대해 살펴봅니다.

01 웹브라우저에서 'www.capcut.com/ko-kr/tools/photo-colorizer'를 입력하여 캡컷 흑백 사진 컬러 복원 도구 사이트에 접속하고 로그인한 다음 〈이미지 업로드〉 버튼을 클릭합니다.

> **NOTE 캡컷의 마법 도구**
>
> 캡컷 사이트의 (마법 도구) 메뉴는 다양한 AI 기능을 제공합니다. 동영상, 이미지, 오디오 등에 원하는 기능을 적용할 수 있고 새로운 이미지를 만들거나 업로드를 통해 쉽게 원하는 소스를 얻을 수 있습니다.

02 열기 대화상자가 표시되면 03 → 다큐멘터리 복원 폴더에서 '흑백사진.png' 파일을 선택하고 〈열기(O)〉 버튼을 클릭하여 이미지를 캡컷 온라인에 업로드합니다.

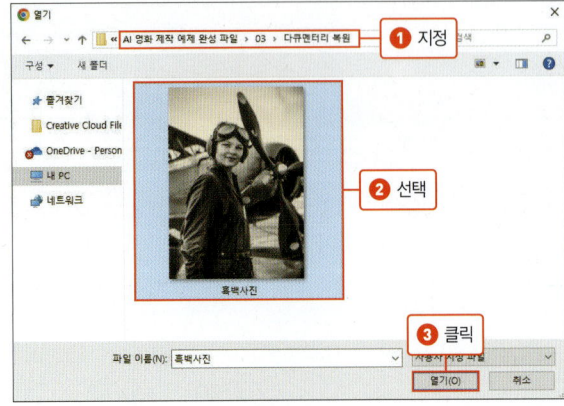

03 흑백 사진에 컬러라이징 작업이 진행됩니다. 진행이 완료될 때까지 기다립니다.

04 흑백 사진을 AI가 자동으로 채색합니다. 채색된 이미지에 마우스 커서를 위치하면 '다운로드' 아이콘(⬇)이 표시됩니다. 아이콘을 클릭하여 복원 사진을 저장합니다.

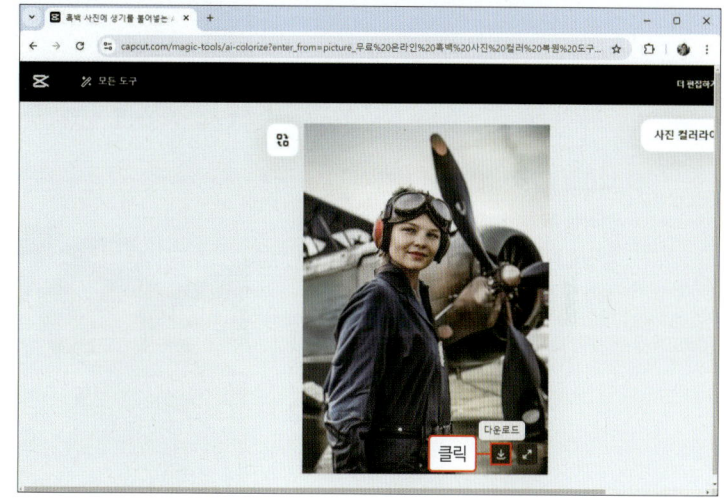

05 복원된 채색 사진이 저장되었습니다.

포토샵에서 오래된 사진을 컬러 복원하는 방법

포토샵의 뉴럴 필터 기능을 활용하면 흑백 사진에 손쉽게 컬러를 적용해 복원할 수 있습니다. 이 기능은 인공지능을 기반으로 작동하며, 복잡한 작업 없이도 원본 사진의 분위기와 디테일을 살려 자연스러운 색감을 재현해냅니다. 이를 통해 오래된 흑백 사진도 마치 원래 컬러 사진인 것처럼 생생하게 복원할 수 있습니다.

❶ 포토샵을 실행하고 03 → 복원 영상 폴더에서 '흑백사진.png' 파일을 불러온 다음 메뉴에서 (Filter) → Neural Filters를 실행합니다.

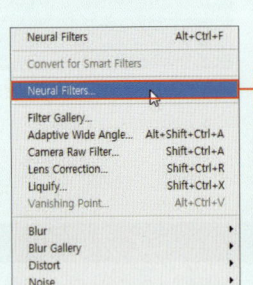

❷ Neural Filters 패널에서 흑백 이미지를 컬러로 복원하는 'Colorize'를 클릭하여 활성화합니다. 기본값으로 컬러링되는 것을 확인할 수 있습니다.

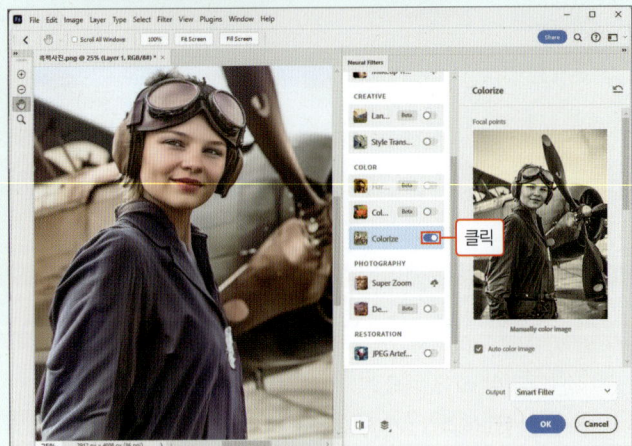

❸ Neural Filters 패널 하단에서 채도를 높이기 위해 Saturation 슬라이더를 오른쪽으로 드래그하고 〈OK〉 버튼을 클릭하여 컬러링 이미지를 완성합니다. 예제에서는 Saturation을 '12'로 지정하였습니다.

S E C T I O N

복원한 이미지로
유사한 스타일 만들기

● 예제파일 : 03\다큐멘터리 복원\컬러링.png, 다큐멘터리복원미드저니프롬프트.txt
● 완성파일 : 03\다큐멘터리 복원\도큐먼트.png

흑백 사진을 컬러 사진으로 복원하였다면, 컬러 사진을 업로드하고 복원이라는 개념에 맞게 다양한 포즈와 현대 시대에 맞는 이미지로 재구성해 봅니다. 참조 프롬프트(--sref)를 활용하여 이미지 스타일의 유사성을 레퍼런스 이미지에서 차용할 수 있습니다.

01 미드저니에 복원된 컬러 사진 업로드하기

01 디스코드 미드저니 채널에 접속합니다. 이미지를 생성하기 전에 레퍼런스로 사용할 이미지를 업로드하기 위해 미드저니 입력창 왼쪽의 〈+〉를 클릭하고 '파일 업로드'를 선택합니다.

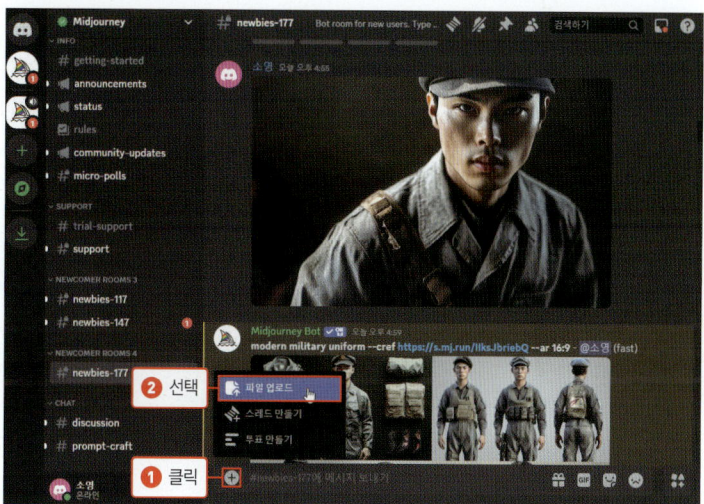

02 열기 대화상자가 표시되면 03 → 다큐멘터리 복원 폴더에서 '컬러링.png' 파일을 선택하고 〈열기(O)〉 버튼을 클릭합니다.

167

03 입력창에 '컬러링' 이미지가 표시되면 Enter 를 눌러 이미지를 디스코드에 업로드합니다.

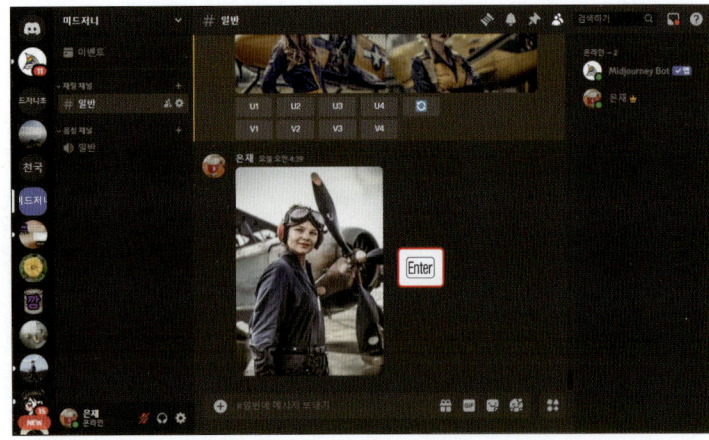

02 미드저니로 새로운 복원 이미지 만들기
Key Prompts • --sref

01 이미지를 생성하기 위해 미드저니 입력창에 '/'를 입력하고 표시되는 메뉴에서 '/imagine'을 선택합니다.

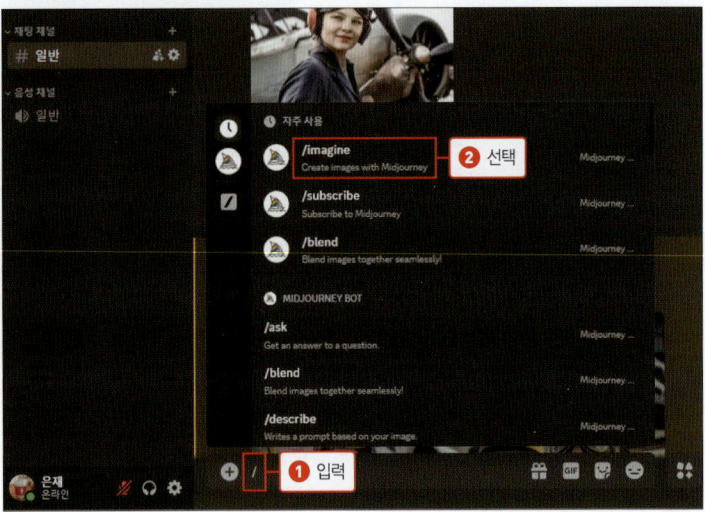

02 복원할 이미지의 구체적인 장면을 구성하기 위해 프롬프트 입력창이 표시되면 프롬프트를 입력합니다.

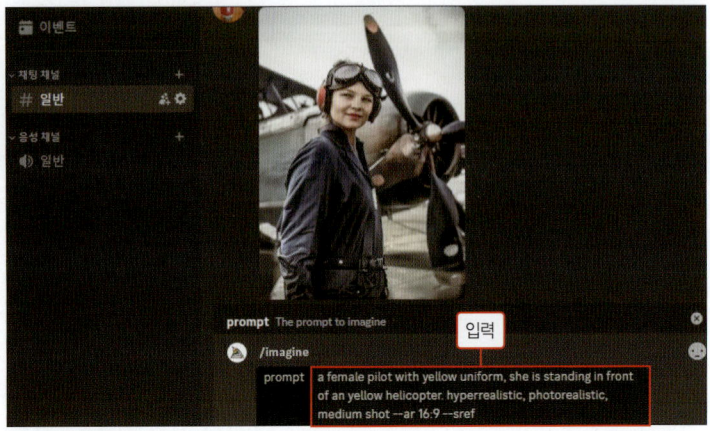

03 --sref 프롬프트를 사용할 때 --sref 뒤에 이미지 링크를 추가해야 합니다. 업로드한 이미지를 --sref 뒷부분으로 드래그하여 이미지 링크를 추가하고 '--sw 30'을 입력한 다음 Enter를 누릅니다.

프롬프트 a female pilot with yellow uniform, she is standing in front of an yellow helicopter. hyperrealistic, photorealistic, medium shot, front view --ar 16:9 --sref (복원 이미지 링크) --sw 30

입력팁
1. **a female pilot with yellow uniform, she is standing in front of an yellow helicopter.** : '노란색 유니폼을 입고 있는 여성 파일럿, 그녀는 노란색 헬리콥터 앞에 서있다.'라는 스토리를 입력한 프롬프트입니다.

2. **hyperrealistic, photorealistic** : 실사적이고 현실적인 사진과 같은 이미지를 생성하기 위해 입력한 프롬프트입니다.

3. **medium shot** : 추후에 인물이 대사를 할 것이므로 배경도 어느 정도 보이면서 얼굴이 강조된 미디움 샷 구도를 구현하기 위해 입력한 프롬프트입니다.

4. **front view** : 정면 샷 구도를 구현하기 위해 입력한 프롬프트입니다.

5. **--ar 16:9** : 기본적으로 미드저니는 비율을 지정하지 않으면 1:1 비율의 이미지가 생성됩니다. 가로 영상의 표준 비율인 16:9에 해당하는 이미지를 생성하기 위해 입력한 프롬프트입니다.

6. **--sref 이미지 링크** : 첨부된 이미지 링크의 스타일을 학습하고 적용하는 파라미터입니다. 기본값은 '100'으로 1000에 가까울 수록 강도가 강해집니다. 첨부된 이미지 링크에 해당하는 이미지의 느낌과 스타일을 학습하여 결과물에 반영합니다.

7. **--sw 수치** : '--sref' 프롬프트의 가중치는 '0'에서 '1000'까지 입력할 수 있으며, '0'에 가까울수록 스타일을 학습하는 정도가 줄어듭니다. 입력하지 않은 기본값은 '100'입니다.

04 프롬프트에 맞게 다양한 인물 이미지가 생성됩니다. 원하는 느낌과 스타일에 가깝게 생성되면 다양한 이미지를 더 보기 위해 〈V(번호)〉 버튼을 클릭합니다. 예제에서는 〈V1〉 버튼을 클릭하였습니다.

05 선택한 번호의 이미지와 비슷한 느낌의 결과물이 4개 표시됩니다. 가장 마음에 드는 이미지를 선택해 최종으로 확정합니다. 예제에서는 1번 이미지에 업스케일을 진행하기 위해 〈U4〉 버튼을 클릭하였습니다.

06 업스케일된 이미지가 표시됩니다. 현재 이미지에서 가방끈을 좀 더 옷에 어울리게 수정하기 위해 〈Vary (Region)〉 버튼을 클릭합니다.

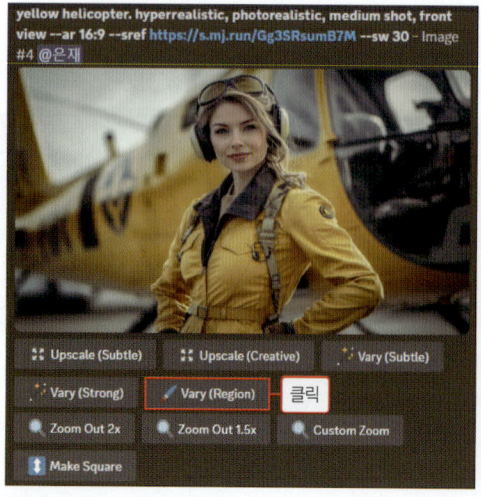

07 부분 수정 창이 표시되면 '올가미' 도구(🔍)를 선택하고 수정할 부분을 드래그하여 선택합니다. 입력창에 'a female pilot with yellow uniform'을 입력하고 'Submit Job' 아이콘(➡)을 클릭합니다.

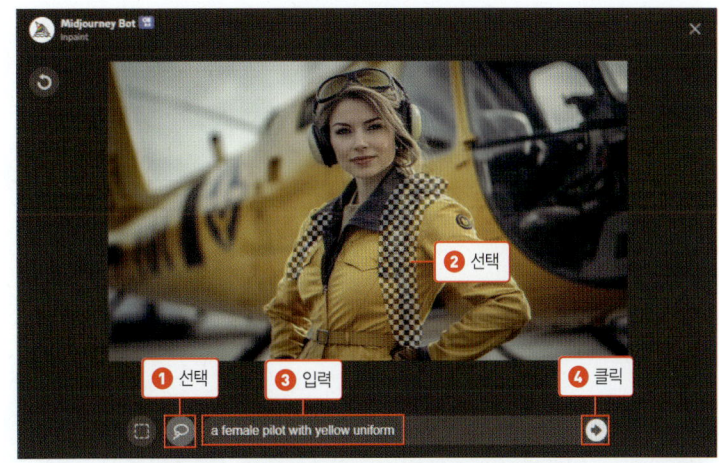

08 프롬프트에 맞게 부분 수정된 결과물이 4개 표시됩니다. 가장 마음에 드는 이미지를 최종으로 확정합니다. 예제에서는 1번 이미지에 업스케일을 진행하기 위해 〈U1〉 버튼을 클릭하였습니다.

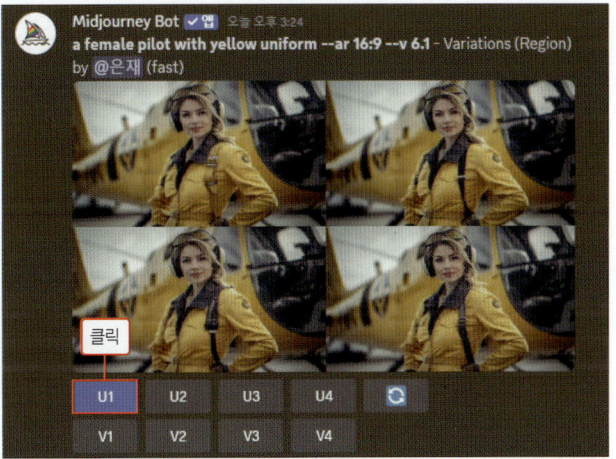

09 업스케일된 이미지가 표시됩니다. 해당 결과물에서는 보이는 그대로 업스케일만 진행하기 위해 〈Upscale (Subtle)〉 버튼을 클릭합니다.

10 업스케일이 완료된 이미지를 클릭합니다. 새 창에서 이미지가 표시되면 '브라우저로 열기'를 클릭합니다.

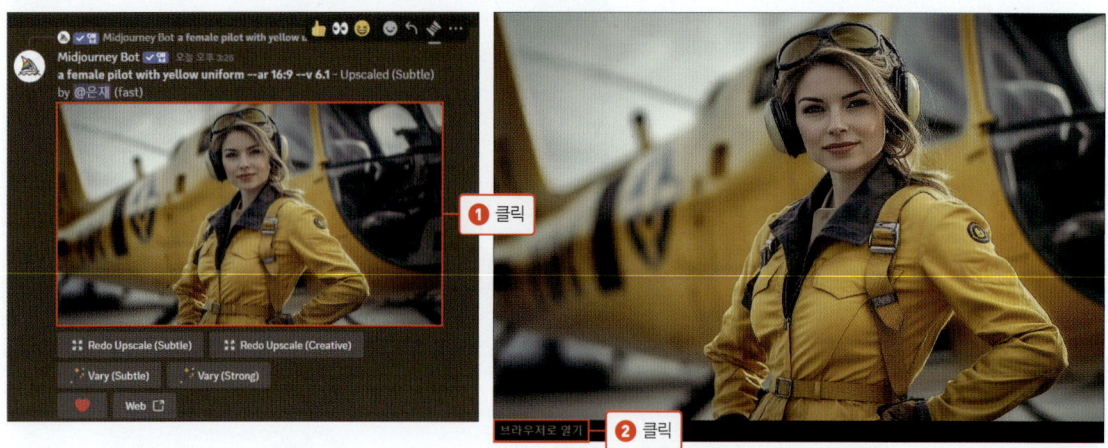

11 새로운 브라우저 창이 열리며 이미지가 표시됩니다. 마우스 오른쪽 버튼을 클릭한 다음 **이미지를 다른 이름으로 저장...**을 실행합니다.

SECTION 11.

● 예제파일 : 03\다큐멘터리 복원\도큐먼트.png   ● 완성파일 : 03\다큐멘터리 복원\다큐멘터리복원_완성.mp4

다큐멘터리에 어울리는
내레이션 영상 만들기

D-ID를 활용하여 다큐멘터리에 어울리는 내레이션을 만들겠습니다. 미드저니에서 만든 이미지와 어울리는 스타일의 목소리를 선택하여 자연스러운 영상을 표현해 봅시다.

01 대사 영상을 구현하기 위해 웹브라우저에서 'studio.d-id.com'을 입력하여 D-ID 사이트에 접속하고 로그인합니다. 그림과 같이 Get started 화면이 표시되면 'Create a video'를 클릭합니다.

TIP D-ID는 아바타를 선택하고 스크립트를 입력하여 간단하게 내레이션 영상을 만들 수 있는 사이트로, 구글 아이디와 연동하여 사용할 수 있습니다.

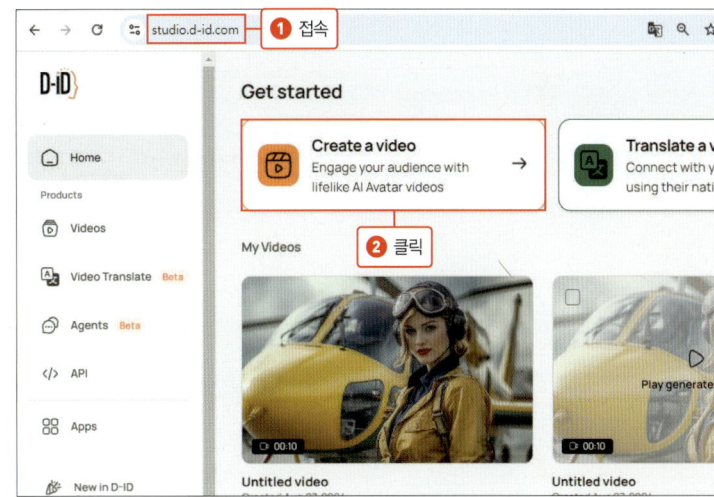

02 작업 화면이 표시됩니다. 이미지를 불러오기 위해 (Avatar) 탭의 'Upload'를 클릭합니다. 열기 대화상자가 표시되면 03 → 다큐멘터리 복원 폴더에서 '도큐먼트.png' 파일을 선택하고 〈열기(O)〉 버튼을 클릭합니다.

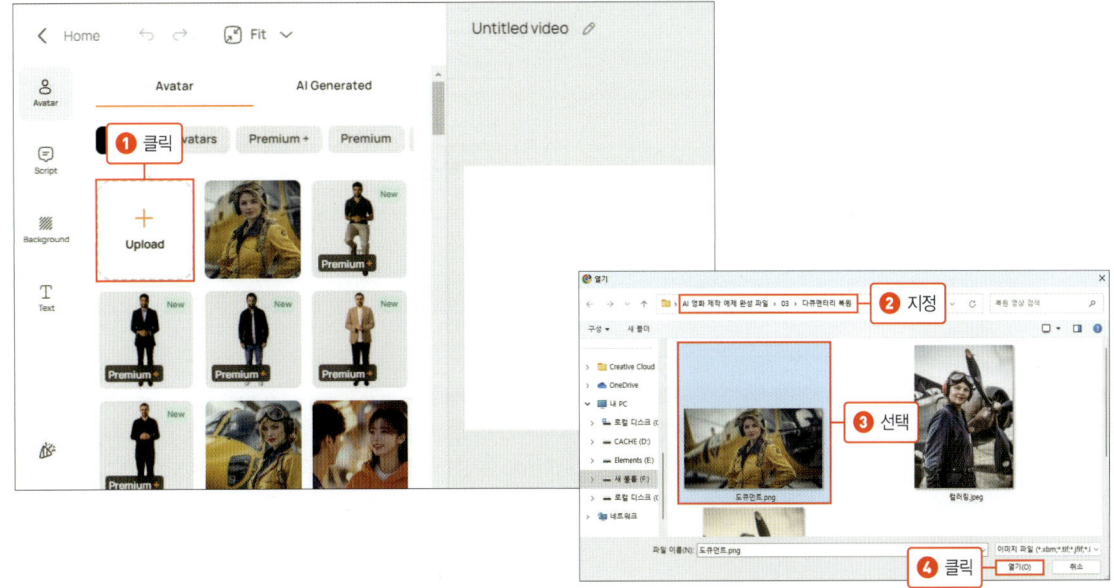

03 이미지가 업로드되면 옵션들이 표시됩니다. Emotions를 기본 감정인 'Natural'로 선택하고 성우를 변경하기 위해 'Zira'를 클릭합니다.

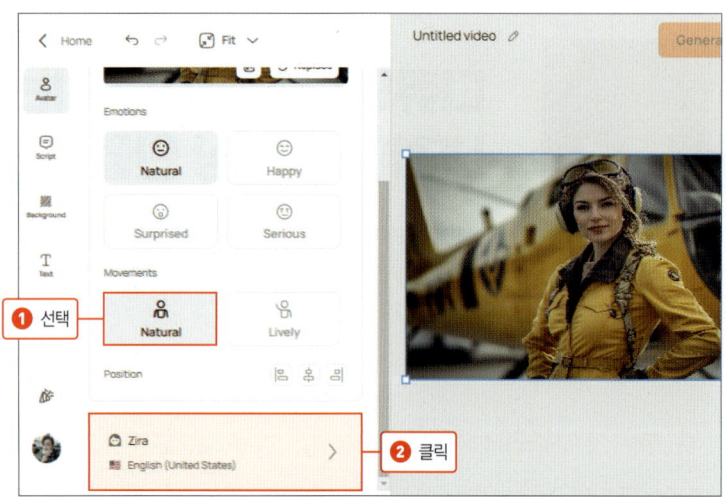

04 Select voice 창이 표시되면 언어를 변경하기 위해 'English'를 클릭합니다.

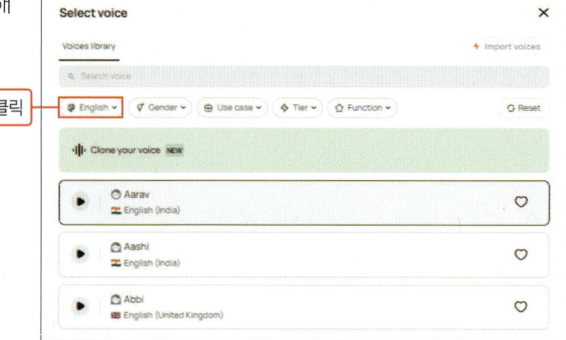

05 검색창에 'Korean'을 입력하고 'Korean (Korea)'를 선택하여 언어를 한국어로 변경합니다. Voices library에 표시되는 한국어를 지원하는 성우의 목록에서 원하는 성우를 선택합니다. 예제에서는 'Heami'를 선택하였습니다.

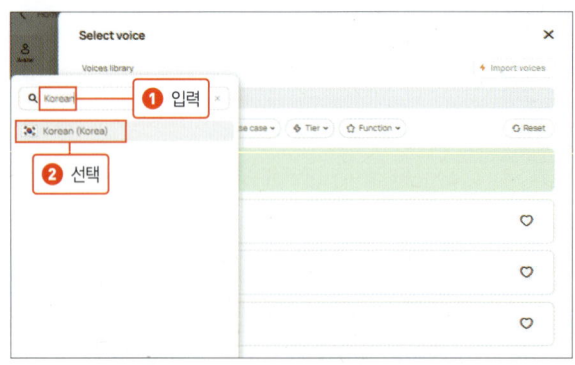 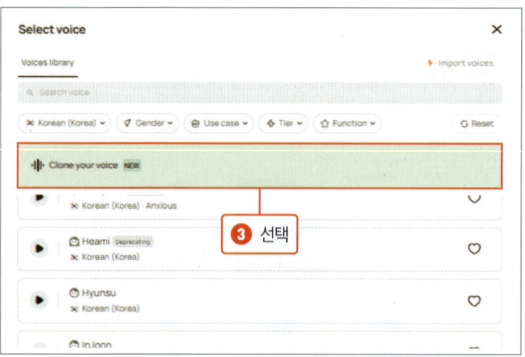

TIP D-ID는 여러 종류의 성우 목소리와 억양을 제공합니다. 콘텐츠 분위기나 대상 청중에 맞춰 목소리를 선택하면 더 효과적입니다. 예를 들어, 교육 콘텐츠에는 차분한 목소리, 마케팅 영상에는 활기찬 목소리를 사용할 수 있습니다.
또한, 현재 예제에서는 한국어를 사용하는 성우를 선택하였지만, 프로그램 개발 회사의 언어가 영어이므로, 영어 대사를 사용하면 훨씬 더 자연스러운 대사 영상을 생성됩니다.

06 대사를 입력하기 위해 왼쪽에서 (Script) 탭을 선택합니다. 텍스트 프롬프트 입력창에 '나는 여성 최초로 대서양을 횡단한 어밀리아 에어하트예요. 남들이 할 수 있는 일보다 할 수 없는 일을 하기 위해 도전 정신으로 살아왔어요.'를 입력합니다.

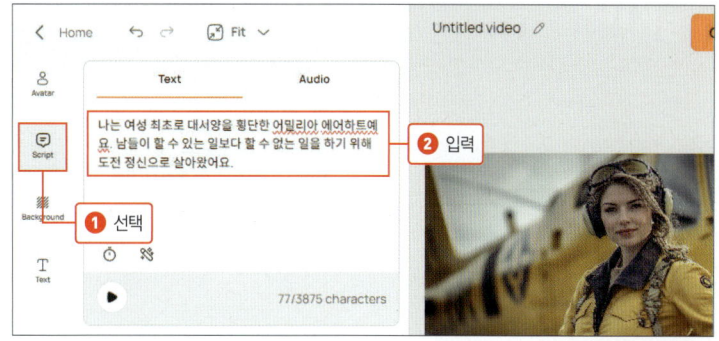

07 영상을 출력하기 위해 〈Generate video〉 버튼을 클릭하고 표시되는 창에서 〈Let's go〉 버튼을 클릭하여 영상을 생성합니다.

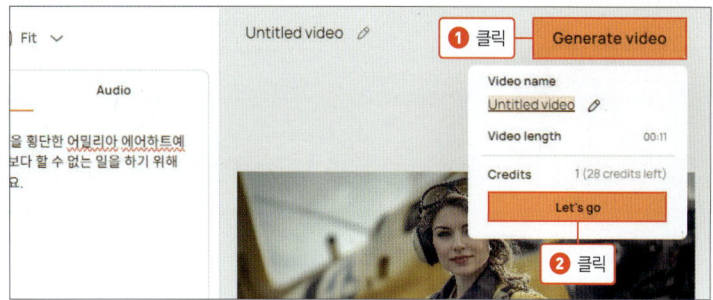

> **NOTE**
>
> **D-ID의 플랜 구독**
>
> 영상을 출력하기 위해서는 크레딧이 필요합니다. 크레딧은 플랜을 구독하여 업그레이드해야 하며, Trial, Lite, Pro, Advanced 모드로 나뉘어 있습니다. 각 플랜마다 최대 분량의 영상 길이가 달라지며, 워터마크의 여부도 결정됩니다. Trial 플랜의 14일 무료 체험을 먼저 사용해 보고, 자신에게 맞는 플랜을 선택하는 것이 좋습니다.
>
>

08 새로운 창이 표시되면서 대사에 맞춰 입이 움직이는 영상이 생성됩니다. 생성이 완료되면 〈Download〉 버튼을 클릭하여 영상을 저장합니다.

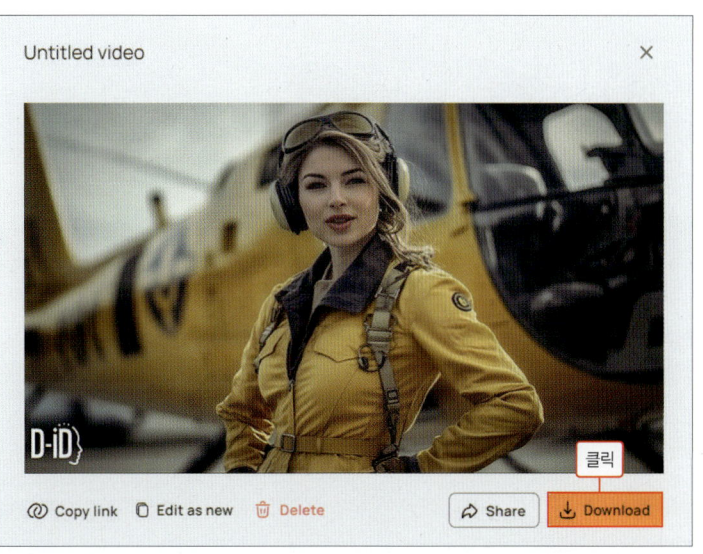

AI SKILL

파워와 속도감을 표현하여
감각적인 광고 영상 만들기

현장에서 촬영 없이 광고 영상을 제작하는 것은 비용 절감, 시간 효율성, 창의적 자유로움, 지속 가능성, 그리고 안전성을 모두 충족시키는 매우 효과적인 접근 방식입니다. 이는 현대 광고 제작에서 중요한 트렌드로 자리 잡고 있으며, 기술의 발전과 함께 그 가치가 더욱 커지고 있습니다.

Power Drive

광고의 현장 촬영은 장소 섭외, 교통 상황, 날씨 변화 등 여러 가지 외부 변수에 크게 의존합니다. 반면에, 컴퓨터 그래픽(CG)이나 3D 애니메이션을 사용하여 영상을 제작하면 이러한 외부 변수의 영향을 받지 않고 촬영 일정을 조정할 수 있습니다. 예를 들어, 비가 오는 날씨나 예기치 않은 사건으로 촬영이 지연되는 것을 걱정할 필요가 없습니다. 이는 더 빠르고 효율적인 제작 프로세스를 가능하게 합니다.

자동차 브랜드 광고에서는 몇 가지 특징이 두드러집니다. 자동차의 핵심인 속도와 강력한 퍼포먼스를 시각적으로 강조하며, 빠른 컷 전환, 다이내믹한 카메라 앵글, 슬로 모션 등의 기법을 활용해 차량의 파워와 속도감을 극대화합니다. 또한, 자동차의 유려한 라인과 디자인 요소를 부각하기 위해 고해상도 클로즈업과 조명을 사용해 세밀한 디테일과 고급스러움을 돋보이게 합니다.

디지털 방식으로 자동차 영상을 제작하면 실물 촬영으로는 불가능한 창의적이고 혁신적인 시각적 표현을 할 수 있습니다. 예를 들어, 자동차를 회전시켜 영상을 만들거나 마치 하늘을 나는 듯한 효과 등 현실에서는 구현하기 어려운 장면을 손쉽게 표현할 수 있습니다. 이런 시각적 효과는 광고에 대한 시청자의 관심을 끌고, 브랜드 이미지를 강화하는 데 도움을 줍니다. 또한, 클라이언트가 원하는 색상 변경, 로고 삽입, 조명 및 반사 효과 등을 자유롭게 적용할 수 있어 다양한 브랜드 요구를 만족시킬 수 있습니다.

생성형 AI를 통해 별도의 현장 촬영 없이도 자동차 광고를 간단하게 구현할 수 있습니다. 먼저, 미드저니에서 스포츠카 이미지를 생성한 다음 루마 AI를 사용해 속도감을 보여 주는 속도 계기판 영상을 만들고, 앞서 미드저니에서 생성한 스포츠카 이미지에 역동적인 카메라 워킹을 추가하여 영상으로 완성합니다. 마지막으로, 캡컷을 활용해 트렌디한 3분할 화면에 3개의 영상을 배치하고 텍스트를 추가하여 최종 영상을 완성합니다.

SECTION 12.

◉ 예제파일 : 03\광고 영상\광고영상미드저니프롬프트.txt   ◉ 완성파일 : 03\광고 영상\이미지 폴더

속도감 있는 스포츠카 이미지 생성하기

미드저니를 활용하여 광고 영상에 사용할 가이드 이미지를 만들어 봅니다. 스포츠카의 특징, 명확한 주변 배경 묘사를 프롬프트에 입력하여 원하는 느낌의 이미지를 생성합니다.

01 빨간 스포츠카 이미지 생성하기

Key Prompts • A nice red sports car is speeding on the road

01 미드저니 디스코드에 접속합니다. 입력창에 '/'를 입력하고 표시되는 메뉴에서 '/imagine'을 선택하여 프롬프트 입력창을 표시합니다.

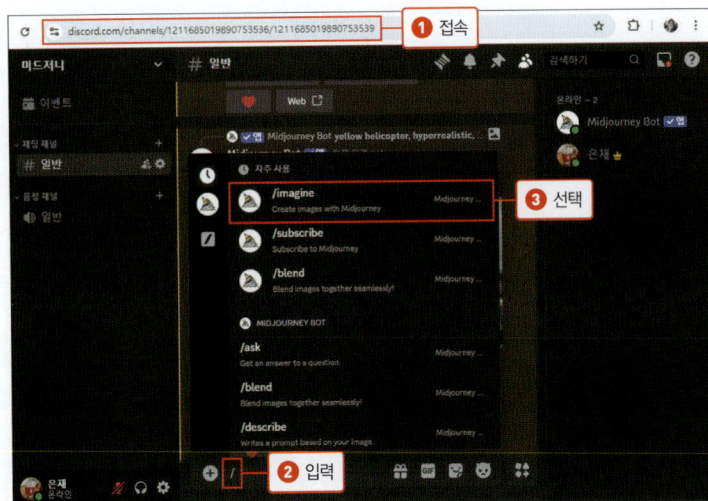

02 빨간색 고급 스포츠카 이미지를 생성하기 위해 프롬프트 입력창에 차의 색상이나 특징, 주변 등을 묘사한 프롬프트를 입력하고 Enter 를 누릅니다.

TIP 미드저니의 버전이 높을수록 이미지의 퀄리티가 상대적으로 높아지고 있습니다. 미드저니 v6.1의 경우, hyperrealistic과 같은 프롬프트를 입력하지 않아도 퀄리티가 높은 실사 이미지 형태로 생성됩니다.

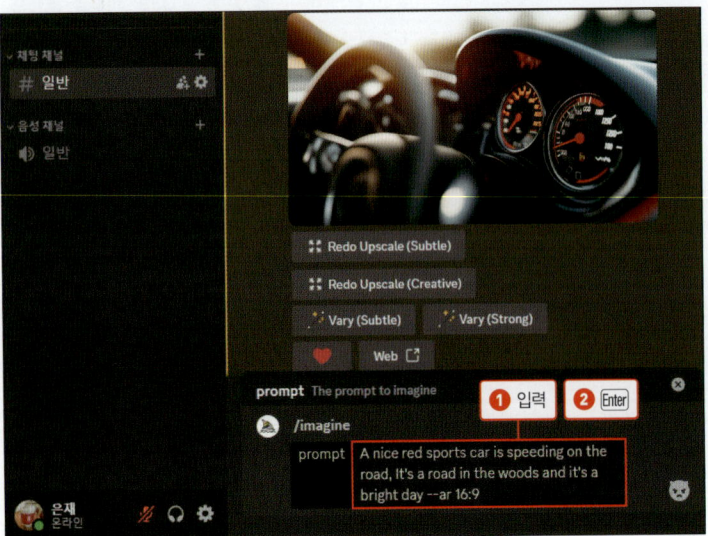

178

| 프롬프트 | A nice red sports car is speeding on the road, It's a road in the woods and it's a bright day --ar 16:9 |

입력팁
1. **A nice red sports car is speeding on the road** : '멋진 빨간색 스포츠카가 도로를 질주하고 있다.'를 표현하기 위해 입력한 프롬프트입니다.
2. **It's a road in the woods and it's a bright day** : '도로가 숲속에 있고 밝은 날씨의 배경'이라는 배경 묘사를 입력한 프롬프트입니다.
3. **--ar 16:9** : 기본적으로 미드저니는 비율을 지정하지 않으면 1:1 비율의 이미지가 생성됩니다. 가로 영상의 표준 비율인 16:9에 해당하는 이미지를 생성하기 위해 입력한 프롬프트입니다.

03 프롬프트에 맞게 다양한 이미지가 생성됩니다. 원하는 이미지를 바로 확정하기 위해 〈U(번호)〉 버튼을 클릭합니다. 예제에서는 〈U2〉 버튼을 클릭하였습니다.

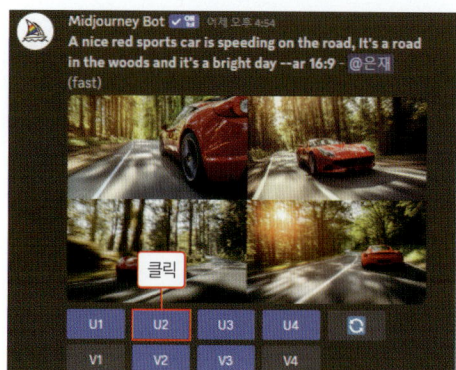 

TIP 결과물에 원하는 디자인이 생성되지 않았거나 다른 느낌의 이미지를 보려면, 〈V(번호)〉 버튼을 클릭하여 생성된 이미지를 베리에이션합니다.

04 업스케일된 이미지가 표시됩니다. 최상의 결과물을 얻기 위해 〈Upscale (Creative)〉 버튼을 클릭합니다.

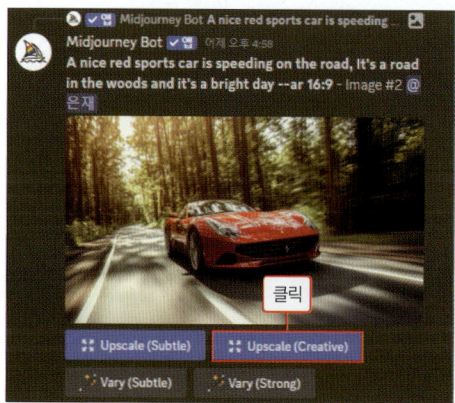 

05 업스케일이 완료된 이미지를 클릭하고 '브라우저로 열기'를 클릭합니다.

06 새로운 브라우저 창에 이미지가 표시되면 마우스 오른쪽 버튼을 클릭한 다음 **이미지를 다른 이름으로 저장...**을 실행하여 저장합니다.

07 같은 방법으로 계기판 이미지를 만들어서 저장합니다.

| 프롬프트 | the speed gauge of a cool sports car --ar 16:9 |

입력팁
1. **the speed dashboard of a cool sports car** : '멋진 스포츠카의 속도 게이지'를 입력한 프롬프트입니다.

2. **--ar 16:9** : 기본적으로 미드저니는 비율을 지정하지 않으면 1:1 비율의 이미지가 생성됩니다. 가로 영상의 표준 비율인 16:9에 해당하는 이미지를 생성하기 위해 입력한 프롬프트입니다.

SECTION 13.

● 예제파일 : 03\광고 영상\광고영상루마AI프롬프트.txt, 이미지 폴더   ● 완성파일 : 03\광고 영상\영상 폴더

자동차 이미지를
광고용 영상으로 만들기

루마 AI을 활용하여 미드저니에서 생성한 이미지를 영상으로 만듭니다. 속도감 있는 자동차 이미지에 카메라의 및 오브젝트의 움직임을 가미하여 고퀄리티의 광고 영상으로 변경하겠습니다.

01 빨간색 스포츠카 이미지 영상화하기

Key Prompts • dolly zoom shot, FPV drone shot, dynamic motion

01 웹브라우저에서 'lumalabs.ai'를 입력하여 루마 AI 사이트에 접속하고 로그인합니다. 이미지를 업로드하기 위해 '이미지' 아이콘(🖼)을 클릭합니다.

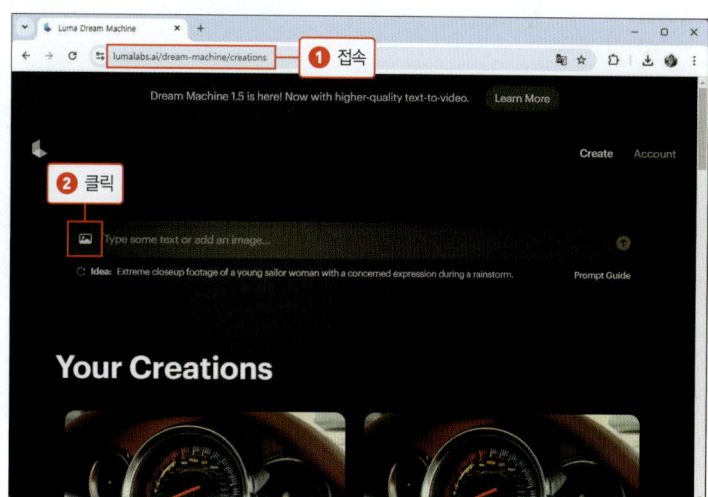

02 열기 대화상자가 표시되면 03 → 광고 영상 → 이미지 폴더에서 '스포츠카.png' 파일을 선택하고 〈열기(O)〉 버튼을 클릭합니다.

03 이미지가 업로드되면 프롬프트 입력창에 'dolly zoom shot, FPV drone shot, dynamic motion'을 입력하고 '확인' 아이콘(↑)을 클릭합니다.

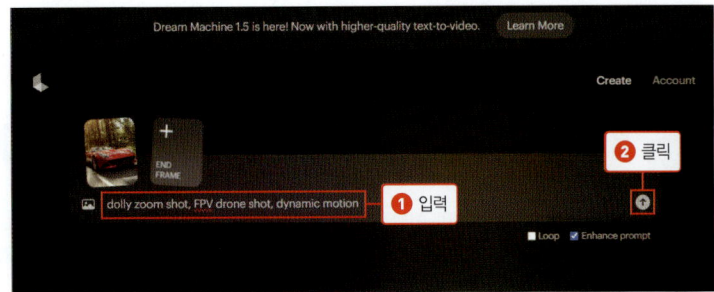

프롬프트   dolly zoom shot, FPV drone shot, dynamic motion

입력팁
1. **Dolly zoom shot** : 달리를 활용한 줌을 구현하기 위해 입력한 프롬프트입니다.
2. **FPV drone shot** : 드론 카메라를 활용하여 달리는 자동차를 촬영하는 느낌의 영상을 구현하기 위해 입력한 프롬프트입니다.
3. **Dynamic motion** : 역동적인 모션감을 적용하기 위한 프롬프트입니다.

04 Your Creations 화면에 작업한 영상이 표시됩니다. 원하는 느낌의 영상으로 생성되었다면 〈Download〉 버튼을 클릭하여 저장합니다.

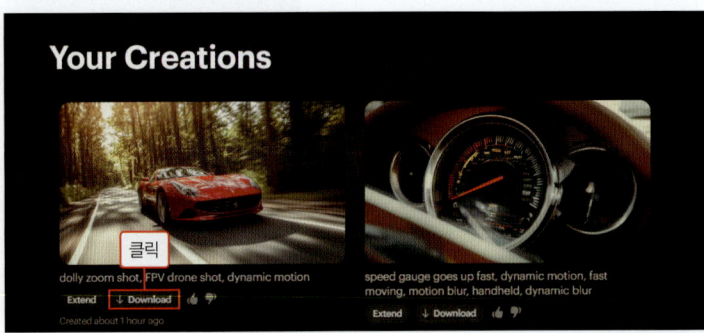

05 같은 방법으로 프롬프트를 입력하여 드론 샷이 강조된 결과물을 하나 더 생성하고 저장합니다.

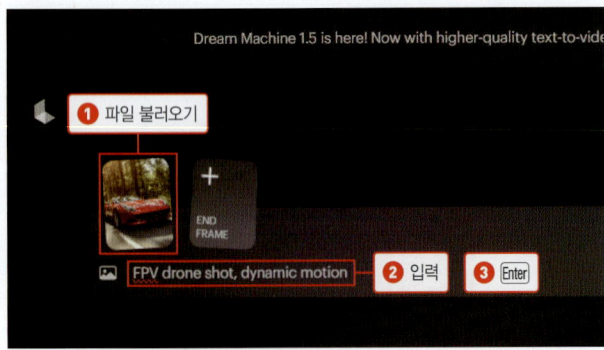 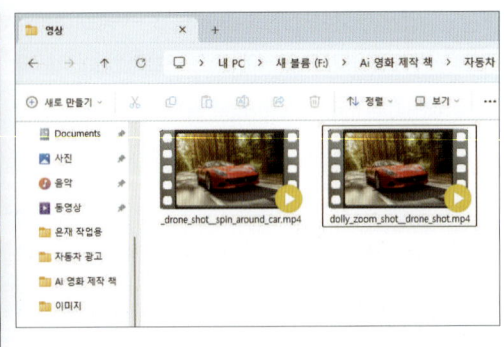

프롬프트   FPV drone shot, dynamic motion

입력팁
1. **FPV drone shot** : 드론 카메라를 활용하여 달리는 자동차를 촬영하는 느낌의 영상을 구현하기 위해 입력한 프롬프트입니다.
2. **Dynamic motion** : 역동적인 모션감을 적용하기 위한 프롬프트입니다.

02 속도 계기판 이미지를 영상화하기

Key Prompts • dynamic motion, fast moving, motion blur, handheld, dynamic blur

01 이미지를 업로드하기 위해 '이미지' 아이콘( )을 클릭합니다. 열기 대화상자가 표시되면 03 → 광고 영상 → 이미지 폴더에서 '계기판.png' 파일을 선택하고 〈열기(O)〉 버튼을 클릭합니다.

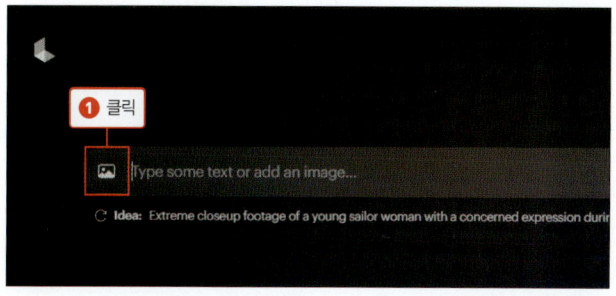

TIP 이미지 업로드는 일관된 결과물을 위한 과정이므로 별도의 이미지를 첨부하지 않고 텍스트 프롬프트로만 진행해도 됩니다.

02 이미지가 업로드되면 프롬프트 입력창에 'speed gauge goes up fast, dynamic motion, fast moving, motion blur, handheld, dynamic blur'를 입력하고 '확인' 아이콘( )을 클릭합니다.

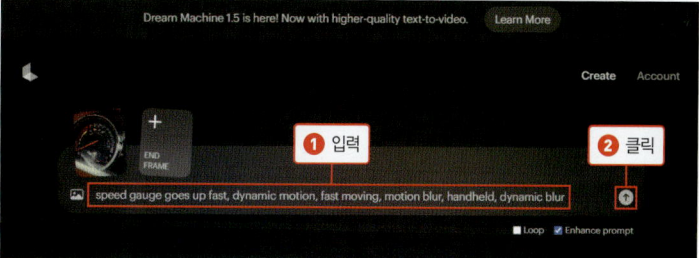

프롬프트
> speed gauge goes up fast, dynamic motion, fast moving, motion blur, handheld, dynamic blur

입력팁
1. **speed gauge goes up fast** : 속도게이지가 빠르게 상승하는 모습을 표현하기 위한 프롬프트입니다.
2. **Dynamic motion** : 역동적인 모션감을 적용하기 위한 프롬프트입니다.
3. **Fast moving** : 속도감이 빠른 움직임을 적용하기 위한 프롬프트입니다.
4. **Motion blur** : 흔들리는 영상에서 발생하는 '동작 흐림'을 적용하기 위한 프롬프트입니다.
5. **Handheld** : 카메라를 손으로 들고 찍는 움직임을 구현하기 위한 프롬프트입니다.
6. **Dynamic blur** : 역동적인 모션감에서 발생하는 흐림 효과를 적용하기 위한 프롬프트입니다.

03 생성한 영상들의 섬네일에 마우스 커서를 위치하여 미리 보기 형태로 확인하고 원하는 느낌으로 생성되었다면 〈Download〉 버튼을 클릭하여 저장합니다.

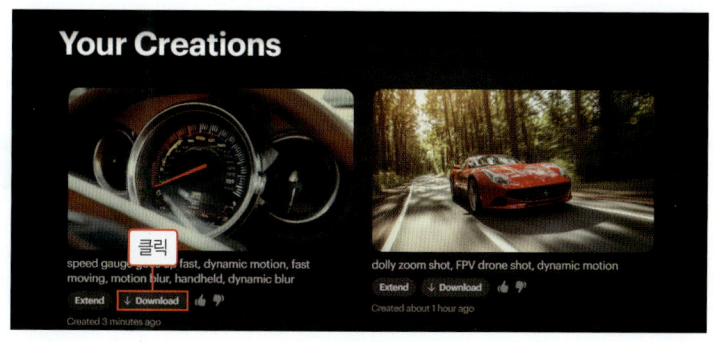

SECTION 14.

예제파일 : 03\광고 영상\영상 폴더   완성파일 : 03\광고 영상\광고영상_완성.mp4

분할 효과와 텍스트 로고를 이용한 광고 인트로 영상 만들기

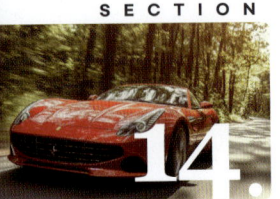

캡컷을 이용하여 영상들을 배치하고 분할 효과와 디자인 텍스트를 추가한 광고 인트로 영상을 만들겠습니다. 세부효과 메뉴에서 간단하게 효과를 사용하여 고급진 연출을 할 수 있습니다.

---

01 광고 영상 편집 소스 불러오기

01 웹브라우저에서 'www.capcut.com'을 입력하여 캡컷 사이트에 접속하고 로그인한 다음 〈+ 새로 만들기〉 버튼을 클릭합니다.

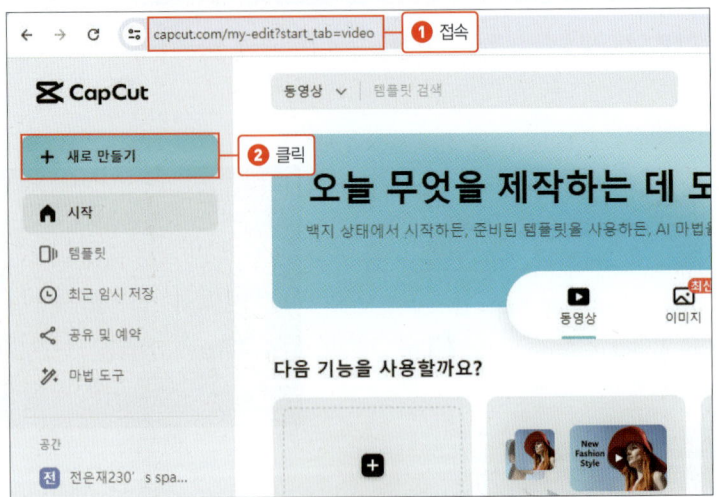

02 소스 영상에 맞는 해상도를 선택합니다. 예제에서는 영화 영상 비율인 '16:9'를 선택하였습니다.

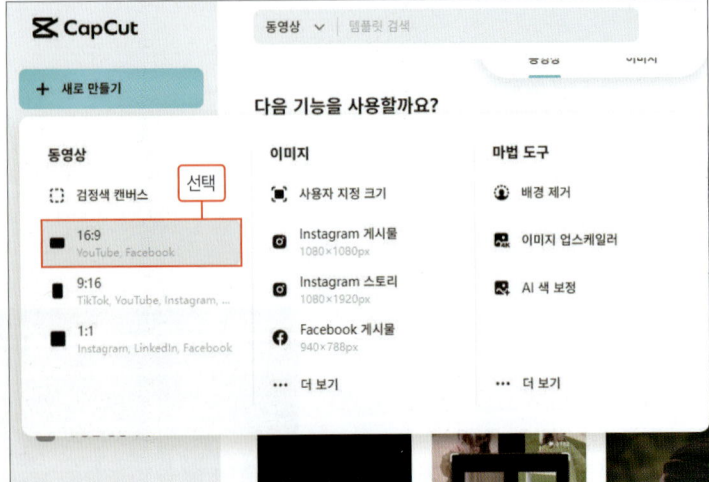

03 영상을 편집할 수 있는 프로젝트 (space)가 생성되며 작업 화면이 변경됩니다. (미디어) 메뉴의 〈업로드〉 버튼을 클릭하고 폴더 채로 업로드하여 사용하기 위해 '폴더 업로드'를 선택합니다.

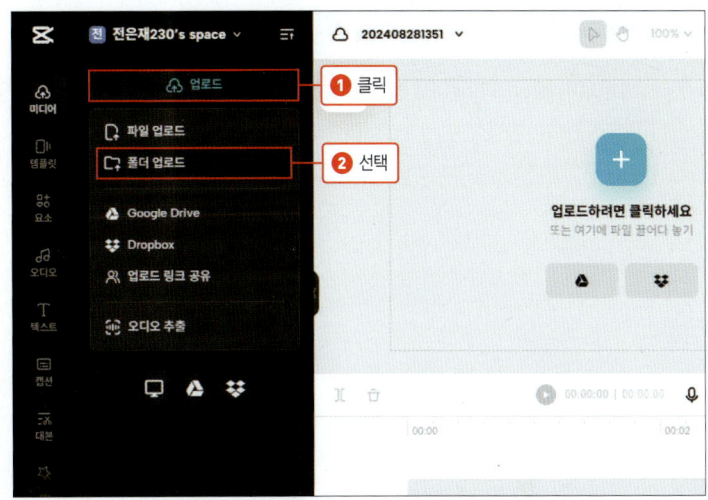

04 업로드할 폴더 선택 대화상자가 표시되면 영상 소스가 있는 03 → 광고 영상 폴더에서 '영상' 폴더를 선택하고 〈업로드〉 버튼을 클릭합니다.

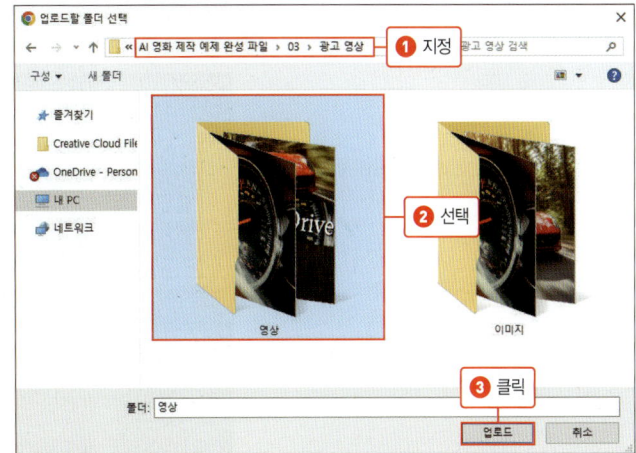

05 (미디어) 메뉴에 업로드한 폴더가 표시되면 폴더를 클릭하여 폴더 안에 영상들을 확인합니다.

02 미러링의 마스크 기능으로 분할 효과 적용하기

01 [미디어] 메뉴의 '드론 샷 영상' 파일을 타임라인으로 드래그합니다.

02 같은 방법으로 '달리 줌 샷 영상' 파일도 타임라인의 드론 샷 영상 윗부분으로 드래그하여 영상에 맞게 위치를 조절해 배치합니다.

03 '속도 계기판 영상' 소스 파일도 타임라인의 가장 윗부분에 드래그하여 배치합니다.

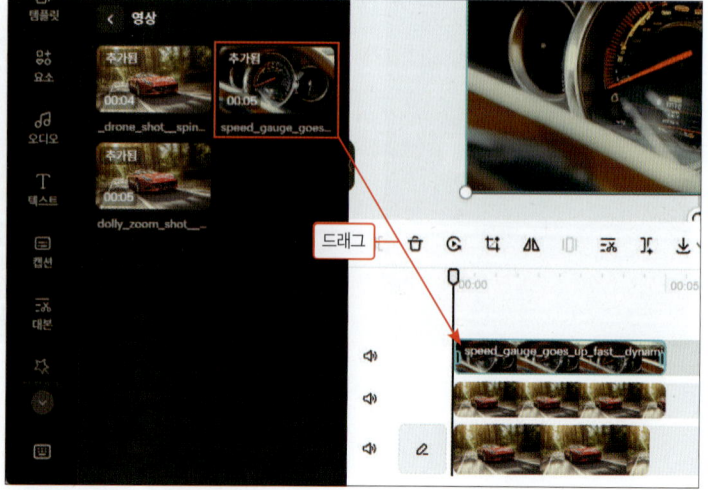

04 이제 분할 편집을 위한 배치가 되었습니다. '속도 계기판' 영상 클립을 선택하고 오른쪽의 [세부효과] 메뉴에서 [기본]을 선택한 다음 [미러링]을 선택합니다.

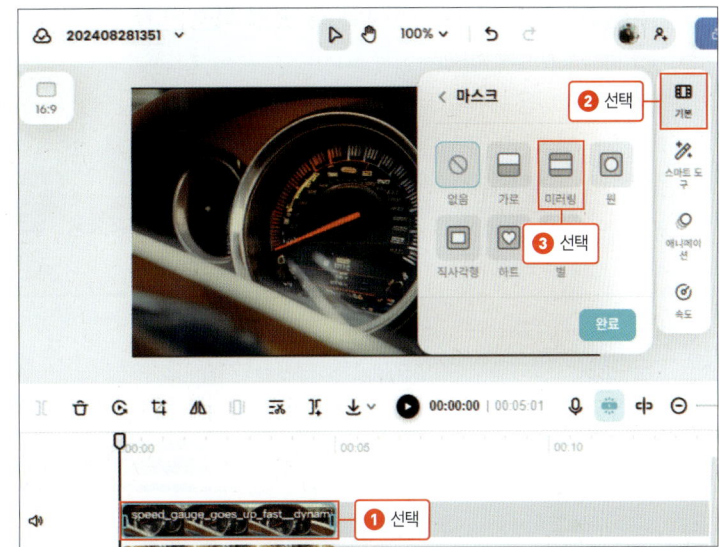

05 모니터 화면에 마스크 효과가 적용됩니다. [세부효과] 메뉴에서 크기를 '200'으로 설정하여 마스크의 크기를 조절합니다.

06 시간 표시자를 '00:00:00:06'으로 이동하고 [세부효과] 메뉴에서 크기의 '키 프레임 추가' 아이콘(◇)을 클릭합니다.

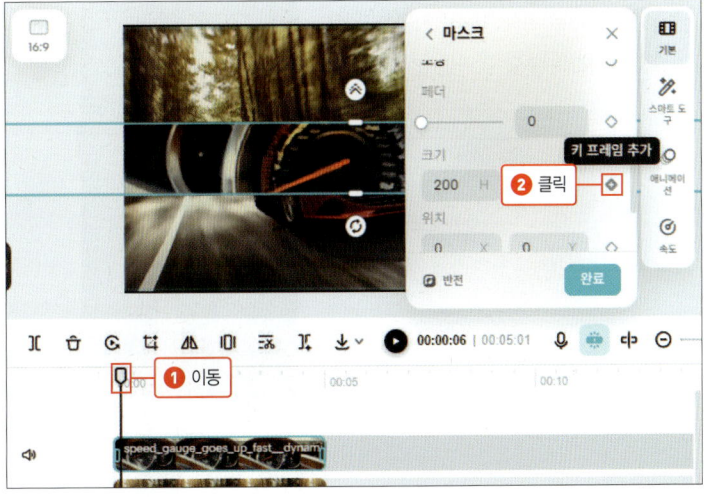

07 시간 표시자를 '00:00:00:00'으로 이동하고 (세부효과) 메뉴에서 크기를 '1'로 설정한 다음 메뉴의 'X'를 클릭하여 메뉴를 닫습니다. 0~6프레임 사이에 마스크 크기가 1에서 200으로 커지는 효과가 적용되었습니다.

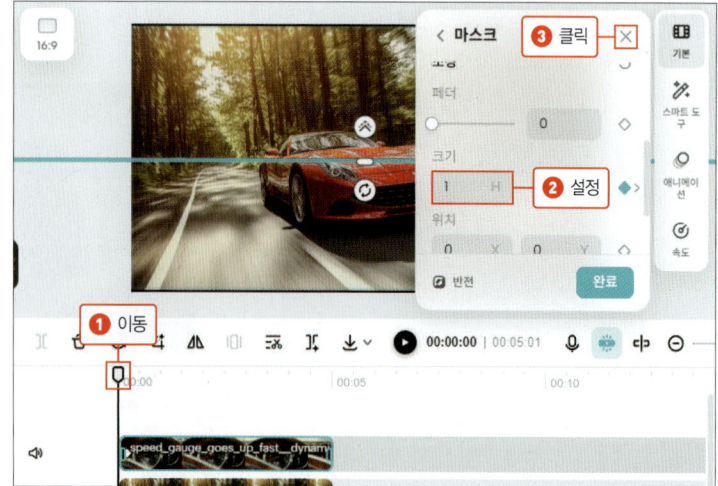

08 타임라인의 '달리 줌 샷' 영상 클립을 선택하면 프리뷰 모니터에서 결과물을 드래그하여 움직일 수 있습니다. 프리뷰 모니터에서 위로 드래그하여 차가 마스크 영역에서 잘 보일 수 있게 배치합니다.

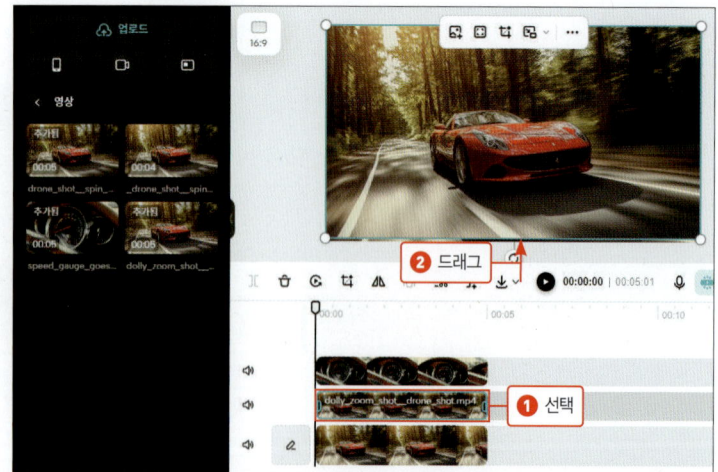

09 같은 방법으로 타임라인 가장 아래에 있는 '드론 샷' 영상 클립을 선택하고 아래로 드래그하여 자동차가 잘 보이게 배치하여 분할 효과를 완성합니다.

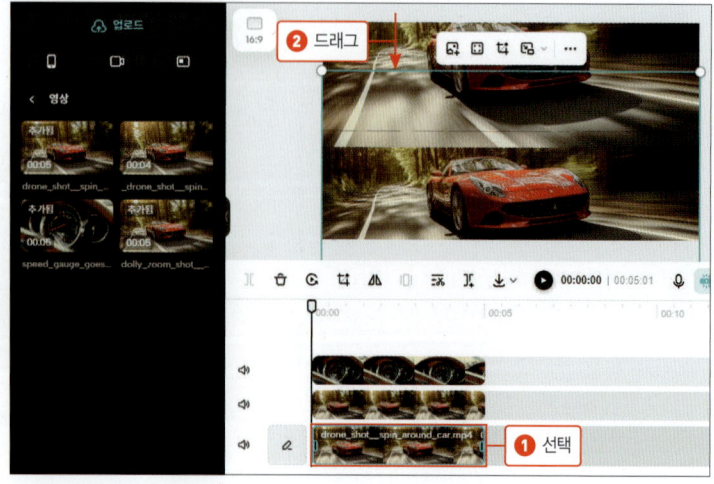

03 텍스트를 삽입하여 인트로 영상 만들기

01 시간 표시자를 '00:00:00:06'으로 이동하고 메뉴바에서 (텍스트) 메뉴를 선택한 다음 〈머리글 추가〉 버튼을 클릭합니다.

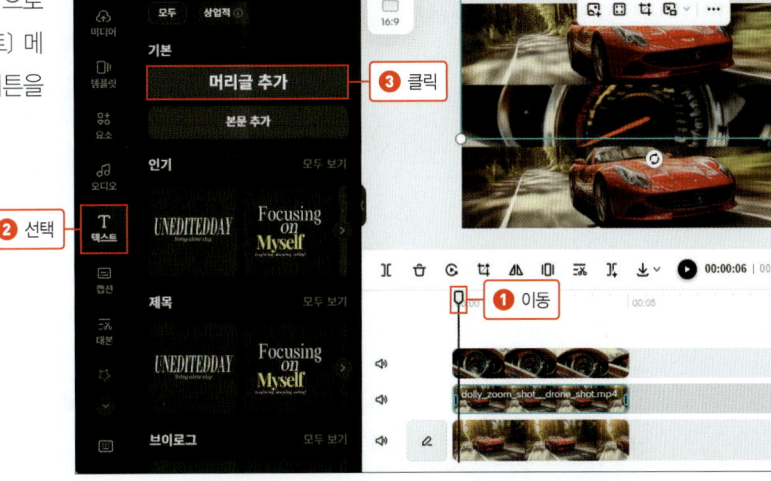

02 프리뷰 모니터 중앙과 타임라인의 시간 표시자가 있는 위치에 텍스트 프리셋이 생성됩니다. 'Power Drive'를 입력하여 텍스트를 수정하고 오른쪽 (세부효과) 메뉴에서 (기본)을 선택하면 텍스트에 관한 설정을 진행할 수 있습니다.

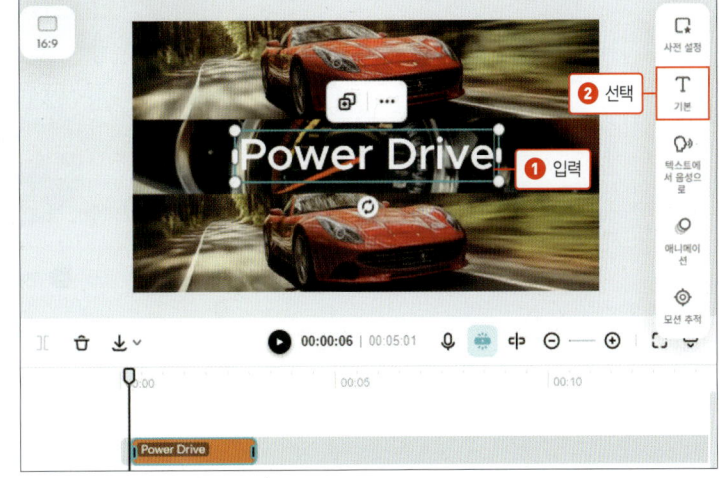

03 글꼴을 '햄릿'으로 지정하고 '기울기' 아이콘(I)을 클릭하여 폰트에 기울기를 적용합니다.

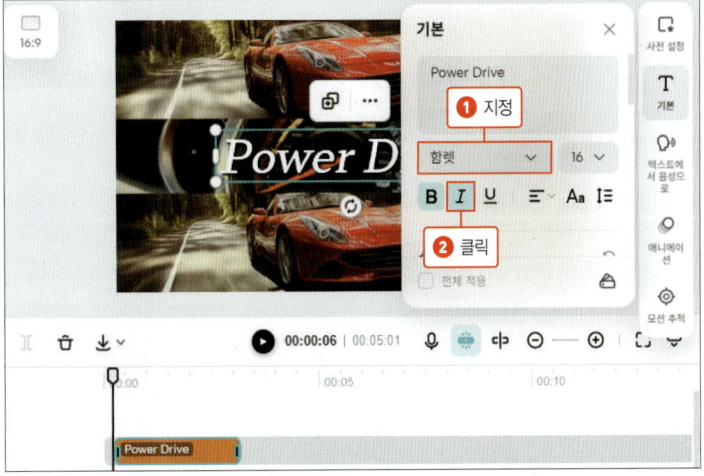

04 스타일 항목의 그림자의 색상 상자를 클릭하고 '검은색'으로 지정합니다. 그림과 같이 텍스트에 그림자가 적용되면 메뉴의 'X'를 클릭하여 메뉴를 닫습니다.

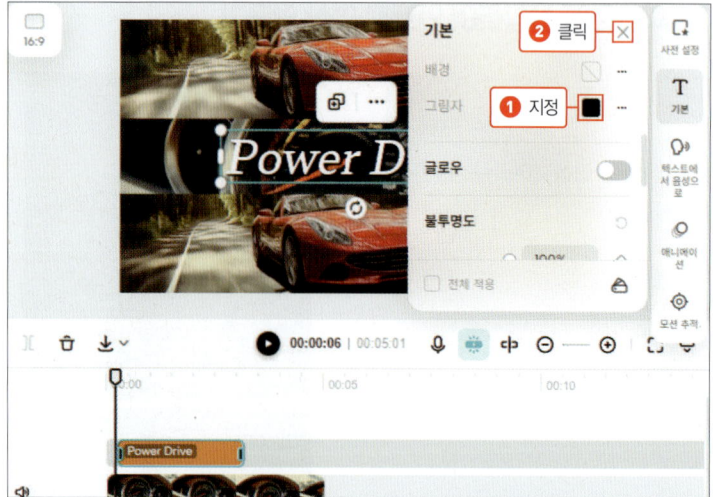

05 텍스트 레이어의 양옆을 각각 드래그하여 영상에 맞게 길이를 조정해 자막과 분할 효과가 적용된 영상을 완성합니다. Spacebar 를 눌러 재생해 확인합니다.

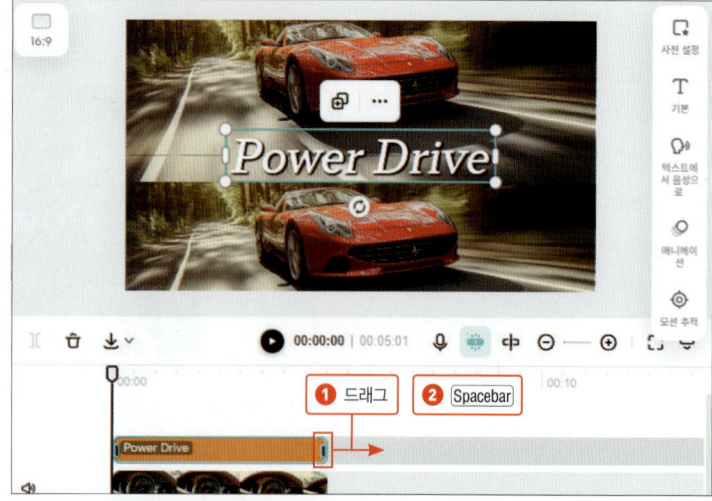

04 광고 영상 출력하기

01 편집이 완료되어 영상을 출력하겠습니다. 오른쪽 상단에 있는 〈내보내기〉 버튼을 클릭하여 내보내기 창을 표시하고 〈다운로드〉 버튼을 클릭합니다.

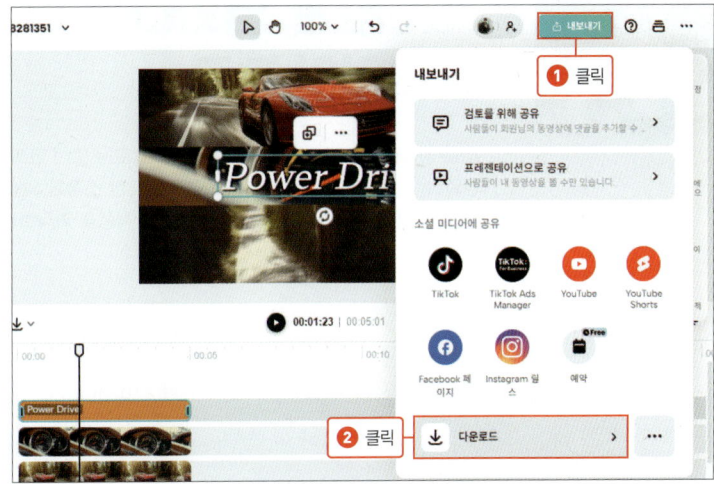

02 내보내기 설정 화면이 표시되면 해상도를 '1080p', 프레임 속도를 '24fps'로 지정하고 〈내보내기〉 버튼을 클릭합니다.

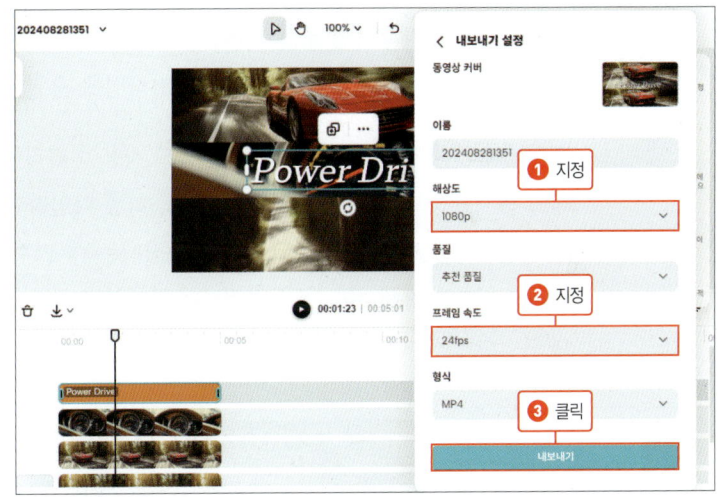

03 캡컷 화면에 영상이 출력되는 과정이 표시됩니다. 출력 과정이 끝나면 〈다운로드〉 버튼을 클릭하여 영상을 다운로드합니다.

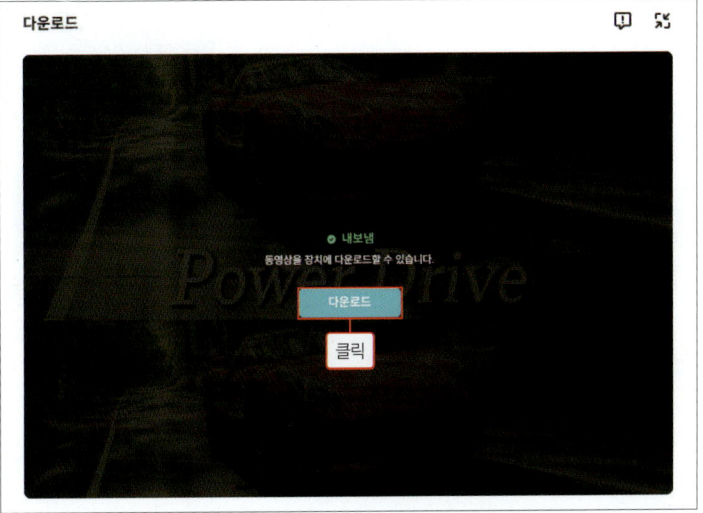

SECTION 15.
프로답게, 영화다운 편집을 위한 프리미어 프로

AI로 생성한 영상을 편집할 때, 프리미어 프로는 모션 그래픽과 고급 편집 기능을 제공하여 영상의 완성도를 높일 수 있습니다. 간편한 도구와 달리 정교한 조정과 맞춤화가 가능해 고급 영상 제작에 적합합니다. 프리미어 프로를 활용하여 더 높은 품질의 영상 작품을 제작하는 방법에 대해 알아봅니다.

AI로 생성한 영상을 편집하기 위해 다양한 영상 편집 도구들이 존재하지만, 고급적인 영상 제작에는 어도비 사의 프리미어 프로(Premiere Pro)를 사용하는 것이 매우 효과적인 선택입니다. 프리미어 프로는 뛰어난 모션 그래픽, 컬러 그레이딩, 그리고 다양한 시각적 효과를 지원하며, 영상의 퀄리티를 한 단계 더 끌어올릴 수 있는 강력한 기능들을 제공합니다. 특히 AI로 생성된 영상들은 종종 세부적인 조정과 튜닝이 필요할 때가 많은데, 프리미어 프로의 세밀한 타임라인 편집과 정밀한 이펙트 적용 기능은 이러한 작업에 매우 적합합니다.

캡컷이나 기타 간단한 영상 편집 도구들도 사용이 편리하고 빠르게 결과물을 얻을 수 있다는 장점이 있지만, 프리미어 프로의 모션 효과, 다층 타임라인 편집, 그리고 타사 플러그인과의 호환성 등은 더 정교하고 맞춤화된 영상을 제작하는 데 필수적입니다. 또한, 프리미어 프로는 팀 프로젝트 기능을 통해 여러 명이 협업하여 작업할 수 있는 환경을 제공하며, 이는 대규모 프로젝트나 복잡한 영상 제작 과정에서 매우 유용합니다.

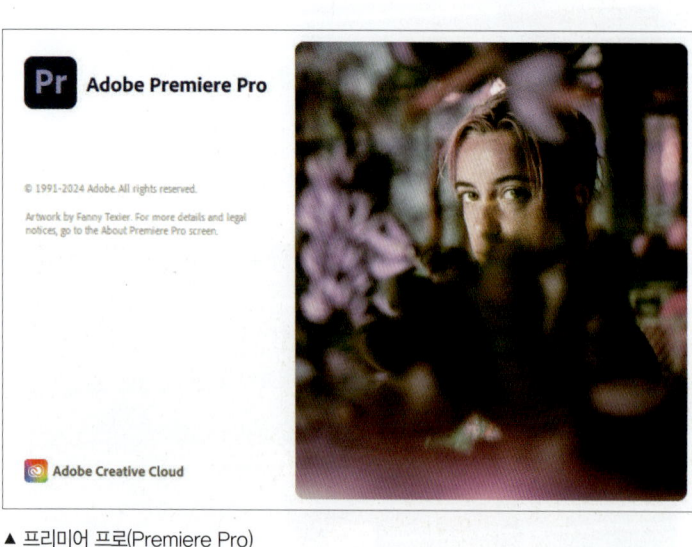

▲ 프리미어 프로(Premiere Pro)

따라서, AI로 생성한 원본 영상을 더욱 돋보이게 하고, 고유한 비주얼 스타일을 부여하며, 전반적인 영상의 품질을 높이고자 한다면 프리미어 프로의 기능을 최대한 활용하는 것이 바람직합니다. 프리미어 프로의 강력한 도구들을 마스터함으로써 영상 제작의 깊이와 완성도를 한층 더 높일 수 있으며, 결과적으로 시청자에게 더 강렬한 인상을 남기는 퀄리티 높은 영상 작품을 만들어 낼 수 있을 것입니다.

01 프리미어 프로 설치하기

프리미어 프로를 설치하고 실행하는 과정을 알아보겠습니다. 프리미어 프로는 유료 프로그램으로, 무료 체험판을 제외하면 결제를 완료해야 프로그램을 사용할 수 있습니다.

① 웹브라우저에서 'adobe.com/kr/'을 입력하여 어도비 사이트에 접속합니다. 메뉴에서 (도움말 및 지원)을 선택하고 〈다운로드 및 설치〉 버튼을 클릭합니다.

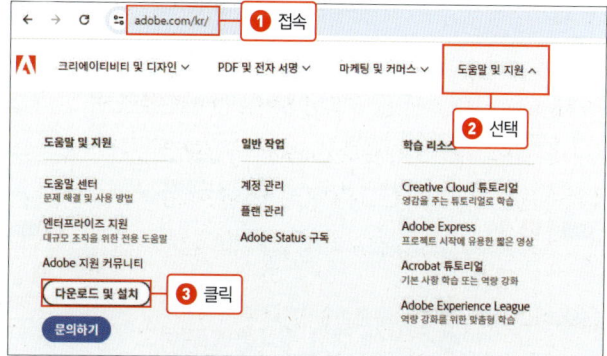

② 프리미어 프로를 유료로 구매하거나 무료로 체험할 수 있습니다. 무료 체험판을 사용하기 위해 Premiere Pro의 〈무료 체험판〉 버튼을 클릭합니다. 플랜과 구독 선택 화면이 표시되면 플랜 선택에서 '개인', '기업', '학생 및 교사' 중 해당되는 것을 선택하고 구독 선택에서 원하는 구독을 선택한 다음 〈계속〉 버튼을 클릭합니다.

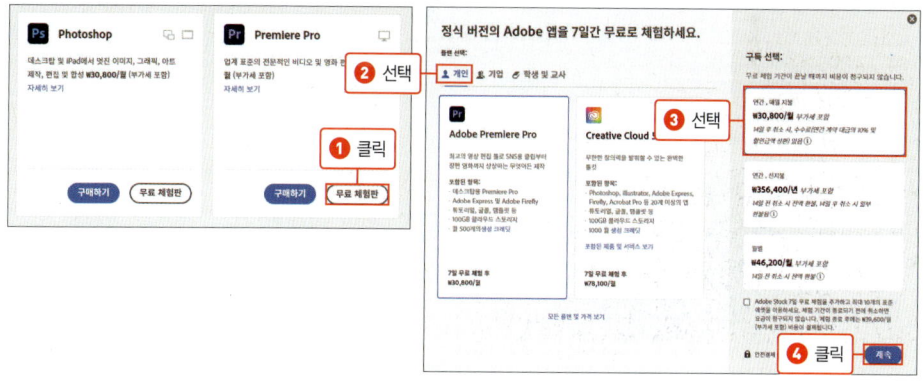

> **NOTE**
> 본인이 실제 학교에 재학 중인 학생이나 교사 신분이라면 기본 가격의 60% 할인된 가격으로 이용할 수 있습니다.

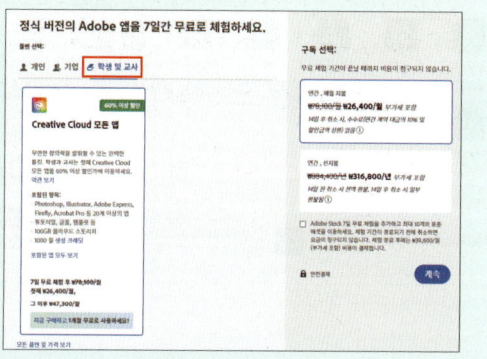

❸ 요약에 프리미어 프로에 대한 결제 형태를 확인하고 〈계속〉 버튼을 클릭합니다. 이메일 입력 화면이 표시되면 이메일 주소에 이메일을 입력하고 필수 내용들을 체크 표시한 다음 〈계속〉 버튼을 클릭합니다.

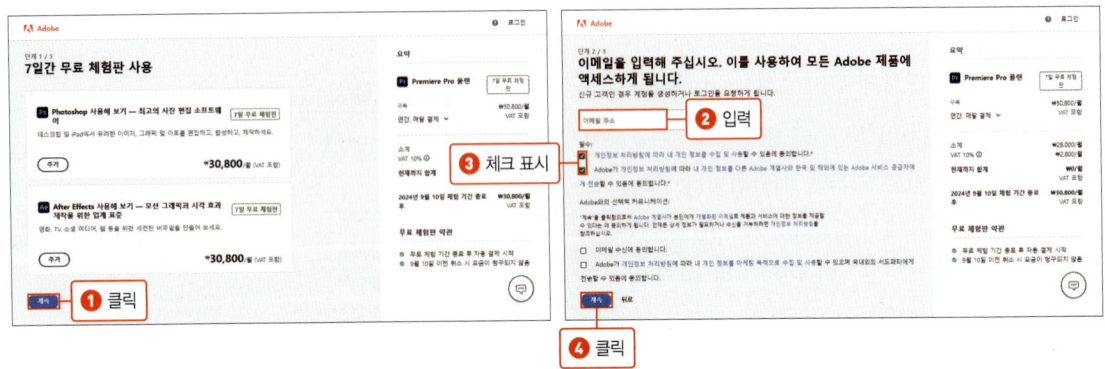

❹ 지불에 대한 정보를 입력하고 〈동의 및 구독〉 버튼을 클릭합니다. 어도비의 모든 프로그램은 'Creative Cloud Desktop App'을 통해 실행됩니다. 대화상자가 표시되면 〈Creative Cloud Desktop App 열기〉 버튼을 클릭합니다.

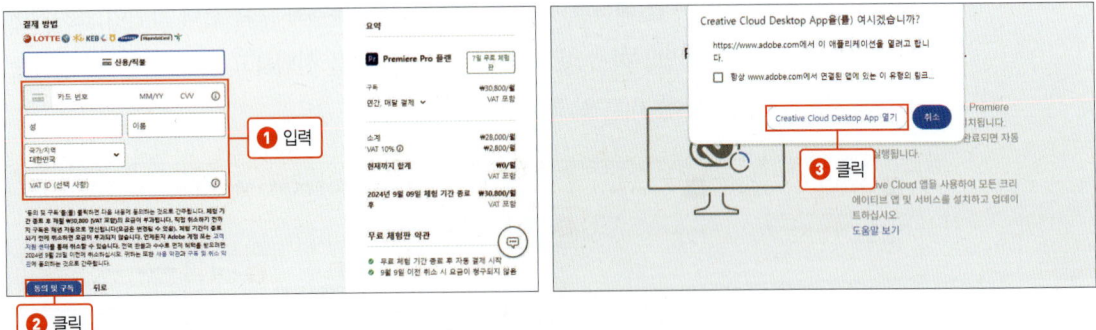

❺ Creative Cloud Desktop 프로그램이 실행됩니다. 언어를 변경하기 위해 오른쪽 상단의 '사용자 계정'을 클릭하고 '환경 설정'을 선택합니다. 창이 표시되면 (앱) 탭을 선택하고 기본 설치 언어를 'English (International)'로 지정한 다음 〈완료〉 버튼을 클릭합니다.

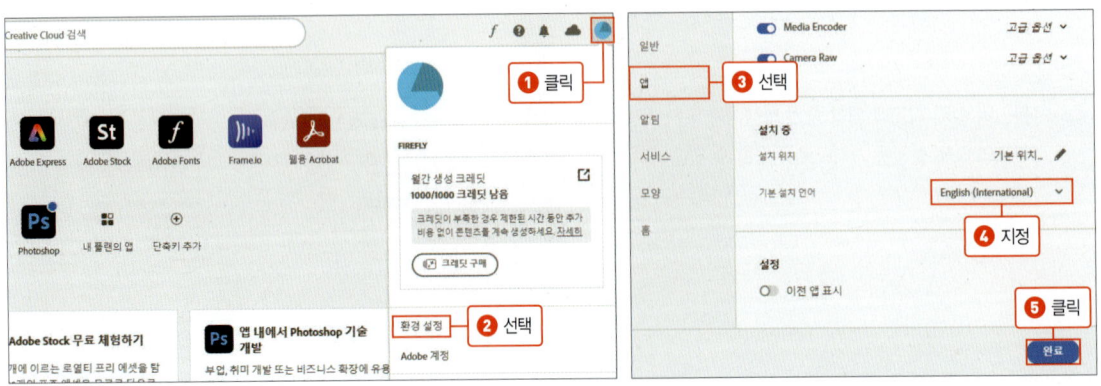

❻ Premiere Pro의 〈설치〉 버튼을 클릭하여 설치를 진행하고 설치가 완료되면 〈열기〉 버튼을 클릭하여 실행합니다.

TIP 언어를 변경하지 않으면 기본적으로 한글 버전의 프리미어 프로가 설치됩니다. 어도비 사는 미국 기업이므로 추후 참고할 자료 및 업데이트 등의 원활한 확인을 위해 영어 버전을 사용하는 것을 권장합니다.

02 프리미어 프로 기본 인터페이스 살펴보기

프리미어 프로의 작업 화면은 영상 편집, 효과 적용, 프리셋, 오디오 편집 등 목적에 따라 사용하는 작업 공간이 다릅니다. 인터페이스는 기본적으로 자유롭게 설정할 수 있으며, 패널을 이동하거나 드래그하여 크기를 자유자재로 조절할 수도 있습니다.

▲ 프리미어 프로 인터페이스

❶ **메뉴** : 다양한 기능이 포함되어 있는 메뉴입니다. 영상 편집 기능별로 9개의 메뉴로 구성되어 있습니다.

❷ **Import/Edit/Export** : 프로젝트 생성, 편집, 영상 출력을 관장하는 메뉴로 영상을 불러오고, 편집하고, 출력하는 기능을 제공합니다.

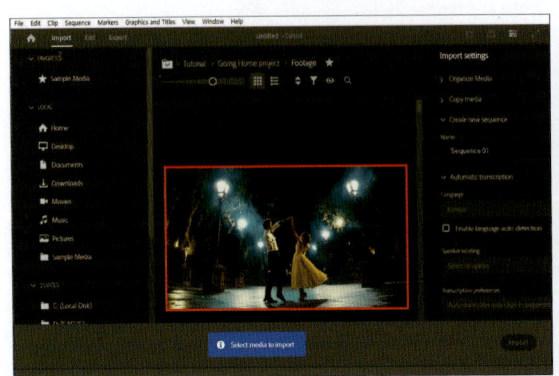 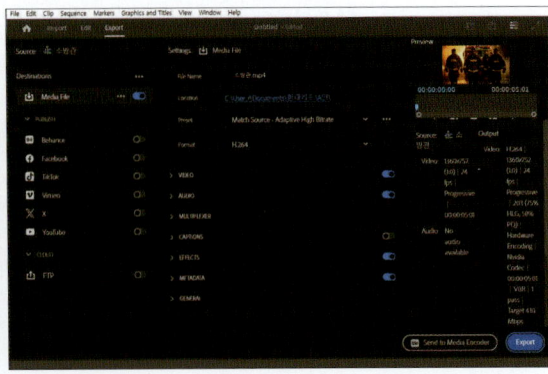

▲ Import 탭   ▲ Export 탭

❸ **Effect Controls 패널** : 영상 및 오디오 소스의 모션, 볼륨, 불투명도, 프리미어 프로에서 적용한 효과 등이 표시됩니다. 수치로 이루어져 있으며, 키프레임 애니메이션의 적용도 가능합니다.

❹ **Project 패널** : 영상 편집에 사용하는 영상 및 오디오, 이미지 소스 등을 관리하며 해당 소스에 대한 정보를 보여 줍니다.

❺ **Program Monitor 패널** : 타임라인 패널의 시간 표시자가 있는 시점을 보여 주며, 실제 편집되는 최종 결과를 나타냅니다.

❻ **Tools 패널** : 선택, 자르기, 펜, 도형, 손, 텍스트 등 편집 작업에 사용되는 도구들이 표시된 패널입니다.

❼ **Timeline 패널** : 실질적인 작업 공간이 이루어지는 곳으로, 시간 표시자를 움직여 영상의 시점에 따른 장면을 확인할 수 있습니다.

❽ **Essential Graphics/Essential Sound** : 텍스트와 음성 믹싱에 관한 작업이 이루어지는 곳으로, 프리셋, AI 활용 등 편리한 자막 및 믹싱을 할 수 있게 해 주는 공간입니다.

03 필수 영상 편집 방법 알아보기

프리미어 프로를 활용하여 다양한 영상 편집 작업을 수행하는 것은 고급 영상 제작에 있어 매우 유익한 학습이 될 수 있습니다. 소스 영상을 불러와 컷 편집을 하는 과정은 가장 기본적이지만, 영상의 흐름과 리듬을 결정짓는 중요한 단계입니다. 컷 편집을 통해 불필요한 장면을 제거하고, 필요한 장면을 연결함으로써 전체적인 스토리텔링의 맥락을 명확히 할 수 있습니다. 이 과정에서는 각 컷의 타이밍과 전환이 관객의 감정과 몰입도를 좌우하므로, 세심한 주의가 필요합니다.

모션 타이틀을 영상에 삽입하는 작업은 영상의 분위기를 더욱 풍부하게 만들고, 정보를 시각적으로 효과적으로 전달하는 데 중요한 역할을 합니다. 프리미어 프로는 다양한 모션 그래픽 템플릿과 텍스트 애니메이션 옵션을 제공하여 창의적이고 독특한 타이틀을 쉽게 제작할 수 있도록 돕습니다. 이러한 모션 타이틀은 영상의 전문성을 높이고, 시청자에게 시각적인 즐거움을 줄 수 있습니다.

또한, 프리미어 프로의 리믹스 기능을 사용하여 배경 음악을 자동으로 믹싱하는 작업은 편집 과정에서 시간을 크게 절약할 수 있는 매우 유용한 도구입니다. 리믹스 기능은 음악의 길이를 영상에 맞게 자동으로 조정하며, 음악의 흐름과 일관성을 유지하면서도 매끄럽게 편집합니다. 이는 특히 긴 영상이나 특정 길이에 맞추어야 하는 프로젝트에서 큰 도움이 될 수 있습니다.

마지막으로, 분할 영상을 만드는 것은 여러 장면이나 클립을 화면에 동시에 배치하여 다양한 시각적 효과를 연출할 수 있는 기술입니다. 예를 들어, 인터뷰 장면에서 질문자와 답변자를 동시에 보여 주거나, 서로 다른 위치에서 촬영된 영상을 하나의 화면에 합치는 등의 창의적인 연출이 가능합니다. 프리미어 프로에서는 이러한 분할 영상 제작을 위해 트랙으로 이루어진 다층 타임라인과 다양한 레이아웃 옵션을 제공하며, 필요에 따라 각 클립의 크기와 위치를 자유롭게 조정할 수 있습니다.

이러한 다양한 편집 작업들은 프리미어 프로의 강력한 기능들을 최대한 활용하여 영상의 완성도를 높이고, 시청자에게 더 큰 인상을 남길 수 있는 고급 영상 제작의 필수적인 요소들입니다.

프리미어 프로에 편집 소스 불러오기 ● 예제파일 : 03\횡단보도01.mp4, 횡단보도02.mp4, 강아지.mp4

프리미어 프로에서 작업을 진행하려면 영상, 오디오, 이미지 등의 편집 소스를 불러와야 합니다. 이러한 과정을 '임포트(Import)'라고 합니다. PC에 있는 소스를 프리미어 프로로 불러오는 방법을 살펴봅시다.

❶ 프리미어 프로를 실행합니다. 그림과 같이 프로젝트를 설정하는 창이 표시됩니다. Project location에서 프로젝트를 저장할 경로를 지정하고 〈Create〉 버튼을 클릭합니다.

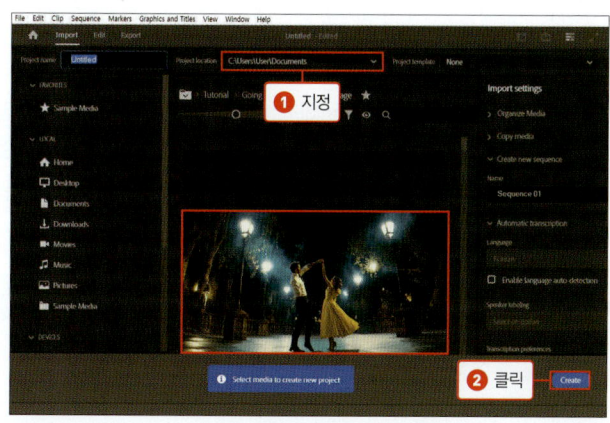

❷ 프리미어 프로의 프로젝트 설정이 완료되어 작업 화면이 표시됩니다. 파일을 불러오기 위해 Project 패널의 빈 공간을 더블클릭합니다.

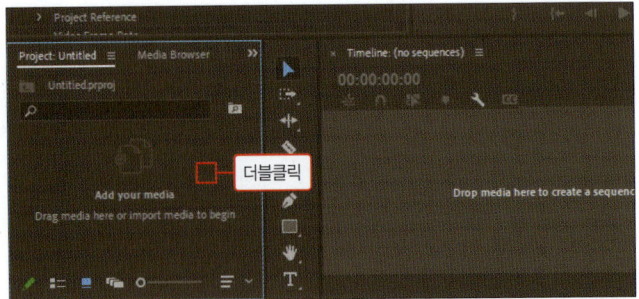

❸ Import 대화상자가 표시되면 03 폴더에서 '강아지.mp4', '횡단보도01.mp4', '횡단보도02.mp4' 파일을 선택한 다음 〈열기(O)〉 버튼을 클릭합니다.

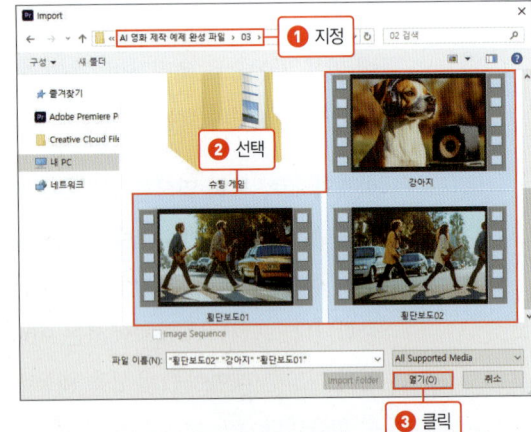

❹ 그림과 같이 Project 패널에 편집 소스들이 표시됩니다.

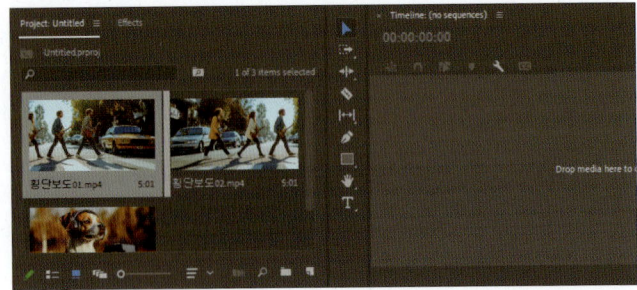

NOTE 파일을 불러올 때 알아두면 좋은 점

❶ **다양한 파일 형식 지원** : 프리미어 프로는 다양한 형식의 미디어 파일을 지원합니다. MP4, MOV, AVI 등 일반적인 형식뿐만 아니라 고해상도 포맷이나 카메라 원본 파일도 지원하고, PNG, JPG 등 이미지 파일을 시퀀스 형식으로 불러오는 것도 가능합니다. 번거롭게 파일을 변환하지 않고도 바로 작업을 시작할 수 있어 편리함이 있습니다.

❷ **Media Browser 패널** : Media Browser 패널을 사용하면, 파일을 프로젝트에 추가하기 전에 미리 보기 기능을 통해 확인할 수 있습니다. 미디어 브라우저는 폴더 구조를 유지하면서 미디어 파일을 쉽게 탐색할 수 있어 매우 편리합니다.

메뉴에서 파일 불러오기

Project 패널을 더블클릭하지 않고 메뉴에서 (File) → Import(Ctrl+I)를 실행하여 Import 대화상자를 표시해 편집 소스를 불러올 수 있습니다. 또한, 드래그 앤 드롭 방식으로 편집 소스가 있는 폴더의 파일을 Project 패널로 드래그하여 불러올 수도 있습니다.

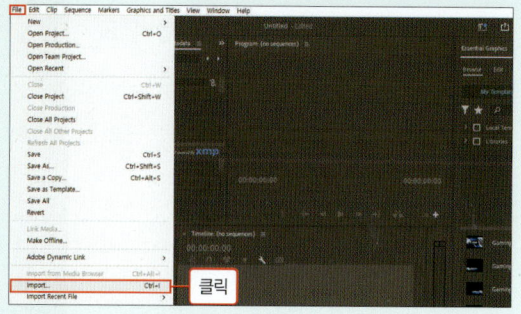

프리미어 프로에서 편집 소스 편집하기

Project 패널에 불러온 편집 소스로 실질적인 편집을 진행할 수 있습니다. Timeline 패널에 영상을 배치하고 컷 편집하는 방법에 대해 알아봅니다.

❶ Project 패널에 표시된 영상 파일 중에서 '횡단보도01.mp4' 파일을 Timeline 패널로 드래그합니다.

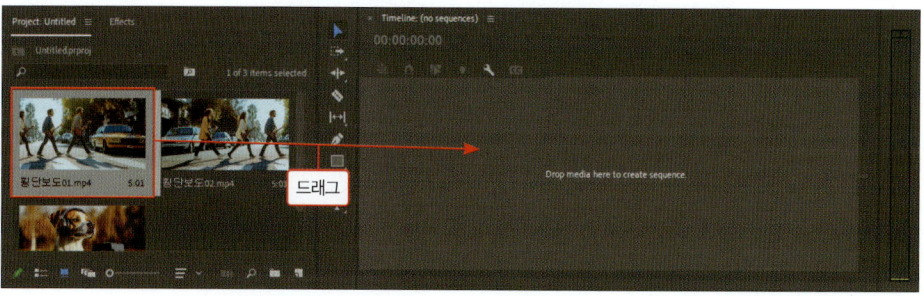

❷ Program Monitor 패널에 영상과 Timeline 패널에 막대 형태로 클립이 표시됩니다.

TIP Timeline 패널에 있는 막대기 형태를 영상 용어로 '클립'이라고 합니다.

❸ Timeline 패널의 시간 표시자를 '00:00:05:01'로 이동합니다.

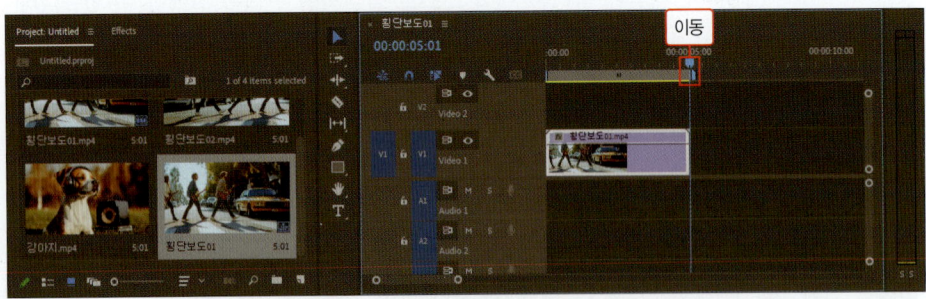

❹ 이번에는 Project 패널에서 '강아지.mp4' 파일을 Timeline 패널의 시간 표시자로 드래그합니다. 그림과 같이 '횡단보도01.mp4' 클립 뒤에 '강아지.mp4' 클립이 배치됩니다.

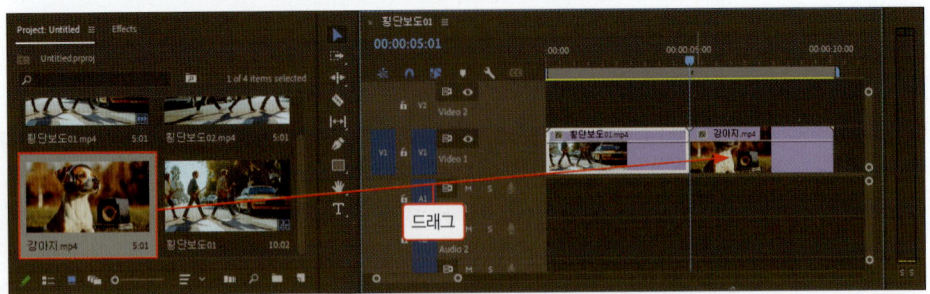

> **NOTE**
>
> **타임라인 패널 축소 및 확대**
>
> 타임라인에 레이어를 나열해 보면, 시각적으로 한눈에 전부 봐야할 때와 정교한 작업을 위해 확대하여 부분만을 봐야 할 때가 나뉩니다. 이 경우, 키보드의 ⊡, ⊞를 누르거나 Timeline 패널의 가장 오른쪽에 있는 바를 위아래로 드래그하여 축소 및 확대할 수 있습니다.
>
>
>
> ▲ Timeline 패널을 축소했을 때   ▲ Timeline 패널을 확대했을 때

❺ Timeline 패널의 시간 표시자를 '00:00:03:00'으로 이동합니다. 영상을 잘라 컷 편집하기 위해 Ctrl+K 를 누릅니다.

❻ 뒷부분은 필요 없는 부분이므로 삭제하겠습니다. 잘린 뒷부분의 클립을 선택하고 Delete 를 누릅니다.

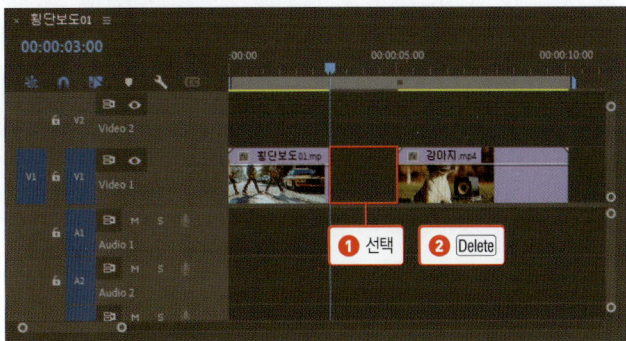

❼ 삭제한 부분이 비었습니다. 이를 메꾸어 주기 위해 빈 부분에서 마우스 오른쪽 버튼을 클릭한 다음 Ripple Delete를 실행합니다. 그림과 같이 빈 부분이 삭제되고 뒤에 있는 '강아지.mp4' 클립이 이어서 붙는 것을 확인할 수 있습니다.

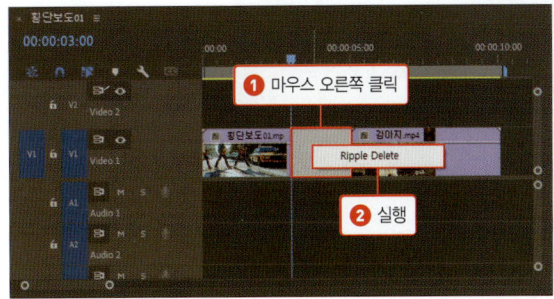 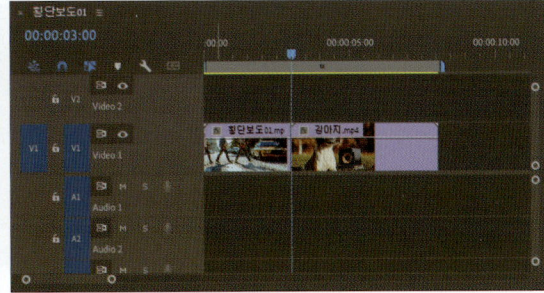

▲ 자동으로 메꾸어진 클립

에센셜 그래픽을 활용한 모션 타이틀 작업하기

컷 편집을 진행되었다면 중앙에 영화 제목에 해당하는 모션 타이틀을 추가하겠습니다. 일일이 문자 타이틀을 제작하는 방법도 있지만, 프리미어 프로의 에센셜 그래픽(Essential Graphics)에서 제공하는 텍스트 프리셋을 사용하여 시간을 절약하고 퀄리티 높은 타이틀을 만들어 봅시다.

▲ 문자가 영상 중앙에 명확하게 표시되면서 다시 흩어지며 사라지는 타이틀 영상

① 과정을 이어서 진행합니다. Essential Graphics 패널의 (Browse) 탭에서 'Angled Title' 프리셋을 Timeline 패널 V2 트랙의 시작 지점으로 드래그합니다.

NOTE

Essential Graphics 패널 축소 확대

Essential Graphics 패널은 프리미어 프로에서 내장된 자막과 관련된 영역을 다루는 패널로, 자막의 디테일한 설정과 자막의 디자인이 완료된 프리셋도 제공합니다. 하단의 축소 및 확대 바를 드래그하여 프리셋의 크기를 설정할 수 있으며, 크게 확대하면 마우스를 위치하여 프리셋을 미리 보는 것도 가능합니다.

▲ Essential Graphics 　　▲ Essential Graphics
패널을 축소했을 때　　　　패널을 확대했을 때

② Program Monitor 패널에 자막이 표시됩니다. 이 프리셋은 애니메이션이 적용된 타이틀로 문구와 글꼴, 스타일 등을 변경할 수 있습니다. Program Monitor 패널에 있는 자막을 더블클릭하고 텍스트를 블록으로 지정하여 모두 선택합니다.

③ 'WALK WITH MUSIC'을 입력하여 문구를 변경합니다. Essential Graphics 패널의 Text 항목에서 글꼴 스타일을 'Markazi Text'로 지정하고 글꼴 크기를 '234'로 설정한 다음 Shadow 항목에서 Blur를 '14'로 설정합니다.

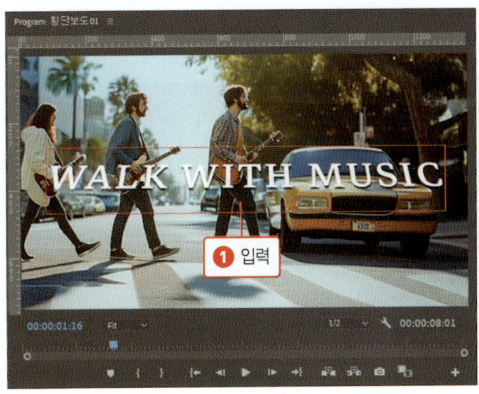 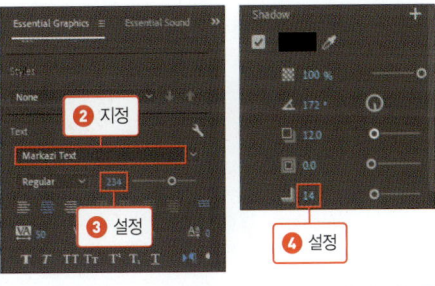

TIP Markazi Text 폰트는 상업적 이용이 가능한 폰트로, 웹브라우저에서 검색하여 쉽게 다운로드할 수 있습니다.

④ 시간 표시자를 영상의 처음 부분으로 이동하고 Spacebar를 눌러 프리뷰하면 자막에 사전 구성된 타이포 애니메이션이 적용된 것을 확인할 수 있습니다.

리믹스 기능으로 배경 음악 자동 믹싱하기 ● 예제파일 : 03\BGM.mp3   ● 완성파일 : 03\모션타이틀_완성.mp4

영상 편집에서 배경 음악도 중요한 요소입니다. 프리미어 프로의 '리믹스' 기능을 이용해 별도의 믹싱 과정 없이 AI를 통해 노래의 길이와 느낌을 영상에 맞추는 방법에 대해 알아봅니다.

① 배경 음악 파일을 불러오기 위해 (File) → Import를 실행합니다. Import 대화상자가 표시되면 03 폴더에서 'BGM.mp3' 파일을 선택하고 〈열기(O)〉 버튼을 클릭합니다.

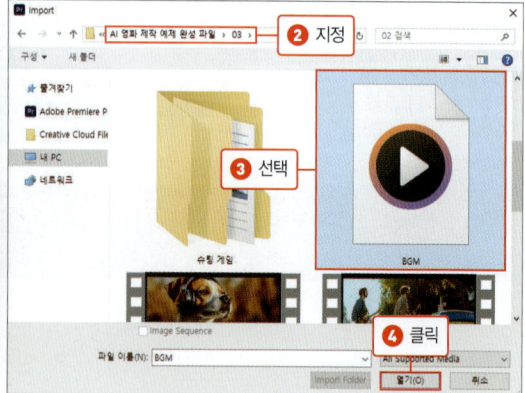

② Project 패널에 'BGM.mp3' 파일이 표시되면 이 파일을 Timeline 패널의 A1 트랙으로 드래그합니다.

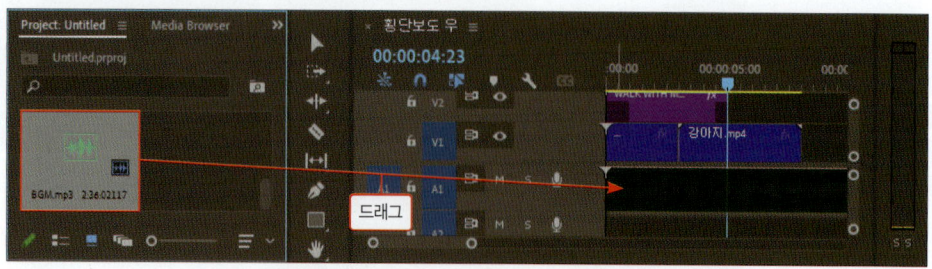

③ 리믹스하기 위해 'BGM.mp3' 클립에서 마우스 오른쪽 버튼을 클릭한 다음 Remix → Enable Remix를 실행합니다.

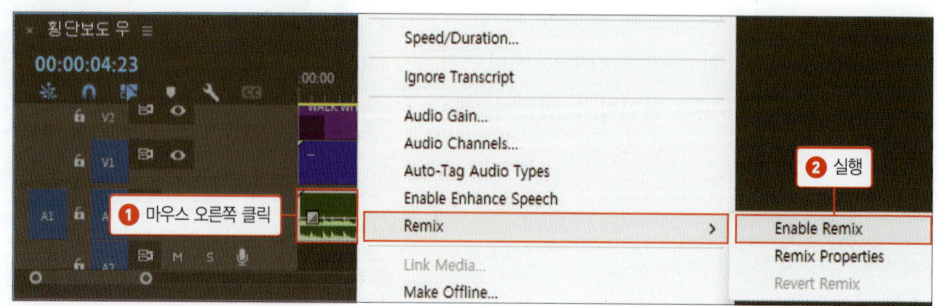

④ 오른쪽 패널이 Essential Sound 패널로 변경됩니다. Target Duration을 드래그하여 '00:00:10:00'으로 설정해 영상의 전체 길이에 가까운 수치로 변경합니다.

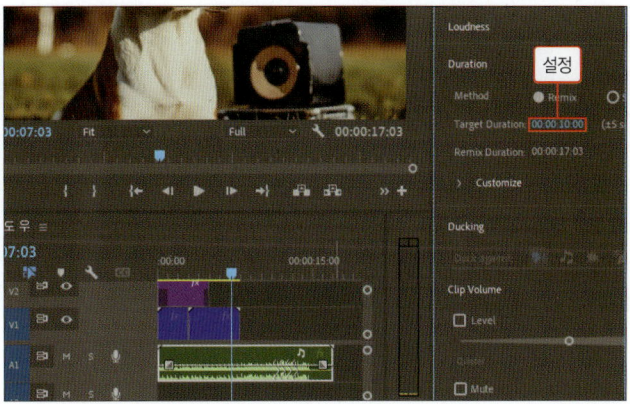

⑤ 2분 36초 노래가 17초로 리믹스되었습니다. 기존 클립 뒤에 영상을 더 추가하여 음악 길이에 영상 길이를 맞추거나 영상 길이만큼 음악을 컷 편집하여 영상과 음악의 싱크를 맞출 수 있습니다.

TIP 리믹스 기능은 단순히 음악의 길이를 줄이는 것이 아닌, 영상 그림에 맞게 새로 구성하고 믹싱하는 기능입니다.

서로 다른 영상을 한 화면에! 분할 영상 만들기

● 예제파일 : 03\소방관.mp4, 화재.mp4   ● 완성파일 : 03\분할영상_완성.mp4

2개의 영상을 한 화면에 보이는 방법에는 다양한 방법이 있습니다. 이번 예제에서는 사선 구도를 이용하여 소방관이 등장하는 모습과 건물에서 불이 나는 장면을 한 화면에 표현해 긴장감을 표현하겠습니다.

▲ 소방관이 등장하는 영상

▲ 건물에서 불이 나는 영상

▲ 사선 구도로 화면이 분할되어 재생되는 영상

① 프리미어 프로를 실행하고 프로젝트를 만든 다음 Ctrl+I를 눌러 '소방관.mp4', '화재.mp4' 파일을 불러옵니다. 그림과 같이 Timeline 패널의 V1, V2 트랙으로 각각 드래그하여 배치합니다.

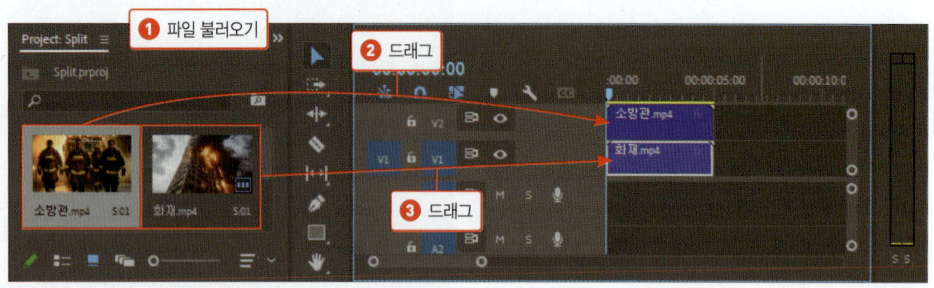

TIP 예제에서는 왼쪽에 배치할 '소방관.mp4' 파일을 V2 트랙에, 오른쪽에 배치할 '화재.mp4' 파일을 V1 트랙에 배치하였습니다.

② 왼쪽에 배치할 '소방관.mp4' 클립을 선택하고 Effect Controls 패널에서 '사각형 마스크' 도구()를 선택합니다. Program Monitor 패널에 사각형의 마스크가 표시되면 사각형 안쪽에만 다른 영상이 표시되는 것을 알 수 있습니다.

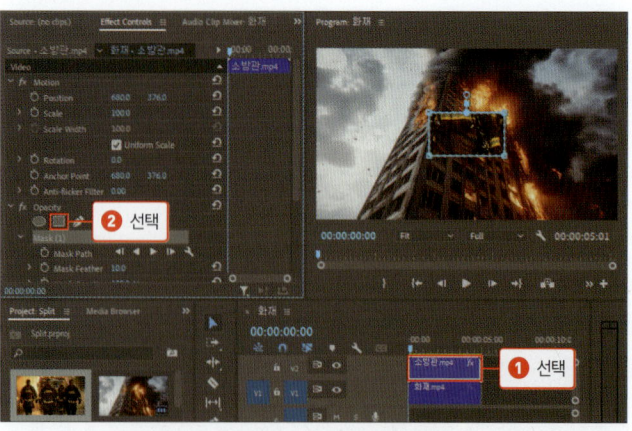

> **NOTE**
>
> **Effect Controls의 마스크 도구**
>
> 프리미어 프로의 마스크 도구는 총 3가지로, 원형, 사각형, 자유 드로잉 형태로 제공합니다.
>
>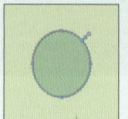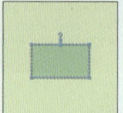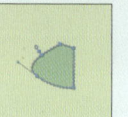
>
> ▲ 원형 도구   ▲ 사각형 도구   ▲ 펜 도구

❸ 사각형 마스크의 가장자리에는 조절점이 있습니다. Program Monitor 패널에서 조절점들을 드래그하여 그림과 같이 사선형으로 분할된 형태의 마스크로 조정합니다.

TIP Effect Controls 패널의 Opacity 항목에서 '펜' 도구(✏️)를 선택하고 화면을 각각 클릭하여 빠르게 마스크를 생성할 수도 있습니다.

❹ Timeline 패널에서 '화재.mp4' 클립을 선택하고, Effect Controls 패널의 Motion 항목에서 Position을 '680', '376'으로 설정하여 분할 화면에 건물이 보이게 합니다.

❺ Timeline 패널에서 '소방관.mp4' 클립을 선택하고 Effect Controls 패널의 Opacity 항목에서 Mask Feather를 '0'으로 설정하여 분할 경계가 보이게 분할 영상을 완성합니다.

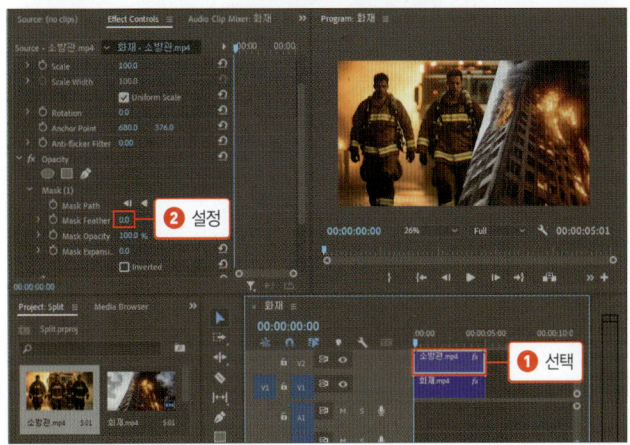

TIP 마스크 도구 속성

Effect Controls 패널의 마스크에는 마스크를 더욱 정교하게 조절하는 데 유용한 속성들이 있습니다.

1. Mask Path : 마스크의 위치와 모양을 조정하는 속성입니다. 객체를 따라 마스크가 움직이도록 추적할 수 있습니다.
2. Mask Feather : 마스크의 경계를 부드럽게 만드는 속성입니다. 숫자를 높이면 마스크의 경계가 더 흐릿해집니다.
3. Mask Opacity : 마스크의 투명도를 조절하는 속성입니다. 값이 낮을수록 마스크 영역이 투명하게 보입니다.
4. Mask Expansion : 마스크의 크기를 확장하거나 축소하는 속성입니다. 양수를 입력하면 마스크가 커지고, 음수를 입력하면 작아집니다.

프리미어 프로에서 PC로 영상 출력하기

프리미어 프로에서 영상을 편집한 후 최종 결과물을 출력하는 단계는 Export 기능을 활용하여 이루어집니다. 이 과정은 편집한 영상 프로젝트를 하나의 완성된 파일로 변환하는 작업으로, 영상의 품질, 형식, 그리고 최적화된 설정을 결정짓는 중요한 단계입니다.

Export 기능을 통해 영상을 출력할 때 가장 먼저 고려해야 할 것은 출력할 파일의 형식입니다. 프리미어 프로는 MP4, MOV, AVI 등 다양한 비디오 형식을 지원하며, 사용 목적에 따라 적합한 형식을 선택할 수 있습니다. 예를 들어, YouTube나 Vimeo와 같은 온라인 플랫폼에 업로드할 영상은 일반적으로 MP4 형식이 권장되며, 고해상도와 압축 효율을 동시에 제공하는 H.264 코덱을 자주 사용합니다. 또한, 방송용 혹은 아카이브 용도로 사용할 경우에는 보다 높은 품질의 형식을 선택할 수 있습니다.

두 번째로, Export 설정에서 해상도, 비트레이트, 프레임 레이트 등 영상의 세부 품질을 조정할 수 있습니다. 이러한 설정은 영상의 최종 파일 크기와 품질에 직접적인 영향을 미치므로, 프로젝트의 요구 사항에 맞게 신중히 설정하는 것이 중요합니다. 예를 들어, 고해상도의 영상을 출력하려면 4K 해상도를 선택하고, 비트레이트를 높게 설정하여 선명한 화질을 유지할 수 있습니다. 반면, 파일 크기를 줄이고자 할 때는 해상도를 낮추거나 비트레이트를 조정하는 방법이 있습니다.

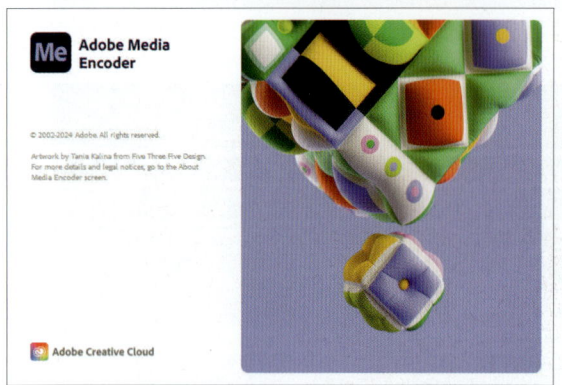
▲ 미디어 인코더(Media Encoder)

프리미어 프로에서는 사전 설정(Export Preset)을 활용하여 자주 사용하는 출력 설정을 저장하고 재사용할 수 있습니다. 이를 통해 매번 동일한 설정을 반복 입력할 필요 없이 빠르고 일관된 출력 작업이 가능해집니다. 또한, 어도비 미디어 인코더(Adobe Media Encoder)와의 통합을 통해 여러 프로젝트를 동시에 출력하거나 출력 과정에서 컴퓨터의 리소스를 효율적으로 사용할 수 있습니다.

마지막으로, 출력 과정에서 오디오 설정 역시 중요한 요소 중 하나입니다. 영상과 함께 출력되는 오디오의 샘플 레이트, 비트레이트 등을 적절히 설정하여 영상의 전체적인 품질을 완성하는 것이 중요합니다. 오디오와 비디오가 동시에 출력될 때, 서로의 싱크가 맞아야 하며, 이 부분이 잘못되면 최종 영상에서 큰 문제가 발생할 수 있습니다.

결과적으로, 프리미어 프로의 Export 기능은 단순히 영상을 파일로 변환하는 작업을 넘어, 영상의 최종 품질을 결정짓는 핵심적인 과정입니다. 올바른 출력 설정을 통해 최상의 결과물을 얻고, 다양한 플랫폼과 목적에 맞게 영상을 최적화할 수 있습니다. 이로써 완성된 영상을 시청자에게 최상의 상태로 전달할 수 있습니다.

❶ [Export] 탭을 클릭하거나 Ctrl+M을 눌러 영상을 출력하는 공간으로 이동합니다. File Name과 Location에서 출력하는 영상의 파일 이름과 경로를 입력하고 지정할 수 있습니다.

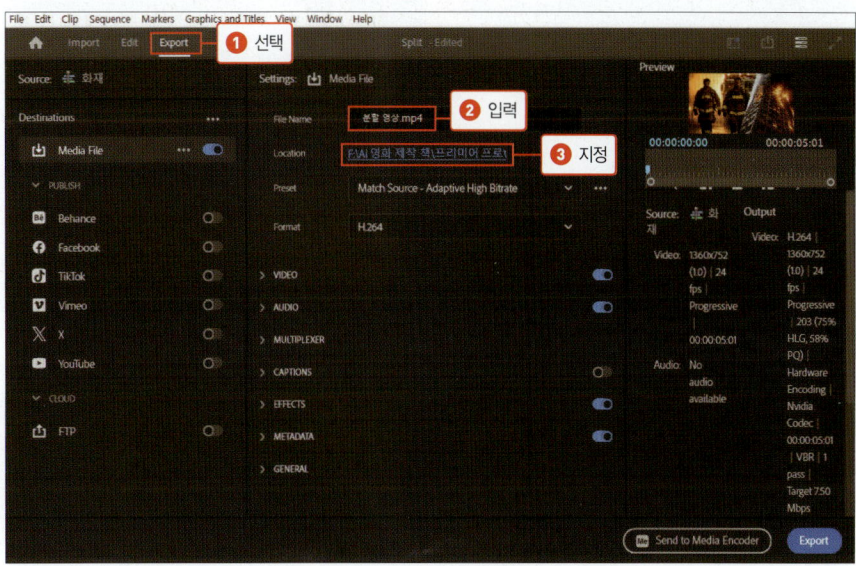

❷ 프리미어 프로에는 다양한 출력 설정을 제공하지만 주로 사용하는 프리셋은 'Match Source'의 3개 설정입니다. 여기서는 'Match Source – Adaptive High Bitrate'로 지정하고 〈Export〉 버튼을 클릭하여 지정 경로에 영상을 출력합니다.

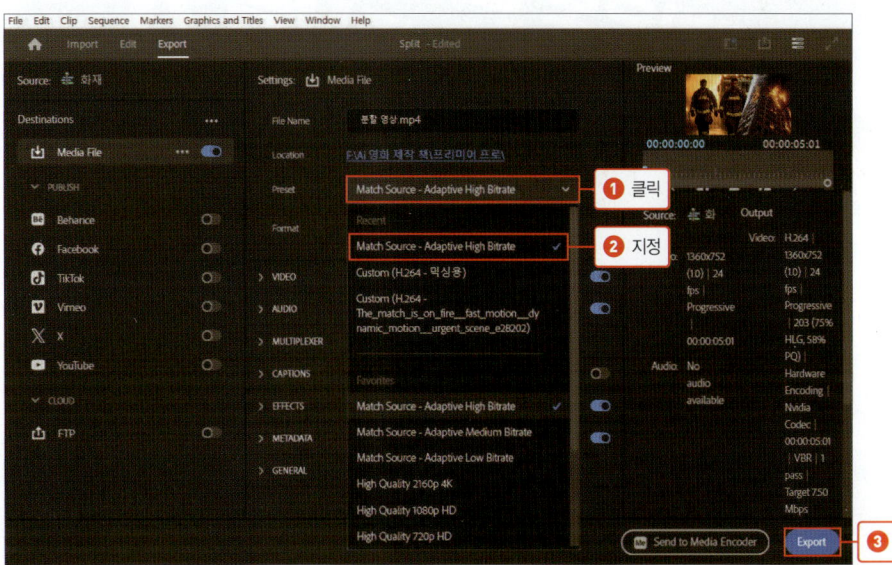

TIP High/Medium/Low Bitrate
비트레이트(Bitrate)는 영상의 해상도를 결정하는 가장 중요한 요소입니다. 비트레이트가 클수록 화질이 좋아지지만, 영상의 용량은 늘어납니다. 간단한 시사 및 확인용의 영상이라면, 'Low Bitrate', 제출용이나 고화질의 영상이 필요하다면 'High Bitrate', 둘의 중간 정도의 적당한 화질과 용량으로 출력하고 싶다면 'Medium Bitrate'로 설정하고 출력하면 됩니다.

EFFECT MUSIC   MICHAEL JOE

타이포 무빙으로 인트로와 엔딩
크레딧 영상 만들기

영화의 인트로와 엔딩 크레딧 영상은 종종 영화의 전체적인 경험에 간과되기 쉬운 요소로 여겨지지만, 이들은 영화의 예술성과 내러티브의 깊이를 더하는 데 매우 중요한 역할을 합니다. 이 두 부분은 단순히 영화의 시작과 끝을 알리는 기능을 넘어서서, 영화의 세계관을 강화하고, 영화 제작진에 대한 존경을 표하며, 관객의 감정적인 여운을 길게 남기는 도구로 사용될 수 있습니다.

PRESENTS   INDIE MOVIE FILM

인트로와 엔딩 크레딧 영상은 영화의 시작과 끝을 장식하는 중요한 요소로서, 영화의 전체적인 경험을 풍부하게 만드는 데 큰 기여를 합니다. 인트로 크레딧 영상은 영화의 분위기와 주제를 설정하며, 관객의 몰입도를 높이는 역할을 합니다. 반면에 엔딩 크레딧 영상은 영화 제작진에 대한 존경을 표하며, 영화의 메시지를 강조하는 중요한 도구로 사용됩니다. 잘 구성된 인트로와 엔딩 크레딧 영상은 영화의 예술성과 완성도를 높이며, 관객에게 새로운 경험을 제공합니다.

영화의 인트로와 엔딩 크레딧 영상에서 타이포 무빙의 사용은 단순히 정보를 전달하는 것 이상의 역할을 합니다. 이는 영화의 첫인상을 결정짓고, 시각적 흥미를 유발하며, 영화의 주제와 메시지를 강화하는 중요한 도구입니다. 타이포 무빙 영상은 어도비 프리미어 프로(Adobe Premiere Pro)와 같은 영상 편집 프로그램을 이용해 쉽게 구현할 수 있습니다. 프리미어 프로는 다양한 텍스트 애니메이션 기능을 제공하여 AI 기능을 이용한 영상과 함께 창의적이고 독창적인 인트로와 엔딩 크레딧을 제작할 수 있습니다.

생성형 AI 영상 플랫폼인 루마 AI를 활용해 영화 제목에 맞는 분위기의 영상을 엔딩 크레딧 배경으로 사용할 수 있습니다. 이후에 프리미어 프로에 내장된 프리셋을 활용하여 제작사 및 제작진의 이름을 손쉽게 텍스트 타이포 무빙 영상을 구현하고, 내용을 수정할 수도 있습니다. 영상 작업이 완료되면 사전 준비된 음원을 프리미어 프로의 리믹스 AI 기능으로 자동 조정하여 영상 길이에 맞게 믹싱하고 페이드 아웃을 적용할 수 있습니다.

SECTION 16.

예제파일 : 03\크레딧 영상\크레딧영상루마AI프롬프트.txt　　**완성파일** : 03\크레딧 영상\영상 폴더

텍스트 프롬프트로 불 붙이는 영상 만들기

루마 AI를 활용하여 별도의 이미지 없이 텍스트 프롬프트를 입력하여 크레딧 배경에 맞는 장면의 텍스트를 영상으로 구현하는 과정을 살펴봅니다. 또한, 프롬프트를 변형하여 다양한 결과물을 베리에이션하는 과정을 살펴봅니다.

01 성냥에 불이 붙는 장면 영상화하기

Key Prompts • The match is on fire, fast motion, dynamic motion, urgent scene

01 웹브라우저에서 'lumalabs.ai'를 입력하여 루마 AI 사이트에 접속하고 로그인합니다. 텍스트 프롬프트 입력창에 'The match is on fire, fast motion, dynamic motion, urgent scene'을 입력하고 '확인' 아이콘(↑)을 클릭합니다.

TIP 생성형 AI 영상 대부분은 슬로 모션이 적용된 결과물이 생성됩니다. 속도에 관련된 프롬프트를 작성하면 정속 혹은 빠른 속도의 영상 결과물이 생성될 확률이 높아집니다.

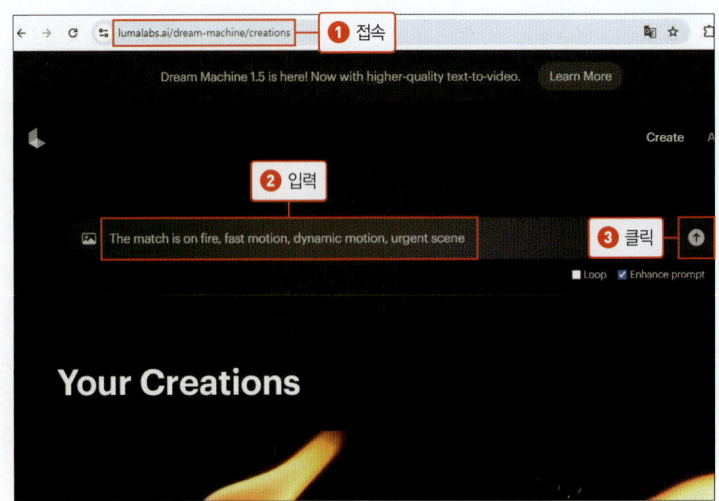

프롬프트 The match is on fire, fast motion, dynamic motion, urgent scence

입력팁
1. **The match is on fire** : 성냥에 불을 붙이는 영상을 구현하기 위해 행동을 묘사한 프롬프트입니다.
2. **Fast motion** : 빠른 움직임을 적용하기 위한 프롬프트입니다.
3. **Dynamic motion** : 역동적인 모션감을 적용하기 위한 프롬프트입니다.
4. **Urgent scene** : 시급한 과학 변화에서 급변화를 주는 프롬프트입니다.

02 Your Creations 화면에 작업한 영상이 표시됩니다. 생성한 영상의 섬네일에 마우스 커서를 위치하여 미리 보기 형태로 영상을 확인하고 〈Download〉 버튼을 클릭하여 영상을 다운로드합니다.

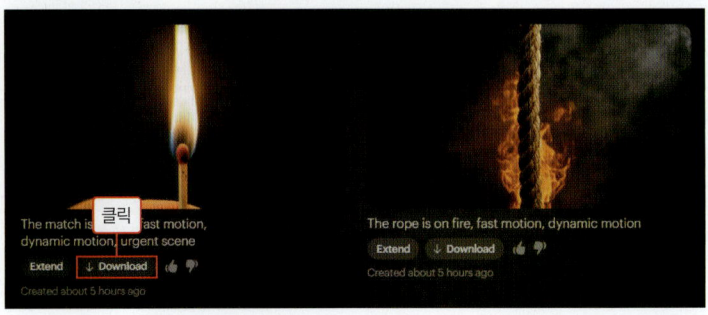

03 다운로드 폴더에 영상이 저장됩니다.

02 도화선에 불이 붙는 장면 영상화하기

Key Prompts • The fuse is on fire

01 프롬프트 입력창에 'The fuse is on fire'를 입력하고 '확인' 아이콘(⬆)을 클릭합니다.

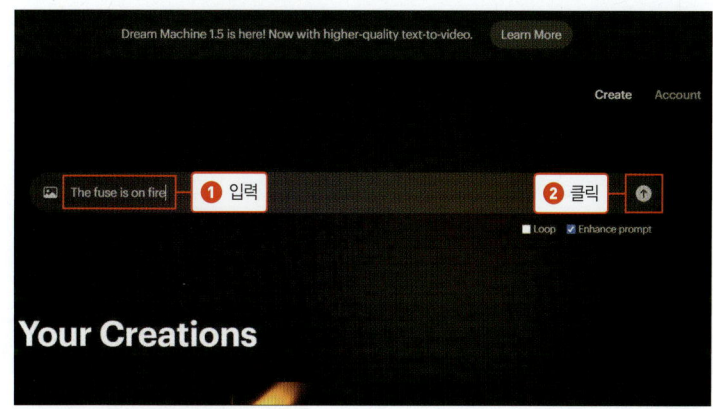

프롬프트 | The fuse is on fire

입력팁 The fuse is on fie : 퓨즈에 불을 붙이는 영상을 얻기 위한 프롬프트입니다.

02 Your Creations 화면에 작업한 영상이 표시됩니다. 생성한 영상의 섬네일에 마우스 커서를 위치하여 미리 보기 형태로 영상을 확인하고 〈Download〉 버튼을 클릭하여 영상을 다운로드합니다.

TIP 루마 AI에서는 간단한 프롬프트만으로도 퀄리티가 높은 영상이 생성됩니다. 우선 간단하게 프롬프트를 입력해 보고, 살을 붙여서 영상에 카메라 무빙이나 구도, 속도감을 높여보는 것이 좋습니다.

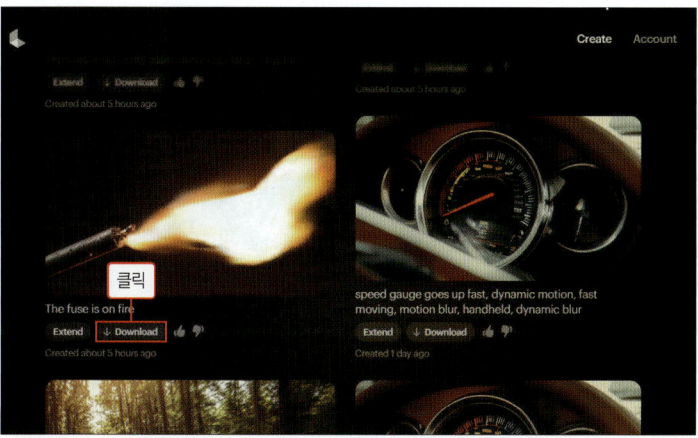

03 밧줄에 불이 붙는 장면 영상화하기

Key Prompts • The rope is on fire, fast motion, dynamic motion

01 프롬프트 입력창에 'The rope is on fire, fast motion, dynamic motion'을 입력하고 '확인' 아이콘(⬆)을 클릭합니다.

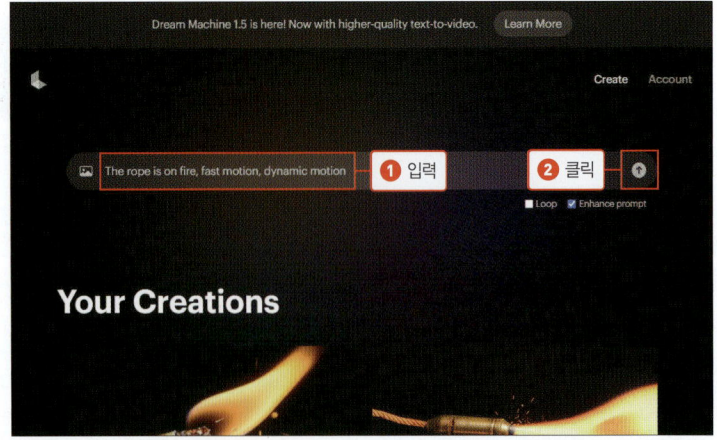

프롬프트 The rope is on fire, fast motion, dynamic motion

입력팁
1. The rope is on fire : 밧줄에 불을 붙이는 영상을 구현하기 위해 행동을 묘사한 프롬프트입니다.
2. Fast motion : 빠른 움직임을 적용하기 위한 프롬프트입니다.
3. Dynamic motion : 역동적인 모션감을 적용하기 위한 프롬프트입니다.

02 Your Creations 화면에 작업한 영상이 표시됩니다. 생성한 영상의 섬네일에 마우스 커서를 위치하여 미리 보기 형태로 영상을 확인하고 〈Download〉 버튼을 클릭하여 영상을 다운로드합니다.

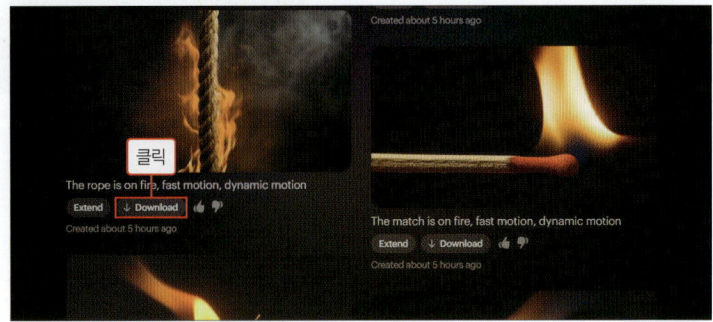

03 엔딩 크레딧의 배경에 사용할 다운로드한 영상들을 하나의 폴더로 이동합니다.

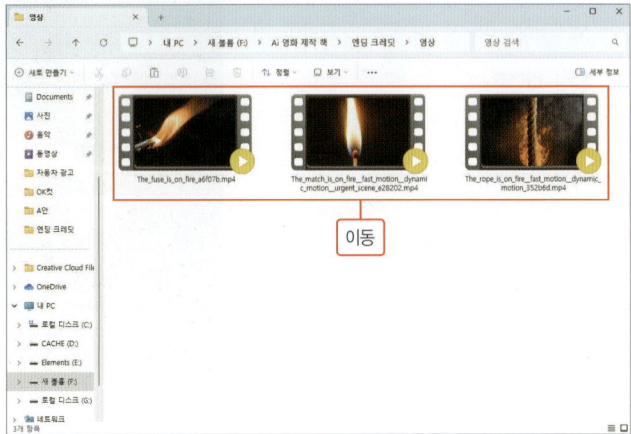

● 예제파일 : 03\크레딧 영상\편집 소스 폴더 ● 완성파일 : 03\크레딧 영상\크레딧영상_완성.mp4

SECTION 17. 타이포가 움직이는 엔딩 크레딧 영상 만들기

프리미어 프로를 활용하여 배경 영상에 텍스트 타이포 무빙 및 배경 음악을 영상에 맞게 리믹스하여 제작진과 영화 제목이 돋보이는 트렌디한 엔딩 크레딧을 완성합니다.

01 엔딩 크레딧 편집 소스 불러오기

01 프리미어 프로를 실행하고 〈New Project〉 버튼을 클릭하여 새 프로젝트를 만듭니다. 그림과 같은 화면에서 영상 편집을 진행하기 위해 Name에 'Ending Credit'을 입력하고 〈Create〉 버튼을 클릭합니다.

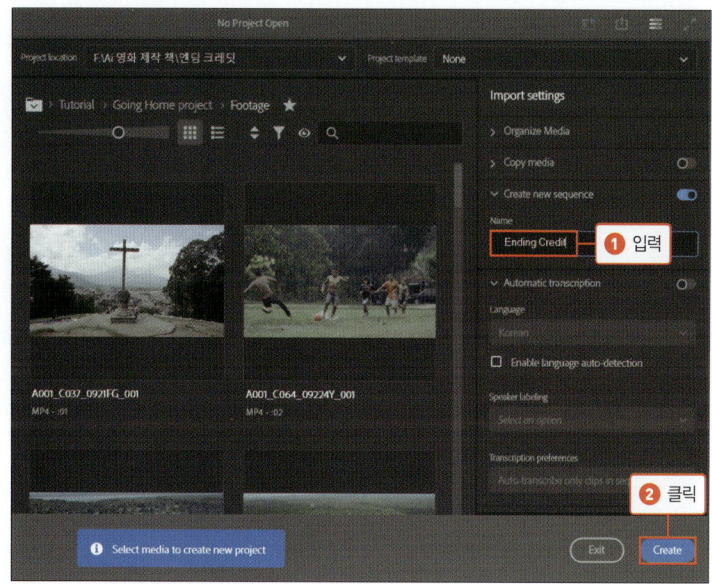

TIP 필요하다면 Project location에서 프로젝트를 저장할 위치를 지정합니다.

02 프로젝트가 생성되면 루마 AI에서 생성한 영상들을 불러오기 위해 Project 패널에 있는 〈Import media〉 버튼을 클릭합니다.

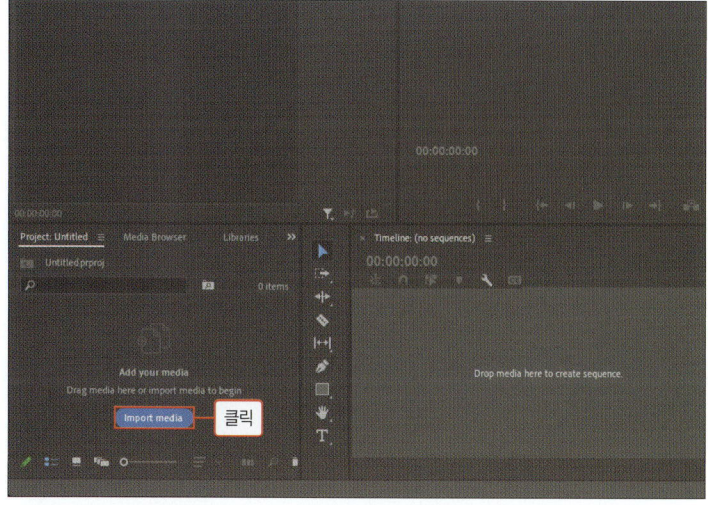

215

03 Import 대화상자가 표시되면 03 → 크레딧 영상 → 편집 소스 폴더에서 모든 영상 파일과 배경 음악 파일을 선택하고 〈열기(O)〉 버튼을 클릭하여 불러옵니다.

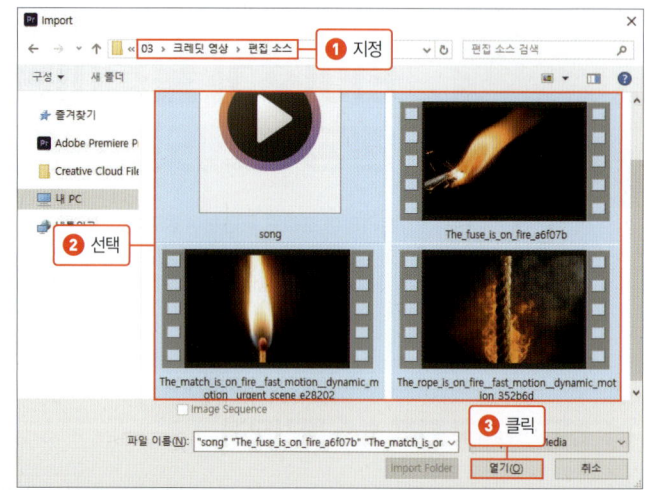

04 Project 패널에 편집에 필요한 소스들이 표시됩니다.

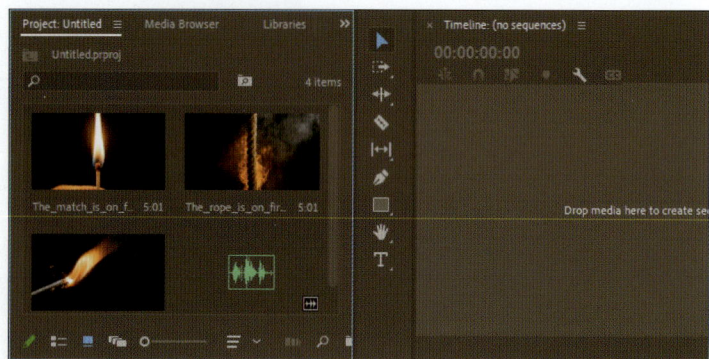

> **NOTE**
>
> **Project 패널의 보기 형식**
>
> Project 패널의 보기 형식은 그림과 같이 목록형(List View) 형태로 표시되어 있습니다. 보기 형식은 아이콘을 클릭하여 자유롭게 변경할 수 있습니다. 파일 이름이 표시되어 있는 목록형으로 살펴볼 때는 'List View' 아이콘(☰)을, 섬네일 형태로 어떤 소스인지 한눈에 알아보려면 'Icon View' 아이콘(▦)을 클릭하여 보기 형식을 변경합니다. 작업에 편한 방식으로 보기 형식을 설정하여 작업하세요.

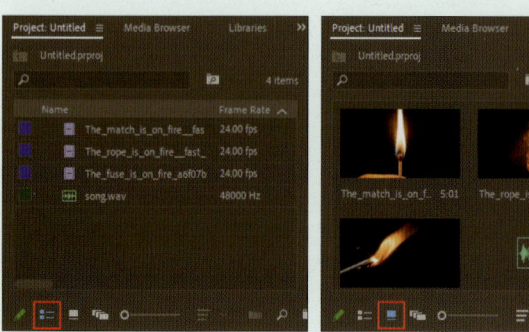

▲ 목록형   ▲ 아이콘형

02 영상 소스 및 타이포 무빙 배치하기

01 엔딩 크레딧의 '성냥에 불이 붙는 영상' 파일을 Timeline 패널에 마우스로 드래그하여 영상을 배치합니다.

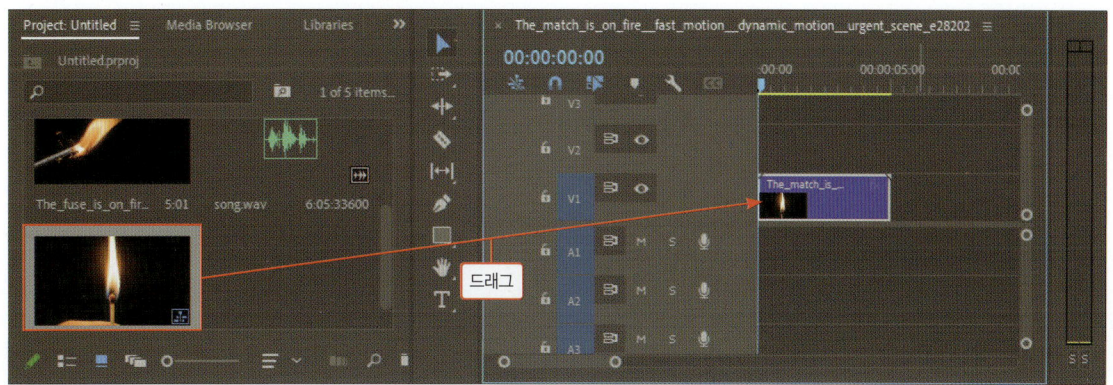

02 Timeline 패널에서 시간 표시자를 '00:00:03:00'으로 이동하고 '성냥에 불이 붙는 영상' 클립의 오른쪽 끝부분을 왼쪽으로 드래그하여 5초짜리 영상을 3초짜리 영상으로 편집합니다.

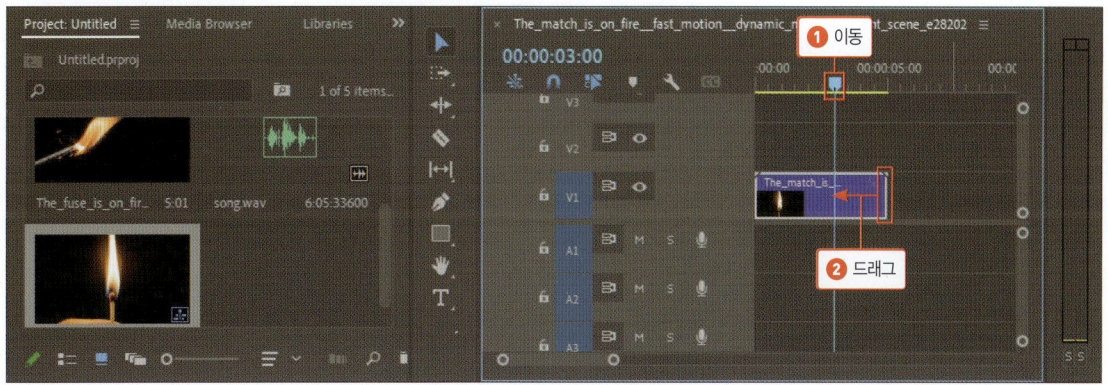

03 Essential Graphics 패널에 있는 (Browse) 탭에서 'Film Lower Third Left' 프리셋을 Timeline 패널의 시간 표시자로 드래그하여 배치합니다.

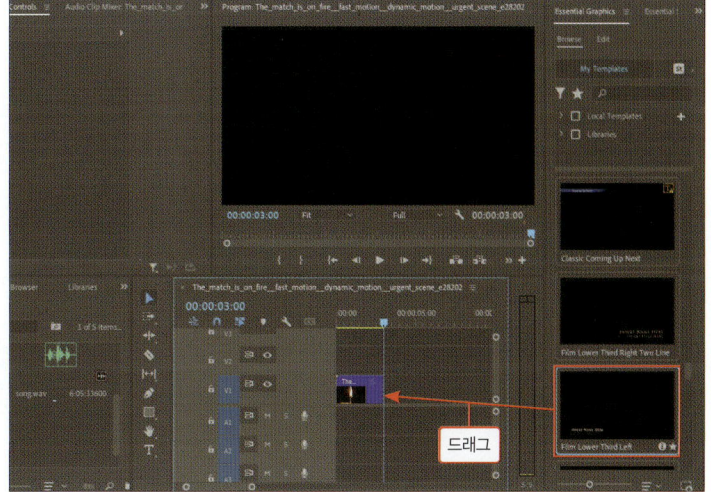

217

Essential Graphics 패널

Essential Graphics 패널이 보이지 않는다면 메뉴에서 (Windows) → Essential Graphics를 실행합니다.

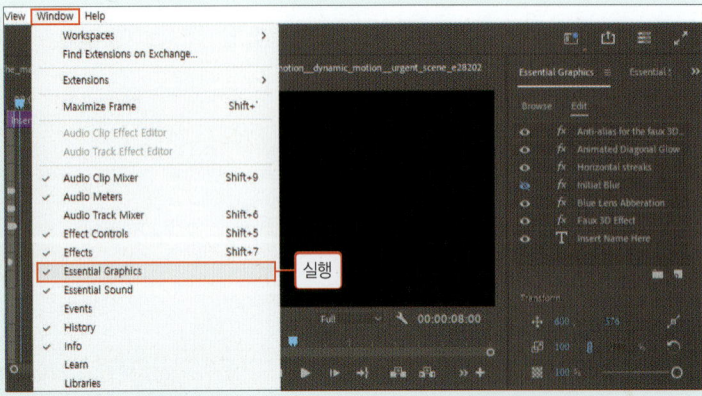

04 Spacebar를 누르거나 시간 표시자를 3초 뒤의 구간으로 드래그하여 이동하면 그림과 같이 텍스트가 삽입된 것을 확인할 수 있습니다. '텍스트' 클립을 선택하고 Program Monitor 패널에서 텍스트를 클릭합니다.

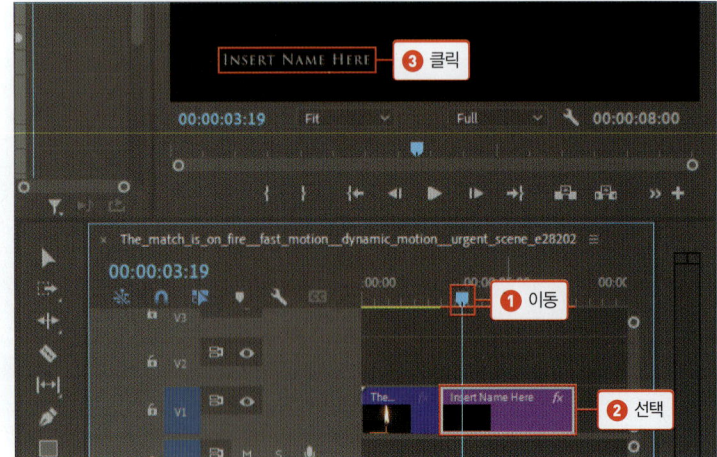

05 텍스트가 블록 지정되어 나타나면 'MISSON FALLOUT'을 입력하여 문구를 수정하고 Essential Graphics 패널에서 글꼴 크기를 '100'으로 설정한 다음 'Center align text' 아이콘(■)과 'Faux bold' 아이콘(■)을 클릭하여 가운데 정렬과 굵기를 적용합니다.

TIP 텍스트 클립을 선택하면 자동으로 Essential Graphics 패널이 (Edit) 탭으로 변경되어 텍스트 스타일을 변경할 수 있습니다.

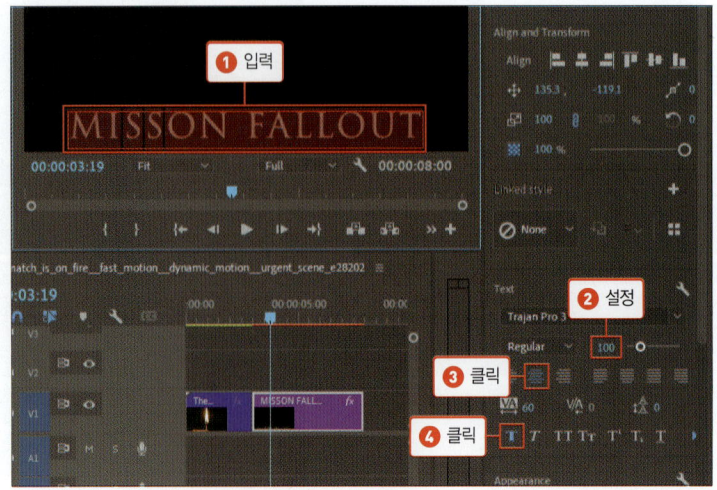

218

06 Align and Transform 항목에서 'Align Center Horizontally' 아이콘(■)과 'Align Center Horizontally' 아이콘(■)을 클릭하여 가로 화면 가운데 정렬과 세로 화면 가운데 정렬을 적용합니다. 화면의 정중앙에 영화 제목이 배치됩니다.

07 Tools 패널에서 '선택' 도구(▶)를 선택하고 Program Monitor 패널에서 텍스트 박스의 가운데 하단 조절점을 아래로 드래그하여 세로 길이를 넓게 조절한 다음 텍스트 자막을 더블클릭합니다.

08 그림과 같이 입력 표시가 되면 '미션 폴아웃'을 입력하고 드래그하여 블록을 지정해 선택합니다. Essential Graphics 패널의 Text 항목에서 글꼴 크기를 '60'으로 설정하고 글꼴 스타일을 '에스코어 드림', 스타일 굵기를 '6 Bold'로 지정하여 텍스트 스타일을 변경합니다.

에스코어 드림

에스코어 드림은 상업적 이용이 가능한 무료 고딕 폰트로, 에스코어(s-core.co.kr/company/font/) 사이트에서 간편하게 다운로드하여 사용할 수 있습니다. 에스코어 드림 폰트가 없거나 다운로드할 수 있는 환경이 아니라면 해당 폰트가 아닌 다른 폰트로 대체하여 사용해도 괜찮습니다.

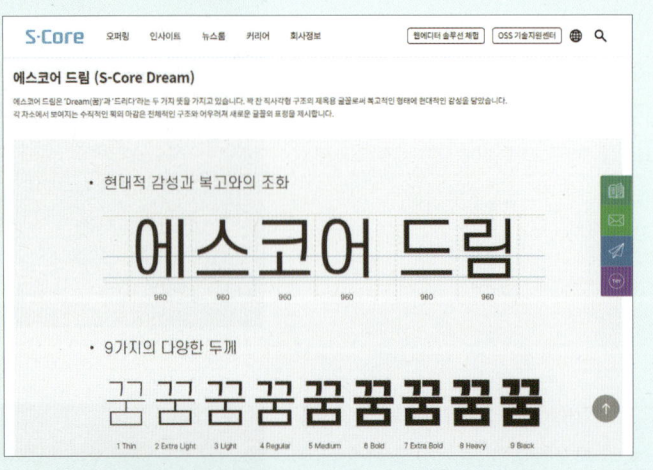

09 Program Monitor 패널에서 텍스트 박스의 가운데 하단 조절점을 위로 드래그하여 텍스트에 최대한 맞춥니다. Essential Graphics 패널의 Align and Transform 항목에서 'Align Center Vertically' 아이콘(▮)을 클릭하여 영화 제목을 화면 중앙에 배치하여 엔딩 크레딧 장면 2를 완성합니다.

10 장면 3을 만들기 위해 Project 패널에서 '도화선에 불이 붙는 영상' 파일을 Timeline 패널 V1 트랙의 가장 끝부분에 드래그하여 영상을 배치합니다.

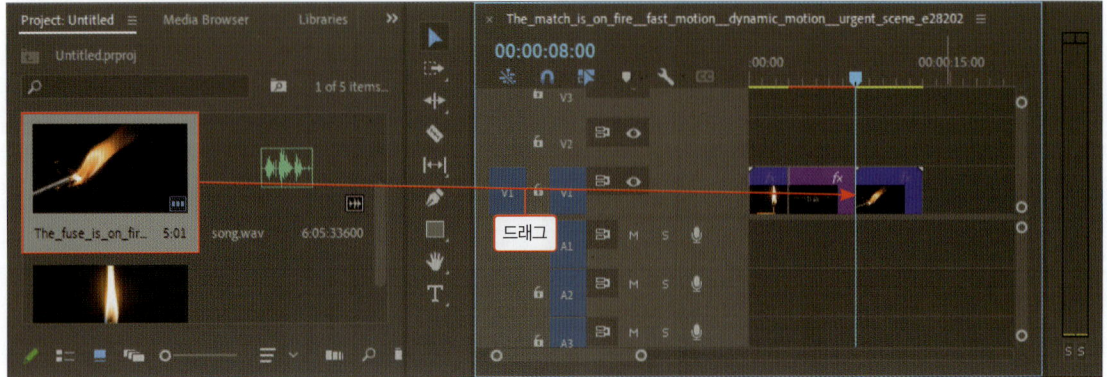

11 같은 방법으로 Project 패널에서 장면 3에 해당하는 '밧줄에 불이 붙는 영상' 파일을 Timeline 패널 V1 트랙의 가장 끝부분에 드래그하여 영상을 배치합니다.

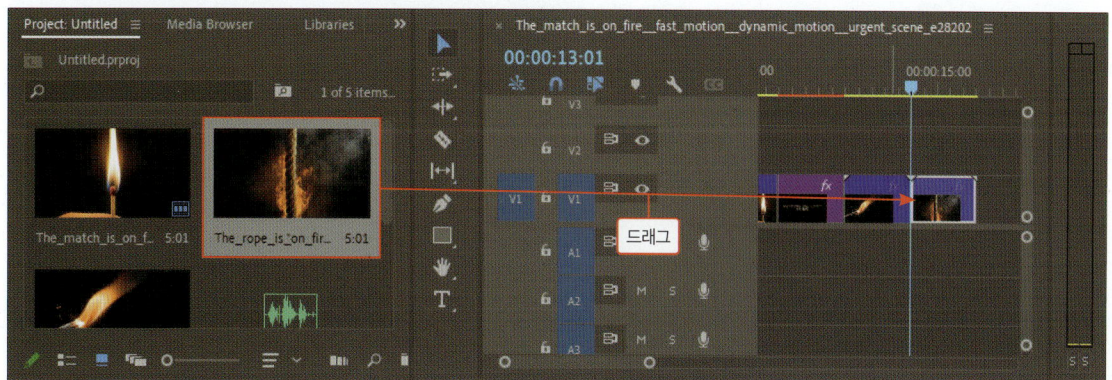

12 Essential Graphics 패널의 (Browse) 탭에서 'Film Lower Third Left' 프리셋을 Timeline 패널의 장면 3에 해당하는 클립 시작 부분과 같은 위치에 배치하기 위해 V2 트랙으로 드래그하여 배치합니다.

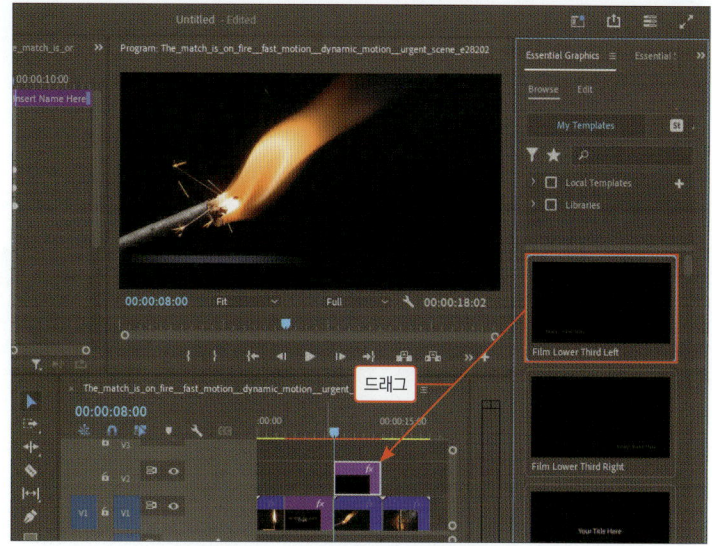

13 텍스트 프리셋이 표시되면 장면 2의 텍스트 스타일을 변경했던 과정과 동일하게 진행합니다. 'Presents Indie Movie Film'을 입력하여 문구를 수정하고 Essential Graphics 패널의 Text 항목에서 글꼴 크기를 '60'으로 설정한 다음 'Center align text' 아이콘(■)을 클릭하여 텍스트의 스타일을 변경합니다.

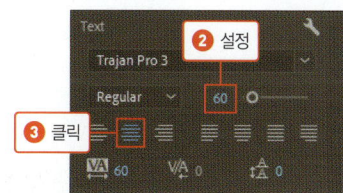

221

14 Align and Transform 항목에서 'Align Center Horizontally' 아이콘( )과 'Align Center Vertically' 아이콘( )을 클릭하여 가로 화면 가운데 정렬과 세로 화면 가운데 정렬을 적용합니다. 화면의 정중앙에 영화 제목이 배치됩니다.

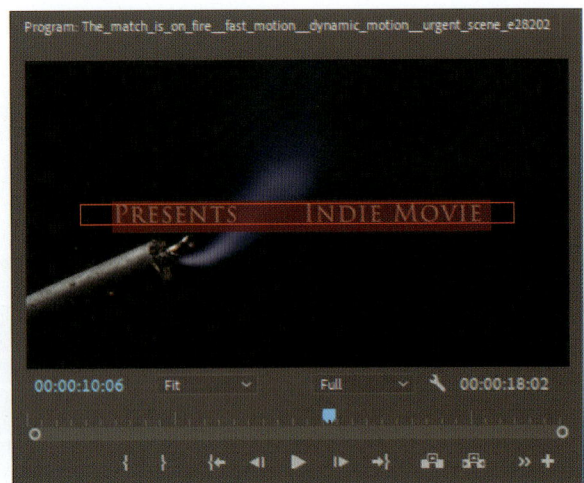

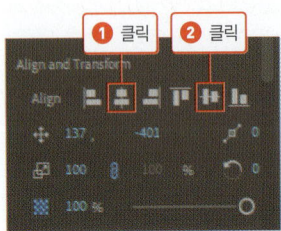

> **NOTE 정확한 화면 정렬**
>
> 화면 정렬을 해도 배치가 완벽한 중앙에 위치하지 않을 수도 있습니다. 이러한 경우 Tools 패널에서 '선택' 도구( )를 선택하고 텍스트 박스의 가운데 조절점을 위아래로 드래그하여 상하에 여백이 없도록 조절합니다. 이렇게 설정을 한 다음 Essential Graphics 패널의 Align and Transform 항목에서 정렬 아이콘들을 클릭하면 원하는 방향으로 완벽하게 배치할 수 있습니다.

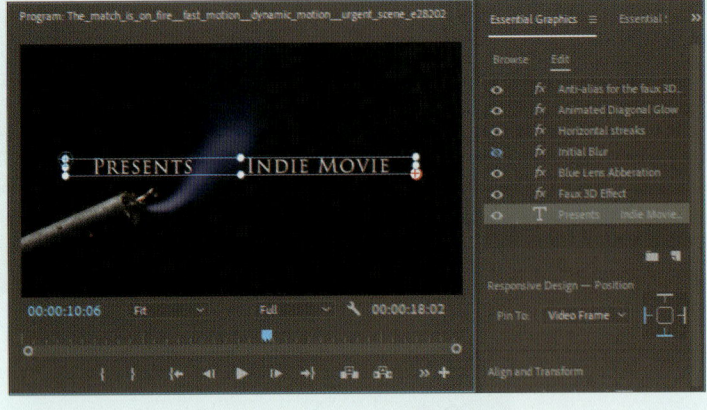

15 시간 표시자를 '00:00:10:00'으로 이동하고 장면 3의 '텍스트' 클립의 오른쪽 끝부분을 왼쪽으로 드래그하여 5초짜리 영상을 2초짜리 영상으로 편집합니다.

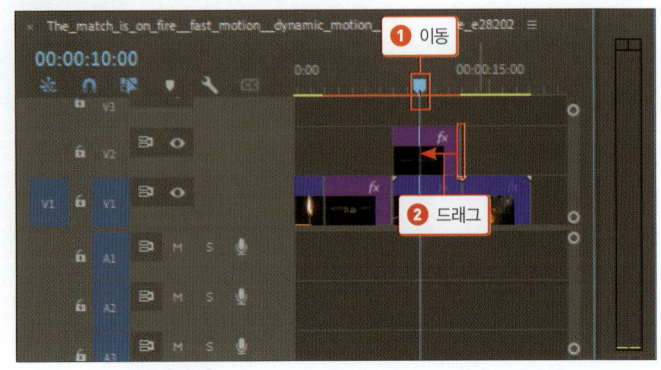

TIP 이는 제작진을 보여 주는 시간입니다. 제작진 이름을 좀 더 길게 보여 주고 싶다면 2초보다 길게, 짧게 보여 주고 싶다면 2초보다 짧게 설정하면 됩니다.

16 제작진 이름을 더 추가하기 위해 Alt 를 누른 상태로 장면 3의 '텍스트' 클립을 '00:00:10:00'으로 드래그하여 복제합니다.

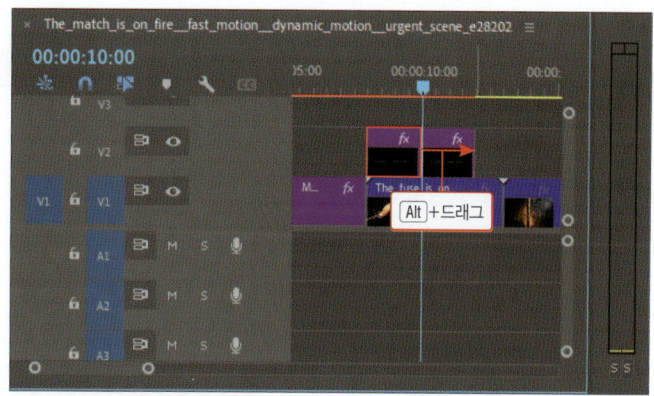

17 두 번째 제작진에 대한 내용을 입력하기 위해 시간 표시자를 복제한 클립 위치로 이동하고 Program Monitor 패널에서 텍스트를 더블클릭한 다음 'Screenplay Robert Mekin'을 입력합니다.

TIP 앞서 폰트 스타일이나 길이 등을 적용한 클립을 복제했으므로 별도의 설정을 할 필요는 없습니다.

18 같은 방법으로 Alt 를 누른 상태로 '텍스트' 클립을 '00:00:12:00'으로 드래그하여 복제합니다. 세 번째 제작진에 대한 내용을 입력하기 위해 시간 표시자를 복제한 클립 위치로 이동하고 Program Monitor 패널에서 텍스트를 더블클릭한 다음 'Director Andrew'를 입력합니다.

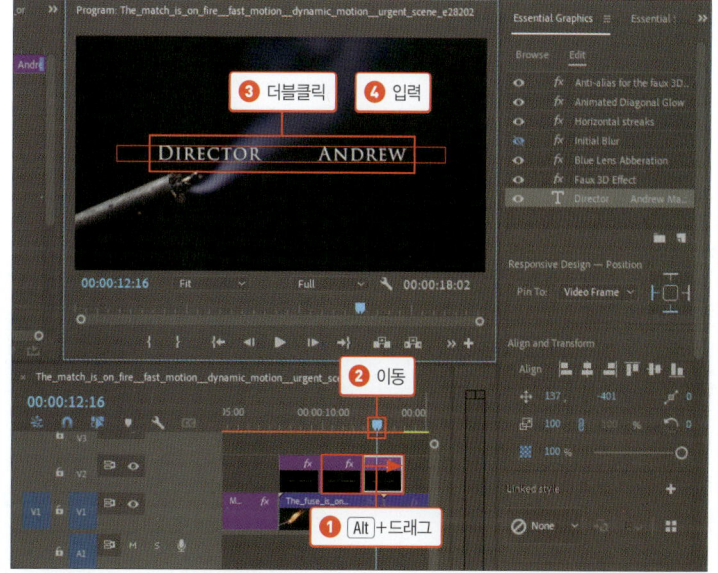

19 같은 방법으로 Alt 를 누른 상태로 텍스트 클립을 '00:00:14:00'으로 드래그하여 복제합니다. 네 번째 제작진에 대한 내용을 입력하기 위해 시간 표시자를 복제한 클립 위치로 이동하고 Program Monitor 패널에서 텍스트를 더블클릭한 다음 'Actress Simone Edward'를 입력합니다.

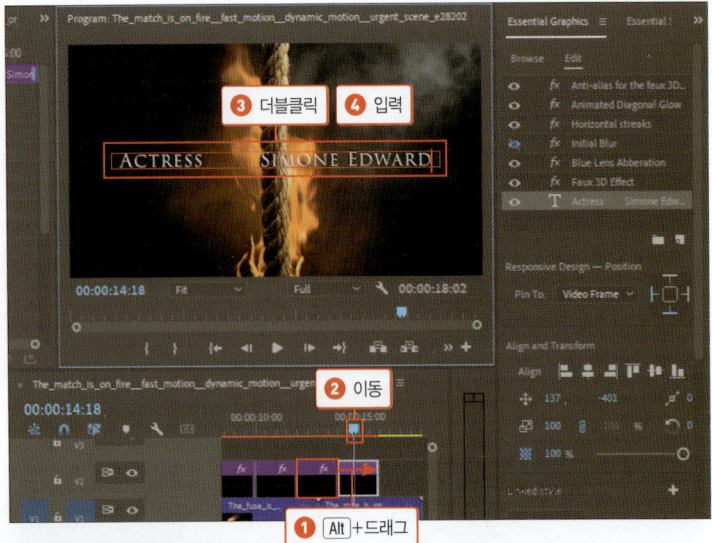

20 같은 방법으로 Alt 를 누른 상태로 텍스트 클립을 '00:00:18:00'으로 드래그하여 복제합니다. 마지막 제작진에 대한 내용을 입력하기 위해 시간 표시자를 복제한 클립 위치로 이동하고 Program Monitor 패널에서 텍스트를 더블클릭한 다음 'Effect Music Michael Joe'를 입력합니다.

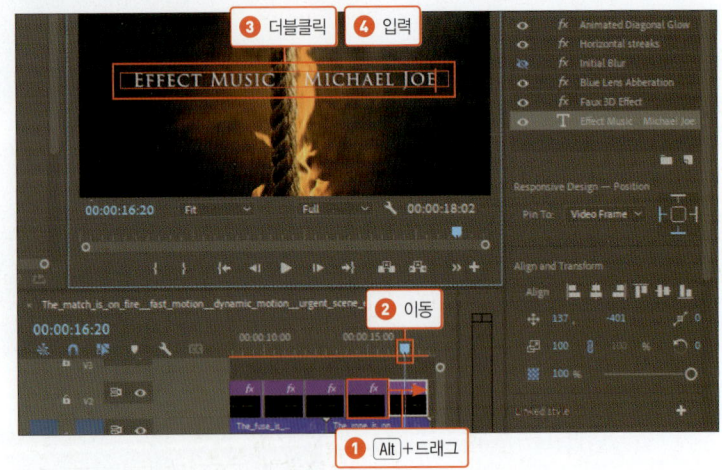

03 영상에 맞춰 배경 음악 리믹스하기

01 배경 음악을 추가하기 위해 Project 패널에서 'Song.wav' 파일을 Timeline 패널 A1 트랙으로 드래그하여 배치합니다.

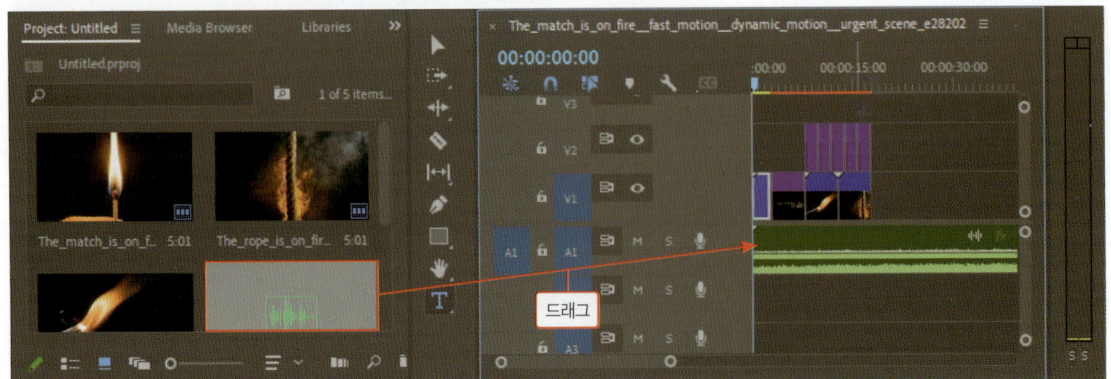

02 음악을 직접 믹싱하지 않고 내장 AI 기능을 활용하면 시간에 맞게 믹싱 작업을 진행할 수 있습니다. 오디오 클립 부분에서 마우스 오른쪽 버튼을 클릭하고 **Remix → Enable Remix**를 실행합니다.

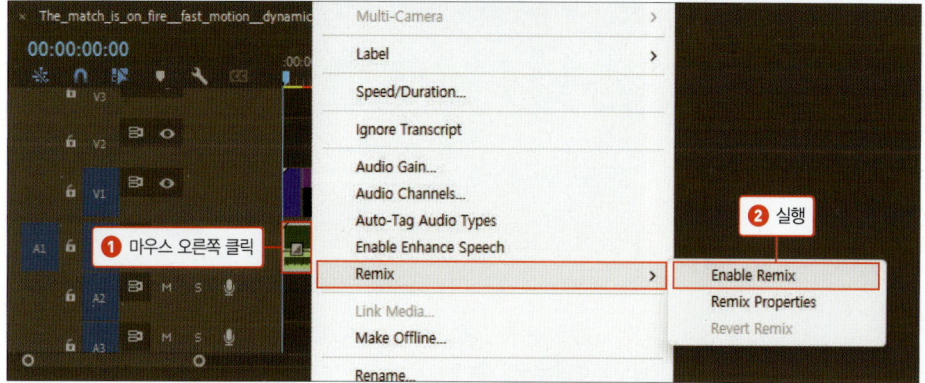

03 Essential Sound 패널에 설정 창이 표시됩니다.
Target Duration을 영상의 전체 길이에 가까운 값으로 설정합니다. 예제에서는 '00:00:19:16'로 설정하였습니다.

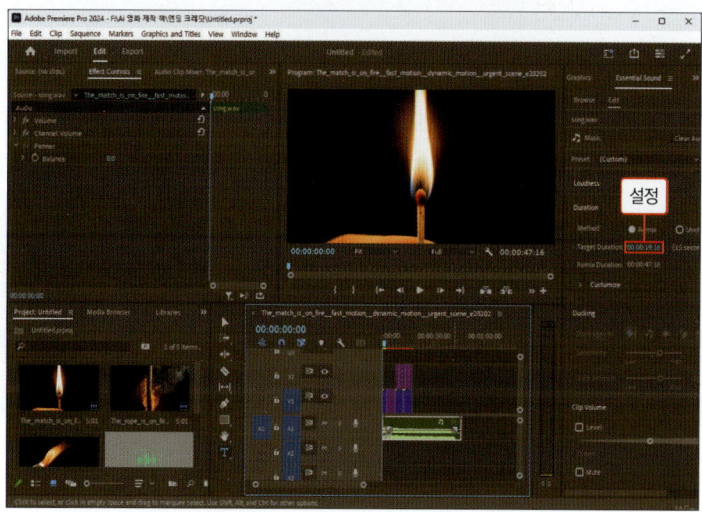

TIP 예제에서는 사용하는 음악 원본이 너무 길어서 최저 길이가 47초가량으로 표시됩니다.

04 리믹스를 진행해도 오디오가 영상보다 살짝 긴 것을 확인할 수 있습니다. 오디오 클립의 오른쪽 끝부분을 영상 길이에 맞춰 왼쪽으로 드래그합니다.

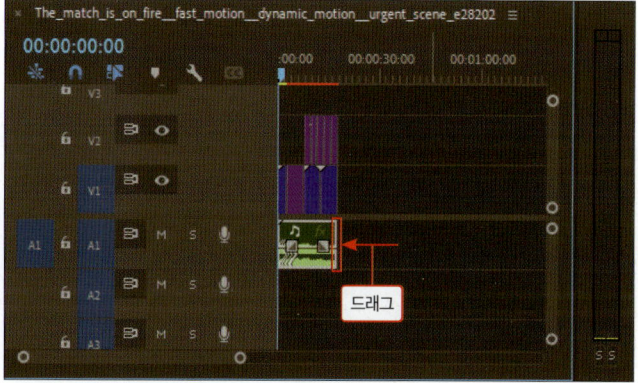

TIP 리믹스는 단순히 길이만 조절하는 것이 아니라 영상을 AI가 분석하여 박자감, 리듬감 등을 고려하여 믹스하는 것이므로, 길이가 맞지 않더라도 설정하는 것이 좋습니다.

225

05 현재는 오디오가 영상의 끝부분에서 뚝 끊기는 느낌이 나면서 종료됩니다. 이를 완화하기 위해 오디오 클립에 마우스 커서를 위치하면 'Fade' 아이콘(▨)이 표시됩니다. 이를 왼쪽으로 드래그하여 페이드 아웃 효과를 적용합니다.

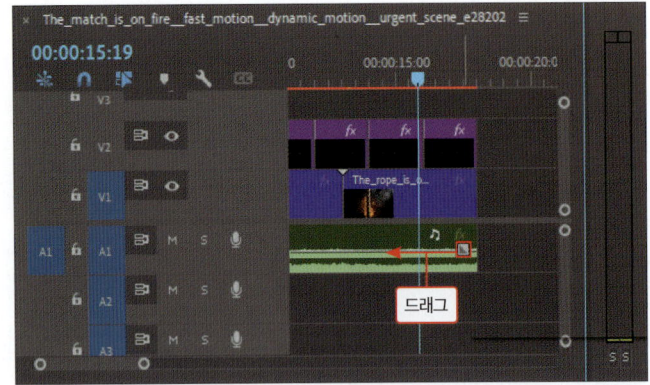

TIP 음악이 갑자기 시작하거나 음악이 뚝 끊기면서 끝나는 느낌보다는 자연스럽게 끝나는 것이 영상의 퀄리티 적으로 높은 효과를 낼 수 있습니다. 페이드 효과는 시작과 끝부분에서 자연스러운 오디오 효과를 낼 수 있습니다.

04 렌더링과 영상 출력하기

01 Enter를 눌러 렌더링을 진행합니다. 반드시 렌더링을 진행해야 프리뷰에서 매끄럽게 영상이 재생되며, 이후 출력 과정에서 적용한 모든 효과를 오류와 끊김이 없는 상태로 출력할 수 있습니다.

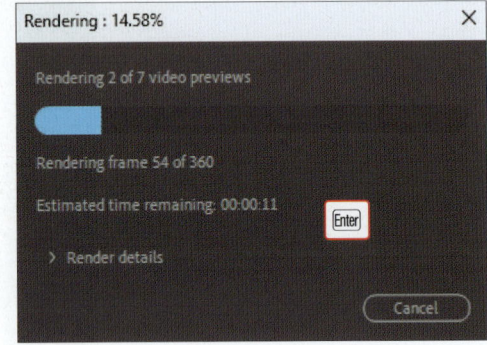

02 렌더링이 완료되면 Timeline 패널의 빨간색 부분이 초록색으로 변경된 것을 확인할 수 있습니다. 초록색이 표시되면 렌더링이 완료된 것입니다.

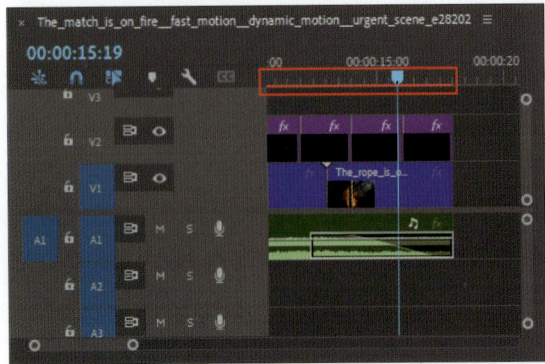
▲ 렌더링 전

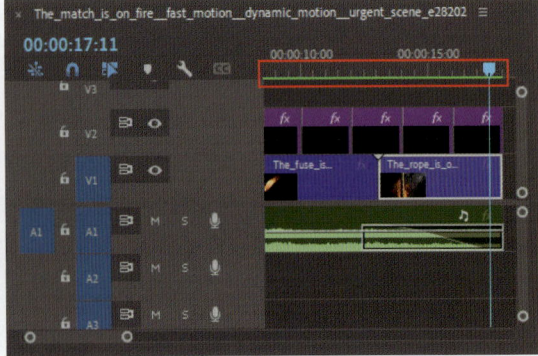
▲ 렌더링 후

03 Ctrl+M을 눌러 영상을 출력하는 설정으로 이동합니다. File Name 에 출력하려는 영상의 이름을 입력하고 Location을 클릭하여 파일을 저장할 위 치를 지정합니다. 'Video' 항목을 클릭하 여 하위 속성을 표시하고 〈More〉 버튼을 클릭합니다.

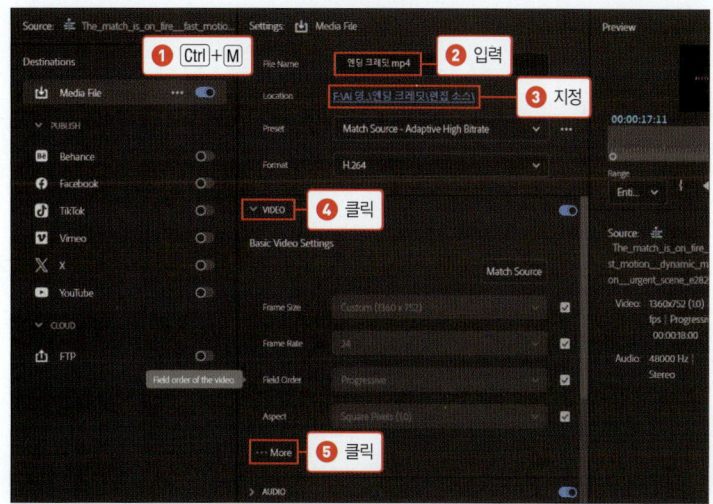

04 세부 속성이 표시되면 결과 영 상의 퀄리티를 향상하기 위해 'Render at maximum Depth'와 'Use Maximum Render Quality'를 체크 표 시하고 〈Export〉 버튼을 클릭합니다.

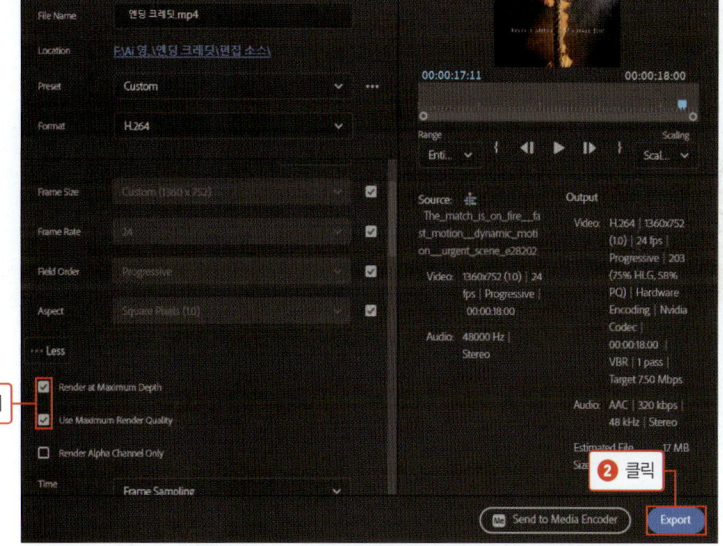

05 지정 경로에 영상이 출력됩니다. 엔딩 크레 딧에 배경 음악과 영상, 페이드 아웃 등 효 과들이 잘 적용되었는지 확인합니다.

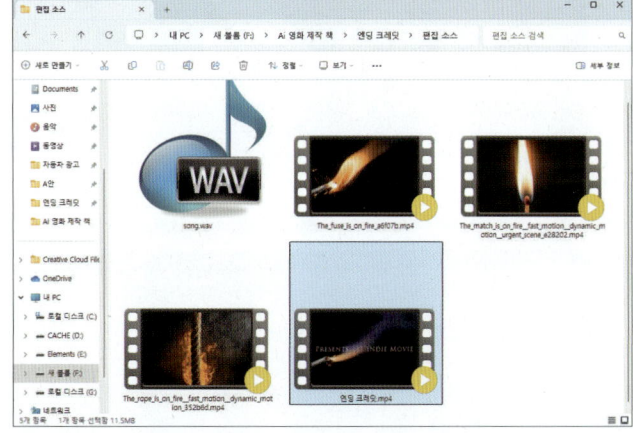

PART 4 — 영상 실무자가 알려주는 장르별 실전 AI 영상 프로젝트

AI 기술을 활용해 다양한 장르의 영상을 제작하는 방법을 따라하는 방식으로 과정을 소개합니다. 액션 영상 제작에서는 AI를 활용해 다이내믹한 장면과 강렬한 액션 장면을 구현하는 방법을 배웁니다. 웹툰 소스를 이용한 실사 영상에서는 2D 웹툰 이미지를 실사 영상으로 생성해 효율적으로 영상을 만드는 기술을 다루며, 픽사 스타일의 애니메이션 영상에서는 AI 기반의 3D 애니메이션 제작과 감정 표현 기법을 학습합니다.

감성적인 청춘 드라마 제작 과정에서는 AI를 통해 인물의 감정과 자연스러운 연기를 표현하고, 영상 합성 기법으로 감성적인 분위기를 극대화하는 방법을 익힙니다. 마지막으로, 색감이 돋보이는 예술 영상 제작에서는 AI를 활용해 예술적 색채와 비주얼 미학을 구현하는 방법을 배웁니다. 각 프로젝트는 단계별로 진행되며, 실무에서 바로 적용 가능한 기술을 중심으로 구성되어 창의적이고 독창적인 콘텐츠 제작 실력을 키울 수 있을 것입니다. 이번 파트에서는 장르별 영상의 특성을 파악하고, 필요한 AI 도구 사용과 활용 방법을 실전 AI 영상에 적용시켜 보세요.

Project Learning : AI Video Contents Top 10

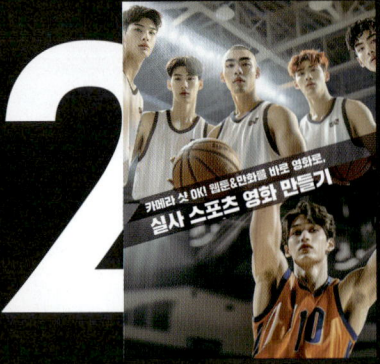

Section Learning : AI Prompt Engineering Contents

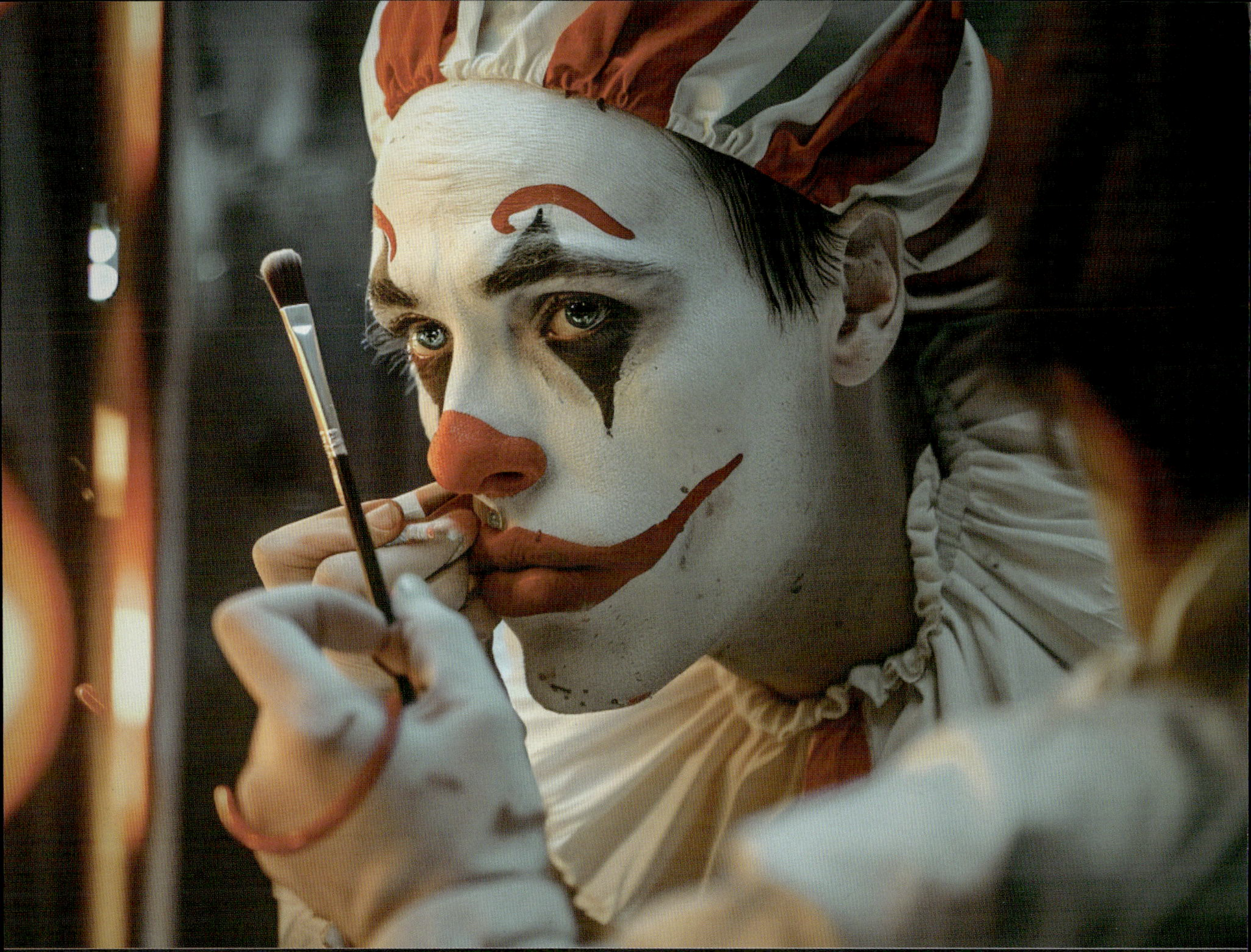

영상 만들기
5
자동 자막과 내레이션, AI 음악이 돋보이는
실사 예술 영화 만들기
6
입에 착착 붙는 립싱크와 드라마틱한 영상까지
청춘 드라마 영상 만들기
7
관찰 시점과 엑스트라를 마음대로!
슈팅 게임 영상 만들기

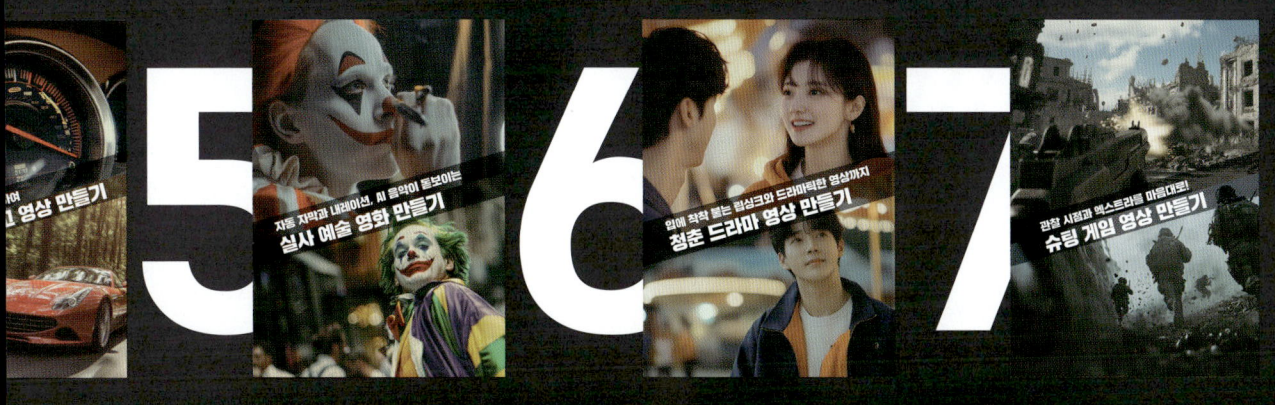

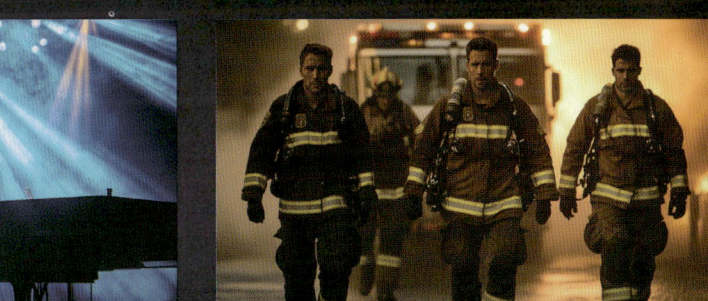

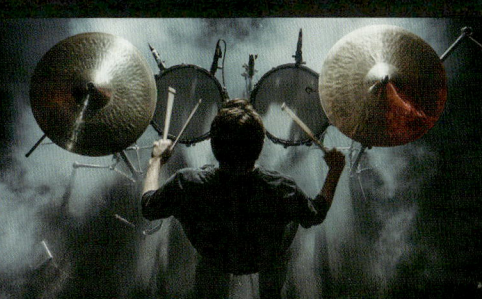

PROJECT

제작비 없이 만드는 액션 무비! 강력한 효과음의
블록버스터 액션 영화 만들기

실사 블록버스터 액션 영화는 대규모 예산과 화려한 시각적 요소들로 관객을 사로잡으며, 제작 과정에서 극적인 스턴트, 복잡한 시각 효과, 정교한 편집 및 사운드 디자인이 필요합니다. 이러한 영화는 수많은 전문가의 협업과 높은 비용이 소요되며, AI 기술을 활용하면 시나리오 작성, VFX, 모션 캡처 등 제작 과정에서 비용 절감과 효율성을 크게 높일 수 있습니다.

실사 블록버스터 액션 영화는 대규모 예산을 활용해 화려한 장면으로 관객을 사로잡는 장르입니다. 강렬한 효과음과 폭발음, 화려한 액션, 빠르게 질주하는 오토바이와 폭파 장면 등 블록버스터하면 떠오르는 영상 요소들이 있습니다. 블록버스터의 의미가 거대한 폭탄이란 어원처럼, 관객에게는 짜릿한 스릴을 제공하는 영화입니다. 이러한 영화의 영화의 제작 과정은 극적인 스턴트, 복잡한 시각 효과, 정교한 편집 및 사운드 디자인 등을 포함하며, 각 요소는 많은 시간과 비용을 요구합니다.

'타이타닉', '미션 임파서블', '탑건'과 같은 블록버스터 액션 영화를 제작하는 과정은 수많은 전문가의 협업과 최첨단 기술의 집약체라 할 수 있습니다. 이러한 영화의 제작비 역시 2,000억 원 이상이 소요되는 경우도 많기 때문에 자본력이 약한 제작사는 꿈도 꾸지 못할 영화 장르기기도 합니다.

AI 기술을 활용하면 이 복잡한 제작 과정과 비용을 혁신적으로 단순화하고 절감할 수 있으며, 영화 제작에서 어려운 장면을 만들 때 중요한 역할을 할 수 있습니다. 예를 들어, 시나리오 작성과 스토리보드 제작에서 AI는 창의적 아이디어를 제공하고, 다양한 시나리오를 생성할 수 있습니다. AI 기반의 비주얼 이펙트(VFX) 기술은 복잡한 시각 효과를 자동으로 생성하여 후반 작업의 시간을 크게 줄여줍니다. 또한 모션 캡처와 CGI 캐릭터 생성에서도 AI는 자연스러운 동작과 표정을 구현하여 더 현실감 있는 장면을 만들 수 있습니다.

예제에서는 챗GPT를 이용하여 스토리라인을 보강하여 영상 장면을 구성한 다음 액션 영화 스타일로 장면을 생성합니다. 특히 영상에 맞게 강렬한 효과음 구성과 액션 장면을 구현하는 방법을 알아봅니다.

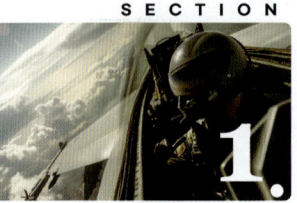

S E C T I O N

1.

긴박감이 넘치는
액션 영화 스토리 구성하기

완성파일 : 04\액션 영화\액션영화스토리.txt

액션 영화는 긴박감 넘치는 장면과 스릴 있는 스토리로 관객의 주목을 끌어야 합니다. 스토리를 구성할 때 주인공은 어떤 목표를 가지고 있고, 어떤 적과 대립하게 될지, 주요 액션 장면은 어떻게 배치할 것인지 스토리 전개와 긴장감을 어떻게 유지할지에 대해 생각해 보며 챗GPT와 함께 스토리를 작성합니다.

스토리가 사전에 구성되지 않았다면 챗GPT를 활용하여 영화의 스토리를 구성할 수 있습니다. 챗GPT는 독창적인 플롯과 장면 기획을 돕고, 흥미진진한 반전과 클라이맥스를 설계하는 데 유용합니다. 하지만 이 예제에서는 일관된 내용을 가진 장면 제작을 위해 사전에 준비된 스토리를 바탕으로 제작을 진행하겠습니다.

CHATGPT

> 파일럿 출신의 비밀 요원이 적국에서 정보를 수집하고 탈출하여 임무를 수행하는 액션 영화를 제작하려고 해. 액션과 전투기 공중전이 펼쳐지는 영화 장면을 구성해 줘.

영화 제목 : Top Pilot: Covert Mission

장면 1 : 임무 시작

주인공이 적국의 비밀 핵시설에서 정보 수집 장비를 챙겨 오토바이에 올라탑니다. 컴퓨터로 보안 시스템을 해킹해 정보를 다운로드하던 중, 경보가 울리며 적국 병사들이 몰려옵니다.

장면 2 : 추격전

주인공이 오토바이를 타고 탈출을 시도합니다. 적국 병사들과 전투기가 추격하는 가운데, 주인공은 고속으로 달리며 도로의 장애물을 피하고 화려한 묘기를 선보입니다. 좁은 골목과 터널을 이용해 전투기를 따돌리고 적의 시야에서 벗어납니다.

장면 3 : 항공모함으로의 복귀

주인공이 해안가에 도착하여 항공모함으로 이동할 소형 보트를 발견합니다. 보트를 타고 항공모함에 도착한 주인공은 신속하게 전투기를 준비하고 이륙합니다.

장면 4 : 공중 교전

이륙 후 핵시설을 파괴하기 위해 비행 중, 적국 전투기들이 추격해 옵니다. 주인공은 뛰어난 조종 실력으로 치열한 공중 전투를 벌이며, 적국의 에이스 파일럿과 일대일로 맞서 싸워 극적인 승리를 거둡니다.

장면 5 : 임무 완수 및 귀환

5초를 남기고 핵시설을 파괴한 주인공은 무사히 항공모함으로 귀환합니다. 주인공과 팀원들은 임무 성공을 축하하며 영화가 끝납니다.

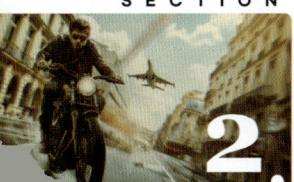

SECTION 2.

액션 영화 스타일로 장면 이미지 만들기

예제파일 : 04\액션 영화\액션영화미드저니프롬프트.txt   완성파일 : 04\액션 영화\이미지 폴더

액션 영화 스토리에 맞추어 미드저니로 각 장면을 생성합니다. 장면마다 스타일을 통일하고, 카메라나 장면에서 효과적으로 보여 주어야 할 부분의 프롬프트를 입력해 흥미진진한 이미지로 장면을 구성하겠습니다.

01 오토바이 라이딩 장면 만들기

Key Prompts • Action movie style, speeding on a motorcycle, hyperrealistic

01 웹브라우저에서 'discord.com'를 입력하여 디스코드 사이트에 접속합니다. 미드저니 입력창에 '/'를 입력하고 표시되는 메뉴에서 '/imagine'을 선택합니다.

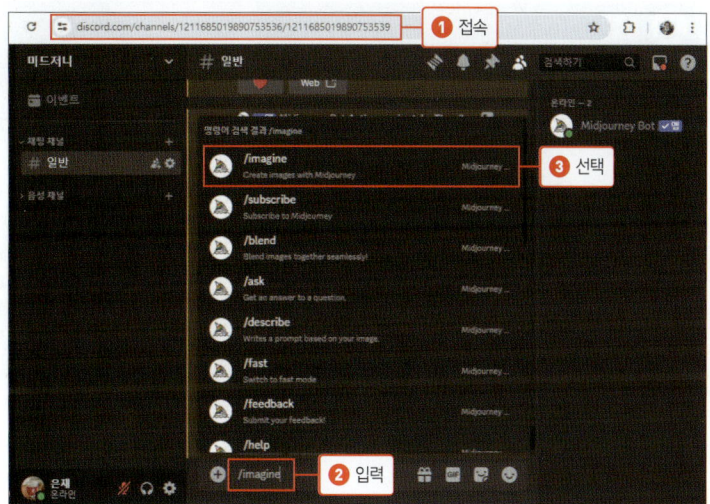

02 프롬프트 입력창이 표시되면 장면 1의 이미지와 스타일을 구성하기 위해 오토바이를 타고 임무를 수행하는 장면을 묘사한 프롬프트를 입력하고 [Enter]를 누릅니다.

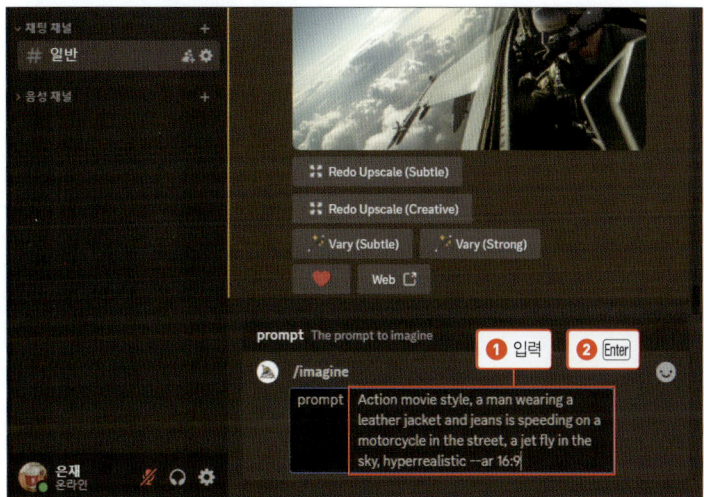

233

> **프롬프트**
> Action movie style, a man wearing a leather jacket and jeans is speeding on a motorcycle in the street, a jet fly in the sky, hyperrealistic --ar 16:9

입력팁
1. Action movie style, a man wearing a leather jacket and jeans is speeding on a motorcycle in the street, a jet fly in the sky : '액션 무비 스타일, 가죽 재킷과 청바지를 입은 남성이 거리에서 오토바이를 타고 달리고 있다. 하늘에는 제트기가 날아다닌다.'라는 스토리를 입력한 프롬프트입니다.
2. hyperrealistic : 실사적인 이미지를 생성하기 위해 입력한 프롬프트입니다.
3. --ar 16:9 : 기본적으로 미드저니는 비율을 지정하지 않으면 1:1 비율의 이미지가 생성됩니다. 가로 영상의 표준 비율인 16:9에 해당하는 이미지를 생성하기 위해 입력한 프롬프트입니다.

03 프롬프트에 맞게 장면 1의 이미지가 다양한 스타일 형태로 생성됩니다. 원하는 느낌의 스타일로 다양한 이미지를 더 보기 위해 〈V(번호)〉 버튼을 클릭합니다. 예제에서는 〈V2〉 버튼을 클릭하였습니다.

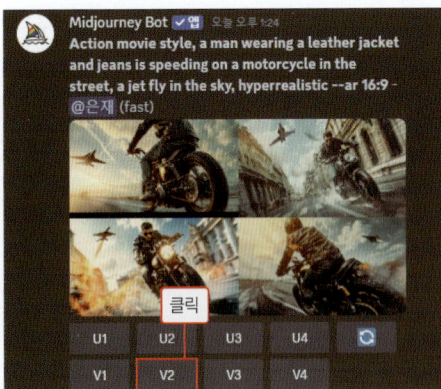 

04 선택한 번호의 이미지와 비슷한 느낌의 결과물이 4개 표시됩니다. 스토리와 비교하여 가장 어울리는 이미지를 최종 가이드로 확정합니다. 예제에서는 2번 이미지에 업스케일을 진행하기 위해 〈U2〉 버튼을 클릭하였습니다.

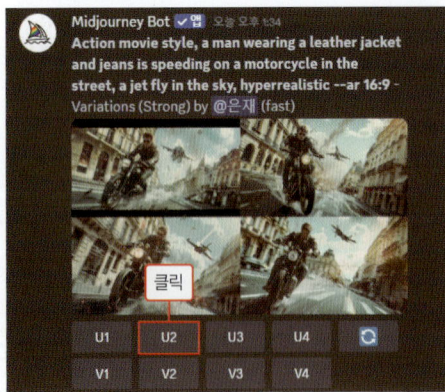 

05 업스케일된 이미지가 표시됩니다. 최상의 결과물을 얻기 위해 〈Upscale (Creative)〉 버튼을 클릭합니다.

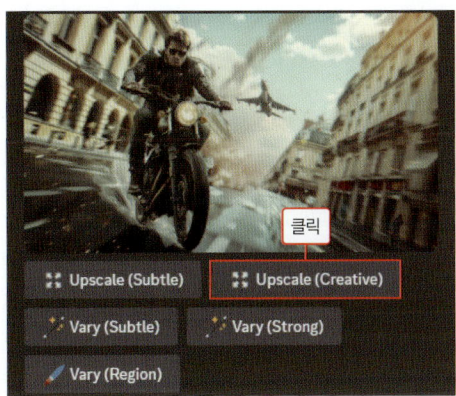

06 업스케일이 완료된 이미지를 클릭하고 '브라우저로 열기'를 클릭합니다.

07 새로운 브라우저 창이 열리며 이미지가 표시됩니다. 마우스 오른쪽 버튼을 클릭한 다음 **이미지를 다른 이름으로 저장...**을 실행합니다. 다른 이름으로 저장 대화상자가 표시되면 이미지를 저장할 경로를 지정하고 〈저장(S)〉 버튼을 클릭하여 미드저니에서 생성한 이미지를 PC에 저장합니다.

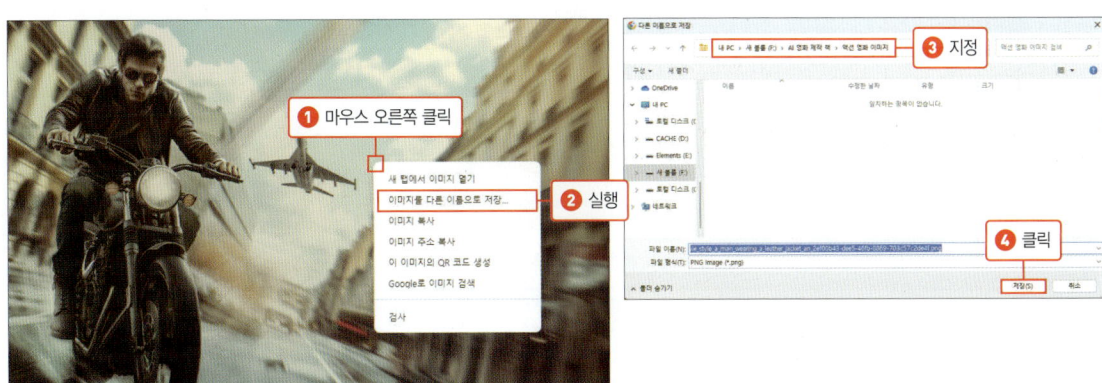

02 제트기 이륙 장면 만들기

Key Prompts • - Action movie style, fighter jets are taking off, hyperrealistic

01 입력창에 '/imagine'을 입력하여 프롬프트 입력창을 표시합니다. 장면 2의 이미지와 스타일을 구성하기 위해 프롬프트 입력창에 제트기가 이륙하는 장면의 프롬프트를 입력하고 Enter를 누릅니다.

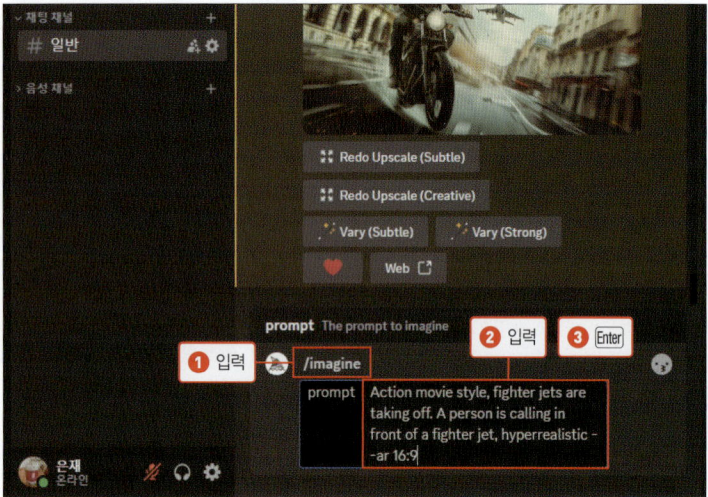

프롬프트 Action movie style, fighter jets are taking off. A person is calling in front of a fighter jet, hyperrealistic --ar 16:9

입력팁
1. Action movie style, fighter jets are taking off. A person is calling in front of a fighter jet : '액션 영화 스타일로, 전투기가 이륙하고 있다. 전투기 앞에서는 보조자가 통신하고 있다.'라는 스토리를 입력한 프롬프트입니다.

2. hyperrealistic : 실사적인 이미지를 생성하기 위해 입력한 프롬프트입니다.

3. --ar 16:9 : 기본적으로 미드저니는 비율을 지정하지 않으면 1:1 비율의 이미지가 생성됩니다. 가로 영상의 표준 비율인 16:9에 해당하는 이미지를 생성하기 위해 입력한 프롬프트입니다.

02 프롬프트에 맞게 장면 2의 다양한 이미지가 생성됩니다. 원하는 느낌과 스타일에 가깝게 생성되면 다양한 이미지를 더 보기 위해 〈V(번호)〉 버튼을 클릭합니다. 예제에서는 〈V1〉 버튼을 클릭하였습니다.

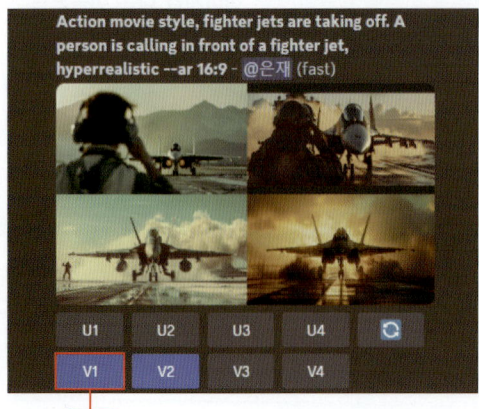

03 선택한 번호의 이미지와 비슷한 느낌의 결과물이 4개 표시됩니다. 스토리와 비교하여 가장 어울리는 이미지를 최종 가이드로 확정합니다. 예제에서는 2번 이미지에 업스케일을 진행하기 위해 〈U2〉 버튼을 클릭하였습니다.

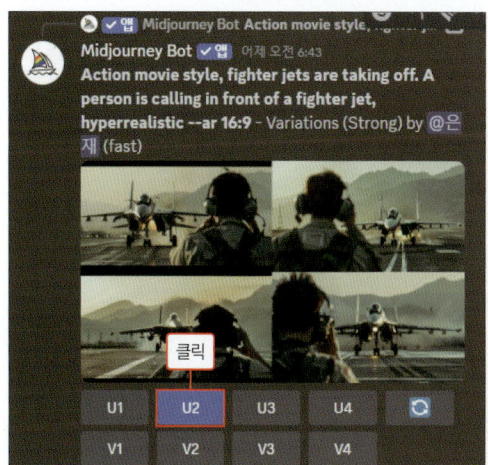 

04 업스케일된 이미지가 표시됩니다. 최상의 결과물을 얻기 위해 〈Upscale (Creative)〉 버튼을 클릭합니다.

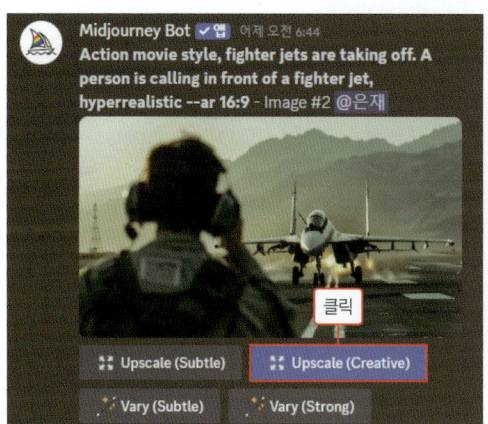 

05 업스케일이 완료된 이미지를 PC에 저장합니다.

03 비행기를 조종하는 측면 뷰 장면 만들기

Key Prompts • The pilot is flying the jet, side view

01 입력창에 '/imagine'을 입력하여 프롬프트 입력창을 표시합니다. 장면 3의 이미지와 스타일을 구성하기 위해 프롬프트 입력창에 비행기를 조종하는 비행사의 측면 뷰 장면을 프롬프트로 입력하고 Enter를 누릅니다.

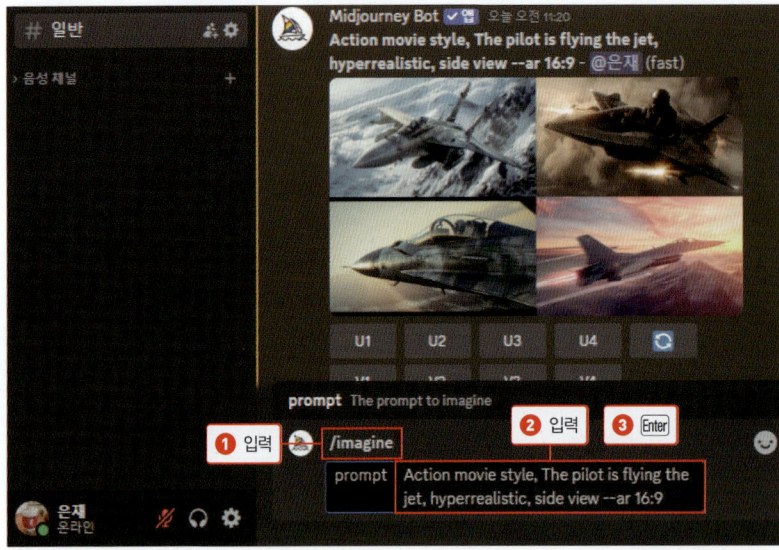

TIP 이미지를 생성할 때 얼굴이나 의상이 동일해야 하는 경우 --cref 파라미터를 활용합니다. 현재 예제에서는 주요 인물의 얼굴이 가려지고, 의상도 오토바이 장면의 의상과 전투기 장면의 의상이 다른 상황이므로 일관성을 유지하지 않고 진행하였습니다.

프롬프트 Action movie style, The pilot is flying the jet, hyperrealistic, side view --ar 16:9

입력팁
1. **Action movie style, The pilot is flying the jet** : '액션 영화 스타일로, 조종사가 전투기를 조종하고 있다.'라는 스토리를 입력한 프롬프트입니다.
2. **hyperrealistic** : 실사적인 이미지를 생성하기 위해 입력한 프롬프트입니다.
3. **side view** : 카메라와 피사체의 측면 구도를 표현하기 위해 입력한 프롬프트입니다.
4. **--ar 16:9** : 기본적으로 미드저니는 비율을 지정하지 않으면 1:1 비율의 이미지가 생성됩니다. 가로 영상의 표준 비율인 16:9에 해당하는 이미지를 생성하기 위해 입력한 프롬프트입니다.

02 프롬프트에 맞게 장면 2의 다양한 이미지가 생성됩니다. 원하는 느낌의 스타일로 다양한 이미지를 더 보기 위해 〈V(번호)〉 버튼을 클릭합니다. 예제에서는 〈V4〉 버튼을 클릭하였습니다.

03 선택한 번호의 이미지와 비슷한 스타일 이미지가 4개 생성되면, 1개의 이미지를 확정하기 위해 업스케일을 진행합니다. 예제에서는 4번 이미지에 업스케일을 진행하기 위해 〈U4〉 버튼을 클릭하였습니다.

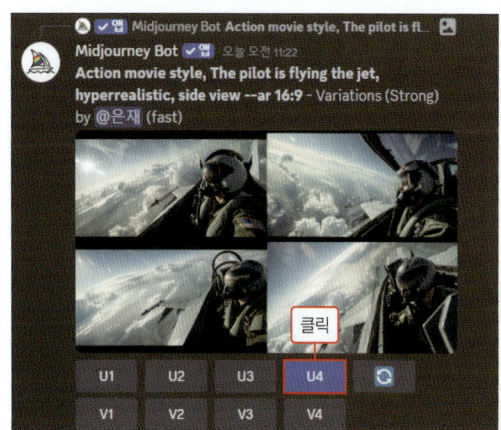 

04 업스케일된 이미지가 표시됩니다. 최상의 결과물을 얻기 위해 〈Upscale (Subtle)〉 버튼을 클릭합니다.

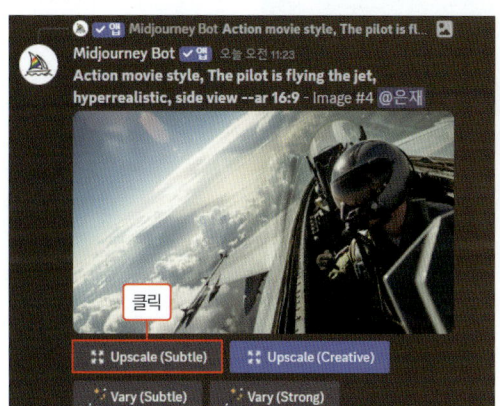 

05 장면 3의 생성이 완료됩니다. 업스케일이 완료된 이미지를 PC에 저장합니다.

04 미사일을 발사하는 전투기 장면 만들기

Key Prompts • Missiles are launched, hyperrealistic

01 입력창에 '/imagine'을 입력하여 프롬프트 입력창을 표시합니다. 장면 4의 이미지와 스타일을 구성하기 위해 프롬프트 입력창에 전투기에서 미사일을 발사하는 장면을 프롬프트로 입력하고 Enter 를 누릅니다.

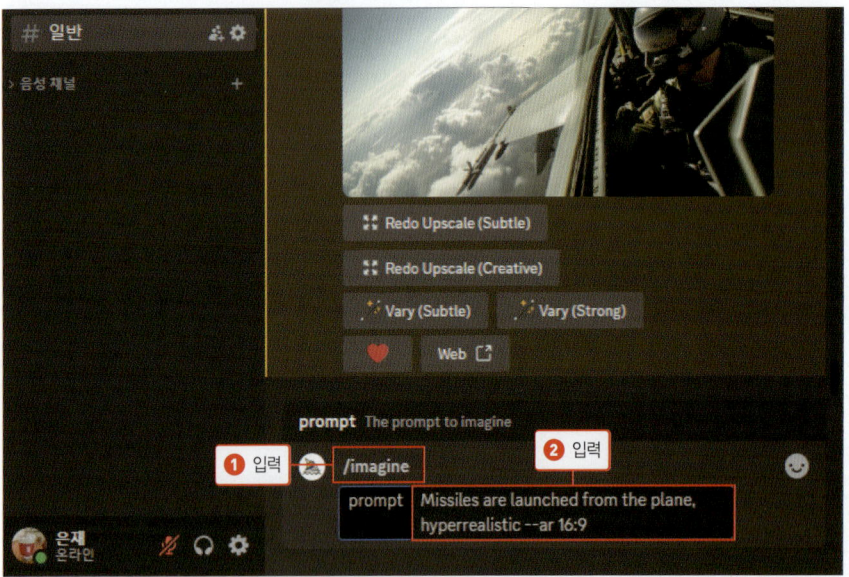

프롬프트 Missiles are launched from the plane, hyperrealistic --ar 16:9

입력팁
1. Missiles are launched from the plane : '미사일이 비행기에서 발사된다.'라는 스토리를 입력한 프롬프트입니다.
2. hyperrealistic : 실사적인 이미지를 생성하기 위해 입력한 프롬프트입니다.
3. --ar 16:9 : 기본적으로 미드저니는 비율을 지정하지 않으면 1:1 비율의 이미지가 생성됩니다. 가로 영상의 표준 비율인 16:9에 해당하는 이미지를 생성하기 위해 입력한 프롬프트입니다.

02 프롬프트에 맞게 장면 4의 다양한 이미지가 생성됩니다. 원하는 느낌의 스타일로 다양한 이미지를 더 보기 위해 〈V(번호)〉 버튼을 클릭합니다. 예제에서는 〈V2〉 버튼을 클릭하였습니다.

03 선택한 번호의 이미지와 비슷한 스타일 이미지가 4개 생성되면, 1개의 이미지를 확정하기 위해 업스케일을 진행합니다. 예제에서는 3번 이미지에 업스케일을 진행하기 위해 〈U3〉 버튼을 클릭하였습니다.

04 업스케일된 이미지가 표시됩니다. 최상의 결과물을 얻기 위해 〈Upscale (Subtle)〉 버튼을 클릭합니다.

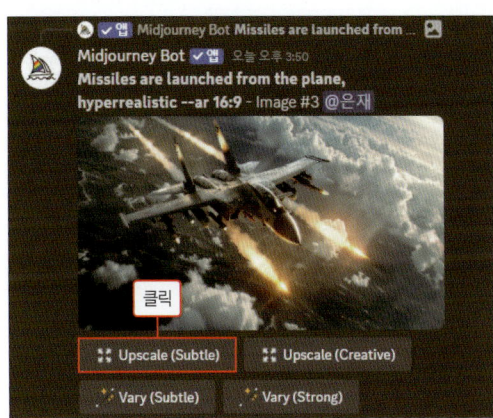 

05 업스케일이 완료된 장면 4 이미지를 PC에 저장합니다.
장면 5의 경우 미드저니가 아닌 후속 과정에서 직접 영상으로 생성하겠습니다.

SECTION

● 예제파일 : 04\액션 영화\액션영화루마AI프롬프트.txt, 이미지 폴더   ● 완성파일 : 04\액션 영화\영상 폴더

이미지를 액션 영화 영상으로 만들기

루마 AI를 이용하여 액션 영화 이미지를 영상화하겠습니다. 이미지를 첨부해 영상화하는 과정과 텍스트 프롬프트를 이용해 영상화하는 작업을 진행하겠습니다.

01 도로를 달리는 오토바이 장면 영상화하기

Key Prompts • No prompt, speeding on a motorcycle

01 웹브라우저에서 'lumalabs.ai'를 입력하여 루마 AI 사이트에 접속하고 로그인합니다. 이미지를 업로드하기 위해 '이미지' 아이콘(🖼)을 클릭합니다. 열기 대화상자가 표시되면 04 → 액션 영화 → 이미지 폴더에서 '장면1.png' 파일을 선택하고 〈열기(O)〉 버튼을 클릭합니다.

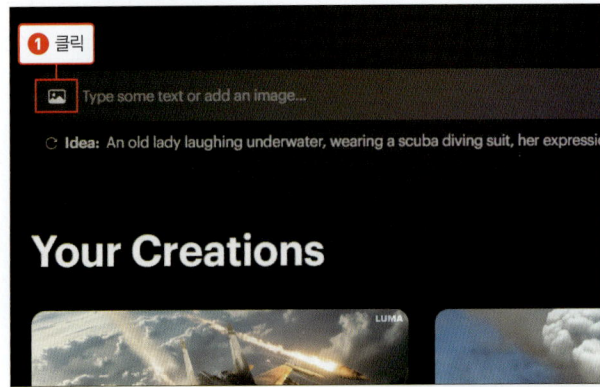

02 이미지가 업로드되면 프롬프트 입력창에 아무것도 입력하지 않은 상태로 '확인' 아이콘(⬆)을 클릭합니다. Your Creations 화면에 작업한 영상이 생성됩니다.

TIP 텍스트 프롬프트를 입력하지 않은 상태로 생성을 하면 AI가 이미지를 분석하여 잘 어울리는 형태로 영상화 작업을 진행합니다.

03 텍스트 프롬프트를 적용한 결과물과의 비교를 위해 다시 장면 1에 해당하는 이미지를 업로드하고 'a man wearing a leather jacket and jeans is speeding on a motorcycle in the street, a jet fly in the sky'를 입력한 다음 '확인' 아이콘(⬆)을 클릭합니다.

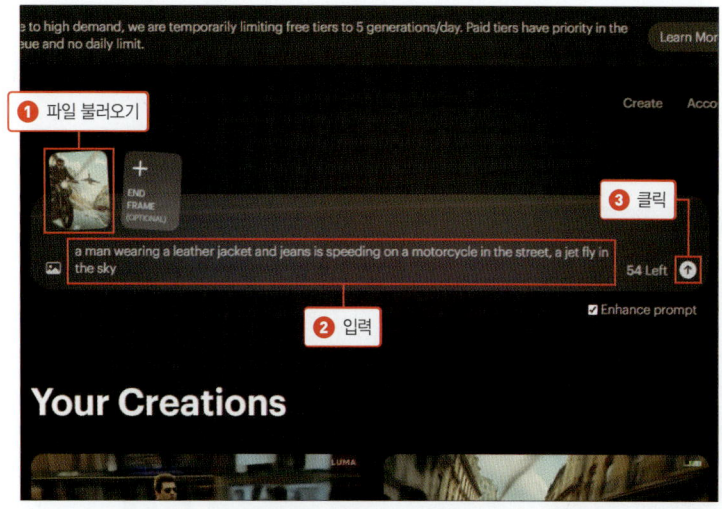

프롬프트 a man wearing a leather jacket and jeans is speeding on a motorcycle in the street, a jet fly in the sky

한글번역 가죽 재킷에 청바지를 입은 남자가 오토바이를 타고 질주하고 있다, 제트기가 하늘을 날고 있다.

04 Your Creations 화면에 작업한 영상이 표시됩니다. 생성한 영상들의 섬네일에 마우스 커서를 위치하여 미리 보기 형태로 확인하고, 원하는 느낌으로 영상이 생성되었다면 〈Download〉 버튼을 클릭하여 다운로드합니다.

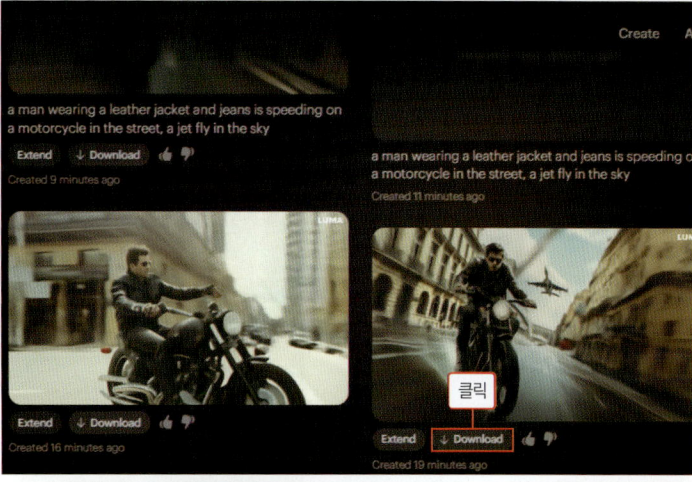

▲ 텍스트 프롬프트를 입력했을 때

▲ 텍스트 프롬프트를 입력하지 않았을 때

02 제트기 이륙 장면 영상화하기

Key Prompts • No prompt

01 제트기가 이륙하는 장면 2를 영상화하겠습니다. 이미지를 업로드하기 위해 '이미지' 아이콘(🖼)을 클릭합니다. 열기 대화상자가 표시되면 04 → 액션 영화 → 이미지 폴더에서 '장면2.png' 파일을 선택하고 〈열기(O)〉 버튼을 클릭합니다.

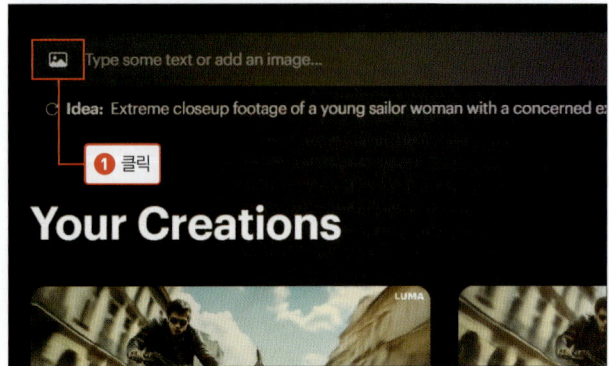

02 이미지가 업로드되면 프롬프트 입력창에 아무것도 입력하지 않은 상태로 '확인' 아이콘(↑)을 클릭합니다.

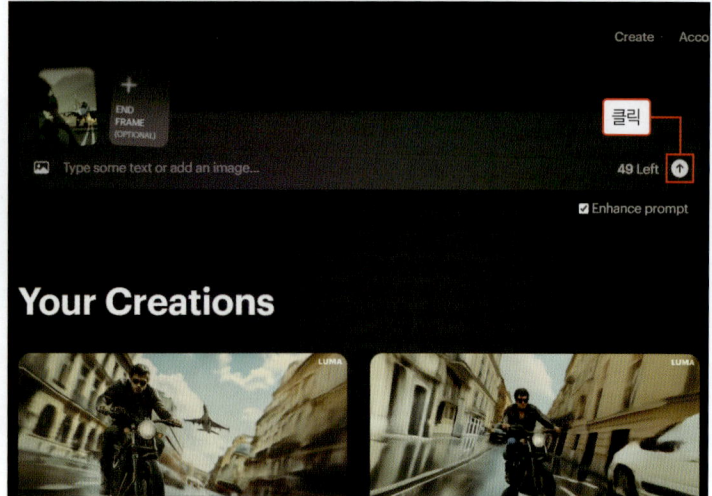

03 Your Creations 화면에 작업한 영상이 생성되면 〈Download〉 버튼을 클릭하여 영상을 저장합니다.

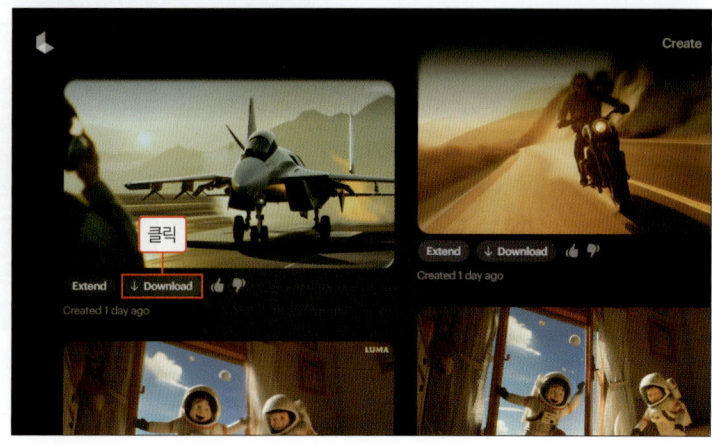

TIP 원하는 느낌의 영상이 생성되지 않았다면 장면 1의 생성 과정처럼 텍스트 프롬프트에 키워드를 포함하여 장면을 묘사합니다.

03 제트기 조종 장면 영상화하기

Key Prompts • urgent scene

01 조종사가 제트기를 조종하는 장면 3을 영상화하겠습니다. 이미지를 업로드하기 위해 '이미지' 아이콘(🖼)을 클릭합니다. 열기 대화상자가 표시되면 04 → 액션 영화 → 이미지 폴더에서 '장면3.png' 파일을 선택하고 〈열기(O)〉 버튼을 클릭합니다.

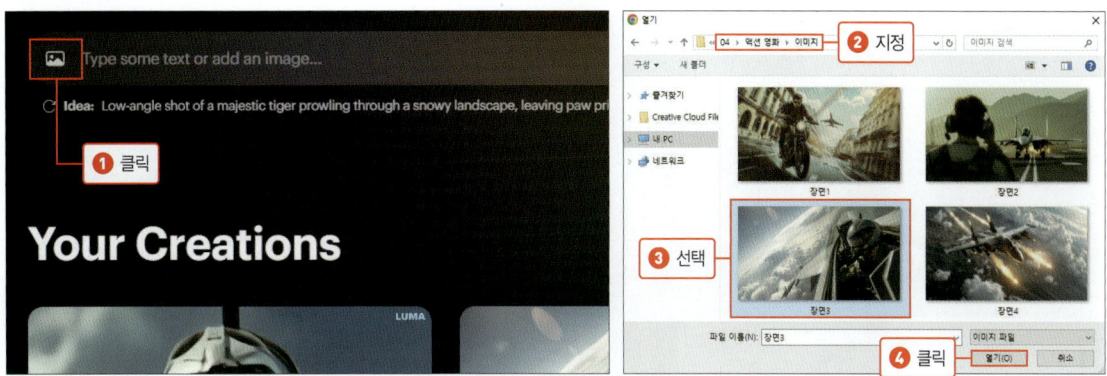

02 이미지가 업로드되면 프롬프트 입력창에 장면 3의 스토리 'The pilot is flying the jet, an urgent scene'을 입력하고 '확인' 아이콘(⬆)을 클릭합니다.

TIP 긴박한 상황임을 표현하기 위해 스토리 뒤에 'an urgent scene'을 입력하였습니다. 긴박한 상황을 영상의 속도, 카메라 무빙 등으로 AI가 표현합니다.

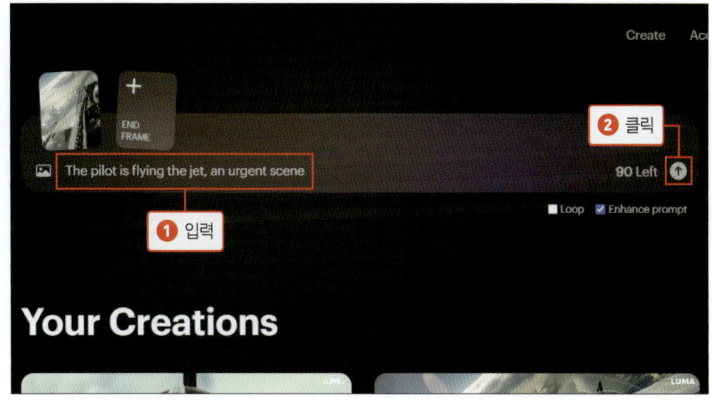

프롬프트 The pilot is flying the jet, an urgent scene

한글 번역 조종사가 전투기를 조종하고 있다. 긴박한 상황 장면

03 원하는 느낌의 영상이 생성되면 〈Download〉 버튼을 클릭하여 영상을 저장합니다.

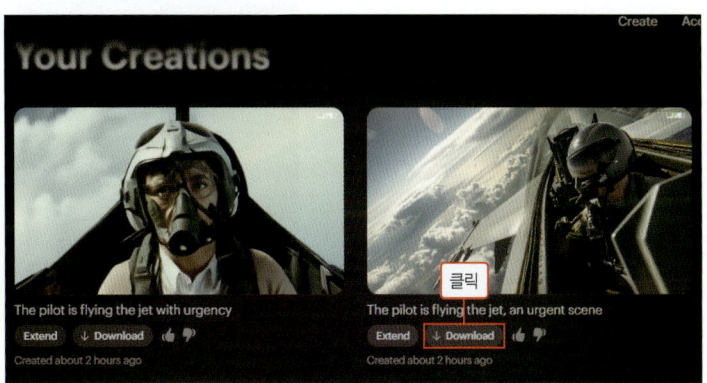

245

04 미사일 발사 장면 영상화하기

Key Prompts • Missiles are launched

01 제트기에서 미사일을 발사하는 장면 4를 영상화하겠습니다. 이미지를 업로드하기 위해 '이미지' 아이콘(🖼)을 클릭합니다. 열기 대화상자가 표시되면 04 → 액션 영화 → 이미지 폴더에서 '장면4.png' 파일을 선택하고 〈열기(O)〉 버튼을 클릭합니다.

02 이미지가 업로드되면 프롬프트 입력창에 장면 4의 스토리 'Missiles are launched from the plane'을 입력하고 '확인' 아이콘(⬆)을 클릭합니다.

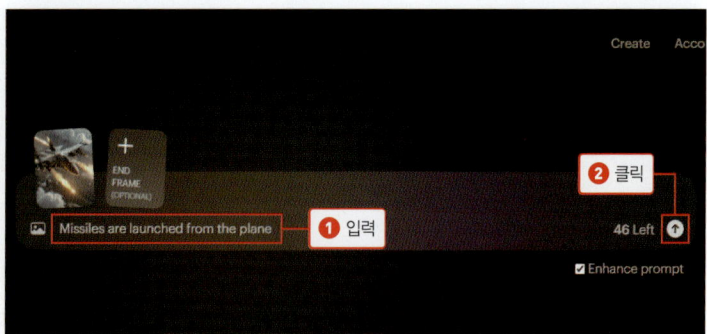

프롬프트 Missiles are launched from the plane

한글 번역 미사일이 비행기에서 발사된다.

03 원하는 느낌의 영상이 생성되면 〈Download〉 버튼을 클릭하여 영상을 저장합니다.

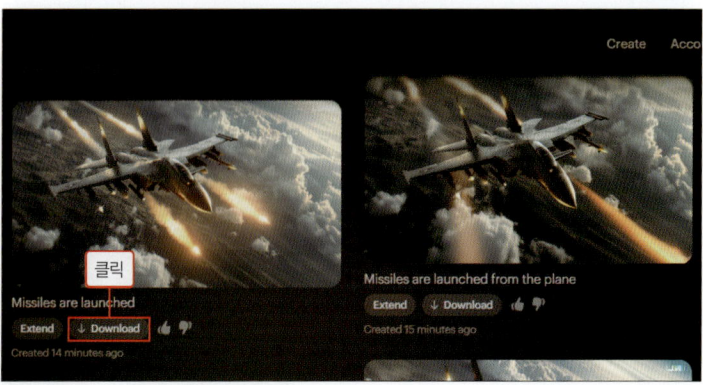

05 폭파되는 전투기 장면 영상화하기

Key Prompts • jet explodes, hit, missile

01 장면 5는 텍스트로 영상화하겠습니다. 프롬프트 입력창에 장면 5의 스토리 'The jet explodes after being hit by a missile'을 입력하고 '확인' 아이콘(↑)을 클릭합니다.

TIP 생성형 AI는 테러, 폭력 행위, 반인륜적 행위와 상황에 대해 어느 정도 제한을 두고 있습니다. 상황을 구체적으로 작성해서 테러, 폭력 행위, 반인륜적 행위가 아닌 상황으로 유도하여 생성하는 것이 중요합니다.

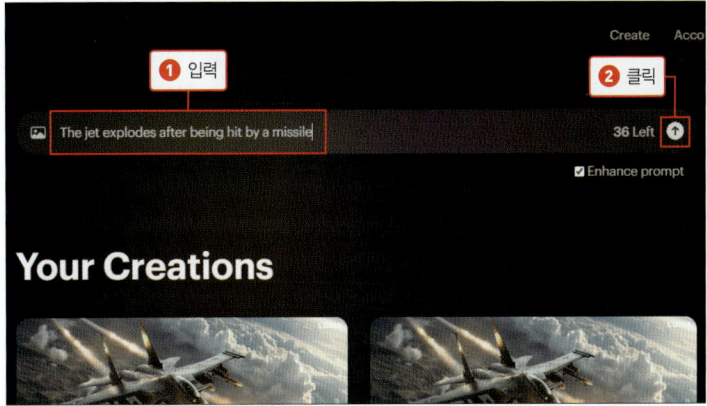

프롬프트 The jet explodes after being hit by a missile

한글 번역 미사일에 맞아 제트기가 폭발한다.

02 원하는 느낌의 영상이 생성되면 〈Download〉 버튼을 클릭하여 영상을 PC에 저장합니다.

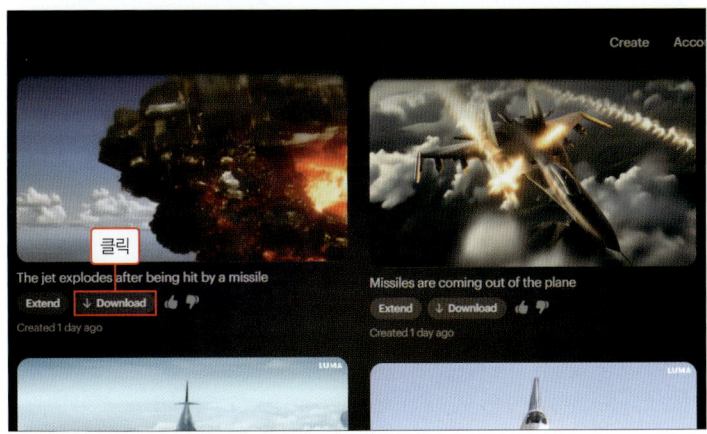

03 다운로드한 영상들을 하나의 폴더로 이동하고 이름을 장면에 맞게 순서대로 변경합니다. 예제에서는 '#1', '#2', '#3', '#4', '#5'로 각 장면에 맞게 이름을 변경하였습니다.

SECTION 4.

● 완성파일 : 04\액션 영화\액션영화일래브랩스프롬프트.txt   ● 완성파일 : 04\액션 영화\효과음 폴더

액션 영화 장면에 맞는 효과음 만들기

상황에 맞는 효과음을 녹음하거나 찾는 것은 매우 번거롭습니다. 일레브랩스를 활용하여 영상 스토리에 맞는 효과음을 생성하고, 이후 영상 편집 단계에서 믹싱하여 활용하면 이러한 번거로움을 쉽게 해소할 수 있습니다. 일레브랩스에서 텍스트를 활용하여 스토리에 맞는 AI 효과음을 생성하겠습니다.

01 일래브랩스에서 프롬프트로 효과음 만들기

Key Prompts • speeding on a mototcycle, fighter jets are taking off, The pilot is flying the jet, Missiles are launched, hit by a missile

01 효과음을 생성하기 위해 웹브라우저에 'elevenlabs.io'를 입력하여 일레브랩스 사이트에 접속하고 화면에서 〈GET STARTED FREE〉 버튼을 클릭하여 로그인합니다.

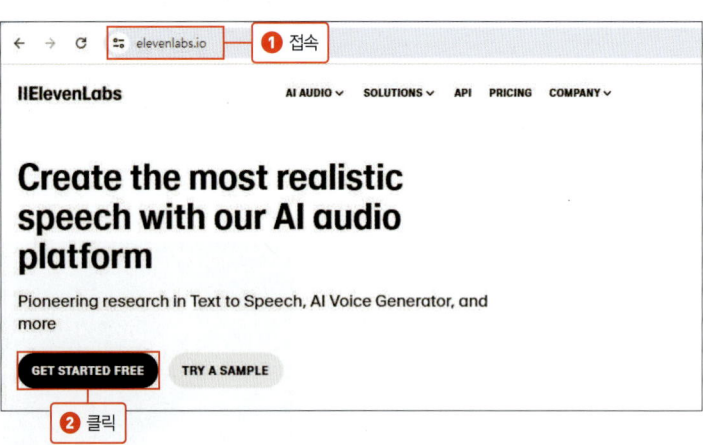

> **NOTE**
>
> **일래브랩스의 구독**
>
> 일래브랩스는 TTS(TEXT to SPEECH) 기능을 무료로 사용할 수 있는 AI 음원 사이트입니다. 무료로 이용할 경우 매달 10,000글자(약 10분)의 오디오 생성이 가능하며, 가지고 있는 음원을 트레이닝해 활용하거나 생성된 오디오를 상업적으로 이용하려면 필수로 유료 구독을 해야 합니다.
>
>

02 그림과 같이 왼쪽에서 (Sound Effects) 메뉴를 선택하여 효과음 생성 AI 화면으로 이동합니다.

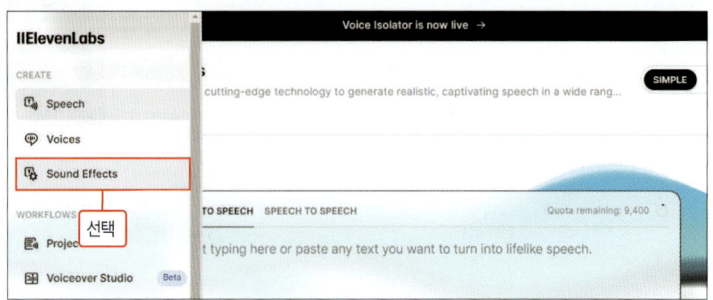

03 Sound Effects 창이 표시되면 생성되는 효과음을 설정하기 위해 〈Settings〉 버튼을 클릭합니다.

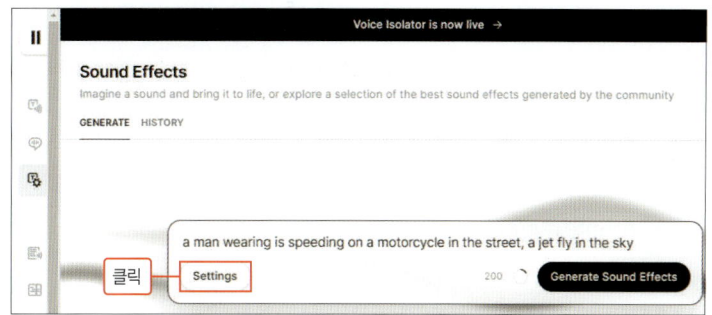

04 Settings 창이 표시되면 수동으로 조절하기 위해 'Automatically pic the best length'를 클릭하여 비활성화하고 각각 영상의 길이에 맞게 Duration을 '5'로 설정한 다음 Prompt Influence를 '50%'로 조절합니다. 설정이 완료되면 'X'를 클릭하여 창을 닫습니다.

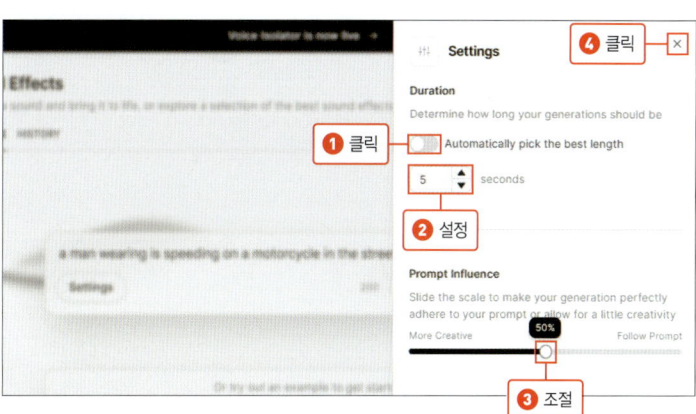

TIP Settings 메뉴
- Duration : 효과음의 길이를 관장합니다. 'Automatically pick the best length'를 활성화하면 AI 효과음의 길이가 랜덤하게 자동으로 설정됩니다.
- Prompt Influence : 효과음의 결과물이 입력하는 프롬프트에 대해 어떻게 생성될지에 관한 세부 설정입니다. Follow Prompt에 가까울수록 프롬프트에 충실한 효과음이 생성되고 More Creative에 가까울수록 창의적인 효과음이 생성됩니다.

05 프롬프트 입력창에 장면 1의 스토리를 영어로 입력하고 〈Generate Sound Effects〉 버튼을 클릭합니다. 예제에서는 'a man is speeding on a motorcycle in the street, a jet fly in the sky'를 입력하였습니다.

TIP 시각적인 묘사보다는 상황에 맞는 프롬프트를 입력하는 것이 중요합니다. 일반적으로 복장이나 외모 묘사는 효과에 중요하게 작용하는 것이 아니므로 프롬프트를 작성할 때 제외하는 것이 좋습니다.

프롬프트 A man is speeding on a motorcycle in the street, a jet fly in the sky

한글 번역 오토바이를 타고 속도를 낸다. 거리, 제트기가 하늘을 날고 있다.

06 4개의 결과물이 생성됩니다. 생성된 결과물의 '플라스크' 아이콘(🧪)을 클릭하면 결과물을 미리 들을 수 있습니다. 결과물을 모두 재생해 듣고 원하는 효과의 '다운로드' 아이콘(⬇)을 클릭하여 다운로드합니다. 예제에서는 'Generation 3' 효과음을 다운로드하였습니다.

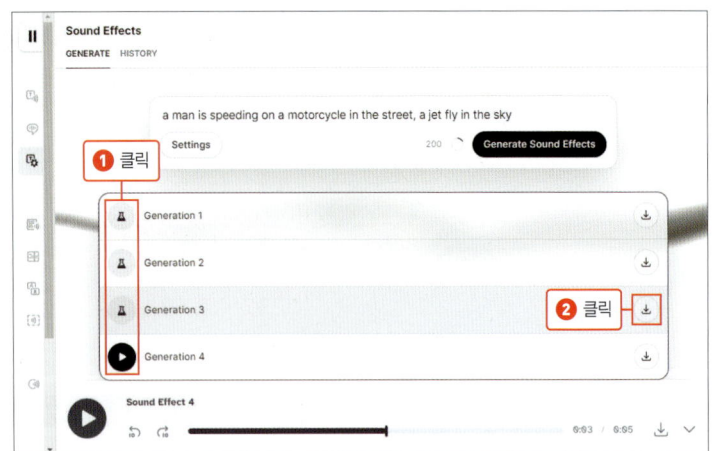

TIP 원하는 결과물이 나오지 않았다면 다시 〈Generate Sound Effects〉 버튼을 클릭하거나 텍스트 프롬프트를 변형한 다음 〈Generate Sound Effects〉 버튼을 클릭하여 새로 효과음을 생성합니다.

07 '다운로드' 폴더에 효과음이 저장되는 것을 확인합니다.

08 같은 방법으로 이어서 효과음을 만들겠습니다. 프롬프트 입력창에 장면 2의 스토리를 영어로 입력하고 〈Generate Sound Effects〉 버튼을 클릭합니다. 예제에서는 'fighter jets are taking off in airport. a man is on the phone with the control room.'을 입력하였습니다.

TIP 장면 2의 경우 생성된 이미지와 영상을 바탕으로 텍스트 프롬프트를 수정하여 입력하였습니다. 최종 결과물에 맞는 효과음을 사용해야 하며, 프롬프트를 융통성 있게 변형하는 것에 익숙해져야 높은 품질의 효과음을 생성할 수 있습니다.

프롬프트 fighter jets are taking off in airport. a man is on the phone with the control room.

한글 번역 전투기들이 공항에서 이륙한다. 한 남자가 관제실과 통화하고 있다.

09 생성된 결과물의 '플라스크' 아이콘( )을 클릭하여 모두 재생해 듣고 원하는 효과음의 '다운로드' 아이콘( )을 클릭하여 다운로드합니다. 예제에서는 'Generation 2' 효과음을 다운로드하였습니다.

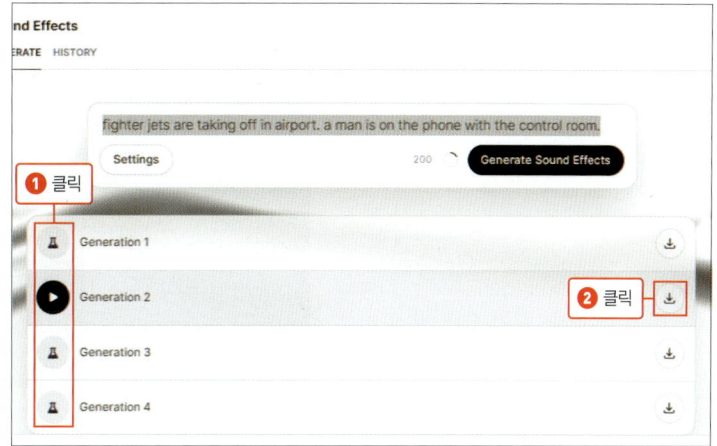

10 프롬프트 입력창에 장면 3의 스토리를 영어로 입력하고 〈Generate Sound Effects〉 버튼을 클릭합니다. 예제에서는 'The pilot is flying the jet'을 입력하였습니다.

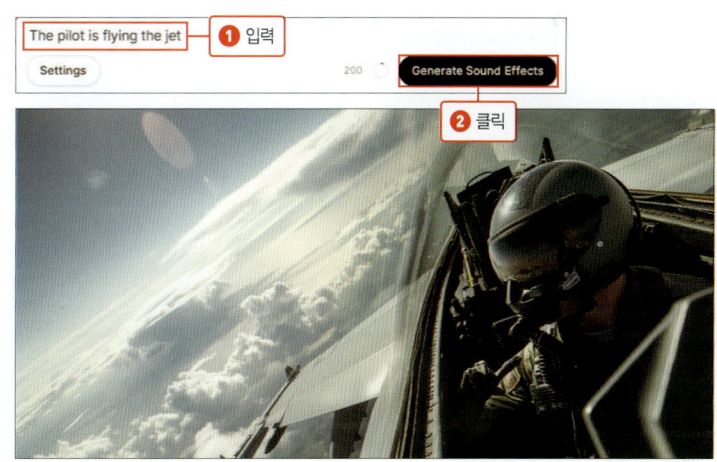

| 프롬프트 | The pilot is flying the jet, an urgent scene |

| 한글 번역 | 조종사가 전투기를 조종하고 있다. |

11 생성된 결과물의 '플라스크' 아이콘( )을 클릭하여 모두 재생해 듣고 원하는 효과음의 '다운로드' 아이콘( )을 클릭하여 다운로드합니다. 예제에서는 'Generation 1' 효과음을 다운로드하였습니다.

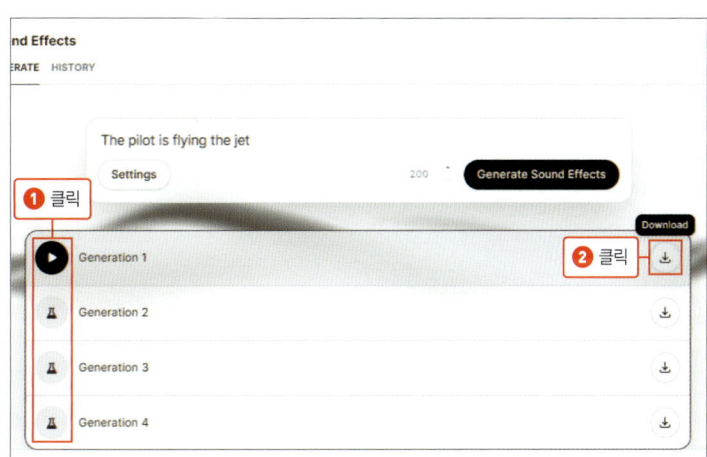

12 프롬프트 입력창에 장면 4의 스토리를 영어로 입력하고 〈Generate Sound Effects〉 버튼을 클릭합니다. 예제에서는 'Missiles are launched from the plane'을 입력하였습니다.

프롬프트 Missiles are launched from the plane

한글 번역 미사일이 비행기에서 발사된다.

13 같은 방법으로 장면 5도 효과음을 생성하고 다운로드합니다. 예제에서는 'The jet explodes after being hit by a missile'을 입력하고 'Generation 3' 효과음을 다운로드하였습니다.

프롬프트 The jet explodes after being hit by a missile

한글 번역 미사일에 맞아 제트기가 폭발한다.

14 다운로드한 효과음들을 하나의 폴더로 이동하고 이름을 장면에 맞게 순서대로 변경합니다. 예제에서는 '#1 Sound', '#2 Sound', '#3 Sound', '#4 Sound', '#5 Sound'로 각 장면에 맞게 이름을 변경하였습니다.

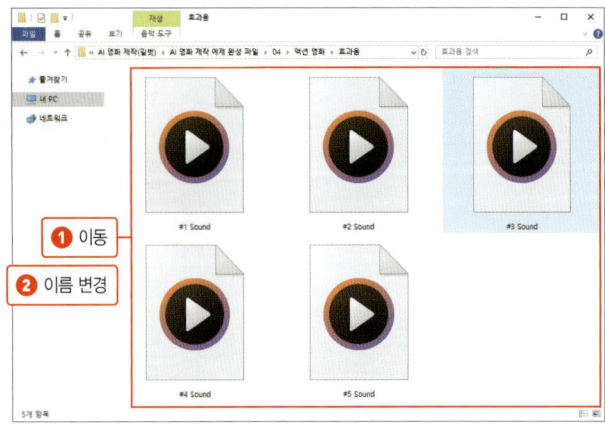

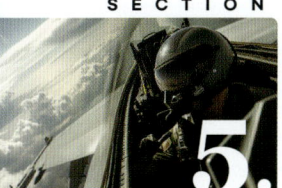

SECTION 5.

● 예제파일 : 04\액션 영화\영상 폴더, 효과음 폴더   ● 완성파일 : 04\액션 영화\액션영화_완성.mp4

액션 영화 영상과 음원을 하나로 편집하기

루마 AI를 이용하여 생성한 장면별 영상과 일레븐랩스에서 만든 효과음은 영화 영상을 위한 개별적인 요소들입니다. 이를 장면 순서에 맞게 하나로 합쳐 유기적인 하나의 영상으로 만드는 작업을 하기 위해 온라인 편집 프로그램 캡컷에서 영상을 컷 편집하고 효과음을 적용하는 방법을 알아봅니다.

01 액션 영화의 영상과 효과음 소스 불러오기

01 웹브라우저에서 'www.capcut.com'을 입력하여 캡컷 사이트에 접속하고 로그인한 다음 〈＋ 새로 만들기〉 버튼을 클릭합니다.

02 소스 영상에 맞는 해상도를 선택합니다. 예제에서는 영화 영상 비율인 '16:9'를 선택하였습니다.

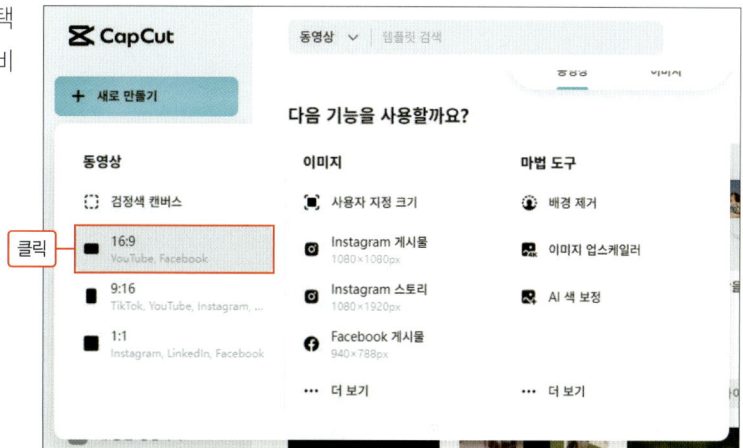

TIP 동영상 해상도를 선택할 때 고려해야 할 사항

1. **목적에 맞는 해상도 선택하기** : 동영상을 유튜브나 인스타그램 같은 플랫폼에 업로드할 계획이라면, 일반적으로 1080p(FHD) 해상도를 선택하는 것이 좋습니다. 고화질을 유지하면서 파일 크기도 적당하기 때문입니다.
2. **저장 공간과 데이터 사용량 고려** : 고해상도(예 : 4K)는 화질이 뛰어나지만, 파일 크기가 크고 렌더링 시간이 오래 걸릴 수 있습니다. 저장 공간이나 데이터 사용량이 중요한 경우, 720p(HD)로도 충분히 좋은 화질을 유지할 수 있습니다.
3. **프레임 속도와의 균형 유지** : 해상도를 높게 설정하더라도 프레임 속도가 낮으면 영상이 부드럽지 않을 수 있습니다. 해상도와 프레임 속도(예 : 30fps 또는 60fps)를 균형 있게 설정하는 것이 중요합니다.

03 영상을 편집할 수 있는 프로젝트 (space)가 생성되며 작업 화면이 변경됩니다. (미디어) 메뉴의 〈업로드〉 버튼을 클릭하고 폴더 채로 업로드하여 사용하기 위해 '폴더 업로드'를 선택합니다.

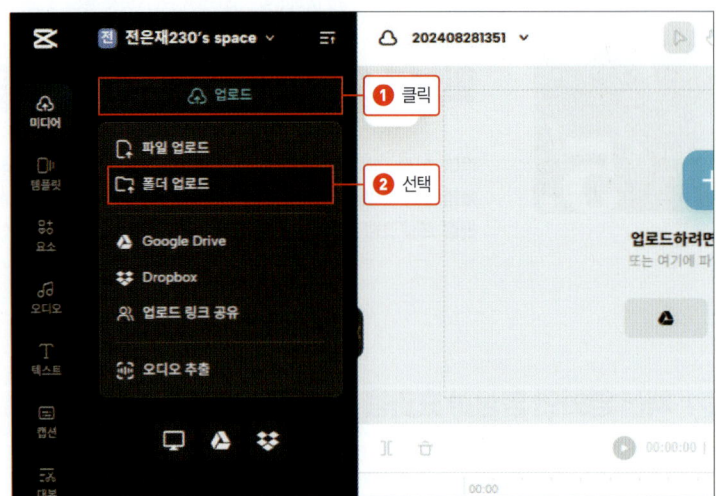

04 업로드할 폴더 선택 대화상자가 표시되면 04 → 액션 영화 폴더에서 '영상' 폴더를 선택하고 〈업로드〉 버튼을 클릭합니다.

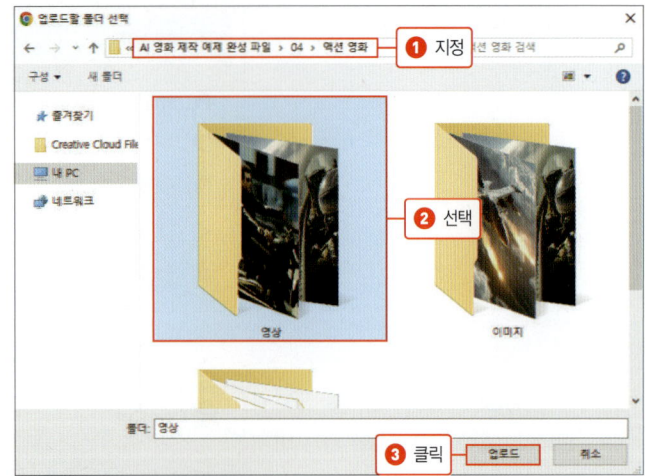

05 (미디어) 메뉴에 업로드한 폴더가 표시됩니다.

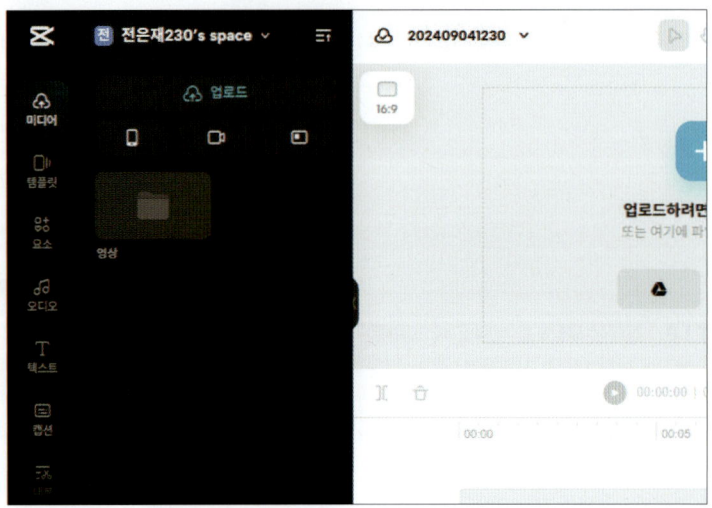

06 같은 방법으로 '효과음' 폴더도 캡컷에 업로드를 진행하고 '영상' 폴더를 클릭합니다.

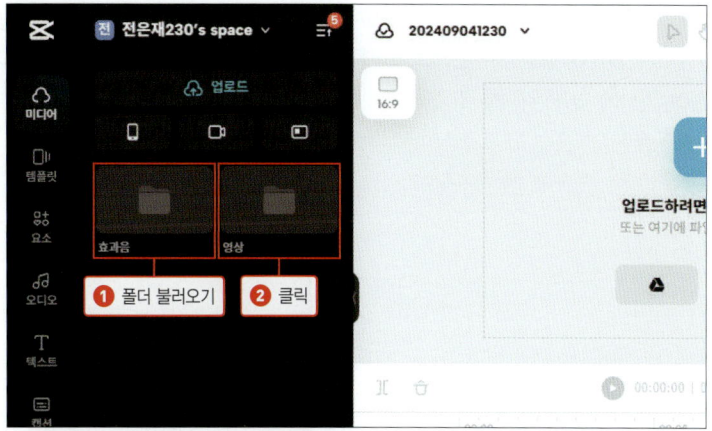

07 폴더 안에 있는 영상들을 확인합니다. 이 상태로 각 장면 편집을 진행하겠습니다.

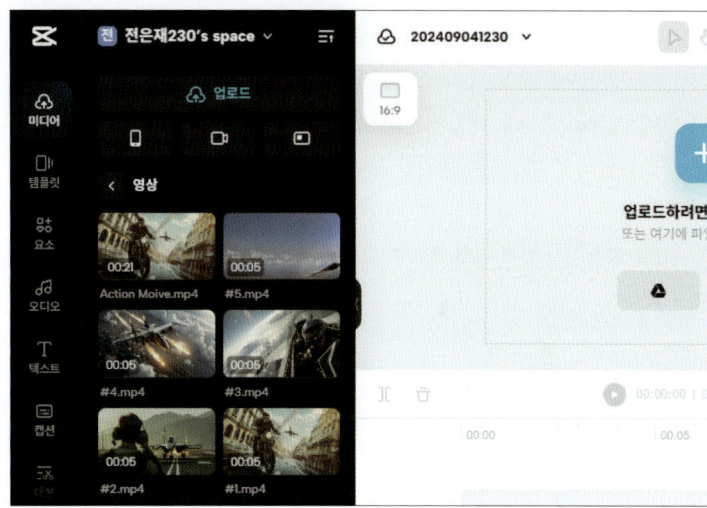

02 장면과 효과음을 순서대로 컷 편집하기

01 [미디어] 메뉴의 '#1' 파일을 타임라인으로 드래그하여 배치합니다.

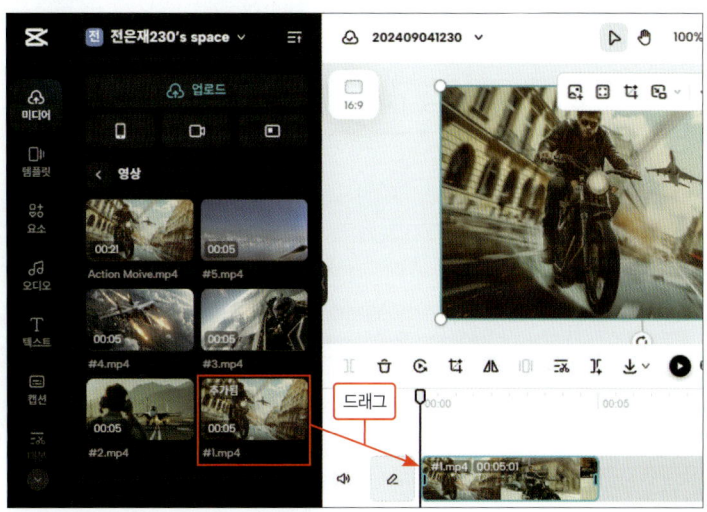

TIP [미디어] 메뉴에서 파일을 선택해도 타임라인에 배치됩니다.

02 같은 방법으로 '#2' 파일도 타임라인의 '#1' 클립 뒷부분으로 드래그하여 영상에 맞게 위치를 조절해 배치합니다.

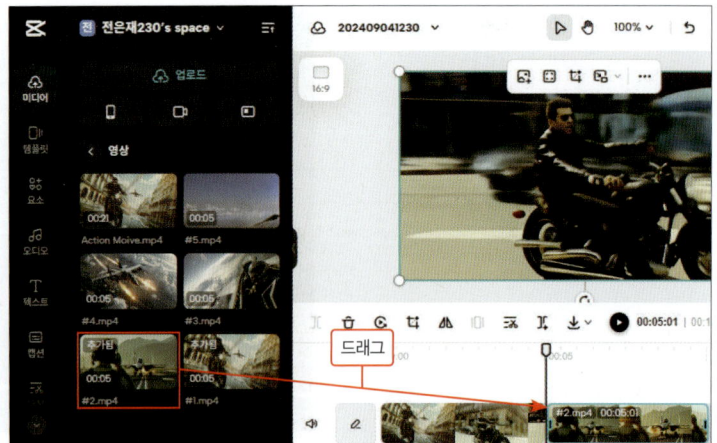

03 같은 방법으로 '#3~#5' 파일도 타임라인으로 드래그하여 그림과 같이 순서대로 배치합니다. 배치가 완료되면 총 25초 분량의 영상인 것을 확인할 수 있습니다.
효과음을 배치하기 위해 영상 폴더의 '〈'를 클릭합니다.

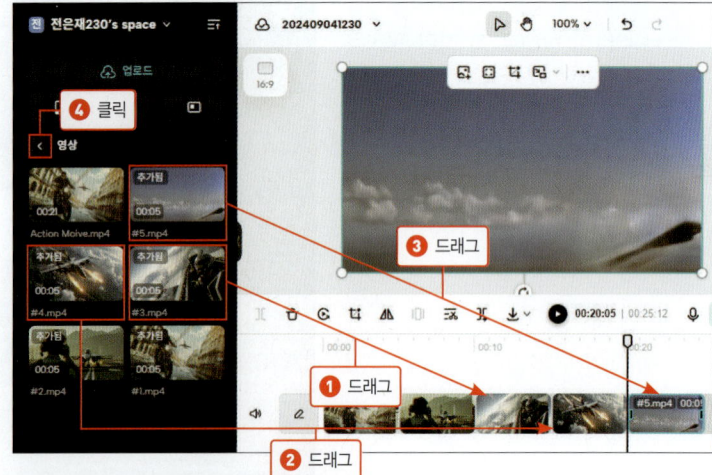

04 업로드된 파일 중에서 '효과음' 폴더를 클릭합니다.

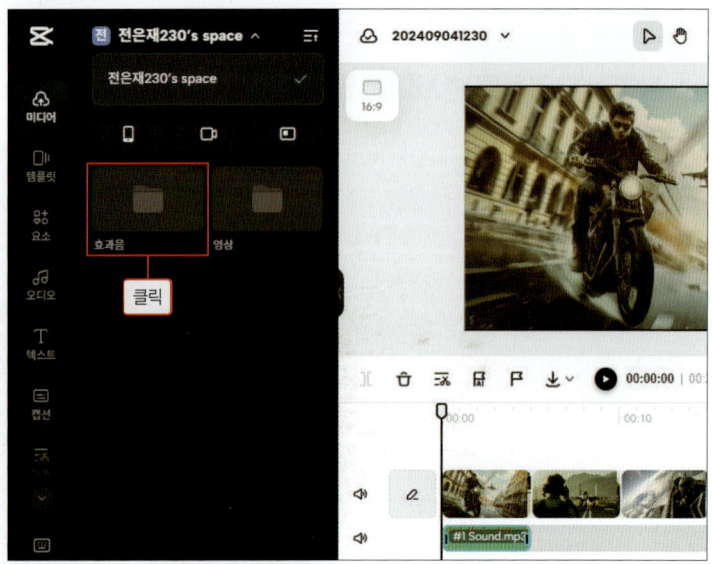

05 효과음 폴더의 파일들이 표시되면 '#1 Sound' 파일을 타임라인의 '#1' 클립 밑 오디오 트랙으로 드래그하여 배치합니다.

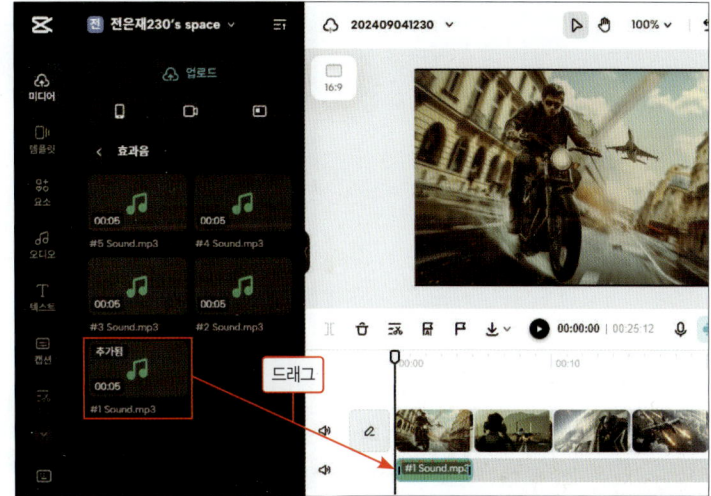

06 같은 방법으로 '#2 Sound' 파일을 타임라인의 '#2' 클립 밑 오디오 트랙으로 드래그하여 배치합니다.

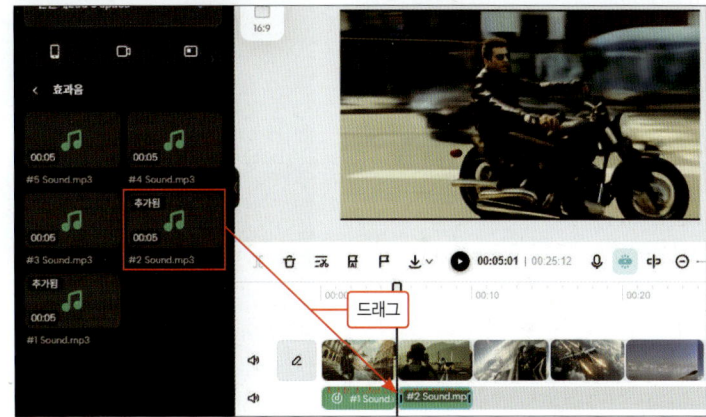

07 같은 방법으로 '#3 Sound~#5 Sound' 파일도 타임라인으로 드래그하여 순서대로 배치합니다.

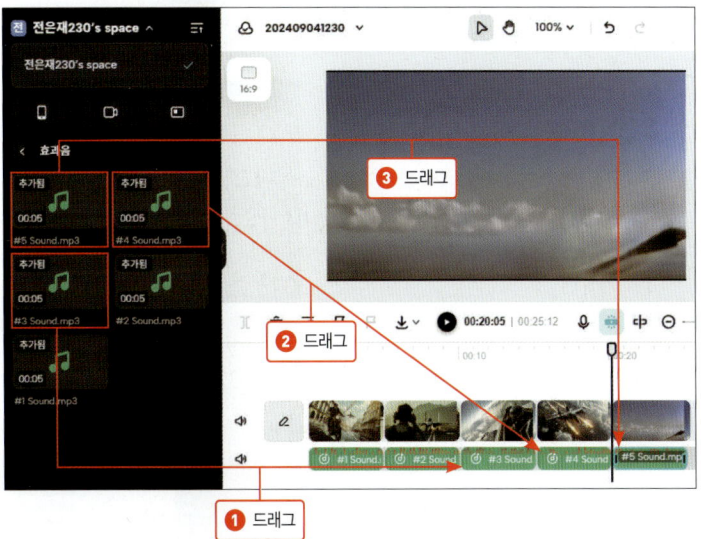

08 시간 표시자를 '00:00:17:02'로 이동하고 '#4' 영상 클립과 '#4 Sound' 효과음 클립을 선택한 다음 Ctrl +B를 눌러 클립을 자릅니다.

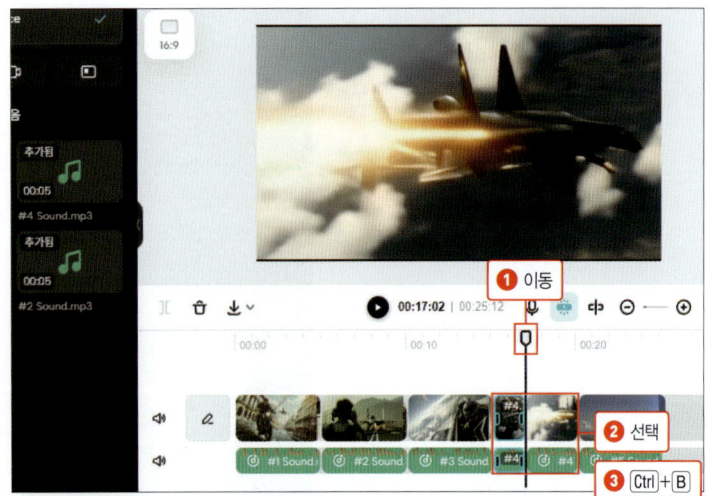

09 잘린 클립 중 뒷부분의 영상 클립과 효과음 클립을 선택합니다. 이 부분들은 AI가 생성한 결과물 중에서도 완성도가 낮은 부분이므로 불필요한 장면입니다. Delete를 눌러 영상과 효과음을 삭제합니다.

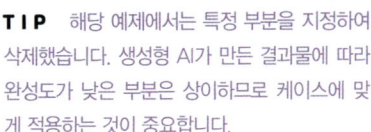

TIP 해당 예제에서는 특정 부분을 지정하여 삭제했습니다. 생성형 AI가 만든 결과물에 따라 완성도가 낮은 부분은 상이하므로 케이스에 맞게 적용하는 것이 중요합니다.

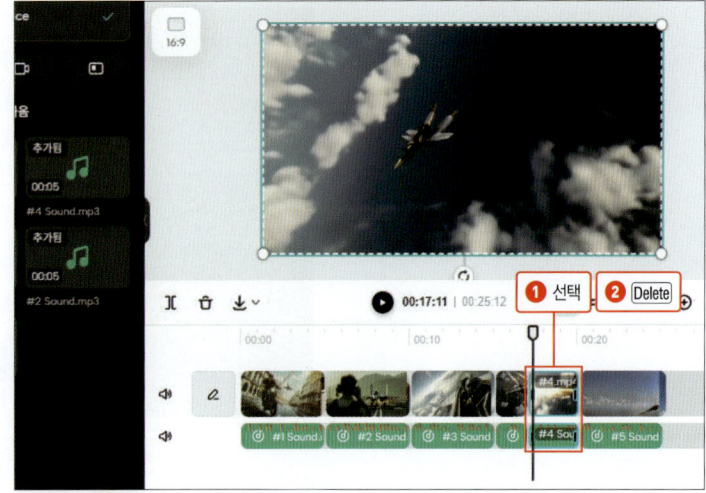

10 클립을 지웠을 때 영상 클립은 자동으로 앞뒤의 공백이 사라집니다. 하지만 효과음 클립은 빈 여백이 생기므로, '#5' 효과음 클립을 왼쪽으로 드래그하여 앞뒤의 여백을 채웁니다.

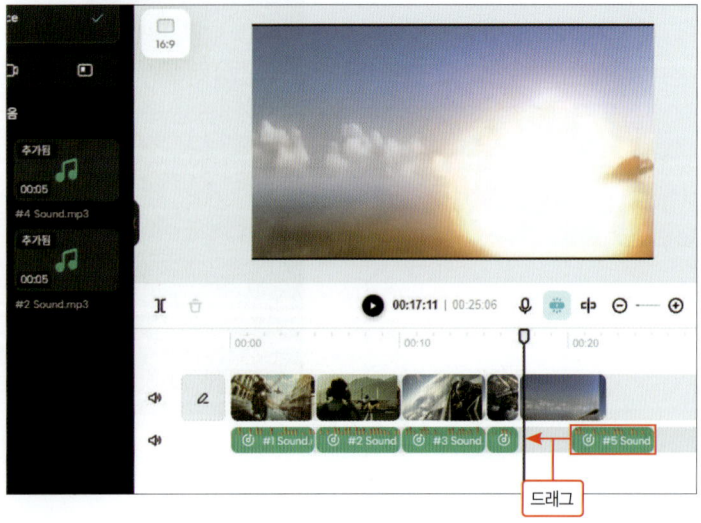

03 액션 영화 영상 출력하기

01 컷 편집된 클립을 전체 확인하고 영상을 출력하기 위해 오른쪽 상단의 〈내보내기〉 버튼을 클릭합니다.

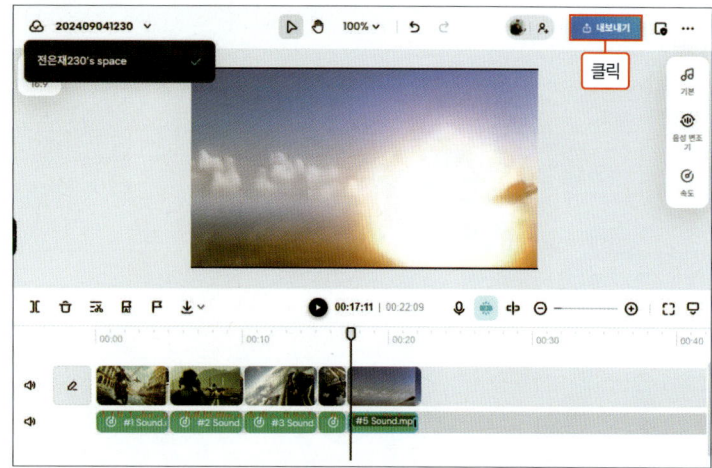

02 내보내기 창이 표시되면 〈다운로드〉 버튼을 클릭합니다.

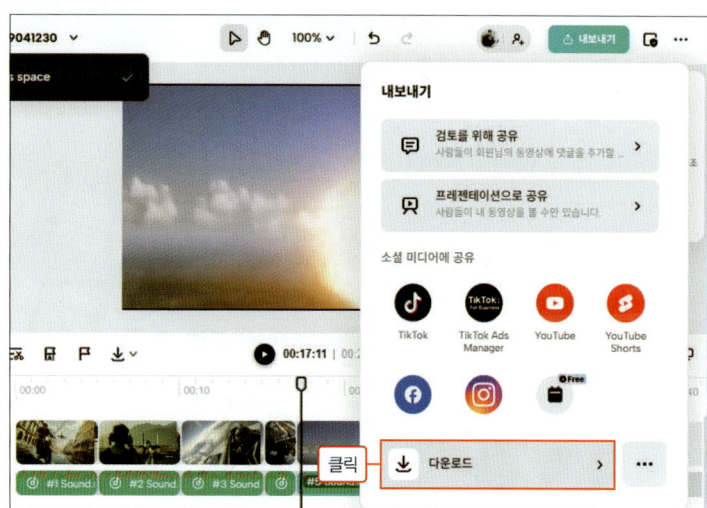

03 내보내기 설정이 표시되면 해상도를 '1080p', 프레임 속도를 '24fps'로 지정하고 〈내보내기〉 버튼을 클릭합니다. 출력이 완료되면 다운로드 폴더에 영상이 저장되어 표시됩니다.

PROJECT

카메라 샷 OK! 웹툰&만화를 바로 영화로, 실사 스포츠 영화 만들기

TV 방송국이나 넷플릭스, 디즈니 플러스, 쿠팡 등의 OTT 회사들은 자체 제작한 스토리를 활용하여 드라마나 영화를 제작하는 경우가 많지만, 최근에는 인기 웹툰이나 만화 원작의 스토리와 IP를 활용하여 드라마나 영화를 만드는 경우도 증가하고 있습니다. 이러한 작품들은 원작 팬들에게 큰 기대를 받고 있으며, 새로운 시청자층에게도 큰 인기를 끌고 있습니다.

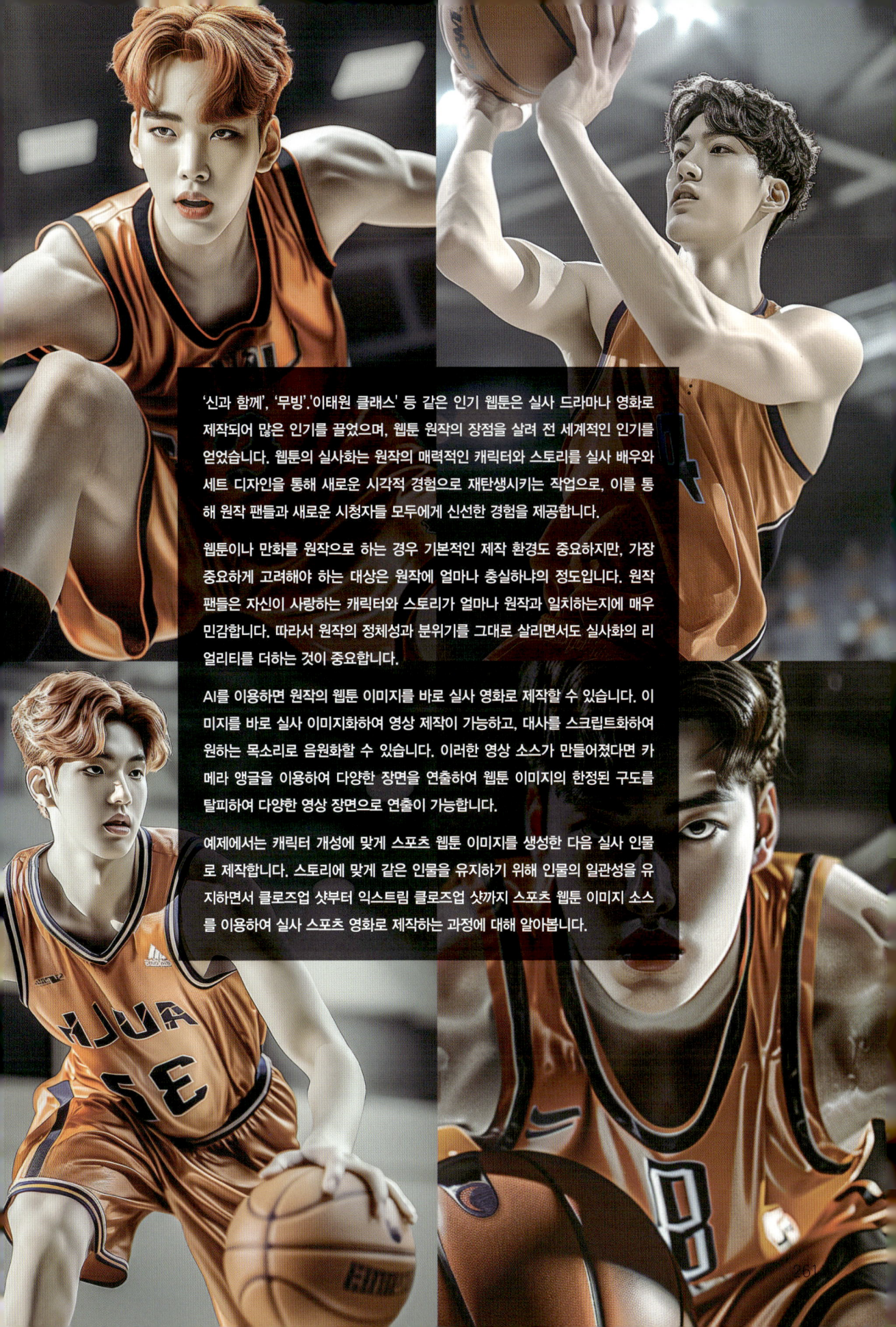

'신과 함께', '무빙', '이태원 클래스' 등 같은 인기 웹툰은 실사 드라마나 영화로 제작되어 많은 인기를 끌었으며, 웹툰 원작의 장점을 살려 전 세계적인 인기를 얻었습니다. 웹툰의 실사화는 원작의 매력적인 캐릭터와 스토리를 실사 배우와 세트 디자인을 통해 새로운 시각적 경험으로 재탄생시키는 작업으로, 이를 통해 원작 팬들과 새로운 시청자들 모두에게 신선한 경험을 제공합니다.

웹툰이나 만화를 원작으로 하는 경우 기본적인 제작 환경도 중요하지만, 가장 중요하게 고려해야 하는 대상은 원작에 얼마나 충실하냐의 정도입니다. 원작 팬들은 자신이 사랑하는 캐릭터와 스토리가 얼마나 원작과 일치하는지에 매우 민감합니다. 따라서 원작의 정체성과 분위기를 그대로 살리면서도 실사화의 리얼리티를 더하는 것이 중요합니다.

AI를 이용하면 원작의 웹툰 이미지를 바로 실사 영화로 제작할 수 있습니다. 이미지를 바로 실사 이미지화하여 영상 제작이 가능하고, 대사를 스크립트화하여 원하는 목소리로 음원화할 수 있습니다. 이러한 영상 소스가 만들어졌다면 카메라 앵글을 이용하여 다양한 장면을 연출하여 웹툰 이미지의 한정된 구도를 탈피하여 다양한 영상 장면으로 연출이 가능합니다.

예제에서는 캐릭터 개성에 맞게 스포츠 웹툰 이미지를 생성한 다음 실사 인물로 제작합니다. 스토리에 맞게 같은 인물을 유지하기 위해 인물의 일관성을 유지하면서 클로즈업 샷부터 익스트림 클로즈업 샷까지 스포츠 웹툰 이미지 소스를 이용하여 실사 스포츠 영화로 제작하는 과정에 대해 알아봅니다.

SECTION 6.

카메라 앵글을 이용한 스포츠 영화 스토리 구성하기

● 완성파일 : 04\스포츠 영화\스포츠영화스토리.txt

스포츠 영화는 감동적인 승리와 도전의 이야기를 통해 관객에게 깊은 인상을 남깁니다. 스토리를 구성할 때 주인공이 어떤 스포츠를 하는지, 주요 경기 장면은 어떻게 배치할 것이며, 팀워크와 개인의 성장을 어떻게 그려낼지 생각해 봅니다.

사전에 구상한 스토리를 챗GPT를 활용하여 구체적으로 영화 장면을 구성할 수 있습니다. 챗GPT를 활용하여 스토리를 구체적인 장면의 구성, 카메라 앵글, 대사까지 AI의 도움을 받아 구체화할 수 있습니다.

카메라 앵글과 대사가 어우러진 농구 경기를 주제로 한 만화 기반의 실사화 영화를 장면별로 구성해 줘.

카메라 앵글과 대사를 중심으로 농구 경기를 주제로 영화를 만들기 위해 각 장면을 다음과 같이 구성할 수 있습니다.

장면 1 : (줌 아웃 장면)
장소 : 농구장
장면 설명 : 흰색 유니폼의 농구 선수들이 경기 시작 전, 파이팅을 하는 모습
내레이션 : 마지막까지 희망을 버려선 안돼! 포기하지 마!

장면 2 : (정면의 인물 위주 슬로우 샷)
장소 : 농구장
장면 설명 : 상대방 선수를 제치고 드리블하는 장면
내레이션 : 경기는 우리가 지배하는 거야! 나머진 따라쟁이들일 뿐!

장면 3 : (자유투를 하는 선수 와이드 샷)
장소 : 농구장
장면 설명 : 자유투 슛을 하는 장면
내레이션 : 이제 마지막이다! 오른손으로 슛!

장면 4 : (클로즈업 샷)
장소 : 농구장
장면 설명 : 땀을 흘리는 선수의 얼굴
대사 : "오직 나에겐 승리 외에는 없어!"

SECTION 7.

스포츠 웹툰 스타일로 인물 이미지 만들기

● 예제파일 : 04\스포츠 영화\스포츠영화미드저니프롬프트.txt　● 완성파일 : 04\스포츠 영화\웹툰 이미지 폴더

웹툰 만화를 실사 영화화하기 위해서는 원작이 되는 웹툰 만화가 필요합니다. 원작이 있어야 실사 영화를 만들 수 있으므로, 스토리에 맞는 웹툰의 인물을 생성해야 합니다. 프롬프트를 이용하여 웹툰 스타일을 유지한 상태로 인물을 생성하는 방법을 알아보겠습니다.

01 만화 스타일의 기준이 되는 인물 만들기

Key Prompts • webtoon style, front shot, white background

01 웹브라우저에서 'discord.com'를 입력하여 디스코드 사이트에 접속합니다. 미드저니 입력창에 '/'를 입력하고 표시되는 메뉴에서 '/imagine'을 선택합니다.

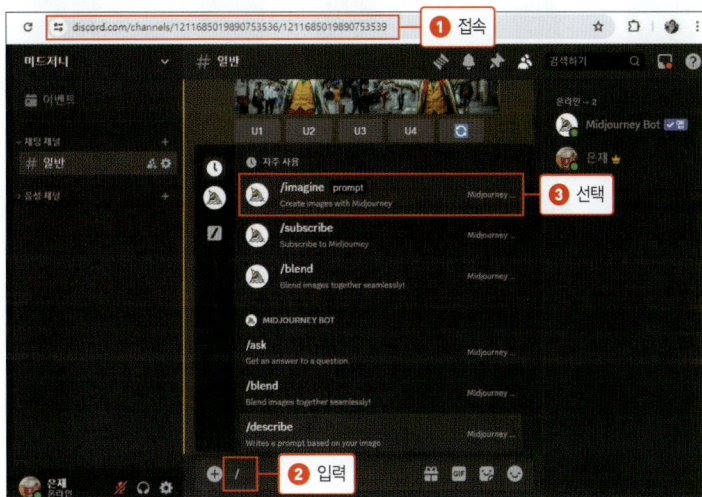

02 웹툰에 등장하는 핵심 인물을 구현하기 위해 캐릭터를 특징을 묘사한 프롬프트를 입력하고 [Enter]를 누릅니다.

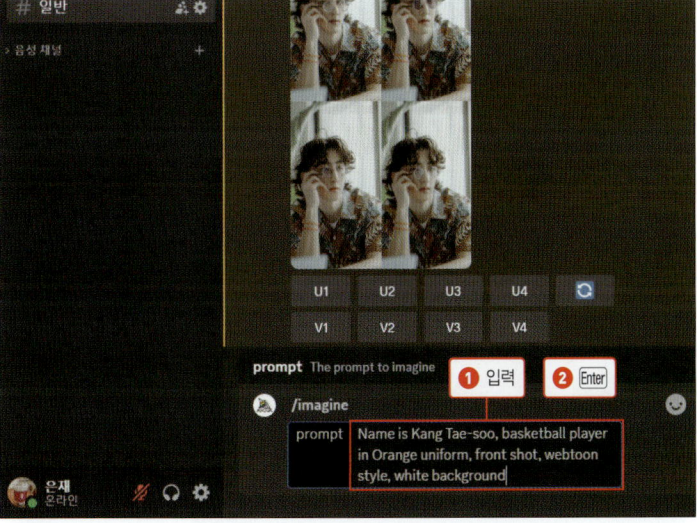

TIP 미드저니에서 이미지를 생성할 때 프롬프트에 인물의 이름까지 설정하지 않아도 되지만, 이미지를 저장하는 과정에서 혼선을 막기 위해 같이 입력하는 것이 좋습니다.

263

프롬프트 Name is Kang Tae-soo, basketball player in Orange uniform, front shot, webtoon style, white background

입력팁
1. **Name is Kang Tae-soo, basketball player in Orange uniform** : '강태수'라는 이름을 가진 주황색 유니폼의 농구 선수'라는 인물의 특징을 입력한 프롬프트입니다.
2. **front shot** : 인물의 이목구비가 모두 포함되는 '정면 샷'을 표현하기 위해 입력한 프롬프트입니다. 인물의 이목구비가 모두 표시된 결과물을 볼 수 있습니다.
3. **webtoon style** : 웹툰 혹은 만화의 스타일을 표현하기 위해 입력한 프롬프트입니다.
4. **white background** : 증명사진처럼 가장 인물을 잘 보여 줄 수 있는 환경인 흰 배경을 생성하기 위해 적은 프롬프트입니다.

03 프롬프트에 맞게 다양한 인물 이미지가 생성됩니다. 원하는 느낌과 스타일에 가깝게 생성되면 다양한 이미지를 더 보기 위해 〈V(번호)〉 버튼을 클릭합니다. 예제에서는 〈V4〉 버튼을 클릭하였습니다.

04 선택한 번호의 이미지와 비슷한 느낌의 결과물이 4개 표시됩니다. 가장 마음에 드는 이미지를 최종 가이드로 확정합니다. 예제에서는 2번 이미지에 업스케일을 진행하기 위해 〈U2〉 버튼을 클릭하였습니다.

05 업스케일된 이미지가 표시됩니다. 최상의 결과물을 얻기 위해 〈Upscale (Subtle)〉 버튼을 클릭합니다.

06 업스케일이 완료된 이미지를 클릭하고 '브라우저로 열기'를 클릭합니다.

07 새로운 브라우저 창이 열리며 이미지가 표시됩니다. 마우스 오른쪽 버튼을 클릭한 다음 **이미지를 다른 이름으로 저장…**을 실행하여 저장합니다.

TIP 이때 저장하는 파일 이름은 인물의 이름으로 적는 것이 좋습니다.

02 그림 스타일을 유지하면서 팀원 만들기

Key Prompts • --sref

01 이후에 만들 등장인물들은 강태수 인물 이미지를 기준으로 스타일을 일관되게 유지하여 생성하겠습니다. 강태수 이미지를 기준으로 사용하기 위해 미드저니 입력창 왼쪽의 〈+〉를 클릭하고 '파일 업로드'를 선택합니다.

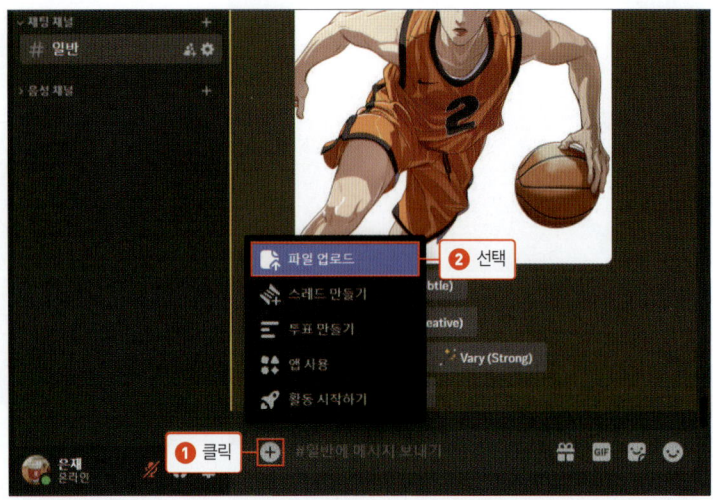

TIP 만화나 웹툰, 애니메이션을 보면 인물의 모양이나 생김새가 다르더라도 그림체는 일관되게 보이는 것을 알 수 있습니다. 만화나 웹툰의 그림체는 일관되어야 합니다.

02 열기 대화상자가 표시되면 04 → 스포츠 영화 → 웹툰 이미지 폴더에서 '강태수.png' 파일을 선택하고 〈열기(O)〉 버튼을 클릭하여 이미지를 업로드합니다.

03 입력창에 '강태수' 이미지가 표시되면 Enter 를 눌러 이미지를 업로드합니다.

04 두 번째의 웹툰 등장 인물을 생성하기 위해 입력창에 '/imagine'을 입력하여 프롬프트 입력창을 표시하고 두 번째 인물에 대한 프롬프트와 --sref 프롬프트를 입력한 다음 Enter 를 누릅니다.

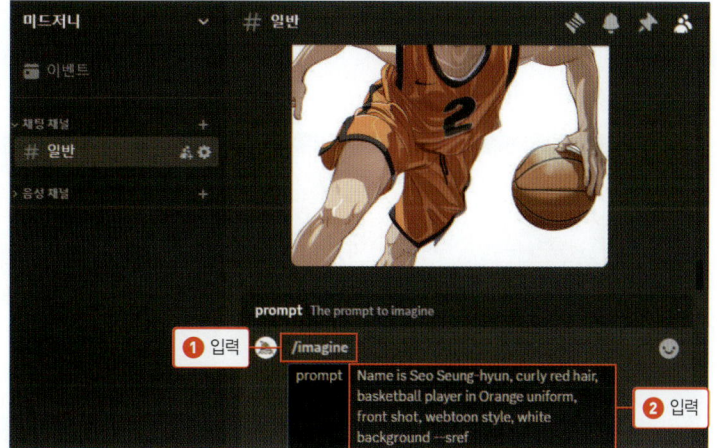

프롬프트 Name is Seo Seung-hyun, curly red hair, basketball player in Orange uniform, front shot, webtoon style, white background --sref (첫 번째 인물 이미지 링크)

입력팁
1. **Name is Seo Seung-hyun, curly red hair, basketball player in Orange uniform** : '서승현이라는 이름을 가진 빨간 머리의 주황색 유니폼의 농구 선수'라는 인물의 특징을 입력한 프롬프트입니다.
2. **front shot** : 인물의 이목구비가 모두 포함되는 '정면 샷'을 표현하기 위해 입력한 프롬프트입니다.
3. **webtoon style** : 웹툰 혹은 만화의 스타일을 표현하기 위해 입력한 프롬프트입니다.
4. **white background** : 증명사진처럼 가장 인물을 잘 보여 줄 수 있는 흰 배경을 생성하기 위해 작성한 프롬프트입니다.
5. **--sref (첫 번째 인물 이미지 링크)** : 첨부된 이미지 링크의 스타일(그림체)을 학습하고 적용하는 파라미터입니다. 기본값은 '100'으로, 값의 수치가 '1000'에 가까울수록 강도가 강해집니다. 꼬리에 꼬리를 무는 형식으로 컷마다 스타일의 일관성을 유지해 주는 파라미터입니다.

05 --sref 프롬프트 뒤에 이미지 링크를 추가하기 위해 업로드한 이미지를 --sref 뒷부분으로 드래그하여 이미지 링크를 추가하고 Enter 를 누릅니다.

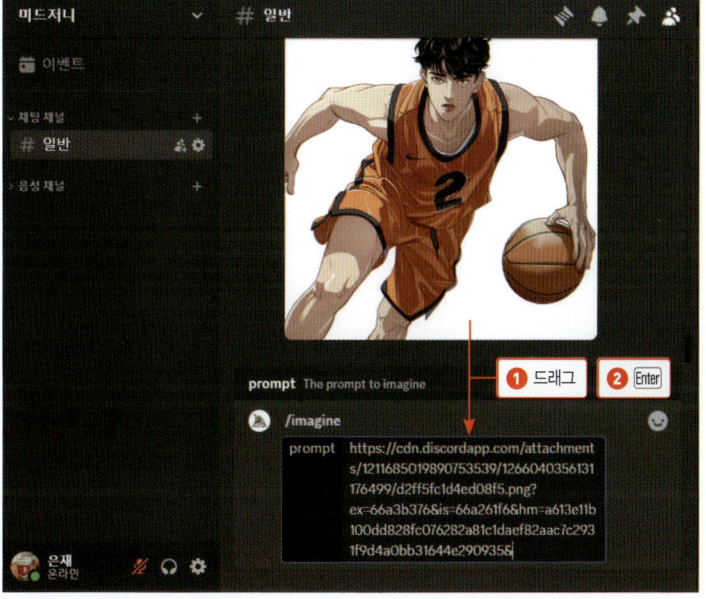

06 프롬프트에 맞게 처음 인물과는 스타일이 비슷하지만, 다른 인물 이미지가 생성됩니다. 이번에는 바로 업스케일을 진행하여 결과물을 확정하기 위해 〈U(번호)〉 버튼을 클릭합니다. 예제에서는 3번 이미지에 업스케일을 진행하기 위해 〈U3〉 버튼을 클릭하였습니다.

07 업스케일된 이미지가 표시됩니다. 추가적인 보정 없이 보이는 그대로의 결과물의 해상도만 높이기 위해 〈Upscale (Subtle)〉 버튼을 클릭합니다.

08 업스케일이 완료된 이미지가 표시되면 '서승현'이라는 이름으로 파일을 저장합니다.

03 다양한 체형과 특징을 묘사해 팀원 만들기

Key Prompts • bald hair, a muscular body, a dark color skin, a muscular body, straight hair, overweight

01 세 번째의 웹툰 등장 인물을 생성하기 위해 입력창에 '/imagine'을 입력하여 프롬프트 입력창을 표시합니다. 세 번째 인물에 대한 프롬프트와 ――sref 프롬프트, 강태수의 이미지 링크를 입력하고 Enter를 누릅니다.

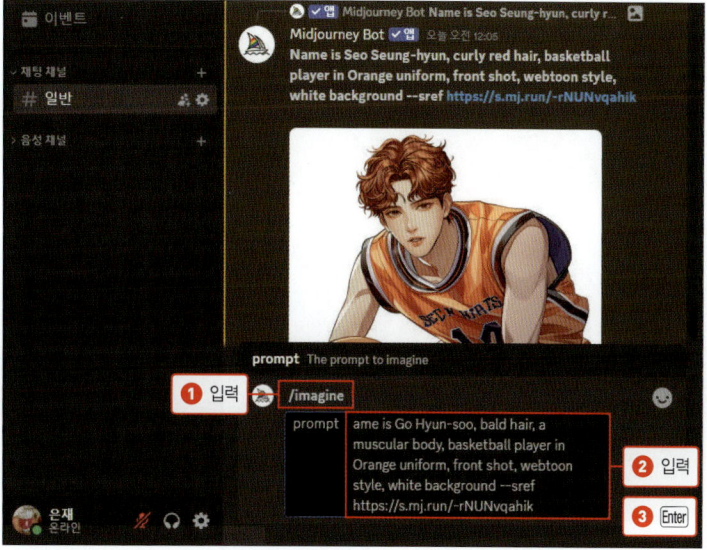

프롬프트 Name is Go Hyun-soo, bald hair, a muscular body, basketball player in Orange uniform, front shot, webtoon style, white background --sref 첫 번째 인물 이미지 링크

입력팁
1. **Name is Go Hyun-soo, bald hair, a muscular body, basketball player in Orange uniform** : '고현수라는 이름을 가진 민머리의 근육질 몸을 가진 주황색 유니폼의 농구 선수'라는 인물의 특징을 입력한 프롬프트입니다.
2. **front shot** : 인물의 이목구비가 모두 포함되는 '정면 샷'을 표현하기 위해 입력한 프롬프트입니다.
3. **webtoon style** : 웹툰 혹은 만화의 스타일을 표현하기 위해 입력한 프롬프트입니다.
4. **white background** : 증명사진처럼 가장 인물을 잘 보여 줄 수 있는 흰 배경을 생성하기 위해 작성한 프롬프트입니다.
5. **――sref 첫 번째 인물 이미지 링크** : 첨부된 이미지 링크의 스타일(그림체)을 학습하고 적용하는 파라미터입니다. 기본값은 '100'으로, 값의 수치가 '1000'에 가까울수록 강도가 강해집니다. 꼬리에 꼬리를 무는 형식으로 컷마다 스타일의 일관성을 유지해 주는 파라미터입니다.

> **NOTE** 이미지 링크 복사
>
> ――sref 파라미터 뒤에 입력해야 하는 첫 번째 인물(강태수)의 이미지 링크는 두 번째 인물(서승현)을 만들었을 때 사용한 프롬프트 링크에서 ――sref 뒤에 있는 링크를 복사(Ctrl+C)하고 붙여넣기(Ctrl+V)하여 사용해도 됩니다.
>
>

269

02 프롬프트에 맞게 인물 이미지가 생성됩니다. 원하는 느낌의 이미지가 생성되었다면 비슷한 느낌의 이미지를 더 생성하기 위해 〈V(번호)〉 버튼을 클릭합니다. 예제에서는 〈V2〉 버튼을 클릭하였습니다.

03 선택한 번호의 이미지와 비슷한 느낌의 결과물이 4개 표시됩니다. 가장 마음에 드는 이미지를 최종 가이드로 확정합니다. 예제에서는 3번 이미지에 업스케일을 진행하기 위해 〈U3〉 버튼을 클릭하였습니다.

> **NOTE** 마음에 들지 않는 이미지를 얻었을 때
>
> 미드저니에서 이미지를 생성했을 때 그림과 같이 머리카락이 생겨나는 등 생성 결과가 프롬프트와 일치하지 않는 경우도 있습니다. 이러한 경우 이미지를 재생성하거나 프롬프트를 변경 또는 업스케일한 후에 부분 수정을 하는 것이 좋습니다. 원하는 이미지를 얻기 위해서는 여러 과정이 필요합니다.
>
>

04

업스케일된 이미지가 표시됩니다. 추가적인 보정 없이 보이는 그대로의 결과물의 해상도만 높이기 위해 〈Upscale (Subtle)〉 버튼을 클릭합니다. 근육질과 민머리라는 키워드를 적용한 농구부 팀원 생성을 완료하였습니다. '고현수'라는 이름으로 업스케일이 완료된 이미지를 PC에 저장합니다.

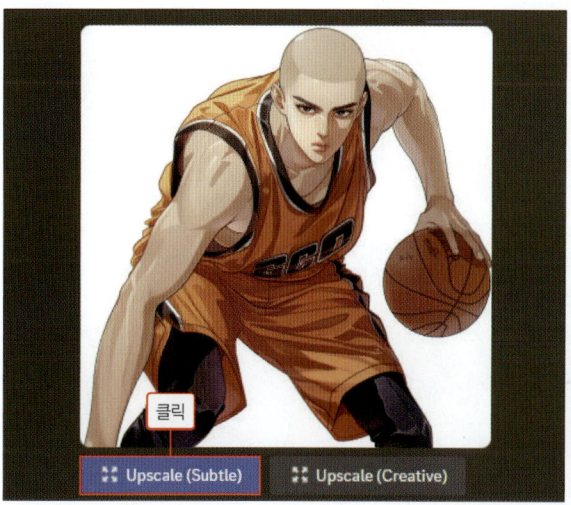

05

네 번째의 웹툰 등장 인물을 생성하기 위해 입력창에 '/imagine'을 입력하여 프롬프트 입력창을 표시합니다. 네 번째 인물에 대한 프롬프트와 --sref 프롬프트, 강태수의 이미지 링크를 입력하고 Enter 를 누릅니다.

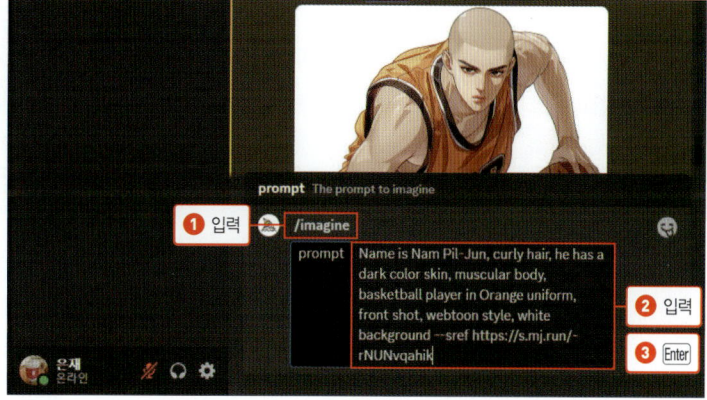

프롬프트 Name is Nam Pil-Jun, curly hair, he has a dark color skin, muscular body, basketball player in Orange uniform, muscular body, basketball player in Orange uniform, front shot, webtoon style, white background --sref (첫 번째 인물 이미지 링크)

입력팁
1. **Name is Nam Pil-Jun, curly hair, he has a dark color skin, muscular body, basketball player in Orange uniform,** : '남필준이라는 이름을 가진 곱슬머리의 어두운 피부, 단단한 체격, 주황색 유니폼의 농구 선수'라는 인물의 특징을 입력한 프롬프트입니다.
2. **front shot** : 인물의 이목구비가 모두 포함되는 '정면 샷'을 표현하기 위해 입력한 프롬프트입니다.
3. **webtoon style** : 웹툰 혹은 만화의 스타일을 표현하기 위해 입력한 프롬프트입니다.
4. **white background** : 증명사진처럼 가장 인물을 잘 보여 줄 수 있는 흰 배경을 생성하기 위해 작성한 프롬프트입니다.
5. **--sref (첫 번째 인물 이미지 링크)** : 첨부된 이미지 링크의 스타일(그림체)을 학습하고 적용하는 파라미터입니다. 기본값은 '100'으로, 값의 수치가 '1000'에 가까울수록 강도가 강해집니다. 꼬리에 꼬리를 무는 형식으로 컷마다 스타일의 일관성을 유지해 주는 파라미터입니다.

06 프롬프트에 맞게 다른 인물 이미지가 생성됩니다. 바로 업스케일을 진행하여 결과물을 확정하기 위해 〈U(번호)〉 버튼을 클릭합니다. 예제에서는 4번 이미지에 업스케일을 진행하기 위해 〈U4〉 버튼을 클릭하였습니다.

07 업스케일된 이미지가 표시됩니다. 추가적인 보정 없이 보이는 그대로의 결과물의 해상도만 높이기 위해 〈Upscale (Subtle)〉 버튼을 클릭합니다.

08 곱슬 머리와 어두운 계열의 피부색이라는 키워드를 적용한 농구부 팀원 생성을 완료하였습니다. '남필준'이라는 이름으로 업스케일이 완료된 이미지를 저장합니다.

09 같은 방법으로 의 웹툰 등장 인물을 생성하기 위해 입력창에 '/imagine'을 입력하여 프롬프트 입력창을 표시합니다. 직모 머리카락의 살집이 많은 동그란 체격 등 특징을 묘사한 프롬프트를 입력하고 Enter 를 누릅니다.

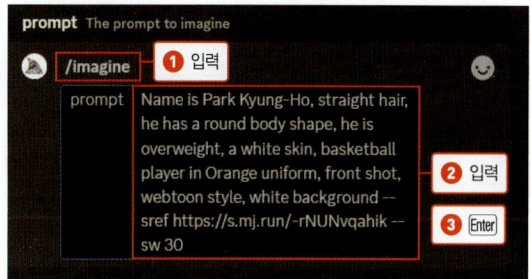

프롬프트 Name is Park Kyung-Ho, straight hair, he has a round body shape, he is overweight, a white skin, basketball player in Orange uniform, front shot, webtoon style, white background --sref (첫 번째 인물 이미지 링크) --sw 30

입력팁
1. **Name is Park Kyung-Ho, straight hair, he has a round body shape, he is overweight, a white skin, basketball player in Orange uniform** : '박경호라는 이름을 가진 직모의 살집이 있는 동글동글한 체격, 하얀 피부를 가진 주황색 유니폼의 농구 선수'라는 인물의 특징을 입력한 프롬프트입니다.
2. **front shot** : 인물의 이목구비가 모두 포함되는 '정면 샷'을 표현하기 위해 입력한 프롬프트입니다.
3. **webtoon style** : 웹툰 혹은 만화의 스타일을 표현하기 위해 입력한 프롬프트입니다.
4. **white background** : 증명사진처럼 가장 인물을 잘 보여 줄 수 있는 흰 배경을 생성하기 위해 작성한 프롬프트입니다.
5. **--sref (첫 번째 인물 이미지 링크)** : 첨부된 이미지 링크의 스타일(그림체)을 학습하고 적용하는 파라미터입니다. 기본값은 '100'이며, 수치가 '1000'에 가까울수록 스타일 적용의 강도가 강해집니다. 컷마다 스타일의 일관성을 유지해 주는 역할을 합니다.
6. **--sw 수치** : '--sref' 프롬프트의 가중치는 '0'에서 '1000'까지 입력할 수 있으며, '0'에 가까울수록 스타일을 학습하는 정도가 줄어듭니다. 입력하지 않은 기본값은 '100'입니다.

10 직모 머리카락과 살집이 많은 동그란 체격이라는 키워드를 적용한 다섯 번째 농구부 팀원 생성을 완료하였습니다. '박경호'라는 이름으로 업스케일이 완료된 이미지를 저장합니다.

S E C T I O N 8.

● 예제파일 : 04\스포츠 영화\웹툰 이미지 폴더　　● 완성파일 : 04\스포츠 영화\실사화 이미지 폴더

웹툰 스타일 이미지를
현실 인물 스타일로 실사화하기

원작 웹툰 특성을 유지하면서 실제 배우를 캐스팅하는 것처럼 만화 캐릭터를 실사화하는 작업을 진행해야 합니다. 웹툰 스타일로 만든 이미지의 특성을 유지한 상태로 프롬프트를 사용하여 웹툰 등장 인물의 특색을 현실감 있게 표현해 실사화하는 방법을 알아봅니다.

01 웹툰 스타일 이미지를 정면 샷으로 실사화하기

Key Prompts • front shot, photo, photorealistic, --cref

01 실사화 스타일의 영화를 만들기 위해 앞서 생성한 웹툰 스타일의 인물 이미지를 업로드하겠습니다. 미드저니 입력창 왼쪽의 〈+〉를 클릭하고 '파일 업로드'를 선택합니다.

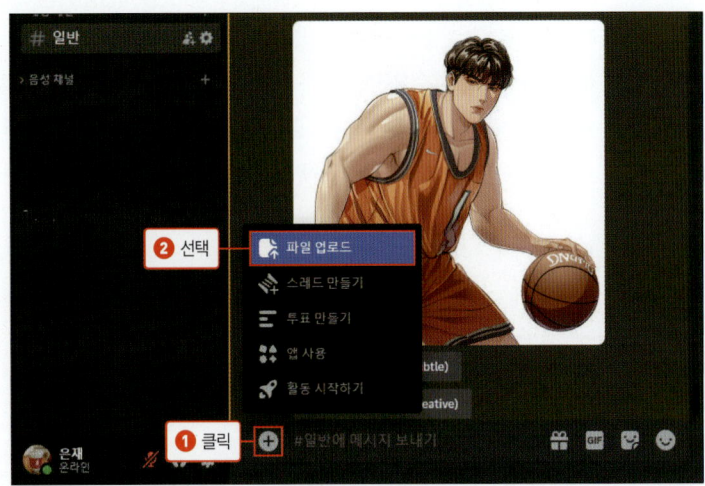

02 열기 대화상자가 표시되면 04 → 스포츠 영화 → 웹툰 이미지 폴더에서 '강태수.png' 파일을 선택하고 〈열기(O)〉 버튼을 클릭합니다.

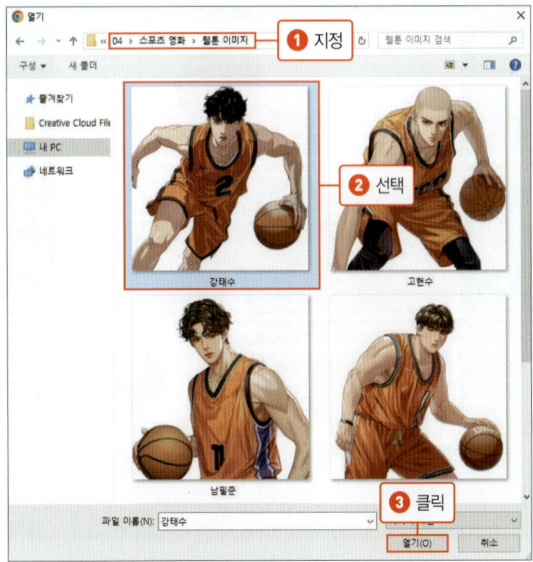

03 입력창에 '강태수'의 이미지가 표시되면 Enter를 눌러 이미지를 업로드합니다.

04 '강태수' 캐릭터를 실사화하기 위해 디스코드 입력창에 '/imagine'을 입력하여 프롬프트 입력창을 표시합니다. 프롬프트 입력창에 인물에 대한 프롬프트와 '--cref'를 입력하고 이미지를 드래그하여 이미지 링크를 추가한 다음 '--cw 50'을 추가로 입력한 후 Enter를 누릅니다.

TIP 웹툰 만화와 실사 이미지는 전혀 다른 장르이므로, --cw 파라미터 수치를 '100'으로 설정하는 것보다는 '50' 정도로 설정하여 사용하는 것이 장르 사이의 차이를 줄이는 방법입니다.

프롬프트 basketball player in Orange uniform, front shot, photo, photorealistic, white background --cref (강태수 이미지 링크) --cw 50

입력팁
1. **basketball player in Orange uniform** : '주황색 유니폼의 농구 선수'라는 인물의 특징을 입력한 프롬프트입니다.
2. **front shot** : 인물의 이목구비가 모두 포함되는 '정면 샷'을 표현하기 위해 입력한 프롬프트입니다.
3. **photo, photorealistic** : 사진, 극사실주의를 뜻하며, 실사화를 표현하기 위해 적은 프롬프트입니다.
4. **white background** : 증명사진처럼 가장 인물을 잘 보여 줄 수 있는 흰 배경을 생성하기 위해 작성한 프롬프트입니다.
5. **--cref 이미지 링크** : 첨부된 이미지 링크의 일관성을 학습하고 적용하는 파라미터입니다. 기본값은 '100'으로, 값의 수치가 '100'에 가까울수록 강도가 강해집니다. 첨부된 이미지 링크에 해당하는 인물의 이목구비, 머리, 체격 등을 반영하여 일관성을 유지해 주는 파라미터입니다.
6. **--cw 수치** : --cref의 강도를 조절하는 파라미터입니다. cw 파라미터를 입력하지 않은 기본값은 '100'입니다. 0~100 사이의 수치를 입력할 수 있으며, '100'에 가까울수록 반영하는 일관성의 강도가 강해집니다.

05 프롬프트에 맞게 웹툰 스타일의 이미지가 실사 이미지로 생성되었습니다. 업스케일을 진행하여 결과물을 확정하기 위해 〈U(번호)〉 버튼을 클릭합니다. 예제에서는 2번 이미지에 업스케일을 진행하기 위해 〈U2〉 버튼을 클릭하였습니다.

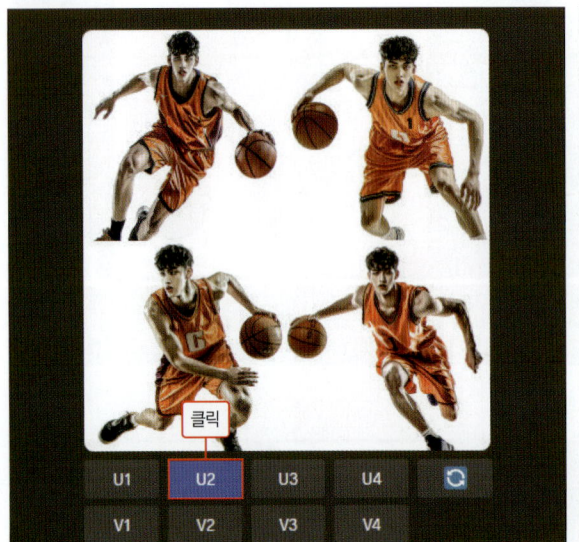 

TIP 실사화된 다른 느낌의 다양한 결과물을 보고 싶다면 〈V(번호)〉 버튼을 클릭하여 이미지를 다양화하여 추가 결과물을 확인하는 것도 좋은 방법입니다.

06 업스케일된 이미지가 표시됩니다. 추가 업스케일을 진행하지 않고 바로 이미지를 저장합니다. '강태수' 캐릭터를 웹툰 스타일 이미지에서 실사 이미지로 변환하였습니다.

TIP 저장한 이미지는 영상에 직접 사용하는 것이 아닌 인물의 이목구비를 장면에 적용하여 사용할 것이므로 업스케일이 되지 않은 이미지로 다운로드하였습니다.

02 캐릭터의 특정 부분을 수정하여 실사화하기

Key Prompts • Vary (Region)

01 두 번째 캐릭터를 실사화하기 위해 미드저니 입력창 왼쪽의 〈+〉를 클릭하고 '파일 업로드'를 선택하여 04 → 스포츠 영화 → 웹툰 이미지 폴더에서 '서승현.png' 파일을 업로드합니다.

02 '서승현' 캐릭터를 실사화하기 위해 미드저니 입력창에 '/imagine'을 입력하여 프롬프트 입력창을 표시합니다. 프롬프트 입력창에 인물에 대한 프롬프트와 '--cref'를 입력하고 이미지를 드래그하여 이미지 링크를 추가한 다음 '--cw 50'을 추가로 입력한 후 Enter 를 누릅니다.

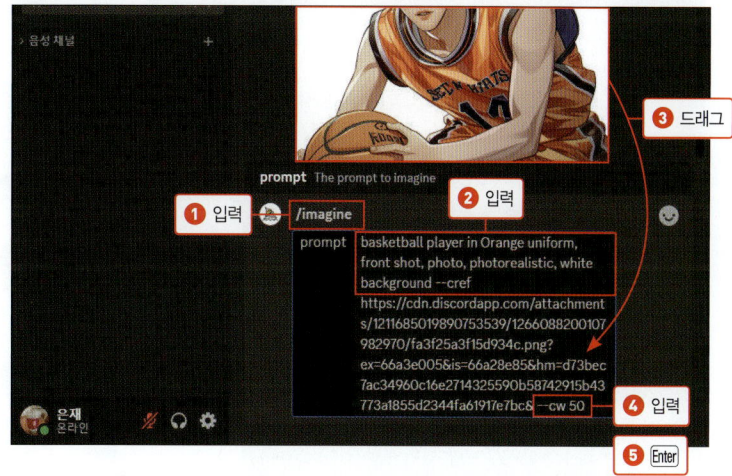

프롬프트 basketball player in Orange uniform, front shot, photo, photorealistic, white background --cref (서승현 이미지 링크) --cw 50

입력팁
1. **basketball player in Orange uniform** : '주황색 유니폼의 농구 선수'라는 인물의 특징을 입력한 프롬프트입니다.
2. **front shot** : 인물의 이목구비가 모두 포함되는 '정면 샷'을 표현하기 위해 입력한 프롬프트입니다.
3. **photo, photorealistic** : 사진, 극사실주의를 뜻하며, 실사화를 표현하기 위해 적은 프롬프트입니다.
4. **white background** : 증명사진처럼 가장 인물을 잘 보여 줄 수 있는 흰 배경을 생성하기 위해 작성한 프롬프트입니다.
5. **--cref (이미지 링크)** : 첨부된 이미지 링크의 일관성을 학습하고 적용하는 파라미터입니다. 기본값은 '100'으로, 값의 수치가 '100'에 가까울수록 강도가 강해집니다. 첨부된 이미지 링크에 해당하는 인물의 이목구비, 머리, 체격 등을 반영하여 일관성을 유지해 주는 파라미터입니다.
6. **--cw 수치** : --cref의 강도를 조절하는 파라미터입니다. cw 파라미터를 입력하지 않은 기본값은 '100'으로, 0~100 사이의 수치를 입력할 수 있습니다. 0에 가까울수록 반영하는 일관성 강도가 낮고, '100'에 가까울수록 반영하는 일관성 강도가 강해집니다.

03 프롬프트에 맞게 웹툰 스타일의 이미지가 실사 이미지로 생성되었습니다. 업스케일을 진행하여 결과물을 확정하기 위해 〈U(번호)〉 버튼을 클릭합니다. 예제에서는 2번 이미지에 업스케일을 진행하기 위해 〈U2〉 버튼을 클릭하였습니다.

04 업스케일된 이미지가 표시됩니다. 현재 이미지에서 머리카락 색상이 더 밝고 붉어져야 웹툰 캐릭터와 비슷한 형태가 될 것 같습니다. 머리카락 부분만 수정하기 위해 〈Vary (Region)〉 버튼을 클릭합니다.

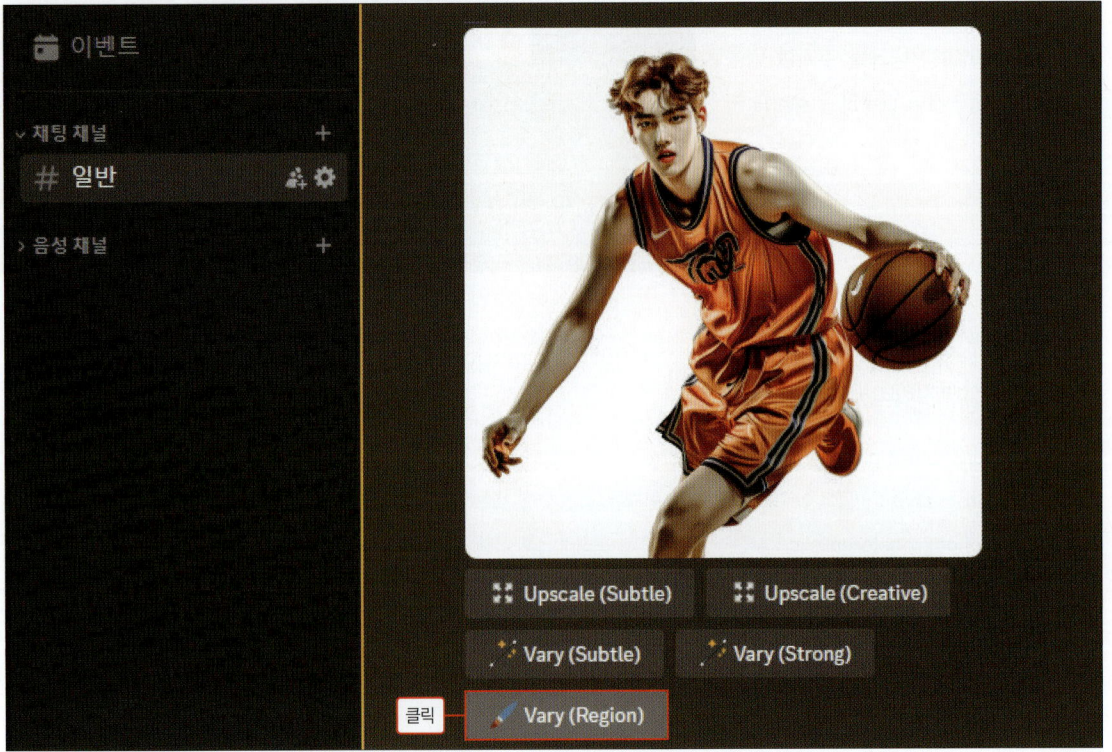

05 부분 수정 창이 표시되면 '올가미' 도구(🔘)를 선택하고 수정할 부분인 머리카락을 드래그하여 영역을 지정합니다. 입력창에 'bright red color hair'를 입력하고 '확인' 아이콘(🔘)을 클릭합니다.

TIP 부분 수정에서 수정한 결과물은 선택한 부분만 프롬프트가 반영되어 변경됩니다. 해당 기능을 활용하여 인물의 피부에 상처를 추가한다던가, 의상의 디자인을 변경하는 등 다양하게 활용하여 이미지를 부분적으로 수정할 수 있습니다.

06 프롬프트에 맞게 머리카락의 색이 부분 수정된 이미지가 생성됩니다. 업스케일을 진행하여 결과물을 확정하기 위해 〈U(번호)〉 버튼을 클릭합니다. 예제에서는 3번 이미지에 업스케일을 진행하기 위해 〈U3〉 버튼을 클릭하였습니다.

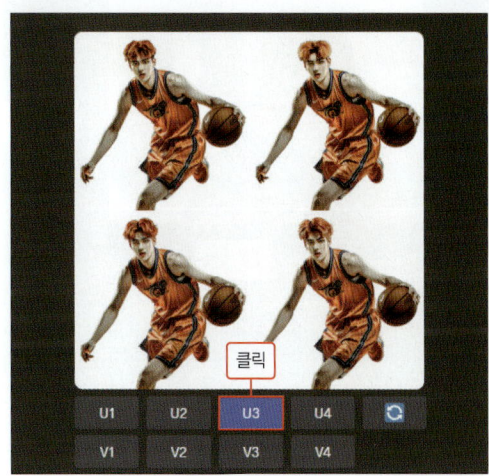

07 업스케일된 이미지가 표시됩니다. 추가 업스케일을 진행하지 않고 바로 이미지를 저장합니다. '서승현' 캐릭터를 웹툰 스타일 이미지에서 실사 이미지로 변환하였습니다.

08 세 번째 캐릭터를 실사화하기 위해 미드저니 입력창 왼쪽의 〈+〉를 클릭하고 '파일 업로드'를 선택하여 04 → 스포츠 영화 → 웹툰 이미지 폴더에서 '고현수.png' 파일을 업로드합니다.

09 '고현수' 캐릭터를 실사화하기 위해 미드저니 입력창에 '/imagine'을 입력하여 프롬프트 입력창을 표시합니다. 프롬프트 입력창에 인물에 대한 프롬프트와 '--cref'를 입력하고 이미지를 드래그하여 이미지 링크를 추가한 다음 '--cw 50'을 추가로 입력한 후 Enter를 누릅니다.

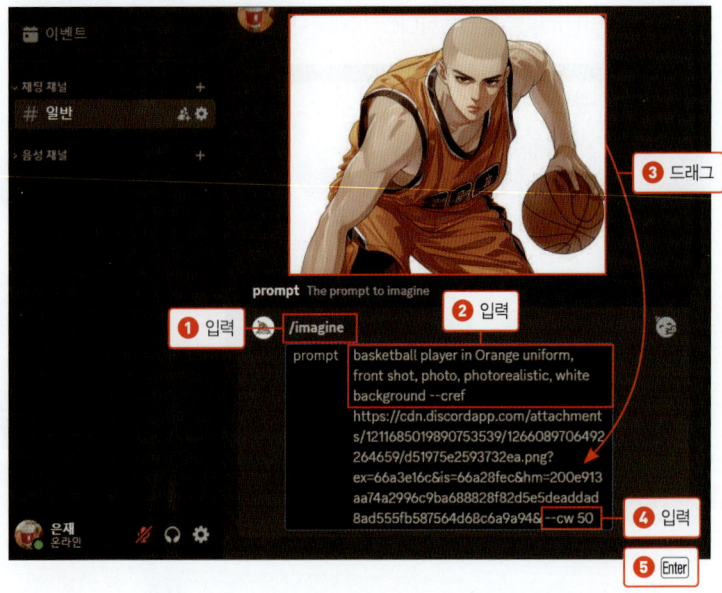

프롬프트 basketball player in Orange uniform, front shot, photo, photorealistic, white background --cref (고현수 이미지 링크) --cw 50

입력팁
1. **basketball player in Orange uniform** : '주황색 유니폼의 농구 선수'라는 인물의 특징을 입력한 프롬프트입니다.
2. **front shot** : 인물의 이목구비가 모두 포함되는 '정면 샷'을 표현하기 위해 입력한 프롬프트입니다.
3. **photo, photorealistic** : 사진, 극사실주의를 뜻하며, 실사화를 표현하기 위해 적은 프롬프트입니다.
4. **white background** : 증명사진처럼 가장 인물을 잘 보여 줄 수 있는 흰 배경을 생성하기 위해 작성한 프롬프트입니다.
5. **--cref (이미지 링크)** : 첨부된 이미지 링크의 일관성을 학습하고 적용하는 파라미터입니다. 기본값은 '100'으로, 값의 수치가 '100'에 가까울수록 강도가 강해집니다. 첨부된 이미지 링크에 해당하는 인물의 이목구비, 머리, 체격 등을 반영하여 일관성을 유지해 주는 파라미터입니다.
6. **--cw 수치** : --cref의 강도를 조절하는 파라미터입니다. cw 파라미터를 입력하지 않은 기본값은 '100'으로, 0~100 사이의 수치를 입력할 수 있습니다. 0에 가까울수록 반영하는 일관성 강도가 낮고, '100'에 가까울수록 반영하는 일관성 강도가 강해집니다.

10 프롬프트에 맞게 웹툰 스타일의 이미지가 실사 이미지로 생성되면 원하는 이미지의 업스케일을 한 번만 진행하고 이미지를 PC에 저장합니다. '고현수' 캐릭터를 웹툰 스타일 이미지에서 실사 이미지로 변환하였습니다.

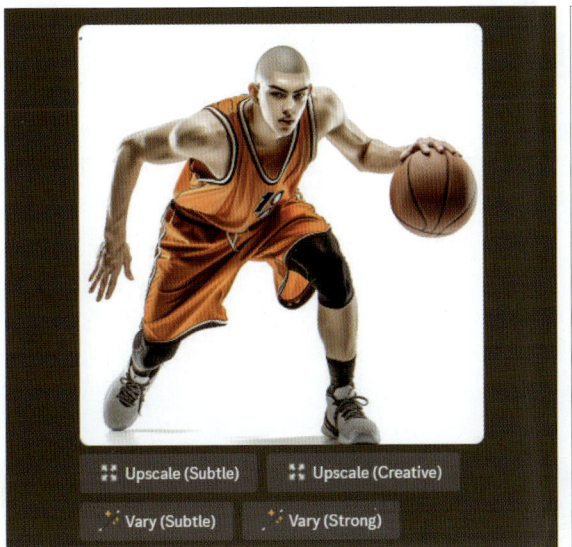

11 같은 방법으로 04 → 스포츠 영화 → 웹툰 이미지 폴더의 '남필준.png' 파일과 '박경호.png' 파일을 이용하여 웹툰 캐릭터 이미지를 실사 이미지로 변환합니다.

프롬프트 basketball player in Orange uniform, front shot, photo, photorealistic, white background --cref (남필준 이미지 링크) --cw 50

프롬프트 basketball player in Orange uniform, front shot, photo, photorealistic, white background --cref (박경호 이미지 링크) --cw 50

TIP 실사 이미지 구현에 사용하면 좋은 미드저니 프롬프트 모음
1. Photo, Photorealisitc, Hyperrealistic, Realistic Photography, Ultrarealistic : 사진, 극사실주의, 실사적인 묘사를 의미합니다.
2. 4k image, 8k image : 4K/8K와 같이 해상도를 뜻하는 프롬프트로 고품질의 이미지를 구현합니다.
3. Shot by Sony A7 M4/Canon EOS R5/Nikon Z8 등 카메라 기종 : 특정 회사의 특정 카메라로 촬영한 듯한 결과물을 구현합니다.

SECTION 9.

● 예제파일 : 04\스포츠 영화\실사화 이미지 폴더   ● 완성파일 : 04\스포츠 영화\장면 이미지 폴더

카메라 앵글에 맞춰 장면 생성과 인물 배정하기

실사화한 캐릭터를 활용하여 등장인물을 배역에 맞게 배정하고, 영화의 장면에 맞추어 배치해야 합니다. 장면 마다 일관성을 유지해야 하므로 이미지를 생성하고 부분으로 수정해 스타일에 통일감을 주고 카메라 앵글을 활 용하여 스토리에 맞는 장면을 생성해 봅시다.

01 모든 인물이 등장하는 와이드 샷 만들기

Key Prompts • wide angle, Inpaint, --sref, --cref

01 스타일 및 일관성 파라미터(--sref, --cref)를 사용하기 위해서는 이미지를 업로드하고 링크 형태로 첨부하여 사용해야 합니다. 이를 위해 앞서 생성한 모든 등장인물의 실사화 이미지를 업로드하여 이용하겠습니다.

미드저니 입력창 왼쪽의 〈+〉를 클릭하고 '파일 업로드'를 선택합니다.

02 열기 대화상자가 표시되면 04 → 스포츠 영화 → 실사화 이미지 폴더에서 모든 등장인물실사화 이미지인 '강태수 실사.png', '고현수 실사.png', '남필준 실사.png', '박경호 실사.png', '서승현 실사.png' 파일을 선택하고 〈열기(O)〉 버튼을 클릭합니다.

03 Enter를 눌러 이미지를 디스코드에 업로드하면 대화창에 5개의 이미지가 표시됩니다.

04 첫 번째 장면을 생성하기 위해 미드저니 입력창에 '/imagine'을 입력하여 프롬프트 입력창을 표시하고 스토리 및 카메라 구도에 대한 프롬프트를 입력한 다음 Enter를 누릅니다.

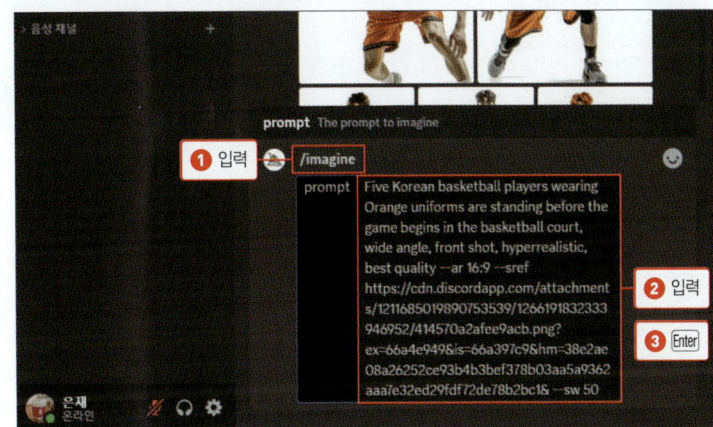

프롬프트 | Five Korean basketball players wearing Orange uniforms are standing before the game begins in the basketball court, wide angle, front shot, hyperrealistic, best quality --ar 16:9 --sref (등장인물의 이미지 링크) --sw 50

입력팁
1. **Five Korean basketball players wearing Orange uniforms are standing before the game begins in the basketball court** : '5명의 주황색 유니폼을 입은 농구 선수들이 경기 시작 전, 농구장에 도열하고 있다.'라는 스토리를 입력한 프롬프트입니다.
2. **wide angle** : 5명의 피사체를 한 장면에 모두 담기 위해 카메라와 피사체 사이의 거리가 있는 넓은 앵글을 표현하기 위해 입력한 프롬프트입니다.
3. **front shot** : 인물의 이목구비가 모두 포함되는 '정면 샷'을 표현하기 위해 입력한 프롬프트입니다.
4. **hyperrealistic, best quality** : 실사화의 높은 퀄리티를 표현하기 위해 작성한 프롬프트입니다.
5. **--ar 16:9** : 가로 영상의 표준 비율인 16:9에 해당하는 이미지를 생성하기 위해 입력한 프롬프트입니다.
6. **--sref (이미지 링크)** : 첨부된 이미지 링크의 스타일(그림체)을 학습하고 적용하는 파라미터입니다. 기본값은 '100'이며, 수치가 '1000'에 가까울수록 스타일 적용의 강도가 강해집니다. 컷마다 스타일의 일관성을 유지해 주는 역할을 합니다.
7. **--sw 수치** : '--sref' 프롬프트의 가중치를 '0'에서 '1000'까지 입력할 수 있으며, '0'에 가까울수록 스타일을 학습하는 정도가 줄어듭니다. 입력하지 않은 기본값은 '100'입니다.

05 프롬프트에 맞게 장면이 생성됩니다. 원하는 느낌과 스타일에 가깝게 생성되면 다양한 이미지를 더 보기 위해 〈V(번호)〉 버튼을 클릭합니다. 예제에서는 〈V2〉 버튼을 클릭하였습니다.

06 업스케일된 이미지가 표시되었으나 현재 장면에 있는 인물들이 사전에 생성한 등장인물과 매치되지 않는 상태입니다. 인물을 보정하기 위해 업로드한 이미지 중 '고현수 실사' 이미지를 선택하고 마우스 오른쪽 버튼을 클릭한 다음 **이미지 주소 복사**를 실행합니다.

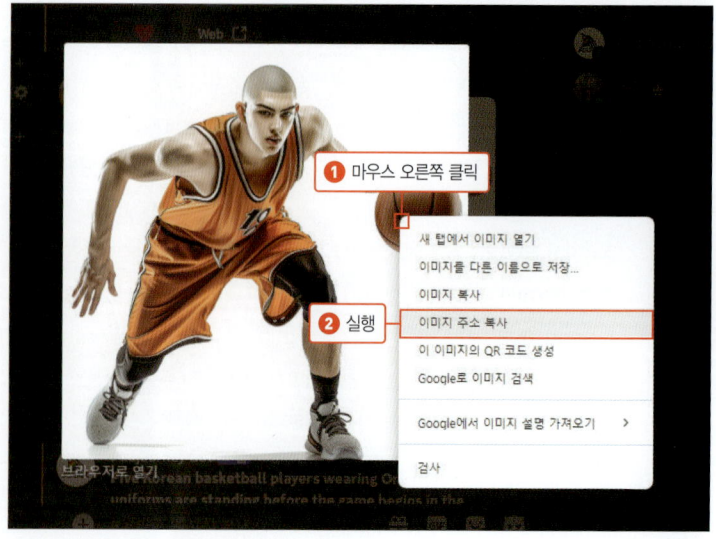

07 생성한 장면에서 인물을 보정하기 위해 업스케일된 이미지의 〈Vary (Region)〉 버튼을 클릭합니다.

08 부분 수정 창이 표시되면 '올가미' 도구(◉)를 선택하고 가운데 인물의 얼굴을 변경하기 위해 드래그하여 영역을 지정합니다. 입력창에 'basketball player --cref'를 입력하고 Ctrl+V를 눌러 고현수 실사 이미지 링크를 붙여넣은 다음 'Submit Job' 아이콘(◉)을 클릭합니다.

TIP 링크가 복사된 상태에서는 Ctrl+V를 누르거나 마우스 오른쪽 버튼을 클릭하고 붙여넣기를 실행하여 링크를 첨부할 수 있습니다.

09 프롬프트에 맞게 가운데 등장인물이 첨부한 링크의 등장인물인 고현수로 부분 수정된 이미지가 생성됩니다. 바로 업스케일을 진행하기 위해 〈U(번호)〉 버튼을 클릭합니다. 예제에서는 〈U4〉 버튼을 클릭하였습니다.

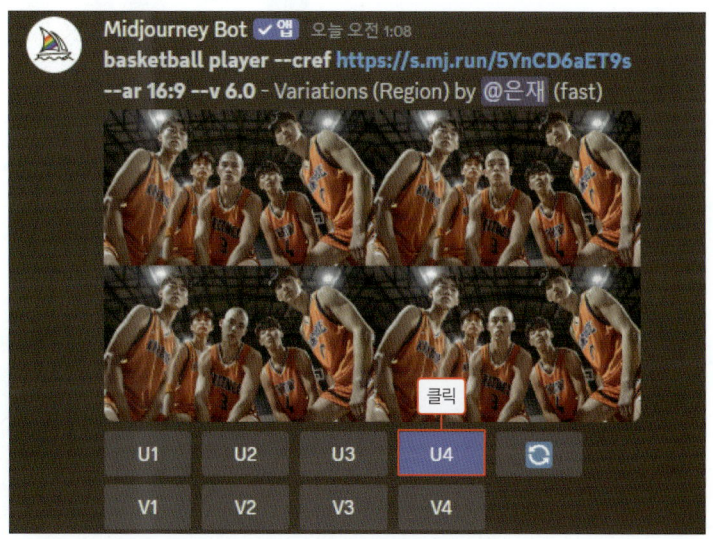

285

〈V(번호)〉 버튼이 아닌 〈U(번호)〉 버튼을 클릭해야 하는 이유

이 상태에서는 결과물을 다양하게 변경시키는 〈V(번호)〉 기능을 사용하면, 현재 상태에서 구도가 변형되고 'basketball player --cref' 프롬프트만 반영된 새로운 결과물이 생성되기 때문에 바로 업스케일을 진행해야 합니다.

10 같은 방법으로 다른 인물들도 보정하겠습니다. 인물을 보정하기 위해 업로드한 이미지 중 '박경호 실사' 이미지를 선택하고 마우스 오른쪽 버튼을 클릭한 다음 **이미지 주소 복사**를 실행합니다.

 이미지 주소 복사

미드저니에서 '--cref', '--sref'와 같은 일관성 프롬프트를 입력하는 경우, 이미지를 직접 첨부하여 사용하는 것은 불가능합니다. 이미지를 링크 형태로 첨부하여 사용해야 하므로, 이미지 복사가 아닌 링크 형태로 이미지를 사용하는 '이미지 주소 복사'를 사용해야 합니다.

11 생성한 장면에서 인물을 보정하기 위해 업스케일된 이미지의 〈Vary (Region)〉 버튼을 클릭합니다.

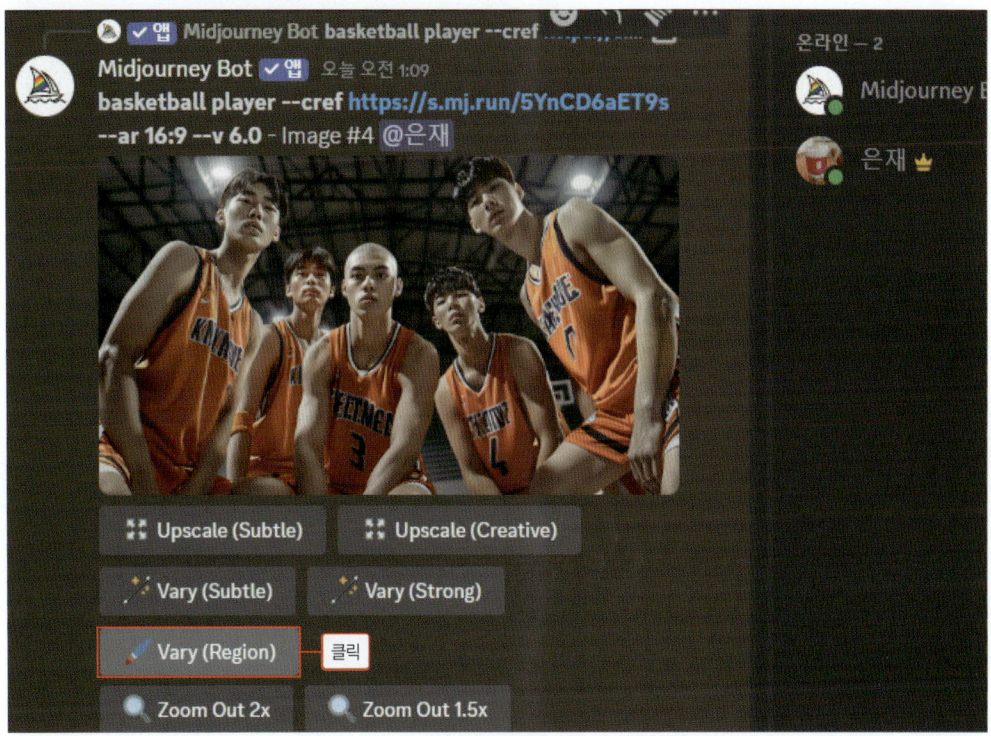

12 부분 수정 창이 표시되면 '올가미' 도구(🔍)를 선택하고 첫 번째 인물의 얼굴을 변경하기 위해 드래그하여 영역을 지정합니다. 입력창에 'basketball player --cref'를 입력하고 Ctrl+V를 눌러 박경호 실사 이미지 링크를 붙여넣은 다음 'Submit Job' 아이콘(➡)을 클릭합니다.

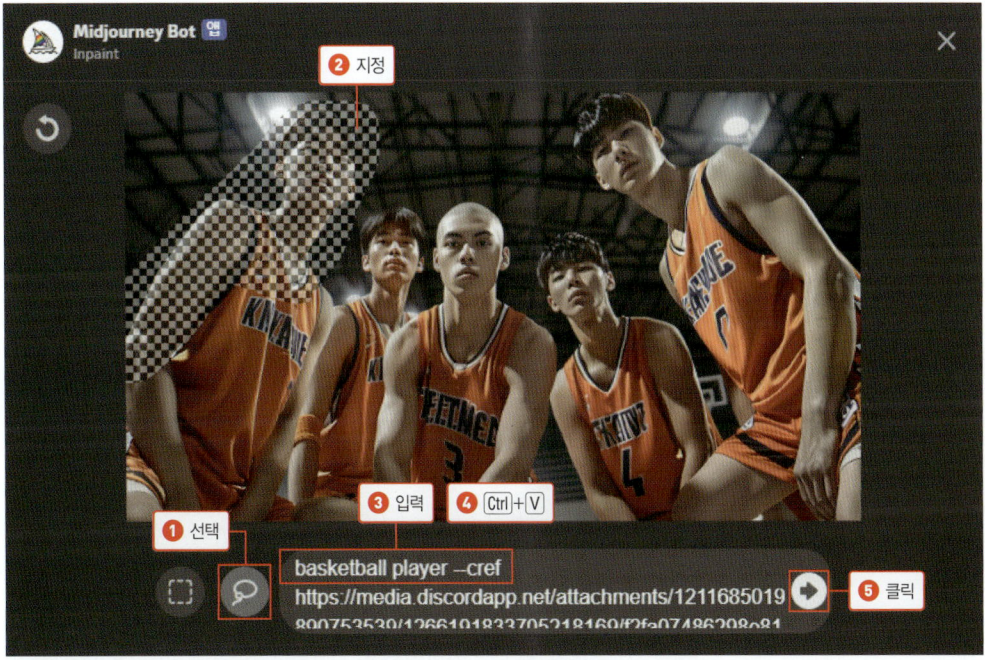

13 프롬프트에 맞게 첫 번째 등장인물이 첨부한 링크의 등장인물인 박경호로 부분 수정된 이미지가 생성됩니다. 바로 업스케일을 진행하기 위해 〈U(번호)〉 버튼을 클릭합니다. 예제에서는 〈U2〉 버튼을 클릭하였습니다.

14 업스케일된 이미지가 표시됩니다. 다른 인물들도 같은 방법으로 부분 수정하여 장면을 완성하고 저장합니다.

02 인물 한 명이 돋보이는 장면 만들기

Key Prompts • wide angle, --sref, --cref

01 두 번째 장면을 생성하기 위해 미드저니 입력창에 '/imagine'을 입력하여 프롬프트 입력창을 표시합니다. 스토리 및 카메라 구도에 대한 프롬프트와 일관된 이미지를 생성하는 프롬프트 등을 다음과 같이 입력하고 Enter 를 누릅니다.

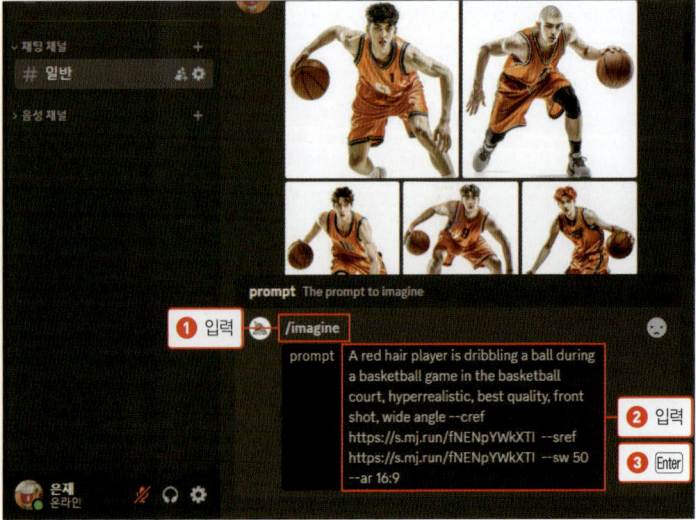

프롬프트 A red hair player is dribbling a ball during a basketball game in the basketball court, hyperrealistic, best quality, front shot, wide angle --cref (서승현 이미지 링크) --sref (서승현 이미지 링크) --sw 50 --ar 16:9

입력팁
1. **A red hair player is dribbling a ball during a basketball game in the basketball court** : '빨간 머리의 농구선수가 농구 코트에서 공을 드리블하고 있다.'라는 스토리를 입력한 프롬프트입니다.
2. **wide angle** : 카메라와 피사체 사이의 거리가 있는 넓은 앵글을 표현하기 위해 입력한 프롬프트입니다.
3. **front shot** : 인물의 이목구비가 모두 포함되는 '정면 샷'을 표현하기 위해 입력한 프롬프트입니다.
4. **hyperrealistic, best quality** : 실사화의 높은 퀄리티를 표현하기 위해 작성한 프롬프트입니다.
5. **--cref (이미지 링크)** : 첨부된 이미지 링크의 일관성을 학습하고 적용하는 파라미터입니다. 기본값은 '100'으로, 값의 수치가 '100'에 가까울수록 강도가 강해집니다. 첨부된 이미지 링크에 해당하는 인물의 이목구비, 머리, 체격 등을 반영하여 일관성을 유지해 주는 파라미터입니다.
6. **--sref (이미지 링크)** : 첨부된 이미지 링크의 스타일(그림체)을 학습하고 적용하는 파라미터입니다. 기본값은 '100'이며, 수치가 '1000'에 가까울수록 스타일 적용의 강도가 강해집니다. 컷마다 스타일의 일관성을 유지해 주는 역할을 합니다.
7. **--sw 수치** : '--sref' 프롬프트의 가중치는 '0'에서 '1000'까지 입력할 수 있으며, '0'에 가까울수록 스타일을 학습하는 정도가 줄어듭니다. 입력하지 않은 기본값은 '100'입니다.
8. **--ar 16:9** : 가로 영상의 표준 비율인 16:9에 해당하는 이미지를 생성하기 위해 입력한 프롬프트입니다.

02 프롬프트에 맞게 두 번째 장면의 다양한 이미지가 생성됩니다. 원하는 느낌과 스타일에 가깝게 생성되었다면 비슷한 느낌의 이미지를 더 보기 위해 〈V(번호)〉 버튼을 클릭합니다. 예제에서는 〈V3〉 버튼을 클릭하였습니다.

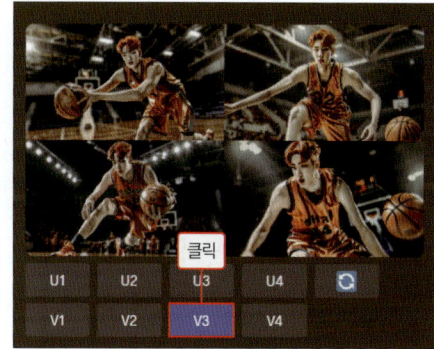

03 선택한 번호의 이미지와 비슷한 느낌의 결과물이 4개 표시됩니다. 이번에는 2개의 이미지를 최종으로 선택하기 위해 두 번의 업스케일을 진행합니다. 예제에서는 3번과 4번 이미지에 업스케일을 진행하기 위해 〈U3〉 버튼과 〈U4〉 버튼을 클릭하였습니다.

TIP 이후에 루마 AI에서 영상을 만들 때 2개의 이미지를 활용하기 위해 2개의 이미지를 선택하는 것입니다.

04 업스케일된 이미지가 표시됩니다. 해당 결과물에서는 어색한 부분의 보정 및 톤 보정을 적용하여 최상의 결과물을 만들기 위해 〈Upscale (Creative)〉 버튼을 클릭하고 해상도를 높인 이미지 결과물을 저장합니다.

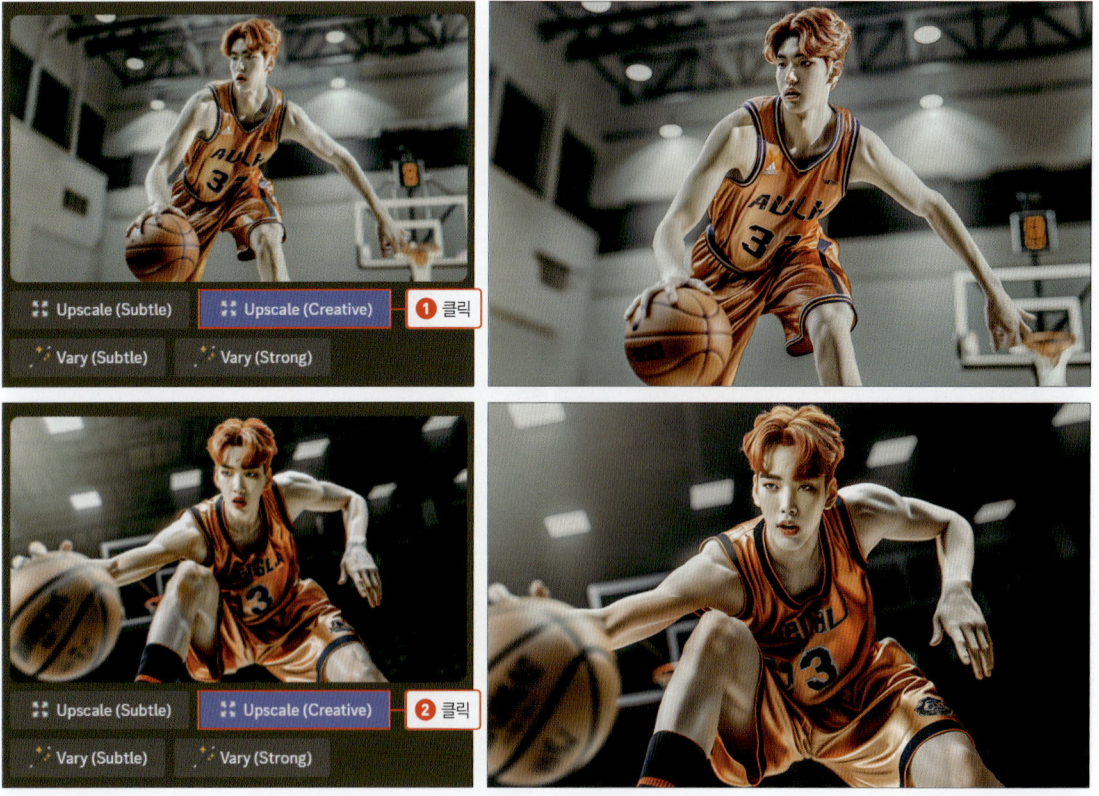

TIP 이처럼 스포츠 영화에서 중요한 액션 장면을 업스케일할 때는 '다중 프레임' 기법을 사용하여 여러 장면을 합성해 한 이미지에 담아 역동성과 강렬함을 극대화할 수 있습니다.

03 동작이 돋보이는 클로즈업 샷 장면 만들기

Key Prompts • close-up-shot, --sref, --cref

01 세 번째 장면을 생성하기 위해 미드저니 입력창에 '/imagine'을 입력하여 프롬프트 입력창을 표시합니다. 스토리 및 카메라 구도에 대한 프롬프트와 일관된 이미지를 생성하는 프롬프트 등을 다음과 같이 입력하고 Enter 를 누릅니다.

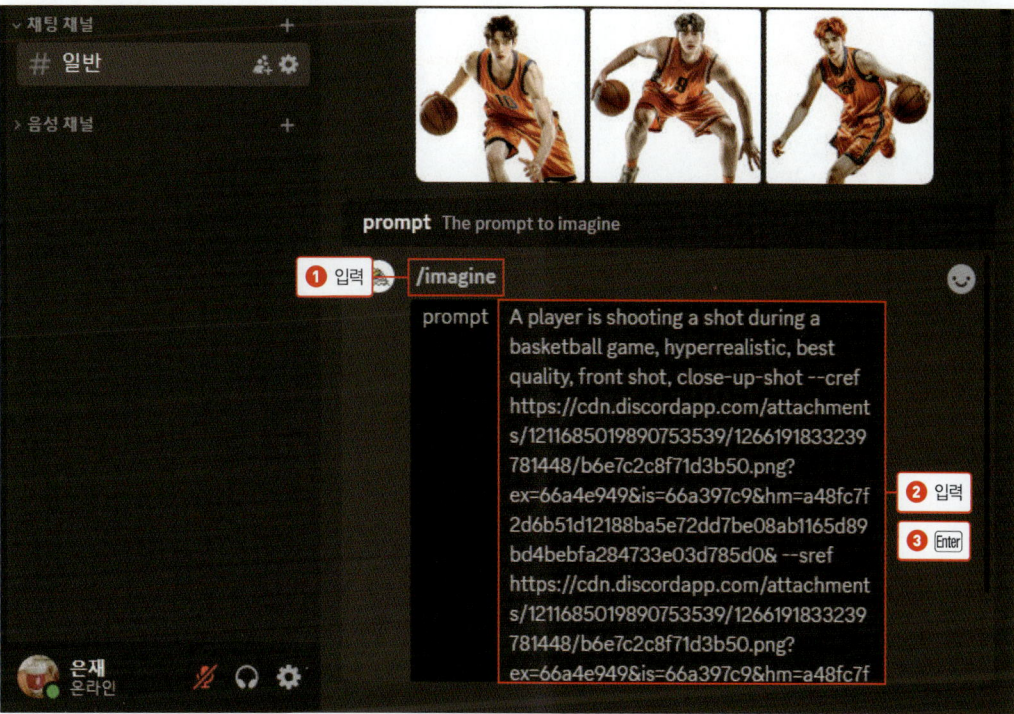

프롬프트 A player is shooting a shot during a basketball game, hyperrealistic, best quality, front shot, close-up-shot --cref (남필준 이미지 링크) --sref (남필준 이미지 링크) --sw 50 --ar 16:9

입력팁
1. **A player is shooting a shot during a basketball game** : '한 선수가 농구 경기에서 슛을 하고 있다.'라는 스토리를 입력한 프롬프트입니다.
2. **close-up-shot** : 인물이 강조된 클로즈업 샷 구도를 표현하기 위한 프롬프트입니다.
3. **front shot** : 인물의 이목구비가 모두 포함되는 '정면 샷'을 표현하기 위해 입력한 프롬프트입니다.
4. **hyperrealistic, best quality** : 실사화의 높은 퀄리티를 표현하기 위해 적은 프롬프트입니다.
5. **--cref (이미지 링크)** : 첨부된 이미지 링크의 일관성을 학습하고 적용하는 파라미터입니다. 기본값은 '100'으로, 값의 수치가 '100'에 가까울수록 강도가 강해집니다. 첨부된 이미지 링크에 해당하는 인물의 이목구비, 머리, 체격 등을 반영하여 일관성을 유지해 주는 파라미터입니다.
6. **--sref (이미지 링크)** : 첨부된 이미지 링크의 스타일(그림체)을 학습하고 적용하는 파라미터입니다. 기본값은 '100'이며, 수치가 '1000'에 가까울수록 스타일 적용의 강도가 강해집니다. 컷마다 스타일의 일관성을 유지해 주는 역할을 합니다.
7. **--sw 수치** : '--sref' 프롬프트의 가중치는 '0'에서 '1000'까지 입력할 수 있으며, '0'에 가까울수록 스타일을 학습하는 정도가 줄어듭니다. 입력하지 않은 기본값은 '100'입니다.
8. **--ar 16:9** : 가로 영상의 표준 비율인 16:9에 해당하는 이미지를 생성하기 위해 입력한 프롬프트입니다.

02 프롬프트에 맞게 세 번째 장면의 다양한 이미지가 생성됩니다. 바로 2개의 이미지를 최종으로 선택하기 위해 두 번의 업스케일을 진행합니다. 예제에서는 1번과 3번 이미지에 업스케일을 진행하기 위해 〈U1〉 버튼과 〈U3〉 버튼을 클릭하였습니다.

TIP 스포츠 영화에서는 관중의 열기와 운동장의 분위기가 중요합니다. 관중이 더 잘보이게 하거나 경기장 등 돋보이는 배경을 인물과 같이 추가하려면 업스케일 전에 프롬프트에 '응원하는 팬들이 있는 스타디움(stadium background with cheering fans)', '관중의 모션 블러 (motion blur on the crowd)', '농구장의 석양 조명(sunset lighting over a football field)' 등의 상세한 배경 설정이 들어간 프롬프트를 추가하면, 이미지의 배경이 더 생동감 있게 보일 것입니다.
반대로 업스케일된 이미지의 일부 영역만 강조하려면 배경과 선수의 포커스 레벨을 다르게 설정해 선수는 선명하게, 배경은 약간 흐리게 처리하는 것도 좋은 방법입니다.

03 업스케일된 이미지가 표시됩니다. 해당 결과물도 어색한 부분의 보정 및 톤 보정을 적용하여 최상의 결과물을 만들기 위해 〈Upscale (Creative)〉 버튼을 클릭하고 해상도를 높인 이미지 결과물을 저장합니다.

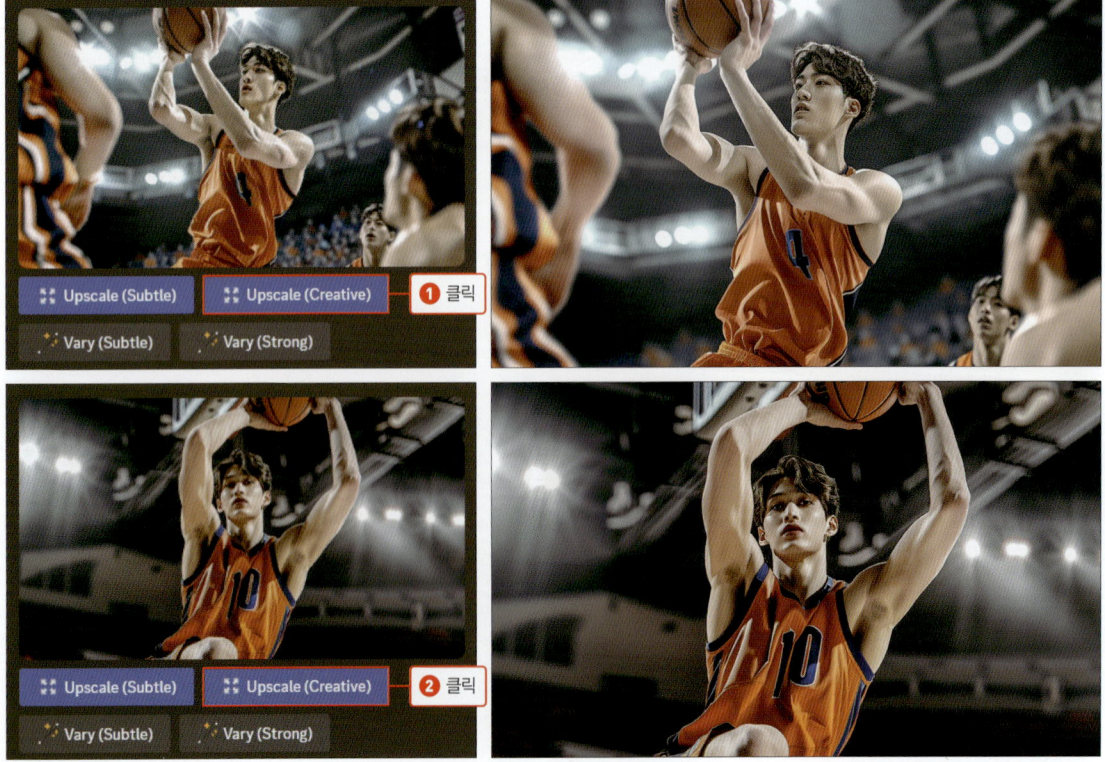

04 대사에 어울리는 익스트림 클로즈업 샷 장면 만들기

Key Prompts • face extreme-close-up-shot, bright lighting, --cref, --sref

01 네 번째 장면을 생성하기 위해 미드저니 입력창에 '/imagine'을 입력하여 프롬프트 입력창을 표시합니다. 스토리 및 카메라 구도에 대한 프롬프트와 일관된 이미지를 생성하는 프롬프트 등을 다음과 같이 입력하고 Enter 를 누릅니다.

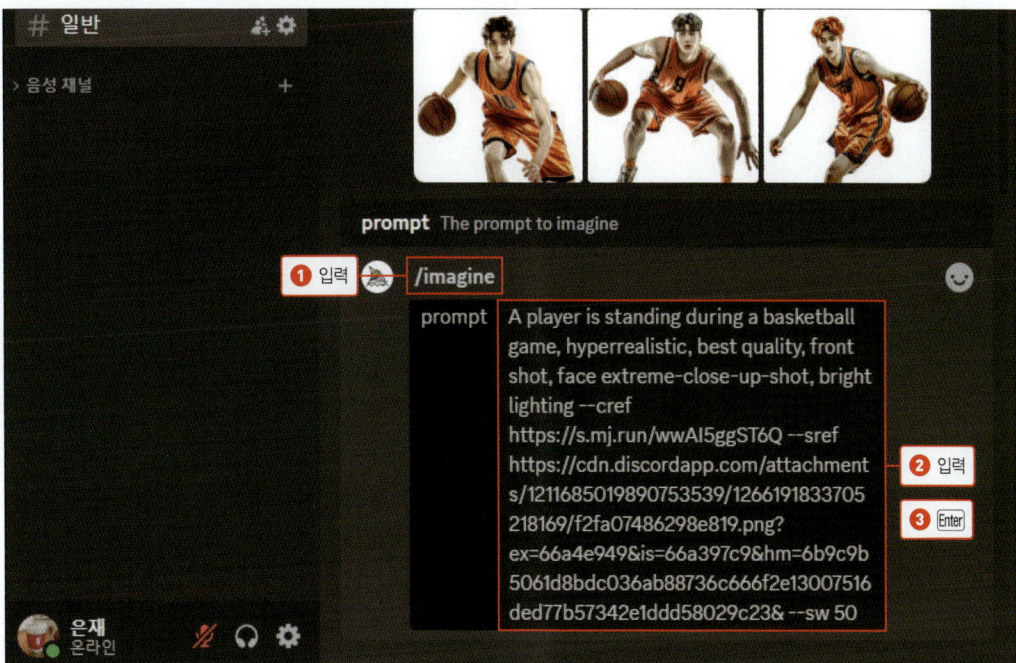

프롬프트 A player is standing during a basketball game, hyperrealistic, best quality, front shot, face extreme-close-up-shot, bright lighting --cref (박경호 이미지 링크) --sref (박경호 이미지 링크) --sw 50 --ar 16:9

입력팁
1. A player is standing during a basketball game : '한 선수가 농구 경기 중 서있다.'라는 스토리를 입력한 프롬프트입니다.

2. face extreme-close-up-shot : 인물이 얼굴이 강조된 익스트림 클로즈업 샷 구도를 표현하기 위한 프롬프트입니다.

3. front shot : 인물의 이목구비가 모두 포함되는 '정면 샷'을 표현하기 위해 입력한 프롬프트입니다.

4. hyperrealistic, best quality : 실사화의 높은 퀄리티를 표현하기 위해 적은 프롬프트입니다.

5. bright lighting : 피사체가 주변 환경에 묻히는 것을 방지하기 위해 조명을 설치하기 위해 적은 프롬프트입니다.

6. --cref (이미지 링크) : 첨부된 이미지 링크의 일관성을 학습하고 적용하는 파라미터입니다. 기본값은 '100'으로, 값의 수치가 '100'에 가까울수록 강도가 강해집니다. 첨부된 이미지 링크에 해당하는 인물의 이목구비, 머리, 체격 등을 반영하여 일관성을 유지해 주는 파라미터입니다.

7. --sref (첫 번째 인물 이미지 링크) : 첨부된 이미지 링크의 스타일(그림체)을 학습하고 적용하는 파라미터입니다. 기본값은 '100'이며, 수치가 '1000'에 가까울수록 스타일 적용의 강도가 강해집니다. 컷마다 스타일의 일관성을 유지해 주는 역할을 합니다.

8. --sw 수치 : '--sref' 프롬프트의 가중치는 '0'에서 '1000'까지 입력할 수 있으며, '0'에 가까울수록 스타일을 학습하는 정도가 줄어듭니다. 입력하지 않은 기본값은 '100'입니다.

9. --ar 16:9 : 가로 영상의 표준 비율인 16:9에 해당하는 이미지를 생성하기 위해 입력한 프롬프트입니다.

02 프롬프트에 맞게 네 번째 장면의 이미지가 생성됩니다. 바로 업스케일을 진행하기 위해 〈U(번호)〉 버튼을 클릭합니다. 예제에서는 〈U2〉 버튼을 클릭하였습니다.

03 업스케일된 이미지가 표시되면 〈Upscale (Creative)〉 버튼을 클릭합니다. 해상도를 높인 이미지 결과물은 PC에 저장합니다.

04 하나의 폴더에 장면별로 이름을 변경하여 저장합니다.

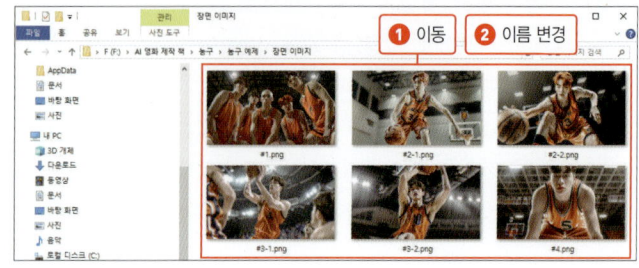

● 예제파일 : 04\스포츠 영화\장면 이미지\#1~#3.png   ● 완성파일 : 04\스포츠 영화\영상\#1~3.mp4

SECTION 10 이미지를 스포츠 영화 영상으로 만들기

루마 AI과 D-ID를 활용하여 미드저니에서 생성한 이미지를 영상으로 만들어 봅니다. 먼저 루마 AI에서 텍스트 프롬프트를 입력하여 생성된 이미지를 고품질의 움직이는 액션 영상으로 영상화하겠습니다.

01 정적인 이미지 한 장을 영상화하기

Key Prompts • players wearing Orange uniforms are standing

01 웹브라우저에서 'lumalabs.ai'를 입력하여 루마 AI 사이트에 접속하고 로그인합니다. 이미지를 업로드하기 위해 '이미지' 아이콘(🖼)을 클릭합니다.

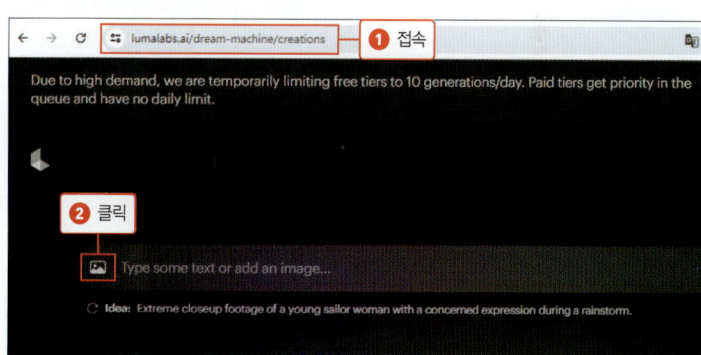

> **NOTE 드래그로 이미지 추가**
>
> 이미지 아이콘을 클릭하여 첨부하는 방법 이외에도, PC에서 직접 이미지를 프롬프트 입력창에 드래그하는 것으로도 이미지 업로드가 가능합니다.

02 열기 대화상자가 표시되면 04 → 스포츠 영화 → 장면 이미지 폴더에서 장면 1에 해당하는 '#1.png' 파일을 선택하고 〈열기(O)〉 버튼을 클릭합니다.

295

03 이미지가 업로드되면 프롬프트 입력창에 아무것도 입력하지 않은 상태로 '확인' 아이콘(⬆)을 클릭합니다.

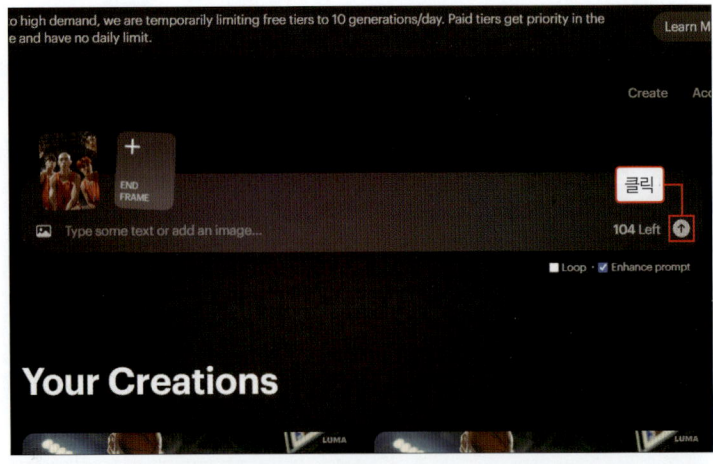

04 텍스트 프롬프트를 적용한 결과물과의 비교를 위해 다시 장면 1에 해당하는 이미지를 업로드하고 'Five basketball players wearing Orange uniforms are standing before the game begins in the basketball court'를 입력한 다음 '확인' 아이콘(⬆)을 클릭합니다.

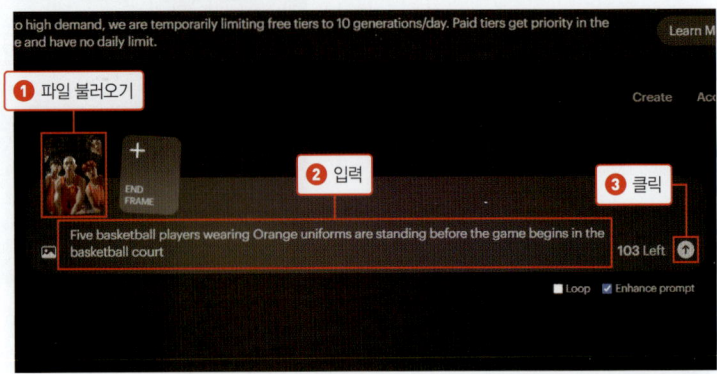

프롬프트 | Five basketball players wearing Orange uniforms are standing before the game begins in the basketball court

한글 번역 | 5명의 주황색 유니폼을 입은 농구 선수들이 경기 시작 전, 농구장에 서있다.

05 Your Creations 화면에 원하는 느낌의 영상이 생성되면 〈Download〉 버튼을 클릭하여 다운로드합니다.

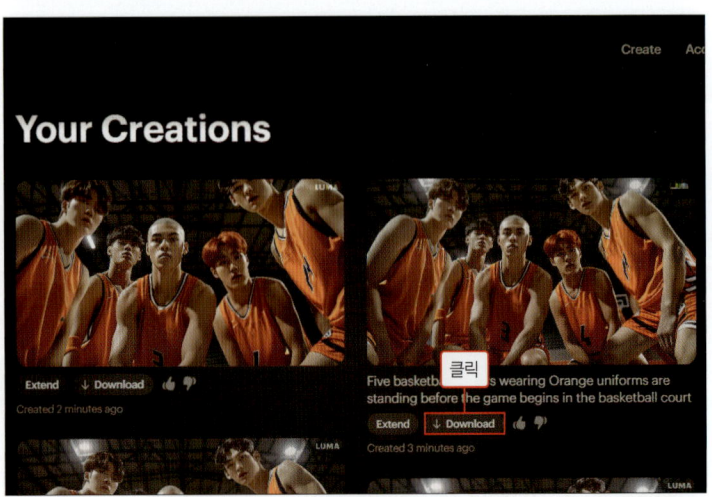

06 다운로드 폴더에 영상이 저장됩니다.

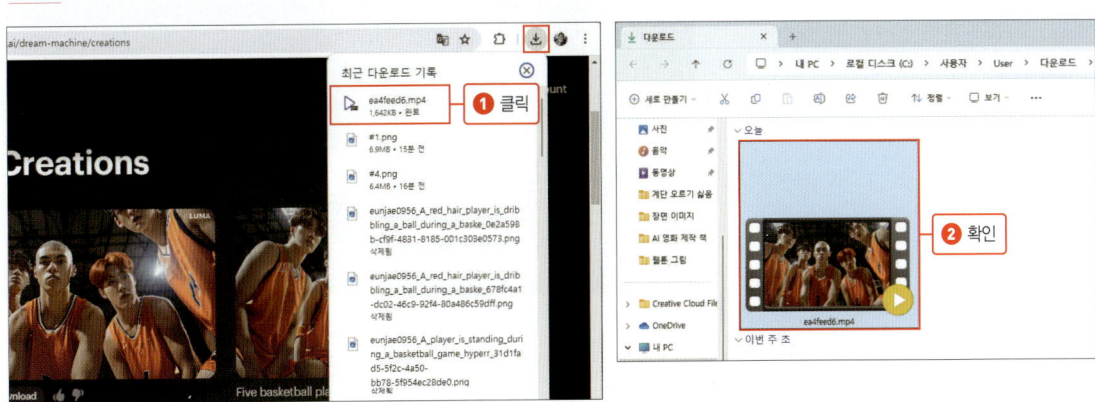

02 두 장의 이미지를 연결하여 드리블하는 영상 만들기

Key Prompts • dribbling a basketball and running

01 장면 2를 만들기 위해 '이미지' 아이콘(🖼)을 클릭합니다. 열기 대화상자가 표시되면 04 → 스포츠 영화 → 장면 이미지 폴더에서 '#2-1.png' 파일을 선택하고 〈열기(O)〉 버튼을 클릭합니다.

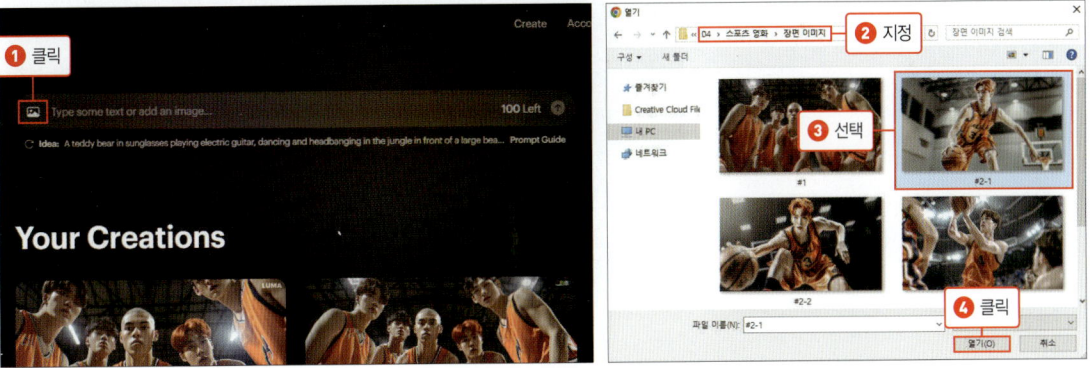

02 장면 2에 해당하는 첫 번째 이미지가 업로드되면 두 번째 이미지를 업로드하기 위해 'END FRAME'을 클릭합니다. 열기 대화상자가 표시되면 같은 경로에서 '#2-2.png' 파일을 선택하고 〈열기(O)〉 버튼을 클릭합니다.

03 프롬프트 입력창에 장면 2 스토리인 'he is dribbling a basketball and running'을 입력한 다음 '확인' 아이콘(⬆)을 클릭합니다.

TIP 두 장의 가이드 이미지를 활용하여 영상을 생성하면, 각각 처음 장면과 끝 장면으로 작용하여 이미지 사이의 시간을 영상화해 주는 작업이 됩니다.

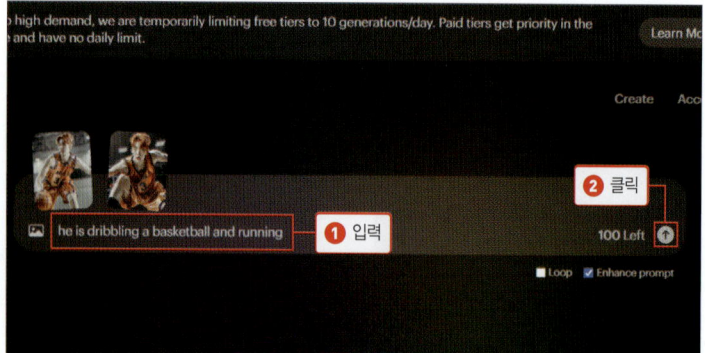

프롬프트 he is dribbling a basketball and running

한글 번역 그는 농구공을 드리블하고 달리기를 한다.

04 Your Creations 화면에 작업한 영상이 표시되면 섬네일에 마우스 커서를 위치하여 미리 보기 형태로 영상을 재생해 살펴봅니다. 첫 번째 이미지에서 두 번째 이미지로 장면 전환이 자연스럽게 구현되었습니다. 영상의 길이를 길게 만들기 위해 〈Extend〉 버튼을 클릭합니다.

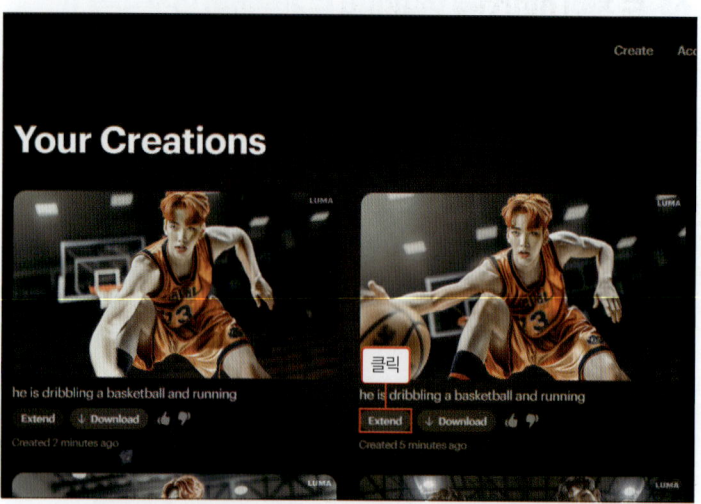

05 Extend Video 창이 표시됩니다. 프롬프트 입력창에 'he is dribbling a basketball and running'을 다시 한 번 입력하고 '확인' 아이콘(⬆)을 클릭합니다.

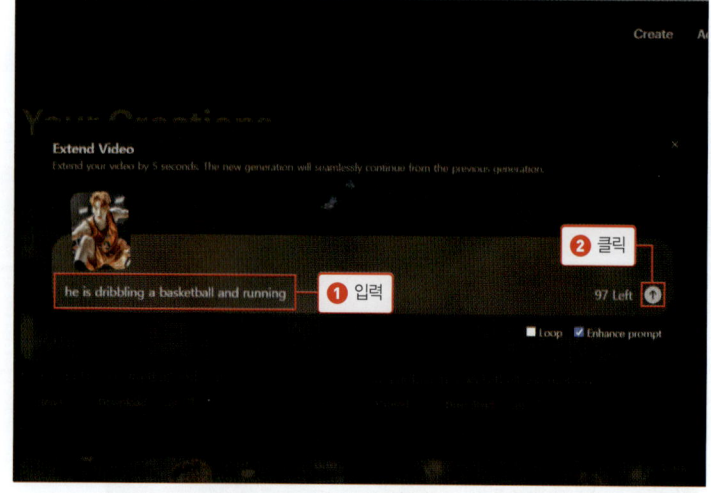

06 장면 2의 두 번째 장면 뒤쪽 부분이 프롬프트에 맞게 길이가 늘어나 10초 영상으로 생성됩니다. 원하는 느낌으로 영상이 생성되면 〈Download〉 버튼을 클릭하여 저장합니다.

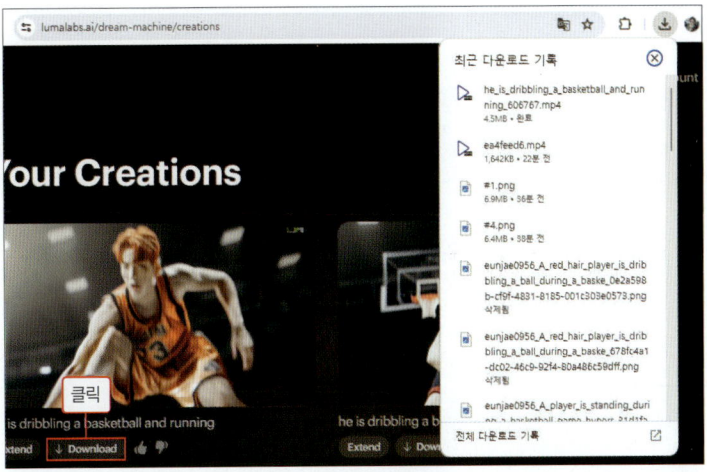

03 두 장의 이미지로 레이업 슛 영상 만들기
Key Prompts • throwing the ball

01 루마 AI에서 장면 3을 만들기 위해 '이미지' 아이콘(🖼)을 클릭합니다. 열기 대화상자가 표시되면 04 → 스포츠 영화 → 장면 이미지 폴더에서 '#3-1.png' 파일을 선택하고 〈열기(O)〉 버튼을 클릭합니다.

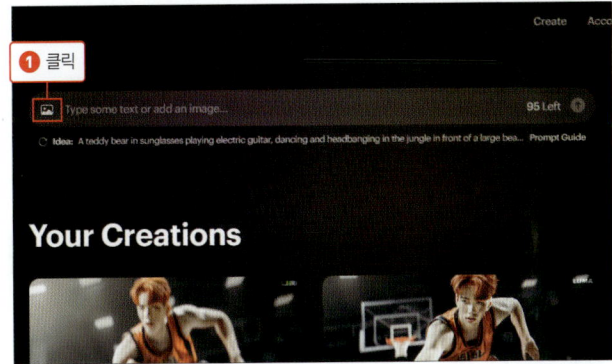

02 장면 3에 해당하는 첫 번째 이미지가 업로드되면 두 번째 이미지를 업로드하기 위해 'END FRAME'을 클릭합니다. 열기 대화상자가 표시되면 같은 경로에서 '#3-2.png' 파일을 선택하고 〈열기(O)〉 버튼을 클릭합니다.

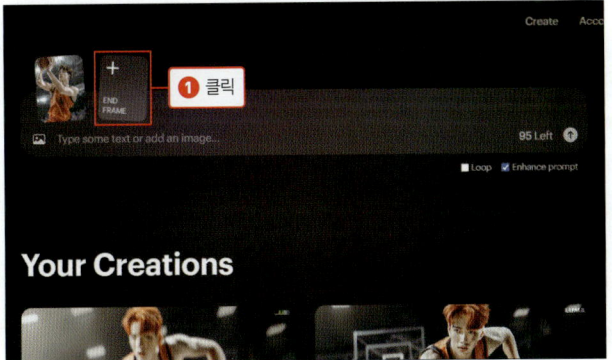

03 프롬프트 입력창에 장면 3 스토리인 'he is throwing the ball'을 입력한 다음 '확인' 아이콘()을 클릭합니다.

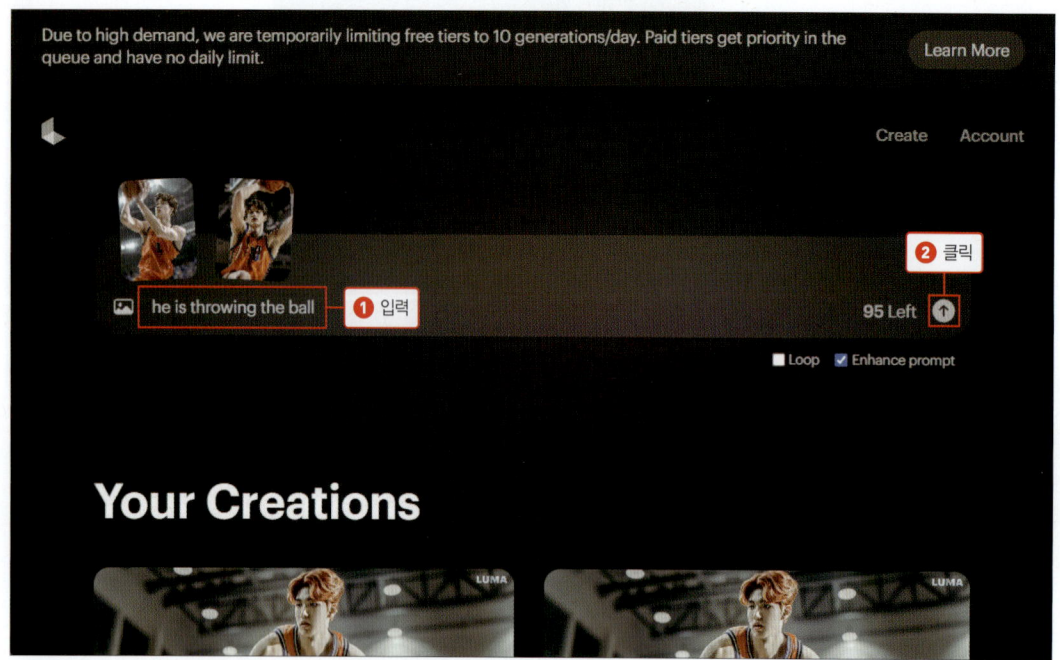

프롬프트 he is throwing the ball

한글 번역 한 선수가 농구 경기에서 슛을 하고 있다.

04 Your Creations 화면에 작업한 영상이 표시되면 섬네일에 마우스 커서를 위치하여 미리 보기 형태로 영상을 재생해 첫 번째 이미지에서 두 번째 이미지로 장면 전환이 자연스러운지 살펴보고 〈Download〉 버튼을 클릭하여 PC에 저장합니다.

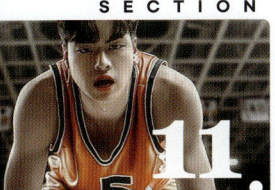

● 예제파일 : 04\스포츠 영화\장면 이미지\#4.png ● 완성파일 : 04\스포츠 영화\영상\#4.mp4

SECTION 11.

입력한 문장을 따라 말하는 대사 영상 만들기

입력한 문장을 따라 캐릭터가 대사를 말하는 영상을 만들겠습니다. D-ID를 이용하면 한국어로 원하는 대사를 입력하고 나라별로 성우 목소리를 선택할 수 있어 간편하게 대사 영상을 만들 수 있습니다.

01 대사 영상을 구현하기 위해 웹브라우저에서 'studio.d-id.com'을 입력하여 D-ID 사이트에 접속하고 로그인합니다. 그림과 같이 Get started 화면이 표시되면 'Create a video'를 클릭합니다.

TIP 현재 대사 영상은 루마 AI에서 구현할 수 없으므로 D-ID를 이용하는 것이 좋습니다.

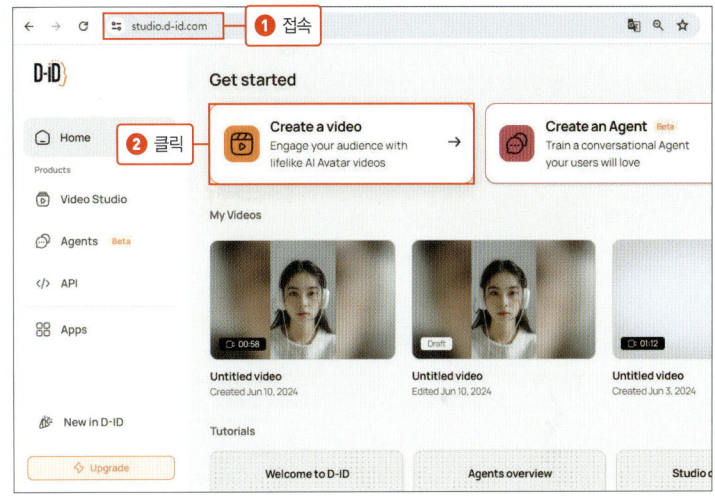

02 작업 화면이 표시됩니다. 이미지를 불러오기 위해 (Avatar) 탭의 'Upload'를 클릭합니다. 열기 대화상자가 표시되면 04 → 스포츠 영화 → 장면 이미지 폴더에서 '#4.png' 파일을 선택하고 〈열기(O)〉 버튼을 클릭합니다.

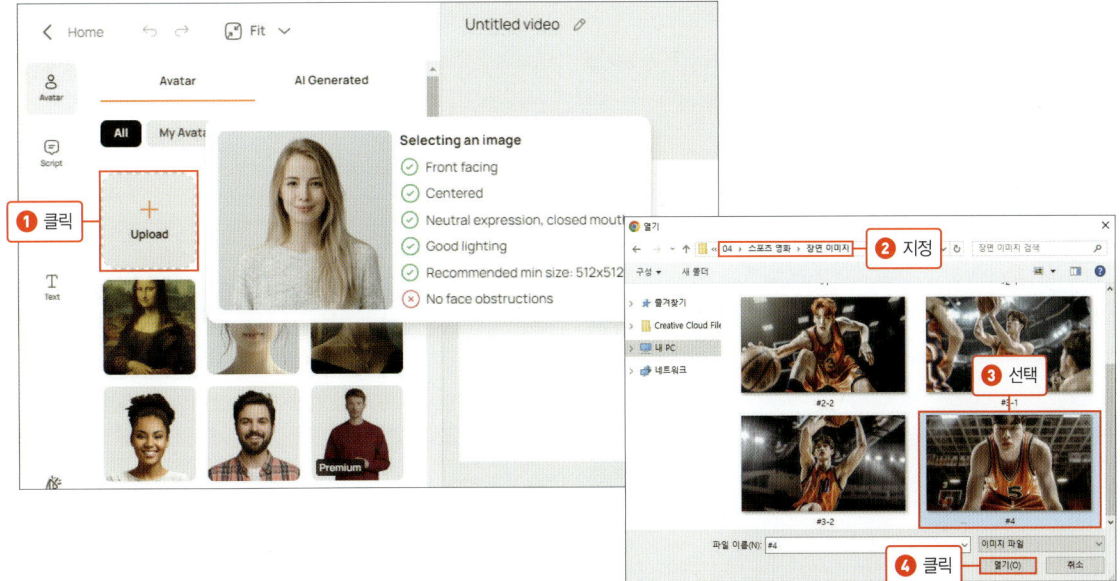

301

03 이미지가 업로드되면 옵션들이 표시됩니다. Emotions을 진지한 감정인 'Serious'로 선택하고 성우를 변경하기 위해 'Zira'를 클릭합니다.

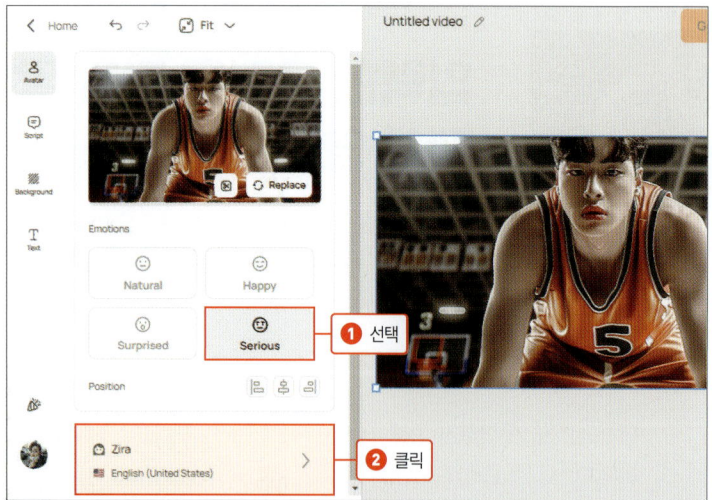

04 Select voice 창이 표시되면 언어를 변경하기 위해 'English'를 클릭합니다.

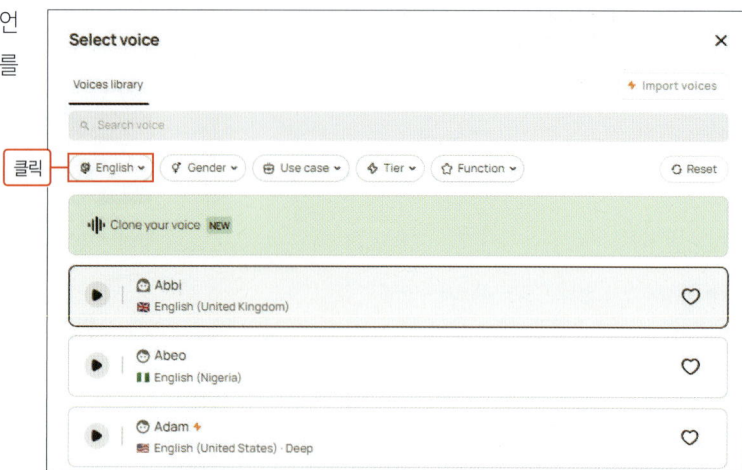

05 검색창에 'Korean'을 입력하고 'Korean (Korea)'를 선택하여 언어를 한국어로 변경합니다. Voices library에 표시되는 한국어를 지원하는 성우의 목록에서 원하는 성우를 선택합니다. 예제에서는 'GookMin'을 선택하였습니다.

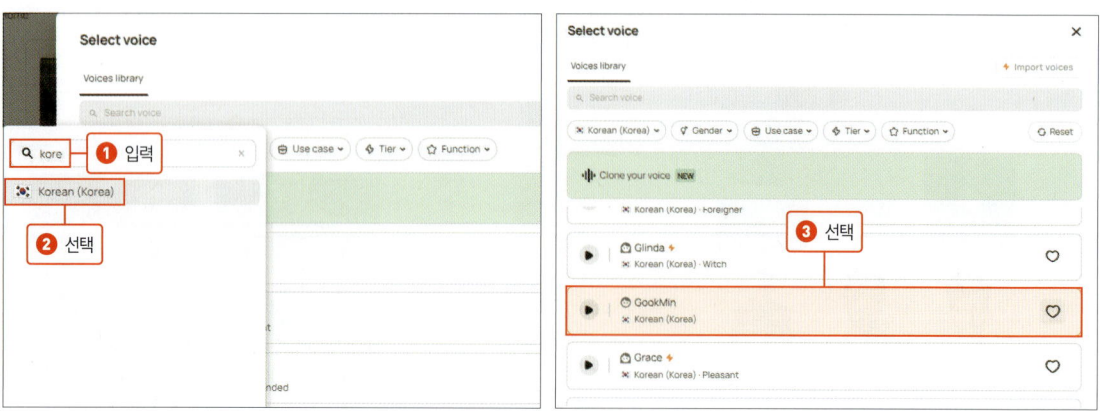

TIP '재생' 아이콘(▶)을 클릭하여 목소리를 프리뷰 형태로 미리 청취할 수 있습니다.

06 텍스트 프롬프트 입력창에 네 번째 장면의 대사 '오직 나에겐 승리 외에는 없어!'를 입력합니다.

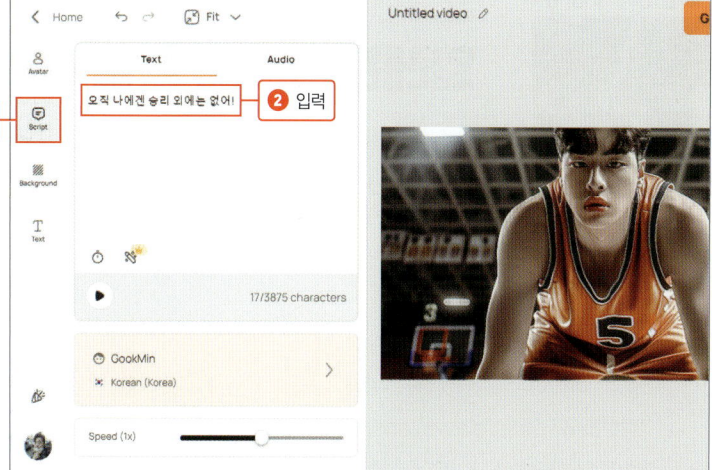

07 영상을 출력하기 위해 〈Generate video〉 버튼을 클릭하고 표시되는 창에서 〈Let's go〉 버튼을 클릭하여 영상을 생성합니다.

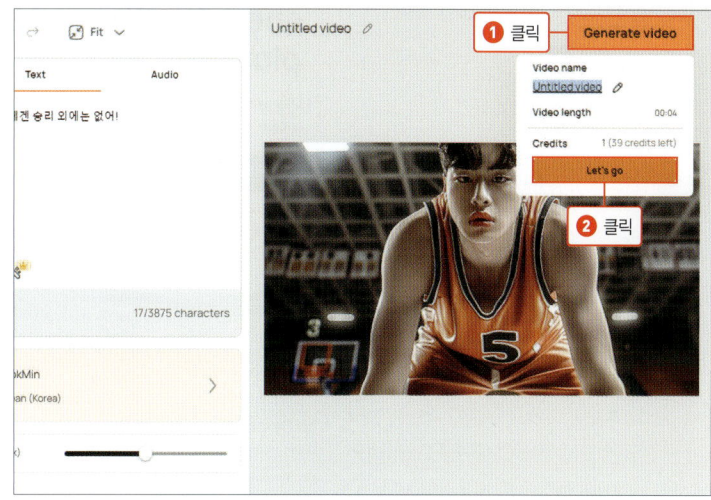

08 새로운 창이 표시되면서 대사에 맞춰 입이 움직이는 영상이 생성됩니다. 생성이 완료되면 〈Download〉 버튼을 클릭하여 영상을 저장합니다.

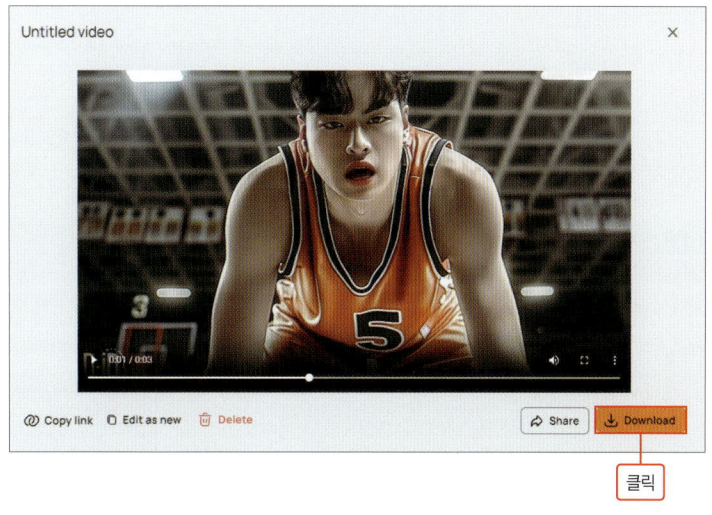

S E C T I O N
12.

● 예제파일 : 04\스포츠 영화\스포츠영화일래브랩스프롬프트.txt   ● 완성파일 : 04\스포츠 영화\내레이션 폴더

일레븐랩스로 음성 내레이션 만들기

텍스트를 활용하여 스토리에 맞는 음성 내레이션을 생성하겠습니다. 실제 성우를 구하여 직접 녹음을 하는 것은 시간과 비용적으로 부담이 되는 경우가 있습니다. 일레븐 랩스의 '텍스트 to 스피치' 기능을 활용하여 음성 내레이션을 생성하고 다운로드하여 영상 편집 단계에서 믹싱해 활용할 수 있습니다.

01 음성 내레이션을 생성하기 위해 웹브라우저에서 'elevenlabs.io'를 입력하여 일레브랩스 사이트에 접속하고 화면에서 〈GET STARTED FREE〉 버튼을 클릭하여 로그인합니다.

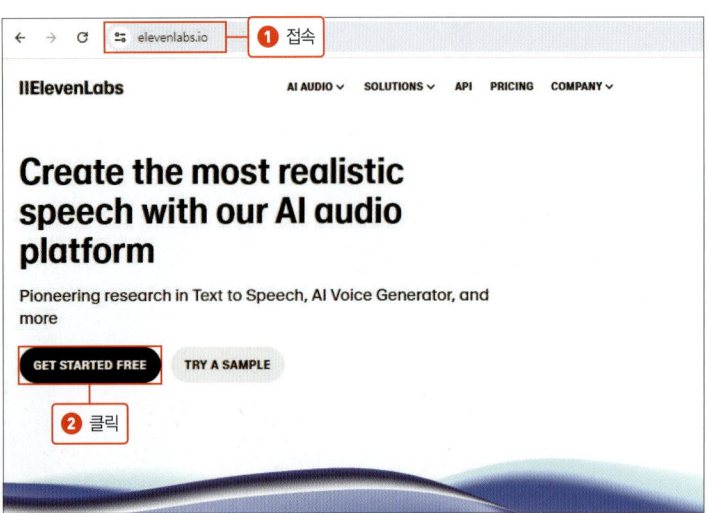

02 Speech Synthesis 창이 표시되면 [TEXT TO SPEECH] 탭의 입력창에 장면 1의 내레이션 '마지막까지 희망을 버려선 안돼! 포기하지 마'를 입력합니다. 성우를 'Brian'로 지정하고 세부 설정을 하기 위해 〈Settings〉 버튼을 클릭합니다.

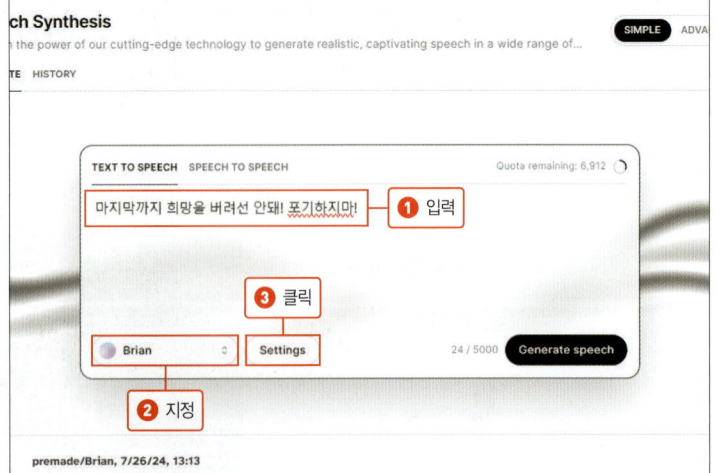

TIP 일레브랩스는 다양한 성우를 제공합니다. 성우별로 프리뷰 기능도 제공하여 목소리를 들어보고 성우를 선택하여 사용할 수 있습니다.

TIP Settings 메뉴
- Model : 음성 모델을 설정할 수 있습니다. 한국어를 사용할 경우, Eleven Multilingyal v2 모델을 사용하는 것이 좋습니다.
- Stability : 음성의 안정성을 설정할 수 있습니다. 높을수록 안정적인 발음과 음성 내레이션을 제공합니다.
- Similarity : 음성의 일관성을 설정할 수 있습니다. 높을수록 일관된 톤과 음의 높낮이의 목소리가 생성됩니다.
- Style Exaggeration : 음성의 스타일을 설정할 수 있습니다. 높을수록 과장되고 오버하는 스타일의 목소리가 생성됩니다.

03 Settings 창이 표시되면 Model을 'Eleven Multilingyal v2'로 선택하고 Stability를 '50%', Similarity를 '75%', Style Exaggeration을 '0%'로 조절하고 'X'를 클릭하여 창을 닫습니다.

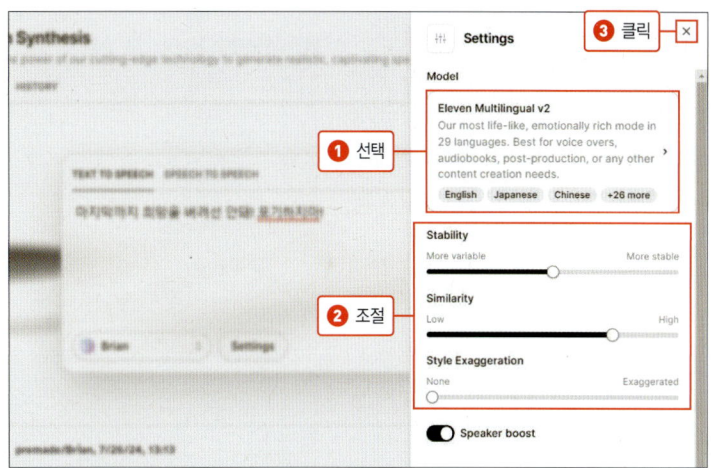

04 〈Generate Speech〉 버튼을 클릭하여 내레이션을 생성합니다. 음성 내레이션이 생성되면 '재생' 아이콘(▶)을 클릭하여 결과물을 청취할 수 있습니다. 원하는 내레이션 결과물이 나왔다면 '다운로드' 아이콘(⬇)을 클릭하여 결과물을 다운로드합니다.

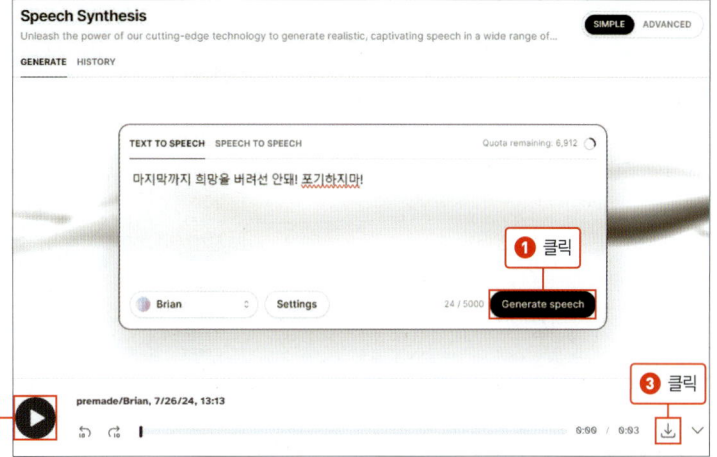

TIP 원하는 결과물이 나오지 않았다면, Settings의 설정을 돌리거나 성우를 변경한 다음 〈Generate Speech〉 버튼을 클릭하여 새로 음성 내레이션을 생성합니다.

05 다운로드 폴더에 내레이션 파일이 저장됩니다.

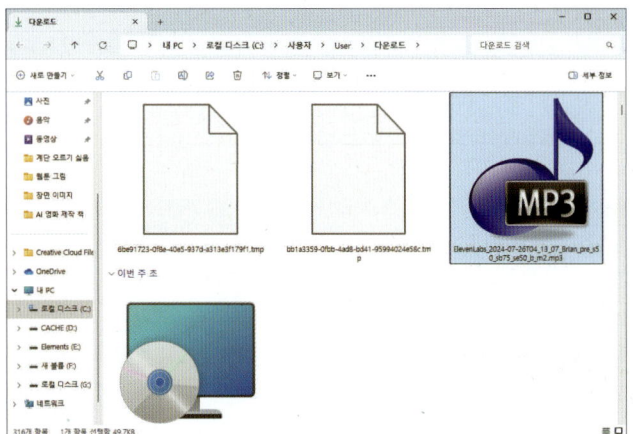

305

06 같은 방법으로 장면 2, 장면 3 내레이션도 생성합니다. 모두 동일한 설정이지만 Settings의 Style Exaggeration을 '50%'로 조절하여 강세와 악센트가 보이도록 만들었습니다.

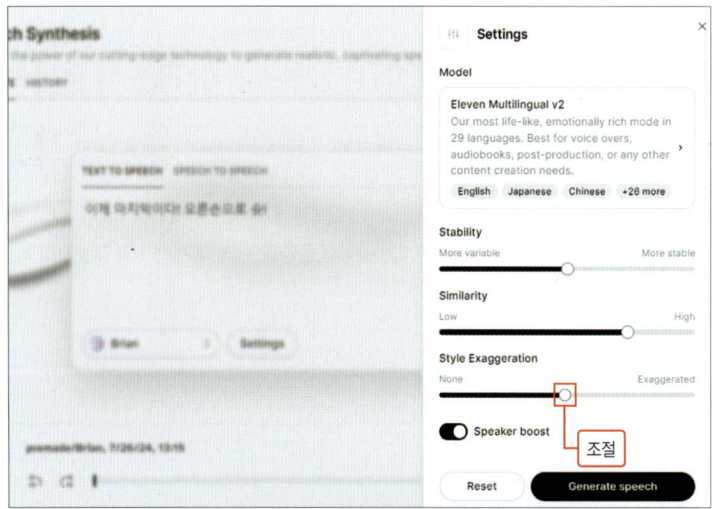

07 생성한 내레이션을 다운로드하고 하나의 폴더로 이동하여 장면에 맞게 이름을 변경합니다.

 영상과 내레이션 파일 이름

결과 영상과 내레이션을 비교하여 같은 이름으로 지정하여 내레이션 파일의 이름을 변경하는 것이 좋습니다. 예를 들어, '#1' 영상에 들어가는 내레이션 파일 이름도 '#1'로 설정합니다.

▲ 내레이션 파일과 같은 이름을 가진 영상 파일

● 예제파일 : 04\스포츠 영화\영상 폴더, 내레이션 폴더   ● 완성파일 : 04\스포츠 영화\스포츠영화_완성.mp4

SECTION
13.

개별적인 요소를 하나로 합쳐 스포츠 영화로 편집하기

영화를 만들기 위해 생성한 영상, 내레이션, 대사를 하는 영상들을 합쳐서 하나의 영상으로 만들 차례입니다. 이번 과정에서는 무료 영상 편집 툴인 캡컷을 활용하여 작업합니다.

01 캡컷에서 폴더 채로 편집 소스 불러오기

01 웹브라우저에서 'www.capcut.com'을 입력하여 캡컷 사이트에 접속하고 로그인한 다음 〈+ 새로 만들기〉 버튼을 클릭합니다. 소스 영상에 맞는 해상도가 표시되면 원하는 동영상 비율을 선택합니다. 예제에서는 영화 영상 비율인 '16:9'를 선택하였습니다.

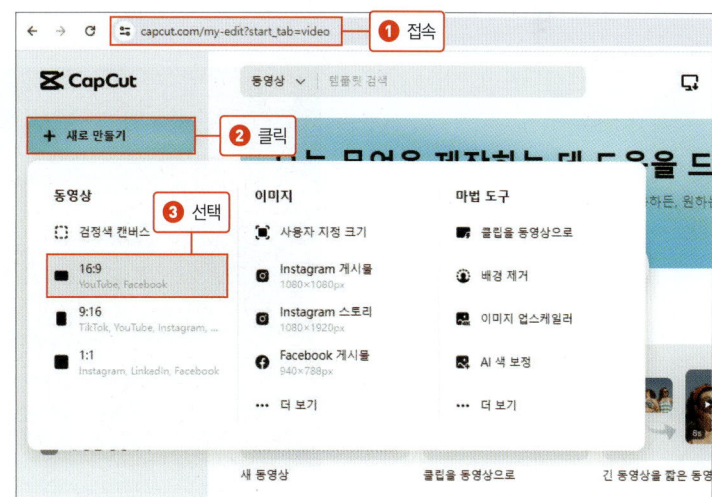

02 영상을 편집할 수 있는 프로젝트(space)가 생성되며 작업 화면이 변경됩니다. (미디어) 탭의 〈업로드〉 버튼을 클릭하고 폴더 채로 업로드하여 사용하기 위해 '폴더 업로드'를 선택합니다. 업로드할 폴더 선택 대화상자가 표시되면 04 → 스포츠 영화 폴더에서 '영상' 폴더를 선택하고 〈업로드〉 버튼을 클릭합니다.

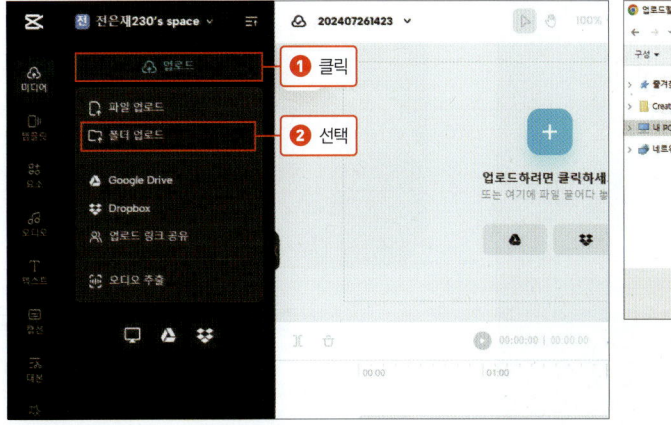
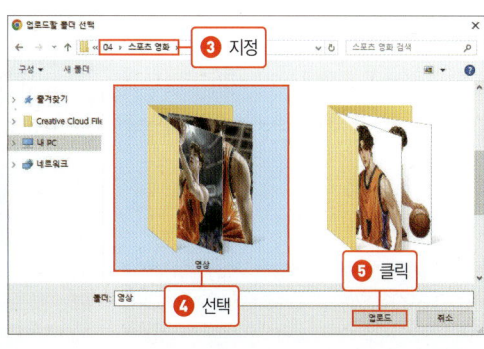

307

03 같은 방법으로 〈업로드〉 버튼을 클릭하고 '폴더 업로드'를 선택합니다. 업로드할 폴더 선택 대화상자가 표시되면 04 → 스포츠 영화 폴더에서 '내레이션' 폴더를 선택하고 〈업로드〉 버튼을 클릭합니다.

04 업로드한 폴더가 표시됩니다.

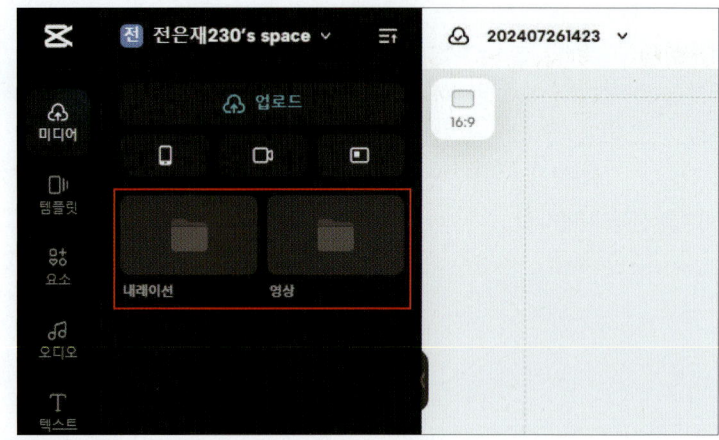

02 순서에 맞게 영상과 음원 배치하기

01 (미디어) 메뉴에서 '영상' 폴더를 클릭하여 안에 있는 파일을 표시하고 '#1.mp4' 파일을 타임라인으로 드래그합니다. 프리뷰 모니터와 타임라인에 영상이 표시되어 편집을 진행할 수 있습니다.

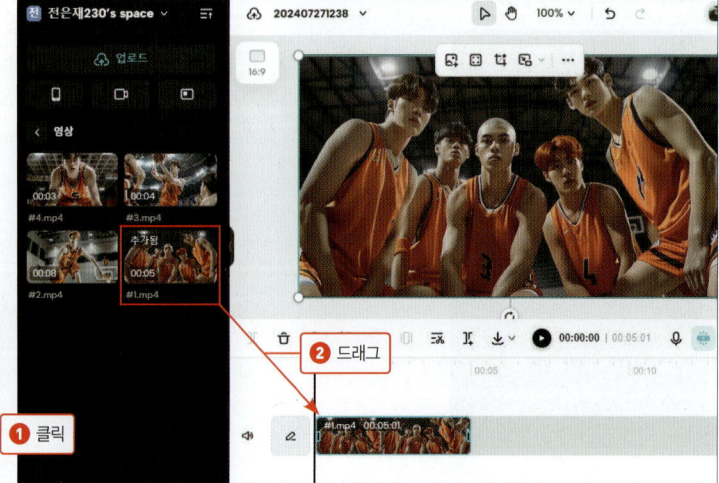

02 같은 방법으로 '#2.mp4~#4.mp4' 파일도 타임라인으로 드래그하여 연결되도록 배치하고 (미디어) 메뉴의 폴더 이름 왼쪽에 있는 '뒤로 가기' 아이콘(<)을 클릭합니다.

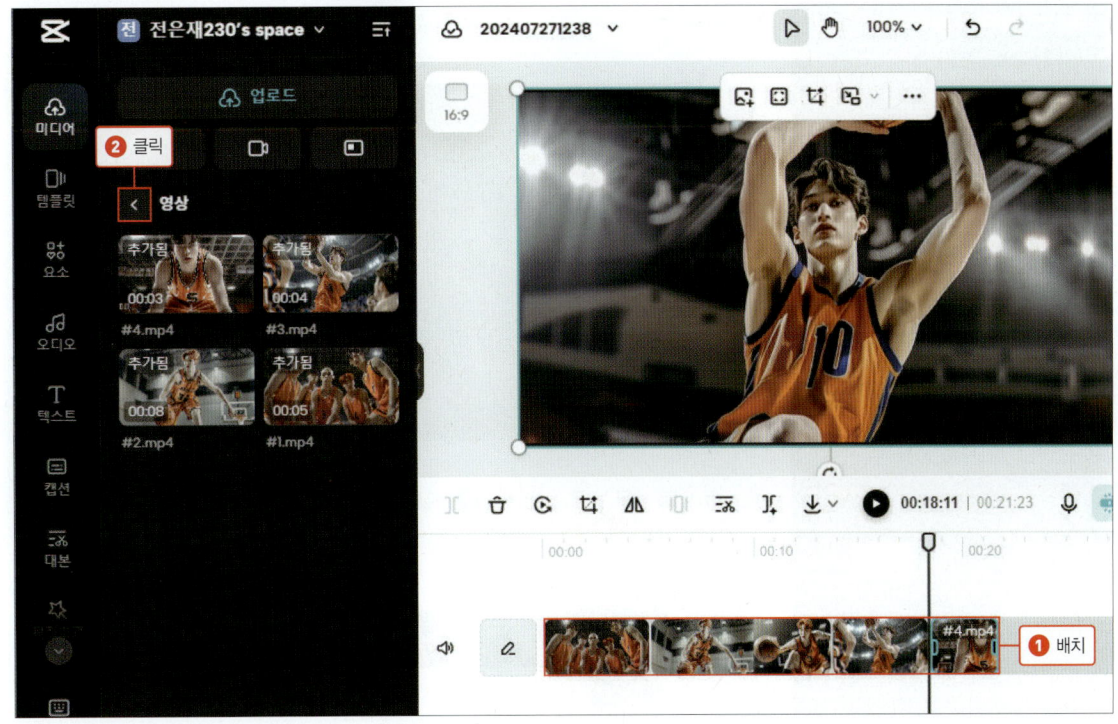

03 이번에는 내레이션을 배치하기 위해 '내레이션' 폴더를 클릭합니다.

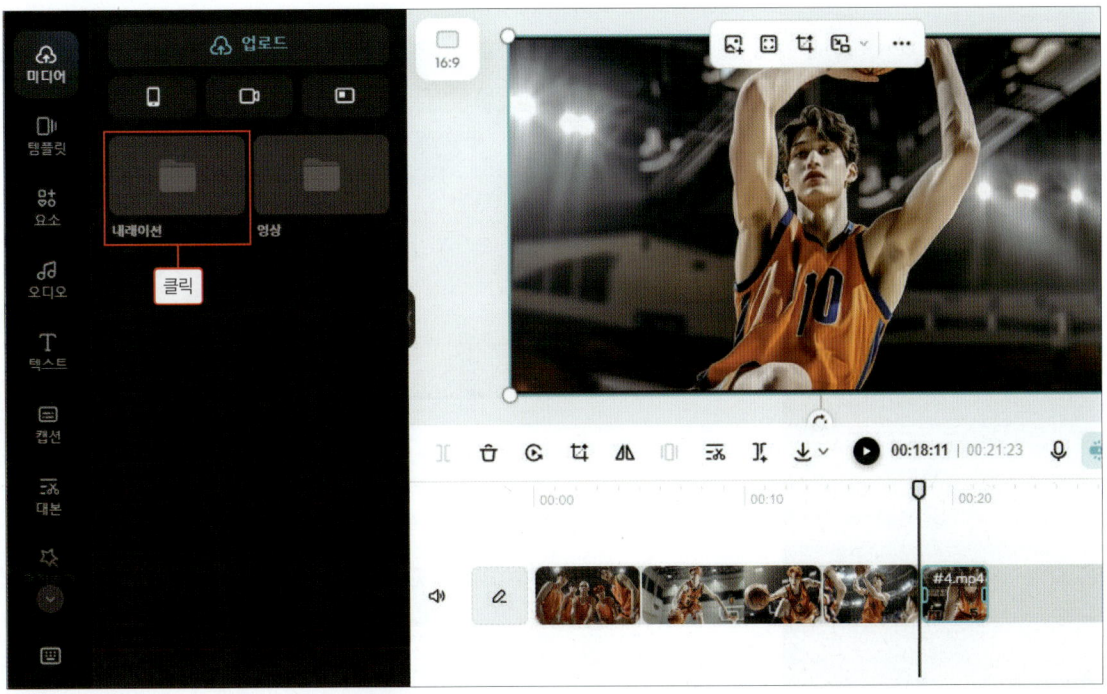

04 폴더 안에 있는 파일이 표시되면 '#1.mp3' 파일을 타임라인으로 드래그합니다.

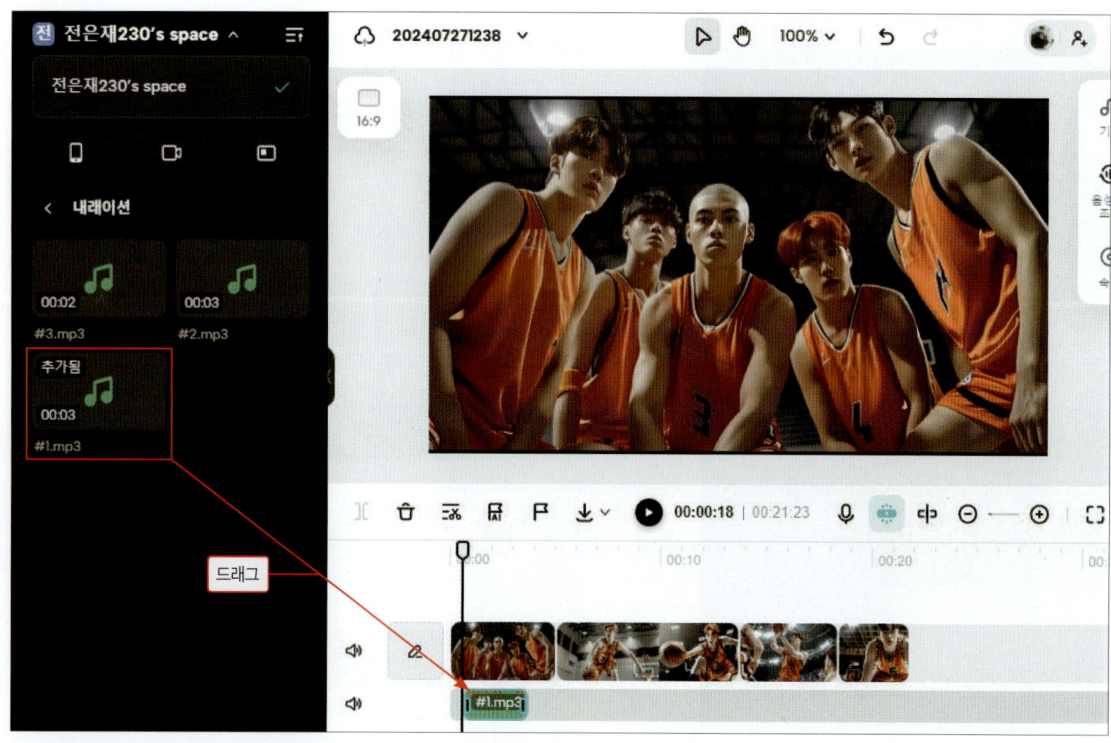

05 같은 방법으로 '#2.mp3', '#3.mp3' 파일도 타임라인으로 드래그하여 영상에 맞게 위치를 조절해 배치합니다.

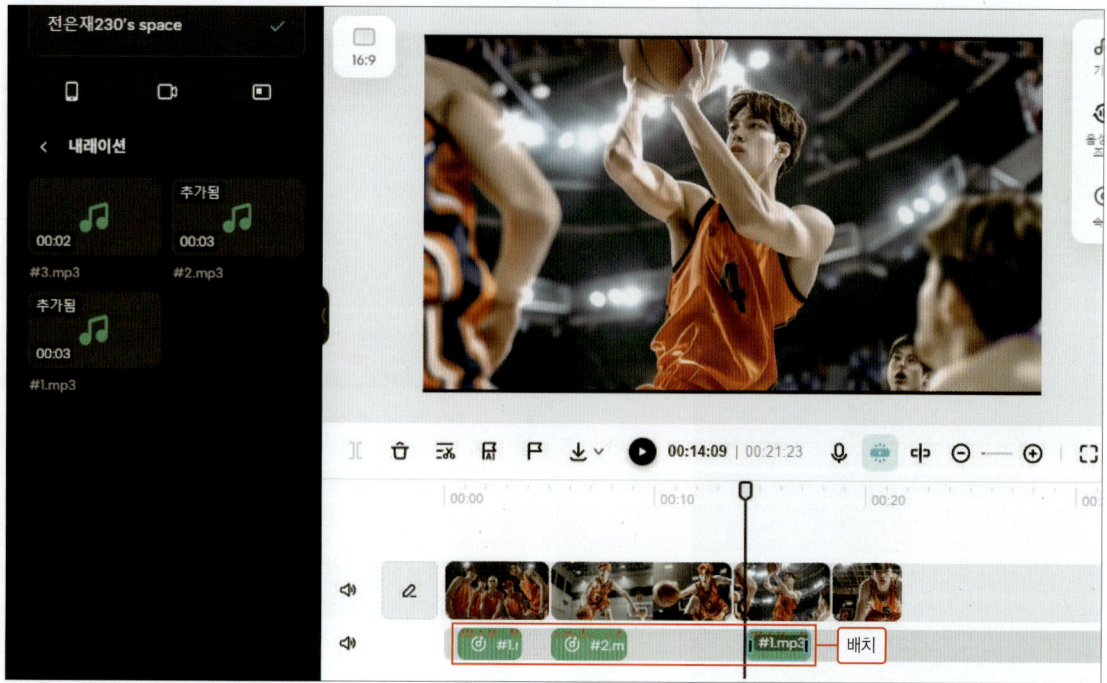

03 속도 세부 효과에서 모션감 있는 속도 조절하기
Key Prompts • Speed lamp Effect

01 타임라인의 '#2.mp4' 영상 클립을 선택하고 오른쪽의 (세부효과) 메뉴에서 (속도)를 선택합니다.

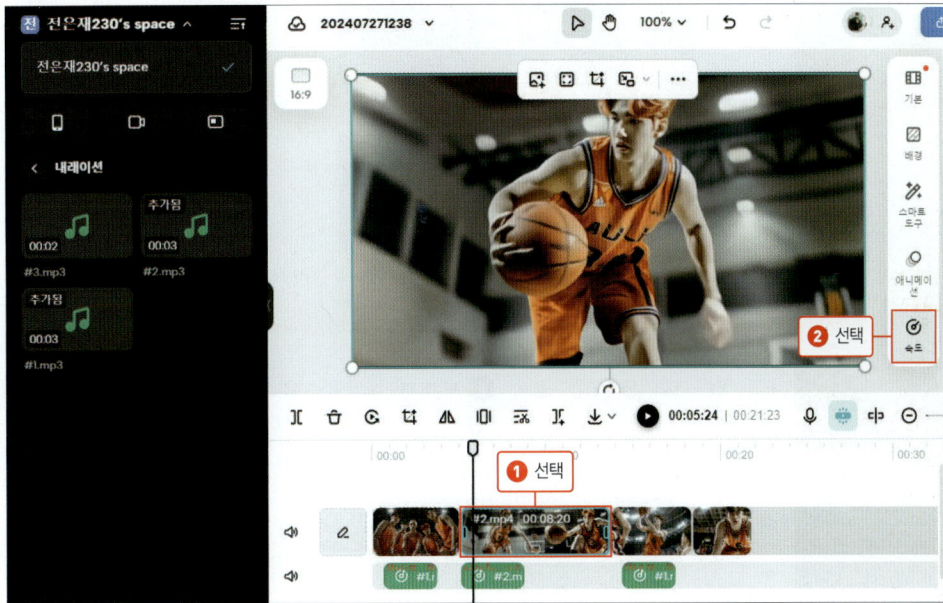

02 창이 표시되면 (곡선) 탭을 선택하고 '영웅'을 선택합니다. 영상 속도가 특정 부분이 빨라졌다가 느려지는 스피드 램프 효과가 적용됩니다.

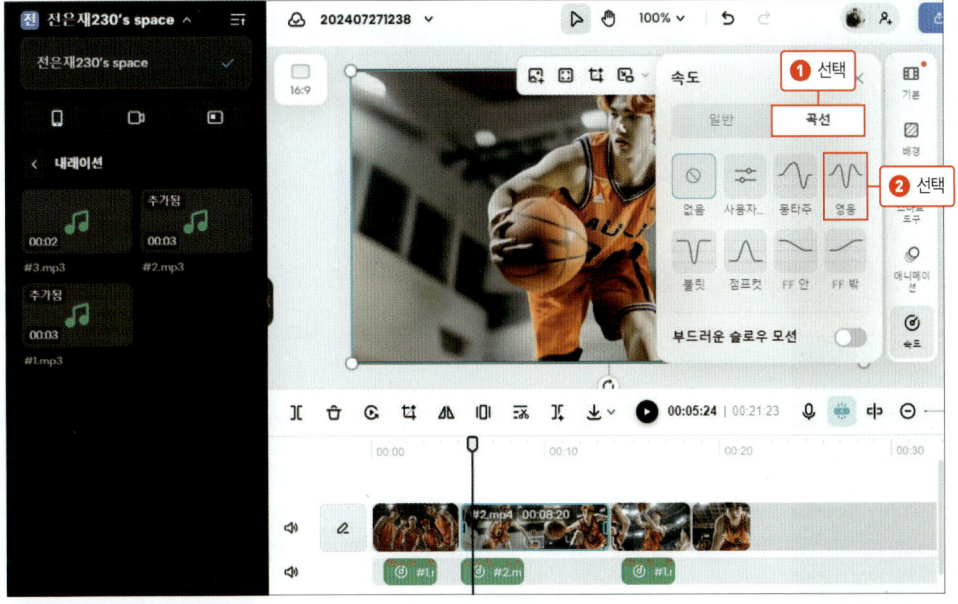

TIP 전체 영상을 통으로 속도 조절하는 것은 시네마틱한 효과와는 거리가 먼 일반적인 효과입니다. 캡컷의 (곡선) 프리셋을 활용하면 시네마틱한 속도 조절을 적용할 수 있습니다.

03 속도 조절과 함께 영상의 길이가 줄어든 것을 확인할 수 있습니다. 타임라인에서 줄어든 영상에 맞게 '#3.mp3' 내레이션 클립을 드래그하여 위치를 조절합니다.

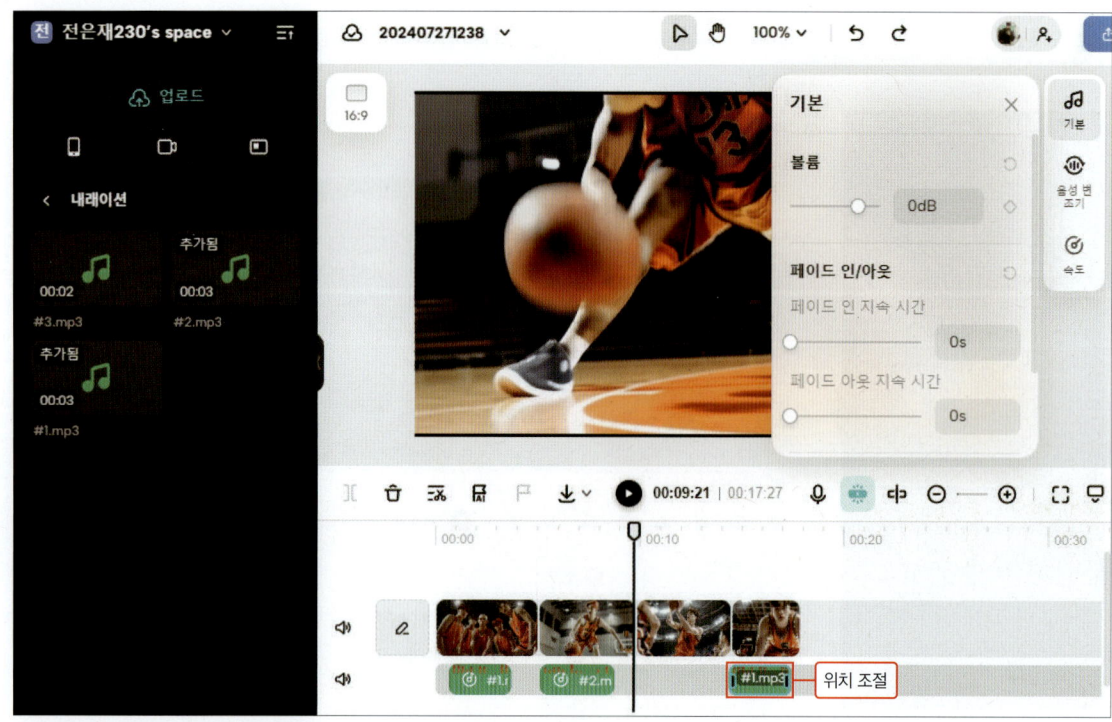

04 같은 방법으로 '#3.mp4' 영상 클립도 (곡선) 탭을 선택하고 '몽타주'를 선택하여 효과를 적용합니다.

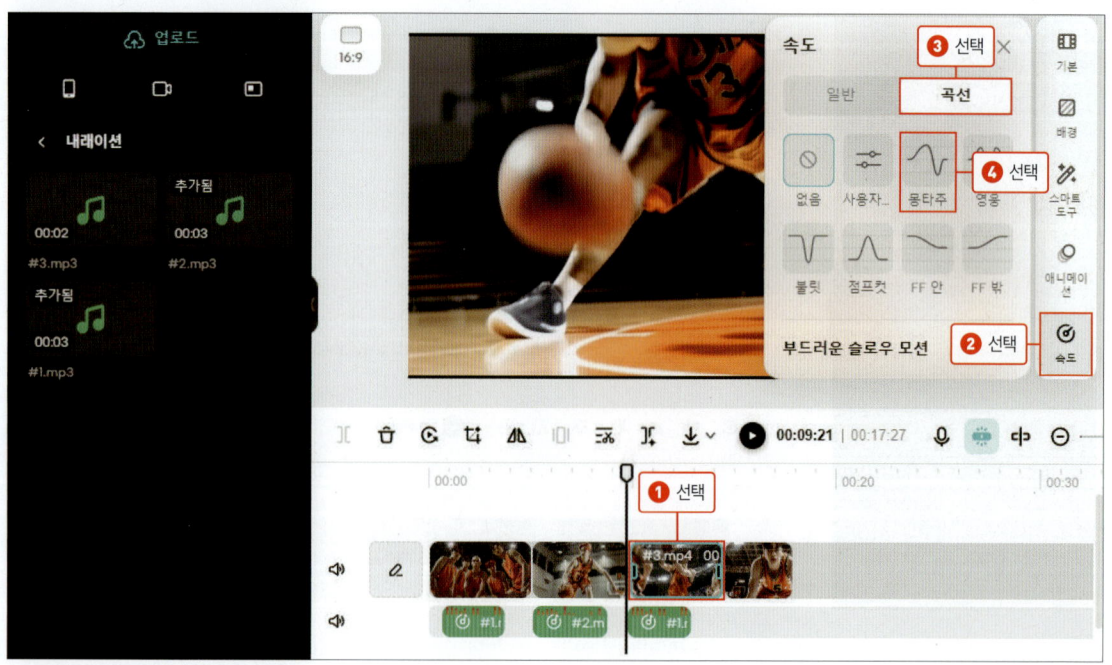

04 기본 세부 효과에서 영상에 디지털 줌 적용하기
Key Prompts • Digital Zoom Effect

01 타임라인에서 시간 표시자를 '#4.mp4' 영상 클립이 시작하는 지점으로 이동합니다. '#4.mp4' 영상 클립을 선택하고 오른쪽의 (세부효과) 메뉴에서 (기본)을 선택합니다.

02 변형 옵션의 확대에 있는 '키 프레임 추가' 아이콘(◇)을 클릭하여 확대 효과를 추가합니다.

03 타임라인의 시간 표시자를 '#4.mp4' 영상 클립 끝부분으로 이동합니다. (세부효과) 메뉴에서 확대를 '134%'로 설정하고 메뉴의 'X'를 클릭하여 메뉴를 닫습니다.

04 '#4.mp4' 영상 클립에 서서히 확대되는 줌 인 효과가 적용된 것을 확인할 수 있습니다.

05 스포츠 영화 영상 출력하기

01 편집이 완료되어 영상을 출력하겠습니다. 오른쪽 상단에 있는 〈내보내기〉 버튼을 클릭하여 내보내기 창을 표시하고 〈다운로드〉 버튼을 클릭합니다.

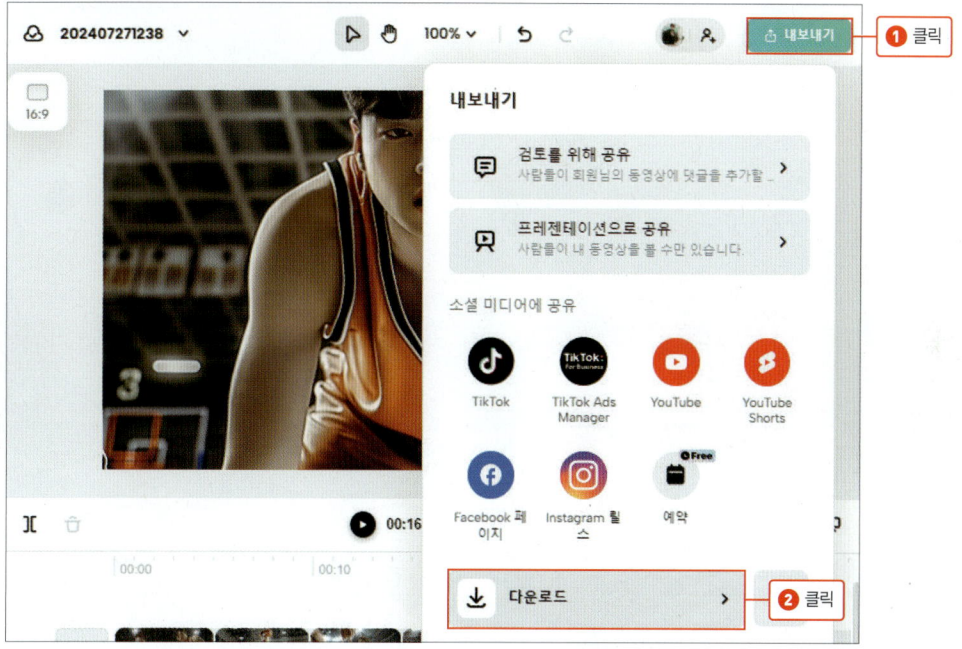

02 내보내기 설정 화면이 표시되면 해상도를 '1080p', 프레임 속도를 '24fps'로 지정하고 〈내보내기〉 버튼을 클릭합니다. 캡컷 화면에 영상이 출력되는 과정이 표시되며 영상이 저장됩니다.

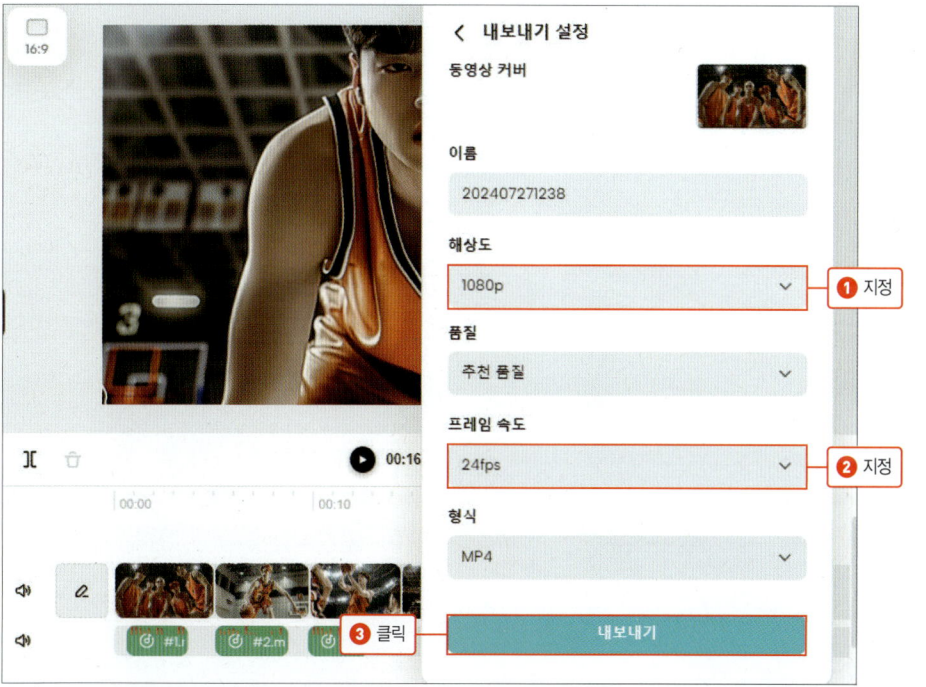

PROJECT

자연스러운 동작과 배경 음악이 돋보이는
3D 애니메이션 만들기

3D 애니메이션은 현대 애니메이션과 영화 산업의 중요한 장르로 자리 잡고 있습니다. 특히 할리우드의 선두적인 애니메이션 스튜디오의 작품들은 독창적인 스토리텔링과 기술적 완성도로 전 세계 관객의 사랑을 받고 있습니다. 3D 애니메이션을 제작하는 과정은 수많은 전문가의 협업과 최첨단 기술의 집약체라 할 수 있습니다.

3D 애니메이션 영화는 뛰어난 캐릭터 디자인, 복잡한 환경 설정, 정교한 움직임 그리고 감동적인 스토리라인으로 인기가 있습니다. 이 모든 요소들이 결합되어 하나의 완벽한 작품을 만들어 내기 위해서는 다양한 분야의 전문가들이 긴밀하게 협력해야 합니다. 스토리보드 아티스트, 캐릭터 디자이너, 모델러, 애니메이터, 렌더링 아티스트 그리고 기술 감독 등 각 분야의 전문가들이 각자의 역할을 다하며 작품의 완성도를 높입니다.

최근 AI의 발전은 이 복잡한 제작 과정을 혁신적으로 단순화하고, 더욱 효율적으로 만들 수 있는 가능성을 제시하고 있습니다. AI는 애니메이션 제작의 여러 단계에서 강력한 도구로 활용될 수 있습니다. AI를 활용한 애니메이션 제작은 시간과 비용을 절감하면서도 창의적인 요소를 극대화할 수 있는 강력한 도구가 될 수 있습니다.

예를 들어, AI 기반의 렌더링 기술은 고품질의 이미지를 빠르게 생성할 수 있어 제작 시간을 크게 단축시킵니다. 또한, AI는 애니메이션의 반복적인 작업을 자동화하여 아티스트들이 보다 창의적인 작업에 집중할 수 있도록 도와줍니다. 이러한 기술적 혁신은 애니메이션 제작의 전 과정을 더욱 효율적이고 창의적으로 만들 수 있습니다.

예제에서는 애니메이션 형태의 이미지를 제작한 다음 3D 애니메이션에 동작을 부여합니다. 프리미어의 AI 리믹스 기능을 이용하여 음원의 파형을 분석하여 자동으로 영상 길이에 맞게 배경 음악을 조정하여 완성도 있는 3D 애니메이션 영상을 만들어 봅니다.

SECTION 14.

완성파일 : 04\3D 애니메이션\3D애니메이션스토리.txt

몰입감을 주는 3D 애니메이션 스토리 구성하기

물체에 생명을 불어넣어 스토리를 전달하는 3D 애니메이션은 시청자에게 몰입감을 주는 강력한 도구입니다. 3D 애니메이션 스토리를 구성할 때 어떤 이야기를 전달하고 싶은지, 주요 캐릭터는 어떤 모습이며, 어떤 형태로 흐름이 이어지게 될지에 대해 생각해 보며 스토리를 작성합니다.

예제에서는 일관된 내용을 가진 애니메이션 제작을 위해 사전에 준비된 스토리를 바탕으로 제작을 진행하겠습니다. 챗GPT를 사용하여 스토리 아이디어를 브레인스토밍하고, 다양한 플롯과 캐릭터 설정을 생성할 수 있습니다. 이를 통해 독창적이고 흥미로운 스토리의 기본 틀을 마련합니다.

어린이를 위한 3D 애니메이션 영화를 만들려고 해. 어린이 방에서 탈출한 주인공이 우주선을 이용하여 달에 도착하지만 시공간을 초월하여 자신의 방에 연결되는 스토리로 장면을 작성해 줘.

영화 제목 : 우리는 우주로 간다!

장면 1 : 어린이 방 탈출
어린이 방은 장난감들로 가득 차 있습니다. 햇빛이 밝게 비추는 2층 창문을 통해 우주로 출발하기로 결심한 우주복을 입은 아이들은 다른 장난감 친구들에게 작별 인사를 합니다. "우리의 모험이 여기서부터 시작 돼."라고 말하며 아이들은 창문을 향해 걸어갑니다.

장면 2 : 높은 창문
높은 어린이 방 창문 앞에 선 아이들은 발밑을 내려다보고는 "이건 생각보다 높아."라며 긴장합니다. 하지만 이내 창틀에 밧줄을 묶어 스스로에게 용기를 불어넣습니다. "할 수 있어."라고 중얼거리며 밧줄을 타고 창문 밖으로 성공적으로 내려갑니다.

장면 3 : 우주 정거장
아이들은 우주 정거장에 도착하여 어두운 통로를 조심스럽게 걸어가다 우주선 내부로 숨어듭니다. "여기서부터는 계획대로."라고 다짐하며 조작 방법을 모르지만 좌충우돌 끝에 우주선을 출발시키는 데 성공합니다. 우주선이 서서히 움직이기 시작하자 "이제 진짜 모험이 시작됐어."라고 말합니다.

장면 4 : 달에서의 발견
최종 목적지인 달에 도착한 아이들은 그곳에서 시공간을 초월하여 어린이 방과 연결된 통로를 발견합니다. 달의 아름다움을 만끽하며, "우리를 연결하는 건 기억과 시간이다."라고 깨닫습니다. 아이들은 어린이 방에서의 추억과 함께 행복의 의미를 발견하며 미소 짓습니다. "집으로 돌아가자."라고 결심하며 새로운 모험을 준비합니다.

SECTION 15.

3D 애니메이션 스타일로 장면 이미지 만들기

3D 애니메이션 영화 스토리에 맞추어 미드저니로 각 장면을 생성합니다. 장면에서 핵심이 되는 키워드를 선정하여 프롬프트를 구성해 핵심 장면을 만들겠습니다.

● 예제파일 : 04\3D 애니메이션\3D애니메이션미드저니프롬프트.txt ● 완성파일 : 04\3D 애니메이션\이미지 폴더

01 구체적인 상황과 장소가 표현된 3D 장면 만들기

Key Prompts • escape, the window of a child'sroom in the house, 3d animation

01 웹브라우저에서 'discord.com'를 입력하여 디스코드 사이트에 접속합니다. 미드저니 입력창에 '/imagine'을 입력하여 프롬프트 입력창을 표시합니다.

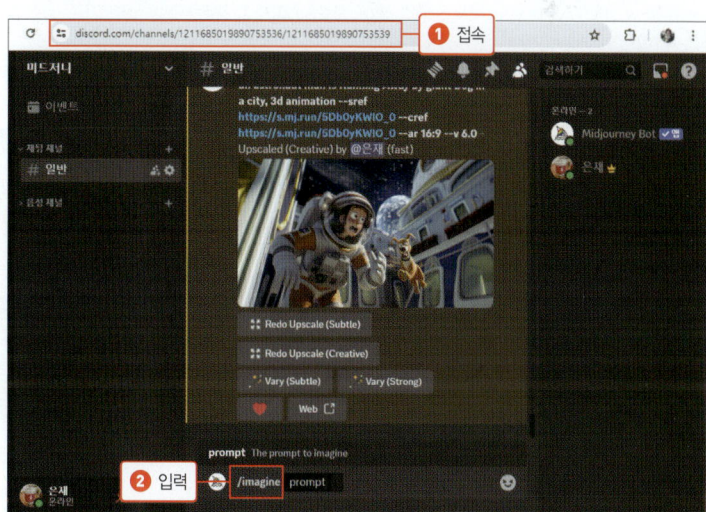

02 장면 1의 이미지와 스타일을 구성하기 위해 프롬프트 입력창에 애니메이션 스타일과 장면을 구성하는 키워드가 들어간 프롬프트를 입력하고 Enter를 누릅니다.

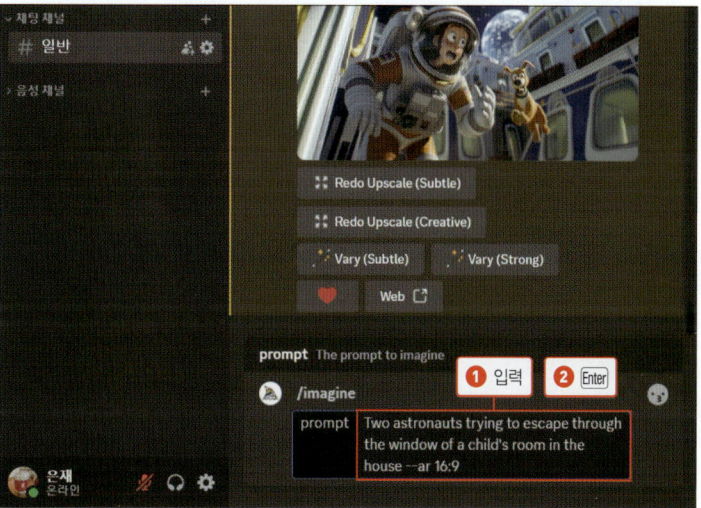

319

프롬프트 Two astronaut kids trying to escape through the window of a child's room in the house, 3d animation --ar 16:9

입력팁
1. **Two astronaut kids trying to escape through the window of a child's room in the house** : '집 안의 아이 방 창문을 통해 밖으로 탈출하려는 우주인 아이들'의 스토리를 입력한 프롬프트입니다.
2. **3d animation** : 3D 애니메이션 이미지 생성을 위해 입력한 프롬프트입니다.
3. **--ar 16:9** : 기본적으로 미드저니는 비율을 지정하지 않으면 1:1 비율의 이미지가 생성됩니다. 가로 영상의 표준 비율인 16:9에 해당하는 이미지를 생성하기 위해 입력한 프롬프트입니다.

TIP 3D 애니메이션 프롬프트 관련 설정

3D 애니메이션에 특정 느낌을 더 주고 싶다면 '부드럽고 둥근 3D 캐릭터(Smooth and rounded 3D characters)', '귀엽고 표현력 있는 캐릭터 디자인(Cute and expressive character designs)', '스타일화된 휴머노이드 피규어(Stylized humanoid figures)' 등의 표현으로 다양하게 설정하는 것이 좋습니다.

또한 '가족 친화적인 3D 애니메이션 스타일(Family-friendly 3D animation style)', '기묘한 생동감 넘치는 디자인(Whimsical and vibrant designs)', '장난스럽고 상상력이 풍부한 세계(Playful and imaginative world)'와 같은 단어로 밝고 친근한 톤을 표현할 수 있어 좀 더 원하는 스타일의 장면에 가깝게 만들 수 있습니다.

03 프롬프트에 맞게 장면 1의 다양한 이미지가 생성됩니다. 원하는 느낌과 스타일의 이미지에 가깝게 생성되면 다양한 이미지를 더 보기 위해 〈V(번호)〉 버튼을 클릭합니다. 예제에서는 〈V2〉 버튼을 클릭하였습니다.

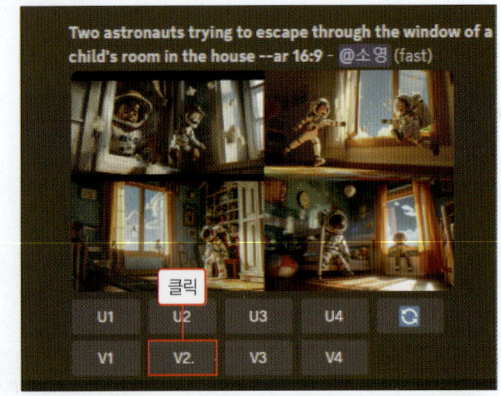

TIP 장면 1이 이후의 모든 장면(Scene)의 그림체와 스타일을 결정하기 때문에 가장 마음에 드는 스타일을 고르는 것이 중요합니다.

04 선택한 번호의 이미지와 비슷한 느낌의 결과물이 4개 표시됩니다. 스토리와 비교하여 가장 스토리에 어울리는 이미지를 최종 가이드로 확정합니다. 예제에서는 2번 이미지에 업스케일을 진행하기 위해 〈U2〉 버튼을 클릭하였습니다.

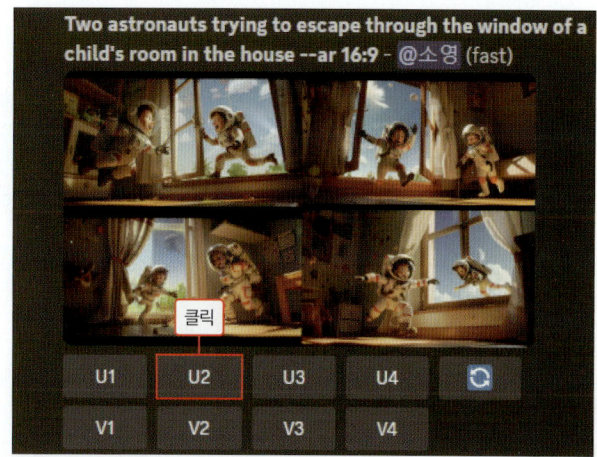

05 업스케일된 이미지가 표시됩니다. 현재 상단과 하단에 검은 영역 부분이 생성되어 이미지가 온전한 16:9 형태가 아닌 상태입니다. 이를 보정하기 위해 〈Vary (Region)〉 버튼을 클릭합니다.

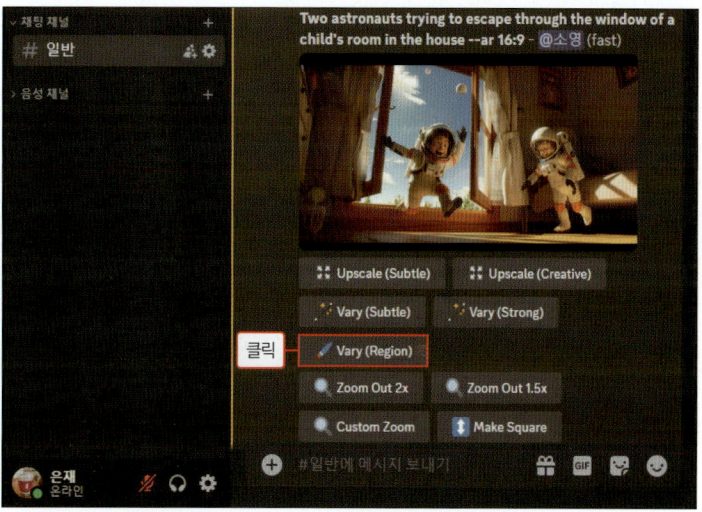

TIP 이후 과정에서 최상의 퀄리티를 위해 온전한 형태의 이미지를 출력하는 것이 중요합니다.

06 편집할 수 있는 새 창이 표시됩니다. 검은색 영역 부분을 드래그하여 영역을 지정합니다.

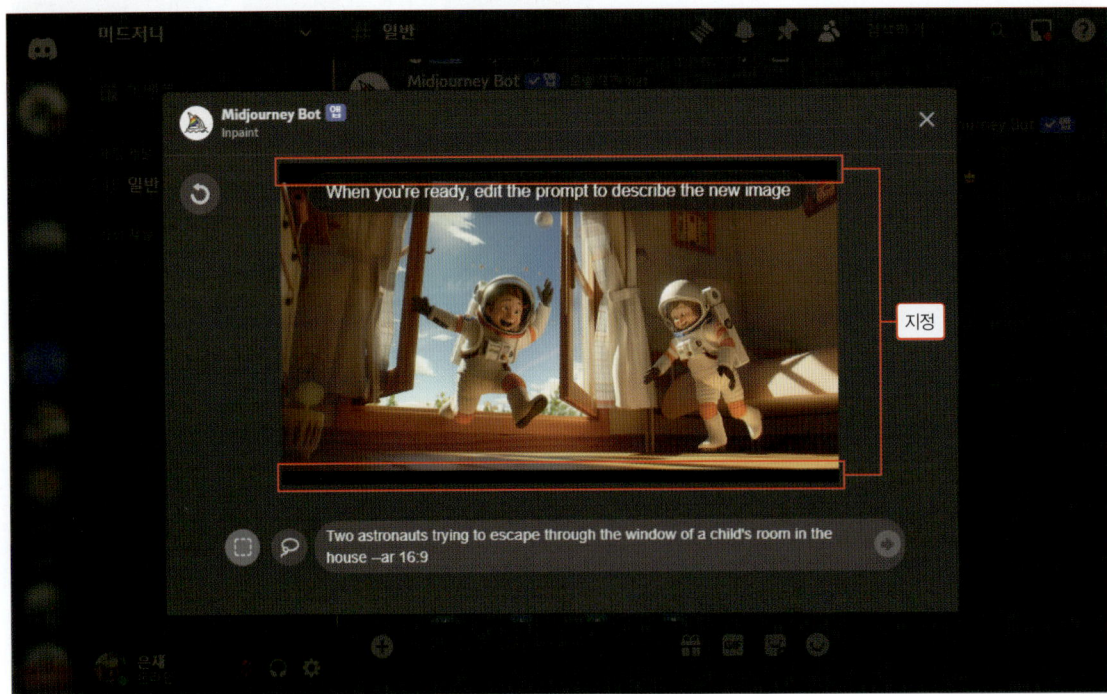

07 보정할 영역 지정이 완료되면 'Submit Job' 아이콘(➡)을 클릭하여 영역 보정을 실행합니다.

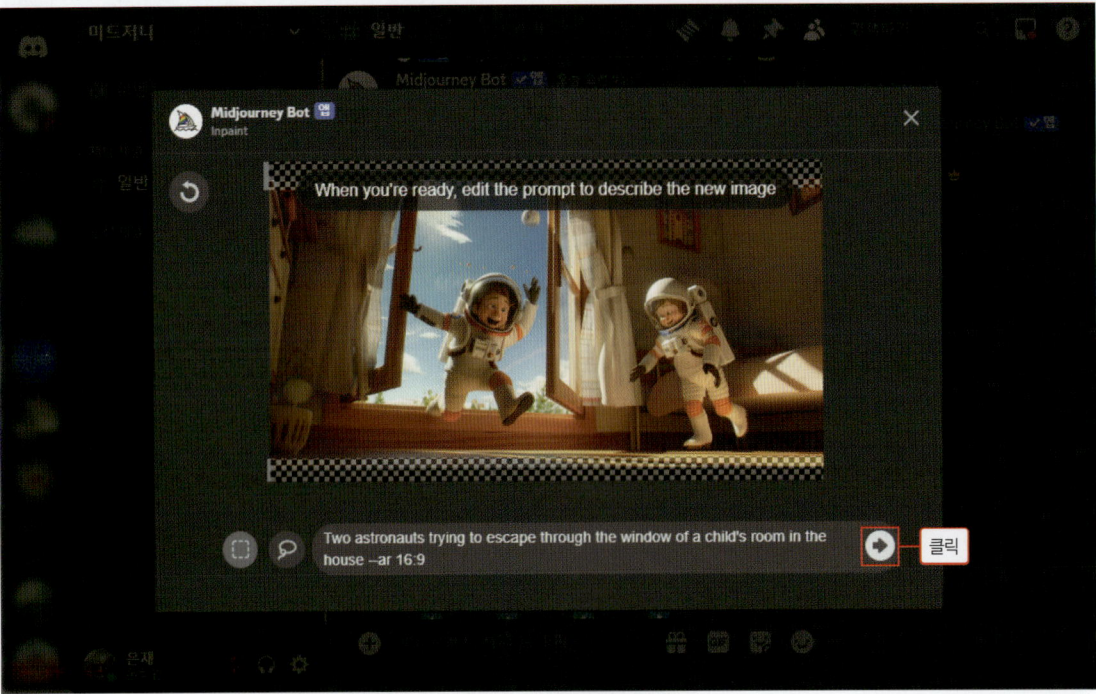

08 검은 영역이 보정된 4개의 결과물이 생성되면 이제 1개의 이미지를 선택하기 위해 업스케일을 진행합니다. 예제에서는 〈U3〉 버튼을 클릭하여 업스케일을 진행하였습니다.

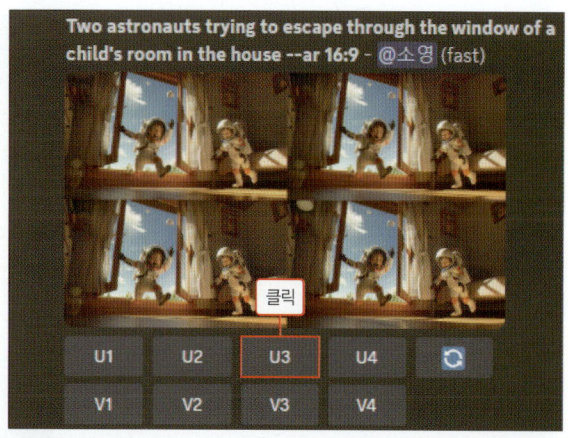

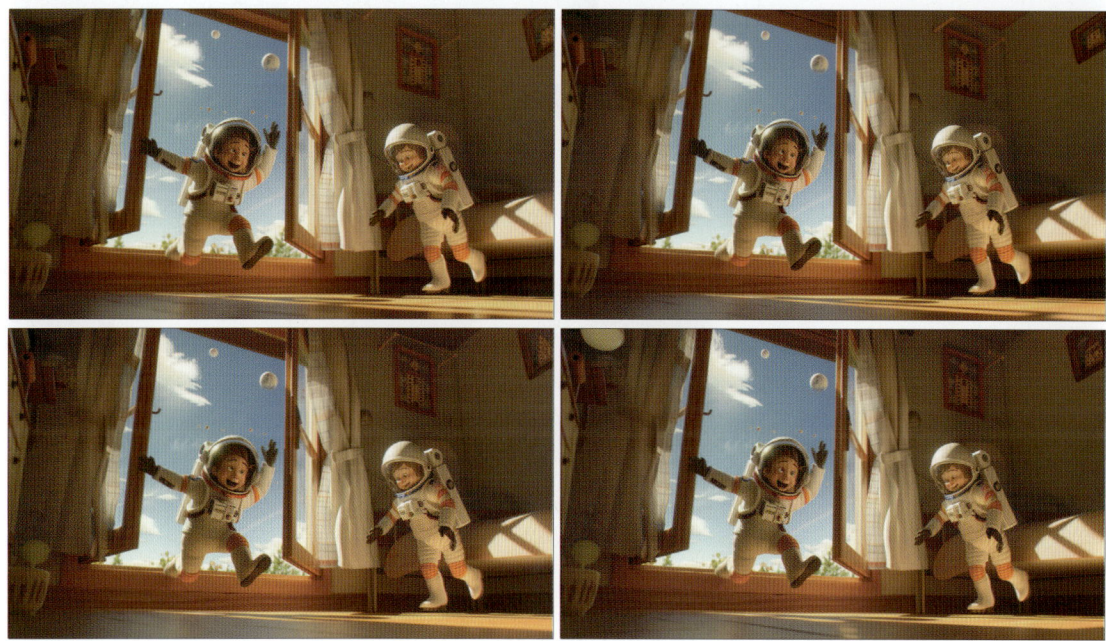

09 업스케일된 이미지가 표시됩니다. 최상의 결과물을 얻기 위해 〈Upscale (Creative)〉 버튼을 클릭합니다.

10 업스케일이 완료된 이미지를 클릭하고 '브라우저로 열기'를 클릭합니다.

11 새로운 브라우저 창이 열리며 이미지가 표시됩니다. 마우스 오른쪽 버튼을 클릭한 다음 **이미지를 다른 이름으로 저장...**을 실행하여 저장합니다.

02 스타일과 인물이 유지되는 일관적인 장면 만들기
Key Prompts • --cref, --sref

01 입력창에 '/imagine'을 입력하여 프롬프트 입력창을 표시합니다. 장면 2의 이미지와 스타일을 구성하기 위해 프롬프트 입력창에 장면 프롬프트와 --cref, --sref 프롬프트를 이용하여 이미지 링크를 추가해 일관성을 유지하고 --ar 16:9를 입력한 다음 Enter를 누릅니다.

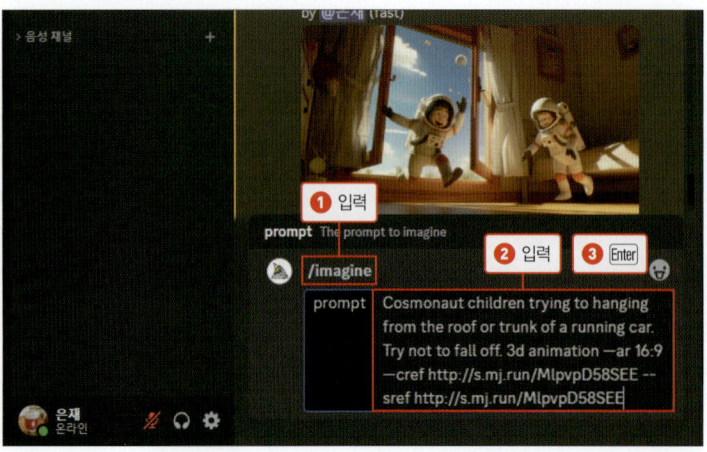

프롬프트 Cosmonaut children trying to hanging from the roof or trunk of a running car. Try not to fall off. 3d animation --ar 16:9 --cref (장면 1의 이미지 링크) --sref (장면 1의 이미지 링크)

입력팁
1. Cosmonaut children trying to hanging from the roof or trunk of a running car. Try not to fall off. : '달리는 자동차 지붕이나 트렁크에 매달려 있는 우주인 아이들. 떨어지지 않게 안간힘을 쓴다.'라는 내용의 스토리를 입력한 프롬프트입니다.
2. --cref (이미지 링크) : 첨부된 이미지 링크의 캐릭터의 외관의 모습을 학습하고 적용하는 파라미터입니다. 기본값은 '100'으로 '100'에 가까울수록 강도가 강해집니다. 꼬리에 꼬리를 무는 형식으로 컷마다 일관성을 유지해 주는 파라미터입니다.
3. --sref (이미지 링크) : 첨부된 이미지 링크의 전체적인 스타일의 모습을 학습하고 적용하는 파라미터입니다. 기본값은 '100'으로 '1000'에 가까울수록 강도가 강해집니다. 꼬리에 꼬리를 무는 형식으로 컷마다 일관성을 유지해 주는 파라미터입니다.
4. --ar 16:9 : 가로 영상의 표준 비율인 16:9에 해당하는 이미지를 생성하기 위해 입력한 프롬프트입니다.

02 프롬프트에 맞게 장면 2의 다양한 이미지가 생성됩니다. 원하는 느낌과 스타일의 이미지에 가깝게 생성되면 다양한 이미지를 더 보기 위해 〈V(번호)〉 버튼을 클릭합니다. 예제에서는 〈V2〉 버튼을 클릭하였습니다.

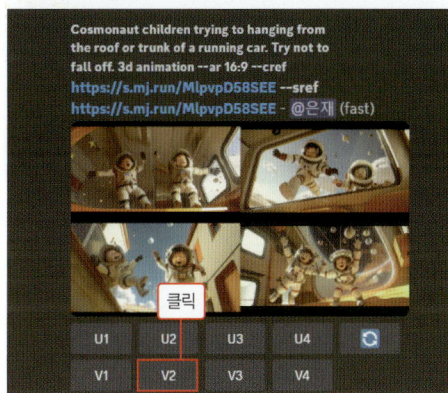

03 선택한 번호의 이미지와 비슷한 느낌의 결과물이 4개 표시되면 업스케일을 진행합니다. 예제에서는 2번 이미지에 업스케일을 진행하기 위해 〈U2〉 버튼을 클릭하였습니다.

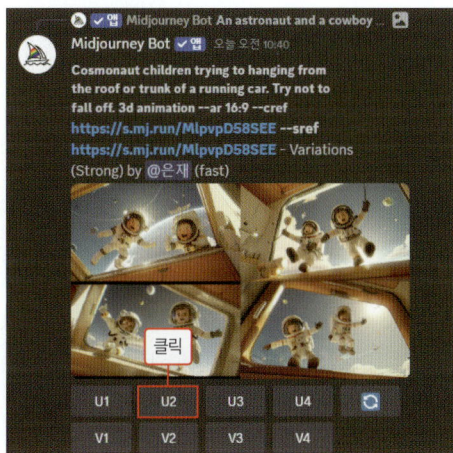

04 업스케일된 이미지가 표시됩니다. 최상의 결과물을 위해 〈Upscale (Subtle)〉 버튼을 클릭합니다.

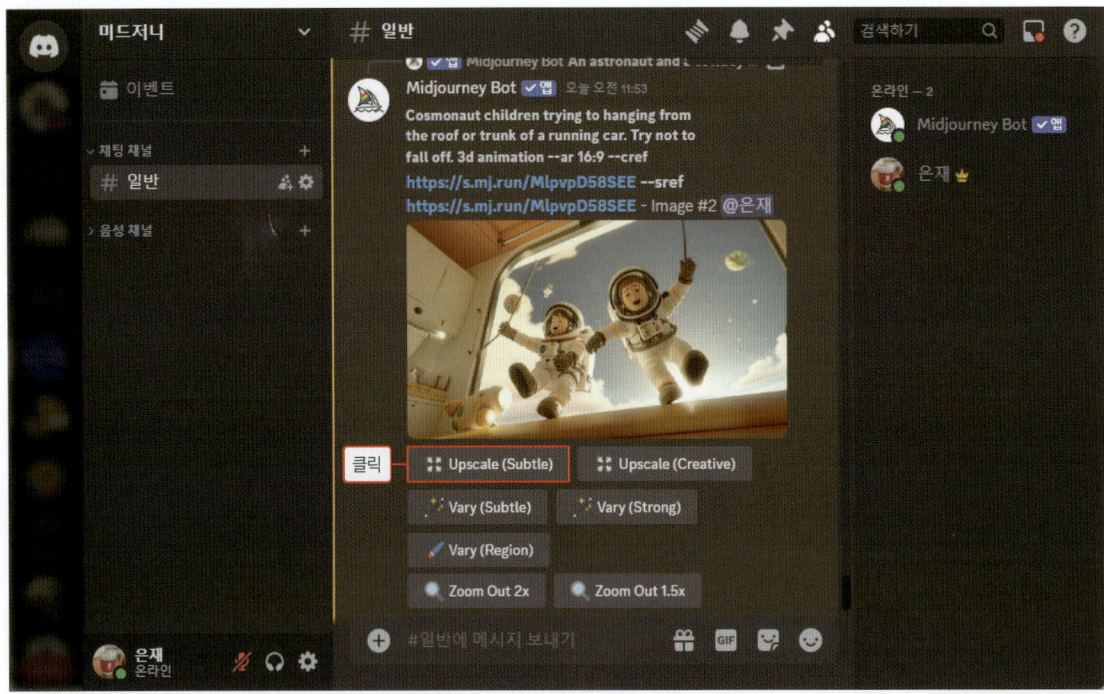

05 업스케일이 완료된 이미지를 클릭하고 '브라우저로 열기'를 클릭합니다.

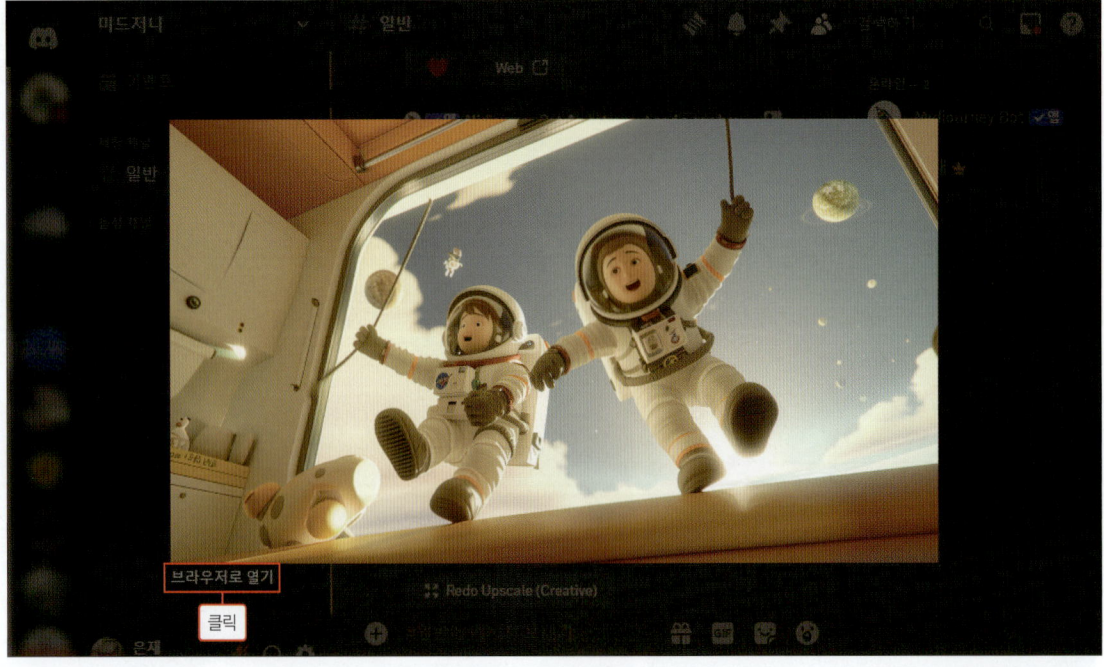

06 새로운 브라우저 창이 열리며 이미지가 표시됩니다. 마우스 오른쪽 버튼을 클릭한 다음 **이미지를 다른 이름으로 저장…**을 실행하여 저장합니다.

07 같은 방법으로 우주선 안으로 숨어드는 장면 3 이미지를 생성합니다. 해당 장면의 경우 다양한 형태의 영상을 위해 2개의 이미지를 생성하였습니다.

프롬프트 Cosmonaut children Arrive at Space Launch Station and Hide Into Spacecraft, 3d animation --cref 장면 1의 이미지 링크 --sref 장면 1의 이미지 링크 --ar 16:9

입력팁
1. **Cosmonaut children Arrive at Space Launch Station and Hide Into Spacecraft.** : '우주 정거장에 도착하여 우주선 안으로 숨어드는 우주인들'이라는 내용의 스토리를 입력한 프롬프트입니다.
2. **3d animation** : 3D 애니메이션 이미지 생성을 위해 입력한 프롬프트입니다.
3. **--cref 이미지 링크** : 첨부된 이미지 링크의 캐릭터의 외관의 모습을 학습하고 적용하는 파라미터입니다. 기본값은 '100'으로 '100'에 가까울수록 강도가 강해집니다. 꼬리에 꼬리를 무는 형식으로 컷마다 일관성을 유지해 주는 파라미터입니다.
4. **--sref 이미지 링크** : 첨부된 이미지 링크의 전체적인 스타일의 모습을 학습하고 적용하는 파라미터입니다. 기본값은 '100'으로 '1000'에 가까울수록 강도가 강해집니다. 꼬리에 꼬리를 무는 형식으로 컷마다 일관성을 유지해 주는 파라미터입니다.
5. **--ar 16:9** : 가로 영상의 표준 비율인 16:9에 해당하는 이미지를 생성하기 위해 입력한 프롬프트입니다.

08 같은 방법으로 장면 4의 이미지를 생성합니다. 해당 장면도 2개의 이미지를 생성하였습니다.

프롬프트
The moon that arrived, the moon is also a toy in the children's room, and the Cosmonaut children are happy for it, 3d animation --cref 장면 1의 이미지 링크 --sref 장면 1의 이미지 링크 --ar 16:9

입력팁
1. **The moon that arrived, the moon is also a toy in the children's room, and the Cosmonaut children are happy for it** : '도착한 최종 목적지인 '달', 달도 결국 어린이 방 안의 장난감이며, 그 위에서 행복해 하는 우주인 아이들'이라는 내용의 스토리를 입력한 프롬프트입니다.

2. **3d animation** : 3d 애니메이션 이미지 생성을 위해 입력한 프롬프트입니다.

3. **--cref 이미지 링크** : 첨부된 이미지 링크의 캐릭터의 외관의 모습을 학습하고 적용하는 파라미터입니다. 기본값은 '100'으로 '100'에 가까울수록 강도가 강해집니다. 꼬리에 꼬리를 무는 형식으로 컷마다 일관성을 유지해 주는 파라미터입니다.

4. **--sref 이미지 링크** : 첨부된 이미지 링크의 전체적인 스타일의 모습을 학습하고 적용하는 파라미터입니다. 기본값은 '100'으로 '1000'에 가까울수록 강도가 강해집니다. 꼬리에 꼬리를 무는 형식으로 컷마다 일관성을 유지해 주는 파라미터입니다.

5. **--ar 16:9** : 가로 영상의 표준 비율인 16:9에 해당하는 이미지를 생성하기 위해 입력한 프롬프트입니다.

09 미드저니에서 만든 이미지들을 이동하여 한 폴더에 모으고 장면에 맞게 이름을 변경합니다. 예제에서는 총 4개의 장면을 6개의 이미지로 완성하였습니다.

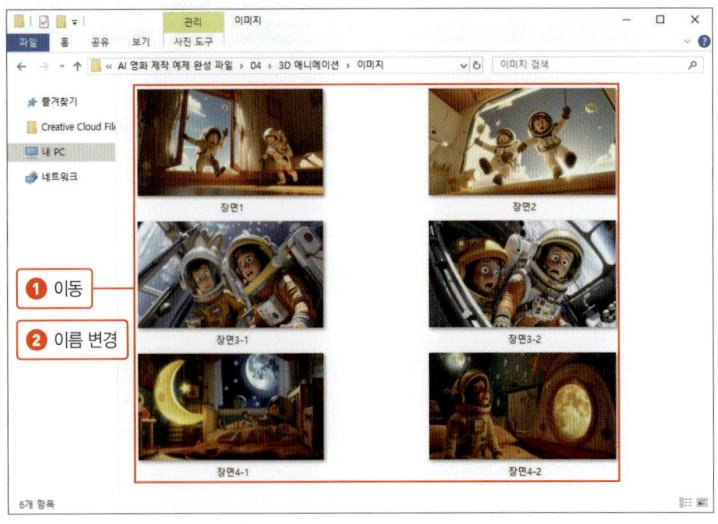

SECTION
16.

이미지를 3D 애니메이션 영상으로 만들기

● 예제파일 : 04\3D 애니메이션\3D애니메이션루마AI프롬프트.txt, 이미지 폴더   ● 완성파일 : 04\3D 애니메이션\영상 폴더

루마 AI를 이용하여 미드저니에서 생성한 이미지를 움직이는 애니메이션 영상으로 만듭니다. 텍스트 프롬프트를 입력하여 이미지를 높은 품질의 영화용 애니메이션으로 만들 수 있습니다.

01 방에서 탈출하는 장면 영상화하기

Key Prompts • - trying to escape through the window of a child's room in the house

01 웹브라우저에서 'lumalabs.ai'를 입력하여 루마 AI 사이트에 접속하고 로그인합니다. 이미지를 업로드하기 위해 '이미지' 아이콘(🖼)을 클릭합니다.

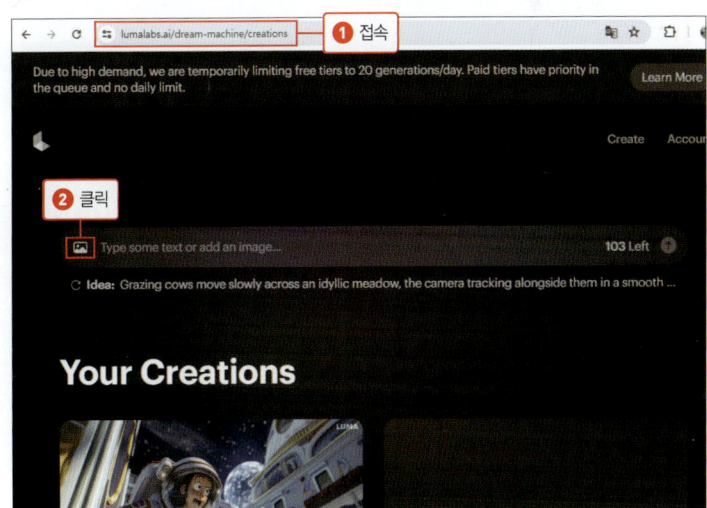

02 열기 대화상자가 표시되면 04 → 3D 애니메이션 → 이미지 폴더에서 '장면1.png' 파일을 선택하고 〈열기(O)〉 버튼을 클릭합니다.

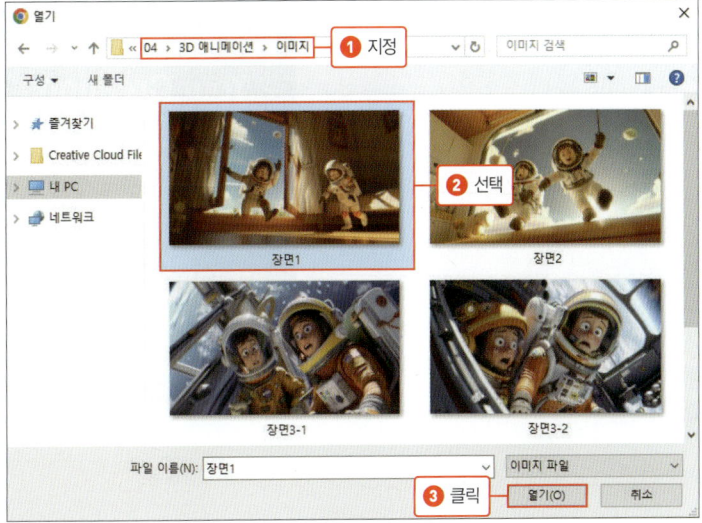

03 이미지가 업로드되면 텍스트 프롬프트 입력창에 장면 1에 해당하는 스토리 'trying to escape through the window of a child's room in the house'를 입력하고 '확인' 아이콘(⬆)을 클릭합니다.

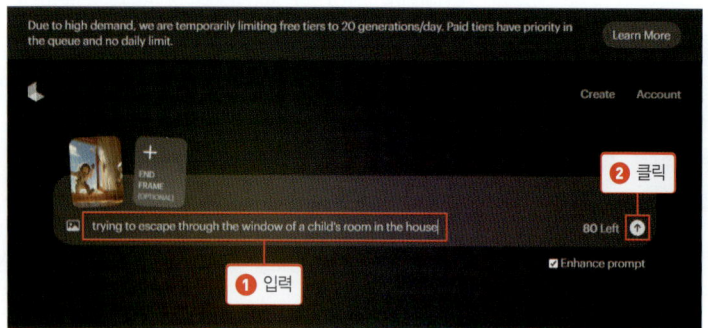

| 프롬프트 | trying to escape through the window of a child's room in the house |

| 한글 번역 | 집 안의 아이 방 창문을 통해 탈출한다. |

04 Your Creations 화면과 함께 생성한 영상이 표시됩니다. 영상이 제작되는 과정은 이미지와 프롬프트마다 다르지만, 기본적으로 3~10분 정도 소요됩니다. 영상이 생성될 때까지 기다립니다.

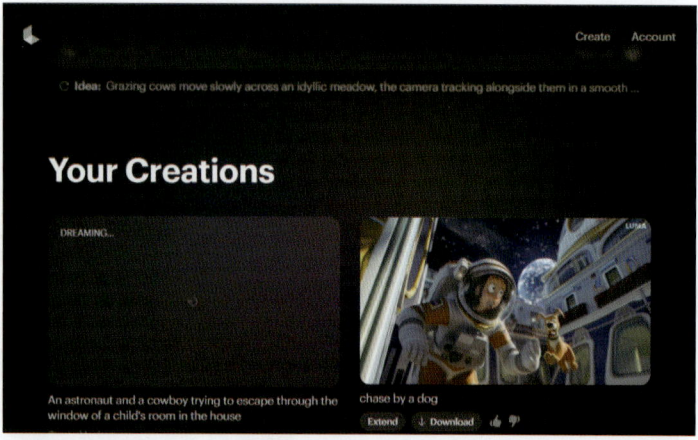

TIP 결과물 생성 속도는 루마 AI는 무료 플랜보다 유료 플랜을 이용했을 때 빠르게 진행됩니다.

05 일반적으로 AI를 이용한 영상화 작업은 한 번에 원하는 결과물이 나오지 않는 경우가 많습니다. 원하는 결과물이 나올 때까지 같은 과정을 반복하여 영상을 생성하고 원하는 느낌의 영상이 생성되면 〈Download〉 버튼을 클릭하여 다운로드합니다.

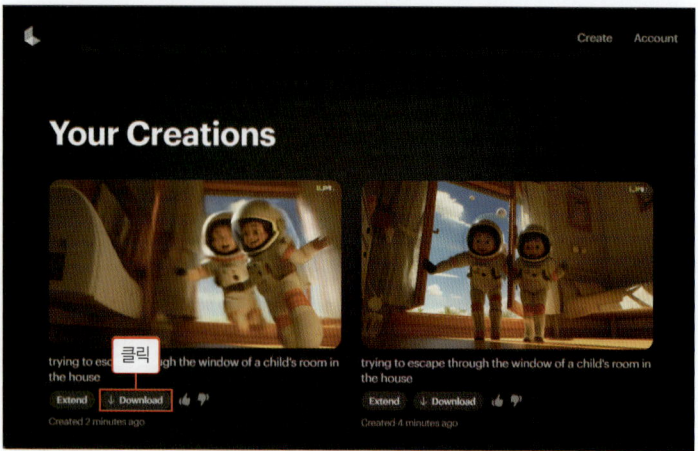

02 줄에 매달려 탈출하는 장면 영상화하기

Key Prompts • - Trying not to fall off

01 캐릭터가 탈출하는 장면 2를 영상화하겠습니다. 이미지를 업로드하기 위해 '이미지' 아이콘(🖼)을 클릭합니다.

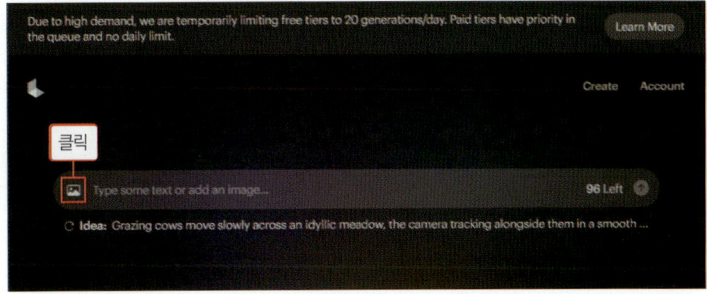

02 열기 대화상자가 표시되면 04 → 3D 애니메이션 → 이미지 폴더에서 '장면 2.png' 파일을 선택하고 〈열기(O)〉 버튼을 클릭합니다.

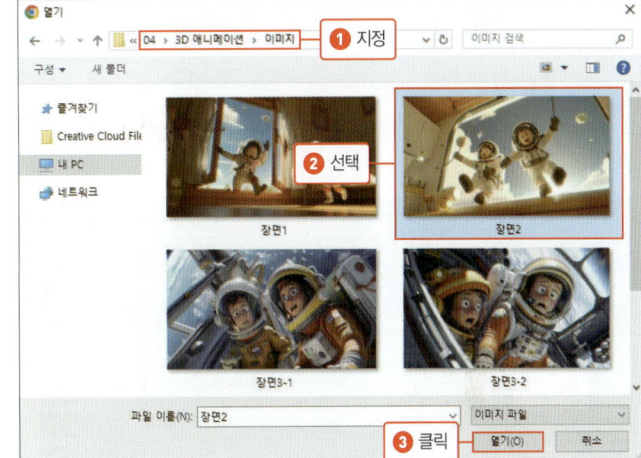

03 이미지가 업로드되면 텍스트 프롬프트 입력창에 장면 2에 해당하는 스토리 'Trying not to fall off.'를 입력하고 '확인' 아이콘(⬆)을 클릭합니다.

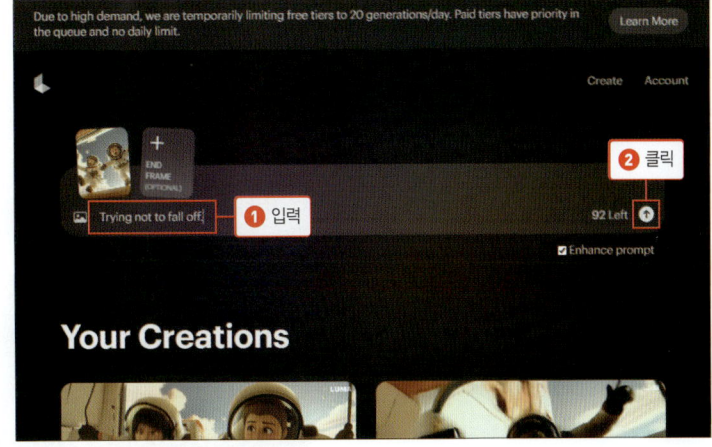

TIP 루마에서의 텍스트 프롬프트는 키워드 위주로 간결할수록 일관성과 퀄리티가 좋아질 확률이 높습니다.

프롬프트 Trying not to fall off.

한글 번역 떨어지지 않게 안간힘을 쓴다.

04 Your Creations 화면과 함께 생성한 영상이 표시됩니다. 원하는 느낌의 영상이 생성되면 〈Download〉 버튼을 클릭하여 다운로드합니다.

03 우주선에 숨어 긴박한 캐릭터 영상화하기

Key Prompts • 2 images, - Hide Into Spacecraft

01 캐릭터가 우주선 안에 있는 장면 3을 영상화하겠습니다. 이미지를 업로드하기 위해 '이미지' 아이콘(🖼)을 클릭합니다. 열기 대화상자가 표시되면 04 → 3D 애니메이션 → 이미지 폴더에서 '장면3-1.png', '장면3-2.png' 파일을 선택하고 〈열기(O)〉 버튼을 클릭합니다.

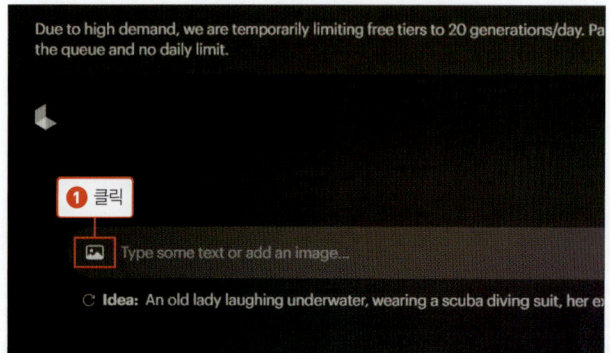
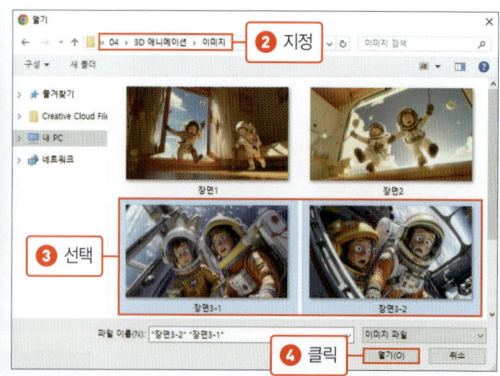

02 2개의 이미지가 업로드되면 텍스트 프롬프트 입력창에 장면 3에 해당하는 스토리 'Two astronaut kids Arrive at Space Launch Station and Hide Into Spacecraft'를 입력하고 '확인' 아이콘(⬆)을 클릭합니다.

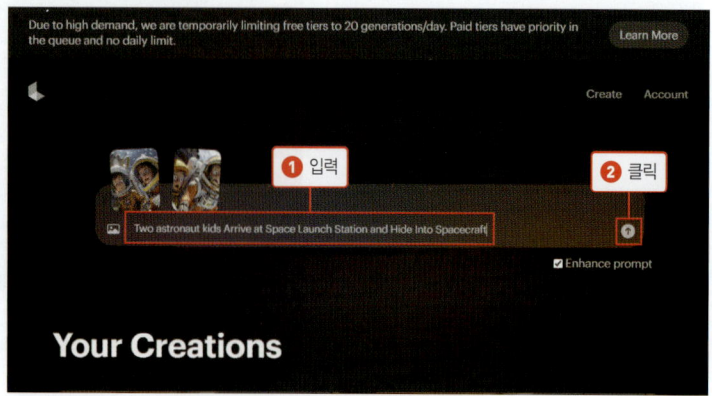

프롬프트 | Two astronaut kids Arrive at Space Launch Station and Hide Into Spacecraft

한글 번역 | 우주 정거장에 도착하여 우주선 안으로 숨어드는 두 우주인 아이들

03 Your Creations 화면에 원하는 느낌의 영상이 생성되면 〈Download〉 버튼을 클릭하여 다운로드합니다.

04 달과 어린이 방이 연결된 장면 영상화하기

Key Prompts • 2 images, - in the children's room, and the two astronaut kids are happy for it

01 어린이 방이 배경인 장면 4를 영상화하겠습니다. 이미지를 업로드하기 위해 '이미지' 아이콘(🖼)을 클릭합니다. 열기 대화상자가 표시되면 04 → 3D 애니메이션 → 이미지 폴더에서 '장면4-1.png' 파일을 선택하고 〈열기(O)〉 버튼을 클릭합니다.

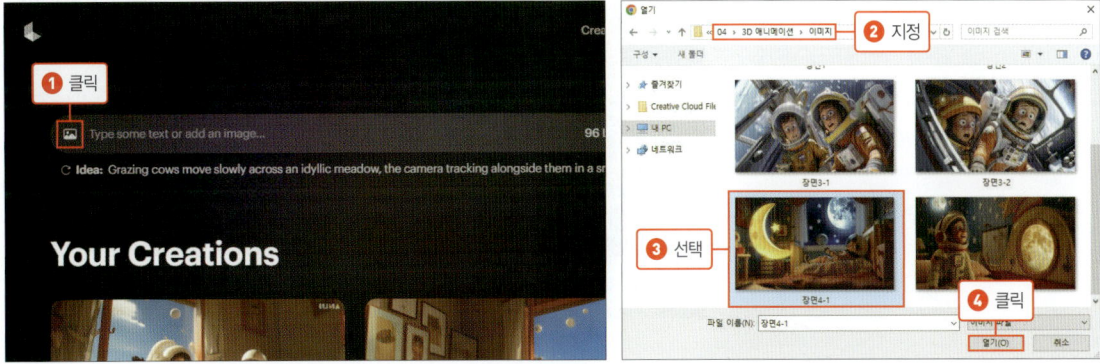

333

02 뒤에 배치할 장면을 하나 더 추가하기 위해 'END FRAME'를 클릭합니다. 열기 대화상자가 표시되면 04 → 3D 애니메이션 → 이미지 폴더에서 '장면4-2.png' 파일을 선택하고 〈열기(O)〉 버튼을 클릭합니다.

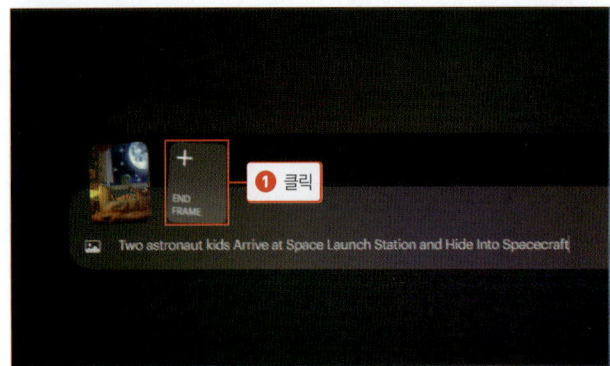
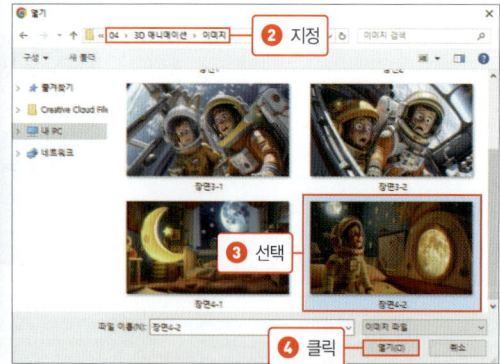

03 2개의 이미지가 업로드되면 텍스트 프롬프트 입력창에 장면 4에 해당하는 스토리 'The moon that arrived, the moon is also a toy in the children's room, and the two astronaut kids are happy for it'을 입력하고 '확인' 아이콘(⬆)을 클릭합니다.

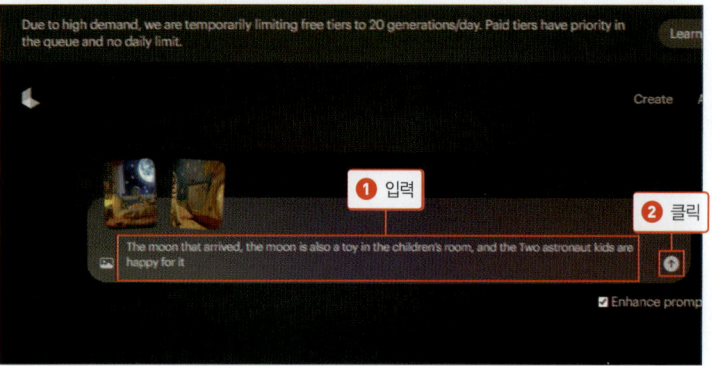

> **프롬프트** The moon that arrived, the moon is also a toy in the children's room, and the two astronaut kids are happy for it
>
> **한글 번역** 도착한 최종 목적지인 '달', 달도 결국 어린이 방 안의 장난감이며, 그 위에서 행복해 하는 두 우주인 아이들

04 Your Creations 화면과 함께 생성한 영상이 표시됩니다. 원하는 느낌의 영상이 생성되면 〈Download〉 버튼을 클릭하여 다운로드합니다.

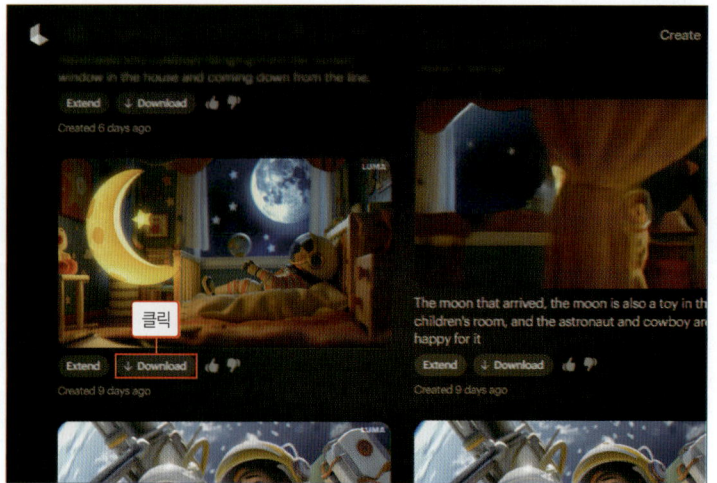

SECTION 17.

● 예제파일 : 04\3D 애니메이션\영상 폴더   ● 완성파일 : 04\3D 애니메이션\3D애니메이션_완성.mp4

리믹스 기능으로 음악이 있는 애니메이션 영상 편집하기

루마 AI로 만든 개별적인 장면들을 프리미어 프로에서 하나의 유기적인 영상으로 묶고, 리믹스 기능을 활용하여 배경 음악을 자연스럽게 적용하는 방법을 단계별로 알아보겠습니다.

01 스토리 구성에 맞게 영상 컷 편집하기

01 프리미어 프로를 실행하고 〈New Project〉 버튼을 클릭하여 새 프로젝트를 만듭니다. 그림과 같은 화면에서 영상 편집을 진행하기 위해 Name에 '3D animation'을 입력하고 〈Create〉 버튼을 클릭합니다.

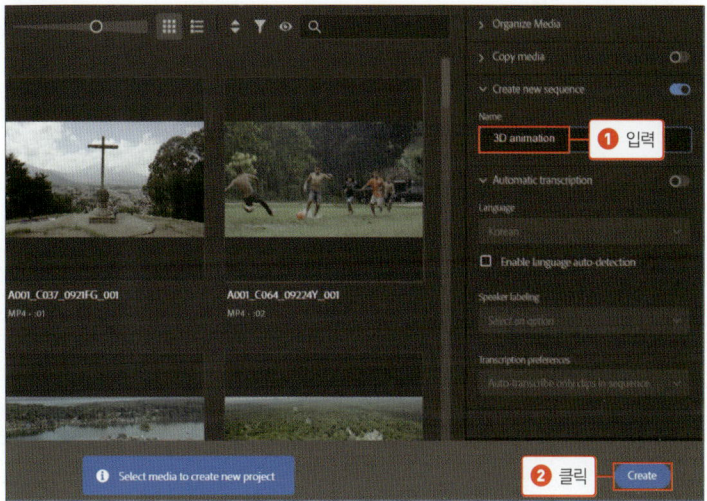

02 프로젝트가 생성됩니다. 루마 AI에서 생성한 영상들을 불러오기 위해 Project 패널에서 〈Import media〉 버튼을 클릭합니다.

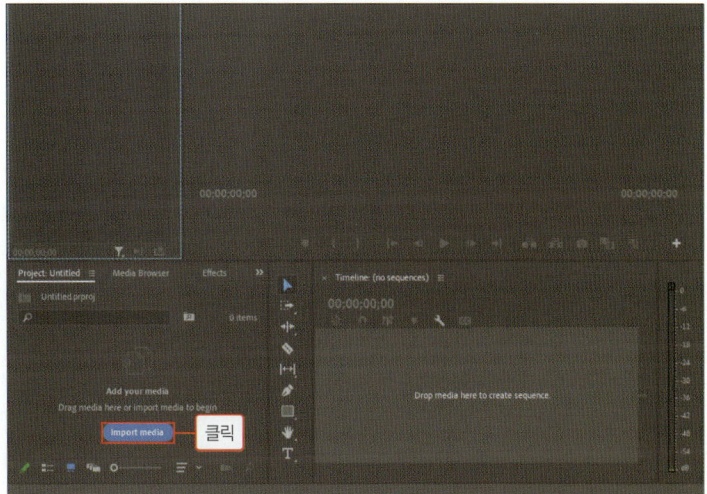

03 Import 대화상자가 표시되면 04 → 3D 애니메이션 → 영상 폴더에서 '장면 1~4' 파일을 선택하고 〈열기(O)〉 버튼을 클릭하여 모든 영상을 불러옵니다.

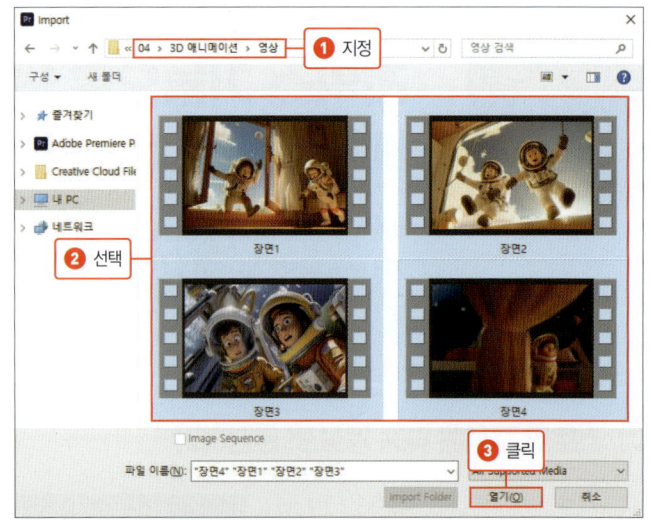

04 Project 패널에서 장면 1에 해당하는 파일을 Timeline 패널로 드래그하여 영상을 배치합니다.

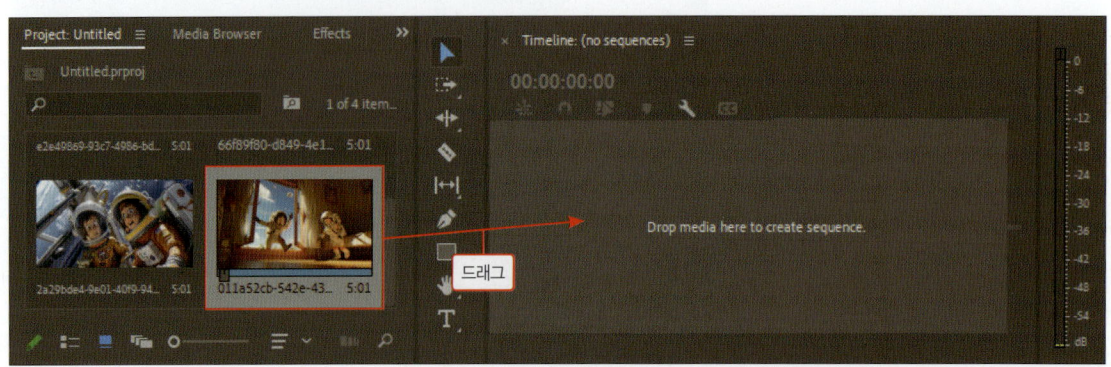

05 Timeline 패널과 Program Monitor 패널에 장면 1이 표시됩니다. 같은 방법으로 Project 패널에서 장면 2에 해당하는 파일을 Timeline 패널의 장면 1에 해당하는 클립의 끝부분으로 드래그하여 배치합니다.

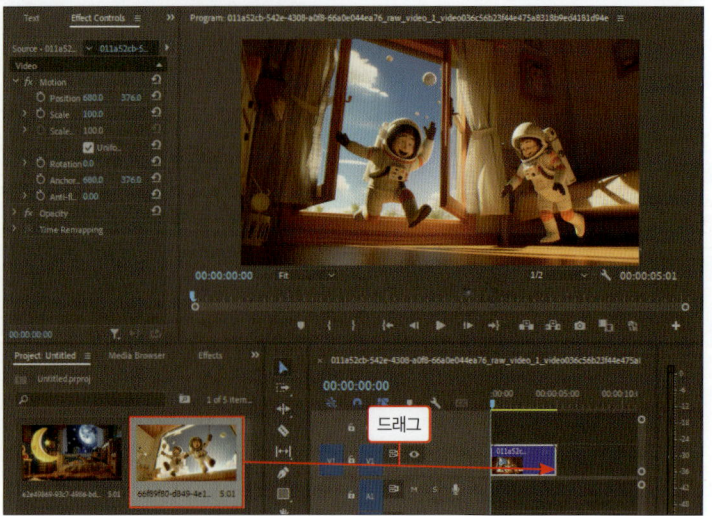

06 같은 방법으로 Project 패널에서 장면 3과 4에 해당하는 파일을 Timeline 패널로 드래그하여 그림과 같이 순서대로 배치합니다. 배치가 완료되면 총 20초 분량의 3D 애니메이션 영상인 것을 확인할 수 있습니다.

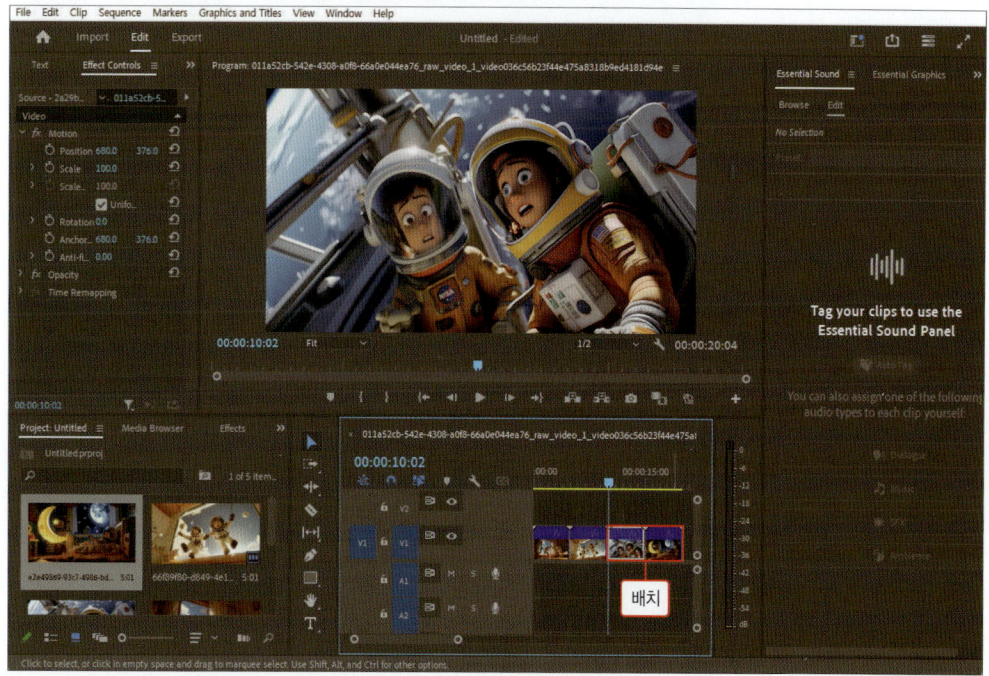

07 시간 표시자를 '00:00:14:20'으로 이동하고 Ctrl+K를 눌러 컷 편집을 실행합니다.

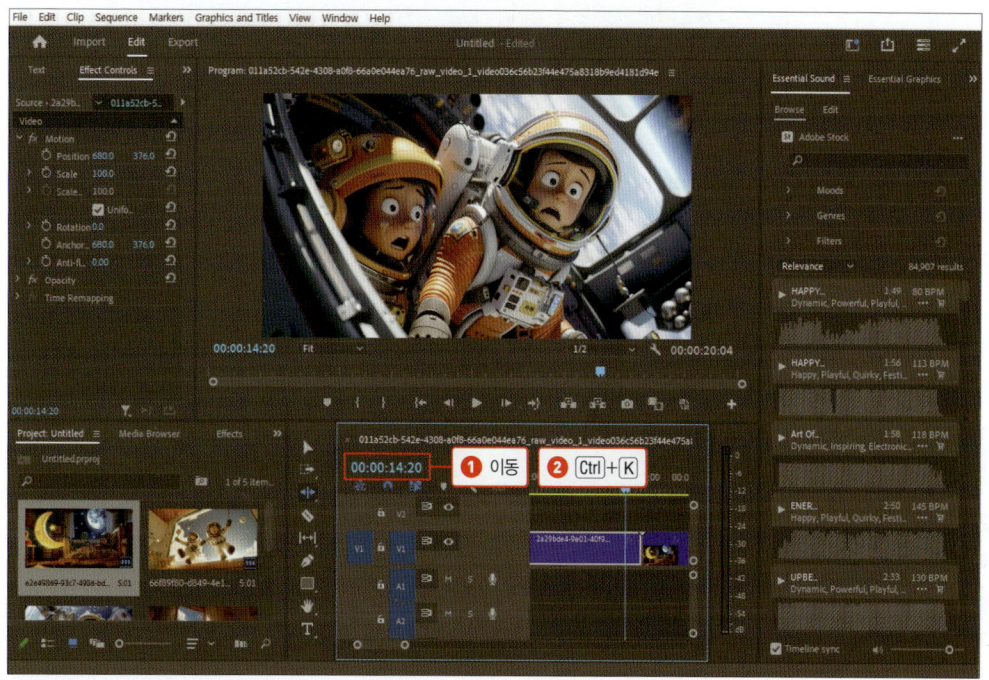

TIP Tools 패널에 있는 'Razor Tool' 도구(, C)를 이용하여 동일한 기능으로 활용할 수도 있습니다.

08 컷 편집을 하고 남은 뒷부분 클립을 선택합니다. 해당 부분은 AI가 생성한 결과물 중 완성도가 낮은 부분으로 불필요한 장면이므로 Delete 를 눌러 삭제합니다.

TIP 불필요한 장면은 영상의 퀄리티를 낮출 수 있습니다. 덜어내는 과정은 영상의 퀄리티 향상에 도움이 됩니다.

09 클립을 지워 생긴 빈 부분에 마우스 오른쪽 버튼을 클릭한 다음 **Ripple Delete**를 실행하여 빈 부분을 제거합니다.

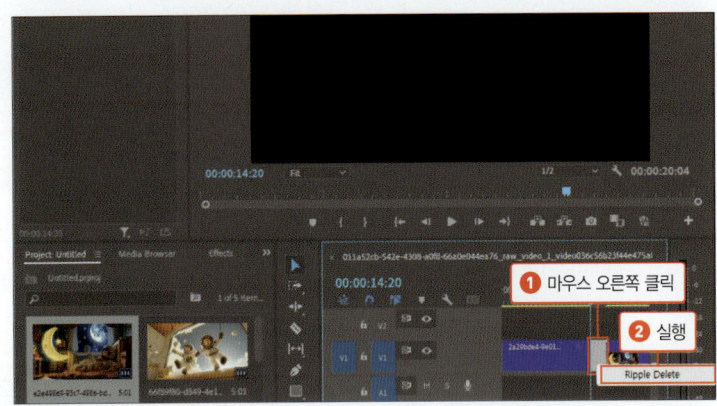

02 3D 애니메이션에 어울리는 배경 음악 추가하기

01 음악을 추가하겠습니다. Essential Sound 패널에서 (Browse) 탭을 선택하여 프리미어 프로에서 기본으로 제공하는 음악들이 표시되면 원하는 BGM을 Timeline 패널의 A1 트랙에 드래그하여 배치합니다. 예제에서는 BPM이 빠른 'ENERGETIC DRIVING POSITIVE ROCK'을 선택하였습니다.

TIP BPM(Beats Per Minute)은 곡의 진행을 분당 몇박이 있는지를 숫자로 표기하는 방식입니다. 숫자가 클수록 곡이 빠르고 숫자가 느릴수록 곡이 느립니다.

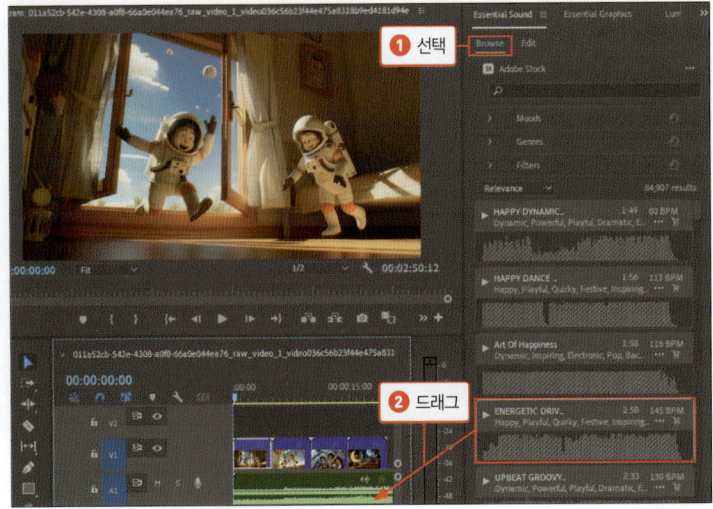

02 별도의 믹싱 없이 시간에 맞게 믹싱 작업을 진행할 수 있습니다. Timeline 패널의 오디오 클립에서 마우스 오른쪽 버튼을 클릭한 다음 **Remix → Enable Remix**를 실행하여 리믹스를 적용합니다.

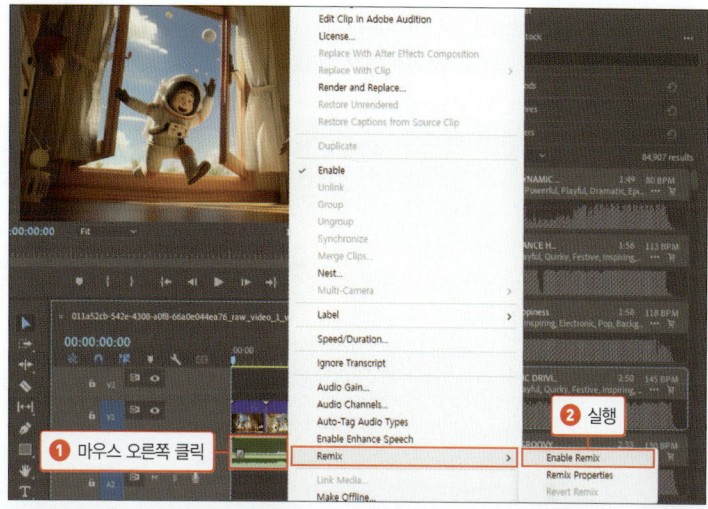

03 Essential Sound 패널에 설정창이 표시됩니다. Target Duration을 영상의 전체 길이에 가깝게 변경하기 위해 '00:00:19:12'로 설정합니다.

04 음악이 자동으로 설정된 길이에 맞춰 리믹스됩니다. 현재 설정에서 Spacebar를 눌러 영상을 재생해 오디오 클립의 볼륨 그래프를 영상과 비교하면 음악이 전체 영상에 비해 짧게 끝나는 것처럼 느껴집니다.
Essential Sound 패널에서 Target Duration을 '00:00:22:12'로 설정하여 변경합니다.

05 Timeline 패널을 살펴보면 오디오 클립이 영상 클립보다 살짝 긴 것을 확인할 수 있습니다. 오디오 클립의 오른쪽 끝 부분을 왼쪽으로 드래그하여 영상 길이에 맞춥니다.

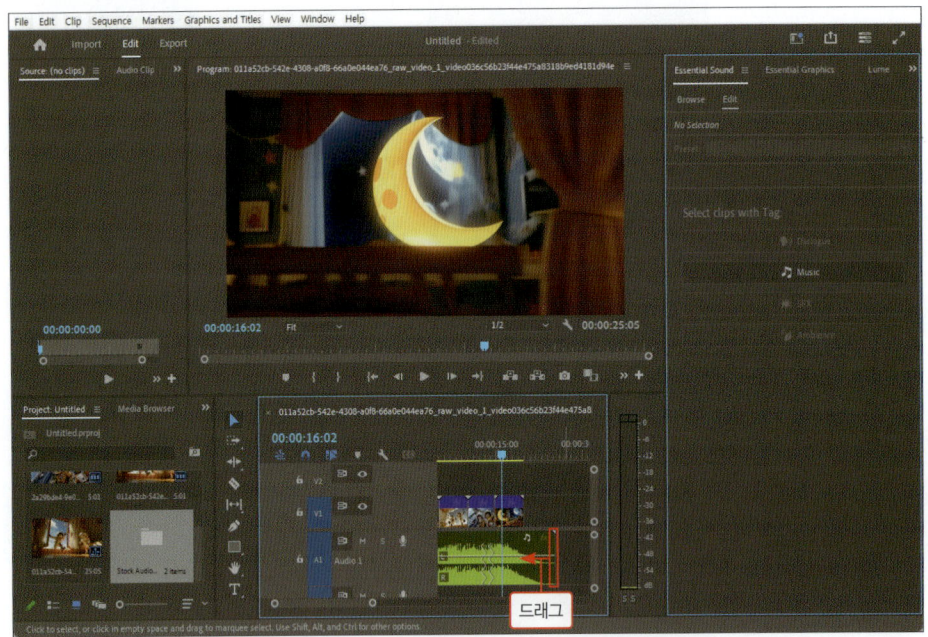

TIP 리믹스를 진행하면 그림과 같이 '〈', '〉' 표시가 오디오 클립에 표시됩니다. 이는 해당 구간에 리믹스가 진행됐다는 것을 알려주는 표시입니다.

06 현재는 오디오가 영상의 끝부분에서 뚝 끊기는 느낌이 나면서 종료됩니다. 이를 완화하기 위해 오디오 클립에 마우스 커서를 위치하면 'Fade' 아이콘(■)이 표시됩니다. 이를 왼쪽으로 드래그하여 페이드 아웃 효과를 적용합니다.

TIP 음악이 갑자기 시작하거나 음악이 뚝 끊기면서 끝나는 느낌보다는 자연스럽게 끝나는 것이 영상의 퀄리티 적으로 높은 효과를 낼 수 있습니다. 페이드 효과는 시작과 끝 부분에서 자연스러운 오디오 효과를 낼 수 있습니다.

03 3D 애니메이션 영상 출력하기

01 영상을 출력하기 위해 Ctrl+M을 눌러 출력하는 설정으로 이동합니다. File Name에 출력하려는 영상의 이름을 입력하고 Location을 클릭하여 파일을 저장할 위치를 지정합니다.

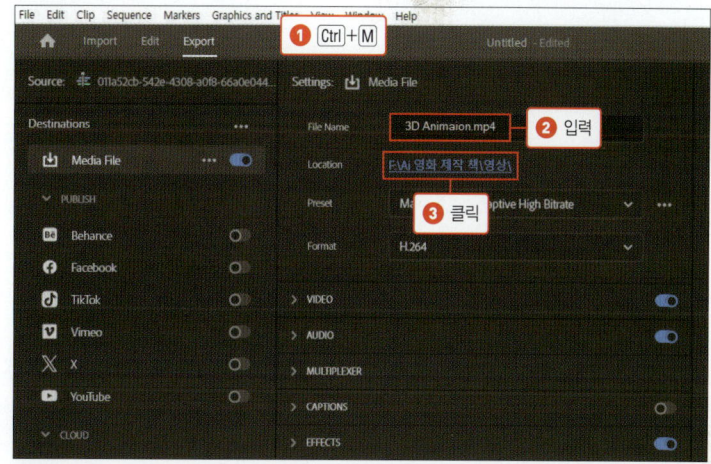

02 'Video' 항목을 클릭하여 하위 속성을 표시하고 〈More〉 버튼을 클릭합니다.

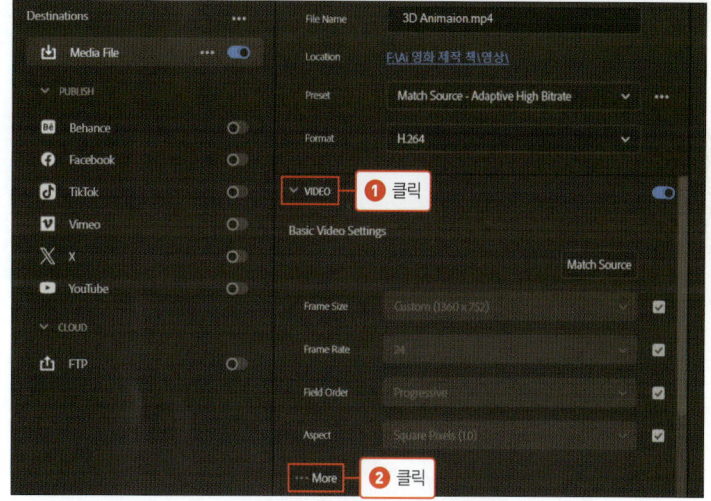

03 세부 속성이 표시되면 결과 영상의 퀄리티를 향상하기 위해 'Render at maximum Depth'와 'Use Maximum Render Quality'를 체크 표시하고 〈Export〉 버튼을 클릭합니다.
지정 경로에 출력된 영상을 확인하여 배경 음악과 컷 편집, 페이드 아웃 등 효과들이 잘 적용되었는지 확인합니다.

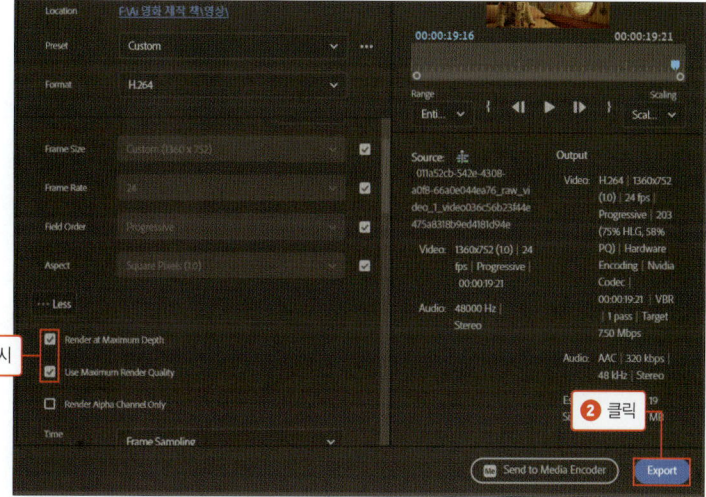

PROJECT

립싱크 대사와 드라마틱한 영상까지!
청춘 드라마 영상 만들기

청춘 드라마는 젊은이들의 사랑, 우정, 성장 등을 주제로 다루며, 이러한 주제를 시각적으로 전달하기 위해 다양한 영상 기법과 스타일이 사용됩니다. 청춘 드라마의 영상 특징에 맞게 주인공 인물을 예쁘게 생성하고, 불빛을 아름답게 표현하는 보케(Bokeh) 효과와 립싱크까지 드라마틱한 영상 생성 방법에 대해 알아봅니다.

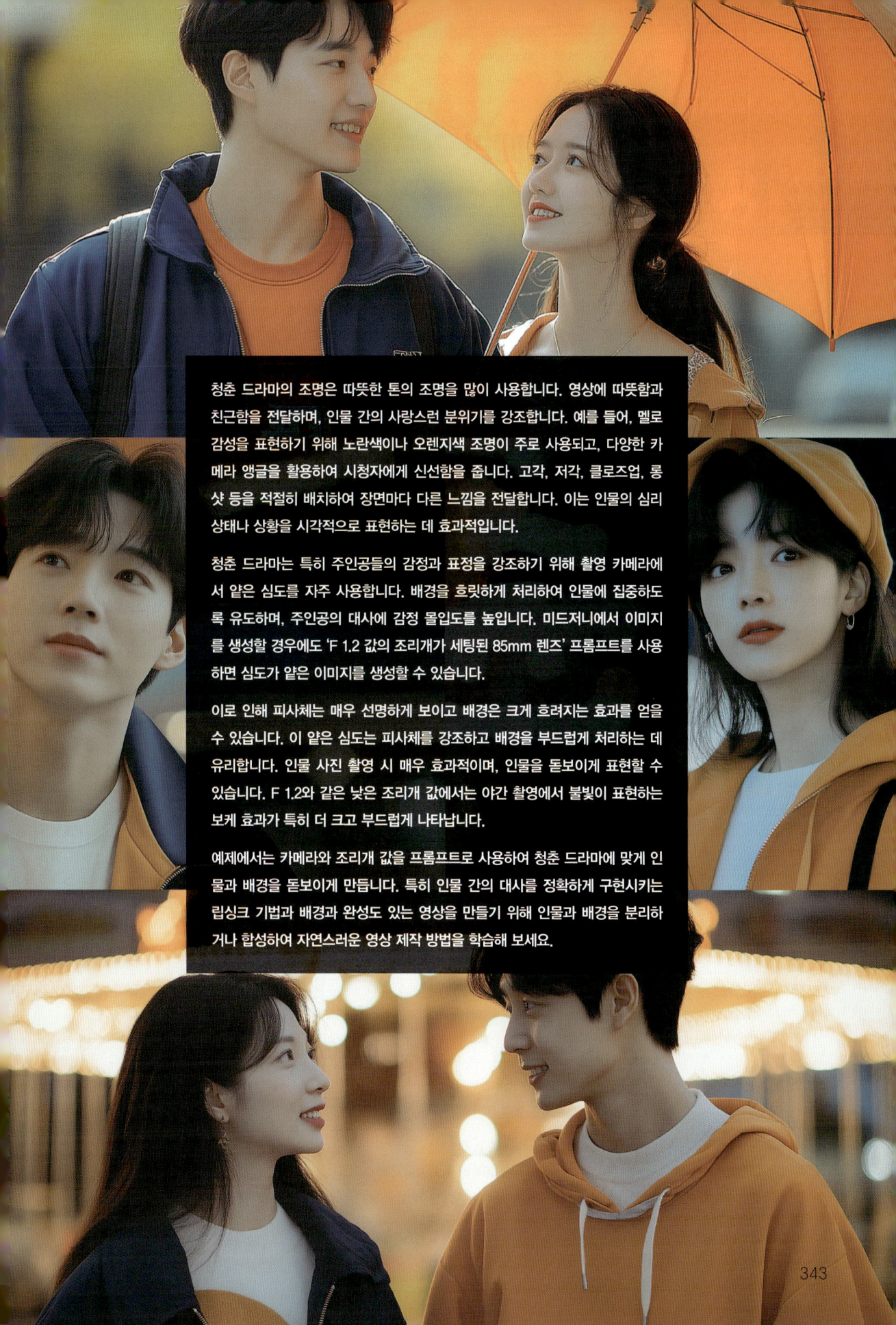

청춘 드라마의 조명은 따뜻한 톤의 조명을 많이 사용합니다. 영상에 따뜻함과 친근함을 전달하며, 인물 간의 사랑스런 분위기를 강조합니다. 예를 들어, 멜로 감성을 표현하기 위해 노란색이나 오렌지색 조명이 주로 사용되고, 다양한 카메라 앵글을 활용하여 시청자에게 신선함을 줍니다. 고각, 저각, 클로즈업, 롱 샷 등을 적절히 배치하여 장면마다 다른 느낌을 전달합니다. 이는 인물의 심리 상태나 상황을 시각적으로 표현하는 데 효과적입니다.

청춘 드라마는 특히 주인공들의 감정과 표정을 강조하기 위해 촬영 카메라에서 얕은 심도를 자주 사용합니다. 배경을 흐릿하게 처리하여 인물에 집중하도록 유도하며, 주인공의 대사에 감정 몰입도를 높입니다. 미드저니에서 이미지를 생성할 경우에도 'F 1.2 값의 조리개가 세팅된 85mm 렌즈' 프롬프트를 사용하면 심도가 얕은 이미지를 생성할 수 있습니다.

이로 인해 피사체는 매우 선명하게 보이고 배경은 크게 흐려지는 효과를 얻을 수 있습니다. 이 얕은 심도는 피사체를 강조하고 배경을 부드럽게 처리하는 데 유리합니다. 인물 사진 촬영 시 매우 효과적이며, 인물을 돋보이게 표현할 수 있습니다. F 1.2와 같은 낮은 조리개 값에서는 야간 촬영에서 불빛이 표현하는 보케 효과가 특히 더 크고 부드럽게 나타납니다.

예제에서는 카메라와 조리개 값을 프롬프트로 사용하여 청춘 드라마에 맞게 인물과 배경을 돋보이게 만듭니다. 특히 인물 간의 대사를 정확하게 구현시키는 립싱크 기법과 배경과 완성도 있는 영상을 만들기 위해 인물과 배경을 분리하거나 합성하여 자연스러운 영상 제작 방법을 학습해 보세요.

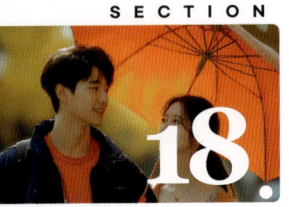

● 완성파일 : 04\청춘 드라마\청춘드라마스토리.txt

SECTION

18. 다양한 카메라 각도로 청춘 드라마 스토리 구성하기

청춘 드라마의 스토리를 구성하기 위해 주인공과 주요 캐릭터를 설정하고, 그들이 겪을 갈등과 사건을 구체화합니다. 또한, 카메라 연출을 통해 스토리의 감정과 분위기를 효과적으로 전달할 방법을 구상해 보세요.

스토리가 사전에 구성되지 않았다면 챗GPT를 활용하여 청춘 드라마의 대사와 스토리를 구성할 수 있습니다. 예제에서는 일관된 내용을 가진 장면 제작을 위해 사전에 준비된 대사와 스토리를 바탕으로 제작을 진행해 보겠습니다.

CHATGPT

> 20대 남녀의 만남과 헤어짐, 다시 재회하는 청춘 드라마의 스토리를 구성하려고 해. 장소는 대학 캠퍼스와 놀이공원으로, 서로를 응원하는 대사가 담겨 있어. 장면과 카메라 샷, 스토리를 4개의 장면으로 구성해 줘.

장면 1 : 대학 캠퍼스, 낮

카메라 샷 : 얕은 피사계 심도로 캐릭터에 집중

대학 캠퍼스의 활기찬 배경이 흐릿하게 아웃포커스되며 두 주인공이 양산을 쓰고 걸어온다. 양산의 주황색이 두 사람을 돋보이게 하고, 따뜻한 분위기를 자아낸다. 남학생은 대학생 야구 자켓을 걸치고 자신감 있는 표정으로, 여학생은 하늘하늘한 드레스를 입고 수줍은 듯 미소를 짓고 있다.

장면 2 : 놀이공원 안의 회전목마 앞

카메라 샷 : 바스트 샷, 안정된 구도로 두 사람의 상반신을 잡는다.

회전목마가 천천히 돌아가는 놀이공원에서 두 사람은 잠시 멈춰서 서로를 바라본다. 남학생은 회전목마의 화려한 조명이 반사되는 배경 속에서 여학생에게 진심을 담아 말을 건넨다. "언제나 어디서든 너를 응원할게. 힘내!"

두 사람의 배경으로 회전목마가 천천히 돌아가며, 그 빛이 그들의 얼굴을 비추고 있다.

장면 3 : 놀이공원 안의 회전목마 앞

카메라 샷 : 오버숄더 샷, 남학생의 어깨 너머로 여학생의 얼굴을 클로즈업

여학생의 얼굴이 클로즈업되며, 남학생을 바라보는 시선이 애틋하다. 그녀는 살짝 떨리는 목소리로 대답한다. "너의 한 마디가 늘 나를 성장하게 만들어. 고마워." 배경의 회전목마는 여전히 천천히 돌아가고, 그 장면은 두 사람의 감정을 더욱 부각시킨다.

장면 4 : 엔딩 - 사회에 진출한 후, 우연한 재회

카메라 샷 : 클로즈업 샷, 다양한 각도에서 인물의 감정을 포착

여학생은 커리어 우먼으로 성장하여 빠르게 걸어가며 스마트폰으로 업무 통화를 하고 있다. 남학생은 정장을 입고 서류 가방을 들고, 바쁜 걸음을 옮기고 있다. 두 사람은 각자의 일에 몰두한 채 서로를 인식하지 못한 채 지나친다. 그러다 잠시 후 회전목마 앞에서 발길을 멈추고, 마치 운명처럼 동시에 뒤돌아본다.

● 예제파일 : 04\청춘 드라마\청춘드라마미드저니프롬프트.txt   ● 완성파일 : 04\청춘 드라마\이미지 폴더

SECTION 19.

주인공이 돋보이는
청춘 드라마의 명장면 만들기

미드저니를 활용해 청춘 드라마 주인공을 구성하고 카메라 시점과 구체적인 상황 프롬프트를 통해 구도를 결정합니다. 주인공이 등장하는 주요 장면을 시각화하여 드라마의 감성을 전달하는 이미지를 생성합니다.

01 | 렌즈와 조리개 수치를 적용하여 인물과 배경 생성하기

Key Prompts • The F 1.2 aperture, 85 mm lens, blur the background

01 웹브라우저에서 'discord.com'를 입력하여 디스코드 사이트에 접속합니다. 미드저니 입력창에 '/'를 입력하고 표시되는 메뉴에서 '/imagine'을 선택합니다.

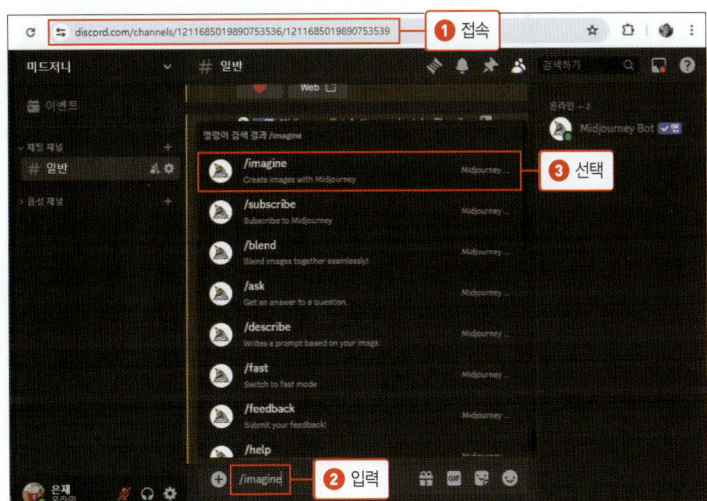

02 장면 1의 이미지와 스타일을 구성하기 위해 프롬프트 입력창이 표시되면 프롬프트를 입력하고 Enter를 누릅니다.

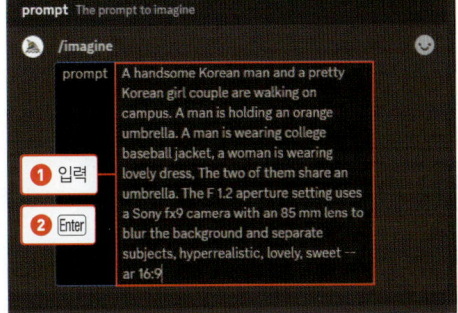

프롬프트 A handsome Korean man and a pretty Korean girl couple are walking on campus. A man is holding an orange umbrella. A man is wearing college baseball jacket, a woman is wearing lovely dress, The two of them share an umbrella. The F 1.2 aperture setting uses a Sony fx9 camera with an 85 mm lens to blur the background and separate subjects, hyperrealistic, lovely, sweet --ar 16:9

345

입력팁 1. A handsome Korean man and a pretty Korean girl couple are walking on campus. A man is holding an orange umbrella. A man is wearing college baseball jacket, a woman is wearing lovely dress, The two of them share an umbrella. : '잘생긴 한국인 남자와 예쁜 한국인 여자 커플이 대학 캠퍼스를 걷고 있다. 남자는 대학 야구 자켓을 입고 있고, 여성은 화사한 드레스를 입고 있으며, 둘은 우산을 같이 쓰고 있다.'라는 스토리를 입력한 프롬프트입니다.

2. The F 1.2 aperture setting uses a Sony fx9 camera with an 85 mm lens to blur the background and separate subjects : F 1.2 값의 조리개가 세팅된 85mm 렌즈를 장착한 소니 fx9 카메라로 촬영한 결과물을 보여 줍니다. 조리개 값이 1.2이므로 배경과 피사체가 분리된 심도가 얕은 이미지가 표시됩니다.

3. hyperrealistic, cinematic : 실사적이고 영화와 같은 이미지를 생성하기 위해 입력한 프롬프트입니다.

4. lovely, sweet : 청춘 드라마에 맞는 사랑스럽고 달콤한 분위기를 생성하기 위해 입력한 프롬프트입니다.

5. --ar 16:9 : 기본적으로 미드저니는 비율을 지정하지 않으면 1:1 비율의 이미지가 생성됩니다. 가로 영상의 표준 비율인 16:9에 해당하는 이미지를 생성하기 위해 입력한 프롬프트입니다.

03 프롬프트에 맞게 장면 1의 다양한 이미지가 생성됩니다. 원하는 느낌과 스타일의 이미지에 가깝게 생성되면 다양한 이미지를 더 보기 위해 〈V(번호)〉 버튼을 클릭합니다. 예제에서는 〈V3〉 버튼을 클릭하였습니다.

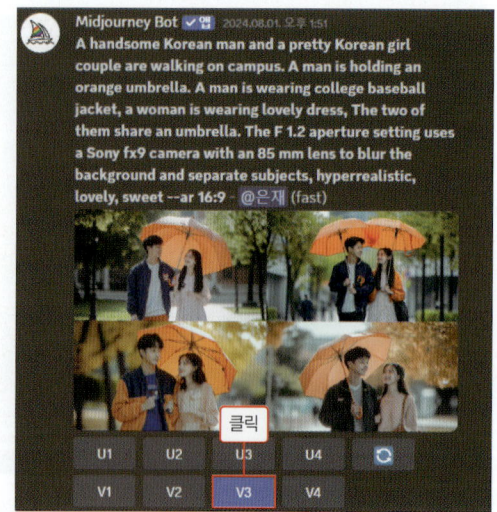

04 선택한 번호의 이미지와 비슷한 느낌의 결과물이 4개 표시됩니다. 스토리와 비교하여 가장 스토리에 어울리는 이미지를 최종 가이드로 확정합니다. 예제에서는 2번 이미지에 업스케일을 진행하기 위해 〈U2〉 버튼을 클릭하였습니다.

05 업스케일된 이미지가 표시됩니다. 최상의 결과물을 얻기 위해 〈Upscale (Creative)〉 버튼을 클릭합니다.

06 업스케일이 완료된 이미지를 클릭하고 '브라우저로 열기'를 클릭합니다. 새로운 브라우저 창이 표시되면 마우스 오른쪽 버튼을 클릭한 다음 **이미지를 다른 이름으로 저장...**을 실행합니다. 다른 이름으로 저장 대화상자가 표시되면 이미지를 저장할 경로를 지정하고 〈저장(S)〉 버튼을 클릭하여 미드저니에서 생성한 이미지를 PC에 저장합니다.

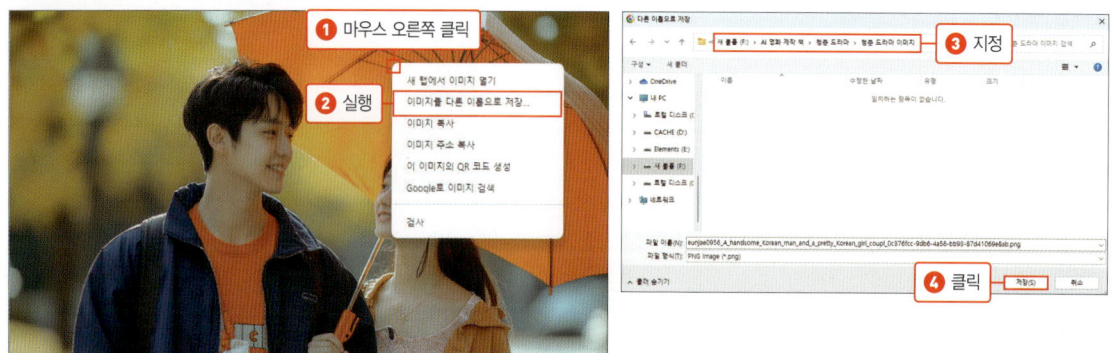

02 일관성 있는 인물로 오버 숄더 샷 장면 만들기

Key Prompts • Over the shoulder shot, --cref

01 이전 과정에서 생성한 장면 1의 일관성을 유지하기 위해 미드저니 입력창 왼쪽의 〈+〉를 클릭하고 '파일 업로드'를 선택합니다.

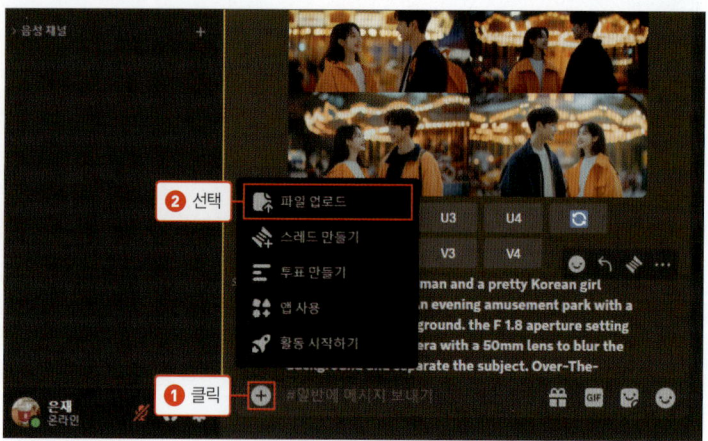

02 열기 대화상자가 표시되면 04 → 청춘 드라마 → 이미지 폴더에서 '장면1.png' 파일을 선택하고 〈열기(O)〉 버튼을 클릭하여 이미지를 업로드합니다.

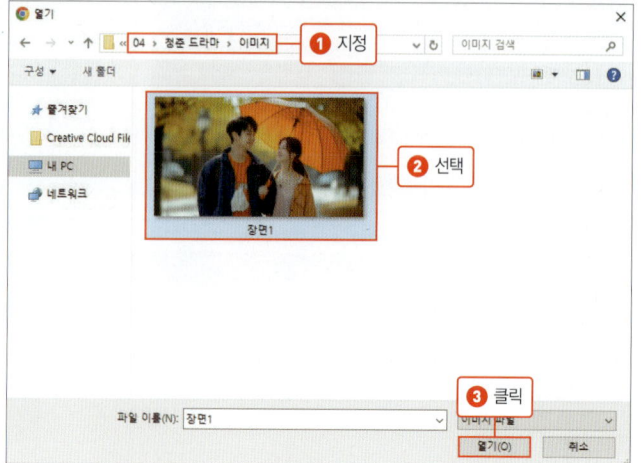

03 Enter를 눌러 대화창에 장면 1의 이미지를 업로드합니다.

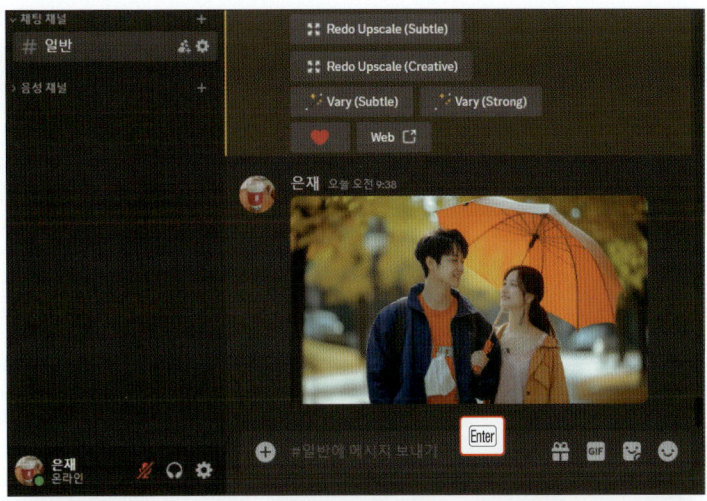

04 남자 주인공이 말하는 장면 2 이미지를 만들기 위해 미드저니 입력창에 '/imagine'을 입력하여 프롬프트 입력창을 표시합니다. 시점과 배경 등을 묘사하는 프롬프트와 '--ar 16:9 --cref'를 입력하고 업로드한 이미지를 --cref 뒤로 드래그하여 이미지 링크를 추가한 다음 Enter를 누릅니다.

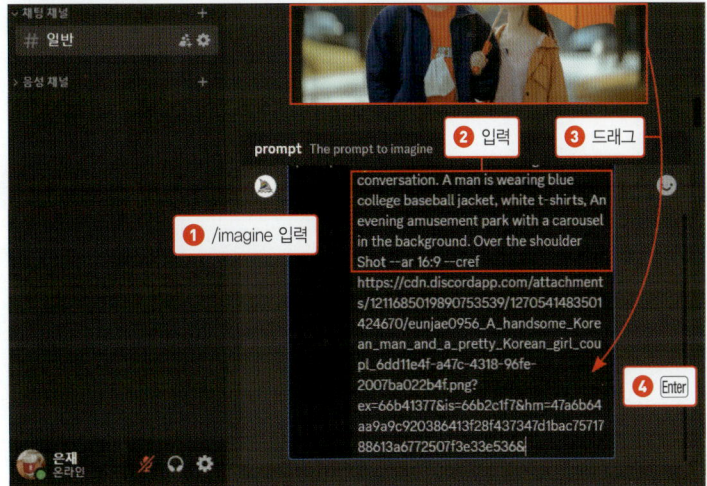

프롬프트 handsome Korean man having a conversation. A man is wearing blue college baseball jacket, white t-shirts, An evening amusement park with a carousel in the background. Over the shoulder Shot --ar 16:9 --cref (장면 1 이미지 링크)

입력팁
1. **handsome Korean man having a conversation. A man is wearing blue college baseball jacket, white t-shirts, An evening amusement park with a carousel in the background.** : '잘생긴 한국인 남자가 대화하고 있다. 남자는 파란색 대학 야구 자켓에 흰색 티셔츠를 입고 있다. 저녁에 회전목마가 있는 배경'이라는 스토리를 입력한 프롬프트입니다.

2. **Over the shoulder Shot** : 오버 더 숄더 샷을 표현하기 위해 입력한 프롬프트입니다.

3. **--ar 16:9** : 기본적으로 미드저니는 비율을 지정하지 않으면 1:1 비율의 이미지가 생성됩니다. 가로 영상의 표준 비율인 16:9에 해당하는 이미지를 생성하기 위해 입력한 프롬프트입니다.

4. **--cref (이미지 링크)** : 기본값은 '100'으로, 값의 수치가 '100'에 가까울수록 강도가 강해집니다. 첨부된 이미지 링크에 해당하는 인물의 이목구비, 머리, 체격 등을 반영하여 일관성을 유지해 주는 파라미터입니다.

05 프롬프트에 맞게 장면 2의 다양한 이미지가 생성됩니다. 원하는 느낌과 스타일에 가깝게 생성되면 다양한 이미지를 더 보기 위해 〈V(번호)〉 버튼을 클릭합니다. 예제에서는 〈V4〉 버튼을 클릭하였습니다.

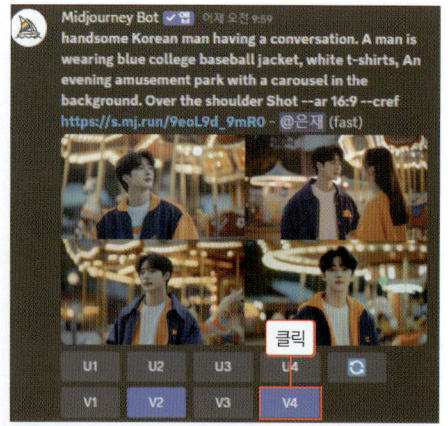

06 선택한 번호의 이미지와 비슷한 느낌의 결과물이 4개 표시됩니다. 스토리와 비교하여 가장 스토리에 어울리는 이미지를 최종으로 확정합니다. 예제에서는 2번 이미지에 업스케일을 진행하기 위해 〈U2〉 버튼을 클릭하였습니다.

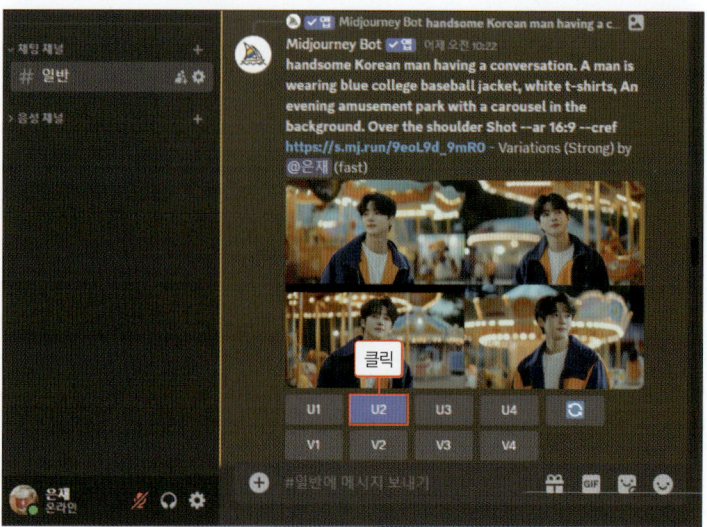

03 인물을 제거하여 배경 이미지 만들기

Key Prompts • amusent park carousel in the background

01 배경과 인물을 분리하여 대사와 별개로 회전목마도 움직이게 할 예정입니다. 먼저 배경과 인물을 분리하는 작업을 하기 위해 배경 이미지를 만들겠습니다. 업스케일된 이미지의 〈Vary (Region)〉 버튼을 클릭합니다.

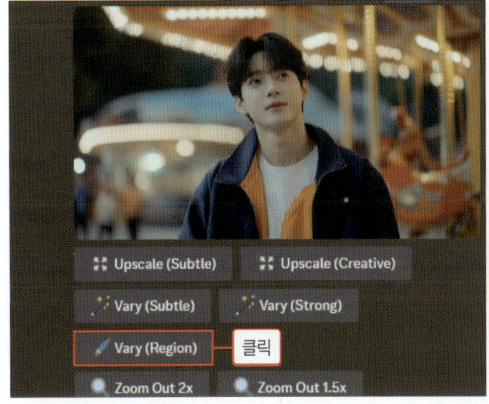 

02 부분 수정 창이 표시되면 '올가미' 도구 (🔲)를 선택하고 인물을 수정하기 위해 드래그하여 영역을 지정합니다. 입력창에 'An evening amusement park with a carousel in the background.'를 입력하고 '확인' 아이콘 (▶)을 클릭합니다.

TIP 이렇게 변경할 부분을 지정하고 원하는 형태의 프롬프트를 입력하면 이미지가 부분 수정됩니다. 예제에서는 '회전목마를 배경으로 한 저녁 놀이 공원'을 입력하여 배경 부분에 대한 묘사를 추가하였습니다.

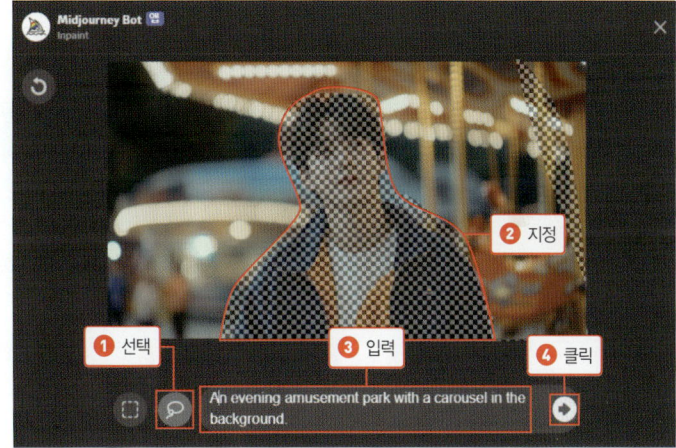

03 프롬프트에 맞게 인물이 제거된 배경 이미지가 생성됩니다. 바로 업스케일을 진행하여 결과물을 확정하기 위해 〈U(번호)〉 버튼을 클릭합니다. 예제에서는 1번 이미지에 업스케일을 진행하기 위해 〈U1〉 버튼을 클릭하였습니다.

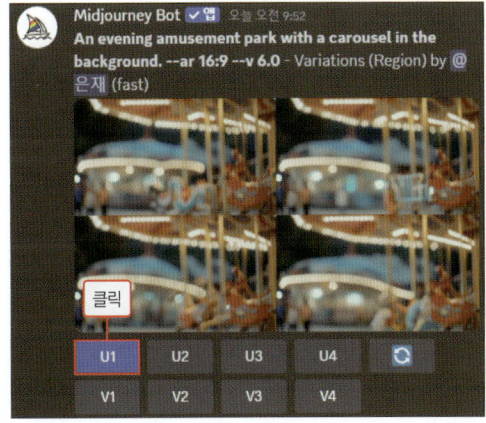 

04 업스케일된 이미지가 표시됩니다. 해당 결과물에서는 어색한 부분의 보정 및 톤 보정 등 최상의 결과물을 위해 〈Upscale (Creative)〉 버튼을 클릭하고 해상도를 높인 이미지를 저장합니다.

05 배경과 인물이 같이 있는 이미지도 저장하기 위해 다시 최종 업스케일을 선택하는 과정으로 돌아가서 〈Upscale (Creative)〉 버튼을 클릭하고 해상도를 높인 이미지는 저장합니다. 이 이미지는 이후에 어도비 익스프레스에서 배경을 제거하여 사용할 예정입니다.

04 대사하는 인물이 강조된 이미지 만들기

Key Prompts • Extreme close-up shot, --cref

01 여자 주인공이 말하는 장면 3 이미지를 만들기 위해 미드저니 입력창에 '/imagine'을 입력하여 프롬프트 입력창을 표시하고 이미지를 일관성을 위한 이미지 링크를 포함한 프롬프트를 입력한 다음 Enter 를 누릅니다.

TIP 클로즈업 샷은 예제와 같이 간결하게 입력해야 생성됩니다. 배경이라던가 부가 정보를 입력하면 그것을 담기 위해 배경이 같이 담긴 이미지를 생성하므로 클로즈업 샷을 보여 주고 싶을 때는 프롬프트를 최대한 간결하게 적도록 합니다.

프롬프트

Pretty Korean girl having a conversation. A woman is wearing orange hoodie and lovely dress, An evening amusement park in the background. Extreme close-up shot --ar 16:9 --cref (장면 1 이미지 링크) --cw 0

입력팁

1. **pretty Korean girl. A woman is wearing orange hoodie and lovely dress, An evening amusement park in the background** : '예쁜 한국인 여자. 오렌지 후드에 드레스를 입고 있다. 저녁 놀이공원을 배경으로 하고 있다.'라는 스토리를 입력한 프롬프트입니다.

2. **Extreme close-up** : 얼굴이 강조된 클로즈업 샷을 표현하기 위해 입력한 프롬프트입니다.

3. **--ar 16:9** : 기본적으로 미드저니는 비율을 지정하지 않으면 1:1 비율의 이미지가 생성됩니다. 가로 영상의 표준 비율인 16:9에 해당하는 이미지를 생성하기 위해 입력한 프롬프트입니다.

4. **--cref (이미지 링크)** : 첨부된 이미지 링크의 일관성을 학습하고 적용하는 파라미터입니다. 기본값은 '100'으로, 값의 수치가 '100'에 가까울수록 강도가 강해집니다. 첨부된 이미지 링크에 해당하는 인물의 이목구비, 머리, 체격 등을 반영하여 일관성을 유지해 주는 파라미터입니다.

5. **--cw 수치** : --cref의 강도를 조절하는 파라미터입니다. cw 파라미터를 입력하지 않은 기본값은 100'으로, 0~100 사이의 수치를 입력할 수 있습니다. 0에 가까울수록 반영하는 일관성 강도가 낮고, '100'에 가까울수록 반영하는 일관성 강도가 강해집니다.

--cw 수치에 따라 달라지는 결과물

cw 값을 통해 이미지의 줌 인 정도를 조절할 수 있습니다. '100'에 가까울수록 얼굴과 의상의 정보를 더 많이 담으므로 '0'일 때와 비교하여 줌 인이 덜 된 이미지가 생성될 확률이 높아집니다. 반대로 '0'에 가까울수록 줌 인이 된 이미지가 생성될 확률이 높지만, 기존 이미지의 스타일에서 크게 벗어날 수 있습니다. 이러한 특성을 고려하여 수치를 적절하게 설정해야 원하는 이미지를 얻을 수 있는 확률이 높습니다.

◀ cw 값이 '100'인 결과물

◀ cw 값이 '0'인 결과물

02 프롬프트에 맞게 장면 3 이미지가 생성됩니다. 바로 이미지를 선택하여 업스케일을 진행하기 위해 〈U4〉 버튼을 클릭합니다.

03 업스케일된 이미지가 표시됩니다. 최상의 결과물을 위해 〈Upscale (Creative)〉 버튼을 클릭하여 해상도를 높인 이미지를 생성하고 저장합니다.

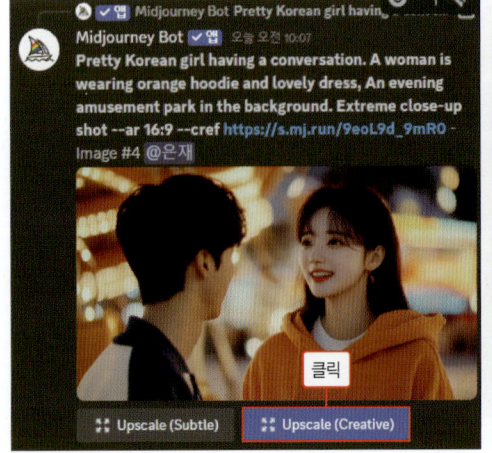

○ 예제파일 : 04\청춘 드라마\이미지\장면1.png, 장면2배경.png
○ 완성파일 : 04\청춘 드라마\영상\장면1영상.mp4, 장면2배경영상.mp4

SECTION 20. 이미지를 청춘 드라마 영상으로 만들기

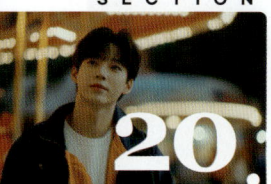

루마 AI를 활용하여 미드저니에서 생성한 청춘 드라마 이미지를 영상화합니다. 루마 AI에서는 텍스트 프롬프트를 입력하여 카메라 움직임을 없애는 것도 가능합니다. 프롬프트로 의도를 정확히 하여 원하는 형태의 느낌으로 영상을 제작하겠습니다.

01 대학 캠퍼스를 걸어가는 인물 영상화하기

Key Prompts • No prompt

01 웹브라우저에서 'lumalabs.ai'를 입력하여 루마 AI 사이트에 접속하고 로그인합니다. 이미지를 업로드하기 위해 '이미지' 아이콘(🖼)을 클릭합니다. 열기 대화상자가 표시되면 04 → 청춘 드라마 → 이미지 폴더에서 '장면1.png' 파일을 선택하고 〈열기(O)〉 버튼을 클릭합니다.

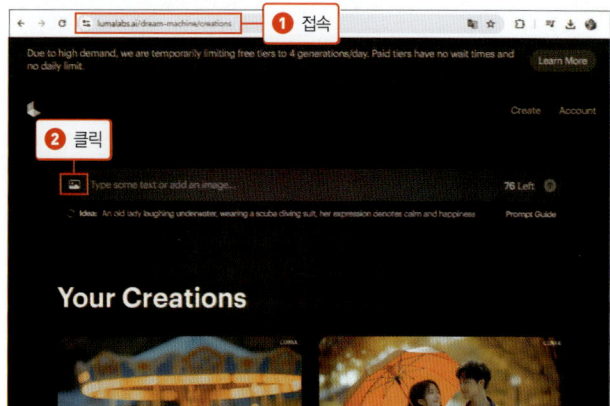

02 이미지가 업로드되면 텍스트 프롬프트 입력창에 아무것도 입력하지 않은 상태로 '확인' 아이콘(⬆)을 클릭합니다.

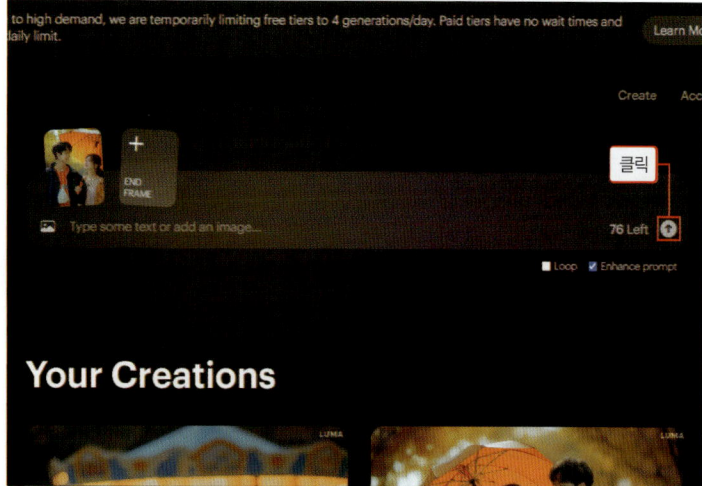

03 Your Creations 화면에 원하는 느낌의 영상이 생성되면 〈Download〉 버튼을 클릭하여 다운로드합니다.

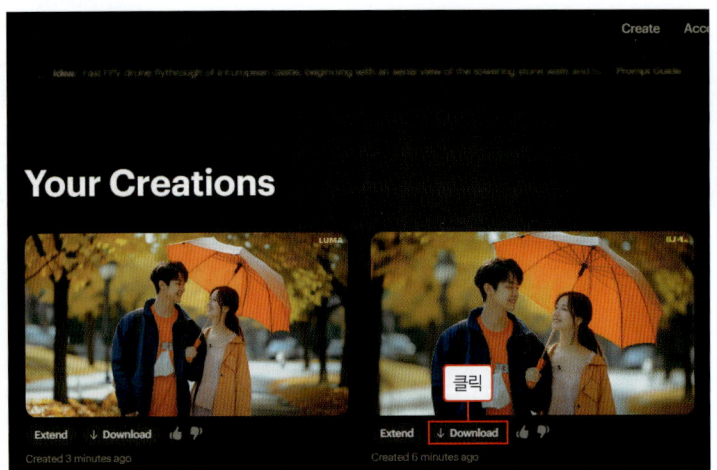

04 다운로드 폴더에 영상이 저장되면 영상을 하나로 모아 둘 폴더로 이동하고 장면에 맞게 이름을 변경합니다.

02 회전목마가 회전하는 배경 이미지 영상화하기

Key Prompts • no camera moving

01 배경만 움직이는 장면 2를 영상하기 위해 '이미지' 아이콘(🖼)을 클릭합니다. 열기 대화상자가 표시되면 04 → 청춘 드라마 → 이미지 폴더에서 '장면2배경.png' 파일을 선택하고 〈열기(O)〉 버튼을 클릭합니다.

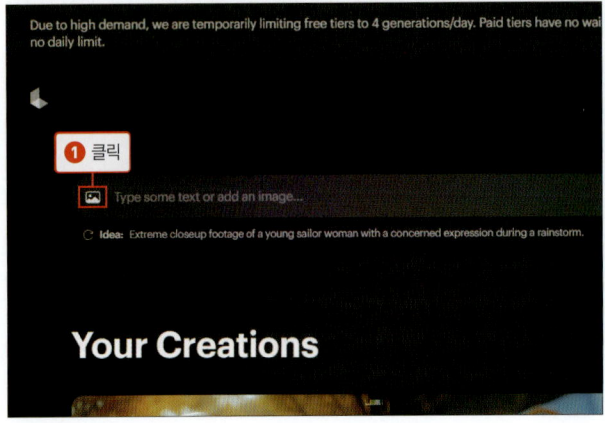
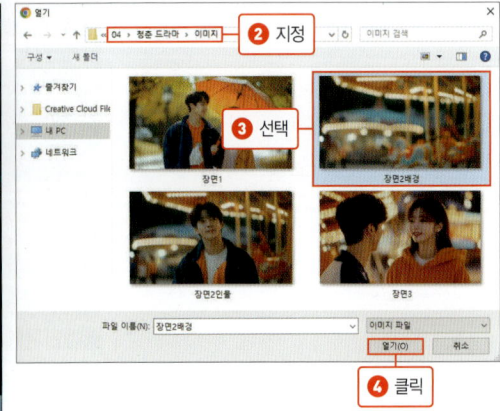

356

02 이미지가 업로드되면 텍스트 프롬프트 입력창에 'no camera moving'을 입력하고 '확인' 아이콘(⬆)을 클릭합니다.

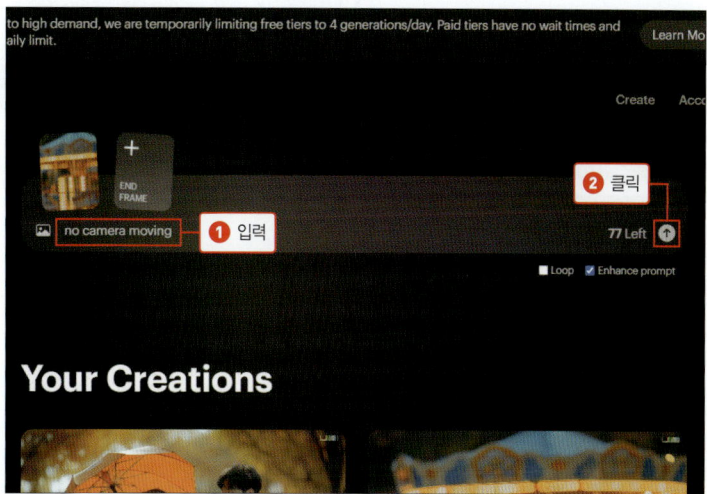

프롬프트 no camera moving

입력팁 인물을 합성할 때 카메라 무빙이 있으면 합성이 어려우므로, 카메라를 고정시키기 위한 프롬프트입니다.

03 Your Creations 화면에 생성한 영상이 표시됩니다. 원하는 느낌의 영상이 생성되면 〈Download〉 버튼을 클릭하여 다운로드합니다.

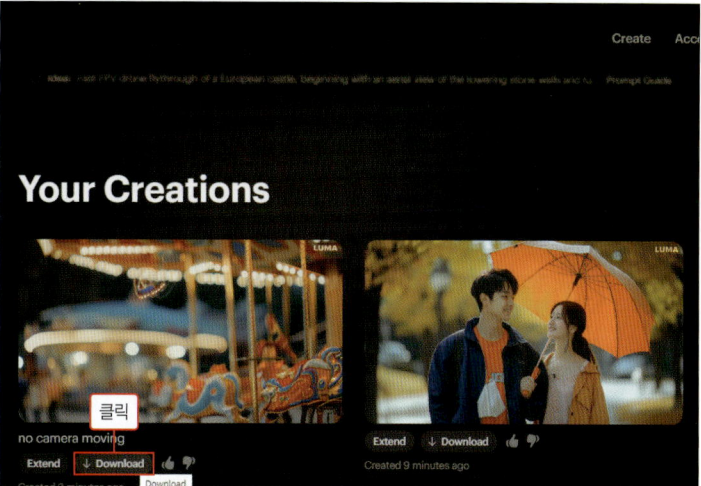

04 다운로드 폴더에 영상이 저장되었습니다. 배경 영상도 '장면1영상.mp4' 파일이 있는 위치로 이동하고 장면에 맞게 이름을 변경합니다.

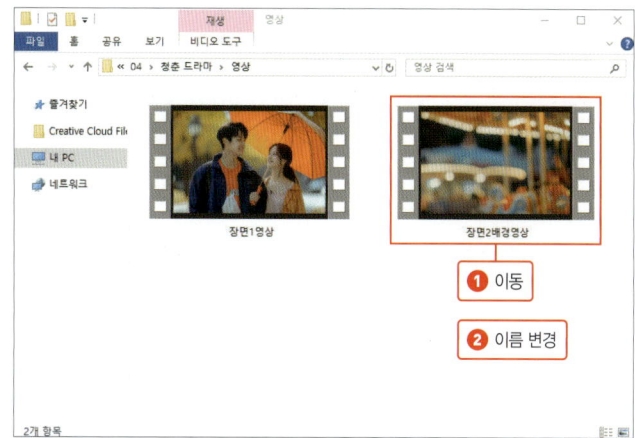

357

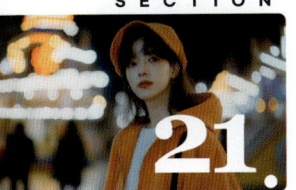

● 예제파일 : 04\청춘 드라마\청춘드라마일래브랩스프롬프트.txt   ● 완성파일 : 04\청춘 드라마\대사 폴더

SECTION 21. 인물이 말하는 립싱크 대사 음원 만들기

일래브랩스를 이용하여 드라마 인물의 대사를 만들어 봅시다. 장면에 맞추어 등장인물들의 목소리를 어울리게 설정하겠습니다.

01 청춘 드라마 장면 2 대사 만들기

01 대사를 생성하기 위해 웹브라우저에 'elevenlabs.io'를 입력하여 일레브랩스 사이트에 접속하고 화면에서 〈GET STARTED FREE〉 버튼을 클릭하여 로그인합니다.

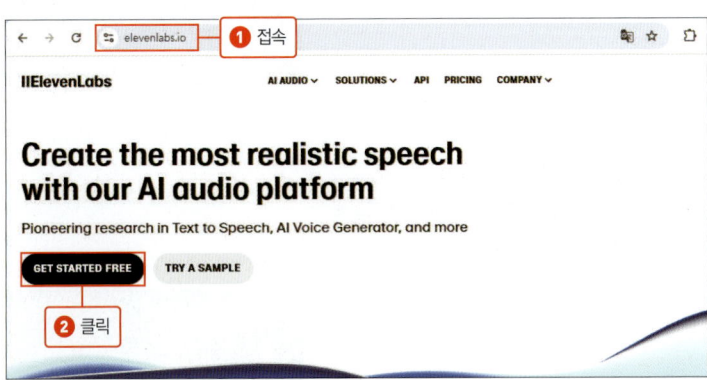

> **NOTE 일래브랩스의 TRY A SAMPLE**
>
> 〈TRY A SAMPLE〉 버튼을 클릭하면 일래브랩스의 음성 합성 기술을 체험할 수 있도록 제공되는 샘플 생성 도구가 표시됩니다. 이 기능은 실제로 음원을 만들기 전에 텍스트를 입력하여 다양한 음성 스타일과 음색으로 자연스럽고 현실감 있는 음성을 알아보는 데 유용합니다.

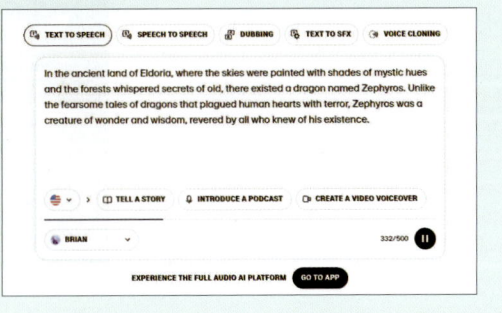

02 Speech Synthesis 창이 표시되면 (TEXT TO SPEECH) 탭의 입력창에 장면 2의 대사 '언제나 어디서든 너를 응원할게, 힘내!'를 입력합니다. 성우를 'KKC'로 지정하고 세부 설정을 하기 위해 〈Settings〉 버튼을 클릭합니다.

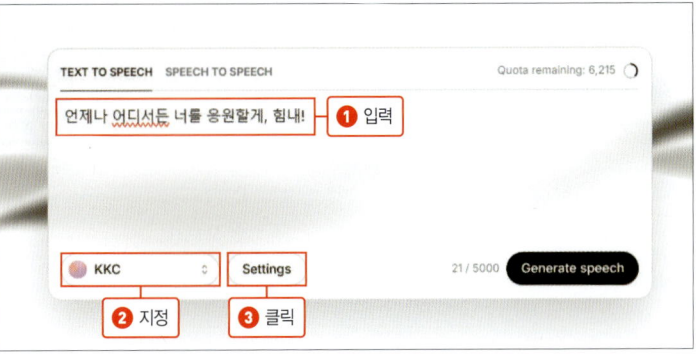

03 Settings 창이 표시되면 Model을 'Eleven Turbo v2.5'로 선택하고 Stability를 '50%', Similarity를 '100%'로 조절하고 'X'를 클릭하여 창을 닫습니다.

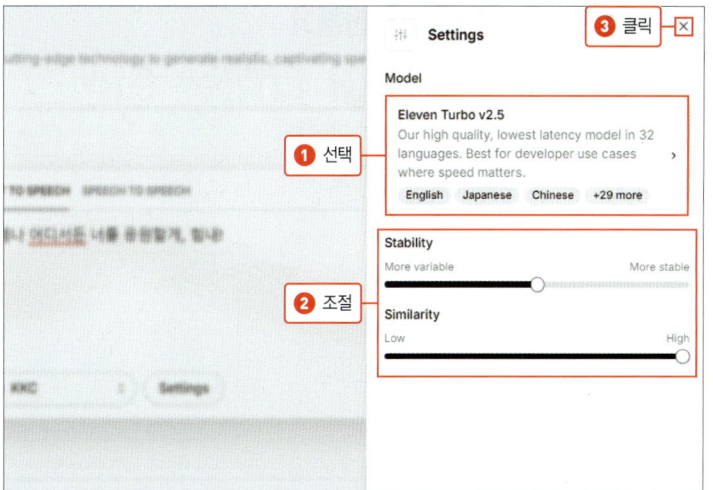

04 〈Generate Speech〉 버튼을 클릭하여 자막을 생성합니다. 음성 내레이션이 생성되면 '재생' 아이콘(▶)을 클릭하여 결과물을 청취합니다.

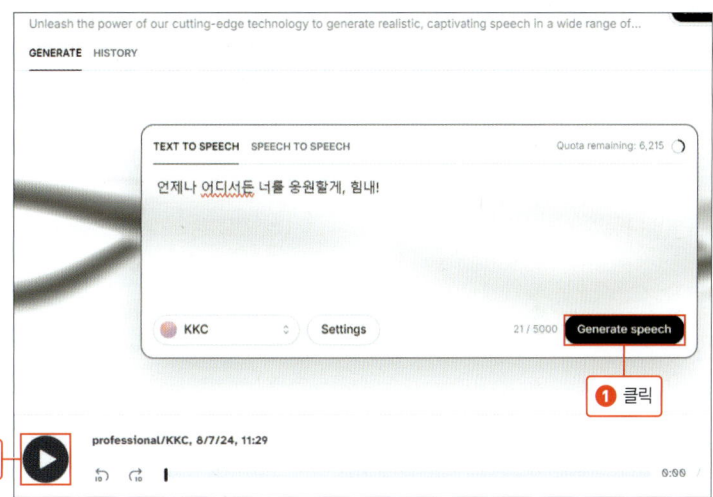

05 원하는 결과물이 나왔다면 '다운로드' 아이콘(⬇)을 클릭하여 결과물을 다운로드합니다.

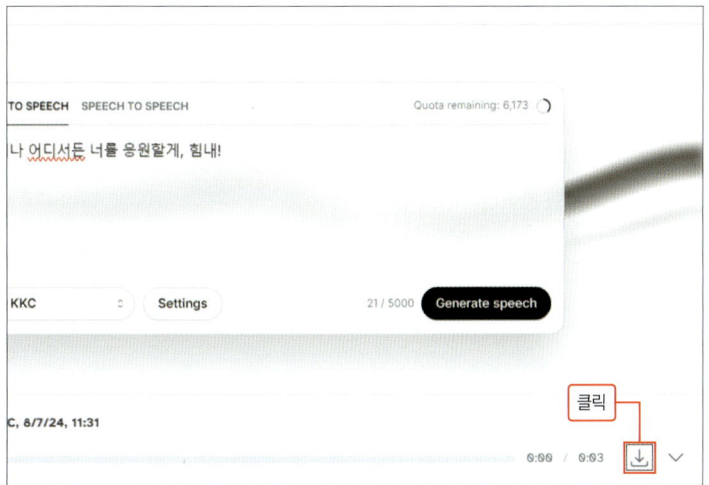

359

02 청춘 드라마 장면 3 대사 만들기

01 (TEXT TO SPEECH) 탭의 입력 창에 장면 3의 대사 '너의 한마디가 늘 나를 성장하게 만들어, 고마워'를 입력합니다.

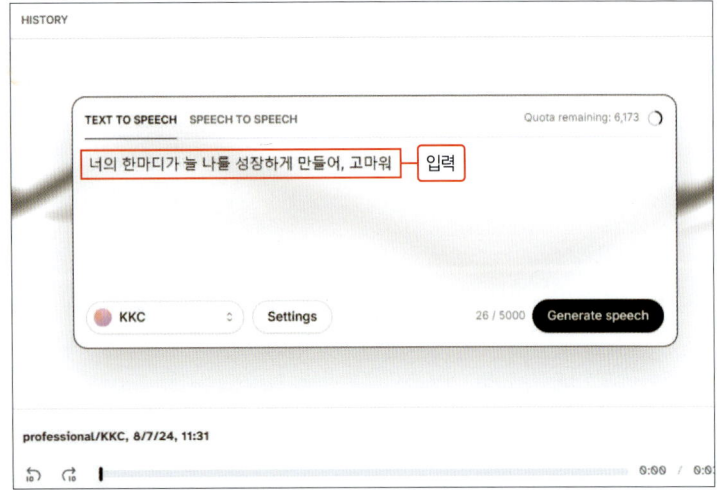

02 'KCC'를 클릭하여 성우들 목록을 표시하고 성우를 'Jessica'로 선택하여 지정한 다음 〈Settings〉 버튼을 클릭합니다.

TIP Jessica는 한국어 특화 성우는 아니지만, 캐릭터 연기에 적합합니다. 이후에 설정할 언어 모델 설정을 통해 어느 정도 자연스럽게 만들 것입니다.

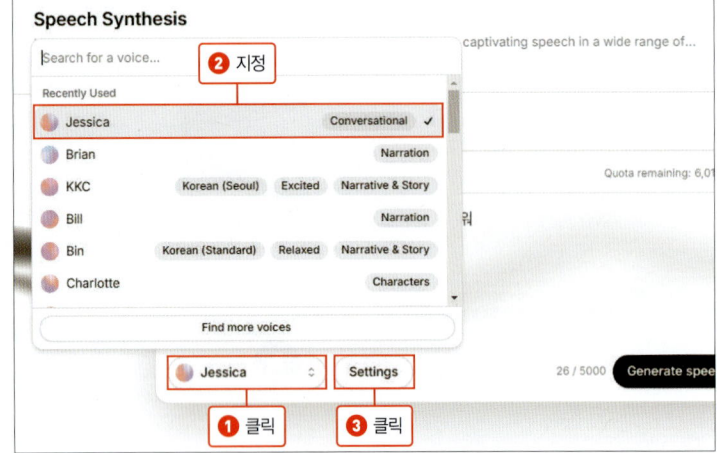

03 Settings 창이 표시되면 Model을 'Eleven Turbo v2.5'로 선택하고 Stability를 '50%', Similarity를 '75%'로 조절하고 'X'를 클릭하여 창을 닫습니다.

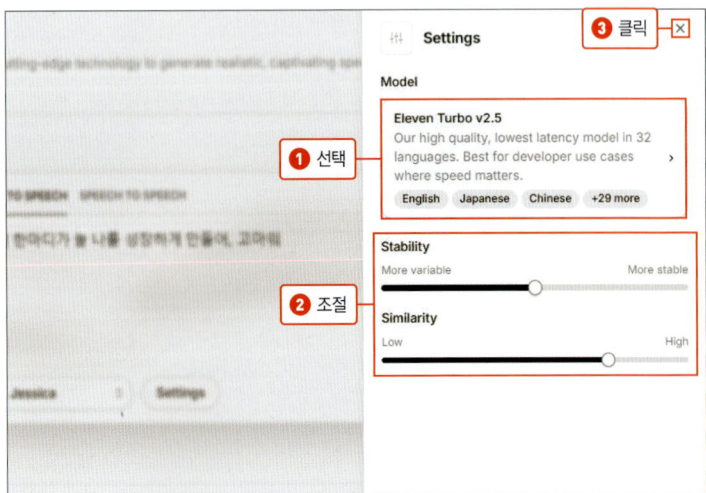

360

04 〈Generate Speech〉 버튼을 클릭하여 자막을 생성합니다. 음성 내레이션이 생성되면 '재생' 아이콘(▶)을 클릭하여 결과물을 청취할 수 있습니다.

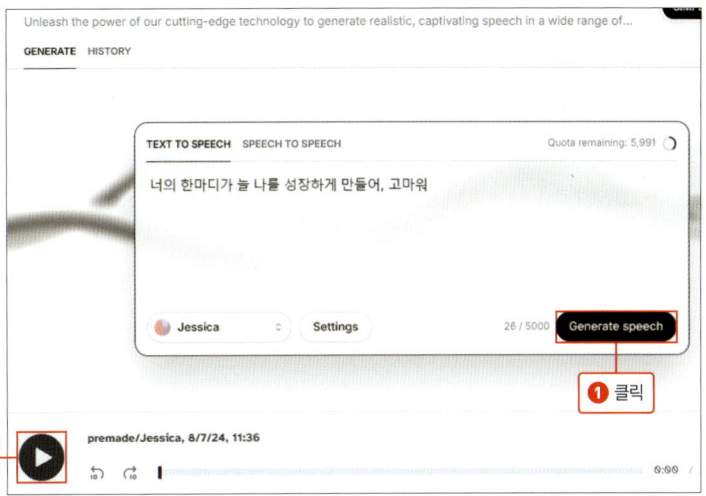

05 원하는 결과물이 나왔다면 '다운로드' 아이콘(⬇)을 클릭하여 결과물을 다운로드합니다.

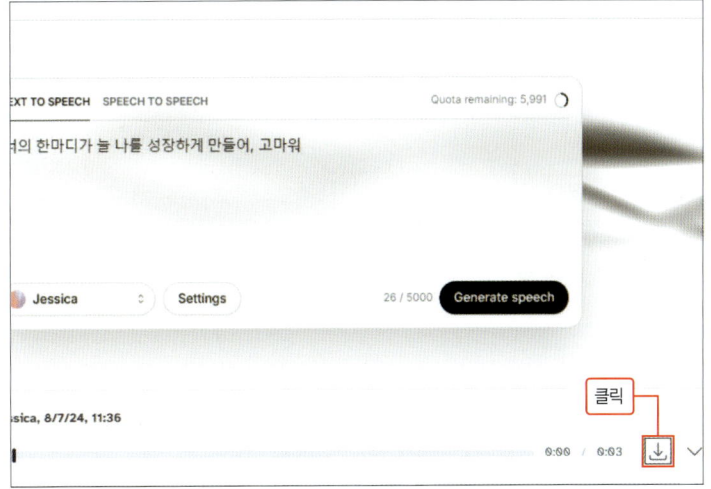

06 다운로드 폴더에 대사 음원들이 저장되었습니다. 음원들을 하나로 모아 둘 폴더를 만들고 장면에 맞게 이름을 변경합니다.

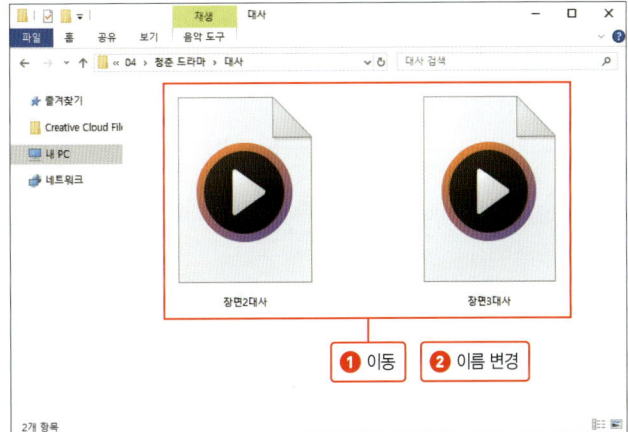

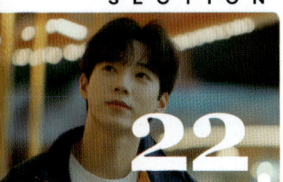

S E C T I O N

22

● 예제파일 : 04\청춘 드라마\이미지\장면2인물.png ● 완성파일 : 04\청춘 드라마\이미지\장면2인물배경제거.png

장면 이미지에서 배경 제거하기

장면 2는 배경이 움직이고, 인물도 말하는 장면이므로 배경 영상과 인물의 분리된 이미지가 필요합니다. 배경은 앞서 미드저니에서 얻었지만, 배경과 분리된 인물의 이미지가 없습니다. 어도비 익스프레스 배경 제거하기 사이트를 이용하여 간단하게 인물의 배경을 제거한 이미지를 얻겠습니다.

01 장면 2의 배경을 제거하고 인물만 남기 위해 웹브라우저에서 'www.adobe.com/kr/express/feature/image/remove-background'를 입력하여 어도비 익스프레스에서 배경 제거하기 사이트에 접속하고 〈사진 업로드〉 버튼을 클릭합니다.

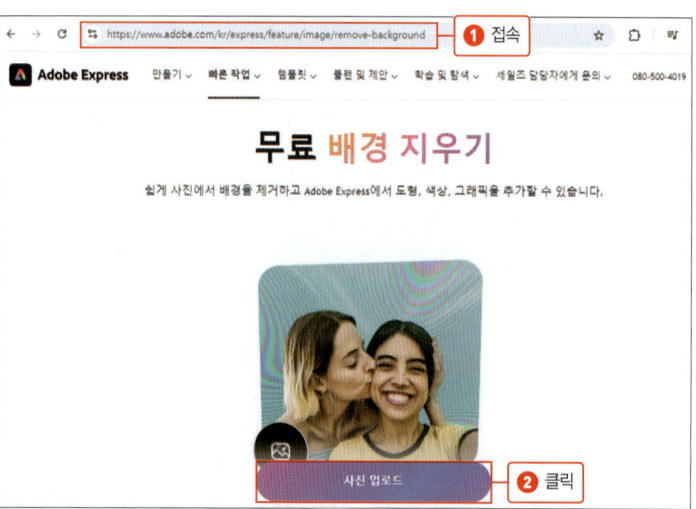

> **NOTE** 어도비 익스프레스
>
> 어도비 익스프레스는 간단한 작업을 하기에 유용합니다. 배경 제거 외에도 이미지와 비디오의 크기 변경, 파일 변환, 자르기 등 다양한 기능들을 제공하며, QR 코드를 생성하거나 PDF를 구성하는 빠른 작업도 가능합니다.

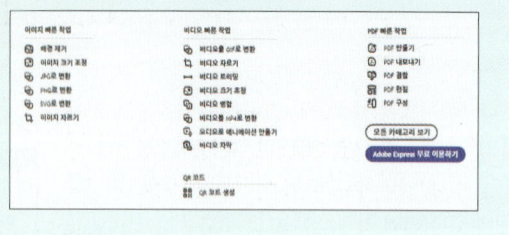

02 배경 제거 화면이 표시되면 '이미지를 가져오거나 찾아보기'를 클릭합니다.

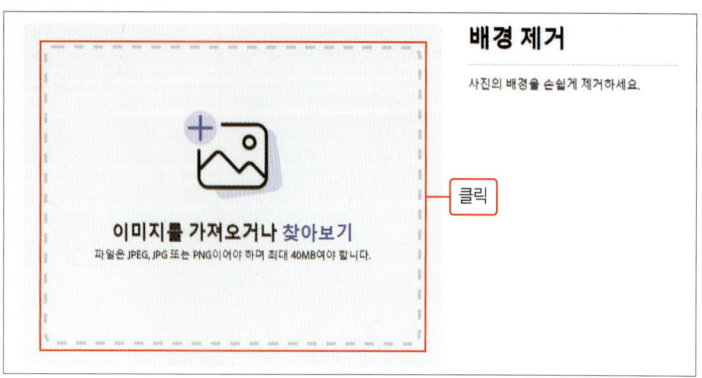

03 열기 대화상자가 표시되면 04 → 청춘 드라마 → 이미지 폴더에서 '장면2인물.png' 파일을 선택하고 〈열기(O)〉 버튼을 클릭합니다.

04 원본 이미지에서 배경이 제거되어 인물만 표시됩니다. 〈다운로드〉 버튼을 클릭하여 배경이 제거된 이미지를 다운로드합니다.

05 배경이 제거된 이미지를 다른 이미지들이 있는 폴더로 이동하고 확인하기 쉽게 파일 이름을 '장면2인물배경제거'로 변경합니다.

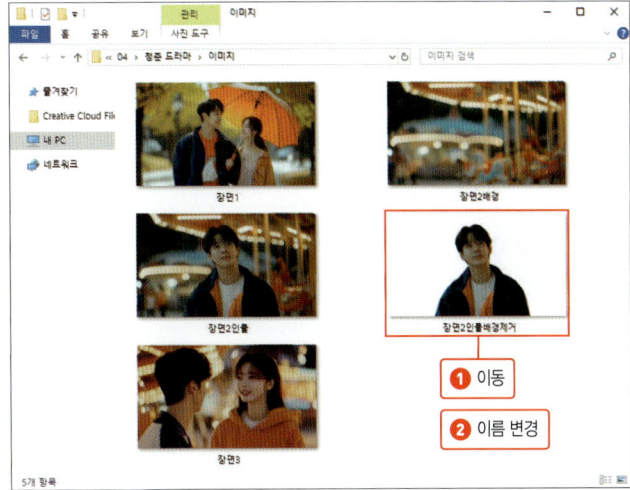

● 예제파일 : 04\청춘 드라마\이미지\장면2인물배경제거.png, 장면3.png
● 완성파일 : 04\청춘 드라마\영상\장면2인물영상.mp4, 장면3영상.mp4

SECTION 23.
이미지와 대사 음원으로 입 모양이 맞는 영상 만들기

인물의 대사에 맞춰 영상에 있는 인물이 말하는 움직임을 표현해야 합니다. 만든 영상과 음원을 D-ID 사이트에 업로드하여 쉽고 편리하게 대사에 맞춰 입이 움직이는 립싱크 영상을 구현하겠습니다.

---

01 대사 영상의 구현하기 위해 웹브라우저에서 'studio.d-id.com'을 입력하여 D-ID 사이트에 접속하고 로그인합니다. 그림과 같이 Get started 화면이 표시되면 'Create a video'를 클릭합니다.

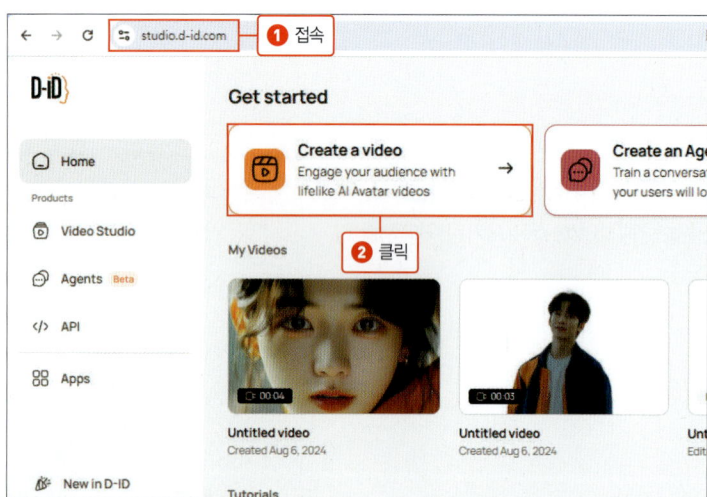

02 작업 화면이 표시되면 이미지를 불러오기 위해 (Avatar) 탭의 'Upload'를 클릭합니다. 열기 대화상자가 표시되면 04 → 청춘 드라마 → 이미지 폴더에서 '장면2인물 배경제거.png' 파일을 선택하고 〈열기(O)〉 버튼을 클릭합니다.

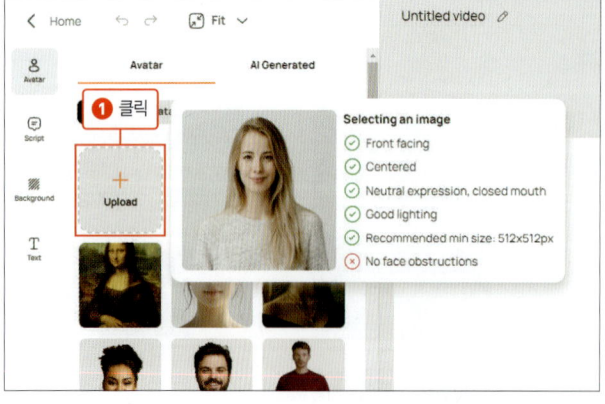

364

03 이미지가 업로드되어 옵션들이 표시되면 Emotions을 기본 설정 감정인 'Natural'로 선택합니다.

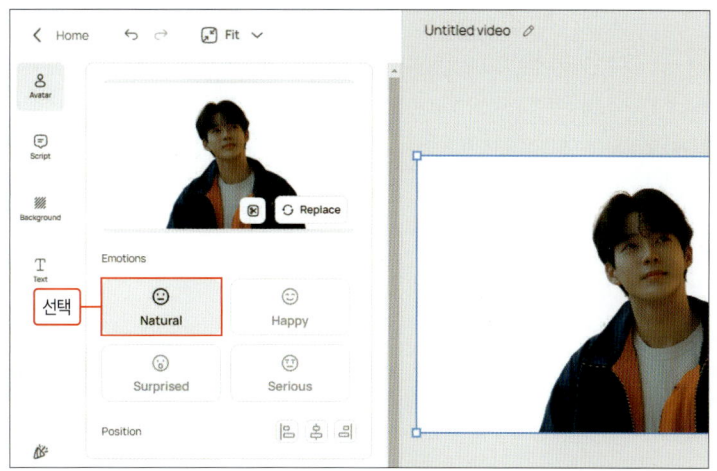

04 성우를 변경하기 위해 (Script) 메뉴를 선택하고 (Audio)를 선택합니다. 앞서 일레븐 랩스에서 생성한 파일을 활용하여 대사 영상을 생성하기 위해 'Upload audio'를 클릭합니다.

열기 대화상자가 표시되면 04 → 청춘 드라마 → 대사 폴더에서 '장면2대사.mp3' 파일을 선택하고 〈열기(O)〉 버튼을 클릭합니다.

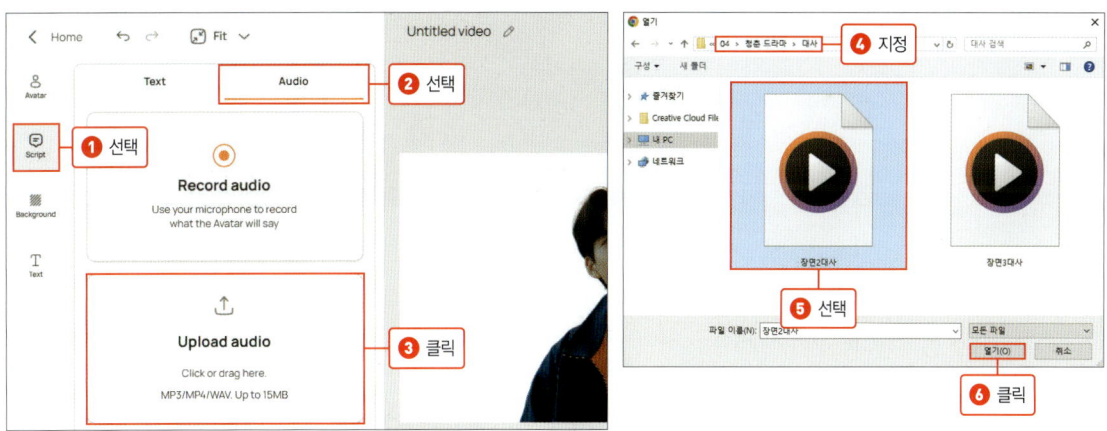

05 영상을 출력하기 위해 〈Generate video〉 버튼을 클릭하고 표시되는 창에서 〈Let's go〉 버튼을 클릭하여 영상을 생성합니다.

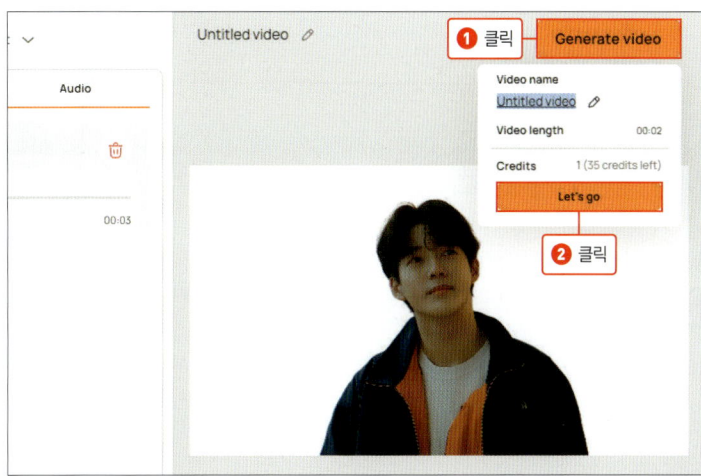

06 새로운 창이 표시되면서 대사에 맞춰 입이 움직이는 영상이 생성됩니다. 생성이 완료되면 〈Download〉 버튼을 클릭하여 영상을 저장합니다.

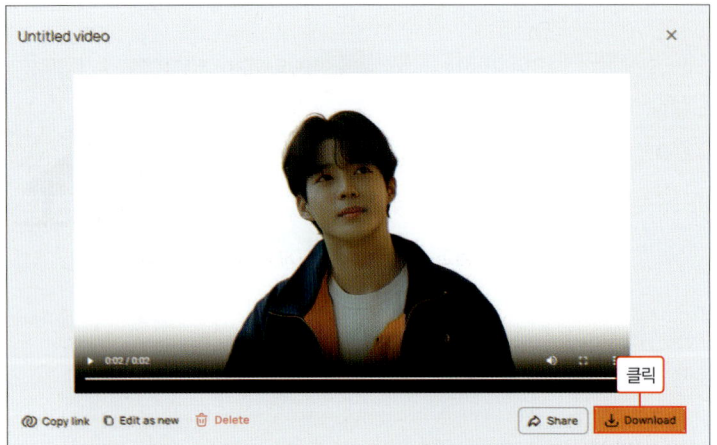

07 같은 방법으로 장면 3도 이미지와 음원을 업로드하여 영상화합니다. 생성이 완료되면 〈Download〉 버튼을 클릭해 영상을 다운로드합니다.

08 루마 AI와 D-ID를 활용하여 '장면 1~장면 3'까지 청춘 드라마 영상을 생성하였습니다. 영상을 한 폴더로 이동하고 그림과 같이 가독성 있게 통일합니다.

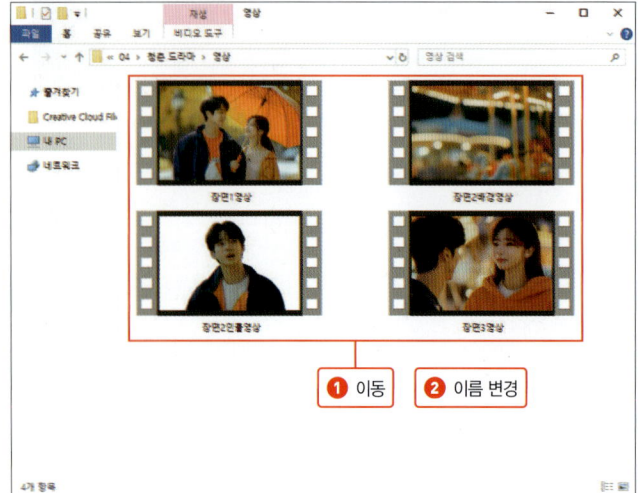

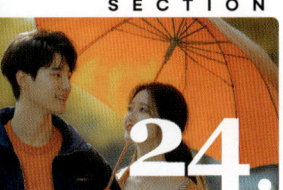

SECTION
24.

● 예제파일 : 04\청춘 드라마\영상 폴더, 대사 폴더   ● 완성파일 : 04\청춘 드라마\청춘드라마_완성.mp4

소스 영상을 이용하여
청춘 드라마 영상 완성하기

장면별로 제작한 영상을 프리미어 프로에서 편집합니다. 순서에 맞게 컷 편집하고, 이펙트 효과를 이용해 인물과 배경이 어우러지게 편집하여 완성합니다.

01 청춘 드라마 영상 소스 불러오기

01 프리미어 프로를 실행하고 〈New Project〉 버튼을 클릭하여 새 프로젝트를 만듭니다. 그림과 같은 화면에서 영상 편집을 진행하기 위해 Name에 'Drama'를 입력하고 〈Create〉 버튼을 클릭합니다.

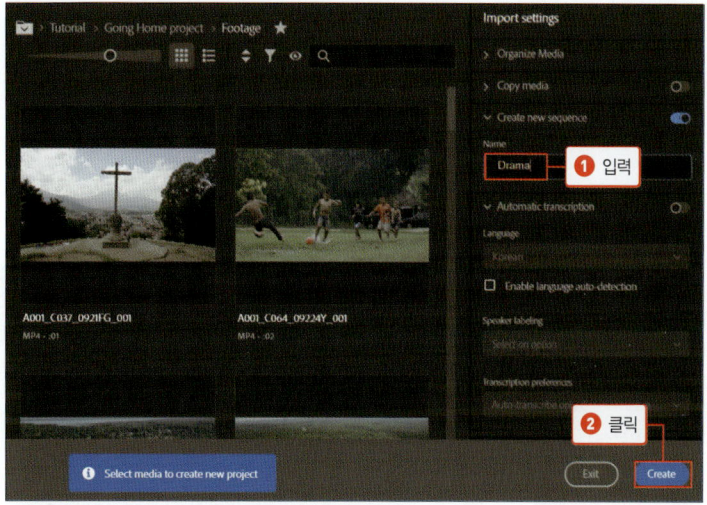

02 프로젝트가 생성됩니다. 루마 AI와 D-ID에서 생성한 영상들을 불러오기 위해 Project 패널에서 〈Import media〉 버튼을 클릭합니다.

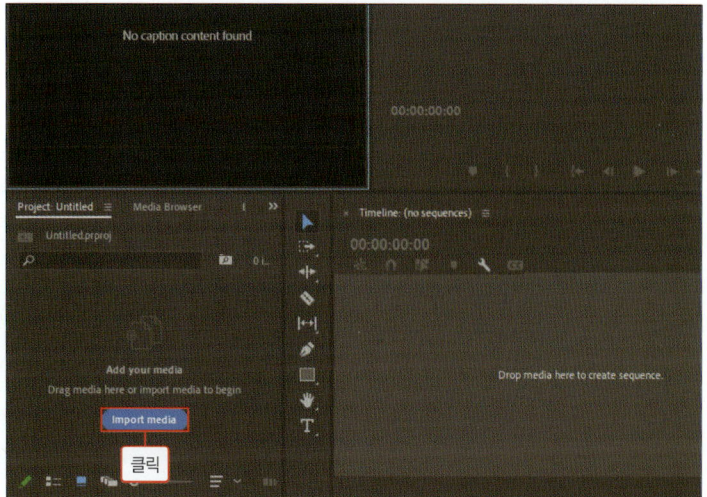

367

03 Import 대화상자가 표시되면 04 → 청춘 드라마 → 영상 폴더에서 '장면 1 영상.mp4', '장면 2 배경영상.mp4', '장면 2 인물영상.mp4', '장면 3 영상.mp4' 파일을 선택하고 〈열기(O)〉 버튼을 클릭하여 모든 영상을 불러옵니다.

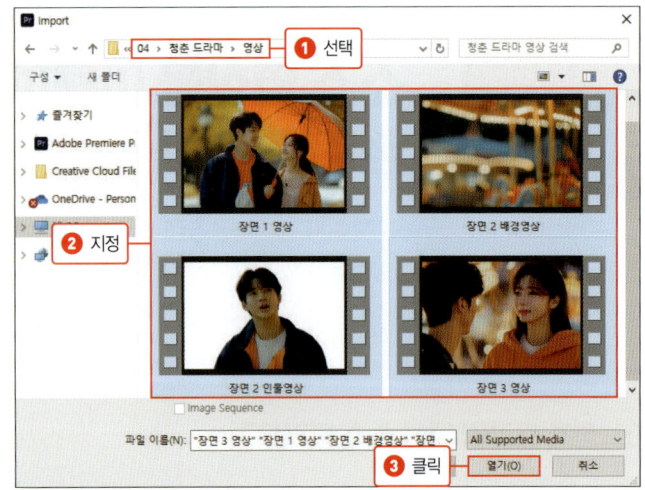

02 청춘 드라마 영상 컷 편집하기

01 Project 패널에서 '장면 1 영상.mp4' 파일을 Timeline 패널로 드래그하여 영상을 배치합니다.

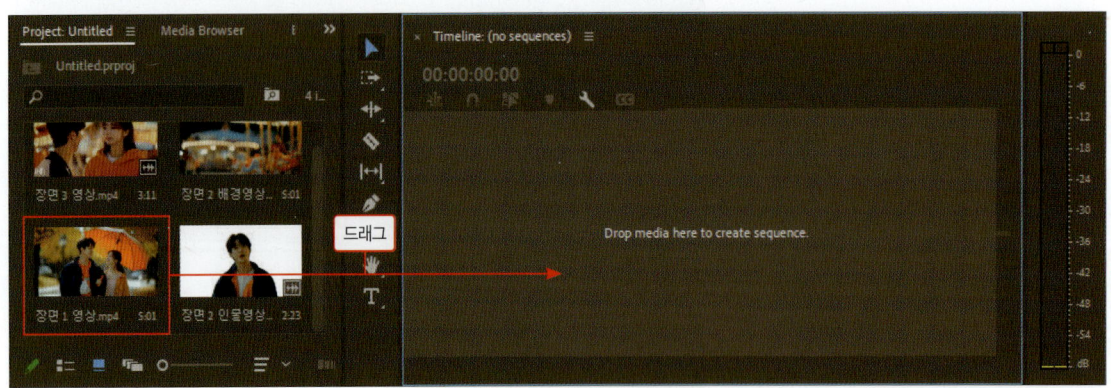

02 Timeline 패널과 Program Monitor 패널에 '장면 1 영상.mp4'가 표시됩니다. 같은 방법으로 Project 패널에서 '장면 2 배경영상.mp4' 파일을 Timeline 패널의 '장면 1 영상.mp4' 클립의 끝부분으로 드래그하여 배치합니다.

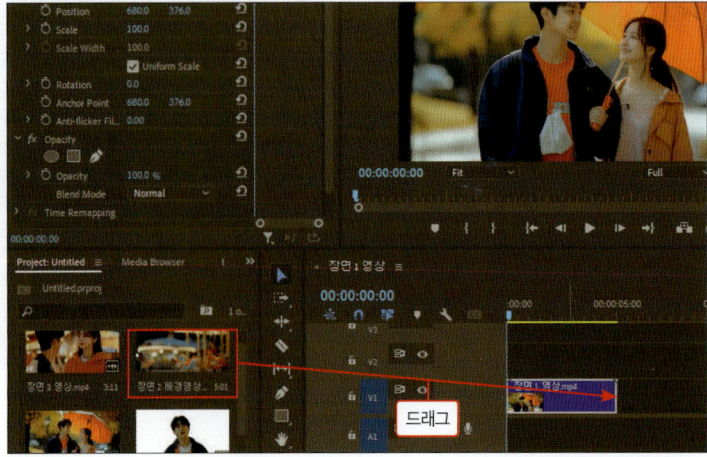

03 같은 방법으로 Project 패널에서 '장면 3 영상.mp4' 파일도 Timeline 패널의 '장면 2 배경영상.mp4' 클립 끝부분으로 드래그하여 배치합니다.

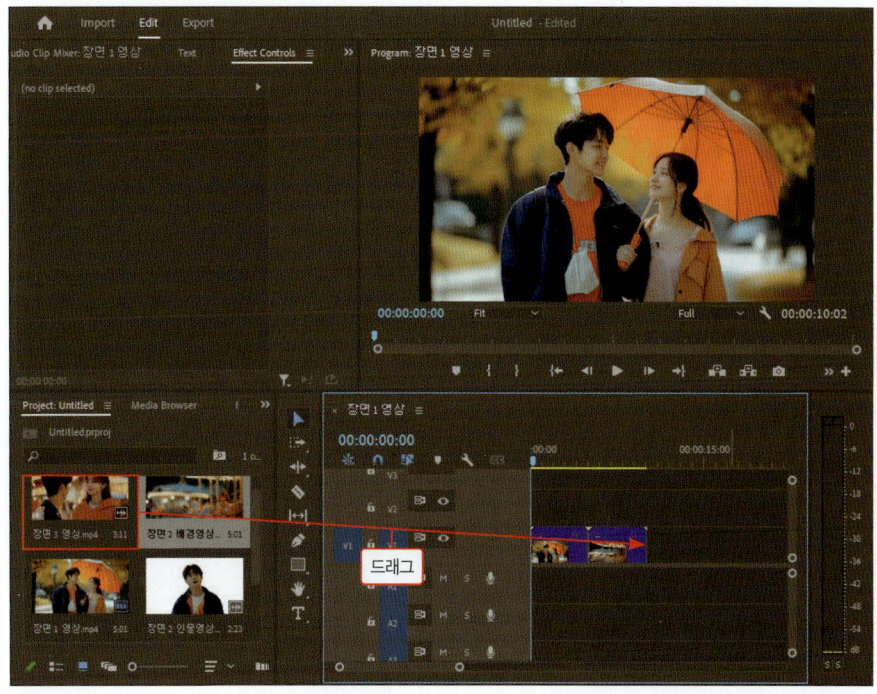

04 시간 표시자를 '장면 3 영상.mp4' 클립이 있는 위치로 이동하고 Program Monitor 패널에서 화면을 더블클릭합니다. 그림과 같이 영상 끝부분에 크기 조절 영역이 생깁니다. 조절점을 바깥으로 드래그하여 영상이 화면에 꽉차도록 크기를 확대합니다.

05 시간 표시자를 '장면 2 배경영상.mp4' 클립 앞부분으로 이동하고 Project 패널에서 '장면 2 인물영상.mp4' 파일을 Timeline 패널의 V2 영역으로 드래그합니다.

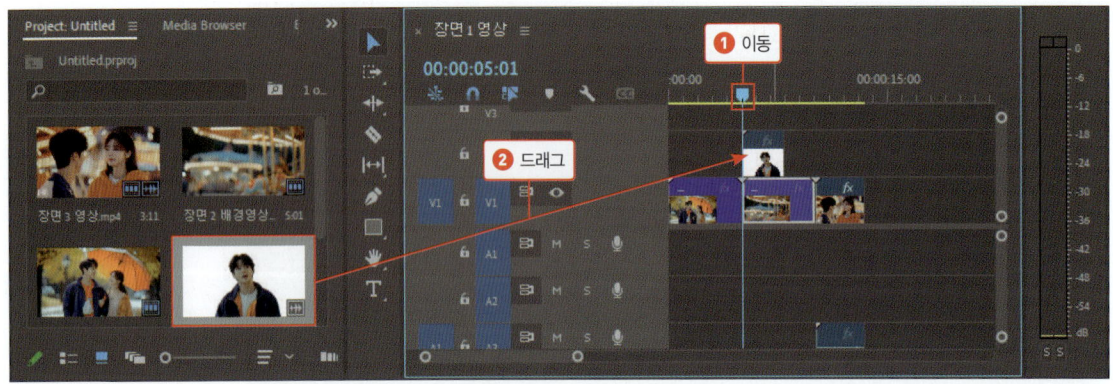

06 같은 방법으로 '장면 2 인물영상.mp4' 클립도 Program Monitor 패널에서 화면을 더블클릭하여 표시되는 조절점을 바깥으로 드래그하여 영상이 화면에 꽉차도록 크기를 확대합니다.

07 장면 2의 '장면 2 배경영상.mp4' 클립과 '장면 2 인물영상.mp4' 클립의 인물 영상의 길이가 다릅니다. '장면 2 배경영상.mp4' 클립의 오른쪽 끝부분을 왼쪽으로 드래그하여 인물 영상의 길이과 같게 조절합니다.

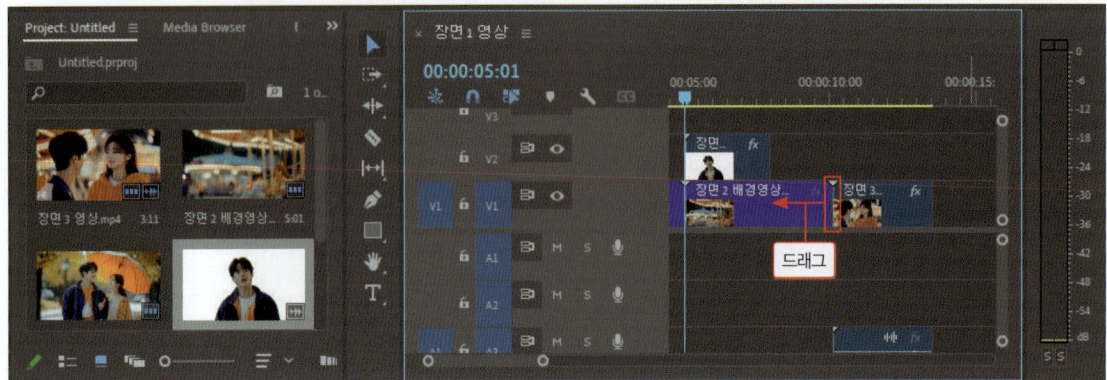

08 클립을 지워 생긴 빈 부분에 마우스 오른쪽 버튼을 클릭한 다음 **Ripple Delete**를 실행하여 빈 부분을 제거합니다.

03 Color Key로 배경과 인물 분리하기

01 Program Monitor 패널에서 장면 2 부분을 확인하면 현재 '장면 2 인물영상.mp4'의 흰색 배경으로 인해 '장면 2 배경영상.mp4'이 보이지 않습니다. 흰색 배경을 제거하기 위해 Project 패널의 탭에서 'Effects'를 클릭하여 Effects 패널로 변경합니다.

TIP Effects 패널

Effects 패널이 보이지 않는다면 메뉴에서 (Window) → Effects를 실행하거나 Shift + 7 을 누르면 됩니다.

371

02 Effects 패널의 입력창에 'color key'를 입력합니다. Keying의 'Color Key' 효과를 Timeline 패널의 '장면 2 인물 영상.mp4' 클립으로 드래그합니다.

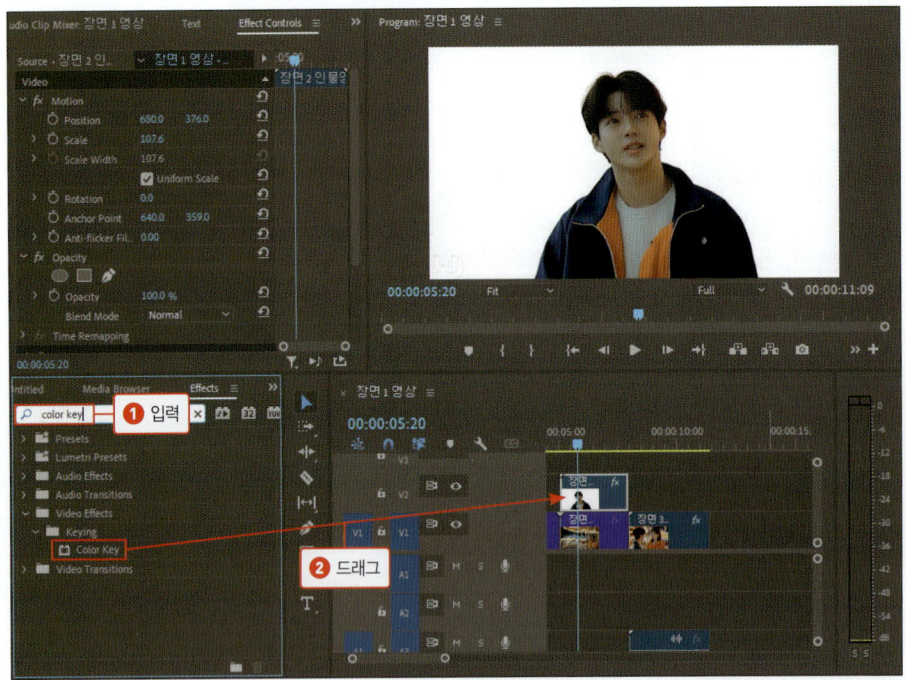

03 Effects Controls 패널에 'Color Key' 효과가 표시됩니다. Key Color 항목의 '스포이트' 아이콘( )을 클릭하고 Program Monitor 패널의 흰색 배경을 클릭합니다.

TIP Effect Controls 패널

Effect Controls 패널이 보이지 않는다면 메뉴에서 (Window) → Effect Controls를 실행하거나 Shift + 5 를 누르면 됩니다.

04 Effect Controls 패널의 Color Key 항목의 Color Tolerance를 '130', Edge Feather를 '0.1'로 설정합니다. 그림과 같이 흰색 배경이 제거되는 것을 확인할 수 있습니다.

04 청춘 드라마 영상 출력하기

01 영상을 출력하기 위해 Ctrl+M을 눌러 출력하는 설정으로 이동합니다. File Name에 출력하려는 영상의 이름을 입력하고 Location을 클릭하여 파일을 저장할 위치를 지정한 다음 'Video' 항목을 클릭하여 하위 속성을 표시하고 〈More〉 버튼을 클릭합니다.

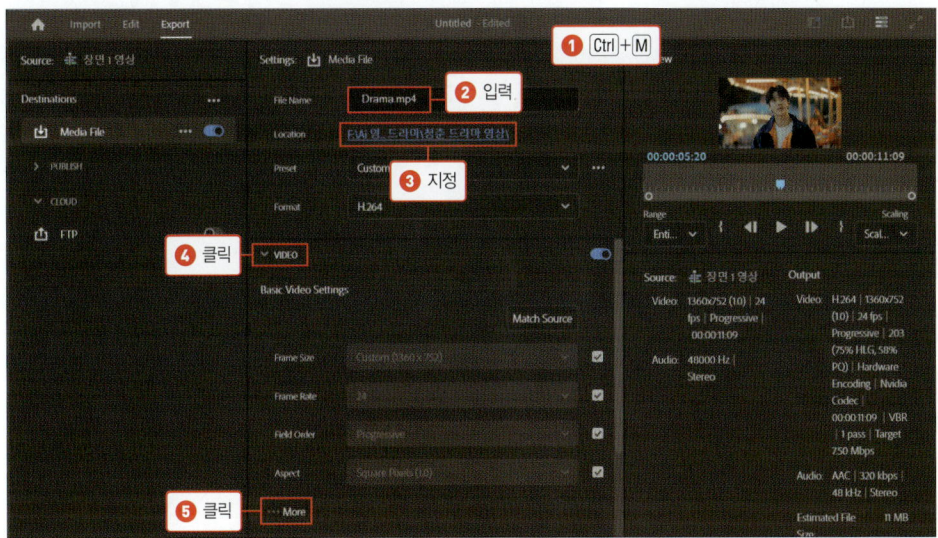

02 세부 속성이 표시되면 결과 영상의 퀄리티를 향상하기 위해 'Render at maximum Depth'와 'Use Maximum Render Quality'를 체크 표시하고 〈Export〉 버튼을 클릭하여 완성된 영상을 출력합니다.

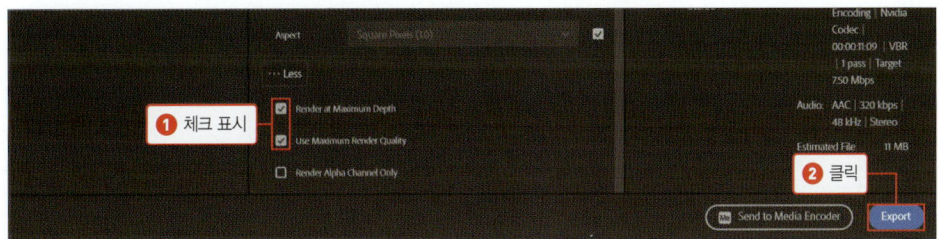

PROJECT

자동 자막과 내레이션, AI 음악이 돋보이는
실사 예술 영화 만들기

실사 영화를 만들기 위해서는 다양한 분야의 전문가들이 협업하는 것이 필수적입니다. 미술 감독, 헤어&메이크업 아티스트, 아트 디자이너, 무대 디자이너, 조명 디자이너, 배우의 연기 등 여러 요소들이 조화를 이루어야 비로소 완성도 높은 영화가 탄생할 수 있었습니다. AI 도구를 이용하면 영상의 연출부터 편집까지 손쉽게 작업이 가능합니다. 이러한 AI 도구를 이용하여 자막부터 내레이션, 음악 등이 결합된 실사 영상을 완성해 보겠습니다.

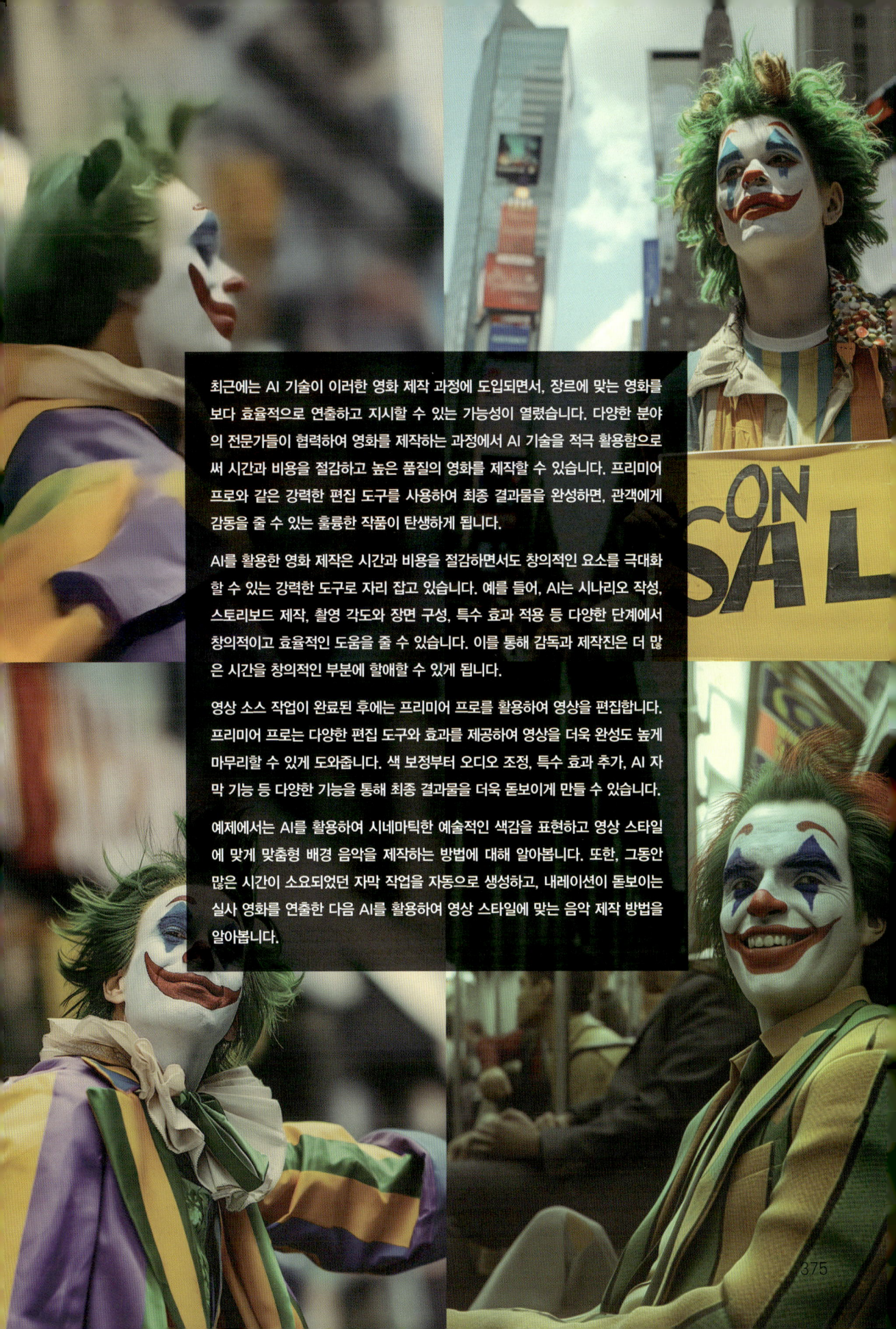

최근에는 AI 기술이 이러한 영화 제작 과정에 도입되면서, 장르에 맞는 영화를 보다 효율적으로 연출하고 지시할 수 있는 가능성이 열렸습니다. 다양한 분야의 전문가들이 협력하여 영화를 제작하는 과정에서 AI 기술을 적극 활용함으로써 시간과 비용을 절감하고 높은 품질의 영화를 제작할 수 있습니다. 프리미어 프로와 같은 강력한 편집 도구를 사용하여 최종 결과물을 완성하면, 관객에게 감동을 줄 수 있는 훌륭한 작품이 탄생하게 됩니다.

AI를 활용한 영화 제작은 시간과 비용을 절감하면서도 창의적인 요소를 극대화할 수 있는 강력한 도구로 자리 잡고 있습니다. 예를 들어, AI는 시나리오 작성, 스토리보드 제작, 촬영 각도와 장면 구성, 특수 효과 적용 등 다양한 단계에서 창의적이고 효율적인 도움을 줄 수 있습니다. 이를 통해 감독과 제작진은 더 많은 시간을 창의적인 부분에 할애할 수 있게 됩니다.

영상 소스 작업이 완료된 후에는 프리미어 프로를 활용하여 영상을 편집합니다. 프리미어 프로는 다양한 편집 도구와 효과를 제공하여 영상을 더욱 완성도 높게 마무리할 수 있게 도와줍니다. 색 보정부터 오디오 조정, 특수 효과 추가, AI 자막 기능 등 다양한 기능을 통해 최종 결과물을 더욱 돋보이게 만들 수 있습니다.

예제에서는 AI를 활용하여 시네마틱한 예술적인 색감을 표현하고 영상 스타일에 맞게 맞춤형 배경 음악을 제작하는 방법에 대해 알아봅니다. 또한, 그동안 많은 시간이 소요되었던 자막 작업을 자동으로 생성하고, 내레이션이 돋보이는 실사 영화를 연출한 다음 AI를 활용하여 영상 스타일에 맞는 음악 제작 방법을 알아봅니다.

SECTION 25.

● 완성파일 : 04\실사 예술 영화\실사예술영화스토리.txt

영화 스토리 구성부터 장면 구현하기

실사 예술 영화는 독창적인 시각적 표현과 깊이 있는 주제로 관객의 마음을 사로잡습니다. 스토리를 구성할 때 어떤 주제를 탐구하고 싶은지, 시각적 스타일과 미장센을 통해 어떻게 메시지를 전달할 것이며, 예술적 표현을 통해 관객에게 어떤 감정과 생각을 불러일으킬지 구성해 봅시다.

사전에 구상한 스토리를 챗GPT를 활용하여 구체적으로 영화 장면을 구성할 수 있습니다. 실사 영화 스타일로 제작할 것이므로, 주인공의 장소와 장면 설명, 내레이션, 어울리는 배경 음악까지 요청합니다.

CHATGPT 현실은 길거리 광고판 일을 하는 피에로지만, 자신만의 공연을 여는 꿈을 이루기 위해 노력하는 피에로의 하루 일상을 영화로 만들려고 해. 장면과 내레이션을 영화 장면 별로 구분해서 작성해 줘.

 이야기를 중심으로 감동적이고 행복을 주제로 영화를 만들기 위해 각 장면을 다음과 같이 구성할 수 있습니다:

장면 1 : 오프닝 분장실 내레이션(분장실)
장면 설명 : 어두운 분장실, 거울 앞에서 피에로 분장을 하는 남자의 얼굴이 클로즈업 된다. 피곤한 표정 속에서도 분장을 정성스럽게 마친다.
내레이션 : "사람들은 내가 다르다고 비웃지만, 똑같은 것보단 나아!"

장면 2 : 힘들지만 웃어야 하는 피에로(출근 시간 도심)
장면 설명 : 바쁘게 지나가는 사람들 사이로 노란색 광고판을 든 피에로가 서 있다.
내레이션 : "좀 더 느리게 걷다 보면 안 보였던 게 보이기도 해."

장면 3 : 사람들의 비웃는 시선(지하철 안)
장면 설명 : 양복을 입은 승객들이 피에로를 비웃듯이 쳐다본다. 피에로는 그저 창밖을 바라보고 웃는다.
내레이션 : "선한 사람을 싸움꾼으로 만드는 사회가 잘못된 거지!"

장면 4 : 길거리 한복판에서의 연습(길거리)
장면 설명: 피에로가 혼자서 춤을 연습하는 장면. 지나가는 사람들은 별다른 관심을 주지 않지만, 아이들 몇 명이 멈춰 서서 피에로를 바라본다.
내레이션 : "인생은 반복적으로 돌고 돌아. 하지만 이 굴레는 어디까지 이어질지 너무 궁금해."

○ 예제파일 : 04\실사 예술 영화\실사예술영화미드저니프롬프트.txt   ○ 완성파일 : 04\실사 예술 영화\이미지 폴더

SECTION

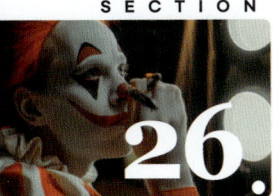

26.

피사계 심도를 얕게, 배경이 흐릿한 장면 만들기

실사 예술 영화 느낌이 강한 느낌이 드는 이미지를 생성하겠습니다. 실사 영상을 만들 때에는 현실적이고, 완성도가 높은 고화질의 이미지가 필요합니다. 각 장면마다 원하는 연출을 할 수 있게 프롬프트로 문자를 입력하고 조명을 사용하는 방법 등을 알아봅시다.

01 실사적인 피에로 분장 장면 만들기

Key Prompts • hyperrealistic, cinematic, Pierrot maked up

01 웹브라우저에서 'discord.com'를 입력하여 디스코드 사이트에 접속합니다. 미드저니 입력창에 '/'를 입력하고 표시되는 메뉴에서 '/imagine'을 선택합니다.

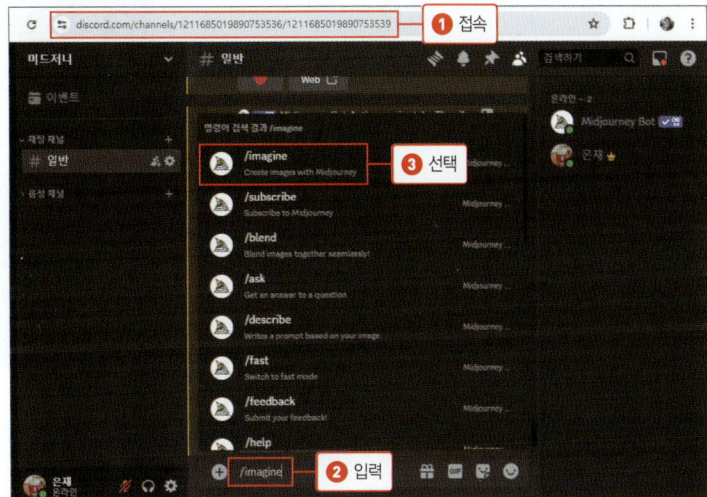

02 장면 1의 이미지와 스타일을 구성하기 위해 프롬프트 입력창에 프롬프트를 입력하고 Enter를 누릅니다.

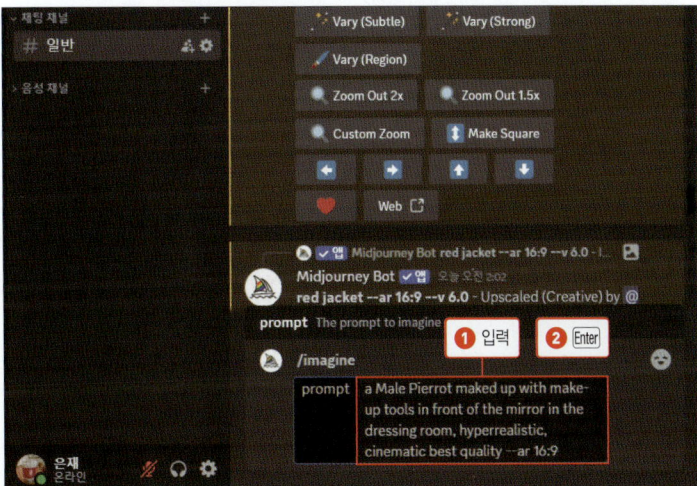

377

프롬프트 a Male Pierrot maked up with make-up tools in front of the mirror in the dressing room, hyperrealistic, cinematic, best quality --ar 16:9

입력팁
1. **a Male Pierrot maked up with make-up tools in front of the mirror in the dressing room** : '분장실 거울 앞에서 화장 도구로 피에로 분장을 하는 남자'라는 스토리를 입력한 프롬프트입니다.
2. **hyperrealistic** : 실사적인 이미지를 생성하기 위해 입력한 프롬프트입니다.
3. **cinematic** : 시네마틱한 장면을 표현하기 위해 입력한 프롬프트입니다.
4. **best quality** : 높은 퀄리티의 이미지를 표현하기 위해 입력한 프롬프트입니다.
5. **--ar 16:9** : 기본적으로 미드저니는 비율을 지정하지 않으면 1:1 비율의 이미지가 생성됩니다. 가로 영상의 표준 비율인 16:9에 해당하는 이미지를 생성하기 위해 입력한 프롬프트입니다.

03 프롬프트에 맞게 장면 1의 다양한 이미지가 생성됩니다. 원하는 느낌과 스타일에 가깝게 생성되면 다양한 이미지를 더 보기 위해 〈V(번호)〉 버튼을 클릭합니다. 예제에서는 〈V1〉 버튼을 클릭하였습니다.

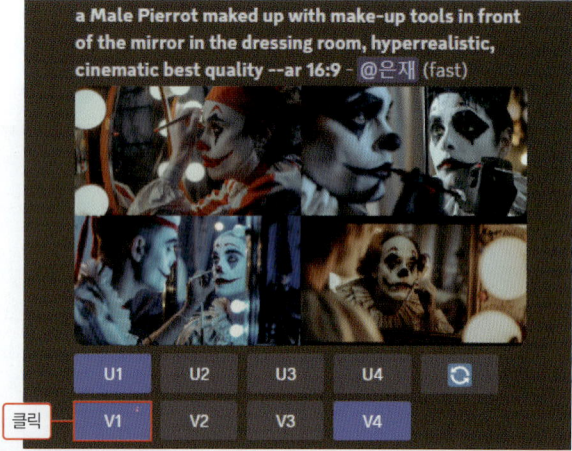

04 선택한 번호의 이미지와 비슷한 느낌의 결과물이 4개 표시됩니다. 스토리와 비교하여 가장 스토리에 어울리는 이미지를 최종으로 확정합니다. 예제에서는 3번 이미지에 업스케일을 진행하기 위해 〈U3〉 버튼을 클릭하였습니다.

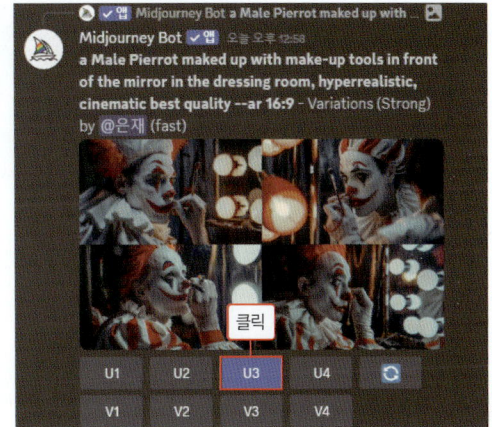

05 업스케일된 이미지가 표시됩니다. 최상의 결과물을 얻기 위해 〈Upscale (Creative)〉 버튼을 클릭합니다.

06 업스케일이 완료된 이미지를 클릭하고 '브라우저로 열기'를 클릭합니다. 새로운 브라우저 창이 표시되면 마우스 오른쪽 버튼을 클릭한 다음 **이미지를 다른 이름으로 저장...**을 실행합니다.

02 광고판에 문구가 입력된 장면 만들기

Key Prompts • – in the middle of the city with crowd, The billboards have 'On sale' written on them

01 장면 2 이미지를 만들기 위해 미드저니 입력창에 '/imagine'을 입력하여 프롬프트 입력창을 표시하고 광고판을 든 피에로를 묘사하는 프롬프트를 입력한 다음 Enter 를 누릅니다.

TIP 광고판에 'On sale'이라는 글자를 구체적으로 표시하기 위해 광고판을 구체적으로 묘사하는 프롬프트를 입력하였습니다.

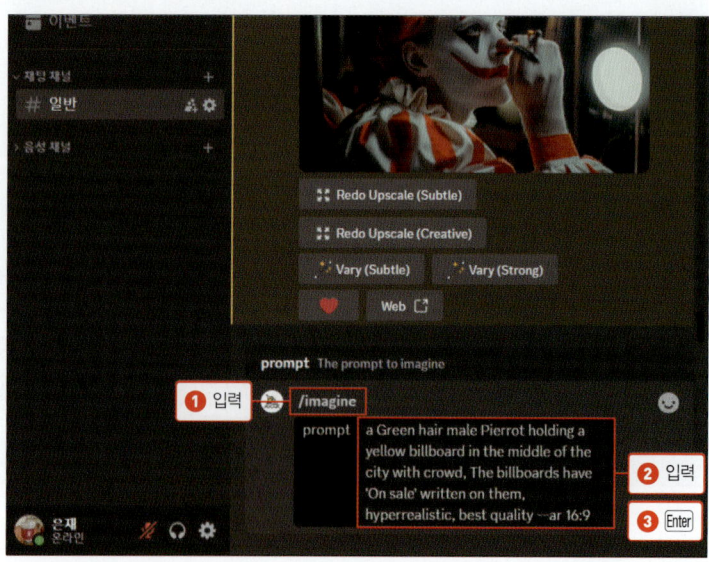

프롬프트 a Green hair male Pierrot holding a yellow billboard in the middle of the city with crowd, The billboards have 'On sale' written on them, hyperrealistic, best quality --ar 16:9

입력팁
1. **a Green hair male Pierrot holding a yellow billboard in the middle of the city with crowd, The billboards have 'On sale' written on them.** : '도심 한복판에서 노란색 광고판을 든 녹색 머리의 피에로, 광고판에는 'On sale'이라고 적혀 있다.'라는 스토리를 입력한 프롬프트입니다.

2. **hyperrealistic** : 실사적인 이미지를 생성하기 위해 입력한 프롬프트입니다.

3. **best quality** : 높은 퀄리티의 이미지를 표현하기 위해 입력한 프롬프트입니다.

4. **--ar 16:9** : 기본적으로 미드저니는 비율을 지정하지 않으면 1:1 비율의 이미지가 생성됩니다. 가로 영상의 표준 비율인 16:9에 해당하는 이미지를 생성하기 위해 입력한 프롬프트입니다.

02 프롬프트에 맞게 장면 2의 다양한 이미지가 생성됩니다. 원하는 느낌과 스타일에 가깝게 생성되면 다양한 이미지를 더 보기 위해 〈V(번호)〉 버튼을 클릭합니다. 예제에서는 〈V3〉 버튼을 클릭하였습니다.

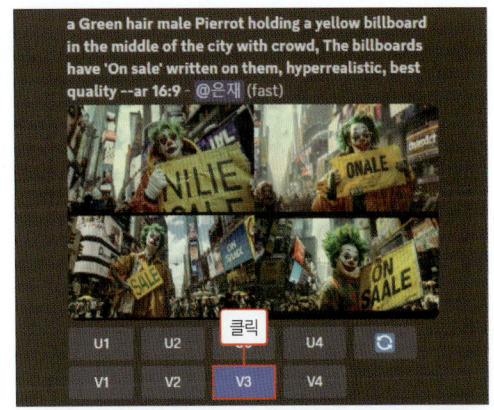

03 선택한 번호의 이미지와 비슷한 느낌의 결과물이 4개 표시됩니다. 스토리와 비교하여 가장 스토리에 어울리는 이미지를 최종으로 확정합니다. 예제에서는 2번 이미지에 업스케일을 진행하기 위해 〈U2〉 버튼을 클릭하였습니다.

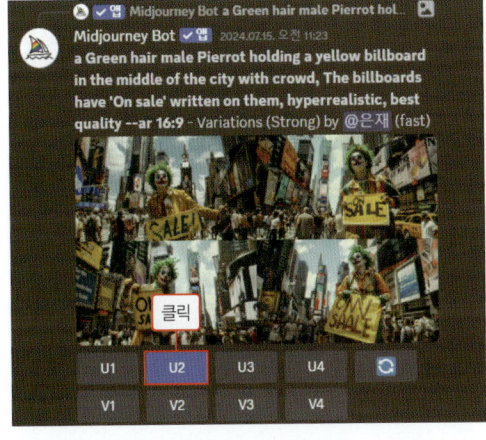

04 업스케일된 이미지가 표시됩니다. 최상의 결과물을 얻기 위해 〈Upscale (Creative)〉 버튼을 클릭합니다.

05 장면 2의 생성이 완료됩니다. 업스케일이 완료된 이미지를 저장합니다.

03 어두운 환경에서 인물을 돋보이게 조명 사용하기

Key Prompts • - cinematic, bright lighting, --cref

01 이후 생성하는 장면들은 일관성을 유지하기 위해 장면 2 이미지를 기준으로 업로드하여 이용하겠습니다. 미드저니 입력창 왼쪽의 〈+〉를 클릭하고 '파일 업로드'를 선택합니다.

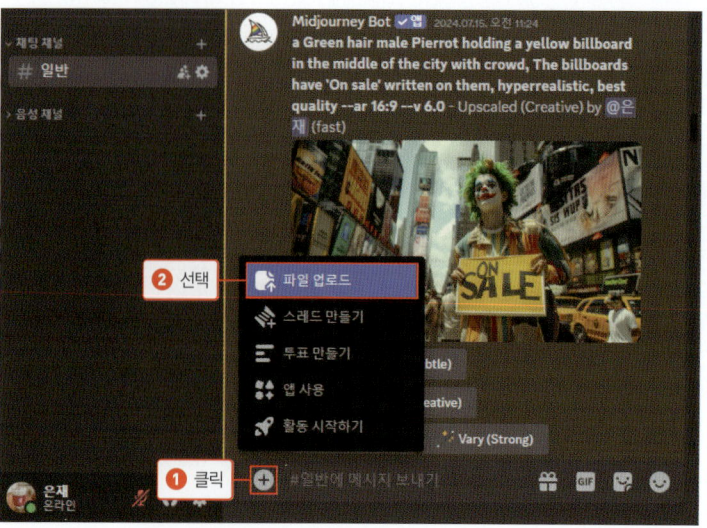

02 열기 대화상자가 표시되면 04 → 실사 예술 영화 → 이미지 폴더에서 '장면2.png' 파일을 선택하고 〈열기(O)〉 버튼을 클릭합니다.

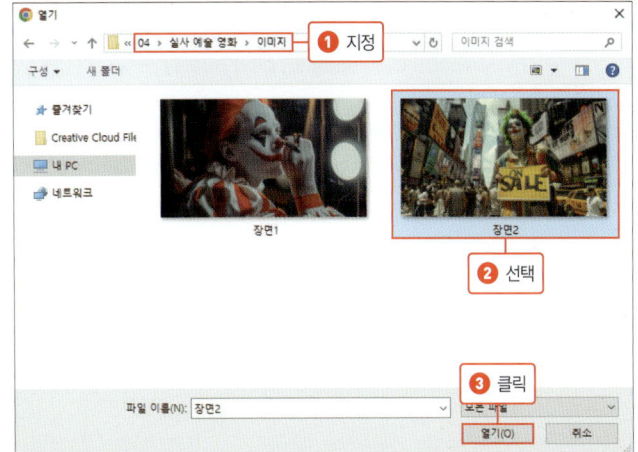

03 대화창에 장면 2 이미지가 표시되면 Enter 를 눌러 이미지를 업로드합니다.

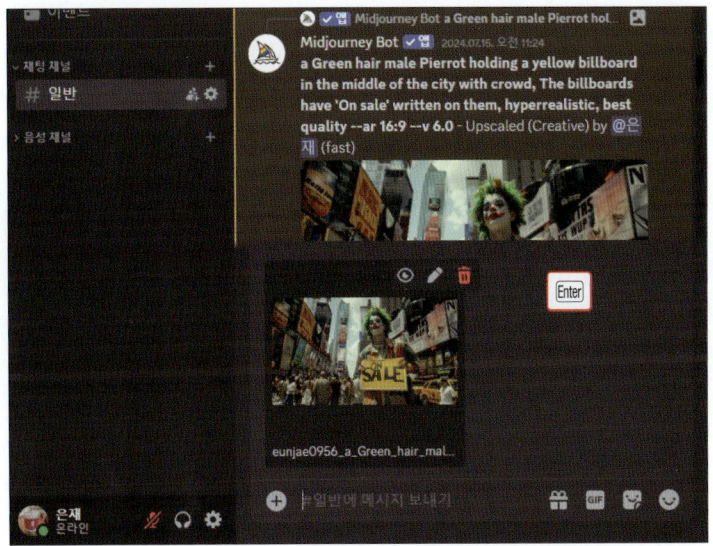

04 장면 3 이미지를 만들기 위해 미드저니 입력창에 '/imagine'을 입력하여 프롬프트 입력창을 표시하고 지하철에서 피에로가 독백하는 장면과 이미지의 일관성을 유지하기 위한 이미지 링크를 추가한 프롬프트를 입력한 다음 Enter 를 누릅니다.

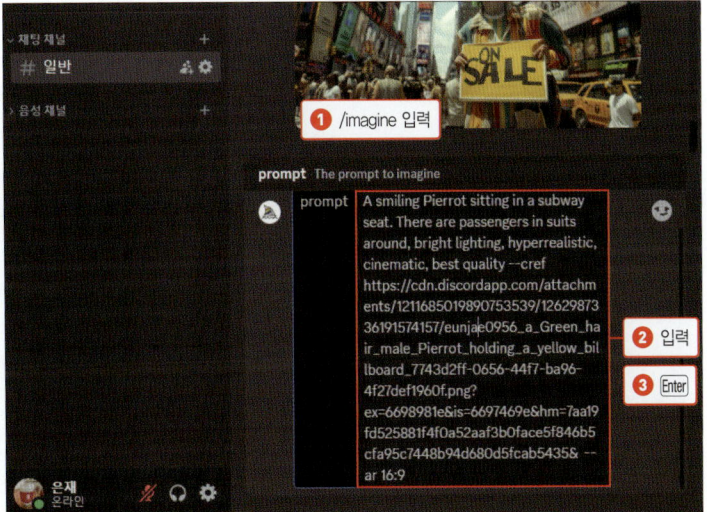

383

| 프롬프트 | A smiling Pierrot sitting in a subway seat. There are passengers in suits around, bright lighting, hyperrealistic, cinematic, best quality --cref (장면2 이미지 링크) --ar 16:9 |

입력팁
1. A smiling Pierrot sitting in a subway seat. There are passengers in suits around, bright lighting : '웃고 있는 피에로가 지하철에 앉아 있다. 양복을 입은 승객들이 주변에 있다. 밝은 조명'이라는 스토리를 입력한 프롬프트입니다.
2. hyperrealistic : 실사적인 이미지를 생성하기 위해 입력한 프롬프트입니다.
3. cinematic : 시네마틱한 장면을 표현하기 위해 입력한 프롬프트입니다.
4. best quality : 높은 퀄리티의 이미지를 표현하기 위해 입력한 프롬프트입니다.
5. --cref (이미지 링크) : 첨부된 이미지 링크의 캐릭터의 외관의 모습을 학습하고 적용하는 파라미터입니다. 기본값은 '100'으로, 값의 수치가 '100'에 가까울수록 강도가 강해집니다. 꼬리에 꼬리를 무는 형식으로 컷마다 일관성을 유지해 주는 파라미터입니다.
6. --ar 16:9 : 기본적으로 미드저니는 비율을 지정하지 않으면 1:1 비율의 이미지가 생성됩니다. 가로 영상의 표준 비율인 16:9에 해당하는 이미지를 생성하기 위해 입력한 프롬프트입니다.

05 프롬프트에 맞게 장면 3의 다양한 이미지가 생성됩니다. 원하는 느낌과 스타일에 가깝게 생성되면 다양한 이미지를 더 보기 위해 〈V(번호)〉 버튼을 클릭합니다. 예제에서는 〈V4〉 버튼을 클릭하였습니다.

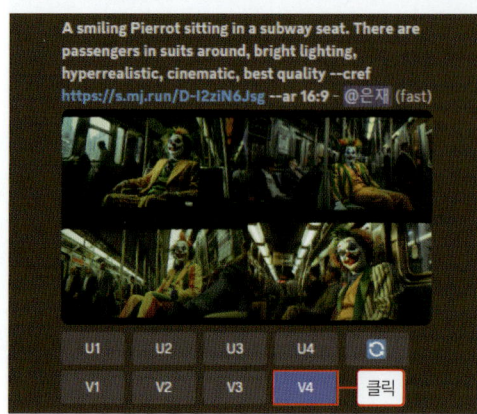

06 선택한 번호의 이미지와 비슷한 느낌의 결과물이 4개 표시됩니다. 최종으로 확정하기 위해 업스케일을 진행합니다. 예제에서는 4번 이미지에 업스케일을 진행하기 위해 〈U4〉 버튼을 클릭하였습니다.

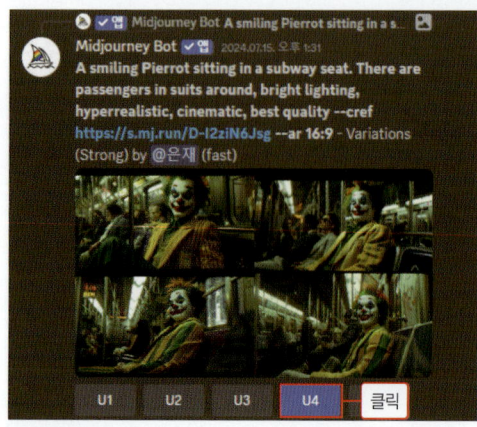

07 업스케일된 이미지가 표시됩니다. 최상의 결과물을 얻기 위해 〈Upscale (Subtle)〉 버튼을 클릭합니다.

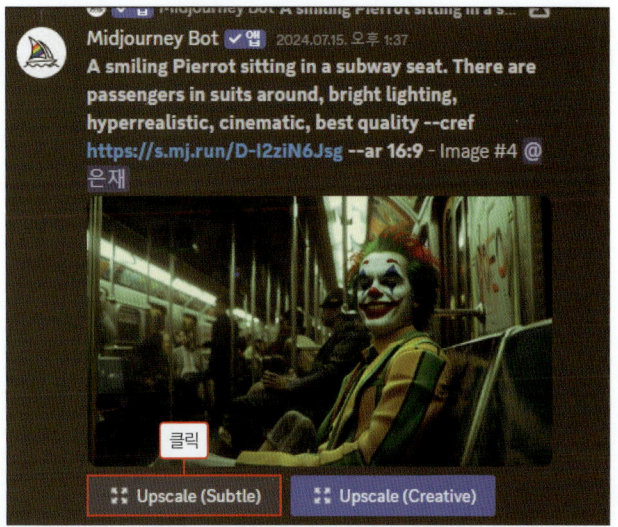

08 장면 3의 생성이 완료됩니다. 업스케일이 완료된 이미지를 저장합니다.

04 거리에서 춤추는 인물 연출하기

Key Prompts • dancing in a 360-degree spin with his arms open in the street

01 장면 4 이미지를 만들기 위해 미드저니 입력창에 '/imagine'을 입력하여 프롬프트 입력창을 표시하고 거리에서 춤추는 피에로를 묘사하는 장면과 이미지의 일관성을 유지하기 위한 이미지 링크를 추가한 프롬프트를 입력한 다음 Enter를 누릅니다.

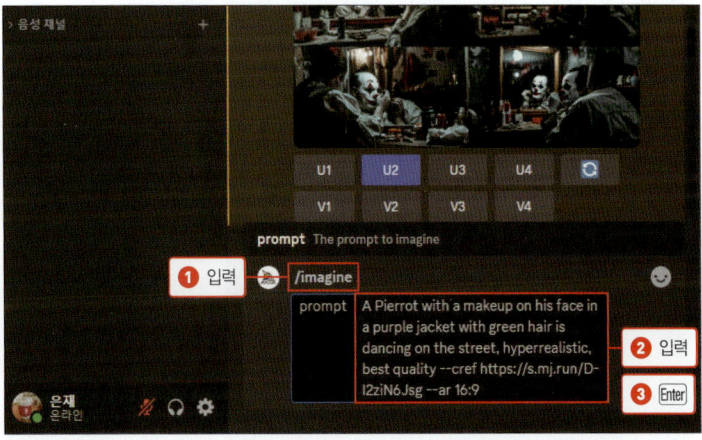

> **프롬프트**
> A Pierrot in a purple suit is dancing in a 360-degree spin with his arms open in the street, hyperrealistic, best quality --cref (장면2 이미지 링크) --ar 16:9

입력팁

1. **A Pierrot in a purple suit is dancing in a 360-degree spin with his arms open in the street** : '보라색 양복을 입은 피에로가 거리에서 팔을 벌리고 360도 회전을 하면서 춤을 추고 있다.'라는 스토리를 입력한 프롬프트입니다.
2. **hyperrealistic** : 실사적인 이미지를 생성하기 위해 입력한 프롬프트입니다.
3. **best quality** : 높은 퀄리티의 이미지를 표현하기 위해 입력한 프롬프트입니다.
4. **--cref (이미지 링크)** : 첨부된 이미지 링크의 캐릭터의 외관의 모습을 학습하고 적용하는 파라미터입니다. 기본값은 '100'으로, 값의 수치가 '100'에 가까울수록 강도가 강해집니다. 꼬리에 꼬리를 무는 형식으로 컷마다 일관성을 유지해 주는 파라미터입니다.
5. **--ar 16:9** : 기본적으로 미드저니는 비율을 지정하지 않으면 1:1 비율의 이미지가 생성됩니다. 가로 영상의 표준 비율인 16:9에 해당하는 이미지를 생성하기 위해 입력한 프롬프트입니다.

02 프롬프트에 맞게 장면 4의 다양한 이미지가 생성됩니다. 원하는 느낌과 스타일에 가깝게 생성되면 다양한 이미지를 더 보기 위해 〈V(번호)〉 버튼을 클릭합니다. 예제에서는 〈V1〉 버튼을 클릭하였습니다.

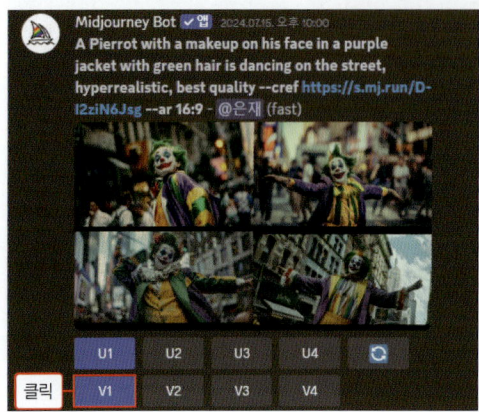

03 선택한 번호의 이미지와 비슷한 느낌의 결과물이 4개 표시됩니다. 최종으로 확정하기 위해 업스케일을 진행합니다. 예제에서는 4번 이미지에 업스케일을 진행하기 위해 〈U4〉 버튼을 클릭하였습니다.

04 업스케일된 이미지가 표시됩니다. 최상의 결과물을 얻기 위해 〈Upscale (Subtle)〉 버튼을 클릭합니다.

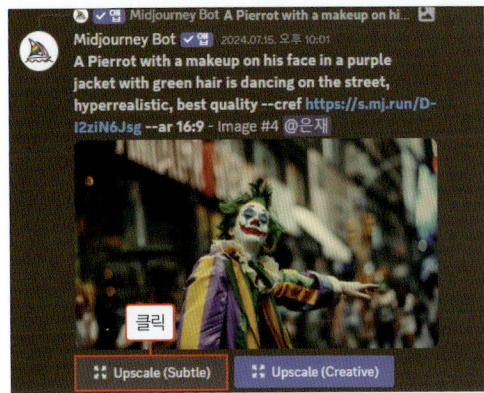

05 장면 4의 첫 번째 이미지 생성이 완료됩니다. 업스케일이 완료된 이미지를 저장합니다.

06 장면 4는 2개의 이미지를 활용하여 영상화 작업을 진행하여 춤을 추는 동작을 만들 예정입니다. 같은 방법으로 비슷한 이미지를 하나 더 생성하여 저장합니다.

TIP 루마 AI에서는 2개의 이미지를 자연스럽게 이어주는 영상 제작 기능을 제공합니다. 이 과정을 진행하기 위해서는 두 동작을 자연스럽게 연결하여 춤을 추는 동작을 구현이 필요하기 때문에 사전에 2개의 이미지를 추출해야 합니다.

SECTION 27.

⦿ 예제파일 : 04\실사 예술 영화\실사예술영화루마AI프롬프트.txt, 이미지 폴더   ⦿ 완성파일 : 04\실사 예술 영화\영상 폴더

자연스러운 동작으로
실사 예술 영상 만들기

루마 AI를 이용하여 실사 예술 영상을 만듭니다. 텍스트 프롬프트와 연속되는 이미지 등을 활용하여 원하는 느낌의 고화질 영상으로 변경하겠습니다.

01 피에로가 분장하는 장면 영상화하기

Key Prompts • A Pierrot maked up with make-up tools in front of the mirror in the dressing room

01 웹브라우저에서 'lumalabs.ai'를 입력하여 루마 AI 사이트에 접속하고 로그인합니다. 이미지를 업로드하기 위해 '이미지' 아이콘(🖼)을 클릭합니다. 열기 대화상자가 표시되면 04 → 실사 예술 영화 → 이미지 폴더에서 '장면1.png' 파일을 선택하고 〈열기(O)〉 버튼을 클릭합니다.

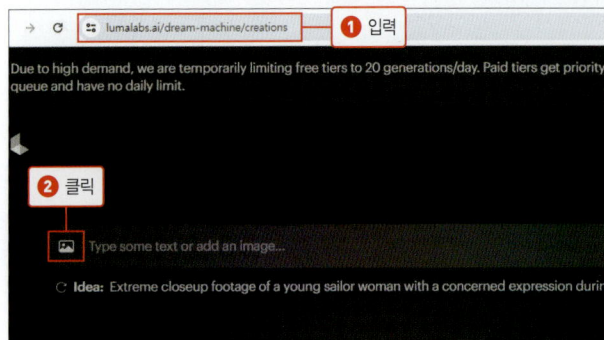
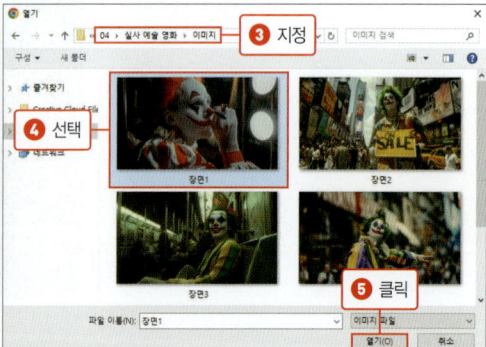

02 이미지가 업로드되면 텍스트 프롬프트 입력창에 장면 1에 해당하는 스토리 'A Pierrot maked up with make-up tools in front of the mirror in the dressing room'을 입력하고 '확인' 아이콘(⬆)을 클릭합니다.

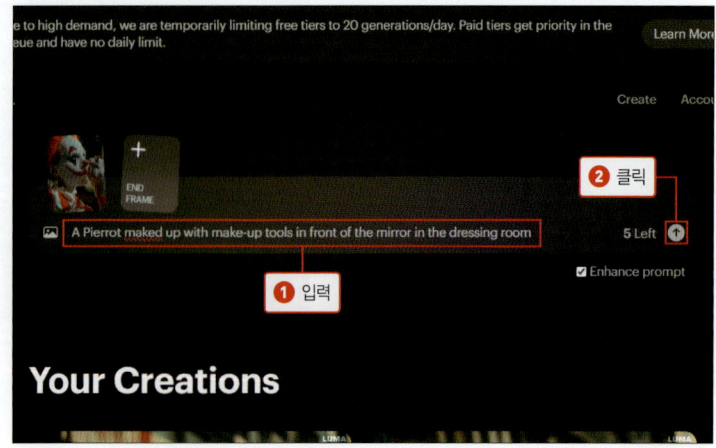

프롬프트 A Pierrot maked up with make-up tools in front of the mirror in the dressing room

한글 번역 분장실 거울 앞에서 화장 도구로 피에로 분장을 한다.

03 Your Creations 화면에 원하는 느낌의 영상이 생성되면 〈Download〉 버튼을 클릭합니다.

04 다운로드 폴더에 영상이 저장됩니다. 저장한 영상이 원하는 느낌으로 생성되었는지 확인합니다.

02 문자가 있는 광고판 장면 영상화하기

Key Prompts • No prompt

01 주인공이 광고판을 들고있는 장면 2를 영상화하기 위해 '이미지' 아이콘(🖼)을 클릭합니다. 열기 대화상자가 표시되면 04 → 실사 예술 영화 → 이미지 폴더에서 '장면2.png' 파일을 선택하고 〈열기(O)〉 버튼을 클릭합니다.

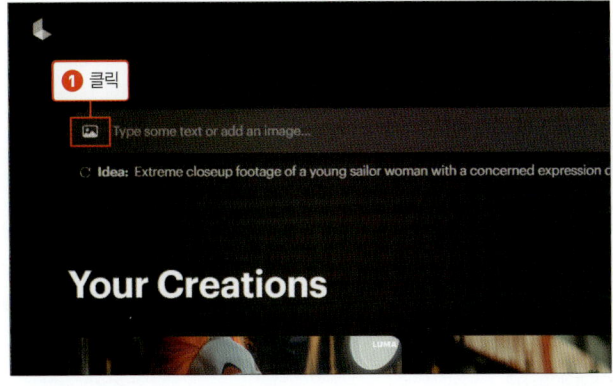

02 이미지가 업로드되면 텍스트 프롬프트 입력창에 아무것도 입력하지 않은 상태로 '확인' 아이콘( )을 클릭합니다.

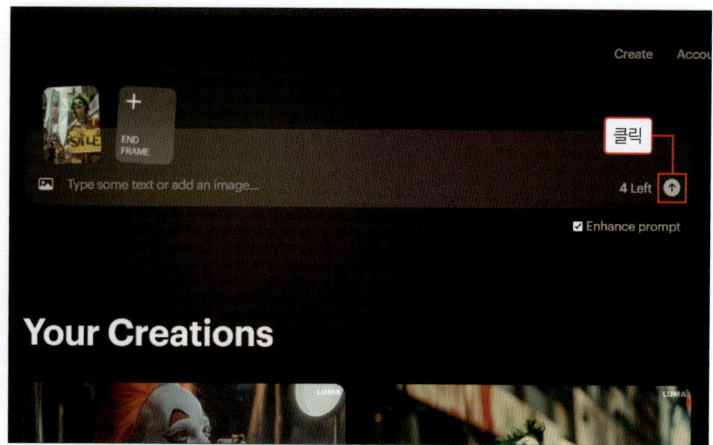

03 Your Creations 화면에 원하는 느낌의 영상이 생성되면 〈Download〉 버튼을 클릭하여 다운로드합니다.

03 지하철 안에서 웃는 장면 영상화하기

Key Prompts • No prompt

01 주인공이 지하철에서 웃고 있는 장면 3을 영상화하기 위해 '이미지' 아이콘( )을 클릭합니다. 열기 대화상자가 표시되면 04 → 실사 예술 영화 → 이미지 폴더에서 '장면3.png' 파일을 선택하고 〈열기(O)〉 버튼을 클릭합니다.

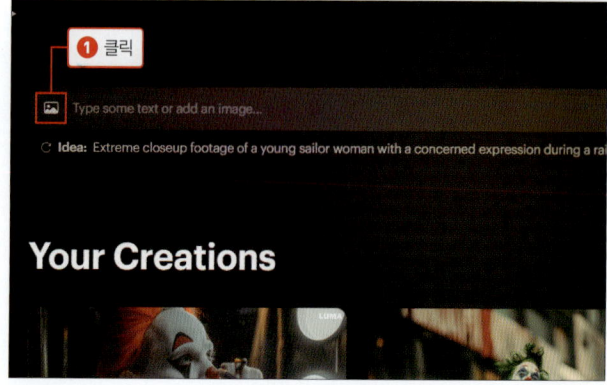

02 이미지가 업로드되면 텍스트 프롬프트 입력창에 아무것도 입력하지 않은 상태로 '확인' 아이콘(⬆)을 클릭합니다.

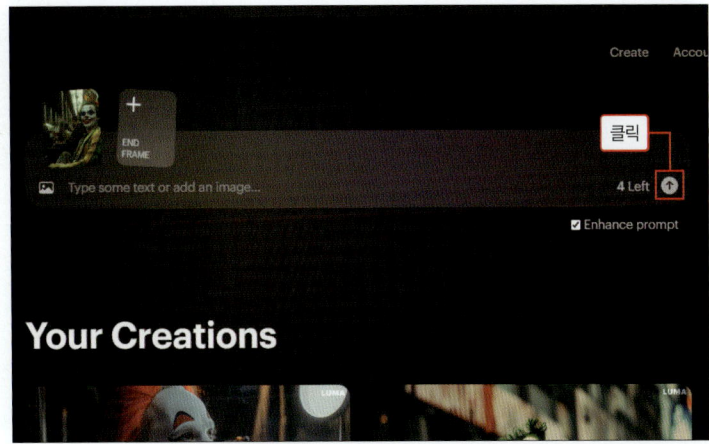

03 Your Creations 화면에 원하는 느낌의 영상이 생성되면 〈Download〉 버튼을 클릭하여 다운로드합니다.

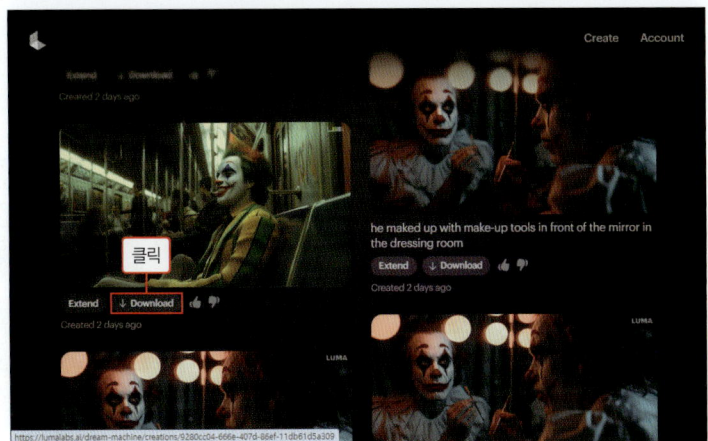

04 길거리에서 춤추는 장면 영상화하기

Key Prompts • 2 images, A Pierrot is dancing

01 주인공이 길거리에서 춤추는 장면인 장면 4를 영상화하기 위해 '이미지' 아이콘(🖼)을 클릭합니다. 열기 대화상자가 표시되면 04 → 실사 예술 영화 → 이미지 폴더에서 '장면4-1.png' 파일을 선택하고 〈열기(O)〉 버튼을 클릭합니다.

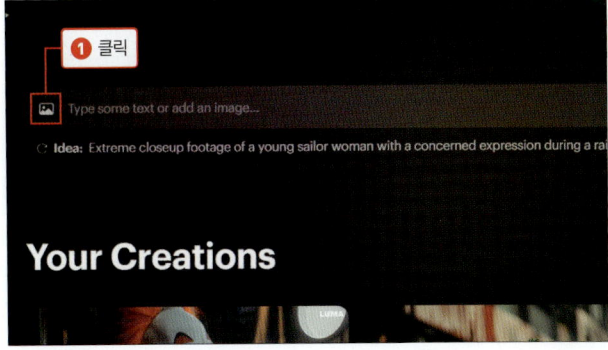
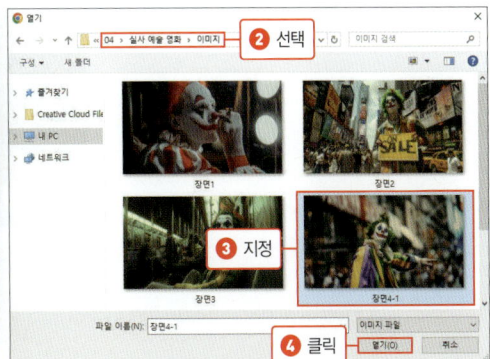

02 장면 4에 해당하는 첫 번째 이미지가 업로드됩니다. 두 번째 이미지를 업로드하기 위해 'END FRAME'을 클릭합니다.

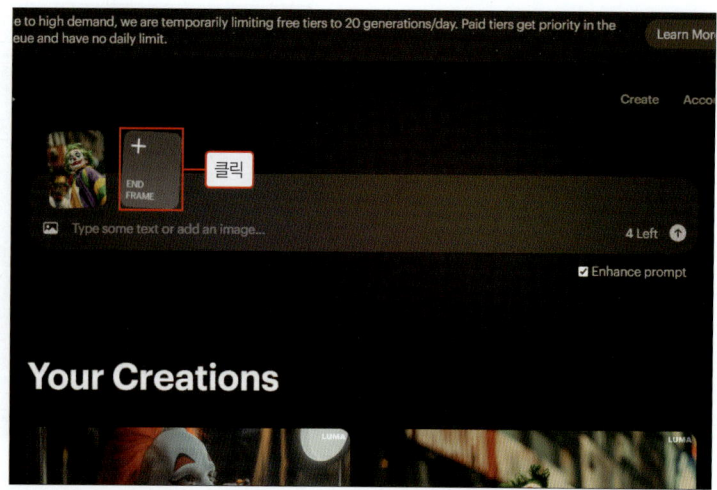

03 열기 대화상자가 표시되면 04 → 실사 예술 영화 → 이미지 폴더에서 '장면4-2.png' 파일을 선택하고 〈열기(O)〉 버튼을 클릭합니다.

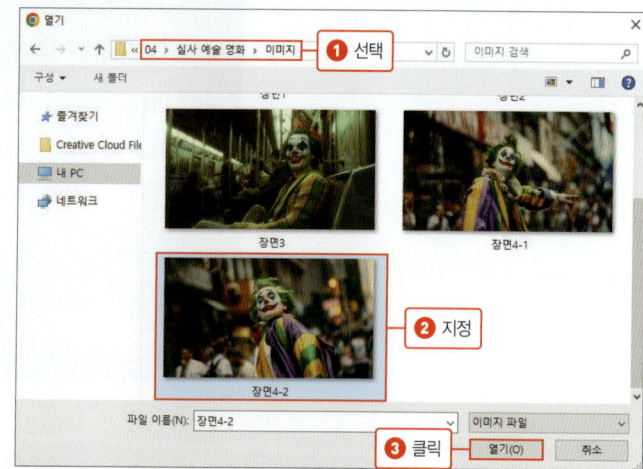

04 이미지가 업로드되면 텍스트 프롬프트 입력창에 장면 4에 해당하는 스토리 'A Pierrot is dancing on the street'를 입력하고 '확인' 아이콘(⬆)을 클릭합니다.

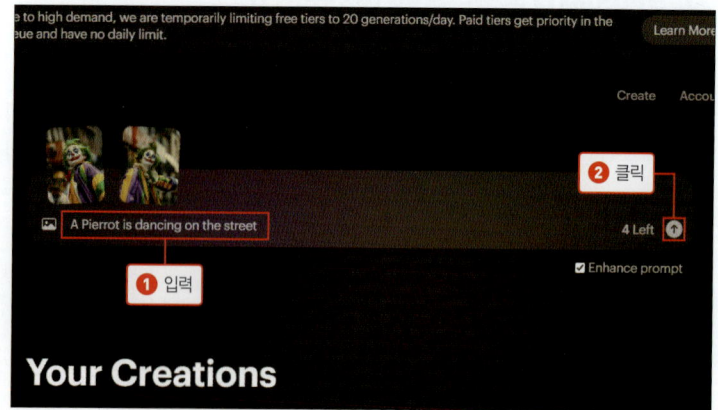

프롬프트   A Pierrot is dancing on the street

한글 번역   피에로가 거리에서 춤을 춘다.

05 섬네일에 마우스 커서를 위치하여 미리 보기 형태로 영상을 재생하고 살펴봅니다. 피에로가 돌면서 춤을 추는 장면이 구현되었습니다. 이 장면은 좀 더 극적으로 길게 보여 주기 위해 〈Extend〉 버튼을 클릭합니다.

06 Extend Video 창이 표시되면 프롬프트 입력창에 장면 4에 해당하는 스토리인 'A Pierrot is dancing on the street'를 다시 한번 입력하고 '확인' 아이콘(↑)을 클릭합니다.

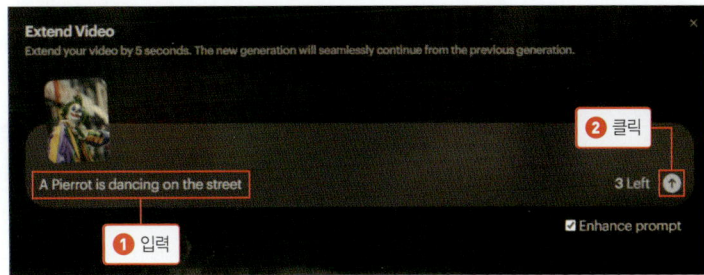

07 Your Creations 화면에 길이가 5초 늘어난 10초짜리 영상이 생성됩니다. 〈Download〉 버튼을 클릭하여 다운로드합니다.

SECTION 28. 주인공이 독백하는 내레이션 생성하기

텍스트를 활용하여 스토리에 맞는 음성 내레이션을 생성하겠습니다. 일레븐랩스의 '텍스트 to 스피치' 기능을 활용하여 음성 내레이션을 생성합니다.

● 예제파일 : 04\실사 예술 영화\실사예술영화일래븐랩스프롬프트.txt
● 완성파일 : 04\실사 예술 영화\음악 내레이션 폴더

01 음성 내레이션을 생성하기 위해 웹브라우저에서 'elevenlabs.io'를 입력하여 일레븐랩스 사이트에 접속하고 화면에서 〈GET STARTED FREE〉 버튼을 클릭합니다.

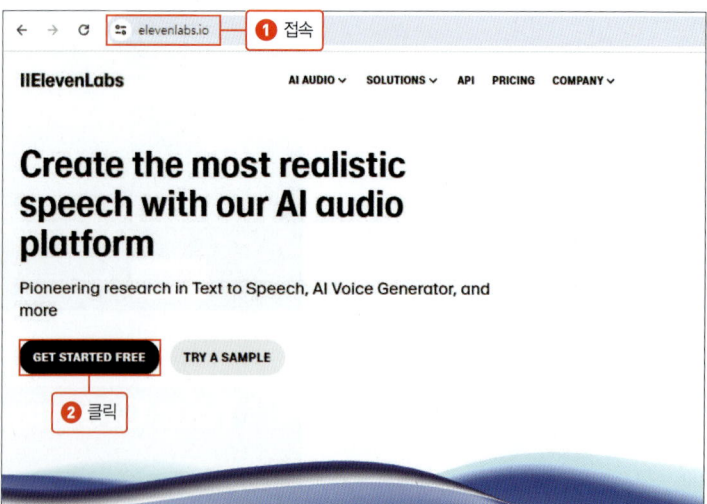

02 Speech Synthesis 창이 표시되면 (TEXT TO SPEECH) 탭의 입력창에 장면 1의 내레이션 '사람들은 내가 다르다고 비웃지만, 똑같은 것보단 나아!'를 입력합니다. 성우를 'Antoni'로 지정하고 세부 설정을 하기 위해 〈Settings〉 버튼을 클릭합니다.

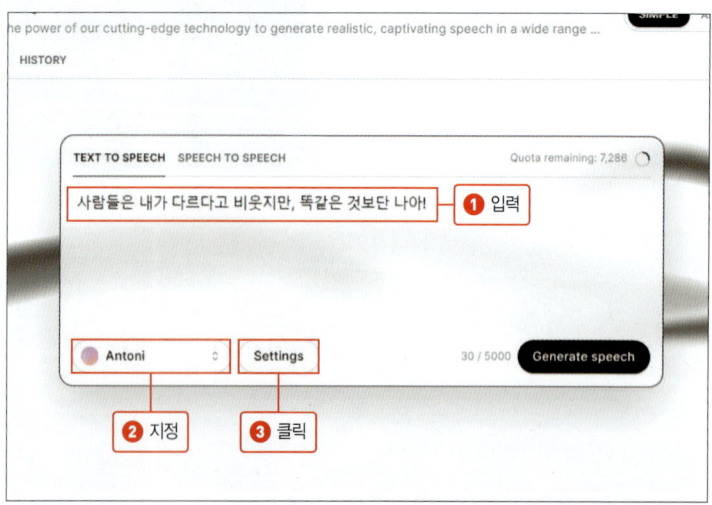

TIP 일래븐랩스의 음성 합성은 입력된 텍스트에 따라 발음과 억양이 달라지므로, 구두점과 문장 구조를 잘 활용해 텍스트를 작성하는 것이 중요합니다. 쉼표(,), 마침표(.) 등을 적절히 사용하면 음성의 자연스러움을 크게 높일 수 있습니다. 또한 특정 단어를 강조하고 싶을 때는 대문자나 느낌표(!)를 사용하면, TTS(TEXT TO SPEECH)가 해당 부분을 좀 더 강조해서 읽을 가능성이 높습니다.

03 Settings 창이 표시되면 Model을 'Eleven Multilingyal v2'로 선택하고 Stability를 '50%', Similarity를 '75%', Style Exaggeration을 '50%'로 조절하고 'X'를 클릭하여 창을 닫습니다.

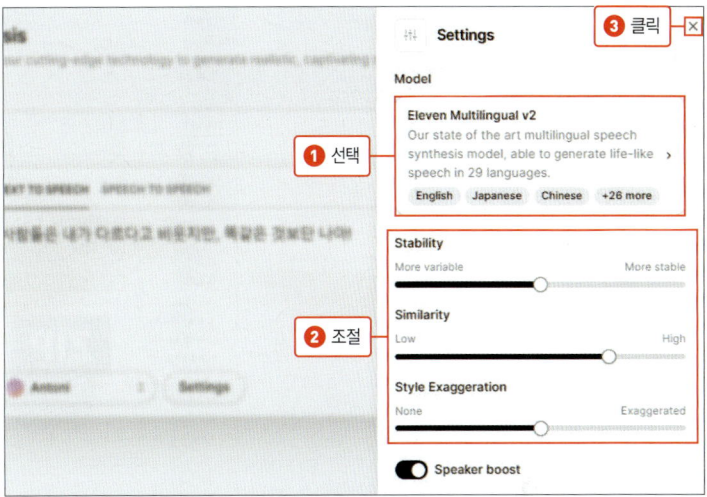

04 〈Generate Speech〉 버튼을 클릭하여 내레이션을 생성합니다.

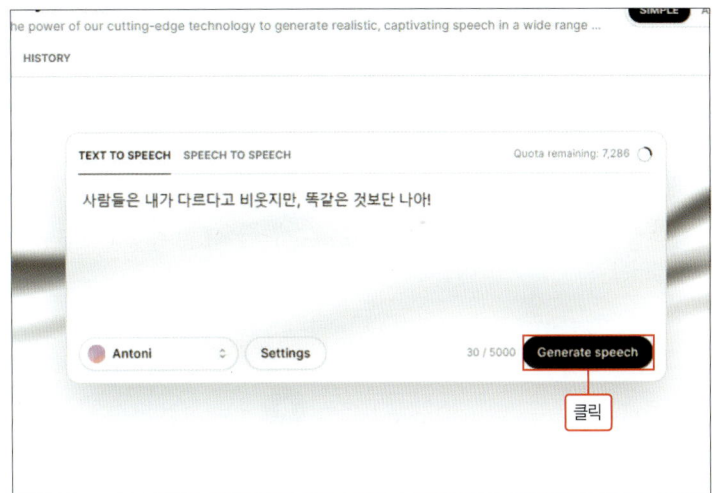

05 음성 내레이션이 생성되면 '재생' 아이콘(▶)을 클릭하여 결과물을 청취합니다. 원하는 내레이션 결과물이 나왔다면 '다운로드' 아이콘(↓)을 클릭하여 결과물을 다운로드합니다.

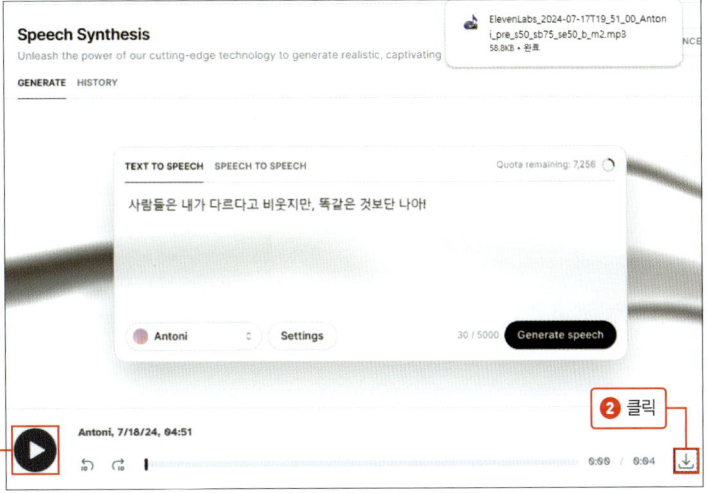

06 다운로드 폴더에 내레이션 파일이 저장됩니다.

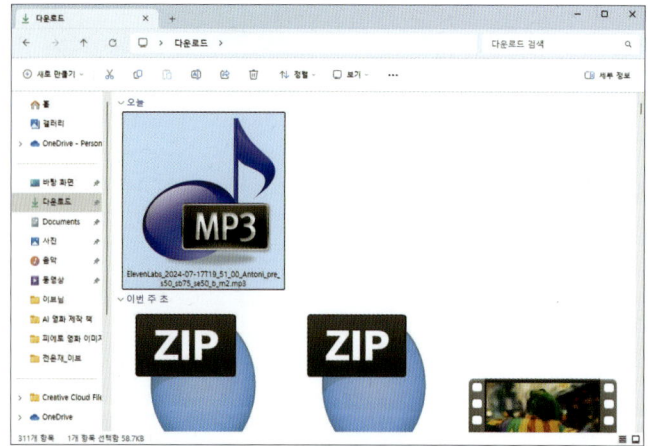

07 이번에는 장면 2에 해당하는 내레이션을 생성하겠습니다. (TEXT TO SPEECH) 탭의 입력창에 '좀 더 느리게 걷다 보면 안 보였던 게 보이기도 해'를 입력하고 〈Generate Speech〉 버튼을 클릭하여 내레이션을 생성한 다음 '다운로드' 아이콘( )을 클릭하여 결과물을 다운로드합니다.

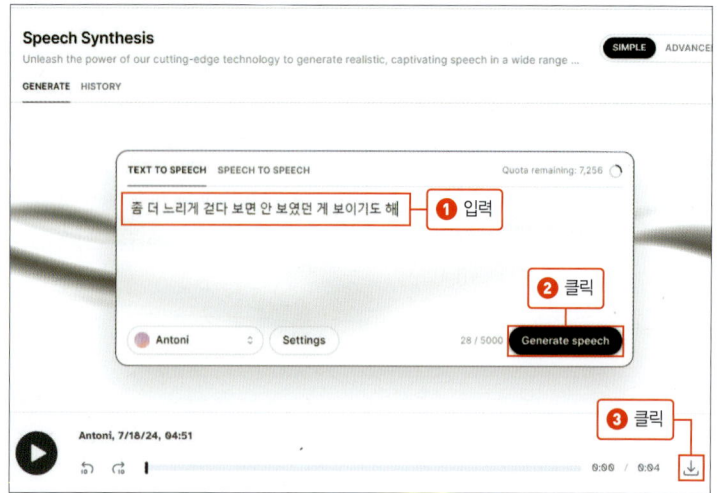

08 같은 방법으로 장면 3에 해당하는 내레이션을 생성하기 위해 '선한 사람을 싸움꾼으로 만드는 사회가 잘못된 거지!'를 입력하고 〈Generate Speech〉 버튼을 클릭한 다음 '다운로드' 아이콘( )을 클릭하여 결과물을 다운로드합니다.

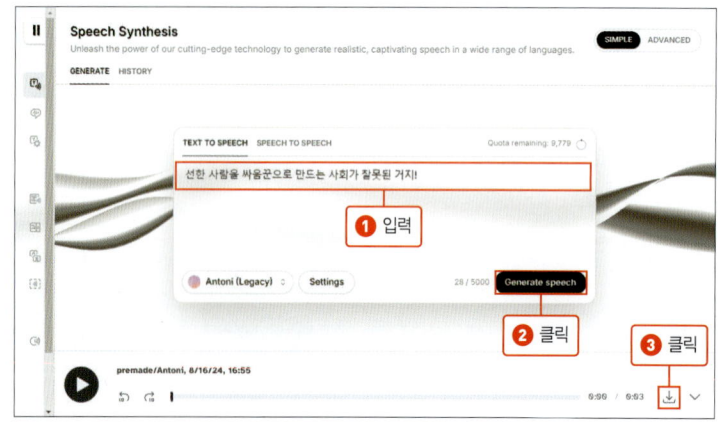

TIP 기본적으로 일래브랩스에서는 다운로드 파일을 MP3 형식만 지원합니다. 고품질 무압축 파일인 MAV 형식을 사용하거나 추가적으로 다른 형식의 확장자 파일이 필요하다면 변환하여 사용해야 합니다.

09 장면 4의 경우에는 좀 극적인 내레이션 전달이 필요한 상황입니다. 내레이션의 스타일을 변경하기 위해 〈Settings〉 버튼을 클릭하고 Settings 창이 표시되면 Style Exaggeration을 '100%'로 조절한 다음 'X'를 클릭하여 창을 닫습니다.

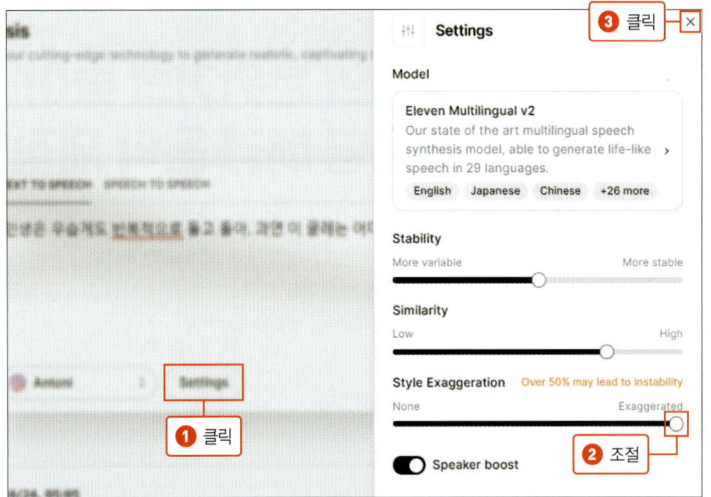

10 입력창에 장면 4에 해당하는 '인생은 우습게도 반복적으로 돌고 돌아. 과연 이 굴레는 어디까지 이어질 지 너무 궁금해'를 입력하고 〈Generate Speech〉 버튼을 클릭하여 내레이션을 생성한 다음 '다운로드' 아이콘(⬇)을 클릭하여 결과물을 다운로드합니다.

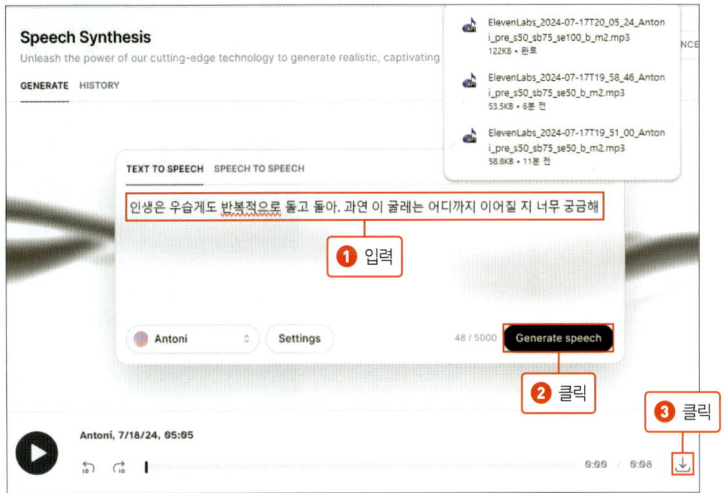

11 일래브랩스에서 만든 내레이션 파일들을 이동하여 한 폴더에 모으고 장면에 맞게 이름을 변경합니다. 예제에서는 총 4개의 내레이션을 완성하였습니다.

SECTION 29.

● 완성파일 : 04\실사 예술 영화\음악 내레이션 폴더\nightofpierrot.mp3

영상의 분위기를 높이는 맞춤형 배경 음악 제작하기

배경 음악(BGM)은 영화 장르에 있어서 필수 요소입니다. 수노는 텍스트 프롬프트만으로 느낌에 맞는 배경 음악을 제작합니다. 직접 배경 음악을 작곡하거나 찾는 데에는 많은 시간과 비용이 소요되지만 AI를 활용하면 맞춤형 배경 음악을 제작하고 실제 영상에 저작권 문제 없이 사용할 수 있습니다. 수노를 통해 영상과 어울리는 배경 음악을 만들어 봅시다.

01 배경 음악을 생성하기 위해 웹브라우저에서 'suno.com'을 입력하여 수노 사이트에 접속합니다. 〈Sign Up〉 버튼을 클릭하여 가입 및 로그인한 다음 (Create) 메뉴를 선택합니다.

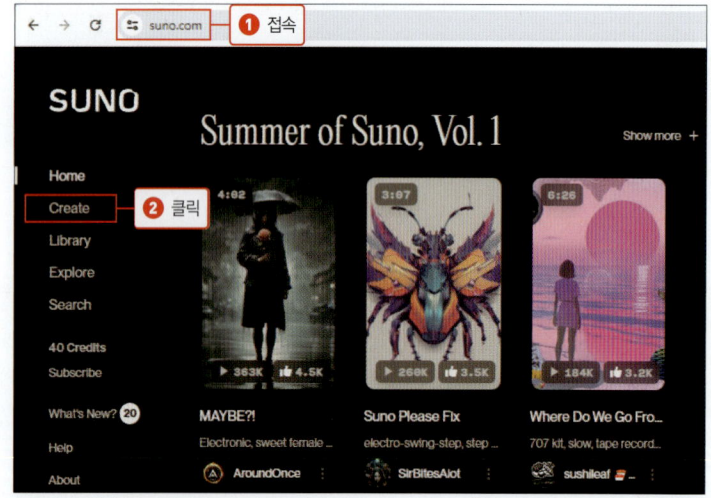

TIP 수노는 무료로 이용할 경우에는 저작권이 수노에게 있어 상업적인 이용이 불가능합니다. Pro(8달러)나 Premier(24달러) 플랜을 구독하면 저작권이 생성한 사용자에게 있어 상업적 이용이 가능하며, 구독을 종료하더라도 이미 만들었던 음악은 상업적으로 사용할 수 있습니다.

02 Song description 입력창에 전체 영상을 분위기를 제시할 키워드를 입력합니다. 예제에서는 'Pierrot movie, dark, blues, depress mood'를 입력하였습니다. 배경 음악을 만들 예정이므로 'Instrumental'를 클릭하여 활성화하고 〈Create〉 버튼을 클릭합니다.

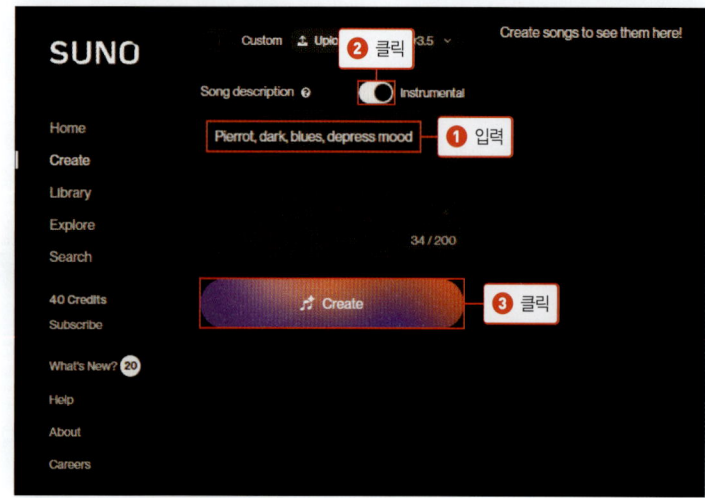

TIP Instrumental을 비활성화하면 노래에 목소리가 들어간 보컬 노래가 생성됩니다.

03 오른쪽 화면에 프롬프트가 반영된 노래가 표시됩니다. 섬네일을 클릭하면 노래를 재생하여 청취할 수 있습니다. 결과물이 마음에 들면 '더보기' 아이콘(■)을 클릭하고 'Download' → 'Audio'를 선택하여 배경 음악을 다운로드합니다.

TIP 수노는 기본적으로 10크레딧으로 한 곡을 만들 수 있습니다. 무료 버전의 경우 하루에 5번을 생성할 수 있는데, 한 번 생성할 때 2개의 노래를 만들어 제시해 주므로 총 10곡의 노래를 만들 수 있습니다.

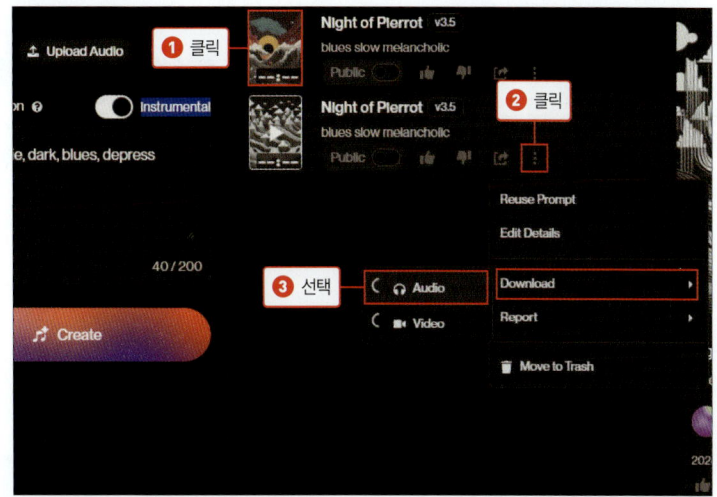

NOTE

수노의 커스텀 모드

'Custom'을 클릭하여 커스텀 모드를 활성화하면 노래 가사와 스타일, 제목을 자유롭게 설정할 수 있습니다. 챗GPT에게 가사를 요청하고 수노에서 추천해 주는 다양한 장르를 선택하여 커스텀하면 원하는 분위기의 가사 있는 노래도 쉽게 만들 수 있습니다.

이렇게 만들어진 음악을 동영상으로 다운로드하면, AI 기반으로 노래뿐만 아니라 동영상 커버도 생성해 줍니다. 가사가 있는 노래의 경우, 동영상으로 다운로드하면 커버와 함께 노래 가사를 표시합니다.

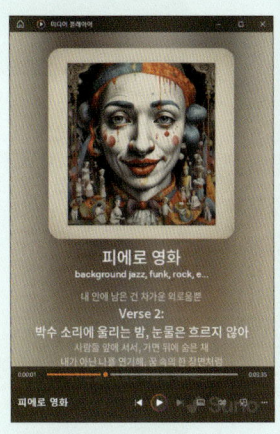 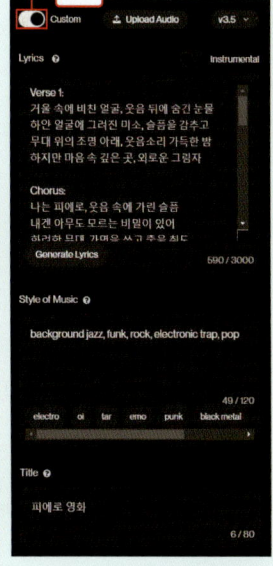

▲ 동영상으로 다운로드한 결과물   ▲ 가사를 입력할 수 있는 커스텀 모드

● 예제파일 : 04\실사 예술 영화\영상 폴더, 음악 내레이션 폴더
● 완성파일 : 04\실사 예술 영화\실사예술영화_완성.mp4

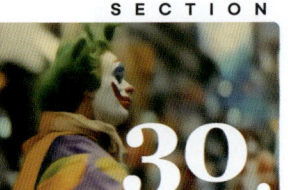

SECTION 30.

영화 완성을 위한 영상 편집하기

루마 AI를 이용하여 생성한 5초 분량의 장면별 영상과 일레븐랩스에서 만든 내레이션, 수노 AI에서 만든 배경 음악은 영화 영상을 위한 개별적인 요소들입니다. 이를 장면 순서에 맞게 하나의 영상으로 만드는 작업이 필요합니다. 프리미어 프로에서 요소를 합쳐 영상을 완성하겠습니다.

01 실사 영화 영상 및 내레이션 소스 불러오기

01 프리미어 프로를 실행하고 〈New Project〉 버튼을 클릭하여 새 프로젝트를 만듭니다. 그림과 같은 화면에서 영상 편집을 진행하기 위해 Name에 'Pierrot Movie'를 입력하고 〈Create〉 버튼을 클릭합니다.

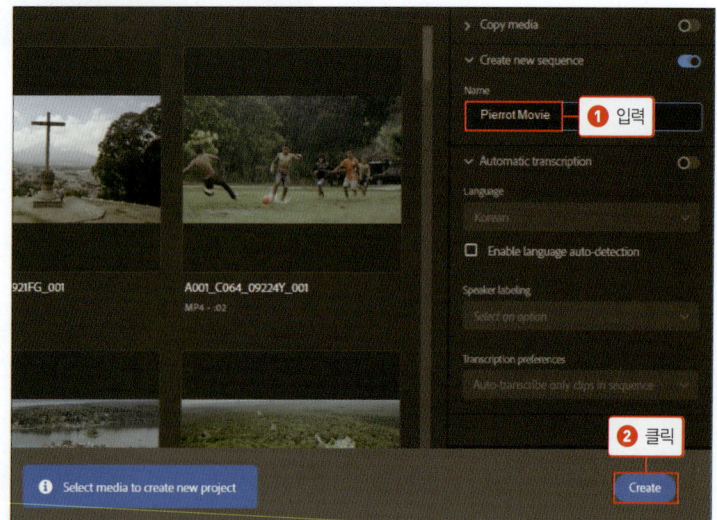

02 프로젝트가 생성됩니다. 루마 AI에서 생성한 영상들을 불러오기 위해 Project 패널에서 〈Import media〉 버튼을 클릭합니다.

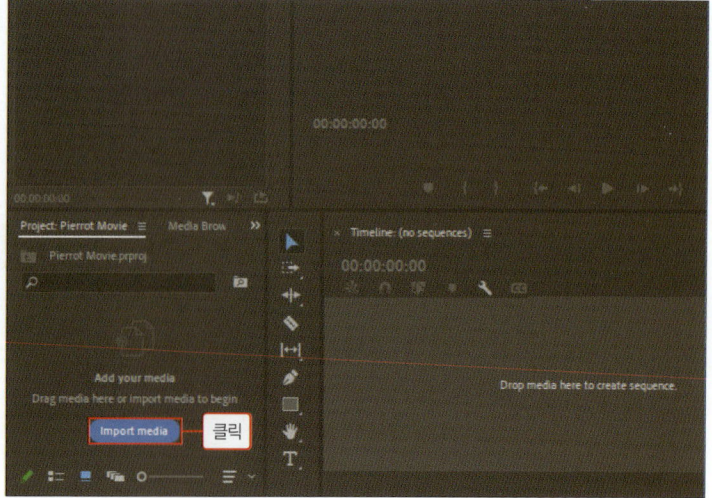

03 Import 대화상자가 표시되면 04 → 실사 예술 영화 → 영상 폴더에서 '#1~#4.mp4' 파일을 선택하고 〈열기(O)〉 버튼을 클릭하여 모든 영상을 불러옵니다.

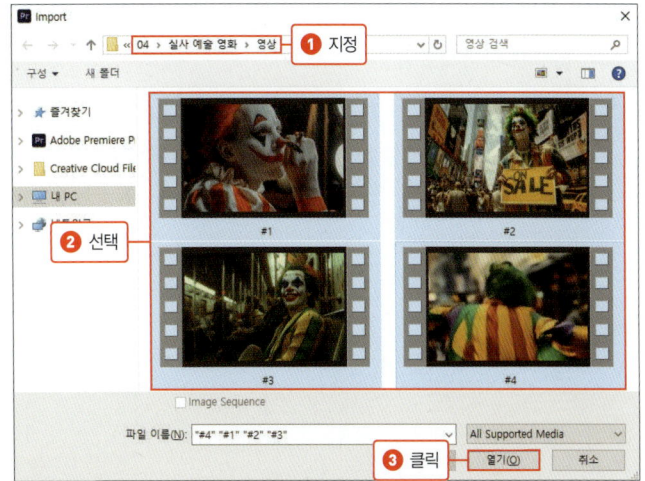

04 Project 패널에 불러온 영상 파일들이 표시됩니다. 이번에는 내레이션 파일과 배경 음악 파일을 불러오기 위해 Ctrl+I를 누릅니다.

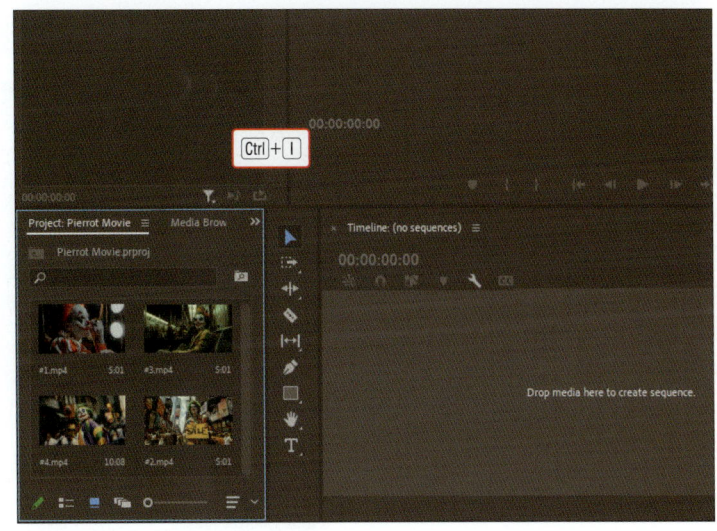

TIP 프리미어 프로는 불러온 파일의 데이터를 캐시로 저장해 빠른 재생을 돕습니다. 메뉴에서 (Preference) → Media Cache를 실행하여 표시되는 대화상자에서 캐시 Lotation을 SSD로 지정하면 불러오기와 편집 성능이 더욱 향상됩니다.

05 Import 대화상자가 표시되면 04 → 실사 예술 영화 → 음악 내레이션 폴더에서 '#1~#4.mp3' 파일과 'nightofpierrot.mp3' 파일을 선택하고 〈열기(O)〉 버튼을 클릭하여 모든 영상을 불러옵니다.

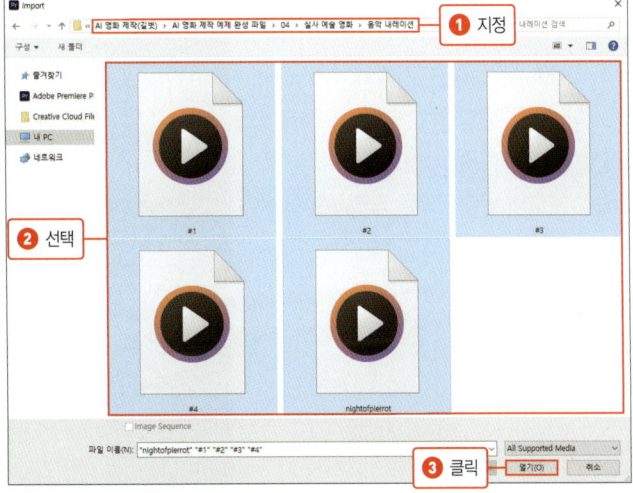

401

New Bin으로 파일 관리

같은 이름의 파일이 많을 경우 폴더를 만들어 파일을 관리하면 편리합니다. Project 패널에서 'New Bin' 아이콘(▢)을 클릭하면 폴더가 생성되어 영상, 음악 별로 그룹을 지정할 수 있습니다.

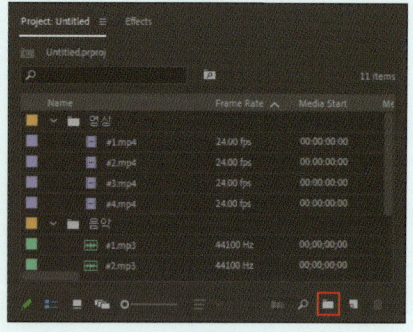

02 실사 영화 영상 및 내레이션 소스 편집하기

01 Project 패널에서 '#1.mp4' 파일을 Timeline 패널로 드래그하여 영상을 배치합니다.

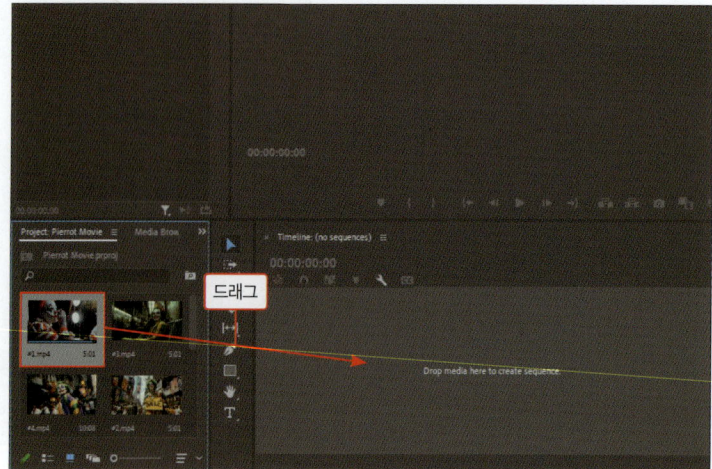

02 Timeline 패널과 Program Monitor 패널에 '#1.mp4'가 표시됩니다. 같은 방법으로 Project 패널에서 '#2.mp4' 파일을 Timeline 패널의 '1#.mp4' 클립의 끝부분으로 드래그하여 배치합니다.

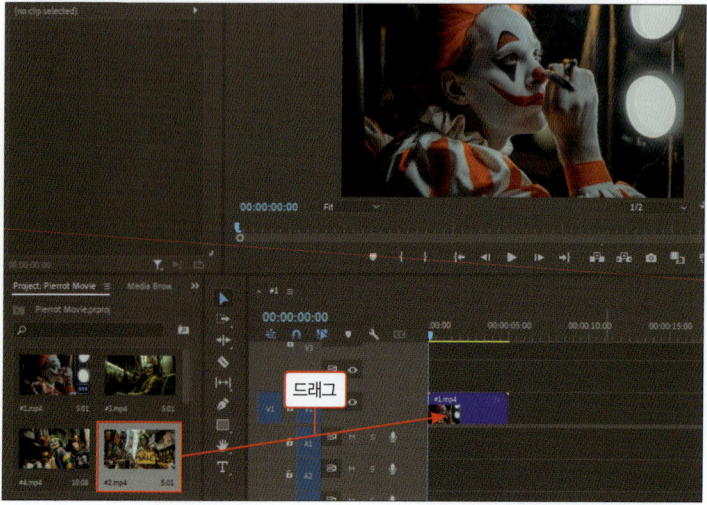

03 같은 방법으로 Project 패널에서 '#3.mp4'와 '#4.mp4' 파일을 Timeline 패널로 드래그하여 그림과 같이 순서대로 배치합니다. 배치가 완료되면 총 25초 분량의 영상인 것을 확인할 수 있습니다.

04 이번에는 내레이션을 추가하기 위해 Project 패널에서 '#1.mp3' 파일을 Timeline 패널의 오디오 트랙으로 드래그합니다.

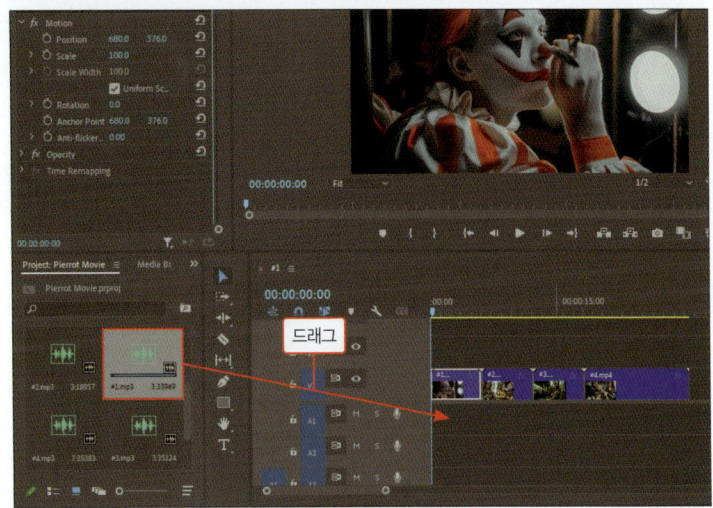

05 Timeline 패널의 오디오 트랙에 '#1.mp3'가 클립 형태로 표시됩니다. 같은 방법으로 Project 패널에서 '#2.mp3' 파일을 Timeline 패널의 '2#.mp4' 클립의 앞부분 위치와 맞게 오디오 트랙으로 드래그하여 배치합니다.

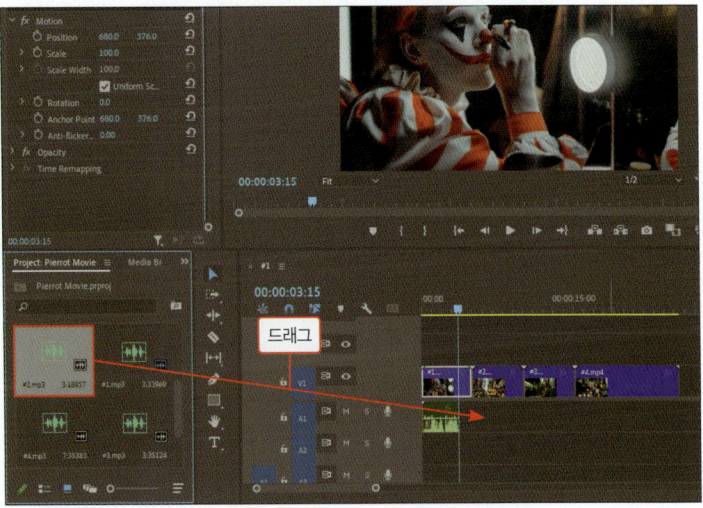

06 같은 방법으로 Project 패널에서 '#3.mp3'과 '#4.mp3' 파일을 Timeline 패널의 오디오 트랙으로 드래그하여 그림과 같이 영상과 내레이션이 장면별로 맞게 순서대로 배치합니다.

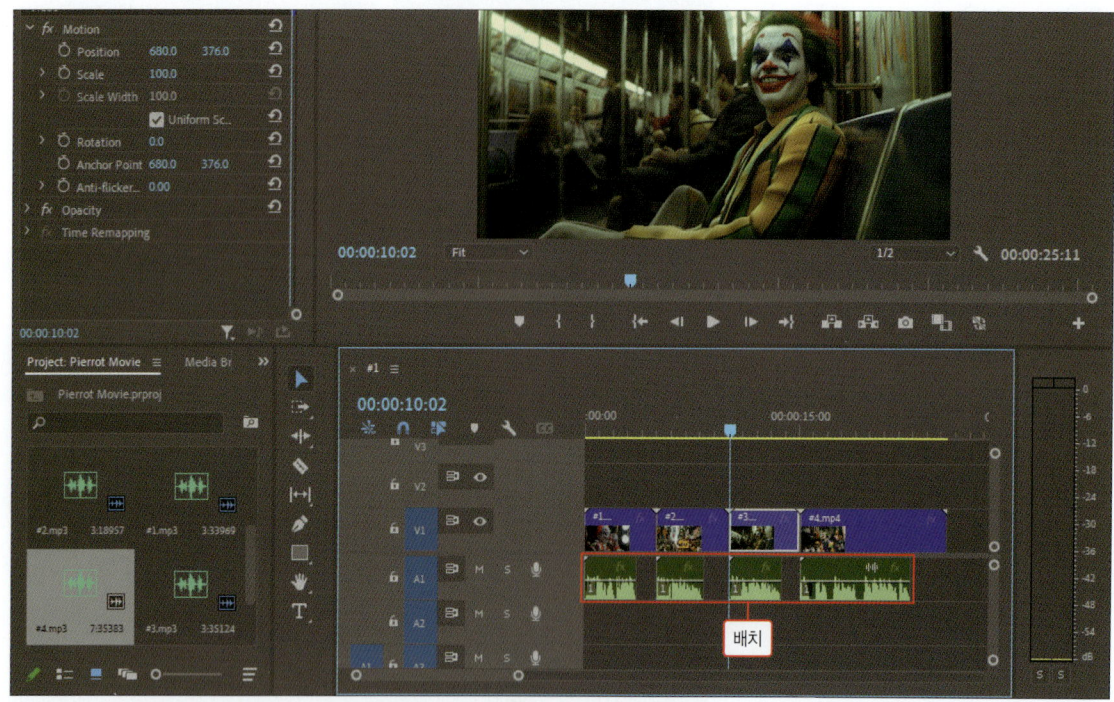

07 내레이션에 비해 영상의 길이가 길어 장면마다 영상의 길이를 조절해야 합니다. 시간 표시자를 '00:00:04:00'로 이동하고 Ctrl+K를 눌러 컷 편집을 실행합니다.

08 컷 편집을 하고 남은 부분을 선택합니다. 해당 부분은 AI가 생성한 결과물 중 완성도가 낮은 부분으로 불필요한 장면이므로 Delete를 눌러 삭제합니다.

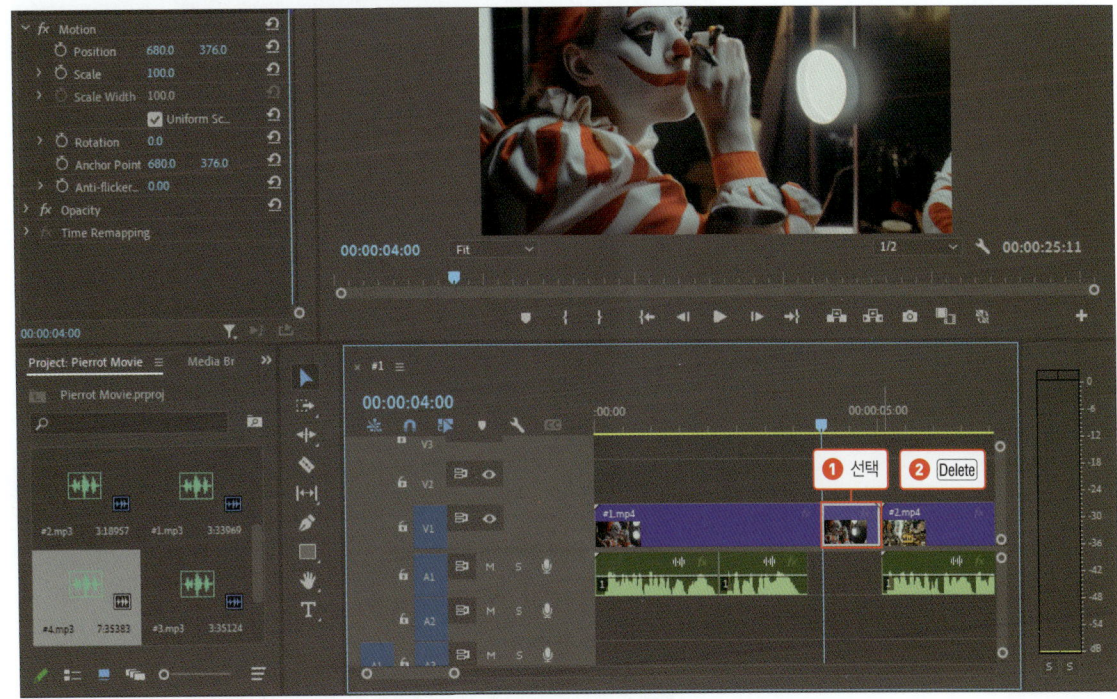

09 클립을 지워 생긴 빈 부분에 마우스 오른쪽 버튼을 클릭한 다음 **Ripple Delete**를 실행하여 빈 부분을 제거합니다.

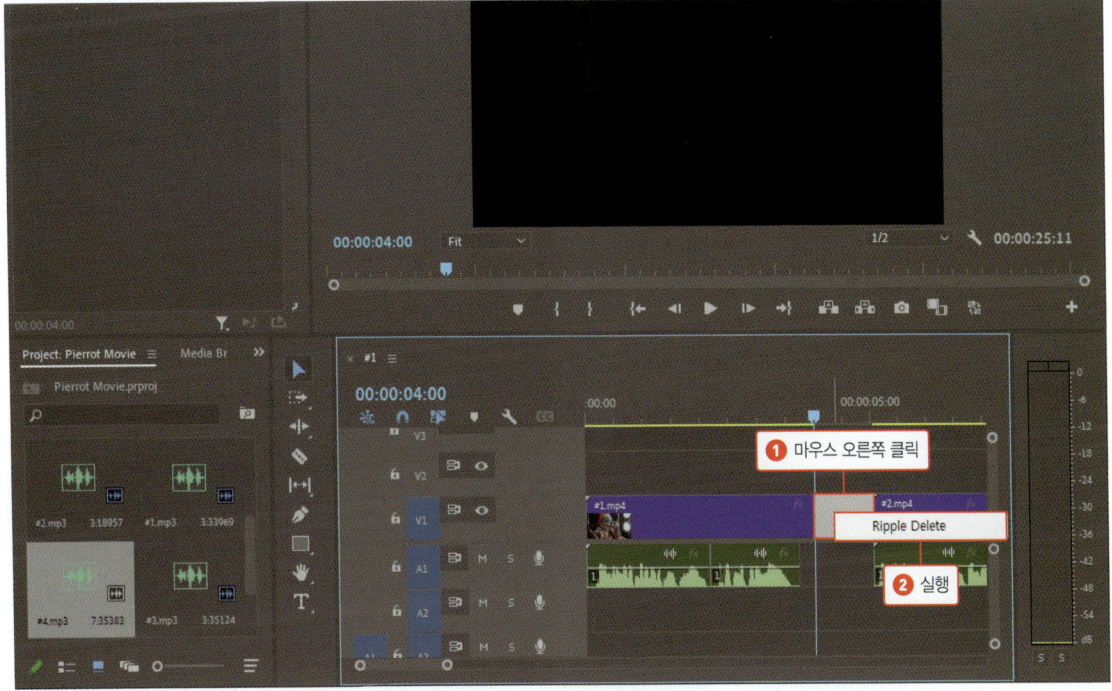

10 같은 방법으로 다른 장면들도 컷 편집을 진행하여 내레이션과 영상의 길이를 적절하게 맞춰 편집합니다.

NOTE **음성 클립 편집**

음성 클립을 컷 편집하여 문장 사이의 호흡을 길게 조절할 수 있습니다. 장면 2의 경우 현재는 '좀 더 느리게 걷다 보면 안 보였던 게 보이기도 해'의 문장을 '좀 더 느리게 걷다 보면/안 보였던 게 보이기도 해'로 편집하여 배치할 수 있습니다.

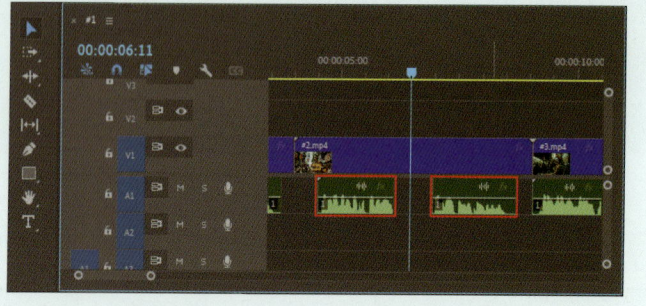

03 AI를 활용하여 자동으로 내레이션 자막 생성하기

01 프리미어 프로에 내장된 AI를 활용하여 내레이션에 맞는 자막을 자동으로 생성할 수 있습니다. Text 패널의 (Transcript) 탭에서 〈Transcribe〉 버튼을 클릭합니다.

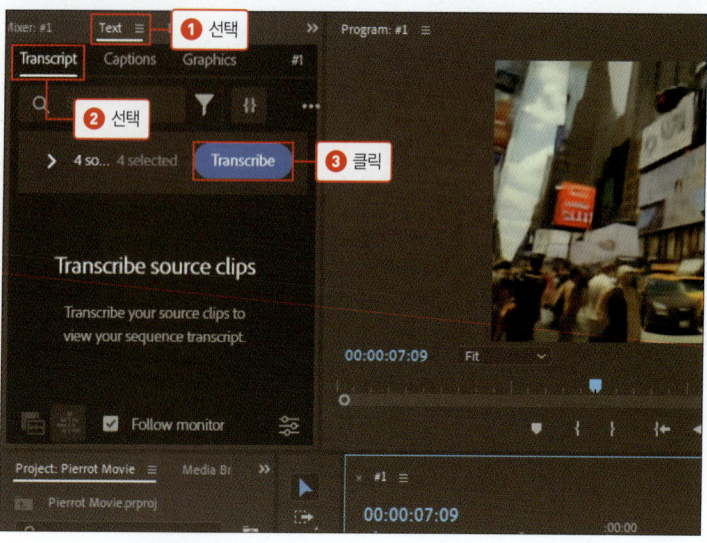

TIP 프리미어 프로의 Text 패널

기본적으로 Text 패널은 프리미어 작업 화면의 왼쪽 상단에 위치해 있습니다. 만약 Text 패널이 보이지 않는다면 메뉴에서 (Window) → Text를 실행하면 됩니다.

406

02 프리미어 프로가 음성 트랙을 분석하여 표시합니다. 음성 분석이 끝나면 자동으로 자막을 생성하기 위해 'Create captions' 아이콘(CC)을 클릭합니다.

03 Create captions 대화상자가 표시되면 기본 설정으로 두고 〈Create captions〉 버튼을 클릭합니다.

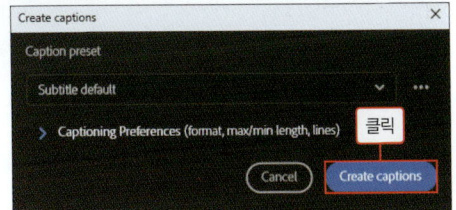

04 음성에 맞게 자막이 생성됩니다. Timeline 패널의 자막 트랙을 드래그하여 모두 선택합니다.

TIP 자막을 모두 선택해야 이후 설정하는 자막 설정을 모두 적용할 수 있습니다.

407

05 Essential Graphics 패널의 (Edit) 탭에서 자막의 크기 및 스타일 등을 설정합니다. 예제에서는 글꼴 크기를 '55', 글꼴 스타일을 '돋움'으로 설정하였습니다.

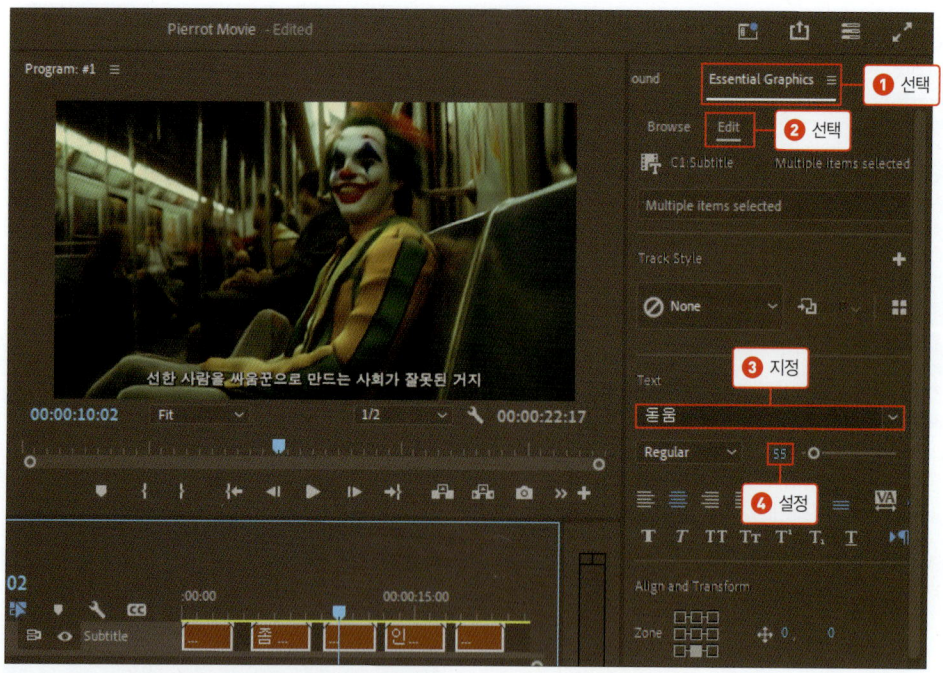

06 Spacebar 를 눌러 영상을 재생해 오탈자와 누락된 부분을 검수합니다. 수정할 부분이 있다면 Text 패널에서 수정할 자막을 더블클릭하거나 Program Monitor 패널의 자막을 더블클릭하여 수정할 수 있습니다. 예제에서는 장면 1 자막의 끝부분을 '나'에서 '나아!'로 수정하였습니다.

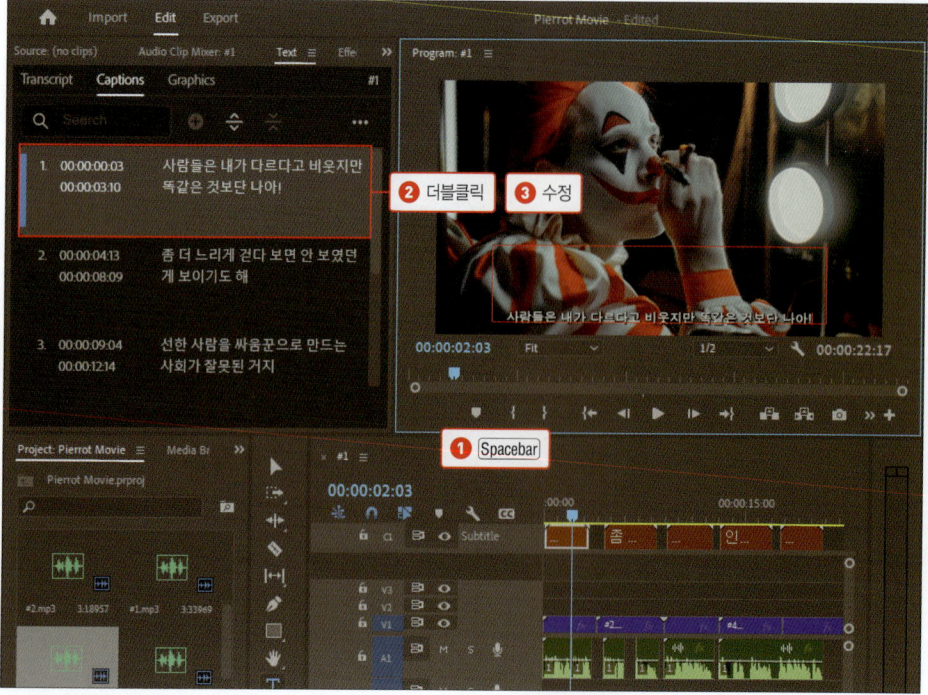

04 배경 음악 영상에 맞게 리믹스하기

01 배경 음악을 넣어 마무리하겠습니다. 배경 음악 파일을 A2 트랙으로 드래그하여 배치합니다.

02 별도의 믹싱 없이 시간에 맞게 믹싱 작업을 진행할 수 있습니다. Timeline 패널의 배경 음악 오디오 클립에서 마우스 오른쪽 버튼을 클릭한 다음 Remix → Enable Remix를 실행하여 리믹스를 적용합니다.

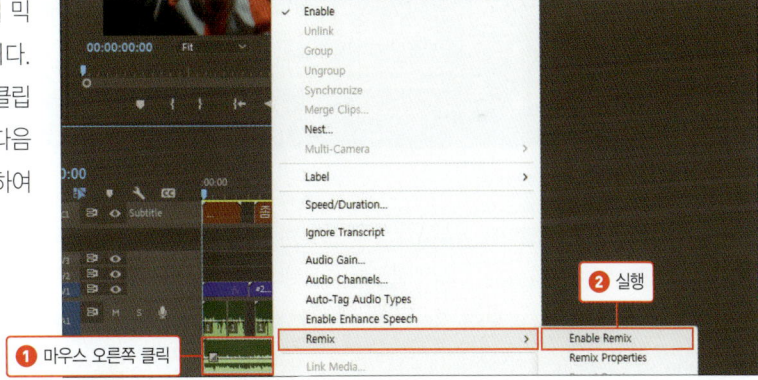

03 Essential Sound 패널이 표시되면 Target Duration을 영상의 전체 길이에 가깝게 '00:00:23:00'로 설정합니다.

04 현재 내레이션 소리에 비해 배경 음악이 너무 커서 잘 들리지 않습니다. 배경 음악 클립이 선택된 상태로 Clip Volume을 '–9'로 설정하여 배경 음악의 크기를 줄입니다.

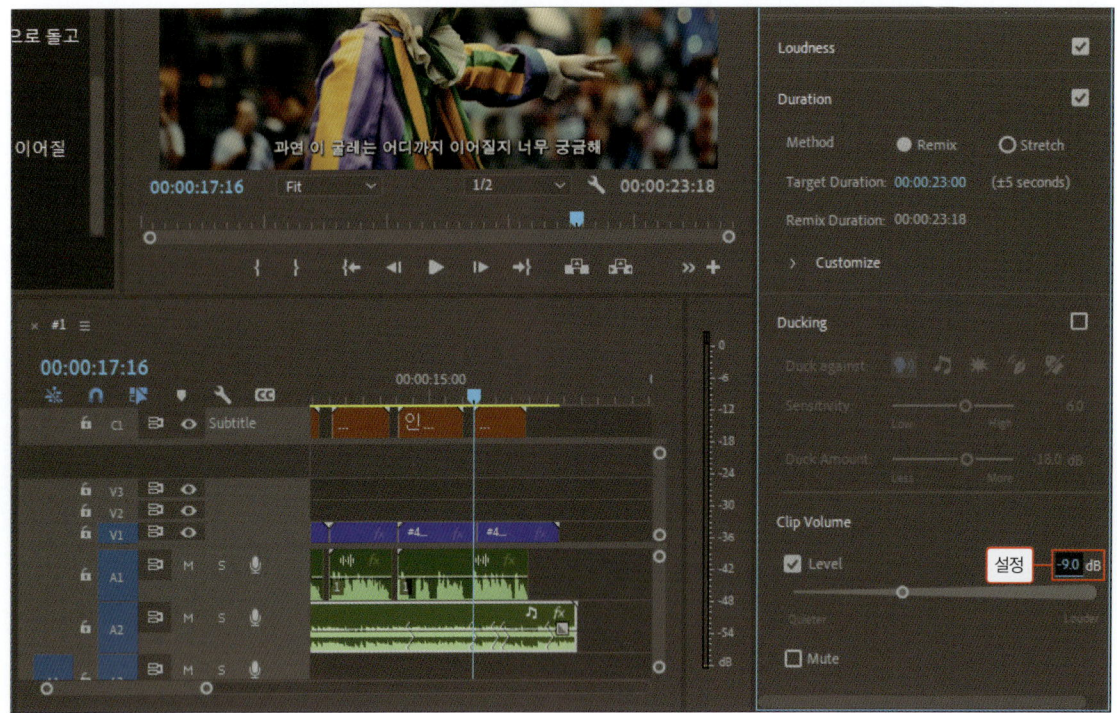

05 현재는 오디오가 영상의 끝부분에서 뚝 끊기는 느낌이 나면서 종료됩니다. 이를 완화하기 위해 오디오 클립에 마우스 커서를 위치하면 'Fade' 아이콘(■)이 표시됩니다. 이를 왼쪽으로 드래그하여 페이드 아웃 효과를 적용합니다.

05 실사 영화 영상 출력하기

01 영상을 출력하기 위해 Ctrl+M을 눌러 출력하는 설정으로 이동합니다. File Name에 출력하려는 영상의 이름을 입력하고 Location을 클릭하여 파일을 저장할 위치를 지정합니다.

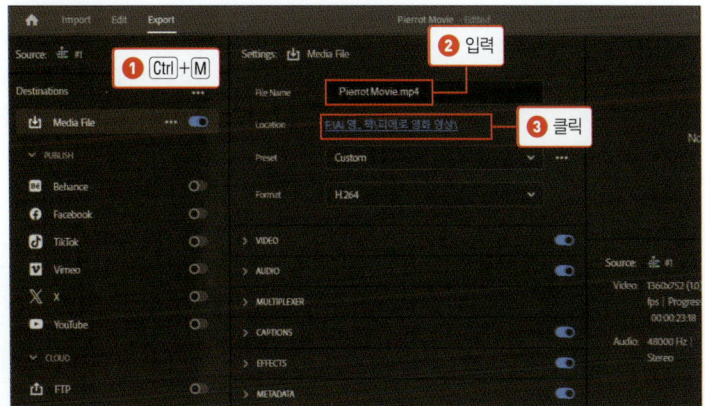

02 'Video' 항목을 클릭하여 하위 속성을 표시하고 〈More〉 버튼을 클릭합니다.

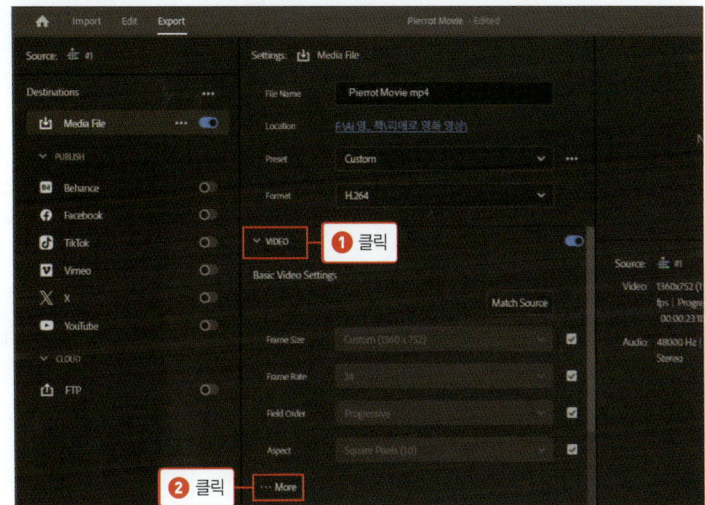

03 세부 속성이 표시되면 결과 영상의 퀄리티를 향상하기 위해 'Render at maximum Depth'와 'Use Maximum Render Quality'를 체크 표시하고 〈Export〉 버튼을 클릭하여 영상을 출력합니다.

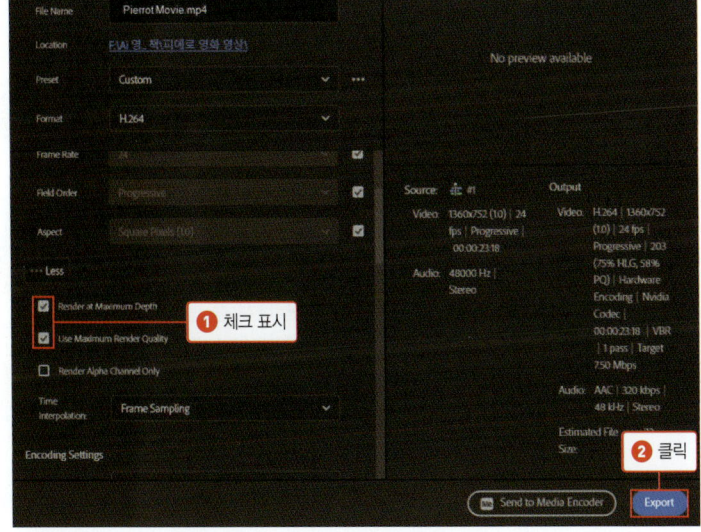

프리미어 프로의 자동 저장 설정

프리미어 프로를 작업하는 중에 프로젝트를 수동으로 저장하기 전에 컴퓨터 사양으로 인해 프리미어 프로가 갑작스레 종료되거나, 정전이나 외부 요인으로 인해 프로그램이 종료되어 작업을 처음부터 다시 해야 하는 상황이 발생할 수 있습니다. 이때 프리미어 프로의 자동 저장 설정을 통해 특정 시간마다 프로젝트를 자동으로 PC에 저장해 갑작스러운 종료에 대처할 수 있습니다. 설정 방법에 대해 알아보겠습니다.

❶ 프리미어 프로의 메뉴에서 (Edit) → Preferences → Auto Save…를 실행합니다.

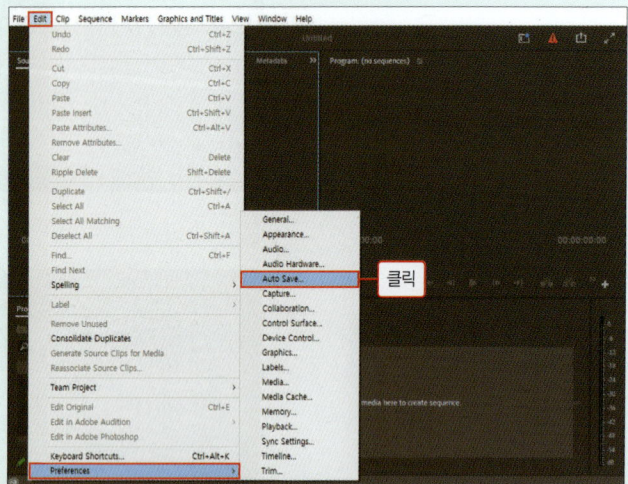

❷ Preferences 대화상자가 표시되면 Automatically Save Every와 Maximum Project Versions를 설정합니다. 이는 각 설정은 몇 분마다 한 번 자동으로 프로젝트를 저장하는지, 최대 몇 개의 프로젝트를 저장할지 설정하는 기능입니다. 현재 설정에서는 15분마다 자동으로 프로젝트를 저장하며 PC에 최대 20개까지의 프로젝트가 갱신되도록 저장하고, 초과하는 프로젝트는 PC에서 삭제됩니다. 설정이 완료되면 〈OK〉 버튼을 클릭합니다.

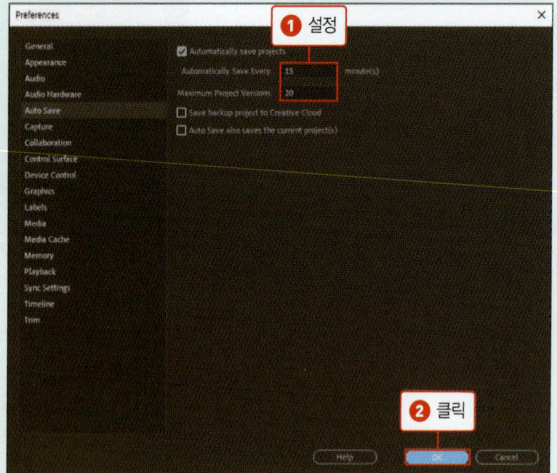

❸ 자동으로 저장되는 프로젝트는 프로젝트가 저장되는 경로에 'Adobe Premiere Pro Auto-Save'라는 이름으로 저장됩니다. 예상치 못한 상황으로 인해 프로젝트가 종료되면 해당 폴더에서 종료되기 전의 작업 과정을 복구할 수 있습니다.

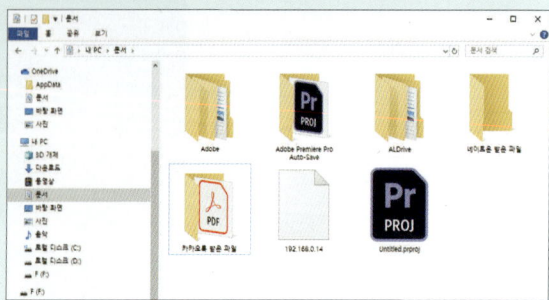

412

INDEX

A

Adobe Premiere Pro	041
Artificial Light	052
Ascends	079
Aspect Ratio	042
Aspect Ratios	095

B

Back Light	056
Bust Shot	065

C

CinemaScope	043
Close-Up Shot	066
Cloudy day	051
Color Lighting	057
Crane Shot	069
Create	107

D

DALL-E	038
Diffused lighting	059
Drone Camera Shot	068
Dutch Angle Shot	071
Dynamic motion	077

E

Edit	196
Effect Controls 패널	196

Essential Graphics	196
Essential Sound	196
Explodes	078
Export	196
Extrema Close-Up Shot	067
Extreme Long Shot	064

F

Fast Motion	076
Fill Light	056
First-Person View	032
Free	106
Full Shot	063

G

Golden Hour	050
Grows	078

H

Handheld Shot	071
Hard Light	054
High Angle Shot	067
High-Key Lighting	053

I - L

Import	196
Key Light	055
Lens Flare	059
Lite	106
Long take	076

Low Angle Shot	068
Low-Key Lighting	054
Luma AI	039

M

Macro cinematography	082
Mask Expansion	207
Mask Feather	207
Mask Opacity	207
Mask Path	207
Media Browser 패널	198
Midday Sunlight	049
Morning Natural Light	048

N - P

Natural Light	047
Night	051
Over-the-Shoulder Shot	066
Pan Shot	062
Parameter	095
Plus	107
Point of View Shot	070
POV	070
Premier	107
Pro	107
Program Monitor 패널	196
Project 패널	196

R

Rainy day	052
Realistic documentary	083

RGB LED 조명	057
Rim Light	056
Ring Light	058
Ripple Delete	201

S

Selfie Shot	083
Shatters	081
Sign Up To Try	105
Silhouette	050, 058
Slow Motion	075
SnorriCam	082
SNS 콘텐츠	040
Soft Light	055
Stable Video	039
Standard	107

T

Third-Person View	032
Tilt Shot	063
Time-lapse	077
Timeline 패널	196
Tools 패널	196
Top Light	057
Tracking Shot	069
Transforms	080

U - Z

Undulates	079
Vertical	042
Vortex	081

Waist Shot	065
Warps	080
Widescreen	042
Wide Shot	064
Zoom In	070
Zoom Out	070

ㄱ

가로 전환	139
가중치	096
감정선	037
구도	060
그로우	078
그린 스크린	034

ㄴ - ㄷ

내보내기	141
다운로드	139
다음으로 복제	135
다음으로 이동	135
다이내믹 모션	077
대본	136
대조군 영상	020
대화방	088
대화창	088
더치 앵글 샷	071
드론 카메라 샷	068
드론 카메라 시점	032
디스코드 플랫폼	087
디퓨저	055
디퓨즈드 라이팅	059

ㄹ

렌즈 플레어	059
로우 앵글 샷	068
로우키 라이팅	054
롱 테이크	076
루마 AI	039
리얼리스틱 다큐멘터리	083
리얼리즘	034
림 라이트	056
링 라이트	058

ㅁ

마스크	140
마스크 도구 속성	207
매크로 시네마토그래피	082
메뉴바	135
모션 그래픽	041
몰입감	034
무빙 기법	072
뮤직비디오	043
미드저니	038, 086
미디어	135

ㅂ

바스트 샷	065
밤 자연광	051
배경 음악	019
백라이트	056
보텍스	081
분할	138
브랜드 키트	137

브레인스토밍	023	
비 오는 날 자연광	052	
비주얼 일관성	027	
비트레이트	141	
빙 이미지 크리에이터	038	

ㅅ

사운드	034
사운드 생성	035
삭제	138
상업 영상	023
샷	032
석양 자연광	050
세부 조정	022
세부효과	140
세터	081
셀카봉	073
셀피 샷	083
소프트 라이트	055, 056
소프트 박스	055
스노리캠	073, 082
스마트 도구	140
스테이블 디퓨전	038
스테이블 비디오	039
스토리라인	019
스토리 아이디어	023
스튜디오 라이트	055
스포트라이트 조명	057
슬로 모션	072, 075
시각적 배치	028
시네마틱 영상	043
시퀀스 계획	028
실루엣 인공광	058
실루엣 자연광	050

ㅇ

아침 자연광	048
애니메이션	140
어센드	079
언들레이트	079
에센셜 그래픽	201
역방향	139
연출	019
영상 미학	060
영상 비율	042
영상 제작	019
영상 편집 기법	019
오디오	136
오버 더 숄더 샷	066
오버레이 모드	140
온라인 비디오	042
와이드 샷	064
요소	135
워프	080
웨이스트 샷	065
유튜브 쇼츠	042
이름 변경	135
익스트림 롱 샷	064
익스트림 클로즈업 샷	067
익스플로드	078
인공광	052
인물 촬영	059
인스타그램 스토리	042
인스타그램 피드	043
입력창	088

ㅈ

자동 저장	135
자르기	139
자연광	047
장면 구성	029
재생성	021
전체 화면	139
전환	137
전환 효과	041
정오 자연광	049
제품 사진	059
조명 조정	038
조명 효과	034
줌 아웃	070
줌 인	070
직사광선	054

ㅊ - ㅋ

챗GPT	038
카메라 렌즈 효과	028
카메라 샷	060
캡션	136
캡컷	134
컬러 조명	057
컷 편집	041
코덱	141
크레인 샷	069
크로마키	034
클로즈업 샷	066
키 라이트	055

ㅌ

타임라인	138
타임라인 축소 및 확대	139
타임랩스	077
탑 라이트	057
텍스트 애니메이션	041
텍스트 프롬프트	089
템플릿	135
트래킹 샷	069
트랜스폼	080
트레일러	043
틱톡	042
틸트 샷	063

ㅍ

파라미터	095
패스트 모션	076
팬 샷	062
편집효과	137
포토샵 생성형 AI	038
풀 샷	063
품질	141
프레임 속도	141
프로듀서	023
프로젝트 이름	135
프롬프트	061
프롬프트 세밀화	026
프리미어 프로	192
프리뷰 모니터	138
프리즈	139
플러그인	137
필 라이트	056
필터	137

ㅎ

하드 라이트	054
하드 조명 기구	054
하이 앵글 샷	067
하이키 라이팅	053
해상도	141
핸드헬드 샷	071
형식	141
효과음	035
효과창	138
흐린 날 자연광	051